柳華平 著

稅思碎想

財經錢線

自　序

　　2018年是我大學畢業30週年。自1988年參加稅收工作以來，我的工作崗位歷經多次變動，但我對經濟及稅收的研究始終保持了濃厚的興趣。可以說，自己一直是經濟及稅收研究的參與者，更是一個受益者，一方面有助於學習成長，另一方面有助於推進工作。本書就是我參加工作以來相關研究文稿的匯集，正如書名所言，叫「稅思碎想」，雖然可能談不上學術價值，本身尚存在不少錯誤，但也在一定程度上體現了資料價值，比簡單地放在書櫃裡「睡大覺」好。我想，文稿從一個側面反應了改革開放大背景下基層稅收工作的變遷，也是一名稅收科研工作愛好者對稅收工作的草根觀察與碎片化思考。

　　有許多事件和人物都直接或間接為本書提供了幫助。在過去文稿的研究和撰寫過程中，我查閱了大量的中外書籍、文件資料、報刊雜誌，瀏覽了許多網站，吸收了許多學者的成果，在這裡，特表示誠摯的謝意！同時，對本書的謬誤和不恰當的表述引起的責任概由我本人承擔。

　　本書的出版,是在出版社李特軍主任、李曉嵩編輯的激勵、關心和支持下實現的,宋伊晨同學做了大量的文稿分類整理工作,我的同事們給予了我激勵和幫助,在此一併謹表謝意。我要特別感謝我的妻子趙燕女士及家庭中的其他全體成員，是他們給予我極大的寬容、理解和支持，在精神上給予鼓勵，在生活上給予關心,使我能夠享受生活、學習、工作，進而體驗生命和人生的價值。

謹以本書獻給我所有的親朋好友和同事，獻給選擇本書的讀者，獻給我自己。

　　同樣，我將永遠心存感激，更好地服務社會！

　　　　　　　　　　　　　　　　　　　　　柳華平

目　錄

調研報告

1. 公職人員乾淨用權的基礎制度建構
    ——基於稅務人員與納稅人權利博弈的研究 /2
2. 與組織同成長
    ——基於廣元國稅文化建設的研究報告 /13
3. 推動廣元經濟開發區經濟優勢向財政優勢轉變
    ——基於國稅視角的研究報告 /26
4. 公共管理與服務相結合的調研與思考
    ——關於五糧液集團的調研報告 /33
5. 美國稅制研究報告 /38
6. 對內江鍛壓機床廠技術進步的調查與思考 /52
7. 企業稅務風險管理
    ——ERM（TAX）研究 /56

稅務類論文

1. 跨越「中等收入陷阱」的稅收治理邏輯 /106
2. 中國稅收制度現代化的推進路徑選擇
    ——基於「法治、公平、效率、透明」四個維度的分析框架 /119
3. 國家治理現代化視域下的稅收制度建設 /132
4. 稅收現代化的邏輯
    ——目標框架與實現路徑 /139
5. 新公共管理國家稅收收入的瓦格納特性實證檢驗及啟示 /151
6. 從國家稅收到民生稅收
    ——民生視域下的稅收治理與稅收管理思考 /160

7. 中國稅制結構及稅收徵管改革的民生取向思考　/167
8. 問題・成因・對策
　　　——對廣元市「5/24」稅案的檢討與思考　/170
9. 中國稅制和稅收徵管改革的民生視角探討　/178
10. 促進西部大開發稅收政策效應調查與建議　/188
11. 轉變經濟發展方式的分稅制研究　/192
12. 轉變經濟發展方式的稅收約束及其對策　/203
13. 巨災後稅收體系重建研究　/211
14. 稅收安排與商務組織形式的選擇
　　　——基於所得稅維度的解析　/220
15. 對中國出口退稅制度的反思　/232
16. 中國稅制改革的回顧與思考　/243
17. 稅務信息工作中存在的問題及對策　/250
18. 回顧・反思・建議
　　　——內江市「七五」時期工商稅收的分析及振興經濟的思路　/255
19. 問題・癥結・對策
　　　——對內江市工商稅收欠稅的調查與思考　/263
20. 堅持五個結合，促產增收見成效　/266
21. 改革徵管模式，促進以法治稅　/269

財政・經濟類論文

1. 城市化進程阻滯與財政改革支持　/274
2. 構建統籌城鄉的公共財政支撐體系　/282

3. 城鄉統籌的公共財政檢討與政策取向　/288
4. 論西方公共財政與中國的公共財政建設　/295
5. 西部大開發熱的辯證思考　/302
6. 重視公共利益的保障機制建設
　　　——公共財政視野下群體性事件防範問題研究　/308

管理類論文

1. 定位・理念・關係・手段
　　　——對稅務信訪工作的思考　/316
2. 新時期黨政機關思想政治工作創新研究
　　　——以廣元國稅為例　/322
3. 以項目為抓手推動機關文化建設的實踐與思考　/329
4. 構建具有中國特色的服務型政企關係　/332
5. 政府與企業的互動式改革是發展的動力之源
　　　——青島市工業經濟發展的考察與思考　/334
6. 整合政企關係，應對 WTO　/340
7. 略論市場經濟取向與治稅指導思想的選擇　/343
8. 稅務行政不作為違法及其防範　/347
9. 堅持以法治稅與促進地方經濟發展的辯證思考　/350
10. 納稅人的心理障礙與治理藥方　/353

報刊約稿

1. 轉變經濟發展方式需要積極推進稅制改革　/356
2. 理性推進民營經濟發展　/359

3. 結構就是「槓桿」　/362
4. 不能看空「後非典」經濟　/363
5. 從「中國製造」到「中國標準」　/364
6. 從多取少予到少取多予的制度創新
　　　　——中國「三農」問題的財稅政策檢討　/366
7. 入世：為政府與國企關係整合注入動力　/379
8. 政企關係：服從 WTO 規範和市場經濟體制硬環境　/382
9. 澳大利亞稅收徵管
　　　　——培訓考察報告　/385

譯文
稅收法律頻繁變更的代價　/396

調研報告

1. 公職人員乾淨用權的基礎制度建構
——基於稅務人員與納稅人權利博弈的研究

　　摘要：公職人員將手中的公共權力作為一種資本，背離公共管理職能為個人謀取私利，就會導致腐敗問題的出現。把腐敗問題當作一種經濟現象，挖掘其深層次原因，就會看到反腐敗制度建設的長期性、艱鉅性和複雜性。本報告基於「經濟人」假設，試圖利用博弈論分析手段，探討公職人員與行政相對人的關係，搭建稅收廉政關係中監管者、執法者、納稅人的三方博弈模型，通過模型分析三方行為選擇及均衡解影響因素，提出對於公職人員乾淨用權基礎制度建設的建議。在中國，為什麼要用博弈論研究公職人員乾淨用權的適用性？一是能夠保障各方利益均衡。從「經濟人」假設基礎出發，博弈的參與方都會計算判斷自己是否獲利，參與方的行為動機都是從自己的利益出發，在行為選擇過程中可以充分使用自己的權利，這樣最終達成的妥協性結果是有利於顧及各方利益的。二是能夠維護各方地位的公平。博弈機制本身是一個讓所有參與方都能夠平等參與維護自身利益的平臺，參與方的行為互相影響，參與方採取的策略、顯示的信息，其他方都要認真對待，這樣改變了行政主體一貫的強勢地位，弱化了行政主體和相對人權利與義務不對等的地位差距，也更能為公眾所接受。三是促進權力制約制度的完善。在中國現階段的行政管理模式下，國家權力相當強大，公民權利還顯得相對軟弱，達不到雙方地位的均衡。因此用博弈理論來探討稅務機關與行政相對人的關係，也是對於傳統上政府處於強勢地位的慣性思維的改變，轉而強調雙方的對等互動與相互制約，更加保障稅收管理權與納稅人權利的對等。

　　結合中國稅務廉政工作現實情況，本報告構建了一個三方博弈模型。構建三方博弈模型的優勢在於為分析稅務廉政問題提供了一個三方互動的角度。稅務廉政問題的出現是因為執法者和納稅人會在現有的約束條件下選擇對自身利益最大化的行為策略，監管者要有效地反腐敗，也要根據執法者和納稅人的反應，優化自身的行為策略。本研究報告通過分析得出了初步結論：第一，執法者不廉政的概率隨著監管方監管成本的上升而上升，隨著執法者正常收益、不廉政帶來的稅收損失、不廉政被查出的處罰力度的上升而下降。第二，理性納稅人天然具有向執法者行賄的動機。政府必須對執法者的權力進行有效監管，不受監督的權力必然產生腐敗，而且廉政建設是一項必須長期堅持不能懈怠的工作。第三，監管方檢查的概率隨著執法者不廉政被查處的處罰力度、執法者正常收益的上升而下降，隨著執法者不廉政帶

來的稅收損失、不廉政的獲益乘數的上升而上升。處罰力度增強，執法者正常收益提升，不廉政的獲益空間縮小，監管者監管的力度就可以小一些。反之，監督力度就要大一些。但是此博弈模型也存在著一定的局限性。一是將人視為理性經濟人，完全從自身利益出發作行為選擇，然而個人在做決策的過程中不可能總是完全理性的，還可能受到道德水準等因素的制約。二是模型本身是就現實問題進行的簡化和抽象，模型自身的假設跟現實不一定完全相符，參數的選取相對現實比較簡單。

博弈視角下對公職人員乾淨用權基礎制度建設的建議如下：第一，完善制度設計，強化廉政制約。其具體包括：一是堅持依法行政，二是加強內部風險防控，三是改進監督機制，四是明確處罰梯度，五是加強監管人員隊伍建設，六是適當提升公職人員的待遇。第二，盡力實現信息對稱。其具體包括：一是加大信息溝通，努力實現信息對稱，最大限度地利用人民群眾的權利監督公權力；二是進一步提高法律遵從，督促納稅人真實準確向行政機關提供各類信息，使用大數據手段，減少信息不對稱帶來收益的可能性。第三，推動形成權力、權利博弈均衡。其具體包括：一是通過提升行政相對人的權利，保障行政相對人與行政主體地位對等，以更有效地促進公權力被正確使用。二是提高行政管理權行使質量，實現權力與權利的平衡，實現公職人員乾淨用權的基礎制度保障。

關鍵詞：稅收執法權　博弈　廉政　公共行政

公職人員將手中的公共權力作為一種資本，背離公共管理職能為個人謀取私利，就會導致腐敗問題的出現。我們可以把腐敗問題當成一種經濟現象，挖掘其深層次原因，認識廉政制度建設的長期性、艱鉅性和複雜性以及在公民權利意識愈加強化的情況下，尋求更科學有效的制度化對策的緊迫性。本研究報告試圖利用博弈論的分析手段，探討公職人員與行政相對人的關係，搭建稅收廉政關係中監管者、執法者、納稅人的三方博弈模型，分析三方行為選擇及均衡解的影響因素，提出對於公職人員乾淨用權基礎制度建設的建議。

一、研究公職人員乾淨用權的工具選擇

博弈論最初是作為現代數學的一個新分支而被創立的。納什提出博弈中存在一個均衡點，當這個均衡點達到的時候，說明博弈已經出現一個最優的參與人行為選擇戰略組合，沒有任何參與人會去主動改變自己的行為策略，因為改變已不能再增加自身效用，反而可能降低自身效用，即博弈論的重要理論——納什均衡。納什均衡理論奠定了現代主流博弈理論的基礎。由於能夠對一定的情形下的個體行為進行科學預測和分析，納什均衡理論也成為現代經濟學的標準分析工具之一，主要用於研究既有衝突又有合作的情況下參與者的決策及相互影響的博弈均衡問題。

（一）用博弈論研究公職人員乾淨用權的適用性

引入博弈論分析公職人員乾淨用權深化了對行政主體和行政相對人行為選擇過

程的認識，強調公權力與公民權利的對等，適應社會發展需要，豐富廉政理論，能夠更好地解決實踐中出現的新問題。

將博弈機制引入廉政問題的討論，第一是能夠保障各方利益的均衡。從「經濟人」假設基礎出發，博弈的參與方都會計算判斷自己是否獲利，參與方的行為動機都是從自己的利益出發，在行為選擇過程中可以充分使用自己的權利，這樣最終達成的妥協性結果是有利於顧及各方利益的。第二是能夠維護各方地位的公平。博弈機制本身是一個讓所有參與方都能夠平等參與維護自身利益的平臺，參與方的行為互相影響，參與方採取的策略、顯示的信息，其他方都要認真對待，這樣改變了行政主體一貫的強勢地位，弱化了行政主體和相對人權利與義務不對等的地位差距，也更能為公眾所接受。第三是促進權力制約制度的完善。在中國現在的行政管理模式下，國家權力相當強大，公民權利還顯得相對軟弱，而且公民權利保護的意識也相對缺乏，達不到雙方地位的均衡，需要公民權利更為強勢，相關的制度建設更加完善，因此公民權利與國家權力的博弈也更能促進權力制約制度的完善。

（二）用博弈論研究稅收廉政關係的可行性

本研究報告以稅務部門為例，使用博弈分析方法，構建模型，探討稅務機關與納稅人的關係，其他涉及公職人員行使公權力的部門，均可以借用該方法，來剖析公職人員乾淨用權的實現途徑。

用博弈理論來探討稅務機關公職人員與納稅人的關係，也是對於傳統上執法機關處於強勢地位的慣性思維的改變。通過納稅人權利制約稅務機關執法者的權力，防止後者侵害前者；通過稅務機關執法權約束納稅人權利，防止納稅人權利濫用而破壞稅收秩序。政府對執法人進行有效監管，保護納稅人正當權利，維護公平正義稅收秩序，是稅務廉政建設應有之義。

要成為博弈的可應用領域，需要滿足利益衝突的參與者（群體性）、參與者總是根據對手可能採取的策略來採取相應的行動（互動性和策略性）、參與者總是追求自身利益最大化（理性）四個基本要素。[①] 稅收廉政滿足上述基本要素：第一，參與稅收廉政博弈的有執法人員、納稅人、監管部門等不同利益群體；第二，博弈各方都會根據法律政策制定、社會經濟環境、執法監督水準等採取對自己最有利的策略，而且策略之間有明確的界限；第三，每一方都有至少兩項行動策略，並且其餘博弈方的利益會因此受到影響，從而構成互動性和策略性。因此，應用博弈理論分析稅收廉政問題是可行的，能夠很明確地指出博弈方及其策略選擇，算計各方彼此的算計。[②]

---

① 羅伯特・吉本斯. 博弈論基礎 [M]. 高峰，譯. 北京：中國社會科學出版社，1999.

② 測度評估自己的得失與堅守。同時，本著兩利相衡取其重，兩害相權取其輕的原則，實施相應的應對行為，尋求自身利益的最大化。

二、構建稅收廉政博弈模型的相關假設

在經濟學理論中，理性經濟人是基礎假設，理性經濟人在一定約束條件下希望實現自身利益最大化。在博弈行為中，每一個參與者也是一個「理性」的算計者，估計各種行為的收益，做策略選擇。稅收博弈是一種非對稱信息博弈，一方面，公共行政權力運行的「神祕主義」傳統和現存的種種「暗箱操作」導致納稅人對政府決策、行政等過程的信息知之甚少，無法有效行使參與、監督等權利；另一方面，納稅人也擁有政府不擁有的信息，因為納稅人出於經營的需要，不可能將所有的經營秘密公開，而且經營活動千變萬化，政府也不可能隨時對納稅人的情況了如指掌。因此，政府與納稅人在信息的擁有上是不對稱的，從而給權力尋租提供了空間。

在理性經濟人和信息不對稱的假設前提下，本研究報告試圖通過建立博弈模型，對稅務廉政問題的深層次原因進行剖析，並提出相關政策建議。在考慮博弈參與者時，結合中國稅務廉政工作現實，包括執法者、納稅人以及監管者三方。在以往對於稅收博弈的研究中，博弈參與者一般只考慮兩方——政府和納稅人，主要討論的是稅收徵納雙方圍繞稅收經濟利益產生的一系列策略選擇及決策均衡問題，即政府要通過稅收得到滿足其支出需要的主要財力保證，必須依照其設計的方式和方法徵稅，但稅收使納稅人的利益減少，是政府強制佔有納稅人的財富，納稅人會從依法納稅、欠稅、逃避繳納稅款等行為策略中選擇自身利益損失最小的一種。政府的稅收徵管活動是發生在稅務執法人員和納稅人之間的。而稅務執法人員作為稅收管理權的行使人，具有雙重身分：一方面，稅務執法人員是日常徵管活動的具體實施者，代表政府執行具體的徵管任務；另一方面，稅務執法人員也是考慮自身利益的行為主體，也有自己獨立的利益取向和行為目標，其行為目標與政府的稅收目標並不完全相同，導致執法人員和政府的利益並非完全一致，那麼就有可能會收取納稅人支付的「額外」費用而玩忽職守，從而產生不廉政行為。

因此，兩方博弈是將稅務執法人員與政府當成同一角色，默認的前提是稅務執法人員完全代表了政府，但這只是一種理想的情況。現實是出於自身利益最大化的考慮，稅務執法人員可能會發生不廉政行為。我們有必要構建一個三方博弈模型，在此模型中，我們將稅務執法人員與政府進行區分，政府派出監管者對稅務執法人員的具體徵管行為進行檢查，監管者和執法者都站在稅收管理權的一邊，但職責不同，監管者代表政府，代表國家稅收利益，執法者由政府派出，追求自身利益最大化。

當然稅務廉政涉及了各個方面，但本研究報告僅研究涉及直接利益的三方，更有利於精煉博弈步驟，模擬博弈核心利益。此博弈模型為分析稅務廉政問題提供了一個三方互動的角度，稅務廉政問題的出現是因為執法者和納稅人會在現有的約束條件下選擇自身利益最大化的行為策略，監管者要有效地反腐敗，就要仔細研究稅務執法人員和納稅人的行為反應，優化自身的策略行為。我們不能孤立地從某一方

面出發一廂情願地探討稅務廉政，而要認真研究各方的行為模式，探明各方的行為策略，模擬運算，推演出博弈均衡點，尋求稅務廉政的最佳方案，並提示監管者研究行為選擇影響因素，甚至可以從博弈規則上下功夫，進行稅務廉政制度創新。①

三、稅收廉政三方動態博弈行為分析

這裡主要討論執法者（即具體從事稅收徵管活動的與納稅人可能產生利益關係的稅務工作人員）、納稅人以及監管者（即從事稅收紀檢監察和督查內審工作的人員，代表政府利益）三方的行為策略。

（一）模型假定

（1）當納稅人向執法者行賄且執法者不廉政時，稅收損失假設為 L②，此時執法者獲得收益為 θL，其中 $\theta = [0, 1]$，行賄的納稅人的收益為 $(1-\theta) L$。③

（2）當執法者接受行賄被監管方查到處以 $I\theta L$④ 處罰時，此時對行賄的納稅人也處以罰款 $I(1-\theta) L$；如果納稅人不行賄而執法者不廉政被查到，執法者會受到行政處罰（比如警告），用 P 表示處罰給執法者帶來的心理成本。⑤

（3）正常情況下，執法者接受政府委託的收益為 R⑥，監管方的監察成本為 C⑦，我們假設監管方的監察成本要小於行賄給國家帶來的稅收損失，即 $C<L$。

（二）參與人的收益函數

表1和表2中各矩陣內第一項為執法者的收益，第二項為納稅人的收益，第三項為監管者的收益。

表1　　　　監管者不檢查時執法者、納稅人、監管者的收益矩陣

執法者 \ 納稅人	行賄	不行賄
不廉政	$\theta L+R$, $(1-\theta) L$, $-L$	R, 0, 0
廉政	R, 0, 0	R, 0, 0

---

① 倪星．腐敗與反腐敗的經濟學研究［M］．北京：中國社會科學出版社，2004．
② L：稅收損失（Tax Loss）。
③ θ 為執法者的獲益乘數，$\theta \in [0, 1]$ 表示不廉政執法者獲得的收益與總稅收損失之間存在正比例關係。相應的，$1-\theta$ 則表示行賄的納稅人的獲益乘數。
④ I：監管方處罰力度（Intensity）。
⑤ P：心理成本（Psychological Cost）。
⑥ R：收益（Revenue）。
⑦ C：監察成本（Cost）。

表2　　　　　　監管者檢查時執法者、納稅人、監管者的收益矩陣

執法者 \ 納稅人	行賄	不行賄
不廉政	$-I\theta L$, $-I(1-\theta)L$, $IL+R-C$	$-P$, 0, $R-C$
廉政	R, 0, $-C$	R, 0, $-C$

我們考察以上博弈的混合策略均衡解。假設參與人的混合策略為：執法者不廉政的概率為 q_1，廉政的概率為 $1-q_1$；納稅人選擇行賄的概率為 q_2，不行賄的概率為 $1-q_2$；監管方檢查的概率為 q_3，不查的概率為 $1-q_3$。[1]

進一步地具體分析如下：

1. 監管者的期望收益

$E_3 = q_1q_2q_3(IL+R-C) + q_1q_2(1-q_3)(-L) + q_1(1-q_2)q_3(R-C) + (1-q_1)q_2q_3(-C) + (1-q_1)(1-q_2)q_3(-C) = q_3[q_1q_2(I+1)L + q_1R - C] - q_1q_2L$

給定其他兩個參與者的策略 q_1 和 q_2，監管者期望收益最大化的策略選擇如下：

當 $q_1q_2(I+1)L+q_1R-C>0$，即 $q_1q_2(I+1)L+q_1R>C$ 時，$q_3^*=1$。　　　(1.1)

當 $q_1q_2(I+1)L+q_1R-C<0$，即 $q_1q_2(I+1)L+q_1R<C$ 時，$q_3^*=0$。　　　(1.2)

當 $q_1q_2(I+1)L+q_1R-C=0$，即 $q_1q_2(I+1)L+q_1R=C$ 時，q_3^* 不確定，可以取區間 $[0,1]$ 上任何一個實數。　　　(1.3)

2. 納稅人的期望收益

$E_2 = q_1q_2q_3[-I(1-\theta)L] + q_1q_2(1-q_3)(1-\theta)L = (1-\theta)Lq_1q_2[1-(I+1)q_3]$

給定其他兩個參與者的策略 q_1 和 q_2，納稅人期望收益最大的策略選擇如下：

當 $1-(I+1)q_3>0$ 即 $q_3<\dfrac{1}{1+I}$ 時，$q_2^*=1$。　　　(2.1)

當 $1-(I+1)q_3<0$ 即 $q_3>\dfrac{1}{1+I}$ 時，$q_2^*=0$。　　　(2.2)

當 $1-(I+1)q_3=0$ 即 $q_3=\dfrac{1}{1+I}$ 時，q_2^* 不確定，可以取區間 $[0,1]$ 上任何一個實數。　　　(2.3)

3. 執法者的期望收益

$E_1 = q_1q_2q_3(-I\theta L) + q_1q_2(1-q_3)(R+\theta L) + q_1(1-q_2)q_3(-P) + q_1(1-q_2)(1-q_3)R + (1-q_1)R = q_1[q_2q_3(P-I\theta L-\theta L) + q_2\theta L - q_3(R+P)] + R$

給定其他兩個參與者的策略 q_2 和 q_3，執法者期望收益最大的策略選擇是：

當 $q_2q_3(P-I\theta L-\theta L)+q_2\theta L-q_3(R+P)>0$ 時，$q_1^*=1$。　　　(3.1)

當 $q_2q_3(P-I\theta L-\theta L)+q_2\theta L-q_3(R+P)<0$ 時，$q_1^*=0$。　　　(3.2)

---

[1] 本研究報告用 q_1，q_2，q_3 分別表示執法者不廉政、納稅人行賄、監管方檢查的概率，代表在博弈中這三方選擇相應行動策略的可能性。

當 $q_2q_3(P-I\theta L-\theta L)+q_2\theta L-q_3(R+P)=0$ 時，q_1^* 不確定，可以取區間[0, 1]上任何一個實數。 (3.3)

下面我們對博弈的均衡解情況討論如下：

(1) 當 $q_3<\dfrac{1}{1+I}$ 時，由 (2.1) 知，$q_2^*=1$。

此時，$q_2q_3(P-I\theta L-\theta L)+q_2\theta L-q_3(R+P)=-q_3(I\theta L+\theta L+R)+\theta L$。

進一步對 $-q_3(I\theta L+\theta L+R)+\theta L$ 分情況討論如下：

①當 $-q_3(I\theta L+\theta L+R)+\theta L>0$，即 $q_3<\dfrac{\theta L}{\theta L(1+I)+R}$ 時，由 (3.1) 知，$q_1^*=1$；將 $q_1^*=1$，$q_2^*=1$ 代入 $q_1q_2(I+1)L+q_1R-C$，由 (1.1) 知，$q_3^*=1$[①]，這與 $q_3<\dfrac{1}{1+I}$ 矛盾。

②當 $-q_3(I\theta L+\theta L+R)+\theta L<0$，即 $q_3>\dfrac{\theta L}{\theta L(1+I)+R}$ 時，由 (3.2) 知，$q_1^*=0$；將 $q_1^*=0$，$q_2^*=1$ 代入 $q_1q_2(I+1)L+q_1R-C$，由 (1.2) 知，$q_3^*=0$，這與 $q_3>\dfrac{\theta L}{\theta L(1+I)+R}$ 矛盾；

③當 $-q_3(I\theta L+\theta L+R)+\theta L=0$，即 $q_3=\dfrac{\theta L}{\theta L(1+I)+R}$ 時，由 (3.3) 知，$q_3\in[0,1]$；將 $q_1^*\in[0,1]$，$q_2^*=1$ 代入 $q_1q_2(I+1)L+q_1R-C$，並令其等於 0[②]，即可以解出 $q_1^*=\dfrac{C}{(1+I)L+R}$。由此得到該博弈的一個均衡解 $\left(\dfrac{C}{(1+I)L+R},1,\dfrac{\theta L}{\theta L(1+I)+R}\right)$。

(2) 當 $q_3>\dfrac{1}{1+I}$ 時，由 (2.2) 知，$q_2^*=0$。

此時 $q_2q_3(P-I\theta L-\theta L)+q_2\theta L-q_3(R+P)<0$ 成立，由 (3.2) 知，$q_1^*=0$；將 $q_2^*=0$ 代入 $q_1q_2(I+1)L+q_1R-C$，由 (1.2) 知，$q_3^*=0$，與 $q_3>\dfrac{1}{1+I}$ 矛盾。

(3) 當 $q_3=\dfrac{1}{1+I}$ 時，由 (2.3) 知 $q_2^*\in[0,1]$。

此時 $q_2q_3(P-I\theta L-\theta L)+q_2\theta L-q_3(R+P)=-\dfrac{1}{1+I}[(1-q_2^*)P+R]<0$ 成立，由 (3.2) 知，$q_1^*=0$；將 $q_1^*=0$，$q_2^*\in[0,1]$ 代入 $q_1q_2(I+1)L+q_1R-C$，由 (1.2)

---

① 將 $q_1^*=1$，$q_2^*=1$ 代入 $q_1q_2(I+1)L+q_1R-C$ 可以得到 $(I+1)L+R-C$，由模型的假定 $C<L$ 可知，$(I+1)L+R-C>0$，進而可以由 (1.1) 得知 $q_3^*=1$。

② 由於 $q_3=\dfrac{\theta L}{\theta L(1+I)+R}$ 既不等於 0 也不等於 1，只滿足 (1.3) 中的假設，因此選擇將 $q_1^*\in[0,1]$，$q_2^*=1$ 代入 $q_1q_2(I+1)L+q_1R-C=0$。

知，$q_3^* = 0$，這與 $q_3 = \dfrac{1}{1+I}$ 矛盾。

綜合以上分析可知，唯一的均衡解為 $\left(\dfrac{C}{(1+I)\ L+R},\ 1,\ \dfrac{\theta L}{\theta L\ (1+I)\ +R} \right)$。

(三) 均衡解評析

(1) 給定 R、L、I、C 越大，q_1 越大，即監管方的監察成本越大，執法者不廉政的概率越大；反之，執法者不廉政的概率越小。

(2) 給定 C、L、I、R 越大，q_1 越小，即執法者正常情況下收益（包括薪金、社會地位、職業成就感等）越高，不廉政的概率越小；反之，執法者不廉政的概率越大。

(3) 給定 C、R、I、L 越小，q_1 越大，即執法者不廉政帶來的稅收損失越大，不廉政的概率越小；反之，不廉政的概率越大。換句話說，可能帶來的稅收損失越大，執法者的機會收益越大，所面臨的風險就越大，反而冒險的可能性越小①。

(4) 給定 C、R、L、I 越大，q_1 越小，即執法者不廉政被查處的處罰力度越大，執法者不廉政的概率越小；反之，不廉政的概率越大。

(5) $q_2^* = 1$ 的經濟解釋為只要當納稅人行賄有利可圖時，他就會向執法者行賄。

(6) 給定 θ、L、R、I 越大，q_3 越小，即執法者不廉政被查處的處罰力度越大，監管方檢查的概率越小。當只需保持在某確定威懾力度的情況下，處罰的力度越大，監管方監察的概率就可以降低，即監察面可以縮小；同樣，要在監察資源不增加投入的情況下增強威懾力度，則處罰力度需要加大。

(7) 給定 θ、L、I、R 越大，q_3 越小，即執法者正常情況下收益越高，監管方檢查的概率越小；反之，監管方檢查的概率越大。

(8) 給定 θ、R、I、L 越大，q_3 越大，即執法者不廉政帶來的稅收損失越大，監管方檢查的概率越大；反之，檢查的概率越小。

(9) 給定 I、R、L、θ 越大，q_3 越大，即執法者不廉政的獲益乘數越大，監管方檢查的概率越大；反之，檢查的概率越小。

(四) 初步結論

(1) 執法者不廉政的概率隨著監管方監管成本的上升而上升，隨著執法者正常收益、不廉政帶來的稅收損失、不廉政被查出的處罰力度的上升而下降。（如果執法者不廉政的概率大於零，當有多個執法者時，就會出現不止單個執法者腐敗的情

---

① 現實生活中，「蒼蠅」的數量比「老虎」更多。高級幹部的貪腐行為性質嚴重，基層作風更直接影響群眾利益，更影響政府是否能樹立起清廉高效的形象。

況，因此群體性腐敗的行為在稅務機關實踐中也偶有發生。①

（2）理性納稅人天然具有向執法者行賄的動機。政府必須對執法者的權力進行有效監督，不受監督的權力必然導致腐敗，而且廉政建設是一項必須長期堅持而不能懈怠的工作。

（3）監管方檢查的概率隨著執法者不廉政被查處的處罰力度、執法者正常收益的上升而下降，隨著執法者不廉政帶來的稅收損失、不廉政的獲益乘數的上升而上升。處罰力度增強，執法者正常收益提升，不廉政的獲益空間縮小，監管者監督的力度就可以小一些；反之，監督的力度就要大一些。

此博弈模型是對現實問題的簡化和抽象，模型自身的假設跟現實生活不一定完全相符。例如，我們假設監管方對執法者和納稅人的處罰力度都是 I，實際上對兩者的處罰力度很有可能是有所區別的。另外，我們只從成本收益的角度考慮了懲罰給執法者帶來的心理成本 P，但執法者是否違法也會受到自身道德水準的制約。各種廉政案例的成因、發展、處罰結果根據現實情況的不同千變萬化，它們的運作跟模型不一定完全一致，博弈模型為我們提供的是一種從宏觀的角度分析問題、解決問題，尋求進步的方式。

我們可以看出，在稅務廉政關係中影響各方行為選擇的因素，既有自身對效用的考量，又有其他方的利益，任何一方都不可能獨自做出策略選擇，而要綜合考慮自身相關因素和對手的行為。在博弈達到均衡時，並不是說腐敗被徹底消滅了，廉政與腐敗是相伴相生、始終處於相互制約中的。這就要求各級稅務部門必須把廉政作為一項特別重要的責任，雖然我們會從經濟學視角來考慮各方成本收益，但廉潔廉政帶來的政治、經濟、社會價值是無法具體衡量的。

四、博弈視角下對公職人員乾淨用權基礎制度建設的啟示

（一）完善制度設計強化制約

公職人員的「理性經濟人」角色是廉政問題的根源，具體的制度設計可以改變個人對成本、收益的預期，從而最終決定其行為策略的取向。雖然對自身利益追求的動機不可能根除，但可以通過制度創新和加強制度約束來規範權力運行，規範公職人員行為，加大對不廉潔行為的處罰力度，降低不廉潔行為的獲益，最大限度地遏制腐敗問題的發生。一是堅持依法行政。逐步改變相關行政法律層級低、彈性大、執行標準不統一的局面，盡可能縮小權力尋租空間。二是加強內部風險防控。

---

① 例如，根據《國家稅務總局辦公廳關於「4.08」特大虛開增值稅專用發票案件查處稅務人員違紀違法情況的通報》，吉林省國家稅務局在輝南、柳河縣和雙遼市相繼發現了嚴重的系列虛開增值稅專用發票案件，共有 76 名違紀違法的涉案稅務人員被處理。「4.08」案件的發生，既有違法犯罪分子肆無忌憚瘋狂虛開增值稅專用發票的原因，也有地方政府畸形招商引資政策的催化作用。但最主要的原因，還是案發地稅務機關玩忽職守，嚴重失職瀆職。此案給加強廉政建設敲響了警鐘，必須保持警惕，加強對公職人員用權的監督，避免再發生此類性質嚴重、涉及面廣的案件。

完善內部監控體系，健全公共行政工作監督跟蹤方式方法，通過建立機制、規範流程、痕跡管理，降低行政執法基礎隨意性。三是改進監督機制。變「同體監督」為以「異體監督」為主導，「同體監督」為輔助，如稅務紀檢監察部門可以不受同級黨組的領導、牽制，只向上級紀檢監察部門負責；將監管力量更集中於提高監管質量而非擴大監管面；減少監督部門的執法成本，鼓勵公民積極參與監督和進行舉報，深入貫徹財產申報公開制度。四是明確處罰梯度，增強處罰力度並改善公共行政傳播方式，增加公職人員違法成本，增加其對風險預期。五是加強監管人員隊伍建設，保證公職人員素質高、業務精，保障監管質量。六是隨著整個社會物質精神生活水準的提高，應適當提升公職人員的待遇、職業成就感等，合理的工資雖不足以完全杜絕腐敗現象，但是可以降低腐敗的誘惑力。

(二) 加大信息公開盡力實現對稱

在廉政博弈中，絕對的信息對稱是不存在的，試想如果監管方掌握的信息與被監督者完全一致，腐敗問題將不再成為問題，變得非常簡單。雖然做不到對各方的真實情況或行為選擇完全清楚，但可以增加信息暴露程度，降低徇私的可能性。現實的情況是：一方面，對公權力的監督機制和制約體制還不完善，在發布公共信息時一般來說信息量比較小，內容存在含混不清，有些甚至使公眾產生誤解，實現不了良好的溝通效果。[①] 另一方面，受限於技術、輿論、公職人員能力素質等原因，政府對行政相對人的真實情況也不完全瞭解。加強信息溝通，努力實現信息對稱，即使不能達到信息對稱，但使政府部門以比較透明的形象出現在公眾面前，公職人員自然會更自覺地接受公眾監督，其行為也會得到較好的約束。因此，從政府機關來講，最好在立法、執法以及司法各方面都釐清行政主體、行政相對人雙方的權利和義務，進一步加大權力公開力度及群眾參與度和知曉度，充分發揮群眾的知情權、表達權、建議權、監督權等。從行政相對人來講，要進一步提高法律遵從，真實準確地向行政機關提供各類信息，並且從技術革新和改造這個角度，要在不侵犯行政相對人隱私的情況下，完善公共行政信息庫資料並實現共享共用，多使用大數據手段，減少信息不對稱帶來收益的可能性。

(三) 推動形成權力、權利博弈均衡

廉政的本質要求是一切涉權行為合法合規，營造公平、公正、公開透明的環境。行政相對人憑藉公共行政管理權的保障，可以獲得公平的生存和發展環境；而行政相對人權利的充分、有效行使，又能夠檢驗、促進公共行政管理權合法、合理地使用。以往研究公職人員乾淨用權，主要考慮如何限制公權力，但從博弈分析過程中我們發現，博弈均衡的良性互動要求不能有強權一方存在[②]，通過提升行政相對人權利，保障行政相對人與行政主體地位對等，能更有效地促進公權力被正確使用。發揮和協調好權力、權利的積極能動作用，實現廉政用權的目的，這是博弈的

---

① 易慧頻. 網絡公共領域中權利與權力的博弈 [D]. 武漢：華中師範大學，2011：10.

② 那力，臧韜. 稅收博弈論 [J]. 稅務與經濟，2008 (1)：53-58.

價值所在。規範行政主體權力運行,提高行政管理權行使質量,保障行政相對人權利,有助於實現權力與權利平衡,有助於在博弈各方進行相對持久的博弈後達到的均衡狀態,促進廉政建設不斷完善,實現公職人員乾淨用權的基礎制度保障。

參考文獻:

[1] 張維迎. 博弈論與信經濟學 [M]. 上海:上海人民出版社,2004.

[2] 陽穆哲. 腐敗問題的三方決策模型——委託人、代理人與尋租者的行為分析及反腐敗政策建議 [J]. 經濟科學,2001 (5):34-43.

[3] 張東輝. 委託—代理關係中腐敗的經濟學分析 [J]. 經濟問題,2002 (1):6-8.

[4] 李致平,董梅生. 腐敗的三方動態博弈模型及其治理對策 [J]. 運籌與管理,2003,12 (3):27-36.

[5] 餘平. 論憲法視域下的公民權利與國家權力博弈均衡 [J]. 卷宗,2015 (8):523-524.

[6] 方凱. 從博弈論視角看稅務反腐敗 [D]. 廈門:廈門大學,2015.

——《公職人員乾淨用權的基礎制度建構——基於稅務人員與納稅人權利博弈的研究》(四川國家稅務局課題組,組長秦凱,成員柳華平、王勇群、王瀟、李光武,執筆王瀟) 原載於國家稅務總局稅收科學研究所研究報告 (2017 年 10 月 30 日)。

2. 與組織同成長
——基於廣元國稅文化建設的研究報告

摘要： 本文基於四川省廣元市國稅系統文化實踐，遵循「背景—規劃—實施—總結」的研究思路，採用歷史和邏輯相結合的研究方法，以稅務文化的內涵、功能與要義，廣元國稅文化建設的基本背景、推進策略與載體、績效評估、問題與癥結為研究內容，對廣元國稅文化建設進行了系統研究。通過研究發現：抓好國稅機關團隊文化建設，理念上要樹立資源理念，規劃設計上要主體明確、主題鮮明，推進實施過程中要以人為本、註重行銷、豐富載體並堅持思想政治「二分法」。

關鍵詞： 稅務文化　廣元國稅　同成長

一、背景

文化是一種包含精神價值和生活方式的生態共同體，它通過累積和引導，創建機體人格。對一個組織而言，由於特定的環境條件和歷史傳統，形成了共同的意識形態、行為方式和規章制度，也就產生了特定的組織文化。稅務機關就是這樣的一個組織。基於課題研究的需要，本文僅研究狹義的國稅文化，即國稅機關團隊文化建設。

（一）稅務文化的含義與構成

稅務文化是稅務與文化的結合體，是稅務活動的文化表現，它體現在一個稅務工作者如何對待工作、如何對待納稅人、如何對待自己所處的工作環境上，是稅務人員長期累積沉澱的工作習慣和職業信念。國家稅務總局明確指出：「所謂稅務文化，是指稅務部門在長期的稅收實踐活動中累積形成的價值觀念、職業道德、管理制度、行為規範和各種物質形式的總和，包括精神文化、制度文化、行為文化和物態文化四個層面。」

據此，稅務文化主要體現在四個層面：一是表層的物態文化，包括稅收業務的物化成果——稅收收入、信息化程度、機關環境面貌等；二是淺層的行為文化，包括稅務員工在稅收工作中的言行舉止、形象形態等；三是中層的制度文化，包括稅務系統的各種規章制度、組織機構、管理機制等；四是深層的精神文化，包括價值標準、行業精神、職業道德、團體意識、工作目標和工作宗旨等。這四個層面緊密聯繫不可分割，在一般意義上講，精神文化是核心。

(二) 稅務文化的三重性

與其他公共組織相比，稅務機關有其獨特的機構職能、環境條件、歷史傳統和現實挑戰，在組織文化方面獨具特色。同時，作為社會文化的子系統之一，稅務文化還有一般文化的自然屬性和社會屬性。具體來講，稅務文化的特點主要表現在以下三個方面：

（1）社會屬性，即政治性。

（2）自然屬性，即技術性、規律性。

（3）獨特性。稅務文化既包括行業性，即姓「稅」；又包括地域性，即姓「廣」。

(三) 稅務文化的一般功能及資源價值

稅務文化在實踐中融合了其他文化形式的力量，表現為自己獨特的文化現象，它是從更高的文化層次上去認識稅務與經濟的關係、稅務與社會的關係、稅務與人的關係。加強稅務文化建設，應當充分認識其管理功能，發揮其科學的系統性作用，使稅務文化建設和稅收管理工作緊密結合，避免流於形式，避免落入「為文化而文化」的窠臼。擇要而論，稅務文化有如下功能：凝聚功能、導向功能、輻射功能、激勵功能、塑造功能。

一般而言，「資源配置」範疇中的「資源」總是指具有稀缺性的經濟資源——土地（自然資源）、資本（物質資本）、人力資源、技術資源。這些資源是生產過程賴以進行的不可或缺的「要素」。自馬歇爾以後，「組織」被正式地看成生產要素的形式之一。這無疑是正確的。但是「組織」顯然是不能單獨存在的，它必須與非組織資源要素共存並對其進行整合與安排，在此基礎上對比非組織要素在不同組織方式下的效率，可以分離出「組織」資源投入對產出的貢獻。由於「組織」不是一個獨立要素，因此人們傾向於將它對效率的影響稱為「x 效率」和「x 非效率」。

從組織和制度的角度看，稅務機關的職責是組織財政收入、提供納稅服務、實施稅收監管。稅務文化作為稅務機關的「軟實力」，雖然本身不直接創造價值，但因其具有規範、導向、約束、凝聚、激勵和調適等作用，可以參與價值創造，為價值創造服務。因此，稅務文化是稅務機關的重要資源。我們應當拋棄文化懷疑論、文化無用論、個人英雄主義等與實際不符的想法，著力做好稅務文化建設工作。

(四) 稅務文化的供給與需求

從需求角度講，隨著稅收工作的發展，物質需求逐漸得到滿足，精神需求的重要性日趨突顯，稅務文化需求日益增多。從管理角度講，管理包括經驗管理、制度管理和文化管理三個層次，其中文化管理居於最高層，是經驗管理、制度管理的昇華和延伸，最能滿足日益增長的文化需求。

1. 需求層面

從物的需求看，稅收的主業是徵管服務，這也是稅收工作存在的物質基礎。從

人的需求看，先進文化是激發人們創新熱情和智慧的原動力。按馬斯洛的需求層次理論，當人的生理需求和安全需求得到滿足之後，人的社會需求、尊重需求和自我實現需求就變得更加重要。具體到稅務機關工作中，對稅務人員而言，在基本生活得到滿足的基礎上，就有更多歸屬與愛的需要、被尊重的需要和創造性工作的需要；對上級稅務機關而言，除了有讓下級完成基本工作任務的需要外，還有更多讓下級做好危機管理、開展工作創新的需要；對下級稅務機關而言，在滿足人員、薪酬、職級和業務指導等基本需求外，還有更多受到上級關照、被其他機關高看一眼的需要。而這些新的需求，僅僅靠原有的經驗管理和制度管理是滿足不了的，稅務文化管理呼之欲出。

2. 供給層面

從組織看，稅務文化也是一種組織文化。組織是一個構架體系，是稅務文化建設的物質載體。在稅務文化建設中，組織本身就是主體，既是文化建設的組織者，又是文化建設的實施者，也是降低文化建設成本的責任人。從員工隊伍看，以人為本是稅務部門開展文化建設的核心，這個理念涵蓋了稅收事業和團隊員工的一切思想與行為，是稅務系統信奉並付諸實踐的價值理念與行為體系，是所有稅務職工共享並傳承給新成員的一套價值觀、共同願景、職責使命、思維方式以及行為模式，它代表了被稅務職工認同的思維方式、道德觀念和行為準則。在稅務文化的建設過程中，人人都是建設者，人人都是參與者，人人都是受益者。從領導團隊看，領導團隊的強弱，直接決定了一個單位凝聚力和向心力的強弱，決定了一個單位文化建設的成敗。在稅務文化建設實踐中，領導團隊應「有所為，有所不為」，即在「小事」上有所不為，在「大事」上有所為。各單位主要負責人，既是團隊文化建設的第一推動力，也是機關文化建設的第一責任人。可以說，領導團隊的價值主張是團隊文化的靈魂所在，主張什麼樣的團隊價值，就會形成什麼樣的團隊文化。

（五）稅務文化的發展規律

稅務文化的發展同產品研發、生產、銷售一樣，同樣要經歷一個開發、引進、成長、成熟、衰退到再發展、再成熟的生命週期。稅務文化的發展過程就是稅務文化產品開發、生產、銷售的過程，是一種精神產品生產的過程。

從稅務文化發展規律來看，稅務文化隨著稅收的起源、稅收的發展而不斷發展。與不同時期的稅收思想、稅收制度和稅收管理方式相適應，形成了不同時期獨特的稅務文化，並不斷發展演變。

二、規劃：廣元國稅文化框架

廣元文化歷史悠久、交流頻繁——農耕文化與草原文化、山地文化與平原文化、傳統文化與現代文化兼容並包；三國文化、紅軍文化和民俗文化水乳交融；地域文化、行業文化、時代文化錯落有致。這種文化環境和文化氛圍對當地稅務工作影響甚巨。

按照廣元市國稅局黨組的闡釋，所謂廣元國稅文化，就是廣元國稅人之所以為廣元國稅人、廣元國稅之所以為廣元國稅而不是其他的制度性守護，既姓「廣」，又姓「稅」。廣元國稅作為一個家庭、一所學校、一支軍隊，期望廣元國稅人每天進步一點點，一如既往地保持對生命的熱愛與尊重、對文明的傳承和追求，用行動和事實印證生活的美、優雅和智慧。簡而言之，廣元國稅文化就是廣元國稅人的精神價值、生活方式和集體人格。

（一）組織宗旨：為國聚財、為民收稅

「為國聚財，為民收稅」反應了社會主義稅收的本質，體現了科學發展觀的基本要求，是「立黨為公，執政為民」在稅收領域的具體體現，是稅務部門執法思想的重要昇華，是全部稅收工作的根本出發點和落腳點。「聚財」「收稅」概括了稅收工作的職能作用和基本屬性，解決了工作「是什麼」的問題；「為國」「為民」揭示了新時期稅收工作目標和任務，解決了工作「為什麼」的問題。

廣元市國稅系統把「為國聚財，為民收稅」作為組織宗旨，融入稅務文化建設的各個方面，較為充分地體現了稅務文化的社會屬性、自然屬性及其獨特性，發揮著稅務文化凝聚、導向、輻射、激勵和塑造等一般功能。

（二）主題：我與廣元國稅同成長

在稅務文化建設實踐中，個人、團隊、任務是相互交匯的三個圓，三者之間既有獨立性、分割性，又有統一性、協調性。在統籌分析三者利益共同點的基礎上，按照上級國稅機關關於加強責任文化、和諧文化、服務文化和廉政文化建設的總體佈局，廣元國稅將「我與廣元國稅同成長」確立為稅務文化建設活動主題，體現了任務完成、組織發展和個人成長的統一，體現了科學發展觀，體現了以人為本，體現廣元國稅人做工作、幹事業既見物，又見人，為了人、依靠人、發展人，組織為我，我為組織，有利於在團隊員工中樹立「我」與「國稅」共同成長的文化理念，實現個人和組織的共同發展。

圍繞「我與廣元國稅同成長」這一主題，廣元國稅在謀劃整體發展時，關注團隊員工個人發展，將員工成長成才作為國稅事業發展的「基礎產業」，為員工成長成才搭建平臺，營造環境，實現團隊和個人的協調發展。同樣，團隊員工個人在團隊發展中註重實現自身的發展，並為團隊發展做出貢獻，樹立個體與團隊互為依存、共同成長的文化理念，以實現單位、團隊、自我三者的共同發展。

（三）願景：實現自我超越，共鑄和諧國稅

「和諧國稅」是一個永恆的目標，既是廣元國稅人的現實追求，又是廣元國稅人的共同理想。「自我超越」是共鑄和諧國稅的出發點、動力、源泉和活力所在。這就要求團隊員工要時刻自我審視、自我檢討、自我發現、自我修復，把「自我」放在團隊或更加開放的群體中，以第三者的視角去審閱，既不孤芳自賞，又不妄自菲薄，尋找「自我」的優點和弱點，達到自我發現、自我設計、自我實現。在超越的方法和途徑上，團隊員工要力爭先人一步、快人一拍，實現起點超越；壓縮時

間，提高效率，實現時間超越；勇於創新，轉變理念，實現性質超越和境界超越。

（四）基本理念：資源、服務、開放

1. 資源理念

稅收工作是一種資源，工作環境是一種資源，員工隊伍是一種資源。資源稀缺、資源可貴，我們應當倍加珍惜。我們應通過實施稅收資源戰略管理和營運管理，合理有效地利用資源；通過強化效率意識，提高辦事效率，實現資源耗費最小化、工作效能最大化、工作績效最優化，最大限度地發揮每個稅務人員的潛能和稅收工作職能。

2. 服務理念

服務是一切工作的實質。「我為人人，人人為我」是現實社會優秀服務品質的體現。服務的實質就是一種「產品」。「稅務工作」這一產品，必須做精、做實、做細，堅持「客戶」為本、服務至上。我們應通過誠信溝通、規範服務、優質服務增進理解，來構建和諧的徵納關係和內部人際關係；通過強化法治意識，正確處理好執法與服務的關係，在服務中執好法，在執法中服好務。

3. 開放理念

國稅系統實行垂直管理體制，既有內在的穩定性，又有相對的屏蔽性。廣元市受空間、地域因素導致的封閉性影響，較沿海發達地區、四川省內先進地區在信息獲取、工作溝通上尚存在一定差距，宜致力於用更加高遠、更加開放的視野來檢討自身的工作。樹立開放理念，需要放下架子，取人之長、補己之短，把歷史的和其他先進地區、兄弟單位的經驗與教訓變成團隊共享的財富。

（五）基本思路：強基礎、優管理、求發展

1. 強基礎

強基礎要求夯實國稅之根基，牢牢把握稅收主業這個中心，重點強化基層基礎、業務基礎、政務基礎和事務基礎建設，健全科學規範、集約效能的稅收工作機制制度體系，著力構建統籌協調的一體化格局，提升稅收工作整體效能。只有基礎牢固了，國稅事業才能源遠流長。

2. 優管理

優管理要求抓住工作重點環節、核心因素，加強問題管理、項目管理、風險管理；按照精練、簡約、高效的要求，加強精細管理、數據管理，著力提升稅收管理科技含量、稅收徵管能力、稅源監控能力和稅務工作質量總體水準。

3. 求發展

求發展要求提升素質求發展，切實加強員工教育，有效實施能力培訓工程，全面提升員工隊伍素質，增強學習力、創新力；強化責任謀發展，引導員工用心工作、快樂工作、安全工作；優化服務促發展，科學辨證處理好執法與服務的關係，提升徵納和諧度、客戶滿意度、社會美譽度，逐步形成法治公平、規範有序、遵從良好、和諧文明的稅收環境。

（六）基本要求：求是、務實、落實

1. 求是

求是要求在工作中既「摸著石頭過河」，又注重及時總結經驗、檢討問題、分析研究，以把握稅收工作發展的客觀規律，不急功近利，戒驕更戒躁。

2. 務實

務實講究踏實不求浮華，用簡單有效的辦法規範地解決好複雜的矛盾問題，讓組織的決策更接近實際一些，更貼近員工隊伍一些，更科學、合理、有效一些。

3. 落實

落實要求不說大話、空話，只為成事想辦法，不為失誤找借口，對各項工作部署嚴格執行，具體到位，不推諉、不拖延、不應付，確保「落地、生根、開花、結果」。

（七）營運目標：一個家庭、一所學校、一支軍隊

在稅務工作中，廣元國稅堅持把員工隊伍建設作為第一產業，把納稅服務與稅收徵管作為第二產業，把政務工作作為第三產業。在組織營運目標上，廣元國稅著力把工作團隊打造成為一個家庭、一所學校、一支軍隊。

一個家庭，就是人人都是主人翁、人人都是責任人，大家相互包容、相互尊重，彼此關愛；一所學校，就是人人都是老師、人人都是學生，時時、處處、事事皆學問；一支軍隊，就是強調戰略執行，做到政治堅定、紀律嚴明、作風頑強、敢打硬仗、善打硬仗、招之能來、來之能戰、戰之能勝、戰無不勝。

綜上所述，廣元國稅文化基本框架，同樣可以用一個「四層同心圓」來表示。

最外面的一層是國稅形象。這包括組織營運目標及其執行，也就是一切能為人們所感知的東西。

第二層是國稅行為。這包括依法行政及內部營運管理的運作，也是稅務機關實施的各種行為。

第三層是國稅理念。這包括廣元國稅對於各種相關問題的看法。

第四層即最裡層是國稅核心價值。這包括團隊宗旨、主題、願景，從領導到每一名團隊員工的人生追求，這也是國稅文化建設最根本的目的（終極價值目標）。

這幾個層次之間的關係，概括而言，內層是外層的根據，外層是內層的表象。廣元國稅團隊的形象是由團隊的行為決定的，團隊的行為是由團隊的理念決定的，團隊的理念是由團隊的精神核心決定的。反之，廣元國稅團隊的根本的價值觀（精神核心），決定團隊在各種問題上所持的理念，支配團隊在各方面的舉措，塑造團隊的具體形象。

廣元國稅文化的層次結構還可以用一棵大樹來說明：稅務形象猶如「樹冠」，稅務行為猶如「樹枝」，稅務理念猶如「樹干」，稅務精神猶如「樹根」。樹冠覆在樹枝上，樹枝長在樹干上，樹干發在樹根上。「根、干、枝、葉」渾然一體，才能形成生機盎然的「參天大樹」。

三、實施：基本推進策略與載體

廣元國稅在文化建設中較為註重方式方法，註重依託一定的組織形式。擇要而論，這可以概括為「2+4」，即2個策略、4個載體。

（一）2個策略

1.「刺猬理念」：簡單+專注

狐狸是一種狡猾的動物，它能夠設計無數複雜的策略，偷偷向刺猬發動進攻。但每一次刺猬都蜷縮成一個圓球，渾身的尖刺指向四面八方。儘管狐狸比刺猬聰明，但是在實際中屢戰屢勝的卻是刺猬。這則寓言說明，刺猬能把複雜的世界簡化成單個有組織性的觀點，即以一條基本原則或一個基本理念，發揮統帥和指導作用。不管世界多麼複雜，刺猬都會把所有的挑戰和進退維谷的局面壓縮成簡單的「刺猬理念」。

「刺猬理念」強調深刻思想的本質是簡單。它告訴我們：專注自己的核心競爭能力，而不去輕易分散自己的精力和資源。正如刺猬的高明之處在於總是盡量簡化複雜的世界，尋求明確集中的目標，做一樣，專一樣，精一樣，做到極致。

廣元國稅團隊在工作中註重堅持「刺猬理念」，即擁有明確而集中的目標，把自己的時間、精力和智慧凝聚到所要幹的重要事情上，從而最大限度地發揮積極性、主動性和創造性。例如，堅持共同願景不動搖。廣元國稅在2004年創建學習型組織時，提出了「實現自我超越，共建和諧國稅」的共同願景。多年來，廣元國稅黨組按照大道至簡的原則，持續秉承「實現自我超越，共建和諧國稅」的共同願景，並在過去的基礎上進行了進一步的深化和拓展，使員工隊伍對「實現自我超越，共建和諧國稅」這一共同願景更加內化於心，外化於行。

2. 強化行銷：批發+零售

稅務文化建設的基石是人人參與。文化是土壤，產品是種子，行銷好比是在土壤裡播種、耕耘，培育出品牌這棵幼苗。文化的活力不是天生的，而是憑藉領導團隊有意識地不斷注入變革力量而產生的。就稅務文化而言，領導團隊要強化溝通、協調，變「單打獨鬥」為合作共贏。領導團隊可以通過演講、公開信、面對面交流、私密溝通等方式向員工傳播稅務文化的內涵，使稅務員工緊密結合在一起，為一個共同的目標而努力。近年來，廣元國稅十分註重「主題與願景」的批發與零售。例如，廣元國稅主要負責同志自2008年1月以來，圍繞廣元國稅工作團隊的宗旨、主題、願景、基本理念、思路、要求和組織營運目標，代表黨組每月給廣元國稅系統員工撰寫一封公開信，與大家交流思想，傳播積極向上的人生理念，進行「批發式」的行銷；同時，通過經常與團隊員工面對面、點對點的交心談心、電話交流、郵件聯繫，開展「零售式」的行銷。實際上，人們只有認為願景可以實現，才會相信團隊的主張是正確的和可信的，才能融入團隊的文化氛圍之中。

（二）4個載體

1. 載體之一：用口講

（1）開展「我與廣元國稅同成長」主題系列演講活動，以輝煌篇、感恩篇、責任篇為主線，暢談國稅發展取得的顯著成就。

（2）開展「我與廣元國稅同成長——我來講一課」主題冬訓、春訓活動以及會前講學活動，深化在崗業務講學，包括講自己的經驗和教訓、優點和不足，引導團隊員工「自我審視、自我發現、自我設計、自我實現」。

（3）開展廣元國稅領導為新錄用公務員講一課、「人生感悟大家談」、職工光榮退休儀式，宣講國稅文化理念，傳承國稅文化精神。

（4）開展「我與廣元國稅同成長——專家講座」活動，邀請專家給員工作專題講座。

2. 載體之二：用手寫

（1）廣元國稅黨組按月向廣元國稅系統員工寫一封公開信，進行心理溝通，交流互動。

（2）以總結式、體會式或研究式、案例式的方法，開展全員撰寫個人工作 ABC 活動，達到開放式、總結式、比較式學習的目的。

（3）鼓勵團隊員工多讀書、多思考，多寫讀書體會、調研報告、散文、詩歌等各種體裁的文章，提升思考、寫作和欣賞的能力。

（4）外出學習人員培訓結束後，撰寫培訓心得體會，與同事交流分享培訓收穫。廣元國稅組織編寫《我的工作 ABC》《我的八小時之外》《稅月情懷》等稅務文化建設系列叢書 10 餘冊，共 100 餘萬字。

3. 載體之三：用心帶

廣元國稅開展「師帶徒」結對幫帶和「上掛下派」幫帶活動，讓新參加工作的人員、輪崗換崗到新崗位的人員和業務技能急需提高的人員，在「老師」的幫帶下，盡快熟悉工作，成為業務能手。例如，朝天區國稅局在大幅度提高員工隊伍能力素質上下真功夫，通過老帶新、熟帶生，師徒在結對幫帶中互相學習、共同進步。目前，廣元國稅團隊員工全部達到大專以上學歷，註冊稅務師、會計師、省級徵管稽查能手等骨幹人才占職工總數的 15% 左右。

4. 載體之四：用績賽

廣元國稅搭建個人成果展示平臺，建立個人成長評價體系，按照參加稅務工作年限、崗位類別，分類開展軍轉員工業務知識競賽、徵管稽查能手選拔、企業所得稅業務知識競賽、文秘檔案人員競賽等各級各類業務競賽活動；採取考試考核、競賽評比、民主推薦等方式，開展學習之星、敬業之星、服務之星、創新之星等「國稅之星」評選活動。

四、總結：廣元國稅文化特質檢討

（一）特質一：超越物本，走向人本

講以人為本，到底什麼是人？人本身是什麼？廣元國稅給出了自己的見解。認識自我非常重要，每一個人實際上都有三個自己：物質世界的自己、精神世界的自己和藝術世界的自己。一個人必須是物質世界、精神世界和藝術世界的完美結合體，人格才會健全，否則就是一個不健全的人。廣元國稅強調以人為本，這是對組織來說的。而對員工個人來說，首先應認識我是誰，這就需要員工自尊、自重、自醒，自己尊敬自己、看得起自己、勇於展示自己。

借鑑日本著名管理學家稻盛和夫先生的公式，概括出以下人生等式：

人生的結果＝人格［-100/100］×能力［0，100］×健康［0，100］×安全［0，100］×職業［-100，100］

實際上影響人生的結果的因素還有很多，如果把人生作為一門科學，即「人學」，可以這樣理解上述公式：括號內的數值代表各元素的分值區間。顯然，正能量的人生是積極向上的，而負能量的人生是消極灰暗的。

人們快樂不快樂、健康不健康、和諧不和諧與公式中的幾個因素都是緊密地聯繫在一起的。當然這幾個因素之間也有其內在的邏輯聯繫，能力越強、人格越健全，可能就越健康、越安全，職業也會越好。因此，在實際工作中，廣元國稅十分註重對團隊員工的心理教育、能力培訓、黨風廉政建設以及體制內民生關懷。

需要說明的是，人性化不是一種手段，不是說不批評、不懲罰就是人性化。事實上，真正的人性化是以對員工的終生職業生涯發展為基礎的責任文化。如果人性化成為放縱管理的代名詞，那麼所謂的對員工負責、對組織負責、對事業負責都是一句空話，更別說什麼團隊文化了。

（二）特質二：竹式生存，團隊共生

竹子的生存生長有其特有的「風骨」，竹子有這樣幾個特點：一是共生群生，人們往往看到的是竹林而不是孤零零的一棵竹子；二是空明虛心，所有竹子的中間都是空的，都有容納能力；三是本分守篤，一節一節地生長，生長一段就扎一個箍，再生長一段就再扎一個箍，即會總結、會反思；四是適時適度低頭，抵禦風寒。廣元國稅要求團隊成員作為家庭成員、學校學員、軍隊戰士，應學會竹式生存、團隊共生，學會團結、容納、總結和反思，學會與現實對接，低調做人，低調處事，這樣才能不斷地成長和發展。

（三）特質三：員工的心，組織的根

近年來，廣元國稅圍繞培養團隊員工對國稅機關的認同感、歸屬感和作為國稅職工的自豪感，以「我與廣元國稅同成長」為主題，註重機制與載體，加強願景教育，引導職工找優點、找亮點、找缺點，自我發現、自我設計、自我實現，達到個

人價值實現與組織事業發展目標的統一。

廣元國稅在實際工作中不僅註重以人為本，更加註重心本管理，心在，愛在，一切在。2008年5月12日汶川大地震後三年時間，廣元國稅的事業發展取得了突破與跨越，從原地起立到跳起摸高，再到追趕跨越，不僅實現了廣元國稅的「華麗轉身」，也使得團隊員工常懷感恩、奮進、自信之心，知恩、知責、知足、知進。所謂知恩，知社會之恩、知黨之恩、知政府之恩、知組織之恩、知戰友之恩、知親人之恩。所謂知責，因為歷史的選擇，就必須勇於擔當、敢挑擔子、善挑擔子、決不服輸、決不後退，必須用心想事、用心謀事、用心干事、用心成事。所謂知足，知足者常樂，知足者長壽。組織也是人，不是神，人格化的組織與團隊每位成員一樣，既有優點也有缺點。對此，大家應學會欣賞、學會包容，著力推進成員民主建設。所謂知進，「逆水行舟，不進則退」，對新形勢、新問題、新任務，整個團隊必須齊心協力、同舟共濟，駕乘「廣元國稅之舟」奔向新的幸福之港。

在實際工作中，廣元國稅註重思想、政治工作「二分法」，倡導辯證地看待思想政治工作，將思想和政治切割為兩個不同層面，註重區分二者不同性質、內涵、特徵、主體及其相互關係等元素，並予以適當方式具體應對。具體來講，政治是公開的、透明的、公眾的，主要解決國家、組織的方向性問題；思想是私密的、私人的、個性的，主要解決個人問題。政治工作講黨性，要求不亂思、亂想、亂說、亂為，正確地思考和行動，自覺把言行統一到黨和國家的大政方針上來；思想工作講技術性，要有針對性、個性化地解決團隊成員具體問題，允許創新，允許在框架內自由發揮。區分思想工作和政治工作二者性質有助於防止無所不包、無所不能的「萬能論」，防止越位、缺位、錯位，增強了工作的針對性、實效性。

五、績效：基本成果與SWOT分析

根據公共部門績效評估的原則，檢驗稅務文化建設的標尺同樣體現在四個方面，即經濟性（Economic）、效率性（Efficiency）、效能性（Effectiveness）、公平性（Equity）。這裡結合「4E」理論，從宏觀角度來簡要評估廣元國稅文化建設的績效。

（一）基本成果：三種財富

1. 物質財富

較好地完成了各項經濟稅收工作任務。

2. 人才財富

廣元國稅高度重視人才培養工作，始終把人才培養放在先導性、基礎性、戰略性地位抓優抓強。廣元國稅把員工教育培訓作為「第一產業」，把員工能力素質作為第一生產力，讓廣元國稅不僅是一個組織稅收收入的機構，也是一所培養人才的學校，是一個「人才工廠」。局長就是校長，人人都是老師，人人都是學生，時時處處事事皆學問。領導團隊要像重視自己子女的教育一樣重視團隊員工的教育；團

隊員工要像重視自己子女的教育一樣重視自己的教育。目前，廣元國稅現有在職團隊員工 732 人，其中博士、碩士研究生 9 人，占 1.2%；黨校研究生 12 人，占 1.6%；本科學歷 374 人，占 51.1%；專科學歷 314 人，占 42.9%。專科以上學歷比「十五」末提高了 6.4%，達到 96.8%。廣元國稅獲得省局級以上能手標兵稱號 67 人，市級能手標兵 191 人，占職工總數的 35.2%；註冊會計師、註冊稅務師、律師等「三師」44 人，初級以上職稱 106 人，占職工總數的 20.5%。同時，廣元國稅還鼓勵團隊員工參加清華大學、中國人民大學、電子科技大學、西南財經大學、省委黨校等院校研究生學習。廣元國稅有 4 人獲得省部級以上表彰，其中青川縣局安斌獲「全國五一勞動獎章」；103 人獲得市廳級表彰，其中青川縣局劉利軍被中共廣元市委授予「為民服務創先爭優十佳服務明星」稱號。

3. 精神財富

「我與廣元國稅同成長」稅務文化建設主題的實施，在團隊員工中樹立「我」與「國稅」互為依存、共同成長的文化理念，實現了個人和組織的共同發展，增強了團隊員工對國稅組織的認同感、歸屬感和使命感，塑造了團隊員工敢於擔當、勇挑重擔的精神品質，展現了廣元國稅人「血在，生命就要向前流動」的精神品質和意志力，「一個家庭、一所學校、一支軍隊」氛圍初步形成。

（二）現狀檢討：SWOT 分析

本文通過對廣元國稅文化建設進行 SWOT 分析，指出廣元國稅文化建設的優勢和劣勢，找出存在的機會和威脅，並提出解決問題的關鍵，揚長避短，為加強稅務文化建設提供參考，從而促進稅收事業的發展。

1. 優勢（Strength）

（1）依託黨組織推動，全員參與。

（2）制度逐步完善，管理不斷創新。

（3）行為有效規範，形象穩步提升。

2. 劣勢（Weakness）

（1）領導層面：加強稅務文化建設的意識尚需加強。由於歷史的原因，領導者對稅務文化仍然感到陌生、抽象，更多註重開展具體稅收徵管工作，不註重或者說難以在具體稅收工作中提煉和建設稅收文化。

（2）員工層面：現代市場經濟文化理念缺失。這主要表現為一定程度上的小富即安、自我滿足、自我平衡、自我保全、不願改變現狀、不願冒風險、不願努力競爭。這種觀念是以一定的物質基礎和安全保障為前提的肯定性、自足性、消極性、懶惰性的心理反應，體現在個別員工身上，強化了歷史和文化的延續力，造成了「向後看」的積習和守成傾向，從而消磨了進取心和創新精神，使小富即安觀念在制度性強化中日益穩固。應該說，小富即安觀念作為一種心理需求和心理態度，對保持心理平衡和維護社會穩定具有一定的積極意義。但小富即安觀念停留於對現實的肯定，希望生活狀況保持不變，導致因循守舊，習慣於憑老辦法想問題、做工作；安於現狀，缺乏工作激情，做事缺乏主動性、創造性；不思進取，不注意汲取

群眾創造的新鮮經驗，這從根本上和最終意義上是一種消極落後的社會心理。

（3）工作層面：畏難情緒尚需克服。在實際工作中，時緊時鬆、時重時輕，缺乏必要的連貫性，致使個別同志認為「文化」深不可測，從而產生了畏難情緒。

3. 機會（Opportunity）

（1）國家宏觀環境給稅務文化帶來新的發展機遇。

（2）中國的稅制和稅務工作不斷改革和完善。

（3）稅務文化建設的時機已然成熟。

4. 威脅（Threat）

（1）發展不平衡、不協調、不全面。發展缺乏較為整體規範的策劃，「盲人摸象」「各地為政」。正所謂「凡事預則立，不預則廢」，稅務文化建設如果沒有一個長遠規劃將會事倍功半。

（2）廣元國稅文化建設與稅收事業蓬勃發展的形勢相比有一定差距，與一些兄弟行業的文化建設相比尚有差距。文化建設在整體層面上還要加強。

稅務文化建設是一項系統工程，涉及方方面面，需要循序漸進、長期發展，需要全員參與、全心投入、全力實施。為解決稅務文化建設過程中出現的問題，實現稅務文化建設工作的新突破，通過 SWOT 分析，我們認為應進一步研究其工作目標、基本要求和路徑選擇等問題，充分發揮稅務文化的導向、凝聚、約束、激勵功能，進一步提高廣大國稅人員的積極性、主動性和創造性，增強國稅系統的凝聚力、學習力、執行力和創新力，為促進國稅事業和國稅工作團隊的全面發展提供強有力的思想基礎、精神動力和智力支持。

六、結語

通過對稅務文化的內涵、功能與要義的疏理，對廣元國稅文化的基本背景與框架、推進策略與載體、績效評估等問題的研究分析，我們得出了以下幾點啟示：

第一，樹立資源理念。資源寶貴，資源稀缺。稅務文化作為稅務機關的「軟實力」，是加強稅收管理、提升稅收徵管質量和效率的寶貴資源，必須把稅務文化建設好、運用好和發展好。

第二，主體明確。從稅務文化的供給與需求來看，人是中心，是最活躍、最能動的因素。稅務文化建設要體現人人都是建設者、人人都是參與者、人人都是受益者的主體意識，一切依靠人、為了人、發展人。

第三，主題鮮明。一篇文學作品、一部電影都有其要表現的鮮明主題，一項工作也要有自己的主題，「我與廣元國稅同成長」就是廣元國稅文化建設的主題。

第四，註重行銷。稅務文化建設的過程，也就是稅務文化行銷的過程，是稅務文化開發、引進、成長、傳播的過程。強化稅務文化行銷，稅務文化才有生命力，才能發展繁榮。

第五，豐富載體。稅務文化建設需要一定的表現形式、一定的承載物。廣元國稅用口講、用手寫、用心帶、用績賽就是文化建設的生動載體，能有效地把文化建

設做到員工隊伍中去，做到稅收業務工作中去。

第六，以人為本。堅持以人為本是科學發展觀的核心與本質，也是稅務文化建設的出發點和落腳點。廣元國稅文化從推進策略到載體選擇，從特質檢討到績效評估，都始終堅持以人為本的價值理念。

第七，思想政治「二分法」。這是指用客觀和辯證的方法看待思想政治工作，區分「思想」方面的問題和「政治」的不同特徵，採用不同的方式解決「思想」方面的問題和「政治」方面的問題，增強工作的針對性和實效性。

以上這些啟示，僅是廣元國稅文化建設的一些草根探索和實踐。稅務文化建設，不是一成不變的，而是隨著時間、地點和事物的改變而不斷變化發展的，需要不斷地引進先進理論，學習先進經驗，探索先進方法，提升文化建設的品位，使文化「軟實力」真正轉化為國稅事業和國稅工作團隊全面發展的「硬力量」。

參考文獻：

［1］曼昆. 經濟學原理［M］. 梁小民，譯. 北京：北京大學出版社，1999.

［2］王吉鵬. 價值觀的起飛與落地［M］. 北京：電子工業出版社，2004.

［3］陳青文. 以先進稅務文化推進事業新發展［J］. 中國稅務，2013（5）：31-32.

［4］喬忠. 管理學［M］. 北京：機械工業出版社，2011.

［5］李岩. 稅務文化建設的探索與思考［J］. 中國稅務，2014（1）：41-43.

［6］楊東濤. 從口號到行動：A. O. 史密斯公司的文化建設之路［M］. 北京：北京大學出版社，2011.

［7］婁逢堂. 以文化視角加強幹部隊伍建設［J］. 中國稅務，2013（8）：62-63.

——《與組織同成長——基於廣元國稅文化建設的研究報告》（柳華平）原載於《經營管理者》2015年第20期。

3. 推動廣元經濟開發區經濟優勢向財政優勢轉變
——基於國稅視角的研究報告

廣元經濟開發區 2012 年成功升級為國家級開發區，迎來了新的發展機遇。推進開發區從工業強區向稅收大區跨越，實現經濟優勢向財政優勢的轉變，上有要求下有需求，外有壓力內有動力。對此，我們從國稅視角做了專題研究。

一、開發區經濟與稅收呈高度正相關性特點

（一）廣元工業先導區戰略——總體驅動做大稅收收入規模

開發區是工業產業聚集地，第二產業在開發區經濟發展中始終占主導地位。從工業總產值增幅看稅收增幅，工業總產值由 2008 年的 46.5 億元，增長到 2013 年的 420 億元，增幅達 803%。2013 年，開發區第二產業、第三產業結構比調整到 79.6∶20，產業比重日趨合理，新興產業占工業增加值的比重達到 60% 以上。在近年稅收政策基本穩定和結構性減稅的大趨勢下，隨著區域經濟發展和稅收管理質量與效益不斷提升的雙重因素驅動，國稅收入總量持續攀高，從 2008 年的 7,808 萬元增長到 2013 年的 18,790 萬元，增幅達 141%。從工業投資增幅看稅收增幅，重點投資的工業項目中，電子機械這一主導產業占全市工業總量的 90%，成為全市工業板塊的主力軍；食品飲料成為另一主導產業；生物醫藥產業也迅速崛起，發展勢頭強勁。三大行業的領軍企業長虹、娃哈哈、新中方「磁性效應」裂變為牽引稅收增長的主要原動力。2013 年，三大行業實現國稅收入 13,715 萬元，占開發區國稅總收入的 73%。年納稅 50 萬元以上的 35 戶企業中，26 戶是工業企業，貢獻稅收 16,801 萬元，占國稅總收入的 89%。可見，工業經濟發展是決定稅收增長的客觀基礎，工業經濟總量在很大程度上決定了開發區的稅收規模。

（二）園區發展——開發區稅收收入增長「引擎」的重中之重

近幾年，開發區依託「七園一區、一園一主業」的構想，突出有色金屬、電子機械、新能源、醫藥、食品飲料、新型建材等主導產業，強化產業鏈培育，配套集群招商，「3+5」產業體系基本形成，主導產業鏈初步構建，產業集群發展初具雛形，建成七個功能園區。尤其是近四年來，園區招商引資項目 150 個，簽約資金達 256.1 億元，隨著吉利汽車城、長虹 200 萬臺電視整機等重點項目的開工建設和順

利投產，形成了一批新的經濟增長點和稅源增收點。2013年，七大產業園區實現國稅收入16,269萬元，占國稅總收入的87%。

（三）企業——主體效益提升促進稅收收入結構優化

企業效益逐步提升，國稅收入結構不斷優化，由以增值稅主體收入為主轉變為增值稅與所得稅強強聯合雙主體的稅種結構。所得稅占比從2008年的15%增長到2013年的26%，所得稅對地方公共財政收入的貢獻占到35%，與增值稅所占比重漸趨均衡，逐步形成對地方財力貢獻的雙輪驅動格局。

二、開發區經濟優勢向財政優勢轉變存在六個方面約束

（一）抗風險能力不強

開發區經濟結構單一，經濟稅源過度依賴主導行業中極個別支柱企業，抗風險能力較弱。截至2013年年底，開發區年納稅50萬元以上的重點企業35戶，僅占納稅總戶數的11%，貢獻了93%的國稅收入，而廣元娃哈哈一個集團企業就貢獻了50%的國稅收入。根據稅收與國內生產總值總量相關性一般規律分析，當主導產業發生變化時，因骨幹稅源所占比例較大，其他稅源難以左右稅源發展趨勢，支柱稅源成本上升，將極大影響開發區經濟狀況。例如，啓明星鋁業受國際和國內市場的影響，國稅收入從2007年的9,019萬元逐年下降，2008—2013年分別為2,741萬元、673萬元、253萬元、748萬元、511萬元、176萬元，形成了巨大的收入「窟窿」，導致開發區財政收入承受了巨大的下行壓力。同時，89%的小稅源中部分稅源暫不能給開發區培植豐盛的稅源，並且由於其經營的不穩定性日常稅收徵管也增加了難度，極容易形成漏徵漏管，存在隱憂。

（二）工業產值和稅收貢獻匹配性不高

2008—2013年，開發區工業總產值增加373.5億元，增長9倍多。但是，2008—2013年，國稅收入僅增加10,982萬元，增長2.4倍，增幅遠遠低於工業增加值增幅。這說明開發區部分工業企業稅收附加值和盈利能力比較差，儘管產值大，但是稅收貢獻很低，產值和稅收貢獻嚴重不匹配。例如，廣元長虹電子科技有限公司2013年實現銷售收入近25億元，但繳納增值稅僅794萬元，增值稅稅負僅為0.3%，廣元啓明星鋁業稅負更是跌至歷史最低點0.09%，造成了開發區工業企業增值稅稅負長期處於全市低位。

（三）企業所得稅對地方公共財政收入貢獻偏低

歷史經驗和發展規律都表明，國民收入發展到一定程度，以企業利潤為基礎的所得稅收入一定會有較大幅度的增長。開發區的具體情況卻與此不盡相符。這說明，政府大量基礎建設投資和企業資金技術的投入尚未得到相應的回報，投入與產出不匹配，現有部分企業發展後勁不足，自然影響企業所得稅貢獻度。

（四）部分增量企業創稅能力不強

從近年收入情況看，70%以上的稅收是由存量企業創造的，而當年度成立的企業受現行稅制影響在當期沒有形成稅收能力，甚至出現部分落戶企業長期沒有實際經營收入和效益，一定程度上存在「招商開花，稅收無果」的怪現象。近年來，國家先後推出一系列結構性減稅政策，尤其是增值稅一般納稅人購進機器設備等固定資產均可按比例抵減增值稅政策，對開發區引資新辦企業實現稅金造成很大的影響。開發區的引資新辦企業多為投資較大的工業企業，由於前期投入較大，購進的機器設備多，增加了進項稅金抵扣，因此在建成投產的 1~2 年內難有增值稅實現，導致新辦企業稅收貢獻率低。以川浙園區引資企業為例，經過 2~3 年的建設，園區企業大多已建成投產，但目前只有龍騰紡織、能士智能港有較好的稅收表現，整個園區 2013 年實現稅金 293 萬元，僅占開發區國稅總收入的 1.5%。

（五）第三產業經濟稅源不足

第三產業作為科技進步、生產力發展和人類物質文化生活水準提高的必然產物，已經成為衡量一個國家或地區經濟發展和社會進步的重要標誌。從世界範圍來看，第三產業占 GDP 的比重，低收入國家大都在 30% 左右，中等收入國家在 50% 左右，高收入國家在 70% 以上。據統計，全球 500 強企業前 10 席中第三產業就占據 7 席；前 10 個行業 257 家公司中，第三產業占比達 59%，亞洲前 10 名企業中有 9 名為三產企業。以上數據充分證明了第三產業的突出地位和拉動一、二產業發展進而提高經濟發展水準的重要作用。雖然開發區第三產業比重有一定提升，但仍處於較低水準。2013 年，開發區國稅收入中第三產業稅收 2,071 萬元，僅占總收入的 11%，第二產業和第三產業稅收結構比為 89：11，與產業結構比例不同步，未能強勢拉動稅收增長。

（六）稅收服務管理適應性不高

1. 稅收優惠政策門檻過高

享受西部大開發稅收優惠政策的企業主營業務必須屬於國家鼓勵類產業項目，並且主營業務必須占總收入的 70% 以上。範圍雖然廣泛，但開發區現有企業以及年生產能力和新創產值能力不強，難以真正享受到實際優惠。

2. 稅收徵管手段缺失

從稅源徵管現狀來看，徵管部門都是將更多的徵管力量和注意力放在了重點稅源、重點行業的管理上，在一定程度上忽視了部分小稅源、非重點稅源、非重點行業的管理，造成稅源管理「頭重腳輕」，徵管基礎薄弱，存在一定收入流失隱患。

3. 經濟稅收信息互動機制不暢

開發區由於其職能單一性的限制，未形成區內各經濟部門之間的經濟稅收信息數據共享機制，涉及稅源戶管理的主要是工商、地稅等部門之間的協作配合，現有的配合僅限於部分登記信息的簡單傳遞，稅務和財政、經濟、招商、國土、建設等部門間缺乏必要的工作聯席、工作分析機制，對企業的經濟運行數據把握不全，這

在很大程度上影響到稅收收入工作的質量。

4. 稅收工作政績考核導向不優

長期以來，「以收入論英雄」，把完成收入任務指標作為徵管主要目標的觀念依然較為突出。這種人為割裂稅收與經濟協調關係的做法，客觀上對經濟社會發展產生不良影響。隨著納稅人維權意識的日益增強，對依法行政提出了更高的要求，稅收執法風險越來越大。

同時，我們在調研中還瞭解到，個別招商引資企業對稅收「優惠」的期望值過高，加之各地財政返還、政府補貼等變相的稅收競爭政策影響，招商難度增大，稅收增長缺乏新支點。

三、推動開發區經濟優勢向財政優勢轉變的實現路徑選擇

經濟決定稅收，稅收是目的，也是手段。推動開發區經濟優勢向財政優勢轉變，第一要務仍然是又好又快大力發展經濟，遵循經濟與稅收協調增長的規律，把稅收增長的重點放在轉變經濟發展方式、擴大經濟規模、調整經濟結構、提高經濟效益上來。

（一）做強第二產業——實施資源轉化戰略，加快推進新型工業化

1. 以項目攻堅為核心，以園區建設為載體，擴張工業經濟總量

開發區工業發展的重點仍是加大投入，擴張總量。開發區要加快工業園區建設步伐，把工業園區打造成為工業強市的主戰場和承接產業轉移的主載體，優化工業佈局，促進產業集聚，建成「千億工業園」。

（1）加大工業投入。開發區應實施投資超億元的大項目，在主攻項目和投入的同時，切實把握好投向，投資重點著重向工業五大板塊集中，向規劃的產業園區集中，向優勢產品和高附加值產品集中，努力使所上項目符合高技術含量、高加工深度、低資源消耗、低污染排放的要求。

（2）創新園區建設模式。開發區應探索建立「政府主導、政企共建、業主開發、項目先行」等有效的園區運作模式。

（3）加強園區招商引資。開發區應創造園區良好的投資環境，制定優惠政策措施，根據園區產業和功能定位，著力發展高稅收附加值產業和行業。開發區應積極招引企業到園區投資建廠，爭取招引一批支撐作用強、帶動作用大、輻射範圍廣的重大項目來開發區投資。開發區應重視「以商引商」，充分利用企業現有的存量資源，開展多種形式的合資合作，發揮好「建好一個、帶來、促成一批」的聯動效應。在招商引資中，開發區應逐漸改變以廉價土地成本和優惠政策為主的傳統招商方式，樹立「招大引強」的觀念，以資源優勢招商，以產業配套發展招商，以優質高效的政務環境招商，提升招商引資核心競爭力和吸引力。

（4）發展總部經濟。開發區應創造各種有利條件，吸引外埠大型企業集團總部入駐，通過極化效應和擴散效應，促進區域經濟稅收的快速、健康和可持續發展。

總部經濟的稅收貢獻效應包括兩個方面：一方面是企業的稅收貢獻，企業無論採取哪種組織方式，總部如果作為獨立的經濟實體，都要向總部所在地方上繳一定的稅收；另一方面是企業總部員工的個人稅收貢獻，在總部工作的高級管理人員，其豐厚的個人收入必然要通過個人所得稅形式為總部所在區域經濟做出貢獻。

2. 以壯大企業為目標，以低碳經濟為導向，促進工業持續發展

開發區要堅持以現有企業為主體，發揮市場機制作用，支持企業加強戰略重組，強化政策保障，加快培養一批主業突出、結構合理、核心競爭力強的大型企業集團。

（1）引導企業創建自主品牌。開發區應樹立名牌企業和名牌產品觀念，目前擁有全市知名品牌10個，正在申報的省級名牌擴展到8個，對擁有的自主品牌和支柱企業，加快促進其實現規模化和國際化，提高市場經濟條件下的競爭力，以增強區域經濟抵禦風險的能力。

（2）優化企業創業環境。開發區應對高新技術產業、龍頭企業進行財稅扶持，積極支持鼓勵和引導企業加大自主創新力度，提升高新技術產業發展質量和創稅能力。企業稅款在合法、按期、如實繳庫後可以考慮由財政進行部分獎勵，獎金返還給重點扶持企業，最大限度地確保開發區企業經濟發展後勁和活力。

（3）培育潛力稅源。開發區應採取靈活政策，給有成長潛力的中小企業一定的稅收、資金等政策扶持，或者通過股權出讓的形式，積極吸引大企業、大集團參與併購，挖掘稅收潛力，努力提高中小企業入庫稅收比重。

開發區應盡可能多地培植一批納稅在百萬元以上企業，形成金字塔式的梯級稅源結構，避免因少數重點稅源企業的生產經營變化導致開發區國稅收入總量的起落，從而影響到開發區財政實力。

（4）推進信息化和工業化的融合。開發區應加快推進信息基礎設施建設，積極推進信息化和工業化深度融合，整合各領域信息資源，加快信息數據庫建設和基礎信息網絡化，支持企業開展電子商務應用，以信息化改造傳統工業。

（二）做大第三產業——強化要素配置，跨越發展現代服務業

1. 拓展生產性服務業

開發區應重點發展面向生產的現代物流、金融、科技信息等服務業，細化深化專業化分工，提高資源配置效率。

（1）發展現代物流業。開發區應充分發揮廣元的區位優勢和交通優勢，整合現有的物質資源，積極引進先進的物流管理技術和裝備，構築以物流園區為依託、以物流中心為支撐、以物流配售點為基礎的區域物流和城市物流配送兩個層次的物流體系與第三方物流綜合服務體系，推進現代物流業快速有序發展，建成一批物流基地和物流中心的產業發展佈局。

（2）發展現代金融服務業。開發區應積極引進國有和股份制商業銀行在開發區設立分支機構，加快發展小額貸款公司和擔保公司，發展村鎮銀行，改造農村信用社，重視引進保險、證券公司等金融機構。

（3）發展科技服務業。開發區應規劃建設科技孵化中心和科技服務平臺，提高開發區的科技創新能力。

（4）發展商務服務業。開發區應發展法律、會計、評估、監理等專業商務服務，提升服務水準和質量，構建與城市功能、產業結構和市場需求相適應的商務服務體系。

（5）發展會展經濟。據專家測算，展覽業的產業帶動比大約為1：9，即展覽場館的收入如果是1，相關的社會收入為9，會展經濟一般被認為是高收入、高贏利的行業。開發區應以會展中心為載體，利用區域優勢，積極融入中西部會展經濟帶，輻射川陝甘結合部，形成以會展活動為核心的經濟群，進而拉動其他產業的發展。

2. 發展消費性服務業

開發區應適應居民消費升級要求，加快發展商貿、旅遊、房地產、社區服務等消費型服務業，滿足多樣化的消費需求。

（1）開發區應改造和提升傳統商貿服務業，優化開發區商業網點空間佈局，重點發展城市綜合體、購物休閒廣場、大型超市、專業市場，形成比較完善的現代商貿服務體系。

（2）開發區應積極發展特色旅遊業，利用豐富的溫泉資源打造溫泉度假村，帶動相關產業發展。

（3）開發區應有序發展房地產業，積極引導居民住房消費需求，抑制投機性和投資性住房需求，積極發展房地產金融、物業管理，促進房地產健康發展。

（三）項目建設：由遍地插花向產業集聚轉變，由追求數量向註重質量轉變，由單一重複向循環發展轉變

1. 把項目建設作為推動產業發展的「加速器」、區域經濟發展的「動力源」

目前廣元市處於現代產業體系建立的關鍵期，從戰略和長遠的高度來審視開發區的產業定位，按照「調結構、轉方式」的要求，開發區產業需主動融入廣元市、四川省產業總體佈局體系，發揮優勢，面向市場，構建與川陝甘結合部經濟文化生態強市相匹配的、具有區域競爭力的現代產業體系。開發區要緊緊圍繞電子機械、食品飲料、有色金屬三大主導產業及能源化工、生物醫藥、新型建材、紡織服裝和現代服務業五個重點培育產業，「集中、集約、集群」發展，強化開發區產業支撐。開發區要著力培育壯大市場主體，實行政府主導、企業主體、專班主攻，千方百計引進大項目，發展好項目。開發區應以政府投資為引導，動員社會投資，利用國家級開發區優勢，積極爭取中央政府、省級政府財政轉移支付，抓住西部大開發、國家擴大內需、秦巴山區連片扶貧開發等機遇，爭取建設一批符合國家政策性投資、促進產業結構優化升級的後勁項目。開發區要抓住產業「西移」機遇，積極承接產業轉移，做強支柱產業，做大龍頭企業，做優產業品牌，加速產業轉型升級，形成每個主導產業都有龍頭企業帶動的格局。

2. 註重平衡產業發展

經濟本身是一個不斷發展的循環體，儲蓄、消費、投資、出口之間，各大產業、行業之間都是相互依賴的，平衡發展是經濟的內在要求。因此，不能簡單地、人為地、絕對地強調只發展其中某個環節，否則將會損害平衡，破壞發展。臺灣的新竹園區就是把產業隔離在一個區域內，方圓數平方千米全部是工廠，幾乎沒有生活配套，造成了園區與整個社會的隔離。而美國的硅谷卻沒有僅僅發展高新產業，它是一個集工業、生活、商業於一體的工業園區（或稱為城市圈），它用自己的第三產業服務自己的第二產業，這種發展模式值得我們借鑑。

（四）稅收治理——優化管理，強化服務，重點服務大局、服務經濟、服務企業

從稅務機關層面看，稅務機關要堅持依法科學治稅，提升稅收徵管能力；優化納稅服務，提升稅法的遵從度和納稅滿意度。從政府層面看，政府要遵循經濟稅收原則，綜合考慮經濟發展、產業結構變化等因素，科學進行稅收治理和稅收管理。

1. 改進稅收計劃管理

稅務機關要研究經濟稅收運行規律，把握稅源變化趨勢，增強組織稅收收入工作的預見性和主動性；堅持從經濟到稅收的原則，統籌考慮宏觀經濟總量、微觀稅源結構、稅收政策變化、系統徵管水準以及公共財政需要等因素，運用科學模型，合理測算中長期稅收收入增長預期和收入規劃，科學制定年度稅收增長目標和收入計劃，更多地利用稅源統計與核算結果，對經濟稅源現狀、問題以及趨勢進行研究。

2. 優化稅收績效管理

稅務機關要在企業考核和招商引資中增強稅收貢獻率意識，將稅收貢獻率作為考核引資成效、企業財政貢獻和企業業績的重要指標，完善建立獎勵制度，引導更多企業樹立稅收貢獻意識，實現產值與工業增加值、稅收的協調增長。

3. 強化稅收調控職能

稅務機關要組織相關職能部門積極開展經濟稅收政策調研，對上積極爭取優惠政策，對內用好、用活、用足政策，發掘政策「含金量」，形成招商引資的「稅收窪地效應」；同時，配套研究制定完善重點企業稅收增長獎勵、招商引資、發展總部經濟、發展第三產業的政策措施，確保經濟稅源基礎不斷擴大，重點稅種、重點行業、重點企業對稅收的支持作用明顯增強，經濟稅源增長點持續增加。

——《推動廣元經濟開發區經濟優勢向財政優勢轉變——基於國稅視角的研究報告》（廣元市國家稅務局課題組，組長柳華平，成員王玉梅、楊婉婧、吳志方、王小軍）。

4. 公共管理與服務相結合的調研與思考
——關於五糧液集團的調研報告

2004年11月，我們到宜賓市通過與當地主管國稅機關的同志座談，走訪五糧液集團財務部、經營部等部門，對宏觀調控背景下企業的生產經營和稅收情況做了一次調研，頗有收益和啓思。

一、五糧液集團基本情況

五糧液集團有限公司位於「萬里長江第一城」——宜賓市，1998年在原宜賓五糧液酒廠基礎上經公司制改造為集團有限公司，是以五糧液系列酒生產為主業，涵蓋塑膠加工、模具製造、印務、藥業、果酒、電子器材、運輸、外貿等多元化經營的特大型企業集團，現有成員企業34戶。該集團公司占地7平方千米，有職工2.3萬人。2003年，五糧液集團實現銷售收入121.04億元。

20世紀90年代，五糧液集團邁開了向現代化大型企業發展的步伐，先後實施了質量效益型、質量規模效益型、質量規模效益多元化發展戰略，使企業得到了長足的發展。自1994年以來，五糧液集團連續9年穩居中國酒類企業規模效益之冠，取得了第一次創業的成功。

1999年4月18日，江澤民同志視察了五糧液集團並明確指示：「要好好保護五糧液這塊牌子。」2003年5月11日，胡錦濤同志視察了五糧液集團後深有感慨地說：「五糧液大有希望。」中共中央領導的關懷使五糧液人倍受鼓舞，決心在新世紀繼續發揚「創新、開拓、競爭、拼搏、奮進」的企業精神，奪取集團公司第二次創業的輝煌成績，使「五糧液」這一中華民族的優秀品牌更加光彩奪目。

五糧液集團成員企業——五糧液股份有限公司主要從事五糧液及其系列白酒的生產和銷售。截至2003年年底，公司總資產已達82.63億元，淨資產達60.10億元，分別是1998年上市之初的7.15倍和15.33倍，實現了國有資產的保值和高速增值；2003年實現銷售收入63.33億元，貢獻稅利22.51億元，分別是1998年的2.25倍和1.76倍，糧食白酒的產銷量從1985年的4,000噸增加到2003年的16.9萬噸。2004年，五糧液集團繼續保持良好的發展勢頭，1~9月實現銷售收入105億元，繳納國稅收入9億元，與2003年全年基本持平。

二、幾點體會

（一）從稅務行政的角度看，稅務管戶制與管事制應當而且可以結合，更說明政府公共行政管理和服務應當而且完全可以結合

在調查中，我們瞭解到，近10年來，五糧液納稅占宜賓市國稅局直屬分局稅收收入的90%以上，占宜賓市國稅收入的60%左右。為加強對重點企業的稅收管理和服務，2003年3月，分局向企業派出駐廠組。駐廠組有工作人員3名，其中組長一名，由分局管理科科長兼任。

駐廠組主要承擔了以下兩方面的工作任務：

一方面是稅收管理任務。稅制改革初期，由於徵管模式模糊，管戶與管事相分離，造成「淡化責任，疏於管理」。駐廠組進駐企業後，首先是吃透「兩頭」情況，既完整收集公司歷年市場經營及稅收資料，摸清公司的歷史情況，又掌握監控分析當期生產經營和稅負變化情況。為此，駐廠組還專門建立了兩項制度，一是重大經濟事項報告制度。除商業秘密外，對企業生產經營重大發展變化情況，及時報告分局。二是稅企聯繫制度。每月1～10日納稅申報期後，駐廠員要到集團公司本部及各成員企業、車間實地瞭解生產經營及財務情況，瞭解生產工藝流程，並與企業財務人員不定期座談，開展工作交流、徵求工作意見等。駐廠組通過調研，指導集團公司統一了財務核算期與稅務會計核算期。

另一方面是提供稅收服務。一是零距離辦稅服務。為方便企業納稅和辦理有關涉稅事項，宜賓市國稅局將光纖直接連接到駐廠組，企業隨時可以辦理有關涉稅事項。二是提供政策服務。例如，對新出抬的稅收政策，駐廠組可以在第一時間提供給企業，增強企業對政策的反應度。據反應，如果通過正式的、常規的公文傳遞，層層落實，搞文件的長途旅行，一般要一個月以後才能到達企業。對此，企業非常滿意。同時，駐廠組嚴格執行政策，做到政策明文規定的，不打折扣，認真執行；政策允許範圍內的事，抓緊時間，及時辦理；發現政策執行中有偏差的，堅決糾正，切實改進。企業反應的政策，不能解決的，予以宣傳解釋，並按照管理權限規定上報上級國稅機關，如企業「三廢」稅收問題、「一價兩稅」問題等。

我們感到，稅務駐廠管理形式至少較好地實現了「成本降低、社會滿意」的稅收徵管質量效率目標。通過提供「零距離」服務，現在是「稅企工作配合最好的時期」。企業認為，駐廠組提供申報、抵扣、票證管理一條龍服務，使企業辦稅省事、省心、省力、省時，「駐廠組運行費用全由稅務承擔，根本不存在對企業的干擾問題」。

啟示之一：1994年稅制改革以後，國稅機關通過實施徵管改革，初步實現了「管戶制」向「管事制」的轉變，由原來的「包辦納稅」轉向了「自辦納稅」，全面推行上門申報納稅，實行集中辦稅制度；推進了稅收徵收管理由分散、粗放向集中、集約的轉變，提高了稅收的行政效率，增強了辦稅透明度和依法治稅的力度。

新徵管模式及運行機制，不但對內部貫徹稅收政策法規起著自動規範約束作用，而且有效地減少了外部干預，進一步明確了徵納雙方的權利和義務以及雙方的法律地位，因此受到了社會各界的肯定。但這離改革的終極目標還有一定的差距，在實際運作中，還有許多不完善之處。專管員由「管戶」變為「管事」以後，基層徵管人員的崗位、職責不夠明確，各環節之間不夠協調，導致管理工作不完全到位。由於對「集中徵收」的理解不同，使得一些基層分局徵收人員坐等納稅人上門，依據納稅人申報的資料進行審核和徵稅，將一切問題都留給稽查部門去解決，結果出現「空當」，稅收出現「死角」，如專業化管事制度運作不到位、徵納雙方缺乏「溝通」、稅收宣傳流於形式、稅源監控乏力等。在改革過程中暴露出以上問題，應該說是正常的，但這並不意味著這些問題不值得重視，恰恰相反，這些問題必須採取恰當的補救措施加以解決。

宜賓市國稅局為進一步完善稅收監督服務體系，鞏固徵管改革成果，在實行「分權」基礎上的對大型重點稅源企業實行「駐廠」管理制度。從實踐看，駐廠組管理制度不失為稅收徵管中一項有益的探索。

應當說，稅務駐廠管理本身並不是什麼新鮮事物，早在計劃經濟體制時期以及體制轉軌時期就存在，其意義絕不在於舊體制條件下傳統管理方式的復歸，而在於舊體制合理、積極成果與新的市場經濟體制及新的經濟發展形勢相匹配的管理創新。

在現有徵管資源（企業組織資源、稅務管理組織資源）約束條件下，稅企關係既無必要也不可能搞專業的「一一對應」，因此駐廠管理本身並無普遍價值和意義。但蘊藏在這種管理「外殼」之內的制度「內核」實質，則具有合理性與普遍意義。這體現為，稅務當局對重點企業的「駐廠」管理絕不是恢復原來的專管員制度，絕不是原來那種集徵、管、查於一身的「保姆式」徵管，其目的是貫穿新的管理內容，實現「管戶」與「管事」的有機結合，既管戶，又管事。在管戶與管事的互動結合中，稅務機關的納稅服務、收集信息、納稅評估、監控稅源等各項工作重點得到回應和落實，稅務當局對企業情況「成竹在胸」；而企業對稅務政策及管理則有一個相對穩定的、透明的預期，做到「心中有數」。

啟示之二：更重要的是，國稅局作為政府唯一一家向納稅人派駐管理服務工作組的公共管理部門，尤其是通過將光纖直接連接到駐廠組，使管理和服務「一線通」。在舊有徵管體制下，稅務徵管部門往往只考慮直線式的流程設置，很少考慮橫向間的部門配合，造成稅務機構組織協調的高成本以及信息資源的浪費，既不方便企業，造成企業「多次跑、多頭跑」，信息資料多頭報送；也不方便稅務機關管理，造成稅務機關「多頭找、多頭要」，信息資料多頭收集。有了駐廠組後，對企業的管理和信息資料存儲體現為「一戶式」，既可以為企業提供專業的、及時的納稅服務，又可以對企業進行適時的稅務監控。過去稅務管理中「各人自掃門前雪」「畫地為牢」的封閉意識、小農意識、自我意識梗阻得以突破。這充分表明，政府公共行政管理和服務應當而且完全可以結合，在管理中落實服務，在服務中落實管理。同時也表明，在政府與企業的互動關係中，優質企業可以獲得優質服務。

（二）企業對宏觀調控的自適應能力明顯增強，不是被動適應，而是主動應對

對於宏觀調控，企業方面認為不僅僅是挑戰，同時也是發展的機遇。1989年，企業為了拓展市場銷售曾在成都「擺地攤」，而2004年一直保持了產銷兩旺的勢頭。這表明企業對宏觀調控的自適應能力已明顯增強。

企業方面認為，五糧液集團的持續高速發展，一個重要原因在於其持續的體制創新、科技創新和管理創新，不僅較好地適應了宏觀調控的變化，而且還帶來了新的商機和利益。發展循環經濟就是一個例證。五糧液集團在多年高速發展的同時，也背上了沉重的環境包袱。目前，五糧液集團年釀酒產生的酒糟達40多萬噸，高濃度廢水8萬多噸，排放煤渣6~9萬噸，產生大量的二氧化硫。如果這些「三廢」直接排放，將導致嚴重的環境污染和經濟損失。為解決環境污染問題，五糧液股份有限公司於2000年1月3日成立了五糧液集團精細化工有限公司，主要生產白炭黑和乳酸兩大產品。產品原料是通過對廢糟完全燃燒後的稻殼灰進行提煉處理，在稻殼灰中提煉生產活性炭和白炭黑，兩種產品同屬於資源綜合利用及治理污染項目。1999年10月年產4,000噸白炭黑的一期工程投產，每年可新增產值1,257萬元；1999年11月，年產1,800噸食用乳酸的生產工程和300噸乳脂鈣生產工程投產，每年可實現產值1,300多萬元。2000年6月，年產500噸活性炭工程投產，年新增產值250萬元。2000年年初，五糧液股份有限公司完成了環保酒糟蒸汽鍋爐替代燃煤鍋爐的全部技改工程並投入使用，對產生的廢糟烘干並進行高壓燃燒，生產的蒸汽用於供應制酒車間，每年可產生蒸汽50萬噸、實現產值3,000萬元，節約用煤18萬噸，減少煤渣排放5萬噸，同時大大降低二氧化硫氣體對大氣的污染。2003年五糧液集團資源綜合利用產品銷售收入達13,915萬元，實現增值稅1,516萬元。

啟示之三：應當說，2000年以來國家採取的以行政手段為主的一系列宏觀調控措施已經初見成效，也有助於財政經濟可持續協調增長，但目前對企業經濟運行也帶來了一定的暫時困難和問題，有的已經直接顯現（如土地、信貸兩個閘門的相對緊縮，煤、電、油、運的漲價，糧食漲價等），有的將延滯到2005年甚至今後更長一段時間。作為國家重點骨幹企業，五糧液集團對宏觀調控的自適應能力和自我發展能力的增強，既是市場體制發育和完善的結果，也是企業制度安排、企業文化設計、企業戰略選擇的結果。中央宏觀調控對個別地區當前經濟運行帶來的影響，一方面是宏觀政策正常作用的結果，另一方面也暴露和反應了企業與地區經濟增長方式、體制、機制等方面的問題。對此，我們需要積極應對，認真落實科學發展觀，正確處理調控與發展的關係，既立足當前，著力化解矛盾和風險，努力保持企業運行的持續性和平穩性，避免大起大落；又著眼長遠，促進企業更快更好發展。

（三）公共政策應主要立足於服務而非制約，立足於發展而非限制，同時要注意防止管理惰性和逆向調節

據企業反應，2002年6月，國家對酒廠推行「從量從價雙重計稅」。每瓶白酒在按照固定稅率從價計證的基礎上，再從量加徵0.5元/斤的消費稅。2003年，企

業因此淨增稅收 2 億元左右，在一定程度上致使企業低檔酒全面虧損。實際上，國家政策初衷是加強對小酒廠、低檔酒廠的調控，防止對市場和資源惡性競爭，使有限資源真正向優勢企業轉移。但由於小酒廠自身財務不健全，加之財政、就業等經濟社會利益驅動以及地方保護主義的影響，這一條好的政策實施起來，不僅未達到預期效應，反而出現了逆向調控。

同時，企業反應，為促進更新環保技術，實現經濟效益與社會效益的協調發展，企業對資源綜合利用工程項目生產的蒸汽、白炭黑、活性炭、乳酸、乳酸鈣等全部產品申請減免增值稅。儘管各級國家稅務部門對此給予了大力的支持，但目前由於企業「三廢」利用產生的產品作為一種「新產品」，尚未被有關部門納入《資源綜合利用目錄》所列產品項目，因此企業暫時還未能享受相關稅收優惠政策。

啟示之四：公共政策應立足於服務經濟、發展經濟，而非限制發展。公共政策必須與經濟發展的階段相適應，與經濟形勢相適應，與經濟活動主體的要求相適應。公共政策的框架、原則，都應體現科學發展觀，既要調節經濟主體的活動，更要適應經濟主體的合法活動。如果因為是新生事物，管理當局就無動於衷，表現出管理惰性和冷漠，則不符合服務型政府的要義了。同時，如果政府缺乏靈活有效的運行機制，凡事都要寫請示、打報告，層層簽批、層層落實，搞文件的長途旅行，最後不了了之，誰都不負責任，損失的不僅僅是企業的利益，還有更多的公共利益及政府的聲譽。此外，審批制不等於宏觀調控，相反，審批制體制創造了一個「怪胎」，即高級管理者（領導人）要處理一些非常細節的問題，而在審批部門的具體管理者（一線工作人員）可以推遲或中止最重要的政策工作者市場機會。因此，在一定意義上講，市場經濟就是在透明、完善的法律政策框架下的自由經濟、自主經濟，是審批最小化的經濟。

——《公共管理與服務相結合的調研與思考——關於五糧液集團的調研報告》（張兵　柳華平）原載於《四川國稅調研》2004 年第 12 期。

5. 美國稅制研究報告

作為我們赴美訪問、留學成果之一，本報告擬介紹美國稅制基本框架，研究政府稅收政策相關考量，回顧、展望美國稅制改革及其中長期走勢，供國內財經專家學者及稅務實踐者參考。

美國稅制基本框架

一、分級政府、分級課稅

美國是由50個州組成的聯邦制國家，州以下還有80,000多個縣、鎮、市、村。因此，美國有三級政府，即聯邦（中央）、州和地方政府。按照聯邦憲法的規定，聯邦和州政府都有獨立徵稅權，地方政府徵稅權則來自州政府，分別有獨立的稅務系統。美國國稅局（IRS），即聯邦稅務系統有12萬雇員，其組織結構可以分為三級。第一級為總部，設在華盛頓。第二級為七大稅區國稅局。第三級為稅區內10個稅務中心和63個稅務分局（地區局）。稅務中心配有龐大的計算機系統，處理有關數據和資料，特別是各類申報表。全美在稅務分局下設800多個稅務支局。

美國沒有真正意義上的共享稅，儘管對主要稅源不僅一級政府徵稅。聯邦、大多數州和一些地方政府都徵收所得稅，各級政府間實行財政轉移支付制度。聯邦主要稅收來源是所得稅和薪資稅（即社會保險稅），州則為銷售稅和所得稅，地方為財產稅。1993年，美國國內生產總值（GDP）為62,948億美元，財政收入為11,535億美元，財政支出為14,082億美元，赤字為2,547億美元，負債總額為43,512億美元。

以1975年和1991年比較，美國聯邦稅收總額佔GDP的比重（不包括社會保險收入），已從12%降為11.3%，州的比重從5.1%上升到5.5%，地方的比重從3.9%下降為3.8%，聯邦和州的社會保險收入佔GDP比重從6.8%上升為8.9%；聯邦個人所得稅佔GDP的比重由7.7%上升到8.3%；公司所得稅佔GDP的比重從2.6%下降到1.9%。而同期各州銷售稅佔GDP的比重從1.6%上升到1.8%，個人所得稅佔GDP的比重從1.2%上升到1.8%，而公司所得稅佔GDP的比重降幅很大。地方財產稅佔GDP的比重從3.2%下降到2.9%，但這一財政缺口因銷售稅的增加得以彌補。

二、聯邦稅制

（一）個人所得稅

個人所得稅約占聯邦稅收收入的42%（不包括社會保險稅）。1992年，全美個人所得稅申報表（簡稱稅表）共有1.15億份，稅表成為最為人所熟悉卻又少受歡迎的政府表格。

美國稅收法典（IRC）規定，納稅人要就來自世界範圍的收入徵稅。個人所得計算要件如下：

一是綜合收入（Gross Income）。它雖然定義為無論何種來源的所有收入，但某些所得並不被課稅，稅法規定可以剔除，稱為「不予計列項目」。例如，州和地方免稅公債的利息、傷病補助、從事故和健康保健計劃收到的款項等。綜合收入包括工資、小費、應稅利息、股息、資本利得（Capital Gain）、生產經營所得、撫養費、失業金、州和地方政府所得稅退稅所得、福利所得、賭博與獎金所得、保險賠償所得、農業收入和其他收入。

二是調整後綜合收入（AGI），由上項減去調整項目而得。主要調整項目有：個人退休帳戶上每年存入的金額、定存以及定益退休金、離婚的贍養費、定期儲蓄提前取款的罰金、自雇人員所納的社會保險稅和醫藥保險費用。

三是淨收入，由上項減去扣除項目而得。扣除項目分逐項扣除和標準扣除兩類，納稅人可任選其中一種。1994年，標準扣除額單身為3,800美元，夫婦合併申報為6,350美元，這個數值每年都要隨物價指數變化而調整。逐項扣除主要包括醫療費用超過調整後毛收入7.5%的部分、（有條件的）抵押利息、慈善捐款、州和地方所得稅和財產稅、意外或失竊損失中超過調整後毛收入10%的部分、未補償的雇員業務開支、獲得投資收入的開支和其他業務、投資以及報稅等雜項費用超過調整後毛收入2%的部分。中、高收入家庭或個人大多選擇逐項扣除，以更多地節稅，他們占納稅人總數的28%。

四是應稅收入（Taxable Income），由上項減去免稅額而得。1994年，每位納稅人和受扶養人都可享受2,450美元免稅額扣除，並逐年隨通貨膨脹變化而調整，但對高收入納稅人免稅額逐漸減少。

五是應納稅額，由應稅收入乘以適用稅率而得，不同身分、不同收入的納稅人適用稅率亦不同。表1是1994年美國稅率表。

表1　　　　　　　　　　1994年美國稅率表　　　　　　　　單位：美元

稅率(%)	年應稅收入			
	單身個別申報	有家計負擔單獨申報	夫婦合併或鰥寡而有家小負擔者申報	夫婦各自申報
15	0~22,750	0~30,500	0~38,000	0~30,500

表1(續)

稅率(%)	年應稅收入			
	單身個別申報	有家計負擔單獨申報	夫婦合併或鰥寡而有家小負擔者申報	夫婦各自申報
28	22,750~55,100	30,500~78,700	38,000~91,850	19,000~45,925
31	55,100~115,000	78,700~127,500	91,850~140,000	45,925~70,000
36	115,000~250,000	127,500~250,000	140,000~250,000	70,000~125,000
39.6	250,000以上	250,000以上	250,000以上	250,000以上

表1中最為廣泛使用的是夫婦合併申報和單身申報，特別是夫婦收入懸殊時合併申報更為有利。

對高收入納稅人來說，其普通收入和資本得利的稅收有很大區別。實現的資本得利應全部包含在應稅收入之中，但長期資本利得適用28%的比例稅率。資本損失（Capital Loss）可沖抵資本利得和3,000美元普通收入（夫婦合併申報），超過部分可轉結下年。

六是實際應繳稅負，由應納稅額減去抵稅額而得。抵稅額可直接與稅負相抵，其減稅效用比扣除項目和免稅額要大得多。抵稅項目主要有低收入稅收抵免、對小孩和受扶養人照顧費用稅收抵免、老年或殘疾人稅收抵免、外稅抵免、低收入者住房稅收抵免等。

此外，為保證財政收入、防止高收入納稅人因享受稅收優惠使實際稅負達不到最低限度，無論納稅人有多少扣除、抵免，都必須繳納最低替代稅（AMT）。

(二) 公司所得稅

公司所得稅計算過程為：
(1) 綜合收入+其他收入=總收入；
(2) 總收入-相關業務費用=淨收入；
(3) 淨收入-上期虧損=應稅收入；
(4) 應稅收入×適用稅率=應納稅額；
(5) 應納稅額-抵稅額-預繳額=應繳稅負。

收入指所有與業務有關的收入，其他收入包括股息、利息、租金、資本利得、退稅、呆帳收回等收入。相關業務費用項目繁多，如工費、租金、特許權使用費、原材料、維修費用、固定資產折舊、資源損耗、運輸費用、差旅費、廣告費、保險費、利息支出、部分稅金支出、法律和會計事務費、壞帳、意外損失等。公司所得稅採用邊際累進稅率。1994年，年應稅收入在5萬美元及以下的，稅率為15%；5萬~7.5萬美元的，稅率為25%；7.5萬~10萬美元的，稅率為34%；10萬美元以上的稅率為35%。公司實現的長期資本利得也按28%比例稅率課徵所得稅，資本損失只能沖減資本所得，但可往之前3年和以後5年結轉。

一些非營利性組織，包括慈善、宗教、教育和醫藥組織以及貿易協會、工會和

友愛組織都免繳公司所得稅，但對其與免稅無關的經營所得仍要徵稅。

大多數企業使用權責發生制（Accural Basis）會計方法。企業可以採用後進先出法或先進先出法核算存貨，在通貨膨脹的情況下，後進先出法對企業有利。對機器設備採用加速折舊（ACRS）的方法，對不動產適用直線折舊法。淨經營損失可「轉回」到前3年，或「結轉」以後15年的利潤中彌補。

公司也可能繳最低替代稅。1990年有32,461家公司納稅81億美元，占公司所得稅的8.4%。

美國堅持其公司稅傳統制度，即徵收公司所得稅和對公司稅後支付股息徵稅相分離。公司繳納公司所得稅，股東對稅後利潤中分配的股息繳納所得稅；個人類股東將股息並入個人所得額計算納稅；公司類股東則將股息並入公司利潤繳納公司所得稅。由於美國企業組織結構極為複雜，對許多公司利潤存在雙重、多重課稅（Double or Multiple Taxation）。

（三）薪資稅

美國對工資薪金徵收薪資稅，用以支持社會保險計劃，已成為僅次於個人所得稅的第二大稅種。它既適用於雇員和雇主，也適用於自營業主（個體戶）。其首要成分老年人、遺屬、殘病保險稅，對工資總額徵稅，雇員和雇主的稅率都是6.2%。其次要成分醫療保險稅，雇主和雇員的稅率都是1.45%，自營業者要繳納相當於雇主和雇員兩個成分的稅，但只就其所得的92.35%計徵，實際排除了相當於雇主那部分的應納稅。1994年，老年人、遺屬、殘疾保險稅的徵稅工資上限為60,600美元，而醫療保險稅則是對所有工資徵稅。總體上看，許多員工繳納社會保險稅（雇主和雇員合計）比個人所得稅還要多。另外，兩類薪資稅是失業稅（僅適用於雇主）和鐵路退休保險稅。

（四）銷售稅和貨物稅

美國沒有廣義的銷售或消費稅而是貨物稅。1993年，美國徵收了481億美元的貨物稅（占GDP的0.80%），貨物稅主要對酒、菸、汽油等公路用品、電信服務、航空服務及其他（如槍支彈藥、賭博遊藝機械等）徵收。

貨物稅從量計徵的有：每加侖（1美制加侖等於0.003,8立方米，下同）汽油徵稅18.4美分（比國際標準低）、每包香菸徵稅24美分、每標準加侖蒸餾酒精徵稅13.5美元、國際離境稅每人6美元。從價計徵的有：電話使用稅3%、國內航空費10%等。

（五）遺產和贈與稅

美國遺產和贈與稅兩者合一，因為生前的贈與數額會影響到死後遺產的稅額，兩稅分享同一綜合抵稅額，適用同一稅率。稅法規定，除每人一生中有60萬美元綜合免稅額外，還可每年給予子女1萬美元的贈與免稅額（夫婦可贈與2萬美元）。

二、州和地方稅制

美國有43個州徵個人所得稅，44個州徵公司所得稅，45個州徵銷售稅。美國對財富的課稅主要是地方財產稅且主要是對不動產徵稅。

州個人所得稅與聯邦個人所得稅大體類似，有的州就是根據聯邦個人所得稅調整後的綜合收入再做適度變動來徵稅，但在扣除、抵免等優惠項目上要比聯邦少得多，因而申報極為簡便，個別州甚至規定本州個人所得稅應納稅額以聯邦的應納稅額乘以一個固定比例。大部分州採用累進稅率，但邊際稅率都較低，且各州稅率相差很大。納稅人申報聯邦所得稅時可將州所得稅作為扣除項目，實際上降低了納稅人州所得稅負擔。有幾個州允許一些城市徵個人所得稅，這些地方的居民就要繳納聯邦、州和地方三種不同的個人所得稅。

各州公司所得稅對公司所得的定義及生產率各異，總體稅負遠遠低於聯邦公司所得稅，大多採用單一稅率。許多公司跨州經營，不可能準確地界定在各州的收入來源。因此，對於州與州之間收入的分配，跨州稅務協議（Multistate Tax Campact）提出了「所得分配三元公式」（麻省公式），依據公司在州內的資產、銷售和工資佔公司總資金、銷售及工資比率，決定公司在相關州應納州所得稅額。

銷售稅一般是對零售和個別服務業徵收。各州稅率不一，科羅拉多州和懷俄明州為3％，密西西比州達7％，羅得島州則居中為5％。許多州對食品和醫師處方的藥品免徵銷售稅。不少地方政府也徵收銷售稅，在一些地區，州和地方兩級銷售稅負大於9％。此外，州還對菸、酒徵貨物稅，稅率常常超過聯邦稅率。

所有州都對死亡時財產的轉讓徵稅，有些州還對個人不動產、無形資產（主要是金融財產）和不動產的轉讓徵稅。

地方政府主要稅收來源是對不動產計徵的財產稅。其稅基是財產的評估價值，不同地區評估價值相差很大，一般低於市場價格。實際財產稅稅率一般在1％~2％範圍內變動。據其使用分類，對居民使用的財產要比對商業或工業使用的財產徵稅低。許多地方政府制定的財產稅法規對低收入納稅人或承租人給予抵稅額或減輕其稅負。不少地方當局對一些有形資產（主要是汽車）徵收財產稅，稅率與不動產稅率一樣。納稅人可以把財產稅作為聯邦所得稅的扣除項目，因此實際降低了稅負。

美國稅收政策相關考量

一、財政赤字

1981年以來，美國大多數稅收法案都是由於財政赤字驅使而成的。美國財政赤字、負債總額以及與國內生產總值的關係如表2所示。

表 2　1981—1993 年美國財政赤字、負債總額以及與國內生產總值的關係

年度	國內生產總值（億美元）	赤字（億美元）	占國內生產總值比重（%）	負債總額（億美元）	占國內生產總值比重（%）
1981	29,644	790	2.7	9,943	33.5
1982	31,222	1,280	4.1	11,368	36.4
1983	33,165	2,078	6.3	13,712	41.3
1984	36,950	1,854	5	15,641	42.3
1985	39,677	2,123	5.4	18,170	45.8
1986	42,190	2,212	5.2	21,201	50.3
1987	44,524	1,498	3.4	23,456	52.7
1988	48,084	1,552	3.2	26,008	54.1
1989	51,733	1,525	2.9	28,675	55.9
1990	54,815	2,214	4	32,062	58.5
1991	56,733	2,695	4.8	35,983	63.4
1992	59,322	2,904	4.9	40,019	67.4
1993	62,948	2,547	4	43,512	69.1

資料來源：1994 年 2 月《美國總統經濟報告》，表 B-77，第 359 頁

　　美國各界對赤字計算及其後果評估等一些基本問題爭執不休，眾說紛紜。儘管如此，美國政府還是努力減少赤字。1985 年，美國出抬《平衡預算和緊急赤字控制條例》，設立了每年降低赤字的目標，以便達成預算平衡；1990 年和 1993 年，美國又分別對該條例做了一些修正。據美國總統執行辦公室估計，1995 年度聯邦赤字將降至大約 1,671 億美元，並在今後幾年與 GDP 保持一個固定比例。但美國會拒絕了在 2001 年前達到預算平衡的修正案。1996 年 11 月中旬美國爆發的預算危機使 80 萬名政府雇員回家休息，赤字問題進一步引起各界關注。

　　對高赤字的主要爭論在於它會否導致經濟生活中總儲蓄下降。目前，美國的儲蓄低於歷史標準和其他工業化國家。對低儲蓄的關心基於低儲蓄會導致低投資的觀念，如赤字吸收了私人大部分淨儲蓄，國內儲蓄就不足以投資，美國政府勢必要依靠外國資本來填補這一缺口，外國人將通過其資本的增值取得財富的回報。外國資金增加了美國資本，也增加了工人的人均資本，同時許多生產性投資利潤卻流往國外。赤字還引起高利率，排擠私人投資，導致較低的長期股本。與此相對，反對控制赤字者主要依據傳統的凱恩斯主義，認為赤字通過政府較高支出或較低稅收刺激了需求，從而對經濟產生有益效果，特別是在經濟蕭條時更是這樣。

　　美國衡量赤字最常用方法是觀察聯邦政府支出和收入之間的差距。聯邦統一預算衡量現金赤字，每年預算盈餘或赤字則表明了普通基金和信託基金的合併支出與收入情況。

一些經濟學家對赤字和負債的計算方法提出了批評,其論據有三。一是赤字計算方法有缺陷,因為與州預算不同,聯邦預算不能把資本性支出和經常性支出分開。資本性支出通常採取負債的形式,因為這種資本性支出轉為資本投資,導致了經濟生活中增加財富的潛能。而赤字計算方法具有對資本投資的偏見。二是赤字計算方法不能說明由於通貨膨脹引起未清償債務變化,通貨膨脹減少了債務價值。三是政府債務價值變化應和財產價值變化相抵,從而得到一個對政府淨債務的真實計算方法。

近年來,聯邦稅收占 GDP 比重基本平穩,但存在結構性變化。增加份額主要來自對信託基金的稅收,特別是社會安全收入方面。減少份額來自普通收入,主要是公司所得稅和貨物稅。

在聯邦支出上,普通基金和信託基金都有增加。20 世紀 70 年代後期,由於較低的人口出生率和經濟增長率以及經常性超指數的福利,人們發現當高出生率一代退休時,信託基金將無力償付債務。聯邦政府在 1977 年和 1983 年做了改革,使薪資稅明顯增加,並適度提高了能得到全部養老金的退休年齡。但信託基金的盈餘增加並不足以抵消普通基金的赤字。信託基金的盈餘被投資於國庫債券。因此,從淨值上講,信託基金正為抵消赤字提供了很可觀的資金。

美國許多專家提出了減少赤字的建議,包括增加稅收收入和削減開支。在收入方面,聯邦政府可以適度提高個人所得稅、公司所得稅、薪資稅或貨物稅的稅率;可以擴大個人所得稅或公司所得稅的稅基,或者減少稅式支出;可以引入廣義的消費稅或能源稅;可以綜合運用上述措施。在支出方面,最有希望也是最根本性的措施是縮減醫療保險開支。

二、儲蓄

美國私人儲蓄傾向從 20 世紀 50 年代開始下降,其原因較為複雜,引起了公共政策的關注。私人儲蓄主要是公司以未分配利潤形式存在,個人包括房產所有權與其他耐用消費品、養老金、金融證券等多種形式存在。

稅收對儲蓄總水準的影響與對儲蓄構成影響相關聯。研究顯示,稅收刺激能改變儲蓄構成,稅收制度可以導致儲蓄在住房和金融財產之間,在公司財產、其他經營財產和個人財產之間的分配扭曲。

美國對下列儲蓄實行稅收鼓勵:

一是資本利得。美國對已實現的資本利得實行較低稅率的優惠,對未實現的資本利得延緩徵稅。二是以房產所有權形式存在的儲蓄。抵押和房屋股本利息可以作為所得稅扣除項目,而其他形式的個人利息則不可以扣除。三是以養老金等形式存在的儲蓄。個人退休帳戶、定存、定益退休基金等形式的退休養老金一般可以作為稅前扣除項目或延緩徵稅,導致養老金基金大幅增長。

鼓勵私人儲蓄的重要性已使得專家對個人退休帳戶等類似計劃刺激私人儲蓄的程度深入研究,但許多專家對刺激個人儲蓄的實際效果產生了疑問,他們認為鼓勵國內儲蓄、減少公共部門赤字更為重要。

三、投資

國內投資下降與儲蓄下降相伴，但國外資金的流入對此有些彌補。根據新古典主義廠商模型理論，當資本邊際使用成本上升到與資本實際邊際產量相等的時候，廠商將要停止投資。投資需求與資本成本成反比。稅收能改變資本成本，使投資者實際所得和理性預期所得產生差異。稅收通過改變資本成本來改變投資需求，包括對負債和自有資本的稅收處理、公司和個人所得稅稅率、資本利得的處理、折舊的提存、投資稅收抵免和特別稅收優惠等。

國際貨幣基金組織（IMF）專家對公司資本、非公司資本、房主擁有的房產及其他財產產業等的實際邊際稅率進行了比較研究，範圍包括了美國、日本、德國、英國、法國、義大利、加拿大、澳大利亞和瑞典。結果表明，以 1990—1995 年為例，美國對來源於公司收入的總體實際邊際稅率從 26.2% 增長到 38.5%，實際邊際稅率更高的只有澳大利亞、加拿大、法國；對於不是來源於公司的收入的總體實際邊際稅率從 2.7% 上升到 21.7%；對房產的總體實際邊際稅率從 11.8% 下降到 11.2%，無論對非公司資本還是房產資本的稅率都比對來源於公司所得的稅率低很多，極大地鼓勵了對公司以外的投資，結果加大了對公司的投資和其他形式的投資的差距。

被建議用來刺激投資的稅收措施包括減少資本利得稅率或普通所得稅稅率，個人、公司稅一體化，提供更多折舊提存，建立特別企業區，提供投資稅收抵免或補貼。結果相關公司投資稅法條文變動得非常頻繁。1986 年，美國稅改方案取消了投資稅收抵免，延長了大多數財產的折舊年限，增加了資本成本。

四、稅負分佈

由於人們對收入分配變化的關注，在聯邦稅收政策制定和執行過程中，評估稅制對不同納稅人的效果更為重要。這一問題特別是不同群體稅收負擔的綜合分配問題在 1986 年美國稅改方案中得到充分表現。

稅後收入是衡量富裕的尺度。因此，關鍵的問題是稅收制度是抵消還是加重了稅前收入不平等的程度。普遍認為，近年來美國收入分配更為不公平，實際收入不平衡份額增長，產生了最高收入納稅人這樣一個相對較小的群體。

芬伯格和波特伯（Feenbeng & Poterba）在 1993 年調查了 1951—1990 年納稅申報表的數據，分析了由高收入納稅人申報的調整後綜合收入增加的比重，發現大多數增長的原因是由於占總納稅人 0.25% 的最富裕納稅人申報收入上升了，這在 1987 年和 1988 年最為明顯。兩位專家把這一變化歸因於 1986 年稅改方案減少了最高邊際稅率之後的避稅刺激。

美國國會預算委員會（CBO）公布了美國所有家庭的聯邦實際稅率。它把所有家庭按收入順序分成最窮、次窮、中等、較富和最富 5 個等分組，基本情況如表 3 所示。

表3　　　　　　　　　　家庭收入等分組　　　　　　　　　單位:%

所有家庭收入	組別	1977年	1980年	1985年	1988年	1990年	1994年
最窮	20%	9.2	8.1	10.4	9.3	8.9	7.1
次窮	21%~40%	15.5	15.6	15.9	15.9	15.8	15.1
中等	41%~60%	19.5	19.8	19.2	19.8	19.5	19.4
較富	61%~80%	21.9	22.9	21.7	22.4	22.1	22.1
最富	81%~90%	24.0	25.3	23.5	24.6	24.4	24.6
最富	91%~95%	25.4	26.5	24.3	26.0	25.6	25.9
最富	96%~99%	27.1	28.1	24.3	26.5	26.1	27.0
頂富	1%	35.4	31.9	24.5	26.9	26.3	28.8
總實際稅率		22.8	23.2	21.8	22.9	22.6	23.0

五、稅收奉行和管理

美國逃稅有許多形式，如不申報收入，低報收入、銷售或財產，多報可扣除的支出、寬免額或不予計列項目，作假申請抵免額等。20世紀70年代，美國存在大量「地下經濟」，人們開始關注這一議題。

美國國稅局定期檢查稅收差距——納稅人應繳與其自動繳納稅款的差額。據估計，稅收差距每年為1,500億美元，包括所得稅、薪資稅、貨物稅，其中僅所得稅就為1,190億美元。稅收總額的82%是自願繳納的。

美國對稅收奉行研究考慮到下列一些因素：不依法納稅可能被發現的概率、對不依法納稅的處罰和處罰結構、稅率結構以及收入等。經驗表明四個結論：一是納稅人的收入對稅務局來說如果越顯而易見，就越可能被申報。二是經歷一次審計，特別是當審計發現了未申報收入而納稅人感到這一結論公平時，就可能增加將來依法納稅程度。三是在一個地區裡較高的審計頻率可以增加依法納稅程度。四是稅務局對那些遵守稅法較差的納稅人集中力量審計會有一定成效。

專家的研究還得出了一些驚人的結論：第一，較高依法納稅水準與較嚴厲處罰之間的聯繫證據相對不足。第二，較低稅率並不一定形成較高的依法納稅水準和使得偷漏稅減少。這表明對偷漏稅的經濟解釋並不夠，除經濟利益驅動外，還有其他因素影響稅法奉行，比如對社會責任和義務的公共態度。

1992年，美國納稅人共填寫了2.04億份納稅申報單，其中1.15億份是個人所得稅，460萬份是公司所得稅。1991年，稅務局審計了0.91%的個人納稅申報單和2.99%的公司納稅申報單，其中增加了對高收入納稅人和大公司審計的比例。1992年，稅務局審計了56.09%的資產達2.5億美元以上的公司。

依法納稅與稅收徵管制度密切相連。稅務局尋求不少方法以增加人們依法納稅

的程度。其中,最有效的方法是二戰期間建立的對工薪者扣繳稅制度。但對扣繳稅制度擴展到非勞務所得,美國國會仍有爭議。因為其他一些工業化國家對利息、股息收入一般不實行扣繳稅制度。

為了完善扣繳稅制度,稅務局依靠信息反饋計劃來監督納稅人依法納稅。這些信息包含納稅人收入情況、扣除情況、扣繳情況等,稅務局將此與納稅人申報單對照界定納稅人是否逃稅。

對公司納稅人以及合夥和獨資企業來說,要保證其較高的依法納稅水準則要困難得多,因為既無扣繳稅制度又無信息報告。

為提高依法納稅效果,稅務局已經制訂了幾個計劃。一是通過一般檢測計劃審計各類納稅人依法納稅情況。二是通過特殊檢測計劃審計特殊類型的納稅人,如獨資經營業主。三是開展對納稅人依法納稅檢測方法計劃的研究,對各種不同類型納稅人的隨機樣本詳細檢測。

1987年,美國稅務局研究了納稅人幾個重要組別不依法納稅情況,表明獨資企業主有大量額外收入未申報並且擴大了經營扣除。同時,稅務局發現小公司有未申報的收入、誇大扣除的傾向,大公司儘管一般都能申報收入,但在國內外分支機構進行不合理分配以避稅。

稅務局得出結論,獨資企業主和小公司不遵守稅法既是有意的,因為要追求自身經濟利益,並想在競爭的經營環境中占便宜,又是非故意的,因為沒有能力理解稅法;大公司不遵守稅法的原因主要是稅法本身含糊不清;非正式廠商不遵守稅法的原因是現金交易、缺乏交易記錄資料以及第三方的控制。

稅務局在提高依法納稅率方面面臨的一個困難是稅收法典複雜和不穩定,特別是所得稅。萊姆羅德(Slemrod,1992)測算發現,個人所得稅徵收成本占其稅收入的5%~10%。1990年以來,美國國內收入法典已被修改過上百次。為促進依法納稅,稅務局簡化了納稅程序,包括使用新簡易申報表。

稅收政策與稅法奉行相互作用,公平稅收制度更能促使依法納稅。1986年,美國的許多改革促進依法納稅。例如,更單一化的稅率結構使納稅人不便通過在不同檔級間改變收入獲得好處;提高某些逐項扣除的起點;減少了可申請扣除的納稅人數目;限制稅收庇護(Tax Shelter)減少了納稅人隱藏收入的機會。由於稅改並未簡化稅收法典中許多關鍵部分,納稅人奉行成本仍很高,其要花金錢和時間用於資料保存研究、準備申報、聘請專業人員幫助以及與稅收有關的訴訟。萊姆羅德(Slemrod)等人研究發現,1982—1989年奉行成本增加,當然這並不全部歸咎於稅改,而與納稅人特性改變有很大關係。例如,較大比例的納稅人是自雇的,有資本利得、股息和養老金收入等。他們在對大企業研究中發現了奉行成本很大的論據,500家企業為了遵守稅法,每年要花費10多億美元奉行成本,其中最大部分用於納稅申報表。霍爾(Hall,1994)發現,企業在奉行成本上有一個規模經濟問題,當銷售增加時,相關成本下降。他估計,年銷售在5,000萬美元或以下的企業,奉行成本占銷售額0.5%;當企業年銷售大於100億美元時,這一比重下降到0.05%。據測算,1993年,美國企業稅收奉行成本為1,230億美元,約占當年聯邦稅收收入的10.5%。

美國稅制改革回顧及可能走勢

一、1986—1993 年稅制主要改革評價

1986 年的稅改是美國自 1942 年戰時稅收條例以來聯邦稅法變動最徹底的一次，其方向是擴大稅基、簡化稅制。改革大大降低了邊際稅率，個人所得稅最高邊際稅率從 50% 下降為 28%，基本稅率由原來的 14 級簡化為 2 級，即 15% 和 28%，高收入者另有 5% 的附加稅（Surtax）；公司所得稅最高邊際稅率從 46% 下降為 34%，第一次出現了低於個人所得稅最高邊際稅率的情況。降低邊際稅率的舉措被認為能減少對勞動供給、個人儲蓄、投資及其他經濟行為的扭曲，使得整個經濟獲得收益。

稅改的一個特點是「逐漸中止」（Phase-out）一些優惠政策消除以前納稅人可得到的利益，使個人實際最高邊際稅率超過 28%。例如，在個人退休帳戶扣除項目上，新規定可使某些人實際邊際稅率達 33.6% 甚至 39.2%。

稅改明顯地擴大了個人所得稅和公司所得稅稅基，其最主要的條文包括：資本利得全額徵稅；有合格退休計劃的中高收入納稅人，其個人退休帳戶扣除項目被減少；新的消極損失規則減少了避稅投資；增加不動產的折舊年限；廢止了雙職工扣除、銷售稅扣除、所得平均、投資稅收抵免。另外，最低替代稅改革使相當一部分公司要在正常稅收基礎上再繳納最低替代稅。

稅改理性預期是收入中性，但它把負擔從個人轉向了公司。據測算，從 1986 年稅改到 1991 年，美國個人所得稅下降了 1,220 億美元，比按改革前稅法算出的個人所得稅總水準下降了 5%，而公司所得稅在同期則增長了 1,200 億美元，比稅改前稅法算出的結果上升了 22%。因此，這次稅改的影響並不在聯邦稅收收入總額上而在於其構成上。

儘管個人所得稅總體下降了 5%，但收入較低的納稅人稅負下降超過了平均水準，這是由於個人寬免額和標準扣除的增加。大約有 1/5 的納稅人稅負增加，主要是夫婦都工作有收入、沒有需要撫養的小孩，並且失去個人退休帳戶扣除的家庭以及大量利用避稅條件或有大量資本利得實現的高收入者。

標準扣除的增加使得許多納稅人從過去逐項扣除轉向申請標準扣除。新稅制使資本利得與普通收入稅率一致，使簡化的新稅法更易為人所理解和接受，利用稅法繁瑣規定鑽空子、逃漏稅的情況大為減少。由於窮人稅負下降，使 600 萬較貧窮的納稅人被排除在「稅網」外，個人所得稅納稅戶大規模減少。新稅制對公司強化了最低替代稅及會計規則，使過去賺大錢而不繳或少繳稅的情況減少。因此，新稅制被認為是一部「簡化和公正」的稅法。

1987 年稅收法案只做了稍小變化，如加速了對一些稅的徵收，擴大了電信服務貨物稅，糾正了公司稅、遺產稅一些技術性偏差。

1988 年稅收法案較為謹慎，延長了某些到期法規，從而使稅收收入相應減少，結果又通過一些辦法來彌補，如加速公司預估稅的繳納，嚴格對長期合同的計稅方

法，廢止了關於損失轉移的特殊規定等。

1988年，布什競選總統時保證不增加新的稅負，因而1989年沒有推進削減巨額赤字，而是建議將個人實現長期資本利得的45%排除在稅收之外。1989年稅收法案除簡化了公司最低替代稅外，沒有更新內容。

1990年，布什表示將打破諾言，當年年中與國會達成「預算協議」，同意在5年內對5,000億美元赤字削減一攬子計劃。但1990年稅收法案沒有什麼真正配得上改革標籤的，只是對要撫養一個或多個孩子的低收入納稅人放寬了勞動所得稅收抵免，增加了稅收抵免率，並根據家庭大小做一些調整；同時，廢止了對高收入納稅人5%的附加稅，這樣個人所得稅稅率表上有3個邊際稅率，即15%、28%和31%。1990年，美國稅收收入的增長主要來自酒和菸草貨物稅的增加、保險公司稅收待遇的改變以及年工資5.34萬~12.5萬美元醫療保健薪資稅的提高。

1991年和1992年，布什再次建議削減個人資本利得稅稅率，但美國國會沒有通過。

在1992年11月總統競選辯論中，稅收問題更為突出。在對簽署「預算協議」表示道歉後，布什重新回到他不增加稅收的施政方針上。而克林頓則提出了公平問題，聲稱減稅在里根和布什年代使富人得益，他將使美國最富裕的人繳納稅收中公平的份額。

1992年，克林頓當選美國總統，國會通過了自1986年以來最為重要的稅收法案，要求用5年時間削減赤字5,000億美元。這一計劃將部分地通過增加稅收來完成，措施包括：一是設立了兩個新的個人邊際稅率（36%和39.6%）。最高稅率是以對應稅收入超過25萬美元的部分加徵10%的附加稅形式出現的。對長期資本利得的最高邊際稅率仍維持在28%，沒有附加稅。這進一步擴大了普通所得和資本利得的稅率差異，被認為是對1986年稅改中最為重要一項改革的迴歸。新稅收法案相應地通過制定反濫用規定，來限制普通收入向資本利得的轉換。二是做了一個長久性規定，即逐項扣除減少3%，並逐漸減少個人寬免額，這實際上增加了對所得的邊際稅率。例如，對逐項扣除減少3%等於把39.6%的稅率增加到40.8%（1.03×39.6%）。三是廢止繳納醫療保健稅的13.5萬美元的工資上限，使高收入者稅率增加。四是增加了最低替代稅，有26%和28%兩個稅率；對單身收入超過3.4萬美元、夫婦收入超過4.4萬美元的家庭還增強了社會安全稅。五是取消了小孩額外稅收抵免和健康保險稅收抵免，但增加了對勞動所得的稅收抵免最高額。六是把公司所得稅稅率從34%增加到35%，另外涉外企業稅收也有所增加。

二、美國中長期稅制改革可能走勢

據觀察分析，美國中長期稅制改革可能在以下幾個層面展開：

（一）資本利得

1986年稅改取消了普通收入和資本利得稅率差異，體現了稅制公平、效率和簡

化原則，它主要降低了普通收入的稅率而並沒有增加長期資本利得稅率。然而，布什執政期間，提議消減對資本利得的徵稅，遭到美國國會拒絕。但美國國會在 1990 年和 1993 年先後兩次增加最高邊際稅率，而對資本利得最高稅率仍維持在 28%，再次引入了 1986 年以前稅法上的差別稅率。布什認為，削減資本利得稅將增加收入，有利於儲蓄，並創造新的工作機會。如果削減資本利得稅，公眾將有何反應及這種反應是否長期明顯，這將是美國稅務專家進一步研究的課題。

（二）折舊

折舊在形式上是一個會計方法問題，但其實質卻是稅收問題。美國折舊政策大約每 10 年做一次變動或改革。1962 年，肯尼迪執政時期出抬了「指導性折舊」法規，資產按產業類別分組，以其指導性壽命來折舊。資產的指導性壽命儘管與平均有效壽命相聯繫，但平均比以前規定的資產壽命短 30%～40%。1971 年，尼克松執政後，採用了資產折舊等級制度，允許折舊年限比以前的指導性年限短 20% 加速扣除。1981 年，里根政府在復甦經濟稅法中建立了加速成本回收制度，將所有固定資產劃為 4 類，機器和設備折舊年限分別為 3 年、5 年或 10 年，建築物為 15 年。這一制度導致了對投資於機器和設備收益實際零稅率。這個聯邦稅收「慷慨」的折舊制度在 1982 年、1984 年和 1986 年又逐步調。但共和黨控制的國會在 1995 年又要求放寬折舊，提出了中性成本回收建議，目標是對在應折舊財產上投資的回報產生一個零稅率。

（三）公司所得稅和個人所得稅一體化

美國公司所得稅已有較長時間歷史，然而在其他工業化國家有一種趨勢，即在稅制結構中就已分配的公司利潤對公司和股東的稅收採取某種形式的一體化。可能是出自對公司利潤重複徵稅的考慮，1992 年，美國財政部公布了對公司和個人所得稅一體化的研究報告，建議採用綜合所得稅（CBIT）的形式，但目前政界、產業界、學術界爭論頗多。

（四）增值稅

近年來，美國對增值稅興趣總體較淡。1969 年和 1970 年，尼克松曾建議設立聯邦增值稅。1980 年，美國國會一個委員會的主席也建議採用稅率為 10% 的增值稅，每年可增加 1,300 億美元的稅收收入，以降低社會安全稅及所得稅。也有一些國會議員提出開徵增值稅的建議。

美國對增值稅的支持者甚少。一些反對者認為，增值稅是一個「吃錢的機器」，稅率每增加一個百分點就增加 250 億～300 億美元的稅收，甚至說有證據表明，增值稅將導致政府規模擴大。另一些反對者認為，增值稅是累退的，將使低收入者背上不合理負擔。州政府也反對增值稅，因為它們認為銷售稅稅基應是州和地方政府獨享的。有一些人認為，增值稅會導致通貨膨脹，因為引入增值稅物價將上漲，儘管有關證據很少。增值稅支持者認為，增值稅的開徵將會大大削減赤字。有一些人認為，通過把美國稅制基礎向消費做一些轉移而不全集中在所得上，增值稅會增加

经济增长率导致整个国民收入上一更高水准，增加税收收入可用於刺激投资和深化税改。有一些人认为，引入增值税总比不得已去削减有利於低收入家庭的国内开支计划要实际得多。许多企业认为，引入增值税对贸易有利，因为根据关贸总协定，进口要徵增值税，出口可退税，儘管经济学家还是对此有所怀疑。

与欧洲不同，美国没有任何增值税经验，如果引入增值税则需新的税单、新的法规以及增加税务局人员。儘管如此，如果美国人认为需要开辟新税源以减少联邦赤字、筹措健康保健或教育资金、减少所得税和社会安全税，那麽情况就会改变。

——《美国税制研究报告》（葛元力　柳华平）原载於《四川国税调研报告》1996 年第 3 期。

6. 對內江鍛壓機床廠技術進步的調查與思考

一、企業技術進步的現狀

內江鍛壓機床廠（以下簡稱內鍛廠）建於1958年，是國家定點研製精密衝裁液壓機（以下簡稱精衝機）的重點企業，也是生產開式壓力機的專業重點廠。截至1991年年底，該廠累計生產各類產品13,028臺，實現利稅1,767萬元，上交利稅1,129萬元，出口創匯190多萬美元。1991年，在全國同行業22戶重點企業中，該廠的綜合效益居第9位，上交稅利名列前茅。

客觀地評價，該廠發展較快，但技術進步水準較同行業先進企業卻有一定差距。這主要表現為：

第一，產品技術水準不高。該廠目前生產的主導產品開式壓力機，大部分仍採用剛性離合器，無人身安全保護裝置。干式摩擦離合器的新型換代產品，目前只開發了2個品種5個規格，尚未形成經濟批量，遠遠不能滿足國內外市場需求，產品的市場競爭能力較弱。該廠現在研製生產的精衝機雖然屬於20世紀70年代的產品，但與國外同類產品相比，在整機精度、生產效率、功能顯示、自動化控制方面仍有較大差距。對100T精衝機的質量問題，用戶時有反應，「三包」費用增加，個別產品生產週期過長，不能按時交貨。

第二，產品構成不夠合理。該廠多年來以生產各類普通開式壓力機為主，雖然暢銷，但隨著衝壓技術和鍛壓設備的發展，這類產品將逐漸為先進產品所替代。目前國家對各類中小型普通開式壓力機已列入限制生產產品。儘管400T精衝機有廣泛的市場前景，但產品結構屬「獨腿」型，要真正「立」起來還比較困難。

第三，設備廠房陳舊，關鍵設備嚴重不足。該廠70%以上的設備屬於20世紀60年代初裝備的，現有加工能力只能適應中小型壓力機的一般加工，大型精密加工設備短缺，檢測手段不足。模具製造的工藝準備不足，缺少數控坐標磨床、三坐標測量機等關鍵設備。廠房生產能力和起重能力均不能滿足生產發展的需要；裝配及機加工面積十分擁擠。現有設備趨於老化，精度低。1991年，企業固定資產原值為2,421萬元，但淨值只有1,022萬元，折舊程度達58.7%，新度系數只有0.3。役年超過20年的占30%，5~20年的占55%，小於5年的占15%。

據全國 22 戶鍛壓機床企業 16 項經濟技術指標比較，內鍛廠指標大都處於中、下位置，與全國同行業先進水準比較差距更大。

二、企業技術進步水準不高的原因

企業技術進步水準不高，已成為制約內鍛廠總體發展的重要因素。其原因主要如下：

第一，企業留利水準低，自我累積能力薄弱。1987—1991 年，內鍛廠累計實現利潤 426 萬元（抵減 1990 年度虧損 184 萬元，淨利潤 242 萬元）。其中：上交利潤 112.05 萬元，用於還貸 136 萬元，留利為 113.2 萬元。企業稅後留利共上交能源交通重點建設基金和預算調節基金 19 萬元，1990 年和 1991 年還分別用 12 萬元大修理基金、20 萬元新產品試製基金上交目標利潤。五年間，該廠投入新產品試製費僅 45.1 萬元。

第二，國外技術引進不夠，國內技術開發協作不力。改革開放以來，全國鍛壓行業在 20 世紀 80 年代發生了質的飛躍。20 世紀六七十年代，上海第二鍛壓機床廠（以下簡稱上海二鍛）的技術水準還不及內鍛廠。20 世紀 80 年代，上海二鍛引進英國、德國、日本技術形成 5 個系列（200T 以下）開式壓力機生產線，並已向國內其他企業開展技術轉讓，已達到世界先進水準；天津、黃石、天水、營口、徐州、齊齊哈爾等地鍛壓企業經過技術引進，已處於國內同行業領先地位。而內鍛廠地處內陸，信息不靈，未引進國外先進技術和工藝，在國內也無相對穩定的技術開發協作夥伴。企業在市場上唯一能站住腳的產品只有機電一體化的精衝機，但由於資金短缺，沒有模具加工中心，整機配套水準低。

第三，技術人員力量不足，積極性不高。內鍛廠職工素質較低，有職工 1,998 人，其中大專及以上文化 187 人，占 9.36%；中專文化 175 人，占 8.76%；技工學校畢業 557 人，占 27.88%；高中畢業 196 人，占 9.8%；高中以下文化 883 人，占 44.2%。職工文化素質偏低，缺乏技術接受能力和創新能力，技術進步缺乏主體力量的推動。同時，內鍛廠技術人員構成不盡合理。企業技術開發和研究人員集中在開發室、工藝室，中青年技術人員偏少。企業科技人員職稱評聘註重學歷、工作年限等「硬杠子」，出現了職稱相同、水準不同、待遇相同、貢獻不同的矛盾。加之對科技人員缺少具體有效的獎勵政策，科技人員與一般職工之間、科技人員之間吃大鍋飯和分配上的平均主義比較嚴重，難以起到獎勤罰懶、獎優罰劣的作用，挫傷了一部分科技人員的積極性，致使部分技術人員外流或將工餘精力放在第二職業上。

三、企業技術進步的幾點建議

鍛壓機械行業是機床工具的重要組織部分，它為國民經濟各部門提供各種鍛壓工藝裝備及輔機和附屬裝置，正面臨國內和國外兩個市場的需要。據有關部門預

測,「八五」期間國內各類鍛壓機械可供品種總數將達700種,發展的重點是數控、精密、高性能、大型及專用品種以及柔性製造單元（FMC）和柔性製造系統（FMS）,以滿足汽車、農機、電機、軸承、輕工、家電、軍工部門以及出口創匯的需要。同時,量大面廣的常用產品需要進行更新換代,形成高中低檔不同層次的產品,以滿足更多的不同層次用戶的需求。毋庸置疑,「八五」期間、「九五」期間是鍛壓業發展的大好時機。內鍛廠是國內精衝設備的重要生產廠家,目前精衝機的產量品種和水準雖然存在差距,但企業只要進一步解放思想,抓住機遇,以國家宏觀產業政策、產品政策、市場需求為導向,加速技術改造、加速技術進步、加速品種開發,使精衝機達到性能先進、質量可靠、模具配套的水準,就一定能夠迅速佔領市場,從而恢復內鍛廠在同行業中的先進地位。

在此,我們對內鍛廠技術進步問題提出以下建議:

第一,確立「科技興企」的指導思想。廠領導要牢固樹立「科學技術是第一生產力」的觀點,把「科技興企」作為企業振興、發展的指導思想;在全廠開展一次「科技興企」的大發動、大討論,使全廠職工進一步解放思想,增強科技意識,充分認識技術進步對於企業發展的巨大作用,樹立發展生產必須抓科技的觀念;充分認識科技帶動企業發展的「龍頭」作用,樹立依靠技術進步創造價值的增值觀念,真正把技術進步擺到重要位置上。

第二,企業「八五」期間技改的總體方向是:購置一些關鍵設備,精化一些老設備,採用先進工藝及中小件,逐步實現成組加工工藝,補充檢測儀器,完善檢測手段,加強科研開發能力,提高管理水準,改造部分危房,增加必要的廠房面積,並在產品和工藝開發、配套措施方面都有明確構想。據測算,企業「八五」時期技改總投資額為1,450萬元（其中銀行貸款1,000萬元、自籌450萬元）,全部項目投產後,可實現年新增產值1,170萬元、新增利潤520萬元。

為爭取主動,內鍛廠整個「八五」時期技改宜在1993年內完成,以盡早形成新的生產能力,適應市場不斷擴大的需要。

第三,建立企業技術進步的競爭、風險、激勵機制。

（1）乘國家轉換企業經營機制、搞好國有大中型企業的強勁東風,大膽改革,打破「三鐵一平」,建立能進能出的勞動用工機制、能多能少的收入分配機制、能上能下的幹部管理機制,激發全廠職工的積極性、創造性,在獎金、福利上要逐步向包括科研機構在內的一線傾斜。

（2）搞好工程技術人員,特別是中青年技術人員的繼續教育,增強企業技術進步的後發優勢;充分利用技工學校優勢,抓好生產工人的崗位培訓教育,廣泛開展技術練兵活動。

（3）強化管理,從嚴治廠,強化以廠長、總工為中心系統的技術進步管理權威。

（4）廠科協要大造技術進步輿論,立足廠情有效組織開展群眾性的研究、創新活動,搞好「專利」產品、工藝開發;對工人的技術革新建議,一經採納按效益大小給予獎勵。

（5）加大改革步伐，用改革的手段充分調動技術人員的積極性，挖掘技術進步潛力。目前有三種可供操作的思路：一是試行新技術、新工藝、新產品目標開發承包制；二是建立技術進步目標考核制；三是對廠內研究所、工藝室、開發室實行單獨核算、自負盈虧。在完成開發目標任務的前提下，按照國家規定，企業可以對外進行技術轉讓、技術諮詢、技術培訓等，並從技術轉讓淨收入中提取5%~10%獎勵有關人員。

第四，積極培育發展以內鍛廠為龍頭的壓力機構企業集團。為促進企業組織結構的調整與優化，推動生產要素的合理流動，形成群體優勢和綜合功能，提高產品在國內市場的競爭力，建立以內鍛廠為龍頭，融科研、生產、銷售服務各環節於一體的壓力機械企業集團勢在必行。內江市的機械行業基礎較強，組建這個集團具有很大的可行性。當然，這還需要進一步論證分析。

第五，有關部門要為企業技術進步服務。企業技術進步的主體是企業本身，但它需要有一個較好的外部環境作為保證。

（1）適度調整內鍛廠的二輪承包上交目標利潤基數，以增強自我改造、自我發展的能力。

（2）繼續推行和完善稅收目標管理，超目標部分的稅收經報批減免，全部用於技改。

（3）適度擴大信貸規模，並允許企業採取集資、入股等各種形式籌集資金，以增大自有資金和自籌資金的比重。

（4）對企業計提的固定資產折舊基金免徵「兩金」，集中用於技改項目。

（5）除允許企業按產品銷售收入的1%提取新技術開發基金外，建議參照城鎮集體企業，對獲市以上技術進步榮譽稱號的，或者有市以上新產品開發計劃的，還可以增提1%~2%的新技術開發基金。

（6）盡快組織力量對組建企業集團進行全面的可行性論證，在此基礎上盡快組織實施。

（7）為企業「牽線搭橋」「穿針引線」，廣泛開展國內外技術協作與交流。

——《對內江鍛壓機床廠技術進步的調查與思考》（王賓　肖啓祿　曾奇　柳華平）原載於《四川稅務研究》1993年第3期。

7. 企業稅務風險管理
——ERM（TAX）研究

摘要：在市場經濟下，企業要在競爭中實現可持續發展，必須將風險控制在可承受的範圍內，進而減少成本費用支出，提高經濟效益，提升競爭實力。在各類風險中，稅務風險是非常重要的一個方面，也是對納稅人經營成果影響最大的因素之一。稅務風險一旦發生，輕則造成經濟損失，重則導致企業倒閉甚至涉稅人員被處以刑罰。隨著中國依法治稅的不斷推進，稅務信息化的不斷發展，徵管力度的不斷加強，稅務稽查技術的日益成熟，企業涉稅問題被發現和查處的概率大大提升，企業稅務風險轉化成現實損失的可能性也大大提高。因此，有必要從理論的高度和實踐的角度系統研究企業稅務風險，正確認識稅務風險的內涵、表現形式、形成機理，從而採取正確的防範途徑，減輕或消除稅務風險對企業經營帶來的不利影響。同時，國家稅收收入是通過企業納稅行為來完成的，兩者之間是個體與整體的關係。企業稅務風險小則只影響企業自身的生存與發展，大則可以損害國家稅收收入的組織，危害稅收對經濟的調控。雖然單個企業的稅務風險不足以給國家稅收帶來實質性影響，但眾多企業的稅務風險就會構成國家稅收風險。從這個意義上來講，研究企業稅務風險對防範國家稅收風險，特別是防範稅收流失風險，保障國家稅收收入的安全與穩定也具有十分重要的意義。

本文從企業風險的內涵、特徵以及表現形式著手，沿著什麼是企業稅務風險→企業面臨哪些主要稅務風險→為什麼會產生稅務風險→如何防範稅務風險的基本思路，通過理論構建、風險分析、提出方法三大部分，對企業稅務風險管理——ERM（TAX）策略進行研究。本文共分6節，基本框架如下：

第一部分是理論構建，包括1~2節。這一部分是整個研究的基本支撐。具體來講：第1節主要介紹研究的目的與意義、基本思路、邏輯結構以及研究假設。第2節主要對企業風險和企業稅務風險的內涵、特徵進行分析，簡要介紹了目前國內外研究稅務風險的現狀，構建ERM（TAX）基本框架。

第二部分是典型分析，包括第3節~第5節。第3節基於現行（2008年12月31日止）稅收政策，對企業在設立階段、正常營運階段、產權重組或清算階段存在的稅務風險逐一進行了梳理，並從經濟的、政治的、社會的和法律的等方面，分析了稅務風險可能給企業帶來的惡果。第4節按照SLEPT分析法，從社會的、政治的、法律的、經濟的和技術的五個層面，深入分析企業產生稅務風險的根本原因。

第 5 節通過分析美國安然公司倒閉、A 公司重組併購、金華稅案和南宮稅案中存在的稅務風險，從實踐的角度，進一步闡述了稅務風險的危害嚴重性和防範稅務風險的必要性。

第三部分是提出方法，主要內容為第 6 節。這一部分基於前 5 節對稅務風險的研究，提出企業防範稅務風險的基本思路是內外兼顧，即對外著重於防範，對內重點在控制，政府與企業內外互動。

本文的研究是圍繞建立適合中國現行稅制體系的稅務風險管理 ERM（TAX）策略而進行的。本文提出構建 ERM（TAX）策略本身就具有一定創新性，在研究過程中，本文註重對相關研究成果的取捨與揚棄，並試圖在構建理論體系上有創新性。本文的創新性主要體現在以下六個方面：

（1）對企業稅務風險的新定義。傳統觀點認為，企業稅務風險是由於企業未能正確有效遵守稅收法規而引起的一種法律風險，它是一種損失的可能，在一定程度上是企業的主觀故意行為。本文認為，產生稅務風險的誘因是複雜多樣的，既有企業內部的也有企業外部的，既有宏觀層面的也有微觀層面的。把稅務風險的責任全歸在企業頭上，認為稅務風險是企業的主觀故意，不盡公正、不盡全面。同時，本文認為，稅務風險不是一種純粹風險，既可能給企業造成損失，也可能為企業帶來利益（基於研究的需要，本文僅研究其負面的風險）。稅務風險不是現實的損失，在未發生之前，它始終是未來的一種可能，而一旦結果發生，它帶來的才是實際的損失。基於上述認識，本文把企業稅務風險定義為：稅務風險是指由於企業內外部各種因素的影響，導致其未能完全按照稅收法規辦理涉稅業務，使其涉稅業務活動結果與預期不一致，企業未來利益遭受損失的可能。

（2）對企業稅務風險特徵的認識。本文認為，企業稅務風險除了具備企業風險徵兆的隱含性、誘因的複雜性、危害的嚴重性和結果的可預測性等共性特徵外，還有三個個性化特徵。一是風險發生的全程性。企業稅務風險貫穿企業涉稅活動的始終。任何一個涉稅環節的疏漏，都可能產生影響準確納稅的不確定因素，導致企業多繳或少繳稅款，受到法律處罰。二是危害的雙重性。從企業層面看，企業可能因為稅務風險的發生而承擔高額稅負、重複納稅、喪失享受稅收優惠政策的權利等，這些都會使企業產生直接的經濟損失，影響企業自身的生存發展，甚至會因為涉稅違法導致企業倒閉、破產。從政府層面看，企業稅務風險會影響國家稅收收入的及時、足額入庫，減少國家稅收總量，降低稅收對宏觀經濟的調控能力。三是不完全可控性。由於部分稅務風險是由於稅收政策的變動或由於稅務執法不公正所致，因此稅務風險可以預測和防範，但企業不能完全將其控制和化解。

（3）搭建 ERM（TAX）理論體系。基於對 ERM 的認識，本文提出，ERM（TAX）的基本框架同樣有三個維度，即稅務風險管理目標、稅務風險管理要素和實施 ERM（TAX）的層次問題。第一維度稅務風險管理目標包括遵循目標、報告目標、經營目標和戰略目標。其中，最基本也是最被動的目標是遵循性目標。第二維度企業稅務風險管理要素包括內部環境、目標設定、事件識別、風險評估、風險回應、控制活動、信息與溝通、監督八個要素。第三個維度是實施 ERM（TAX）的層

次問題，即 ERM 將沿著分支機構（即附屬公司）、業務單位、部門推進，進而使組織整體（即公司）有序運行，目的是實現對所有稅務風險的整體把握。三個維度中全面風險管理的八個要素都是為企業的四個目標服務的，企業各個層級都要堅持同樣的四個目標，每個層次都必須從八個方面進行風險管理。將 ERM 理論引入對企業稅務風險的研究，具有一定的開放性。

（4）企業稅務風險點（TRPs）的梳理。本文認為，不同企業有不同的稅務風險，同一企業在不同的發展階段稅務風險也不盡相同。本文根據企業生命週期理論，從時間截面將企業稅務風險總體劃分為設立階段（創業期）的稅務風險、正常運行階段（成長期和成熟期）的稅務風險、破產清算階段（衰退或再造期）的稅務風險，並結合現行稅制和相關法律，對具體的稅務風險點進行了梳理，包括 3 個階段 14 個方面的 29 個核心風險點。

（5）企業稅務風險的 SLEPT 分析。SLEPT 分析是指宏觀環境的分析。宏觀環境又稱一般環境，是指影響一切行業和企業的各種宏觀力量。本文對宏觀環境因素做分析，不同行業和企業根據自身特點和經營需要，分析的具體內容會有差異，但一般都應對社會（Social）、法律（Legal）、經濟（Economic）、政治（Political）和技術（Technological）這五大類影響企業的主要外部環境因素進行分析。簡單而言，稱之為 SLEPT 分析法。本文認為，企業稅務風險形成機理，同樣適用 SLEPT 分析法。因此，本文從社會的、政治的、法律的、經濟的和技術的五個層面，深入分析企業產生稅務風險的根本原因，具有首創性。

（6）企業和政府內外互動防範稅務風險。本文認為，政府與企業都是市場經濟的主體，二者在 ERM（TAX）框架下的良性互動是防範企業稅務風險的重要措施。在防範稅務風險中，政府在構建依法誠信納稅的稅收文化氛圍、促進社會依法納稅意識的提高，在統一稅法、公平稅負、規範政府分配方式等方面，在嚴格依法行政、不越權行政、不擅自制定有違稅法的減免稅優惠政策等方面可有作為。企業可以將稅務事項外包，借助「外腦」，聘請稅收籌劃專家作為企業稅收風險的外部監控人，代為承擔企業內部審計部門的一部分職責，以更好、更專業地監督和發現企業的稅收風險並提供解決方案。

作為一種開拓性研究，本文研究的缺陷與歸納的創新之處同樣突出，由於筆者學力、精力有限，本文嘗試搭建的理論分析框架只是一個雛形，無論是研究視角、研究工具、研究方法、研究內容都有待進一步完善，其解釋力也需要更多實踐資料的檢驗，尤其是在建立數學分析模型上存在空白，實踐分析也略顯籠統與膚淺。這些都需要在後續研究中進一步補充、擴展和完善。

第 1 節　導論——主題與結構

一、研究的目的與意義

隨著市場經濟體制的不斷完善，企業面臨的競爭越來越激烈，風險種類也越來

越多。企業要在競爭中實現其可持續發展，必須將風險控制在可承受的範圍內，進而減少成本費用支出，提高經濟效益，提升競爭實力。在各類風險中，稅務風險是非常重要的一個方面，也是對納稅人經營成果影響最大的因素之一。稅務風險一旦發生，輕則造成經濟損失，重則導致企業倒閉甚至涉稅人員被處以刑罰。隨著中國依法治稅的不斷推進、稅務信息化的不斷發展、徵管力度的不斷加強、稅務稽查技術的日益成熟，企業涉稅問題被發現和查處的概率大大提升，企業稅務風險轉化成現實損失的可能性也大大提高。因此，有必要從理論的高度和實踐的角度系統研究企業稅務風險，正確認識稅務風險的內涵、表現形式、形成機理，從而採取正確的防範途徑，減輕或消除稅務風險對企業經營帶來的不利影響。

從另一個方面來講，國家稅收收入是通過企業納稅行為來完成的，兩者之間是個體與整體的關係。企業稅務風險小則只影響企業自身的生存與發展，大則可以損害國家稅收收入的組織，危害稅收對經濟的調控。雖然單個企業的稅務風險不足以給國家稅收帶來實質性的影響，但眾多企業的稅務風險就會構成國家稅收風險。[①]因此，從這個意義上來講，研究企業稅務風險對防範國家稅收風險，特別是防範稅收流失風險、保障國家稅收收入的安全與穩定也具有十分重要的意義。

二、研究的基本思路與邏輯結構

（一）研究思路

本文從企業風險的內涵、特徵以及表現形式著手，沿著什麼是企業稅務風險→企業面臨哪些主要稅務風險→為什麼會產生稅務風險→如何防範稅務風險的基本思路，採用理論研究與實證分析相結合的方法，著重研究企業稅務風險的內涵與特徵、表現形式及其惡果、形成機理，借鑑國內外防範稅務風險的經典案例，提出防範稅務風險的主要對策，力求構建一套適合中國現行稅制框架的稅務風險管理體系。

（二）研究邏輯結構

本文共6節，主要內容如下：

第1節是本文的導論部分，對本文主題與結構的界定，即提出問題。

第2節至第6節是本文的正文部分，對導論部分提出的問題進行了理論構建，系統分析與解決。每節的主要內容如下：

第2節，系統分析企業風險和企業稅務風險的內涵、特徵，簡要介紹目前國內外研究稅務風險的現狀，構建 ERM（TAX）基本框架。

第3節，立足現行稅法規定，對企業在設立階段、正常營運階段、產權重組或清算階段存在的風險逐一進行系統梳理，並從經濟的、法律的等方面，分析稅務風險可能給企業帶來的惡果。

---

① 韓靈麗. 公司的稅務風險及其防範 [J]. 稅務研究, 2008 (7): 61-64.

第 4 節，按照 SLEPT 分析法，從社會的、政治的、法律的、經濟的和技術的五個層面，深入分析企業產生稅務風險的根本原因。

第 5 節，列舉國內外稅務風險經典案例，從實踐的角度，分析稅務風險的危害性及防範的必要性。

第 6 節，基於對稅務風險的研究，提出防範稅務風險的基本策略是在 ERM (TAX) 基本框架下，內外兼顧，互動防範，即對外著重於防範，對內重點在控制，政府與企業內外互動。

三、研究假設

本文的研究是從經濟學視角，以經濟學理論為主要工具，研究企業稅務風險管理問題。經濟學的理論假設是研究秉持的基本假設，也是研究的邏輯前提。

（一）初始假設

初始假設是指決定研究問題性質和主要內容的那些在研究者看來是基本事實存在而必須具體明確的前提條件，它構成整個假設條件的基礎。初始條件包括主體行為動機的假設與行為主體公開行為的假設。這裡的行為主體主要是指有行為能力的個體，但也可以引申為由多個個體組成的組織。本文研究的初始假設是理性經濟人假設。不言而喻，本文研究的主體企業也具有理性經濟人的某些特徵，理性經濟人假設具體包括效用最大化、需求偏好多樣性、有限理性、機會主義。

（二）輔助假設

輔助假設是關於環境特性的假設。初始假設是對人的主觀特徵的描述，但僅此還不足以保證演繹推理的邏輯嚴密性，因為在經濟活動中人們不僅相互之間要打交道，而且還要與環境發生聯繫，人們的行為傾向對經濟組織的影響總是在人們之間及他們與環境之間的關係網絡中實現的，不考慮環境因素，也就無法理解個體行為、組織行為以及組織制度相互間的關係。

本文研究關於環境因素特性的假設主要包括資源稀缺性、機會成本、複雜性與不確定性、信息不完全與信息不對稱、資產專用性、正交易費用等。

基於本文研究的需要及客觀條件的限制，本文做出以下兩點基本的具體條件假設：第一，現行稅收制度總體不變。國家的政治、經濟體制改革以及稅收制度的調整變化，是企業稅務風險產生的重要原因。本文研究市場經濟下企業的稅務風險，遵循國家政治、經濟體制改革的發展進程和方向，並假設現行稅收法律體系與制度保持總體不變，除特別標明的外，引用的部分稅收法律法規截至 2008 年年底。第二，現行稅收徵管體制架構總體不變。稅收徵管體制框架不同，會對企業稅務風險產生不同的影響力。基於本文研究的需要，筆者假設現行稅收徵管體制結構不變。

第 2 節　ERM（TAX）體系的構建

一、企業風險認識

(一) 企業風險的內涵

從字面意義上看,「風險」是指未來可能發生的危險。據牛津英語辭典的定義,「Risk」作為名詞使用時,是「危險」「風險」的意思 (the possibility of sth bad happening at some time in the future; a situation that could be dangerous or have a bad result);作為動詞使用時,則是「冒險」的意思 (to put sth valuable or important in a dangerous situation, in which it could be lost or damaged)。

1895 年,美國學者首先從經濟學意義上提出了風險的定義,認為它是損失發生的可能性。1921 年,奈特從數理統計和成本分析角度提出了風險是概率估計的可能性。同時,奈特進一步將「風險」與「不確定性」做了區分,認為不確定性指經濟行為人面臨的直接或間接影響經濟活動的無法充分準確地加以觀察、分析和預見的外生因素和內生因素,它提供了獲益的機會;而風險不會為經濟行為人提供獲益機會。美國學者 A.威廉斯則提出了「結果變動說」,認為風險是在某個特定狀態下和特定時間內可能發生的結果變動,即只要某項活動的結果有兩種或兩種以上就存在風險,或者說未來結果的不確定性。[①]

奈特的定義把風險等同於損失,認為風險不會為經濟行為人帶來收益。不可否認,風險帶來損失的可能性更大。但現實經濟生活中,風險與收益是一對孿生兄弟,風險給經濟行為人帶來的,未必全是損失,也可能是收益,甚至高風險往往意味著高收益。當然,這需要經濟行為人科學認識、正確應對、積極防範風險。而A.威廉斯的定義,將風險定位為未來結果的不確定性,不確定的結果包括收益,當然也包括損失。從這個意義上講,A.威廉斯的定義比奈特的定義更全面、更準確。因此,筆者傾向於 A.威廉斯的觀點,即風險是未來結果的不確定性。

根據上述風險的定義,筆者認為,企業風險就是企業在實現其經營目標過程中出現的導致其未來利益不確定性的各種因素的總和。

逐利性是企業的基本屬性之一,在追求利潤最大化的過程中,企業必然要面臨各種各樣的風險。只有將風險控制在企業可以承受的合理範圍內,其收益才可能最大化,從而實現企業的可持續發展。因此,市場經濟條件下,風險管理已成為現代企業管理的重要組成部分,它與收益管理同樣重要,企業經營者必須高度重視對本企業風險的研究與防範。

---

① 閆文謙. 關於財政風險的理論分析 [J]. 山西財政稅務專科學校學報, 2003 (4): 3-8.

(二) 企業風險的特徵

1. 徵兆的隱含性

企業從成立之日起，就面臨著種類繁多的風險，涉及的領域異常廣泛，而不同風險發生的徵兆是不相同的。但無論哪種風險，在其結果尚未發生前，它什麼時候發生、在哪個環節發生、由什麼人或事觸發等徵兆，需要具有專業知識的人才能辨別。認識企業風險具有隱含性，有利於積極開展各種風險評估工作，主動採取措施避免和防範風險。

2. 誘因的複雜性

導致企業產生風險的原因眾多，既有來自自然界的原因，也有來自社會的原因；既有政治的因素，也有經濟的原因；既可能是由於政策的變動，也可能是因為法律的調整；既受到企業本身經營的影響，也受到國際政治經濟環境的制約。認識到風險誘因的複雜性，才能制定出有針對性的風險防範預案，最大限度減少未來的不確定性。

3. 危害的嚴重性

風險雖然可能為企業帶來利益，但並不能否認企業風險的危害性。如果沒有損失和危害，也就無所謂風險了。有些大的風險，甚至可以把企業吞噬。河北三鹿集團因三聚氰胺[①]事件受到的損失，就是對企業風險危害嚴重性的最好例證。充分認識企業風險危害和嚴重性，有利於企業慎重對待各種決策。

4. 結果的可預測性

儘管風險是發生在未來的事情，但它仍然是可以預測的。一般說來，企業在正常環境中進行投資和經營活動所遇到的風險，都有著一定的規律性。對於這些風險，通過周密的可行性分析和科學的經濟預測，總是可以預計到它們發生的概率和可能招致損失的程度。

---

① 河北三鹿集團曾是中國食品工業百強、中國企業 500 強、農業產業化國家重點龍頭企業，奶粉產銷量連續 14 年居全國第一，酸牛奶產銷量居全國第二，液體奶產銷量進入全國前四名，曾是「國家免檢產品」「中國名牌產品」……其品牌價值一度高達 149.07 億元。2008 年 3 月以來，該集團先後接到消費者反應，嬰幼兒食用三鹿嬰幼兒奶粉後，出現尿液變色或尿液中有顆粒現象。2008 年 8 月 1 日，三鹿集團送檢的奶粉中被檢測出含有三聚氰胺，但之後政府部門並沒有及時上報。2008 年 9 月 11 日衛生部指出，經調查高度懷疑三鹿集團生產的嬰幼兒配方奶粉受到三聚氰胺污染。2008 年 9 月 13 日，衛生部黨組書記高強指出，三鹿牌嬰幼兒配方奶粉事故是一起重大的食品安全事故。據衛生部統計，全國累計報告因食用三鹿牌奶粉和其他個別問題奶粉導致泌尿系統出現異常的患兒達 29 萬餘人。「三鹿奶粉」至此成為「問題奶粉」的代名詞。三鹿牌嬰幼兒配方奶粉重大食品安全事故發生後，三鹿集團於 9 月 12 日全面停產。截至 2008 年 10 月 31 日，三鹿集團共召回產品總值近 10 億元。經財務審計和資產評估，三鹿集團資產總額為 15.61 億元，總負債 17.62 億元，淨資產 -2.01 億元。2008 年 12 月 19 日，三鹿集團借款 9.02 億元付給全國奶協，用於支付患病嬰幼兒的治療和賠償費用。三鹿集團淨資產為 -11.03 億元（不包括 10 月 31 日後企業新發生的各種費用），已經嚴重資不抵債。債權人石家莊商業銀行和平西路支行向石家莊市中級人民法院提出了對被申請人（債務人）石家莊三鹿集團股份有限公司進行破產清算的申請。2009 年 2 月 12 日石家莊市中級人民法院發生民事裁定書，正式宣布石家莊三鹿集團股份有限公司破產。

(三) 企業風險的表象

所謂企業風險的表象，即企業風險的類別。對企業風險進行恰當的分類，有助於正確識別、評估和防範風險。企業風險類別往往因分類標準不同而不盡一致。

臺灣學者宋明哲在《企業財產風險管理之研究》中曾從不同角度並根據各種研究需要，把企業風險劃分為六類：第一，財產風險、人身風險和責任風險。財產風險是指財產招致毀滅、損失和貶值的風險；人身風險是人們因生、老、病、死而招致的風險；責任風險是由於責任者的過失給他人的生命和財產造成損失而承擔法律與經濟賠償責任的風險。第二，純粹風險和投機風險。這種分類辦法是由美國學者莫伯萊（Aebert H. Mowbray）首先提出來的。純粹風險是指那些只能造成損失而不能帶來利益的風險；投機風險是指由投機行為引起的風險，它可以帶來損失也可能帶來利益。第三，靜態風險和動態風險。這種分類方法最早是由保險學者提出的。靜態風險是由自然力量不規則或人們的錯誤行為而導致的風險；動態風險則是由經濟或社會結構變動帶來的風險。第四，特定風險和基本風險。這是由美國保險學者卡爾普（C. A. Knep）提出的分類。特定風險是指起因於某特定個人，後果也僅影響其個人的風險；基本風險則是起因於團體，損失也波及整個團體的風險。第五，個體風險和總體風險。個體風險是存在於個人、家庭以及企業的風險；總體風險是存在於政府與跨國企業的風險。第六，可管理風險和不可管理風險。可管理風險是指可以通過一定管理手段而避免或減少損失的風險；不可管理風險則是無法通過管理而避免或減少損失的風險。

筆者檢索並綜合各方面的研究成果認為，企業的主要風險可以概述為以下四類：

1. 可持續發展風險

可持續發展風險是指企業的經營決策失誤或對決策執行不當，導致企業可持續發展能力受到損傷的可能性。這類風險是企業最大的風險，嚴重影響企業未來的發展。可持續發展風險主要源自企業的決策層，如決策程序不科學；決策者僅追求眼前經濟利益，不做中長期發展規劃；不注重人才的引進或創造留住人才的用人機制；不加大企業核心競爭力和企業文化的培育；不加強對知識產權的保護；等等，都是制約企業可持續發展的因素，都會給企業的未來發展增加許多不確定性。

2. 管理風險

管理風險是指因管理不到位給企業造成損失的可能性，這類風險在中小企業特別是民營企業中比較常見。這類風險主要包括管理者管理理念落後，習慣於按經驗辦事，企業創新體系缺乏；不重視滿足客戶的需求和市場調研，服務體系不完善；財務管理、物資管理混亂，會計監督體系不健全；業務流程冗餘，管理制度不健全；等等。這類風險可能讓企業喪失在某一領域中的競爭優勢，甚至給企業帶來滅頂之災。

3. 法律風險

法律風險主要是指企業的經營行為不符合有關法律法規的規定，或者原有法律

法規發生變化而企業經營策略未及時進行調整，從而導致發生未來損失的可能性。市場經濟是法制經濟，企業的經營行為必須在法律的框架內進行，否則就會受到法律的制裁。一個國家立法、執法、司法體系越完善，企業的法律風險就越突出。

4. 聲譽風險

聲譽風險是指由於企業不當的經營行為在公眾心目中形成負面形象，從而對企業帶來的負面影響。常言道：「金杯銀杯不如口碑。」良好的企業形象和聲譽是企業的無形財富與生存之本，是企業的一種發展力。而聲譽一旦受到損害，會從根本上動搖公眾對企業甚至整個行業的信心，導致企業產品銷售額急遽下降，市場份額萎縮，客戶大量流失，生產經營受到損害。

二、企業稅務風險的研究現狀

（一）國內研究現狀

隨著中國市場經濟體制的不斷完善，市場化進程不斷深化，稅務風險日益成為困擾企業持久性制度安排的重要問題，國內學者就此展開了一系列研究。絕大多數學者主要從企業微觀的角度，集中研究了稅務風險的影響因素、風險識別手段與策劃方案等方面。例如，李淑萍、孫莉（2005）對稅務風險影響因素的研究；桂華林等（2000）從稅收政策對企業資本流動影響的考察；黃風羽（2003）揭示稅務籌劃中有關「風險」的表現形式以及「風險」對稅收籌劃效果的影響；王志強（2004）借鑑市場經濟國家「稅差學派」的研究思路，對稅收影響中國上市公司資本結構和股利政策的研究；王震袞（2006）通過對流轉稅和所得稅導致稅務風險的案例分析，探討了中小企業的稅務風險等。① 少數學者從宏觀經濟的角度，研究了宏觀稅務風險問題。例如，馬蔡琛在《中國企業的宏觀稅務風險——基於公共治理結構的考察》中提出，在公共治理視野中，企業宏觀稅務風險主要表現為：財稅政策轉型的拐點較為突兀、預算超收造成企業對宏觀稅負水準的預期紊亂以及稅制改革蘊含的風險。他提出通過推進公共財政管理的陽光化進程，實施預算總傾控制體系，推行結構性稅制改革，逐步降低稅負水準等方面加以治理。

（二）國外研究現狀②

在發達市場經濟國家，由於其宏觀治理結構與調控手段日臻成熟，宏觀稅務風險的表現並不明顯。在稅務風險問題上，國外學者更側重於微觀操作層面上的考察。例如，比斯利和邁克（Beasley & Mark，2006）在 *Tax Adviser* 上發表的 *Brainstorming to Identify and Manage Tax Risks* 一文中，通過大量的實證研究，論述了企業

---

① 馬蔡琛. 中國企業的宏觀稅務風險——基於公共治理結構的考察 [J]. 財貿經濟，2007（12）：40-43.

② 馬蔡琛. 中國企業的宏觀稅務風險——基於公共治理結構的考察 [J]. 財貿經濟，2007（12）：40-43.

如何有效地利用「頭腦風暴法」管理涉稅風險。博里格和康納（Begley & Conor, 2006）在 Accountancy Ireland 上發表的 Dawn of a New Era Tax Risks Heighten Across the Globe 一文中，提出稅務風險管理的操作技巧。克萊斯特和塞德（Crest & Sed, 2005）在 International Tax Review 上發表的 Tax-risk Tolerance Declines Sharply in the UK 一文中，揭示了在英國56%的稅務主管認為稅務風險管理在加大企業稅務執行成本的同時並未改善其經營狀況。萊布勒和邁克（Leibler & Mark, 2004）在 Business Resources White Papers 上發表的 Risky Business 一文中，質疑了由澳大利亞稅務委員會向公司經理人員提出的稅務風險管理建議。

三、企業稅務風險的內涵與特徵

（一）企業稅務風險的內涵

檢索企業稅務風險的定義，目前國內學者的解釋主要有以下四種：

（1）企業稅務風險通常是指納稅人沒有充分利用稅收政策或稅收風險規避措施失敗而付出的代價。[1]

（2）企業稅務風險是指企業經營管理中的涉稅業務處理受會計法規與稅收法規環境變化或企業內部稅務管理質量的影響，導致企業納稅現金流產生異常波動及企業承受的實際稅負變化超過企業納稅能力的風險。[2]

（3）企業稅務風險是指企業涉稅行為因未能正確有效遵守稅收法規而導致企業未來利益的可能損失。其具體表現形式是企業某種涉稅行為影響準確納稅的不確定因素。[3]

（4）企業稅務風險是指企業的涉稅行為未能有效遵守稅法或被認為違反稅法而可能導致企業未來的利益損失。[4]

不難發現，上述定義儘管表述不一，但有幾點是相通的：第一，稅務風險是由於企業未能正確有效遵守稅收法規而引起的；第二，稅務風險是一種法律風險；第三，稅務風險是一種損失的可能；第四，稅務風險在一定程度上是企業的主觀故意行為。

筆者認為，把握稅務風險的內涵，首先要準確把握產生稅務風險的原因。與企業其他風險一樣，稅務風險產生的誘因也是複雜多樣的，既有企業內部的原因也有企業外部的原因，既有宏觀層面的原因也有微觀層面的原因。這將在本文第3節做專門論述。但上述定義把稅務風險的責任全歸因於企業，認為稅務風險是企業的主觀故意是不公正、不全面的。

---

[1] 李淑萍. 論稅務風險的防範與機制創新 [J]. 財貿經濟, 2005（11）：30-33.
[2] 陳錦華, 等. 執行新會計準則對企業稅務風險影響的實證研究 [J]. 財會月刊, 2008（3）：34-36.
[3] 李煒. 企業稅務風險及其防範初探 [J]. 科技創新導報, 2008（15）：128-130.
[4] 韓靈麗. 公司的稅務風險及其防範 [J]. 稅務研究, 2008（7）：61-64.

其次，把握稅務風險的內涵，要正確定位其風險類別。稅務風險首先是一種法律風險，沒有稅務違法也就沒有稅務風險。無論這種違法行為是企業故意為之還是過失而為，都將導致企業涉稅業務活動結果與活動預期不一致。當然，稅務風險不是一種純粹風險，既可能給企業造成損失，也可能為企業帶來利益。[①] 基於研究的需要，本文僅研究其負面的風險。

最後，把握稅務風險的內涵，要正確區分損失的可能性和現實性。稅務風險同樣具有徵兆的隱含性，如果企業能識別涉稅活動中的風險因素，及時採取措施防範和化解，稅務風險就可能不會發生，也就不會給企業帶來實際的損失。總之，稅務風險是一種未來損失的可能，而不是現實的損失。在未發生之前，它始終是未來的一種可能，而一旦結果發生了，它所帶來的才是實際的損失。

基於上述分析和研究的需要，本文對企業稅務風險做出如下定義，即企業稅務風險是指由於企業內外部各種因素的影響，導致企業未能完全按照稅收法規辦理涉稅業務，使企業涉稅業務活動結果與預期不一致，企業未來利益遭受損失的可能。

(二) 企業稅務風險的特徵

企業稅務風險除了具備企業風險徵兆的隱含性、誘因的複雜性、危害的嚴重性和結果的可預測性等共性特徵外，還有三個個性化特徵。

1. 發生的全程性

企業稅務風險貫穿企業涉稅活動的始終，無論承認與否，它都無時不有，無處不在。任何一個涉稅環節的疏漏，都可能產生影響準確納稅的不確定因素，導致企業多繳或少繳稅款，甚至受到法律處罰。

2. 危害的雙重性

從企業層面看，企業可能因為稅務風險的發生而承擔高額稅負、重複納稅、喪失享受稅收優惠政策的權利等，這些都會使企業產生直接的經濟損失，影響企業自身的生存發展，甚至會因為涉稅違法導致企業倒閉、破產。從政府層面看，企業稅務風險會影響國家稅收收入的及時、足額入庫，減少國家稅收總量，降低稅收對宏觀經濟的調控能力。

3. 不完全可控性

稅務風險可以預測和防範，但企業不能完全將其控制和化解。因為部分稅務風險是由於稅收政策的變動引起的，如稅收優惠的取消導致納稅人稅收負擔的增加。還有部分稅務風險是由於稅務執法不公正所致，如稅務人員在行使稅法賦予的自由裁量權時，可能會因為非正當理由導致處理結果的畸輕畸重，從而加大企業的稅務風險。上述因素都不是靠企業一己之力能扭轉的。

---

① 任何風險既可能帶來損失，也可能帶來利益。稅務風險屬於企業風險的一種，當然也有這種特徵。

四、ERM（TAX）框架

（一）ERM 的含義及其與傳統風險管理模式的區別

ERM（Enterprise Risk Management）又叫全面風險管理（Enterprise-wide Risk Management），是20世紀90年代以來國際上興起的一種新的風險管理模式。美國風險管理與內部控制方面的權威機構COSO認為，ERM是一個實體的董事會、管理層和其他員工實施、適用於戰略制定和整個組織範圍的程序，該程序用於識別可能影響該實體的事件，管理風險使之處於其偏好範圍之內，並為實體目標的實現提供合理的保證。

ERM與傳統風險管理模式相比，是企業風險管理理念和實務上的一次重大轉型，「是要以風險損失為分析基礎轉變為以企業價值為分析基礎，化分離式的風險管理為整合式的風險管理，變單一的損失控制為綜合性的價值創造」①。二者的區別主要體現在五個方面。

1. 管理理念

傳統模式下，各種風險被假定是相互獨立的，因此每一種風險都被視為個別威脅，企業的風險管理目標設定為被動地降低風險和減少損失。在ERM下，各種風險被認為是互相關聯的，有時甚至是高度關聯，因此每一種風險不再被視為個別威脅，而應從整個企業角度來考慮；企業風險管理的客體不僅是各種風險，還包括風險之間的相互關係；風險管理由過去被動的防範和損失的控制與減少轉向積極應對，以實現企業風險承擔的最優化。

2. 組織框架

傳統模式下，風險管理主要由職能部門或獨立性較強的地區、產品事業部完成，企業一般不設立專職的高層風險管理職位，董事會和高管層一般不直接參與風險管理。ERM第一次從戰略的高度來看待風險管理，強調高層參與對於風險管理成敗的關鍵作用，主張風險管理不應局限於有關職能部門，而應成為上至董事會、下至一線員工的每一位雇員的責任，在組織結構上體現為設有職責明確的負責風險管理執行的副總裁職位，許多公司還在董事會和高管層下設有專門的風險管理委員會。

3. 管理手段

在傳統模式下，企業注重風險的識別與評價，保險是主要的風險規避手段，日常操作則以限額管理為主。在ERM下，企業風險管理的中心由單個風險的識別與評價轉向風險組合的開發，風險管理手段多元化，特別是非傳統風險轉移（Alterna-

---

① 卓志. 風險管理理論研究 [M]. 北京：中國金融出版社，2006：274.

tive Risk Transfer，ART）的快速發展①，使得企業風險管理工具大大豐富，特別在應對發生概率極小的巨險方面有了相應對策。企業往往因地制宜開發自己的風險戰略，限額管理只是企業風險戰略的一部分。

4. 風險管理的實施

傳統模式下，風險管理的對象主要是可保風險或財務風險，風險管理也是非連續的，幾乎完全依賴於職能部門或單位經理的意願。在 ERM 下，通過設立高層專職風險管理職位和建立具體的風險管理機制，企業內部風險管理機構得到有效整合，風險管理強調部門之間的協調，企業的風險管理常規化。

5. 與內部控制的關係

傳統模式下，風險管理被視為企業內部控制的一部分，而 ERM 則包含了內部控制。②

(二) ERM（TAX）的基本框架

基於對 ERM 的認識，筆者認為，企業稅務風險管理——ERM（TAX）的基本框架有三個維度，如圖 1 所示。

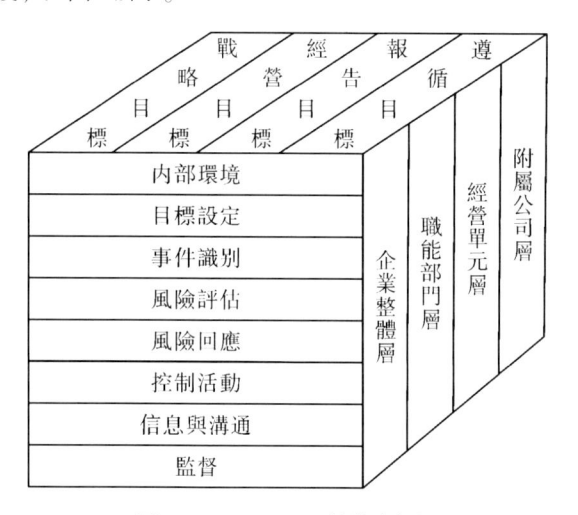

圖 1 ERM（TAX）的基本框架

第一個維度是稅務風險管理目標，即遵循目標、報告目標、經營目標和戰略目標。首先，最基本也是最被動的目標，是滿足稅務機關和國家稅收法律法規的要求，即遵循目標。其次是報告目標，即根據需要定期或不定期的準確、及時地提交相關的稅務風險報告，以滿足企業決策的需要，或者滿足利益相關者對企業稅務風

---

① 國際上較多地利用非傳統風險轉移方式（Alternative Risk Transfer，ART）分散巨災損失，彌補傳統保險風險轉移方式的供給不足。ART 產品的魅力在於它具有較高的成本效率優勢，通過資本市場進一步拓展風險轉移空間和能力。但是相對於傳統的再保險來說，ART 產品在技術上也更為複雜，受到的條件限制也比較多。

② 韋軍亮，等．ERM 及其最新研究進展述評 [J]．廣東商學院學報，2008 (4)：15-20．

險信息的正當要求。第三是經營目標，即通過 ERM（TAX）提高企業對防範稅務風險資源運用的效率和效果。最後是戰略目標，即將 ERM（TAX）融入企業戰略決策之中，為組織使命的實現提供強有力的支持和保障。

第二個維度是企業稅務風險管理要素，包括內部環境、目標設定、事件識別、風險評估、風險回應、控制活動、信息與溝通、監督。①

（1）內部環境。內部環境是企業內部人員如何對待稅務風險的態度，包括稅務風險管理理念、稅務風險承受能力、正直和道德價值觀及工作環境。內部環境為企業中的人們如何看待稅務風險和著手控制風險確立了基礎。

（2）目標設定。只有先制定目標，管理層才能識別影響目標實現的事件。企業稅務風險管理確保管理層參與目標制定流程，確保選擇的目標不僅和企業使命方向一致，支持企業的使命，而且與企業的風險承受能力相符。

（3）事件識別。企業必須識別影響企業目標實現的內外事件，分清稅務風險和機會。管理層制定戰略或目標時應考慮到機會，機會被追溯到管理當局的戰略或目標制定過程之中。

（4）風險評估。企業要對識別的稅務風險進行分析，以便確定管理的依據。風險與可能被影響的目標相關聯。企業既要對固有風險進行評估，也要對剩餘風險進行評估。評估要考慮風險的可能性和影響。

（5）風險對策。管理層選擇稅務風險應對方式，包括規避、接受、降低或分擔，並制定一套措施把風險控制在企業的風險容忍度和風險承受能力之內。

（6）控制活動。企業制定和實施政策與程序以確保管理層選擇的稅務風險應對策略得以有效實施。

（7）信息與溝通。企業的各個層級都需要借助信息來識別、評估和應對稅務風險。有效信息溝通的外延比較廣泛，包括企業內信息的上傳、下達和平行流動。

（8）監督。整個企業風險管理處於監控之下，必要時還會進行修正。這種方式能夠動態地反應風險管理狀況，並使之根據條件的要求而變化。監控通過持續的管理活動、對企業風險管理進行單獨評價或兩者的結合來完成。

上述八個構成因素之間的互動關係，可以通過圖2形象地展示出來。

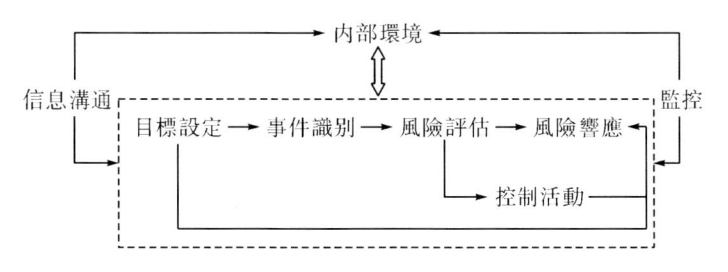

圖2 ERM（TAX）構成因素互動關係示意圖

---

① 滕青. 中國企業風險管理框架構建［J］. 經濟管理，2007（3）：45-48.

第三個維度是實施 ERM（TAX）的層次問題。ERM 將沿著分支機構（即附屬公司）、業務單位（即經營單元）、職能部門推進，進而使企業整體有序運行，目的是實現對所有稅務風險的整體把握。

上述三個維度的關係是：ERM（TAX）的八個要素都是為企業的四個目標服務的，企業各個層級都要堅持同樣的四個目標，每個層級都必須從八個方面進行風險管理。

第 3 節　企業稅務風險的表現形式及其惡果

事件識別是 ERM（TAX）基本框架第二個維度八個要素之一，通過識別影響企業目標實現的內外事件，分清稅務風險和機會，以利於管理層在制定戰略或目標時統籌考慮。因此，正確識別企業可能存在哪些稅務風險，是防範稅務風險的首要任務。

一、企業稅務風險的主要表現形式

企業稅務風險從不同的角度看，其表現形式各不相同。不同的企業有不同的稅務風險，同一企業在不同的發展階段稅務風險也不盡相同。從風險來源渠道不同，可以將稅務風險分為外部環境風險和內部管理風險。外部環境風險是由於企業的外部法規環境變化，包括會計法規與稅收法規的發展變化使得企業的納稅義務、納稅時間及其涉稅業務處理出現較大變化而影響企業納稅現金流控制的風險。內部管理風險是指由於企業內部管理不善，違反相關稅收徵管規定而遭受處罰加重納稅現金流出的風險。[1] 從稅務風險的後果不同來看，稅務風險可以分為稅款負擔風險、稅收違法風險、信譽與政策損失風險三類。[2] 從企業的所有制形式不同來劃分，稅務風險可以分為國有企業稅務風險、股份制企業稅務風險、私營企業稅務風險和外資企業稅務風險等。

美國學者伊查克·愛迪斯創立的企業生命週期理論認為，企業的生命週期大致可分為四個階段：創業期、成長期或擴張期、成熟期、衰退期或再造期（如圖 3 所示）[3]。處於不同發展階段的企業，其內部管理水準各不相同，稅務風險點也不一樣。筆者認為，根據企業生命週期理論，從時間截面可以將企業稅務風險總體劃分為設立階段（創業期）的稅務風險、正常運行階段（成長期或擴張期、成熟期）的稅務風險、破產清算階段（衰退期或再造期）的稅務風險。據此分類，我們可以逐一剖析企業不同階段面臨的具體稅務風險點（Tax Risk Point，TRP）。

---

[1] 陳錦華，等. 執行新會計準則對企業稅務風險影響的實證研究 [J]. 財會月刊，2008 (3)：34-36.
[2] 劉蓉，等. 公司戰略管理與稅收政策研究 [J]. 北京：中國經濟出版社，2005：261.
[3] 徐明華，謝芳. 企業成長週期、技術生命週期、企業家素質與技術要素參與收益分配方式的關係研究 [J]. 產業與科技論壇，2008 (1)：122-124.

図3 企業的生命週期

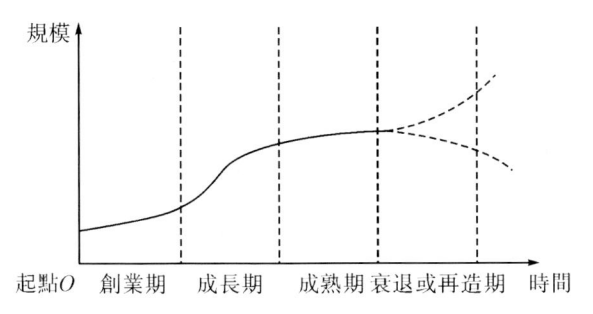

需要說明的是，實際上，有些企業稅務風險及其表現形式在企業的不同發展階段也可能表現為連續性、持續性，如財務核算不健全、資料報備不完整等。為便於管理和識別，本文將企業設立階段的稅務風險表述為 ETRPs，即 Establishment TRPs；將正常運行階段的稅務風險表述為 OTRPs，即 Operating TRPs；將破產清算階段的稅務風險表述為 BTRPs，即 Bankruptcy TRPs。同時，本文對其中核心風險點進行整體排序分析。

結合現行稅制和相關法律，本文對具體的稅務風險點進行了梳理，稅務風險大致包括三個階段 14 個方面的 29 個核心風險點。

(一) 企業設立階段的主要稅務風險 (ETRPs)

證件的辦理和資料的報備是企業設立階段的主要涉稅業務，這一階段的稅務風險主要體現在以下四個方面：

1. ETRP1. 開業稅務登記方面

(1) 不辦理稅務登記。稅務登記是稅務機關對納稅人實施稅收管理的首要環節和基礎工作，也是企業設立階段首先應當履行的法定義務。現行稅法規定，企業、企業在外地設立的分支機構和從事生產經營的場所，應當自領取營業執照之日起 30 日內，向生產經營地或納稅義務發生地的主管稅務機關申報辦理稅務登記。企業若不辦理稅務登記，主管稅務機關將在發現之日起 3 日內責令限期改正，還可處以 2,000 元以下的罰款；情節嚴重的，處 2,000 元以上 10,000 元以下的罰款。對逾期不改正的，經稅務機關提請，由工商行政管理機關吊銷其營業執照。可見，企業不辦理開業稅務登記，除可能受到經濟損失外，還可能面臨因吊銷營業執照而無法進行正常生產經營的風險。

(2) 不按規定時限辦理稅務登記。企業必須在領取營業執照之日起 30 日內申報辦理開業稅務登記，否則稅務機關在發現之日起 3 日內除要責令限期改正外，還可處以 2,000 元以下的罰款；情節嚴重的，處 2,000 元以上 10,000 元以下的罰款，從而給企業帶來不必要的經濟損失。

(3) 騙取稅務登記證。納稅人辦理稅務登記必須提供真實的證明和資料，若採取提供虛假證明資料等手段騙取稅務登記證，將被處以 2,000 元以下的罰款；情節嚴重的，處 2,000 元以上 10,000 元以下的罰款。在這一過程中，若稅務機關發現納

税人涉嫌其他違法行為的，還將按有關法律、行政法規的規定處理。

（4）未按規定辦理扣繳登記。負有扣繳義務的企業，應當自扣繳義務發生之日起 30 日內，向稅務登記地稅務機關申報辦理扣繳稅款登記。未按此辦理的，稅務機關自發現之日起 3 日內將責令其限期改正，並可處以 2,000 元以下的罰款。

2. ETRP2. 帳簿設置及保管方面

（1）生產經營帳簿。《中華人民共和國稅收徵收管理法》（以下簡稱《徵管法》）規定，納稅人必須按財政、稅務主管部門的規定設置帳簿，根據合法有效的憑證記帳、核算。因此，企業應當自領取營業執照或發生納稅義務之日起 15 日內，設置總帳、明細帳、日記帳以及其他輔助性帳簿。對生產、經營規模小又確無建帳能力的納稅人，可以聘請經批准從事會計代理記帳業務的專業機構或經稅務機關認可的財會人員代為建帳和進行帳務處理。企業的帳簿、記帳憑證、報表、完稅憑證、發票、出口憑證以及其他有關涉稅資料應當合法、真實、完整，除法律法規另有規定的，均應保存 10 年。企業若不按規定設置、保管帳簿或記帳憑證和有關資料，將被稅務機關責令限期改正，可能會被處以 2,000 元以下罰款；情節嚴重的，會被處以 2,000 元以上 10,000 元以下的罰款。若企業採取偽造、變造、隱匿、擅自銷毀帳簿或記帳憑證，不繳或少繳應納稅款的，可能構成偷稅。稅務機關會追繳其不繳或者少繳的稅款、滯納金，並處不繳或少繳稅款 50% 以上 5 倍以下的罰款；構成犯罪的，依法追究刑事責任。

（2）代扣代繳稅款帳簿。企業若負有扣繳義務，應當自扣繳義務發生之日起 10 日內，按照代扣、代收的稅種，分別設置代扣代繳、代收代繳稅款帳簿。若未按照規定設置、保管代扣代繳、代收代繳稅款帳簿或者保管代扣代繳、代收代繳稅款記帳憑證及有關資料的，將受到稅務機關責令限期改正處罰，同時可能受到 2,000 元以下的罰款處罰；情節嚴重的，可能被處以 2,000 元以上 5,000 元以下的罰款。

3. ETRP3. 資料報備方面

（1）未按規定報送財務會計制度或財務會計處理辦法。《徵管法》規定，納稅人、扣繳義務人的財務會計制度或財務會計處理辦法與有關稅收規定相抵觸的，應當依照稅收規定計算應納稅款、代扣代繳稅款和代收代繳稅款。因此，從事生產、經營的納稅人和扣繳義務人應當自領取稅務登記證件之日起 15 日內，將其財務、會計制度或財務、會計處理辦法報送主管稅務機關備案。使用計算機記帳的企業，應當在使用前將會計電算化系統的會計核算軟件、使用說明書以及有關資料報送主管稅務機關備案。企業未按此辦理，由稅務機關責令限期改正，可處以 2,000 元以下的罰款；情節嚴重的，處 2,000 元以上 10,000 元以下的罰款。

（2）未報告其全部銀行帳號。稅務機關掌握企業全部銀行帳號，有利於監控企業的資金流向，防止企業帳外經營和偷逃稅款。因此，企業應在開立基本存款帳戶和其他帳戶之日起 15 日內，將全部帳號書面向稅務機關報告，發生變化的，應自變化之日起 15 日內向稅務機關報告。否則，稅務機關可處以 2,000 元以下的罰款；情節嚴重的，處 2,000 元以上 10,000 元以下的罰款。

4. ETRP4. 資金籌集方面

向金融機構借款、向非金融企業借款和企業職工集資是幾種常見的資金籌集方式。後兩種籌資方式支付的利息一般都要高於向金融機構借款的利息。《中華人民共和國企業所得稅法》（以下簡稱《企業所得稅法》）規定，企業向金融企業借款的利息支出可以在稅前全額扣除；向非金融企業借款的利息支出，不超過按照金融企業同期同類貸款利率計算的數額的部分才可以扣除。因此，不同的籌資方式，會讓企業承擔不同的稅收成本。企業可能因為籌資方式規劃不當，出現多繳企業所得稅而減少淨利潤的風險。

(二) 正常營運階段的主要稅務風險（OTRPs）

企業正常營運後，涉稅業務已完全融於其日常生產經營之中。風險點多、風險面廣是這一階段稅務風險的主要特點。從近幾年稅務機關查處的一些案件中也不難看出，很多企業都是在這一階段因不能正確識別、有效防範稅務風險，導致被查處而遭受重大損失。概括起來，主要表現在8個方面：

1. OTRP1. 稅務登記證使用方面

(1) 未按規定使用。納稅人領取稅務登記證件後，應當將稅務登記證件正本在其生產、經營場所或辦公場所公開懸掛，接受稅務機關檢查，並不得轉借、塗改、損毀、買賣或偽造。若違反上述規定，稅務機關要處以2,000元以上10,000元以下的罰款；情節嚴重的，處10,000元以上50,000元以下的罰款。

(2) 未按規定驗證和換證。定期驗換稅務登記證是稅務機關加強稅源管理的一項重要舉措。《徵管法》要求稅務機關對稅務登記證件實行定期驗證和換證制度。企業應當在規定的期限內持有關證件到主管稅務機關辦理驗證或換證手續。否則，將受到稅務機關責令限期改正處罰，同時可能受到2,000元以下的罰款處罰；情節嚴重的，還可能被處以2,000元以上10,000元以下的罰款。

(3) 未按規定辦理變更登記。企業辦理稅務登記後，若需改變其名稱、法定代表人、經營地址、經濟性質、經營範圍、經營方式、註冊資金等項目時，應當自工商行政管理機關或其他機關辦理變更登記之日起30日內，持有關證件向原稅務登記機關申報辦理變更稅務登記。即使變動項目不需要到工商行政管理機關或其他機關辦理變更登記的，也應當自發生變化之日起30日內，持有關證件向原稅務登記機關申報辦理變更稅務登記。不按此辦理，由稅務機關責令限期改正，可以處2,000元以下的罰款；情節嚴重的，處2,000元以上10,000元以下的罰款。

2. OTRP2. 資格認定方面

(1) 不申請認定為增值稅一般納稅人。中國將增值稅納稅人劃分為增值稅一般納稅人和增值稅小規模納稅人兩類。對從事貨物生產或提供應稅勞務的納稅人、從事貨物批發或零售的納稅人，其連續12個月應徵增值稅銷售額分別達到50萬元

（不含）、80萬元（不含）以上的，均應申請認定為增值稅一般納稅人。① 對符合上述條件但不申請辦理一般納稅人認定手續的，稅務機關將按銷售額依照增值稅稅率計算應納稅額，不予抵扣進項稅額，也不準使用增值稅專用發票。這是一個非常嚴重的風險，一旦發生，企業將難以承受。

（2）不進行出口貨物退（免）稅認定。企業發生對外貿易業務，在按規定到有關部門辦理備案登記或與代理商簽訂代理出口協議之日起30日內，應到所在地稅務機關辦理出口貨物退（免）稅認定手續。企業若不到稅務機關辦理認定手續，一是其出口的貨物不能辦理退（免）稅，對企業是直接的經濟損失。二是稅務機關要責令其限期改正，企業可能受到2,000元以下的罰款；若情節嚴重，企業可能被處以2,000元以上10,000元以下的罰款。

3. OTRP3. 發票管理方面

發票既是企業在購銷商品、提供或接受服務以及從事其他經營活動中的收付款憑證，也是稅務機關加強稅源管理的重要手段和核心內容。財政部於1993年發布了《中華人民共和國發票管理辦法》，國家稅務總局先後制定了實施細則和數十個發票管理方面的規章與規範性文件，各省（市、區）也都根據實際制定了多個具體管理規定，足可見其重要性。從近年來被稅務機關查處的稅務違法案件來看，80%以上的被查處對象都涉及發票違法。因此，發票管理是企業管理中的風險集中點和易發點，如有不慎，容易引發稅務風險。

（1）一般性發票違法行為。企業在發票的領購、開具、取得、保管以及接受檢查過程中，要避免出現下列行為：

①不按規定領購發票。這主要是指企業向稅務機關以外的單位和個人領購發票，私售、倒買倒賣發票，販運、窩藏假發票，向他人提供發票或借用他人發票，盜取（用）發票等行為。

②不按規定開具發票。這主要包括：應開具而未開具發票，單聯填開或上下聯金額、增值稅銷項稅額等內容不一致，填寫項目不齊全，塗改發票，轉借、轉讓、代開發票，未經批准拆本使用發票，虛構經營業務活動虛開發票，開具票物不符發票，開具作廢發票，未經批准跨規定的使用區域開具發票，以其他單據或白條代替發票開具，擴大專業發票或增值稅專用發票開具範圍，未按規定報告發票使用情況，未按規定設置發票登記簿等行為。

③未按規定取得發票。這主要包括：應取得而未取得發票，取得不符合規定的發票，取得發票時要求開票方或自行變更品名、金額或增值稅稅額，自行填開發票入帳等行為。

④未按規定保管發票。這主要包括：丟失發票，損（撕）毀發票，丟失或擅自

---

① 根據2009年增值稅改革的要求，國家已將此標準分別降低到50萬元（不含）、80萬元（不含）。國家之所以降低標準，理由在於：一是更廣泛地延續增值稅抵扣鏈條；二是稅務機關的增值稅管理能力提高了，能夠控制假票的泛濫；三是把更多的納稅人納入一般納稅人管理，以實現更廣範圍、更大程度上的以票控稅。

銷毀發票存根聯以及發票登記簿，未按規定繳銷發票，未按規定建立發票保管制度等行為。

⑤未按規定接受稅務機關檢查。這主要包括：拒絕檢查，隱瞞真實情況，刁難、阻撓稅務人員進行檢查，拒絕接受《發票換票證》，拒絕提供有關資料，拒絕提供境外公證機構或註冊會計師的確認證明，拒絕接受有關發票問題的詢問以及其他未按規定接受稅務機關檢查的行為。

企業若出現上述行為，可能面臨的損失有四類：一是對不符合規定的發票不能作為財務報銷憑證，企業所得稅前不能扣除，導致多繳納企業所得稅。二是取得不符合規定的增值稅專用發票，其進項稅額不能抵扣，導致企業多繳納增值稅。三是被課處罰款。企業若有上述行為之一的，由稅務機關責令限期改正，沒收非法所得，可以並處 10,000 元以下的罰款；有上述所列兩種或兩種以上行為的，可以分別處罰。非法攜帶、郵寄、運輸或存放空白發票的，由稅務機關收繳發票，沒收非法所得，可以並處 10,000 元以下的罰款。私自印製、偽造變造、倒買倒賣發票，私自製作發票監製章、發票防偽專用品的，由稅務機關依法予以查封、扣押或銷毀，沒收非法所得和作案工具，可以並處 10,000 元以上 50,000 元以下的罰款；構成犯罪的，依法追究刑事責任。企業違反發票管理法律法規，導致其他單位或個人未繳、少繳或騙取稅款的，由稅務機關沒收非法所得，可以並處未繳、少繳或騙取的稅款一倍以下的罰款。四是存在上述發票違法行為而拒不接受稅務機關檢查的，可能被停售發票，導致企業不能正常開展經常活動。

（2）嚴重發票違法行為。依照《中華人民共和國刑法》（以下簡稱《刑法》）的規定，企業的一些嚴重發票違法行為，可能給企業或其直接負責的主管人員和其他直接責任人員帶來拘役、管制、有期徒刑、無期徒刑甚至死刑的刑事責任。這些行為主要如下：

①虛開增值稅專用發票或虛開用於騙取出口退稅、抵扣稅款的其他發票的（虛開是指有為他人虛開、為自己虛開、讓他人為自己虛開、介紹他人虛開行為之一的）。

②偽造或出售偽造的增值稅專用發票的。

③非法出售增值稅專用發票的。

④非法購買增值稅專用發票或購買偽造的增值稅專用發票的。

⑤偽造、擅自製造或出售偽造、擅自製造的可以用於騙取出口退稅、抵扣稅款的其他發票的。

⑥盜竊增值稅專用發票或可以用於騙取出口退稅、抵扣稅款的其他發票的。

⑦使用欺騙手段騙取增值稅專用發票或可以用於騙取出口退稅、抵扣稅款的其他發票的。

4. OTRP4. 帳務核算方面

（1）核算不健全。健全的財務核算既是企業加強內部管理的需要，也是稅務機關加強稅收監管的需要。企業如果帳務核算不健全，稅務機關將採取下列懲罰性措施，從而導致企業多繳稅款：

①核定徵收。對帳目混亂或成本資料、收入憑證、費用憑證殘缺不全，難以查帳的企業，稅務機關可以核定其應納稅額。

②不予抵扣進項稅額。對已認定為增值稅一般納稅人的企業，若會計核算不健全，或者不能夠提供準確稅務資料的，將按銷售額依照增值稅稅率計算應納稅額，不得抵扣進項稅額，也不得使用增值稅專用發票。

③從高適用稅率。企業若兼營不同稅率的貨物或應稅勞務應當分別核算不同稅率貨物或應稅勞務的銷售額，未分別核算銷售額的，從高適用稅率。

④不予享受減免稅。納稅人同時從事減免項目與非減免項目的，應分別核算，獨立計算減免項目的計稅依據以及減免稅額度；不能分別核算的，不能享受減免稅。

（2）主要稅種核算中的風險。① 增值稅和企業所得稅是中國現行稅制的兩大主體稅種，也是絕大部分企業需要接觸和繳納的稅種。因此，正確認識它們的風險點，對防範企業整體稅務風險意義重大。②

①增值稅核算中的主要風險。銷項稅額和進項稅額核算是否正確、抵扣憑證是否合法是影回應納稅額大小的兩個主要因素。據此，我們可以將增值稅核算中的主要風險歸納為以下三個方面。

第一，銷項稅額方面：一是隱匿銷售收入。例如，納稅人將銷售貨款直接衝減「生產成本」「庫存商品」，或者直接計入往來帳等，而不計入銷售收入計提銷項稅額；銷售殘次品、等外品、邊角餘料、廢品等不作銷售計稅；發生混合銷售行為，將應稅勞務作為營業稅項目申報繳納營業稅等。二是人為滯後銷售入帳時間，延遲實現稅款。例如，納稅人採用托收承付結算方式銷售時，為調減當期銷售或利潤，延期辦理托收手續；發出商品時不作銷售收入處理，不申報納稅；採用交款提貨方式銷售時，貨款已收到，提貨單和發票已交給買方，但買方尚未提貨情況下，不作銷售收入處理；故意推遲代銷商品的結算，人為調節或推遲當期應繳稅款等。三是將應視同銷售的業務不提或少提銷項稅額，導致少繳增值稅。例如，納稅人按稅法規定屬視同銷售行為，不按規定計提銷項稅額；收取價外費用採取不入帳、衝減費用、長期掛往來帳等方式，不計算繳納增值稅；以物易物未作視同銷售計提稅金；隨同產品出售包裝物未計提稅金等。

第二，進項稅額方面：一是在貨物購進環節人為擴大進項稅額的抵扣範圍，導致少繳增值稅。例如，納稅人擴大農產品收購憑證的使用範圍，將其他費用計入買價，多抵扣進項稅額；錯用扣稅率，低稅高扣；採購途中的非合理損耗未按規定轉出進項稅額等。二是對庫存存貨改變用途而不按規定轉出進項稅額，致使企業少繳增值稅。例如，企業發生退貨或取得折讓未按規定作進項稅額轉出；用於非應稅項

---

① 對於大多數企業而言，財務會計核算制度比較健全，基本能按照稅法規定進行正確核算。因此，本部分僅就一些特殊項目可能產生的「稅務風險」進行了羅列，並未對照稅法將企業所有可能出現的問題一一列舉。

② 本部分主要參考了全國稅務系統崗位專業知識與技能培訓系列教材《稅務稽查方法》。

目、免稅項目、集體福利或個人消費以及正常損失的存貨，未作進項稅額轉出。

第三，抵扣憑證方面：一是接受虛開的增值稅專用發票；二是取得虛假的海關完稅憑證、虛開的運費發票、虛開的廢舊物資發票；三是虛開農產品收購發票抵扣稅款。

②企業所得稅核算中的主要風險。企業每一納稅年度的收入總額，減除不徵稅收入、免稅收入、各項扣除以及允許彌補的以前年度虧損後的餘額，為應納稅所得額。據此，我們可以將企業所得稅核算中的主要風險歸納為以下兩個方面：

第一，收入總額方面：一是收入計量不準確；二是延遲收入入帳時間；三是視同銷售行為未做納稅調整而少計稅。

第二，扣除項目方面：一是將不得在企業所得稅稅前扣除的項目進行了扣除。例如，納稅人將資本性支出、無形資產受讓及開發支出、違法經營的罰款和被沒收的財物的損失、稅收的滯納金罰金、自然災害或意外事故損失有賠償的部分、超過國家規定允許扣除的公益性救濟性捐贈以及非公益性和救濟性的捐贈、各種贊助支出、與取得所得無關的其他各項支出在稅前作了扣除。二是準予扣除的成本費用核算錯誤。例如，納稅人成本分配不正確，存貨計量、收入、發出和結存計算錯誤，成本費用的核算方法不符合配比原則、一貫性原則，人為虛增成本、虛列費用等。三是取得的發票不合法，其支出在稅前不予扣除。

上述稅種核算中的問題，一方面可能導致企業多繳稅款，另一方面企業可能因少繳稅款受到稅務機關追補稅款、課處罰款的處罰，都會給企業帶來直接的經濟損失。企業在帳簿上多列支出或不列、少列收入，不繳或少繳應納稅款的，可能構成偷稅。稅務機關會追繳其不繳或少繳的稅款、滯納金，並處不繳或少繳的稅款50%以上5倍以下的罰款；構成犯罪的，依法追究刑事責任。

5. OTRP5. 納稅申報方面

19. 不申報。納稅申報是納稅人必須履行的法定義務，也是稅務機關日常徵管中重點監控的環節之一。《徵管法》規定，納稅人不進行納稅申報，不繳或少繳應納稅款的，由稅務機關追繳其不繳或少繳的稅款、滯納金，並處不繳或少繳的稅款50%以上5倍以下的罰款。如果納稅人經稅務機關通知申報而拒不申報，可能會被稅務機關判定為偷稅行為，被稅務機關追繳其不繳或少繳的稅款、滯納金，並處不繳或少繳的稅款50%以上5倍以下的罰款；構成犯罪的，依法追究刑事責任。

(2) 不按期申報。企業在生產經營中，無論當期是否有應納稅額，或者是否在享受減免稅待遇，均應按規定的期限辦理納稅申報和報送納稅資料，若其負有代扣代繳、代收代繳義務，還應按照規定的期限向稅務機關報送代扣代繳、代收代繳稅款報告表和有關資料。否則，稅務機關會責令限期改正，並可以處2,000元以下的罰款；情節嚴重的，可以處2,000元以上10,000元以下的罰款。

(3) 虛假申報。企業應當向稅務機關如實辦理納稅申報，保證申報資料的完整性、準確性和真實性。如果企業進行虛假的納稅申報，不繳或少繳應納稅款，可能構成偷稅，稅務機關將追繳其不繳或少繳的稅款、滯納金，並處不繳或少繳的稅款50%以上5倍以下的罰款；構成犯罪的，依法追究刑事責任。若企業編造虛假計稅

依據，稅務機關在責令限期改正的同時，可能會處以 50,000 元以下的罰款。若企業以假報出口或其他欺騙手段騙取國家出口退稅款，稅務機關將追繳其騙取的退稅款，並處騙取稅款 1 倍以上 5 倍以下的罰款，同時還可以在規定期間內停止為其辦理出口退稅；構成犯罪的，依法追究刑事責任。

6. OTRP6. 稅款繳納方面

（1）欠繳稅款。所謂欠繳稅款，即欠稅，是指納稅人超過稅款繳納期限尚未繳納的稅款。納稅人欠繳稅款，除要承受按日加收滯納稅款 0.05% 的滯納金外，還將面臨稅務機關一系列比較嚴厲的催繳措施。個別措施會給企業的信用、信譽造成很大的負面影響，甚至直接危及其正常生產經營。這些措施包括：

①欠稅公告。稅務機關將按季度在辦稅場所或廣播、電視、報紙、期刊、網絡等新聞媒體上，公告納稅人的欠繳稅款情況。

②阻止其法定代表人出境。對欠繳稅款的企業，其法定代表人在出境前未按照規定結清應納稅款、滯納金或提供納稅擔保的，稅務機關可以通知出入境管理機關阻止其出境。

③強制執行。企業欠繳稅款，經責令繳納逾期仍未繳納的，經縣以上稅務局（分局）局長批准，稅務機關可以書面通知其開戶銀行或其他金融機構從其存款中扣繳稅款、扣押、查封、依法拍賣或變賣其價值相當於應納稅款的商品、貨物或其他財產，以拍賣或變賣所得抵繳稅款。同時稅務機關可以對其處不繳或少繳稅款 50% 以上 5 倍以下的罰款。

（2）逃避追繳欠稅。企業欠繳應納稅款，不是積極籌集資金繳納，而是採取轉移或隱匿財產的手段，妨礙稅務機關追繳的。由稅務機關追繳欠繳的稅款、滯納金，並處欠繳稅款 50% 以上 5 倍以下的罰款；構成犯罪的，依法追究刑事責任。

7. OTRP7. 稅務檢查方面

稅務檢查是稅務機關加強稅源管理，打擊稅收違法行為，堵塞稅收漏洞的重要措施。在這一過程中，企業自身和稅務檢查人員都可能給企業帶來稅務風險。

（1）企業違法或不當行為帶來的風險。稅務機關在進行稅務檢查時，企業應主動接受，積極配合，如實反應情況、提供資料，並允許稅務機關記錄、錄音、錄像、照相和複製與案件有關的情況與資料。若採取逃避、拒絕或其他方式阻撓稅務機關檢查的，稅務機關除責令改正外，可以處 10,000 元以下的罰款；情節嚴重的，處 10,000 元以上 50,000 萬元以下的罰款。同時，在稅務檢查過程中，可能因為企業非主觀故意的懈怠，讓檢查人員認為企業不主動接受和配合檢查，招致更深入和廣泛的外圍調查取證，影響檢查結果的處理、處罰。

（2）稅務檢查人員違法或不當行為帶來的風險。個別業務素質或政治素質不高的檢查人員在檢查過程中的一些行為違法或不當同樣會給企業帶來風險，如違法採取稅收保全和強制執行措施、洩露在檢查中掌握的商業秘密等，會使企業的生產經營遭受一定損失。

8. OTRP8. 優惠政策享受方面

稅收優惠政策是國家為鼓勵某些產業、行業、地區的發展，給予符合條件納稅

人的減稅、免稅措施。企業只要符合條件，都可享受。但在享受稅收優惠政策時，主要風險點有以下兩個：

（1）擅自擴大減免稅範圍。企業將應稅項目混入減免稅項目中，或者人為調節徵免稅項目的銷售收入、編造虛假資料，騙取享受稅收優惠。

（2）未按規定程序報批或備案。減免稅分為報批類減免稅和備案類減免稅，納稅人未向有權稅務機關報批或備案，或者是地方政府擅自做出的減免稅決定。若出現上述情況，企業將喪失享受稅收優惠政策的權利，稅務機關除向企業追補稅款外，將按《徵管法》有關規定進行處罰。

（三）破產清算階段的主要稅務風險（BTRPs）

企業可能因為經營不善等原因而破產，在破產清算過程中，同樣存在稅務風險。

1. BTRP1. 稅務登記方面

企業發生解散、破產、撤銷以及其他情形，依法終止納稅義務的，應當在向工商行政管理機關或其他機關辦理註銷登記前，持有關證件和資料向原稅務登記機關申報辦理註銷稅務登記；按規定不需要在工商行政管理機關或其他機關辦理註冊登記的，應當自有關機關批准或宣告終止之日起15日內，持有關證件和資料向原稅務登記機關申報辦理註銷稅務登記。在辦理註銷稅務登記前，企業還應結清應納稅款、多退（免）稅款、滯納金和罰款、繳銷發票、稅務登記證件和其他稅務證件。若企業不按此辦理，由稅務機關責令限期改正，可以處2,000元以下的罰款；情節嚴重的，處2,000元以上10,000元以下的罰款。

2. BTRP2. 申報納稅方面

企業在破產清算過程中，出售存貨或機器設備、房屋等固定資產取得的收入，要按稅法規定申報繳納稅款。其清算所得，還要向稅務機關申報繳納企業所得稅。因此，企業在清算過程中，可能由於未進行納稅申報或申報不實而面臨風險。

二、企業稅務風險的惡果

（一）經濟層面：增大稅收成本

企業稅收成本主要包括稅收實體成本、稅收處罰成本、稅收財務成本和稅收服務成本四個方面。[①] 它和生產經營成本一樣，是企業進行生產經營決策的重要依據，與企業利潤實現成反比。它的增大最終都會導致企業利益的減少，甚至給企業帶來經濟負擔，影響企業的可持續發展。從前面對企業稅務風險主要表現形式的分析中可以看出，企業可能因資金籌集方式不同、財務核算不健全、減免稅未按規定報批或備案等原因，導致多繳稅、重複繳款，使其稅收實體成本上升。企業無論是在設立階段還是正常營運階段，甚至在破產清算階段，若出現違反稅法的行為，都會遭

---

① 李健. 企業稅收成本的構成及其優化 [J]. 溫州職業技術學院學報，2005，5（1）：3.

到稅務機關的處罰，產生稅收處罰成本，造成企業的額外負擔。企業稅收實體成本和稅收處罰成本的增大，會占用企業更多的資金或資產，從而使其利息支出、銀行手續費及其他有關理財費用大幅增加，即企業稅收財務成本會增大。由此可見，企業稅務風險主要會增大企業的稅收實體成本、稅收處罰成本和稅收財務成本，減少企業利潤。隨著稅收執法力度的加大，企業若不重視對稅務風險的防範，稅收成本特別是稅收處罰成本可能會越來越大。

(二) 政治層面：錯失發展機遇

稅收優惠政策是國家調控經濟的重要手段，國家通過對某些地區、產業等特定對象進行扶持、鼓勵，可以實現經濟社會健康、協調發展。稅收優惠政策在企業成長期的作用十分明顯。企業若合法利用稅收優惠政策，就可以借此進行技術改造、擴大生產規模、調整產業結構，從而增強企業活力，促進企業迅速成長壯大。但如果企業採取擅自擴大減免稅範圍、編造虛假資料等非法手段騙取稅收優惠，或者不按規定向稅務機關報批等，不但會喪失享受稅收優惠政策的權利，錯失企業發展壯大的機遇，而且還會因此承擔高額稅收實體成本和稅收處罰成本，得不償失。

(三) 社會層面：損害企業商譽

市場經濟是法制經濟，同時也是信用經濟。誠信是企業興業之基，發展之源。誠信度越高的企業，其發展軟實力就越強。從2003年開始，稅務機關定期根據納稅人遵守稅收法律法規以及接受管理等情況，評定其納稅信用等級。稅務機關對不同納稅信用等級的納稅人在納稅申報、發票購領、出口退稅、稅務檢查等方面採取不同的管理服務措施。例如，對A級納稅人，省級稅務機關為其授牌，市級稅務機關在媒體予以公告，而且兩年內可以免除稅務檢查。對C級納稅人，稅務機關每年都要將其列入年度重點檢查對象，增值稅實行專用發票先比對後抵扣等懲罰性管理措施。因此，納稅信用等級高表明納稅人財務核算和企業內部管理規範、稅收遵從度高，商業交往中他人就更願意與之合作，其社會公信力和競爭力會越來越高。但是若企業發生前文列舉的稅務風險，稅務機關將降低其納稅信用等級，企業也可能因為欠稅問題被稅務機關公告、因偷稅問題被媒體報導，這將使企業的信譽和商譽受損，影響業務的拓展。企業納稅信用等級降低後，稅務機關將加大對其監控和檢查力度，企業在經營中的稅務風險轉化為現實損失的概率將大大增加，客戶滿意度、忠誠度都會受到影響。

(四) 法律層面：承擔刑事責任

馬克思曾經說過：「稅收是餵養政府的奶娘。」國家為了保證有「奶」可吃，對那些嚴重違反稅收徵管制度、妨害國家稅收正常秩序的納稅人予以刑罰制裁。中國在1997年修訂的《刑法》中，專門設置了「危害稅收徵管罪」。依照規定，企業一旦在偷稅，抗稅，逃避追繳欠稅，騙取出口退稅，虛開增值稅專用發票、用於騙取出口退稅、抵扣稅款發票，偽造、出售偽造的增值稅專用發票，非法出售增值稅專用發票等方面情節嚴重的，除將對企業處以罰金外，還要對單位直接負責的主管

人員和其他責任人員處以刑罰。這類稅務風險結果發生後，無論是對企業還是企業的經營者，都將是「滅頂之災」。據不完全統計①，僅1994—1999年3月，全國查處涉及增值稅專用發票犯罪的死刑案有39件，一審判處死刑的就達62人。②

第4節　企業稅務風險形成機理的SLEPT分析

風險評估是ERM（TAX）基本框架第二維度八要素之一，對識別出的稅務風險進行了分析評估，以便確定管理的依據。本節採用SLEPT分析法，對企業稅務風險形成機理進行深入剖析。

SLEPT分析是指宏觀環境的分析。宏觀環境又稱一般環境，是指影響一切行業和企業的各種宏觀力量。對宏觀環境因素進行分析，不同行業和企業根據自身特點與經營需要，分析的具體內容會有差異，但一般都應對社會（Social）、法律（Legal）、經濟（Economic）、政治（Political）和技術（Technological）五大類影響企業的主要外部環境因素進行分析，簡單而言，稱之為SLEPT分析法。企業稅務風險形成機理，同樣適用SLEPT分析法。

---

① 任劍英. 優化稅收管理提高徵管質量［J］. 稅務研究，2001.

② 從2009年2月28日起，「偷稅」不再作為一個刑法概念存在。當天上午，十一屆全國人大常委會第七次會議表決通過了《刑法修正案（七）》，修訂後的《刑法》對第二百零一條關於不履行納稅義務的定罪量刑標準和法律規定中的相關表述方式進行了修改。修訂後的《刑法》自當日起施行。該次全國人大常委會對《刑法》第二百零一條的相關規定主要作了3個方面的修改。修改一：《刑法》用「逃避繳納稅款」的表述取代了原法律條文中「偷稅」的表述。北京大學法學院教授劉劍文解釋說，「偷」是指將屬於別人的財產據為己有，而在稅收問題上，應繳稅款原本是屬於納稅人的財產，之所以發生過去所說的「偷稅」行為，是因為納稅人沒有依法履行繳納稅款的義務，因此有必要將這種行為與平常概念中的盜竊行為加以區別。《刑法》不再使用「偷稅」的表述，反應出立法者在公民財產概念理解上的變化。修改二：《刑法》不再對不履行納稅義務的定罪量刑標準和罰金標準作具體數額規定。《刑法》規定：納稅人採取欺騙、隱瞞手段進行虛假納稅申報或不申報，逃避繳納稅款數額較大並且占應納稅額10%以上的，處3年以下有期徒刑或拘役，並處罰金；數額巨大並且占應納稅額30%以上的，處3年以上7年以下有期徒刑，並處罰金。修訂取消了修改前《刑法》分別規定的「10,000元以上不滿100,000元」和「100,000元以上」的具體數額標準。劉劍文認為，隨著近年來中國經濟的快速發展，納稅人收益較過去有了明顯的提升，在《刑法》中仍繼續沿用過低的定罪量刑標準，顯然不符合當前的經濟和社會發展要求，立法部門有必要通過修法對此進行適當調整，並由司法機關根據實際情況對定罪量刑的具體數額標準作出司法解釋。修改三：《刑法》增加規定，有逃避繳納稅款行為的納稅人，經稅務機關依法下達追繳通知後，補繳應納稅款，繳納滯納金，已受行政處罰的，不予追究刑事責任；但是，5年內因逃避繳納稅款受過刑事處罰或被稅務機關給予2次以上行政處罰的除外。專家認為，考慮到打擊不履行納稅義務犯罪的主要目的是為了維護正常的稅收徵管秩序，保證國家稅收收入，對屬於初犯，經稅務機關指出後積極補繳稅款和滯納金，履行了納稅義務，接受行政處罰的，可不再作為犯罪追究刑事責任，這樣處理可以較好地體現寬嚴相濟的刑事政策原則。

一、從社會層面分析

(一) 稅收文化氛圍的影響

所謂稅收文化，是指人類在社會發展過程中圍繞稅收實踐活動發展的稅收法律制度和稅收管理規範、形成的習俗行為以及積澱的意識形態的總和，包含稅收制度文化、稅收行為文化和稅收心態文化三個層面。[①] 在中國傳統的稅收文化中，稅收被看成洪水猛獸。中華人民共和國成立後，由於受「無稅論」「非稅論」影響，納稅不但沒有得到正面宣傳，反而在一個時期之內被當成「封建殘餘」加以批判。20世紀80年代末期，雖然稅務部門加大了稅收宣傳的力度，但效果並不理想。進入社會主義市場經濟建設時期，傳統的稅收心態文化仍有較大的市場。「偷得到稅是能力」「要致富吃稅務」等錯誤觀念在社會上普遍流傳，社會公眾整體納稅意識不高。國家稅務總局網站曾對1,473人進行過「納稅意識」網上調查。調查結果認為納稅人依法納稅意識高的只有97人，占6.4%；納稅意識較高的188人，占12.8%；納稅意識一般的652人，占44.3%；納稅意識差的538人，占44.3%。消極的、落後的稅收心態文化反應在稅收行為文化上，就表現為納稅人對稅收的消極抵制或明目張膽地「偷、逃、抗、騙」。《徵管法》規定，對偷稅、抗稅、騙稅的，稅務機關可以無限期追徵其未繳或少繳的稅款、滯納金或騙取的稅款。因此，企業的不合法涉稅行為，始終面臨著被稅務機關查處的稅務風險。由於受傳統稅務文化的影響，稅務機關不相信納稅人會依法納稅，出抬的管理措施往往以如何把納稅人「管住」為目的，沒有充分考慮如何方便納稅人辦事，從而增大了納稅人的稅務風險。總之，較差的稅收文化氛圍將增大納稅人的稅務風險。

(二) 稅收社會環境的影響

1. 稅收社會化監控體系是否完善

完善的稅收監控體系既能保證國家稅收制度的順利實現，也能充分利用社會力量加強對納稅人的監督和管理，促使納稅人依法納稅。美國是個社會化稅收監控體系非常完備的國家，其社會監控網絡包括成熟的個人信用制度、健全的銀行結算體系、完善的稅收司法保障制度和稅務監控體系，幾乎所有納稅人都處於該網絡的嚴密監控之下，因此其稅收流失較小。近年來，各級稅務機關立足中國國情，加強與

---

① 黃秀萍. 中國稅收文化芻議 [J]. 福建論壇, 2004 (9): 118-121. 作者認為, 稅收制度文化由人類在稅收實踐中建立的稅收法律和稅收管理構成, 約束和規範著整個稅收文化的發展方向, 決定稅收文化整體性質。稅收行為文化由人類在稅收實踐, 尤其是在涉稅人際交往中約定俗成的習慣性定勢行為構成。稅收心態文化 (或稱稅收精神文化、稅收社會意識) 由人類在稅收實踐活動中長期蘊化出來的稅收心理、稅收意識和稅收觀念等構成, 潛沉於稅收文化結構的最裡層, 反應了社會的主流稅收意識形態, 是稅收制度文化和行為文化的心理基礎。稅收文化三層次中, 稅收制度文化是顯性文化, 容易變遷, 稅收行為文化和稅收心態文化則屬隱密而難以把握的隱性文化, 具有較強的穩定性。這三個層次在稅收文化體系中融為一個有機的整體。

工商、民政、海關等其他政府部門的協作聯動和信息交換，建立起覆蓋城鄉的協稅護稅網絡，在一定程度上提升了稅務機關對納稅人的監控能力。稅務機關通過工商稅務信息交換系統①可以及時督促已辦理營業執照的納稅人按時辦理稅務登記，避免納稅人因逾期辦理稅務登記遭受處罰的風險。可以預期，隨著中國個人信用制度、銀行結算制度和司法保障體系的不斷完善，稅務機關對企業的涉稅行為監控能力將得到提升，企業的稅務風險將大大減少。

2. 稅務代理業的發達程度

代理理論認為，在以分工為基礎的社會中，委託代理關係是普遍存在的，委託人與代理人訂立或明或暗的合同，授予代理人決策權並代表其從事經濟活動。稅收徵納關係也可看成代理關係，稅收徵納關係的主體是徵稅人與納稅人。徵稅人不可能瞭解每個納稅人的工作能力和收入，納稅人佔有信息優勢。在不違法或不被發現違法的情況下，納稅人會花費較小的費用以換得較大的經濟收益。②因此，在依法適度的原則下，稅務仲介機構參與稅收事務，一方面能幫助企業合理利用稅法，提高其申報納稅的準確度，避免出現因政策理解不到位導致執行有誤而產生稅務風險。另一方面，稅務代理也可以監督稅務機關是否違法行政，幫助企業防範因稅務機關行政行為錯誤而帶來的風險。總之，稅務代理業越發展不足，企業的稅務風險就越大。

二、從法律層面分析

從法律層面來看，稅收制度本身的缺陷和稅收執法中存在的問題都會給企業帶來稅務風險。

（一）稅收制度缺陷的影響

1. 稅負不公平

不公平的稅收負擔既影響企業的投資、經營行為，又在一定程度上助長了納稅人通過偷逃稅款獲得「補償」的積極性，客觀上將企業置於較高的稅務風險的境地。例如，現行增值稅制度將納稅人劃分為一般納稅人和小規模納稅人，一般納稅人按其增值額繳稅，小規模納稅人則按銷售額繳稅。同一行業的企業，由於身分不同，稅負大相徑庭。某省國稅系統 2007 年管理的工業和商業企業中，增值稅一般納稅人平均稅負分別為 4.77% 和 1.45%，小規模企業平均稅負則分別為 6.04% 和 4.23%。③ 稅收負擔不均是一個客觀事實。近年來，國家專門針對個別企業出拾稅

---

① 工商稅務信息交換系統是稅務機關與工商行政管理機關定期互換登記信息的信息系統。工商行政管理機關向稅務機關提供的信息主要有設立登記信息、變更登記信息、註銷登記信息、吊銷營業執照信息和年檢驗照信息。稅務機關向工商行政管理機關提供的信息主要有註銷稅務登記信息、提請工商行政管理機關吊銷營業執照信息和非正常戶信息。

② 喬家華. 完善中國稅收環境的若干思考——美國稅收環境考察及其啟示 [J]. 涉外稅務，2001 (5)：32-35.

③ 某省國稅局數據應用發布平臺《4.10 增值稅稅負統計表》。

收優惠政策的事情時有發生，人為造成了競爭環境的不公平，客觀上為不能享受稅收優惠政策的企業帶來了稅務風險。

2. 稅制複雜多變

與發達國家相比，中國稅收政策呈現出「多、雜、快」三個特點。「多」，即稅收政策文件多。每年僅財政部和國家稅務總局發布的稅收政策文件就多達1,000餘件，省以下稅收政策文件的數量則更多。「雜」，即政策複雜，導致「內行記不住，外行看不懂」。以企業所得稅年度申報為例，一張主表後附12張附表。要準確填報此表，填報者不僅要對企業會計制度和稅收政策非常熟悉，而且要對二者之間的差異了如指掌才能做到。「快」，即變動頻繁。稅收政策的上述特點，一方面導致納稅人難以適應、理解和掌握，易出現因理解不到位而執行有誤，產生稅務風險；另一方面又增大了納稅人的稅收遵從成本。

3. 稅收政策不完善

不完善的稅收政策下，徵納雙方往往站在各自立場理解和執行，若企業的理解與主管稅務機關的理解不一致時，易被稅務機關判定為濫用、錯用政策，從而給企業帶來補稅甚至被課處罰款的風險。例如，國家稅務總局2000年11月16日規定，對納稅人善意取得虛開的增值稅專用發票已經抵扣的進項稅款，應依法追繳，但並未明確被追繳的稅款是否應當加收滯納金，徵納雙方對此理解不一。直到2007年12月12日才明確規定，這部分稅款不予加收滯納金。顯然，對已經繳納了滯納金的企業，潛在的稅務風險就變成了現實的損失。

4. 管理措施不盡合理

一些管理措施雖然有利於稅務機關的管理，但會損害企業的合法利益，增大企業的稅務風險。例如，現行增值稅專用發票管理規定要求凡是納入電腦比對的增值稅抵扣憑證，應當自開票之日起90天內向主管稅務機關申報抵扣，超過90天的不予抵扣。但在實際經濟生活中，銷貨方在開出發票後，往往要待購貨方付清貨款後才交付發票。一旦超過發票開具之日90天，購貨方企業就不能抵扣稅款，將直接導致其多繳稅款。又如，對新辦商貿企業一般納稅人，稅法規定在6個月的輔導期內取得的增值稅專用發票，實行先比對後抵扣的做法。這一做法雖然遏制了個別非法經營納稅人騙購增值稅專用發票的行為，但讓絕大多數守法經營的納稅人延緩了稅款抵扣時限，增大了企業資金占用。

(二) 稅務執法的影響

1. 執法行為的規範程度

執法行為不規範將直接給企業帶來稅務風險。例如，企業符合減免稅、出口退稅、延期申報、延期繳納稅款等法定條件，稅務機關不予依法辦理或答復；不管納稅人主觀上是否存在偷稅的故意，只要造成少繳稅款的事實，一律按偷稅論處等做法，讓企業承擔了不必要的稅務風險。雖然《徵管法》規定，由於稅務機關的責任致使納稅人少繳稅款的，稅務機關在3年內可以要求納稅人補繳稅款，但不得加收滯納金。然而在實際工作中，企業要舉證證明稅務機關的過失比較困難。即使能證

明，大部分企業也本著息事寧人的態度，承擔本不該承擔的風險責任。

2. 執法力度的大小

稅收執法力度越強，對違法者的震懾作用就越大。企業會敬畏稅法的權威，不敢輕易以身試法，從而降低其稅務風險。「九五」期間，全國各級稅務機關立案查處涉稅案件 600 多萬件，查補收入 1,000 多億元①，稅收秩序明顯好轉。稅收執法力度軟弱，短時間內企業的稅務風險可能不會轉化為現實的損失，但一旦被發現，其遭受的損失更大。國家審計署 2004 年 9 月審計公報顯示，2002—2003 年 9 月，被審計的 788 戶企業中，有 100 戶（占 12.69%）存在核算、申報不實以及騙取稅收優惠等問題，由此少繳稅款 14.25 億元。這些問題後來被國家稅務總局嚴令整改糾正，並對存在違規涉稅問題的企業逐戶進行了稅務專項稽查和處理。由此可以看出稅務執法力度不強，短時間內可能不會增大企業的稅務風險，但最終會給企業帶來較大的風險。

3. 稅收執法手段先進程度

執法手段越先進，企業面臨的稅務風險就會越大。稅收徵管的過程就是不斷獲取和處理涉稅信息的過程。隨著執法手段的改進，徵管能力得到提升，企業稅收的跑、冒、滴、漏相應減少，稅收實體成本增加。以 1998—2001 年為例，這四年既是中國稅收信息化跨越式發展的四年，也是稅收徵管能力明顯提升的四年，更是稅收收入高速增長的四年。四年間共增收 7,077 億元，經濟、政策和徵管三因素分別占 3,909 億元、1,362 億元和 1,806 億元。7,077 億元的增收有 55.2% 來自經濟發展因素，19.2% 來自政策及特殊因素，25.6% 來自加強徵管因素。② 執法手段的改進可以幫助企業防範稅務風險。曾被形象地稱為「防止偷漏稅的撒手鐧」的金稅二期工程實施後，偷、騙稅者越來越少，虛開增值稅專用發票大案要案明顯下降。2002 年，全國假增值稅專用發票由 8% 下降到 0.06%。國家稅務總局查獲的虛開增值稅專用發票企業只有 8 戶，全部虛開稅額只有 9 萬元左右。③ 假發票大幅減少，企業被犯罪分子欺騙的概率大大下降，因此不會再因取得假票而承擔補稅、罰款的稅務風險。

三、從經濟層面分析

（一）宏觀經濟形勢變化的影響

稅收政策是國家按照一定時期的宏觀經濟政策目標而制定的，當宏觀經濟形勢發生變化時，稅收政策會發生相應的調整。在通貨膨脹時期，政府為抑制過度投資、控制需求，採取增加稅種、提高稅率、擴大稅基、杜絕稅收減免等措施。例如，1993—1994 年，為治理通貨膨脹、解決經濟過熱的問題，國家開徵了固定資產

---

① 金人慶. 中國當代稅收要論 [M]. 北京：人民出版社，2002：296.
② 金人慶. 中國當代稅收要論 [M]. 北京：人民出版社，2002：30.
③ 趙連志，等. 徵納共話金稅工程 [N]. 中國稅務報，2003-12-23.

投資方向調節稅；為抵制房地產開發過熱和炒買炒賣行為，開徵了土地增值稅；為了控制消費，開徵了消費稅。這種從緊的稅收政策顯然會加大企業的稅收成本。同時，在通貨膨脹時期，企業會面臨更嚴厲的稅收徵管措施，其涉稅違法行為被查處的概率大增。例如，2004年以來，國家把稅收、信貸、土地作為調控房價的三把利劍，房地產行業已連續多年被作為稅收重點檢查對象，不少房地產企業負責人倒在了稅收這把利劍之下。特別是從2007年2月1日推出的加強土地增值稅清算政策使房地產企業稅收成本成為地價和建築安裝工程費之後的第三大成本。國家稅務總局要求，開發商在預繳企業所得稅時，不允許扣除營業稅金和期間費用，進一步加大開發企業資金緊張的局面，使企業面臨著較大的稅務風險。

（二）企業微觀經濟變化的影響

權責發生制是中國會計核算的基本原則之一。按照此原則，企業在當期實現的收入，不論該款項是否收到，都應作為當期的收入計算繳稅。若企業經營情況正常，貨款能及時回籠，企業一般能及時足額繳納稅款。一旦企業經營情況出現異常，現金流量不充足，企業可能因未收到貨款無力繳納稅款而形成欠稅，面臨被稅務機關處罰的風險。經營業績較好的企業內部管理規範，其稅務風險較小。而經營業績較差的企業往往不註重從規範會計核算和財務管理入手，建立起真正能夠減輕稅負、降低稅收風險的稅務管理機制，更談不上建立科學有效的稅務風險控制機制和風險預警機制。投資決策分析、資金預算、成本控制、績效考核、財務風險預警等常用的財務管理手段很難在這些企業中發揮作用，企業決策者缺乏稅收意識，業務部門做業務、簽合同時不考慮稅收因素，企業面臨的稅務風險較大。

四、從政治層面分析

（一）稅務行政組織設置的影響

1. 國地稅分設

國地稅分設使同一企業面臨兩家稅務機構的管理，既會增大稅收遵從成本，又可能因國地稅機構相互爭搶，給企業帶來稅務風險。例如，2002年以前開辦的生產企業在向國稅部門繳納增值稅的同時，還要向地稅部門繳納企業所得稅、城市維護建設稅、教育費附加、房產稅、土地使用稅等，要向兩家稅務機構辦理稅務登記，接受兩家稅務機構的稅務檢查，顯然會增大企業的稅收遵從成本。一些只繳納營業稅的企業因不知道在地稅部門辦理稅務登記後還需到國稅部門辦證，面臨被國稅部門處罰的風險。特別是企業所得稅、個人所得稅由國地稅共管，容易造成稅法執行不統一，給企業帶來稅務風險。個別企業受利益驅動，利用國地稅管戶交叉的矛盾，哪裡繳稅有利就往哪裡跑，不但製造了兩家稅務機構爭搶稅源的矛盾，而且將

企業自身置於稅務風險之中。①

2. 徵管機構設置過於集中

近年來，個別地方片面追求精簡機構數量，將鄉鎮稅務分局一撤到底。辦稅服務廳集中在城區，納稅人辦事不方便。稅務人員全部收縮進城，對一些企業的監控鞭長莫及，導致企業的涉稅問題不能及時得到解決，給企業帶來了稅務風險。

3. 稅務管理體制不合理

隨著經濟的迅速發展與企業集團的日益壯大，匯總與合併納稅已成為一項重要的稅收管理制度，但這種管理體制不利於稅務機關的日常監管。基層主管稅務機關負責匯總（合併）納稅成員企業的納稅申報審核，對在財務核算上採取報帳制、報審制、核銷制等方式的成員企業，看不到帳簿和記帳憑證，對稅前扣除等項目的審批無法掌握實際情況；稽查部門對成員企業分散式的稽查，增加了稅企雙方的工作量和成本，對同一問題的定性和處理依據可能不盡相同；上下級稅務機關之間、匯總和成員企業主管稅務機關之間信息不能及時反饋溝通，也制約了對匯總（合併）納稅企業所得稅的監管，形成「看得見，管不著」和「管得著，看不見」並存的矛盾。上述因素的疊加，增大了這類企業的稅務風險。

（二）地方政府越權行政帶來的影響

1. 干預稅務部門組織稅收收入

1994年，國家實行以分稅制為核心的新財政體制，其初衷是既保證地方財政的收支需要，又加大中央宏觀調控力度，推動經濟發展和社會進步。但一些經濟欠發達的地方政府卻只考慮本地當前和未來的財政利益，不顧實際稅源狀況，要求稅務部門「寅吃卯糧」，收過頭稅甚至通過由銀行向企業貸款等辦法墊高收入基數，出現有的地方收入增長翻了一番的現象。結果形成了為保基數年年「空轉」，年年向企業收過頭稅的惡性循環，稅務部門苦不堪言，企業負擔沉重。例如，某省某地稅局2002年根據上級稅務機關和當地市政府必須完成所得稅任務的要求，多徵某包裝股份有限公司企業所得稅1,549萬元，是該企業應繳稅款的7.63倍。② 而經濟發達地區的一些政府則認為超基數分成地方不劃算，便採取對企業「放水養魚」政策，要求稅務部門完成上級任務即可，不能多收，將稅源留在企業。國家審計署2004年9月審計公報顯示，2002—2003年9月，被審計的788戶企業中，有364戶（占46.19％）存在此類問題。而這些企業後來在國家稅務總局的督辦下，被逐戶進行了稅務專項稽查和處理，企業蒙受了損失。

---

① 國家稅務總局發布了《關於調整新增企業所得稅徵管範圍問題的通知》（國稅發〔2008〕120號），對企業所得稅徵管範圍做出了調整，調整政策從2009年1月1日起執行。調整政策劃分企業所得稅徵管範圍的標準有較大變化，2009年前主要按企業經濟性質、類型和成立時間劃分徵管範圍；2009年後主要按照企業繳納的主體稅種確定企業所得稅的徵管歸屬。調整政策並不影響企業所得稅在各級政府間的財政分配關係，並在存量上有利於妥善解決遺留問題，在增量上較大程度避免了國地稅管轄權爭議。

② 國家審計署2004年9月審計公報。

2. 干預稅收政策執行

《徵管法》規定，地方各級人民政府、各級人民政府主管部門、單位和個人違反法律、行政法規規定，擅自做出的減稅、免稅決定無效，稅務機關不僅不能執行，還必須補徵應徵未徵稅款。一些地方政府著眼局部利益，擅自越權減免稅、自行制定稅收返還政策，不僅損害了稅法的嚴肅性，而且加劇了企業的不公平競爭，導致一些企業為追逐稅收優惠，在地區間無序流動，給企業帶來了較大的稅務風險。例如，2002—2003 年 9 月，某省財政廳、地稅局、國稅局等五家單位經省政府批准，對某交通有限公司取得的公路營運收入，將稅法規定的 5% 的稅率改為 3% 的稅率徵收營業稅及附加，致使該公司少繳稅款 277 萬元。[①]

(三) 國際貿易爭端的影響

隨著經濟全球化趨勢的不斷加深，國際貿易爭端日益增多。中國作為一個正在崛起的貿易大國，已進入國際貿易摩擦高發期，給企業帶來了明顯的稅務風險。一方面，由於貨物進口國對中國企業出口的商品徵收高額關稅，作為回應，中國政府可能對從該國進口的產品徵收報復性的特別關稅，這將直接增加進口產品企業的稅收負擔。例如，在 2001 年中日之間的貿易爭端中，日本對主要來自中國的大蔥、鮮香菇、藺草席 3 種農產品啓動臨時保障措施，即這些農產品的對日出口量若超過日方限定的配額數，其關稅就要由原來的 3%、4.3% 和 6% 上升至 256%、266% 和 106%。中國政府於 2001 年 6 月 21 日起對日本的汽車、手機和車載無線電話、空氣調節器加徵 100% 的特別關稅作為回應。另一方面，為減少國際貿易摩擦，中國政府往往採取降低出口退稅率或對出口貨物加徵特別關稅的措施予以規避，從而會增加企業的稅收負擔。

五、從技術層面分析

(一) 企業稅務管理缺失的影響

從前面的分析中我們發現，企業從設立到終止，每個環節都會涉及稅收問題。因此，企業的每個經營環節都可能存在稅務風險。做好企業的稅務管理，能有效防範稅務風險。但當前大多數企業的稅務管理是不到位的，這已成為導致企業產生稅務風險的重要原因之一。具體而言，企業稅務管理不到位主要表現在以下兩個方面：

1. 人員因素

(1) 企業管理者稅務風險防範意識低。有些企業管理者認為，只要自己不主動違法，就沒有稅務風險，因此在思想上放鬆了對企業稅務風險的瞭解，在行動上沒有採取防範措施。但事實並非如此，企業面對眾多的稅收政策法規，有可能因理解不到位而做出錯誤的稅務行為，從而產生稅務風險。

---

① 國家審計署 2004 年 9 月審計公報。

（2）稅收知識與技能匱乏。一方面，企業管理者對會計、稅收知識不瞭解，易做出與稅法相抵觸的經營決策，人為地增大企業的稅務風險；另一方面，企業辦稅人員由於自身業務水準有限，對稅收政策理解不透，對稅收優惠政策運用不當，對會計與稅務規定的差異瞭解不夠，可能會加大企業的稅收負擔，減少企業的經濟利益，甚至可能主觀沒有違法意圖，但客觀上做出了違反稅法的行為，仍然會給企業帶來稅務風險。

（3）財務人員地位不高，參與重大決策程度不夠。企業財務人員由於地位不高，參與重大經營決策時人微言輕，造成財務管理滯後於企業經營決策，很多時候屬事後被動式財稅管理。

2. 內部流程

內部涉稅業務流程設置不合理或流程沒有被嚴格執行，也容易給企業帶來稅務風險。

（1）財務會計錯誤。這主要表現在三個方面：一是企業內部會計監管和管理不力。例如，企業未定期對企業的存貨進行盤點，導致帳實不符；將填開不合法的發票入了帳或以白條入帳等，導致企業面臨被處罰的風險。二是會計核算不實。例如，企業核算不實，在帳簿上多列、少列、不列收入或支出，導致少繳稅款；稅法上要求單獨核算或分開核算的，企業沒有單獨或分開核算，導致企業不能享受相應稅收優惠政策。三是會計政策運用不當。例如，對會計制度與稅法不一致的地方，企業未及時做納稅調整，導致企業少繳或多繳稅款。

（2）業務合同缺陷。很多企業認為，企業的稅收問題都是財務部門的責任，應當由財務部門去解決，很少關注業務部門的稅收問題。事實上，企業的稅收產生於企業的生產經營過程中，產生於業務部門簽合同的時候，並且不同的業務過程會產生不同的稅收結果，財務部門只不過是將業務部門產生的稅收在帳務上反應出來。因此，業務部門如果不按照稅收法規進行操作，隨意做業務、簽合同，會給企業帶來很大的稅務風險。

（二）風險防範措施缺失的影響

有些企業雖然重視對稅務風險的防範，但由於防範措施不當，反而會產生新的稅務風險或加重原有的風險。

1. 未統籌開展風險防範

（1）忽視稅務風險防範的整體性。這是指防範稅務風險只盯在某一納稅環節或某一稅種稅負的高低上，沒有綜合衡量各種稅負之間的此消彼長，以確定整體稅負的輕重。例如，稅法規定，納稅人用外購已稅消費品連續生產應稅消費品的，允許從銷售額中扣除已納消費稅稅款。如果企業購進的已稅消費品開具的是普通發票，在換算為不含稅的銷售額時，一律按6%的徵收率換算。無疑，這一規定有助於防範稅務風險。當專用發票抵扣的增值稅額和消費稅額的合計數大於普通發票能抵扣的消費稅時，取得專用發票對企業更為有利。當然若購買方為小規模納稅人，由於不享受增值稅抵扣，因此取得普通發票才能減少企業稅負。

（2）忽視稅務風險防範的全局性。防範稅務風險是一門綜合性學科，涉及經濟、會計、管理、法律、心理等各個方面，因此稅務風險的防範若僅限於稅收領域，沒有將其有機地融會於企業理財活動的全過程，就可能給企業帶來新的稅務風險。①

2. 納稅籌劃失敗

納稅籌劃是指納稅人為維護自己的權益，在法規許可的範圍內，通過經營、投資、理財活動的事先籌劃和安排，達到盡可能減少納稅成本、謀求最大稅收利益的一種行為。由於納稅籌劃經常是在稅法規定性的邊緣操作，可能會因為各種原因導致籌劃活動失敗，增大企業的稅務風險。有時違法的納稅籌劃方案未被稅務機關發現，但為以後產生更大的籌劃風險留下了隱患。例如，企業納稅籌劃時因政策選擇不當或錯誤理解了稅收政策的本意，導致籌劃方案不被稅務機關認可，甚至被認定為偷稅或避稅，從而產生風險。有時納稅籌劃方案實施後，政策發生變化並且超出了原納稅籌劃的範圍，納稅籌劃預期目的難以達到，從而導致納稅籌劃的風險。

3. 不依法保護自身合法權益

稅務機關的不作為、亂作為都會給企業帶來稅務風險。面對稅務機關濫用自由裁量權，侵害自身合法權益時，一些企業不敢運用法律武器保護自身合法權益，而是托關係、找熟人解決。對一些政策尚未明確的事項，一些企業盲目服從稅務機關，不敢據理力爭。這一點尤其重要，因為政策尚未明確的事項，一旦按照稅務機關的決定執行，今後都應照此辦理，否則就有明知故犯的嫌疑。

第 5 節　企業稅務風險管理——ERM（TAX）的借鑑與啓思

一、美國安然公司倒閉及其啟示

（一）安然事件的由來

安然公司是美國能源業巨頭，成立於 1985 年，總部設在美國得克薩斯州的休斯敦，資產達 498 億美元。該公司曾是世界上最大的天然氣交易商和最大的電力交易商。鼎盛時期其年收入達 1,000 億美元，在美國公司 500 強中名列第 7 位；雇傭 2 萬多名員工，其業務遍布歐洲、亞洲和世界其他地區。安然公司還從事煤炭、紙漿、紙張、塑料和金屬交易，為世界各地的客戶提供金融和風險管理服務。安然公司曾被《財富》雜誌評為美國最有創新精神的公司，公司的股價最高達到每股 90 美元，市值約 700 億美元。

2001 年 10 月 16 日，安然公司公布該年度第三季度的財務報告，宣布公司虧損總計達 6.18 億美元，引起投資者、媒體和管理層的廣泛關注，由此拉開了安然事件的序幕。2001 年 12 月 2 日，安然公司正式向破產法院申請破產保護，破產清單所列資產達

---

① 李淑萍，孫莉. 控制稅務風險，構建防範機制 [J]. 財政研究，2004（12）：24-25.

498億美元，在當時成為美國歷史上最大的破產企業。2002年1月15日，紐約證券交易所正式宣布將安然公司股票從道·瓊斯工業平均指數成分股中除名，並停止安然股票的相關交易。至此，安然大廈完全崩潰。

(二) 安然公司倒閉的原因

儘管安然公司倒閉的原因眾多，但弄虛作假、營私舞弊、財務混亂導致公司倒閉是重要原因之一。其做假帳的方式主要如下：

(1) 安然公司隱瞞巨額債務。安然公司未將兩個特殊目的實體（Special Purpose Entity, SPE）的資產負債納入合併會計報表進行合併處理，卻將其利潤包括在公司的業績之內。其中一個SPE應於1997年納入合併報表，另一個SPE應於1999年納入合併報表，該事項對安然公司累計影響為高估利潤5.91億美元，低計負債25.85億元。SPE是一種金融工具，企業可以通過它在不增加企業的資產負債表中負債的情況下融入資金。華爾街通過該方式為企業籌集了巨額資金。對於SPE，美國會計法規規定，只要非關聯方持有權益價值不低於SPE資產公允價值的3%，企業就可以不將其資產和負債納入合併報表。但是根據實質重於形式的原則，只要企業對SPE有實質的控制權和承擔相應風險，就應將其納入合併範圍。從事後安然公司自願追溯調整有關SPE的會計處理看，安然公司顯然鑽了一般公認會計準則（GAAP）的空子。

(2) 安然公司利用擔保合同上的某種安排，虛列應收票據和股東權益12億美元。

(3) 安然公司將未來期間不確定的收益計入本期收益，未充分披露其不確定性。安然公司從事的業務中，很重要的部分就是通過與能源和寬帶有關的合約及其他衍生工具獲取收益，而這些收益取決於對諸多不確定因素的預期。在信息技術業及通信業持續不振的情況下，安然公司在1999年至少通過關聯企業從互換協議中「受益」5億美元，在2001年「受益」4.5億美元。安然公司只將合約對自己有利的部分計入財務報表——這其實是數字游戲。儘管按照美國現有的會計制度的規定，對於預計未來期間能夠實現的收益可以作為本期收益入帳，但安然公司缺少對未來不確定因素的合理預期，也未對相關假設予以充分披露。

(4) 安然公司在1997年未將註冊會計師提請調整的事項入帳，該事項影響當期利潤0.5億美元（1997年的稅後利潤為1.05億美元，安達信會計師事務所對此採取了默示同意的方式）。

(5) 安然公司利用金字塔構架下的合夥制網絡組織，自我交易，虛增利潤13億元。

(6) 安然公司財務信息披露涉嫌故意遺漏和誤導性陳述。[①]

除此之外，據美國國會公布的調查報告揭露，安然公司在經營最紅火的時候，通過關聯企業間的交易，以複雜的貸款、轉租、現金往來或股票出售等手段，想方

---

① http://www2.sjzue.edu.cn/sjyjpk/cwgl/wy/diwuzhangcaiwuqizha.htm.

设法冲销公司收入，或者增加税前扣除，以达到少纳税甚至不纳税的目的。报告显示，1995—2001年，安然公司少纳公司所得税20亿美元，其中1996—1999年，安然公司未缴一分钱联邦公司所得税；2000—2001年，安然公司只纳税6,300万美元。同时，安然公司高级经理人员也利用这些计划，逃避大量税收。1998年和2001年，安然公司高级管理人员每年都获得1.5亿美元的延期报酬。2000年，安然公司有200位高级经理人员共得到14亿美元的延期报酬。在避税计划「指导」下，这些延期报酬都是免税的。①

（三）安然事件的启示

1. 要切实保证企业内部监管机制的作用

按照规定，安然公司董事会设有独立董事，但这些董事由于与安然公司存在着各种各样的利益关系而失去了对公司经营的实际监督。中国国有企业改革、建立现代企业制度的一项重要内容是建立监事会，监事会的作用相当于独立董事。我们必须吸取安然公司的教训，不仅要建立相应的机构，更要保证这些监管机构能够正常发挥作用，切实担负起监督企业经营与发展决策的责任。防范企业税务风险，同样需要保证企业内部监管机制发挥其应有作用。

2. 要创建一个知法、守法的经营环境

企业可以在不违反法律的前提下利用法律空间实现其利益的最大化，但若放弃了守法经营的基本理念，那么受到法律的惩罚和制裁便成为迟早的事情了。安然公司采取虚假手段虚增企业利润，误导股民及公众视听，虽繁荣一时，但最终难逃倒闭的厄运。开展税收筹划是防范税务风险的方法之一，但必须要在税收法律法规框架之内，否则不仅不会为企业带来收益，还会增加新的税务风险，甚至经办人会受到法律的制裁。

二、A公司重组并购中的税务风险②

为进一步分析税务风险的影响及其防范，本文结合黄远于2006年4月在《首席财务官》上发表的《结合案例细诉重组并购中的税务风险》一文进行分析。

（一）案例基本情况

A公司于2001年以5,000万元收购了北京一家房地产公司甲。甲公司成立于1994年，主要投资方为香港的X公司。X公司的投资方为香港的B公司。A公司是以向B公司购买X公司来实现对甲公司的收购的。甲公司开发的某外销高级公寓一期项目于1995年开始销售，直至2001年年初基本销售完成。

A公司是北京的一家私营企业，2001年签订收购协议后，开始按协议分期支付

---

① http://www.chinaacc.com.new/253/263/2006/1/ad080111263517160025943.htm.

② 为了案例叙述的方便，对于A、B公司交易及控股甲公司的具体方法及如何避免违背公司法相关规定的细节在此不做详细论述。

價款（全部款項以現金方式支付），並開始進行二期項目開發的一些前期工作。截至 2002 年年底，A 公司已支付 3,800 萬元。此時，A 公司發現 B 公司在股權交易中隱瞞了一些情況，特別是一期項目涉及的一些稅務問題。因此，A 公司認為 B 公司的行為涉嫌詐欺，停止了付款。B 公司認為 A 公司違約，於同年在香港法院提起訴訟（因為雙方交易的對象——X 公司是在香港註冊的公司），要求 A 公司履行合同，支付剩下的 1,200 萬元。A 公司也在香港委託了律師應訴。由於案情複雜，該案件一直拖延至 2004 年年底仍未審理完畢。雙方都委託了當時最好的律師事務所，而原告已經將財產轉移至海外無法執行。

此時，A 公司負責人聘請了中煜華稅務師事務所的稅務師作為專家證人在法庭上敘述有關一期項目涉及的稅務問題。稅務師接受委託後，對一期項目的所有銷售合同、帳務等進行了詳細的審查，並對此前雙方證詞中涉及稅務問題的部分進行了查閱、比對。同時，由於一期項目的銷售期為 1995—2001 年，當時適用的稅收法規與現在已經有很多不同，大部分已經被修訂或作廢，因此需要進行大量的有關法規條文的整理工作，以確認在當時的法規條件下，一期項目的涉稅違規情況。整理過程中稅務師調閱並詳細審查、引用、核實的合同、文件、檔案等達上千份。

此外，由於香港特別行政區的稅收體系與內地目前的稅制有極大的差別，為了讓香港的律師及法官瞭解這些稅收法規的含義，稅務師與律師進行了大量的溝通工作，並提供了很多輔助材料。在以上工作的基礎上稅務師出具了專家證詞提交法庭，並於 2005 年年初在香港出庭作證。在充足、堅實的證據面前，B 公司在控制甲公司進行一期項目的運作中偷漏稅款數千萬元的事實無可辯駁，雙方曠日持久的官司在稅務問題方面終於有了結果。由於案情複雜，在此難以詳述，B 公司偷漏稅並向 A 公司隱瞞情況已被認定屬實。

本案耗時極長，頻繁的開庭、準備證詞等工作給 A 公司的正常營運帶來了很大影響，也使其主要工作人員一直不能把精力放到正常工作上去，潛在的損失難以估量。同時，由於香港的律師費等都比較高，雙方為應訴而支付的各種費用合計已達到 2,500 萬元，遠高於 1,200 萬元的標的。A 公司的主要領導為此苦不堪言，卻又沒有其他解決辦法，只能把官司一直打下去。

雙方爭議焦點如下：

（1）根據找到的一期房屋銷售合同統計，合同總金額已達到 4 億元，且主要發生在 1995 年。但是，截至 2001 年年初，甲公司的會計帳簿中僅反應售樓預收款 1 億元，同時繳納營業稅 300 多萬元。

（2）對於收入確認的時間問題，B 公司在證詞中提出，由於有部分房款在股權轉讓時並未到帳，因此當時甲公司並無納稅義務。同時，由於其中部分房屋存在「假按揭」的行為（就是以內部人員的名字簽訂購房合同以獲得銀行的按揭款，變相進行貸款融資，待資金週轉正常後再把銀行的按揭款歸還並解除原購房合同），因此這部分房屋也不應被視為真正的銷售行為而繳納相應稅款。但是根據《中華人民共和國營業稅暫行條例》的有關規定，甲公司在與購房方簽訂銷售合同後，即取得了索取房款的有效合法憑據，該合同受《中華人民共和國合同法》保護。由於預

售合同在付款條款中給予購房方一定的付款期限，按照此付款期限確認營業收入符合稅法的有關規定。即使是「假按揭」，該公司也應於合同規定的付款期確認營業收入，同時按照銷售不動產稅目5%的稅率計算繳納營業稅。根據甲公司提供的資料，甲公司截至2001年4月30日簽訂的銷售合同均已超過付款期限，由於企業已將房產的實際所有權轉移給購房者，購房者已經入住，因此無論是否按期收到款項，均應確認營業收入，計算繳納營業稅。對於「假按揭」的房子，即使其實質是「假按揭」，但就當時發生的業務而言，預售合同已經正式簽訂，是有效的法律文件，根據《中華人民共和國營業稅暫行條例實施細則》第二十八條之規定，應於取得該預收款時申報繳納營業稅。

（3）關於「假按揭」的房子，B公司的人員認為這些銷售合同最終會解除，那麼即便交了稅，也是可以退回的。但是並沒有法規規定「假按揭」行為可以申請註銷合同之後抵稅。在實際情況中，有一些公司向主管稅務機關提出抵扣已繳的該筆營業稅的申請，經稅務機關批准後用以抵免之後的稅款。但是這不能免除對於應納未納營業稅款的責任，即在該銷售合同執行時，要按規定繳納應納的營業稅。即使是「假按揭」，也應當先繳營業稅，到合同註銷後再申請抵稅。在本案中，甲公司首先要繳納應繳的營業稅，之後若真的註銷了合同，要向稅務機關申請抵稅。以上抵稅的前提是該筆營業稅金已按要求及時、足額地繳納了。稅務機關亦會根據相關法規處以罰款和滯納金。當該筆營業稅、滯納金以及罰款足額繳納後，稅務機關才會接受抵稅的申請。

（4）對於一些積壓空置商品房的處理，B公司人員認為根據有關規定，這些房屋銷售時的營業稅是可以減免的。根據有關規定，積壓空置的商品住房是指1998年6月30日（含）以前建成竣工獲得北京市所屬建設工程質量監督站出具的「建設工程質量竣工核驗（定）證書」，同時未取得銷售收入或銷售預收款的經營開發以供銷售的生活用居住房。以上條款說明，並不是所有在1998年6月30日前竣工的未售出的空置商品房都可享受免徵營業稅的優惠政策。出租的商品房，不屬於空置房，不能享受以上優惠政策。即使是「假按揭」的房子，也已經有買賣，因此也不能享受以上的優惠政策。由於本次是根據現有房屋銷售合同（含預售合同）進行審查，因此在確認的銷售金額中不存在符合以上規定的未售出空置商品房情況。本次確認的收入金額不存在可免營業稅的情況。這些房屋均不符合空置房的標準，不能享受優惠政策。同時，有關稅務的優惠要以稅務批復為準。按甲公司提出的資料，該公司一期只有一份免稅批復，總金額為人民幣13萬元左右。

（5）對於外商投資房地產企業的預徵企業所得稅的預計利潤率的問題，B公司認為有文件規定，該比例已經降至10%，因此甲公司欠繳企業所得稅的情況也沒有中煜華稅務師事務所審查後認可的那麼多。但是，根據《北京市國家稅務局轉發〈國家稅務總局關於外商投資房地產開發經營企業所得稅管理問題的通知〉的通知》（京國稅發〔2002〕314號）第五條的要求，對於2001年12月20日前按20%預計利潤率預徵企業所得稅的房地產企業，其已預徵的稅款不再調整，可留待建設期匯算時統一核算。2001年之前規定房地產企業預交所得稅的預計利潤率為20%，從北

京某會計師事務所出具的年度審計報告（甲公司此前的年度審計報告）中也可看出甲公司實際是按20%的利潤率預繳企業所得稅的。如果應預繳的企業所得稅未全額繳納，應先補繳，並在補繳稅款的同時繳納罰款與滯納金，在匯算清繳後再根據結果申請退稅。

此外，還有土地增值稅與企業所得稅的匯算清繳期的問題、匯率的問題、出租房屋的問題以及會計利潤與稅務利潤的區別等問題，稅務師都根據內地現行的稅務制度及有關規定做了詳細的論述，維護了A公司的合法權益。

（二）本案稅務風險點及其防範

黃遠分析，在A公司的收購行為中，有以下幾點可以改正的地方：

（1）決定購買股權時，A公司應聘請專業人員對甲公司的財務及稅務情況進行充分的審查，以瞭解其是否有重大的涉稅風險或債權債務風險。

（2）在確定交易方式時，A公司應聘請專業人員進行設計，採用成本最低（繳稅最少）、風險最小的方案。例如，A公司為購買股權而支付的3,800萬元將不能列入二期項目的開發成本，不能在其企業所得稅和土地增值稅前進行抵扣，僅此兩項，多繳的稅款就將達到上千萬元。

（3）由於一期項目一直沒有做匯算清繳的工作，這就使欠稅金額缺乏公認的數額，在法庭上沒有審計報告作為證據，A公司估計的一期項目偷漏稅金額很難取信於香港法官，引來了大量的法庭舉證、辯論等工作。

（4）A公司收購甲公司時，為了躲避有關手續，採用了收購甲公司的投資方——香港的X公司的方式，這使本案必須在香港審理，A公司為此需要支付高額的差旅費。同時，香港的律師費水準遠比內地的高，稅制的不同又使法官與律師理解情況很困難，大大延長了官司所耗時間，使得A公司最終得不償失。如果A公司在收購時即聘請稅務顧問，那麼稅務顧問肯定會建議A公司直接收購甲公司，這樣案件就應該在北京審理，這無疑對A公司非常有利，同時也節省了巨額開支。

（三）本案啟示

目前，企業間的重組併購行為較多，但很多併購雙方往往只考慮到債權債務，而忽略了稅務風險。稅既不屬於債權也不屬於債務，若在併購中事前未策劃並妥善處理相關稅收問題，潛在的稅務風險一旦顯現，會給企業帶來慘重損失。因此，要提高重組併購質量，必須關注稅務風險。

上述案例也從一個側面說明，稅務風險存在於企業生產經營全過程，其後果往往是嚴重的，損失是巨大的。但這些風險大多事前能識別，並能採取措施盡可能減少損失。因此，企業要實現可持續發展，必須關注稅務風險。

三、金華稅案和南宮稅案解析及其反思

（一）案件解析

案發時的金華縣是一個只有56萬人口的縣城，從1994年5月至1997年4月的

3 年中，就有 218 家企業參與虛開增值稅發票，共虛開增值稅發票 65,536 份，價稅合計 63.1 億元，造成國家稅收損失 7.5 億元。直接涉及虛開專用發票的犯罪分子 154 人，黨政幹部、稅務幹部 24 人，其中有 60 多人被判刑，9 人被判死刑。案件涉及全國 30 多個省、自治區、直轄市和計劃單列市的 3,030 個縣（市）的 28,511 戶企業。此案涉及企業之多、範圍之廣、歷時之久、數額之大、涉案犯罪分子被判重刑人數之多實屬罕見。

1997 年 12 月中旬，國家稅務總局接到反應河北省南宮市虛開增值稅專用發票問題的舉報信後，指示河北省國稅局立即進行查處。經檢查，南宮市 261 戶一般納稅人企業中，有 49 戶企業虛開增值稅專用發票 17,587 份，涉及全國 30 多個省、自治區、直轄市和計劃單列市，虛開發票金額 10.65 億元，造成國家稅款流失 1.37 億元。

導致金華稅案和南宮稅案發生的原因眾多，但主要原因有兩個：第一，地方保護養癰遺患。金華縣領導把「引進稅源」作為發展經濟的「法寶」，鼓勵「以票引稅」「低稅競爭」，爭奪周邊縣（市）稅源，以填補財政收入缺口。他們擅改國家稅法，一再降低一般納稅人認定標準，採取只按開票額的 1.02% 預徵增值稅，吸引了大批不法分子前去虛開增值稅專用發票。金華縣此舉雖獲得非法財政收入 2,000 萬元，但導致中央財政損失 3.95 億元，其他地方財政損失 3.57 億元，僅浙江省就損失 1.19 億元。南宮市發生嚴重的虛開增值稅專用發票案件，與當地黨委、政府原主要領導的地方主義、本位主義有著直接的關係。1996 年以來，當地市委、市政府主要領導為增加地方收入，對虛開增值稅專用發票的犯罪活動不但沒有嚴厲打擊，反而採用行政手段進行引導和干預，致使南宮市一些鄉鎮和經濟部門積極組織與動員下屬部門開辦無場地、無資金、無實際經營的「三無」企業，大肆進行虛開增值稅專用發票活動。第二，以權謀私，助紂為虐。金華縣的一些黨政幹部在發現虛開增值稅專用發票現象後，不但沒有依法懲治，反而貪贓枉法，為虎作倀，極力庇護虛開增值稅發票的犯罪分子，相繼有不少國家幹部陷入腐敗的泥沼。在此案被判刑的幹部中，就有 14 人犯有受賄罪或貪污罪。南宮市國稅局原主要領導喪失原則，置稅法和大局於不顧，屈於某種壓力和為了某些利益，積極迎合「引稅」活動，為虛開戶提供各種方便，致使虛開活動愈演愈烈。

（二）案件反思

1. 必須守法經營

守法經營是企業防範稅務風險的前提。在金華稅案和南宮稅案中，一些納稅人的稅收法律意識十分淡薄。為了個人私利，一些不法分子不惜鋌而走險，組建虛開發票公司，大肆虛開增值稅專用發票，不僅嚴重侵犯了新稅制的尊嚴，擾亂了正常的稅收秩序，而且也一步步將自己推向了犯罪的深淵。

2. 要警惕混亂的稅收執法環境帶來的稅務風險

良好的稅收執法環境需要各級政府、稅務部門和廣大納稅人共同建設，三者缺一不可。企業守法經營，必須要守國家之法，而不能守地方政府違背國家統一法規

制定的「土政策」。一些地方政府在招商引資過程中，往往會出抬各種優惠的政策，企業一定要辨別其是否違背了國家法律法規。否則，享受了一時之優惠，卻會給企業帶來滅頂之災。

3. 稅務風險後果嚴重

在金華稅案和南宮稅案中，犯罪分子得到了應有的懲罰。一些國家機關工作人員也因此受到了刑事處罰、行政撤職、開除公職等處理，其後果不可謂不嚴重。更嚴重的是稅案的發生對地方形象及其經濟發展帶來了長期的負面影響。南宮稅案發生後，一些外地客商不敢接受南宮的發票，也就意味著不接受南宮的產品，致使該市企業一度失信於市場，經營陷入了困境。

第 6 節 企業稅務風險管理——ERM（TAX）體系的構建策略

根據第 4 節對稅務風險產生機理的分析來看，影響企業稅務風險的因素一是源自企業外部，二是源自企業內部。對於前者，企業只能被動、消極（Passive）防範但不能有效控制；對於後者，企業不但能主動（Active）防範而且能控制在最小影響範圍內。因此，防範稅務風險的基本策略是，在 ERM（TAX）的基本框架內，內外兼顧，互動防範，即對外著重於防範，對內重點在控制（基礎策略），政府與企業內外互動（支持策略）。從一定意義上講，這一策略突破傳統稅務風險管理的「被動」和「主動」之分，具有積極進取、「超主動」（Pro-active）的深意。

一、外防

所謂外防，即企業通過採取防禦性措施與方法將源自外部的稅務風險可能帶來的損失降至最低程度。具體而言，措施主要在以下兩個方面：

（一）主動適應外部宏觀環境變化

政治、經濟、法律和社會層面的變化都可能給企業帶來稅務風險。企業面對不斷發展變化的外部宏觀環境，雖無力改變，但可以通過調整經營策略和行為適應外部環境的變化，降低因外部環境的不確定性因素給企業帶來的稅務風險，提高風險防範效益。例如，對國家稅收政策的變化、稅收優惠政策的調整及時進行分析研究，瞭解其變化對企業生產經營的影響程度，估算企業面臨稅務風險的可能性及其影響程度，進而採取應對措施，防患於未然。

（二）用正確的方法與稅務機關打交道

建立良好的稅企關係是企業防範稅務風險最重要的和有效的方法。因此，企業要用正確的方法，積極與稅務機關加強協作聯繫。

1. 主動溝通

為避免因稅收政策的理解有誤而產生稅務風險，企業應當建立與稅務機關的定

期溝通機制。在日常經營中，企業應主動向稅務人員請教或邀請稅務人員到企業現場輔導有關政策，力爭在稅法的理解上與稅務機關取得一致。在發生資產處置、重大投資、經營範圍改變等重大經濟業務時，企業應主動向稅務機關諮詢相關稅收政策，聽取意見和建議，力求在事前對有關涉稅事項的處理方式達成一致意見。在企業出現經營困難、資金緊張時，企業應多向稅務機關反應實際情況與困難，爭取稅務機關對企業的支持。

2. 積極配合

稅務人員到企業依法履行職務時，企業應熱情接待，主動配合，盡可能滿足其合理要求。例如，在接受稅務檢查時，企業應及時提供帳簿資料，如實回答檢查人員提出的問題，提供必要的辦公環境等。企業應防止因接待不熱情、話語不周到，讓稅務人員產生企業不配合工作的印象，破壞良好的稅企關係。

3. 依法維權

對稅務人員提出的不合法、不合理要求，企業要敢於有理有節地回絕。企業與稅務機關發生稅務爭議時應依法充分表達自己的意見。對稅務機關不作為、亂作為，企業要有敏銳的眼光，必要時要敢於運用稅務行政復議、稅務行政訴訟、稅務行政賠償等法律手段維護自身的合法權益，不能一味懼怕得罪稅務機關而放縱其不法行為，擴大稅務風險的危害後果。

二、內控

所謂內控，即企業通過制定和實施一系列制度、程序與方法，對稅務風險進行控制、監督與糾正的動態管理過程。稅務風險的內部控制可以分為確定控制目標、建立控制體系、完善控制流程、提升控制技巧四個方面。

（一）確立稅務風險控制目標

企業稅務風險控制的總目標是經過經營行為的合理運作與安排，實現在合法的前提下稅收損失的最小化，努力排除稅務風險防範過程中的不確定性，減少稅務風險對企業的影響，從而提高企業整體收益。[①] 其具體目標是：第一，確保企業發展戰略選擇與企業稅務風險承受能力相適應；第二，提高企業應對稅務風險的決策和組織能力；第三，提高企業管理者處置、應對稅務風險的能力；第四，識別和管理貫穿於企業生產經營各環節的稅務風險；第五，確保稅務風險控制體系與流程的有效性；第六，確保稅收法律法規的正確執行。

（二）建立稅務風險控制體系

1. 組織體系

企業稅務風險產生於生產經營過程之中，單靠某一個部門的力量是難以有效控制的，必須要有與本企業規模相適應的稅務風險控制組織。筆者認為，完整的稅務

---

① 李淑萍，孫莉. 控制說務風險，構建防範機制 [J]. 財政研究，2004（12）：24-25.

風險控制組織體系應當由董事會、高級管理層、專職稅務管理機構和企業內審部門四個部分組成。各部門在稅務風險控制中的職責分別如下：

（1）董事會。董事會是企業的最高決策機構，其在稅務風險控制中的主要任務是確保不做出有違稅收法規的決定。具體而言，一是保證企業建立適當的稅務風險管理與內部控制框架，有效地識別、衡量、監測、控制並及時處置企業面臨的各種稅務風險；二是定期聽取高級管理層關於企業稅務風險狀況的評價報告，並定期對企業稅務風險狀況進行評估，做出防範和控制的決策；三是持續關注企業的內部控制狀況及存在的問題，監督高級管理層制定相應措施以實施有效的內部控制。

（2）高級管理層。高級管理層一般由企業經理、副經理、稅務總監或財務總監等組成，他們主要負責企業的日常營運。其在稅務風險控制中的主要任務是確保企業的經營行為符合稅收法規的規定。一是建立健全與稅務風險控制相關的規章制度；二是定期向董事會報告有關企業經營業績、重要合同、財務狀況、稅務風險狀況等情況；三是制定落實董事會制定的防範和控制稅務風險的具體措施。

（3）專職稅務管理機構。稅務風險控制是一項專業性與技術性很強的工作，因此企業應當設立專職稅務管理機構，在稅務總監或財務總監領導下，行使日常稅務風險管理的職責，具體執行董事會與高級管理層制定的稅務風險管理決策，制定並實施識別、控制稅務風險的制度與方法，指導和監督業務部門的稅務風險控制活動，向高級管理層提交具體的稅務風險控制策略。

（4）企業內審部門。企業內審部門包括審計部門、財務部門等，它們從不同角度參與稅務風險的控制。審計部門通過定期審計、測試稅務風險管理程序和內部控制，確保已獲批准的稅務風險管理決策得到有效執行。財務部門是實現稅務風險控制的最前端，真實、準確、完整地進行會計核算和財務控制，是其在稅務風險控制中的主要責任。

2. 制度體系

制度是一切風險防範行為措施的保障與基礎。企業的各項制度越健全，企業稅務風險的防範程度就越高。因此，建立健全企業內部的各項管理制度，規範企業經營管理行為是提高企業駕馭稅務風險能力的重要措施。

（1）健全財務控制制度，規範企業理財行為。企業應著重加強對資金調度、審批程序等關鍵環節，銀行票據、印鑒等關鍵物品和出納、保管等關鍵崗位的控制與管理，防止這些關鍵部位越權行事給企業帶來稅務風險。

（2）建立企業稅務業務內部控制制度。企業應根據稅收法規的規定，結合企業實際，建立發票領購、取得、保管、使用制度，倉儲物資進出庫登記制度，稅款核算與復查制度，涉稅資料的報送及納稅申報、稅款繳納制度，定期涉稅事項自查制度等，確保企業涉稅行為及時、合法、有效。

（3）將風險機制引入企業內部，使管理者、職工、企業共同承擔稅務風險責任，做到責、權、利三位一體。這具體包括：第一，責任機制，即使責任人明確自己的責任，意識到風險與責任共存、風險與利益同在。第二，權力機制，即賦予決策者應有權力，以充分施展其管理才能，實施決策；同時，實行權力制衡，防止因

決策者濫用權力而導致不必要的稅務風險。第三，激勵機制，即根據風險的大小給予風險承擔者相應風險報酬，以對其精神、心理等方面進行補償與獎勵。①

3. 人才體系

防範稅務風險是一項技術性和專業性較強的工作，具體經辦人員既要精通稅收政策和會計知識，又要有較強的把握稅收政策動向的能力，能夠及時根據國家稅收政策的變動，制訂對企業最有利的納稅方案。同時，經辦人員還應當是一個善於與稅務機關進行有效溝通的人。因此，企業要有意識地培養和引進此類專門人才，給予其較高待遇，讓其參與企業的經營決策，充分聽取意見和建議，發揮參謀作用。

（三）完善稅務風險控制流程

完整的稅務風險控制流程包括稅務風險識別、評估和處理三個環節。

1. 稅務風險識別

企業從開業登記到原料購進、生產經營、財務核算、產品銷售、計提稅金直到註銷清算，每個環節都潛藏著稅務風險。因此，正確識別稅務風險是進行稅務風險控制的前提。稅務風險識別是指對照國家稅收法規的規定，對企業在生產經營過程中可能存在的涉稅風險類型及產生原因進行分析判斷的過程。簡單地說，稅務風險識別就是要回答企業面臨哪些稅務風險、產生原因是什麼。具體而言，就是要通過對企業的生產經營全過程、納稅情況等方面的分析，判斷出企業涉稅處理中與現行稅收法律法規相抵觸的地方。稅務風險識別通過對企業管理人員的風險意識、企業稅務工作制度和程序以及稅務籌劃方案的實施等方面進行分析，找出企業內部因素對稅務風險的影響程度。

稅務風險識別具有一定的複雜性，因此必須遵循合理的步驟。一項完整的稅務風險識別工作應包括以下具體步驟：

（1）準備階段。工作人員在稅務風險識別實施前對企業進行初步瞭解，做一些必要的組織籌備工作，包括明確風險識別目的、初步瞭解企業的基本情況、確定風險識別工作日程和計劃等。

（2）資料收集階段。在稅務風險識別實施前，工作人員應盡可能收集企業生產經營活動的稅務資料（如材料採購、產品生產、市場行銷、財務管理等方面的資料），並對收集的資料進行歸納、整理、分析等加工處理，以形成完整的風險識別基礎數據資料。

（3）正式識別階段。這一環節是稅務風險識別的實施階段。工作人員需要在獲取各種完備資料的基礎上，對獲取的、經過鑑別的資料和統計數據進行分析，揭示出稅務活動內部存在的問題。②

2. 稅務風險評估

稅務風險評估是企業對識別出的稅務風險採取一定的方法，對發生風險損失的

---

① 李豔珍. 關於企業建立財務風險防範機制的思考 [J]. 工業技術經濟, 2004 (3)：141-142.
② 曹曉麗, 等. 企業稅務診斷初探 [J]. 財會通訊, 2007 (7)：22-24.

可能性進行估計和測算。它是控制稅務風險的基礎環節，是選擇恰當風險處理方式的前提。

定性分析法是稅務風險評估常用方法。所謂定性分析，主要是指工作人員通過利用調查、詢問等手段對企業的經營、納稅情況進行定性描述後，根據自身經驗判斷及相關法規的比對，對企業稅務風險發生的可能性做出基本確定、很可能發生、可能發生、不太可能發生等結果。常用的定性分析方法是問卷調查法，即通過專門設計的調查問卷來進行診斷。它將各個項目具體化為相應的問題，通過查閱資料和訪談找出問題的答案並填入問卷中，然後再對這些問題和答案進行分析、總結與歸納，從中找出企業稅務管理中存在的問題和有待改進的地方。

3. 稅務風險處理

稅務風險處理是對識別出的稅務風險採取適當方法將其控制在企業可承受的範圍之內的過程。風險處理是稅務風險控制的關鍵環節。只有將稅務風險控制在企業可承受的範圍之內，才能實現企業收益的最大化。

常用的稅務風險處理方法主要有五種：第一，消除法，即對即將發生的稅務風險，積極採取措施阻止其發生，從而減少風險造成的損失。例如，未按規定報送申報資料、未按規定辦理變更稅務登記等，企業可以及時採取補救措施，防止稅務處罰風險的發生。第二，預防法，即企業通過強化管理，採取嚴密的管理措施防止風險及其損失的發生。例如，企業建立健全內部發票管理制度，防範企業員工不按規定開具發票、不按規定保管發票行為的發生，從而避免企業在發票使用中遭受稅務機關處罰。第三，規避法，即企業發現某種經營活動可能帶來風險損失而有意識地採取迴避措施，主動放棄或拒絕。例如，對地方政府擅自越權減免稅、自行制定的稅收返還政策等，企業可以選擇主動放棄享受該優惠，其眼前利益可能會遭受損失，但從長遠來看，企業規避了更大的稅務風險帶來的損失。第四，轉移法，即企業通過交易活動把可能發生的稅務風險轉移給其他人承擔，從而避免或減輕自己承擔風險的損失。例如，企業委託仲介機構代理涉稅事宜、進行稅收籌劃，可以合法降低企業的部分稅務風險。第五，自我承擔法，即對某些不能避免的稅務風險，企業自行承擔風險。例如，稅收政策的調整導致企業稅負增加，企業只能自行承擔。

（四）提升稅務風險控制技巧

1. 抓住關鍵

人是生產力中最活躍的因素，也是企業稅務風險控制中最關鍵的因素。因此，控制稅務風險首先應當在這個關鍵因素上做文章。

（1）增強管理層的稅務風險防範意識。在市場經濟條件下，企業作為獨立的法人參與市場競爭，追求自身利益的最大化是其最終的根本目標。大多數企業的管理層都具備了一定的風險防範意識，尤其是稅務風險的防範意識不斷增強，但隨著經濟一體化、全球化的發展，企業面臨的稅務風險也越來越多，稍有不慎，便會陷入經營困境。因此，首先要加強企業管理層的稅務風險防範意識，只有管理層的稅務風險防範意識增強了，才能減少經營決策中的失誤，正確引導企業員工積極參與防

範稅務風險，形成特有的企業文化。①

（2）提升企業涉稅人員業務素質。提高企業涉稅人員業務素質是有效防範企業稅務風險的基礎。企業應採取各種行之有效的措施，利用多種渠道，幫助財務、業務等涉稅人員加強稅收法律、法規以及各項稅收業務政策的學習、理解、更新和掌握稅務新知識，提高運用稅法武器維護企業合法權益、規避企業稅務風險的能力，為降低和防範企業稅務風險奠定良好的基礎。同時，大型企業還應設立專職的稅務部門及經理，負責防範稅務風險。

2. 抓住重點

企業情況千差萬別，稅務風險防範的重點也不盡一致。通常來講，防範稅務風險應當抓住以下兩個方面的重點：

（1）主要稅種。企業的稅收負擔與企業的經營範圍、組織與決策密切相關。經營範圍越廣，企業組織越龐大，企業決策越複雜，涉及的稅種也就越多。每個稅種的性質不同，稅務風險防範的途徑、方法及其收益也不同，因此選擇有重大影響的稅種通常就是稅務風險防範的重點。從稅種本身看，稅務風險防範的空間越大，風險防範收益的潛力就越大。一般來講，所得稅類的風險防範空間大於流轉稅類。

（2）主要環節。在企業正常生產經營階段，其產、供、購、銷、存每一個環節都潛藏著稅務風險。例如，採購環節，企業取得的發票種類不同，稅收負擔就不同；在銷售環節，貨款結算方式不同，企業納稅義務發生時間就不同。因此，企業要結合內控制度，選擇採購環節、銷售環節等稅務風險易發和多發環節，加強防範和控制。

三、互動

政府與企業都是市場經濟的主體，二者的良性互動是防範企業稅務風險的重要措施。

（一）政府：幫助企業防範稅務風險

在市場經濟體制下，政府的經濟職能主要是建立和維護市場秩序，為企業提供公平的競爭環境。因此，在防範企業稅務風險中，政府在三個方面可有作為：一是努力構建依法誠信納稅的稅收文化氛圍，促進社會依法納稅意識的提高，使企業置身於一個有序的、良好的稅收環境中，進而提升其稅法遵從度。二是按照「簡稅制、寬稅基、低稅率、嚴徵管」的原則，圍繞統一稅法、公平稅負、規範政府分配方式、促進稅收與經濟協調增長、提高稅收徵管效能的目標，完善現行稅制。三是嚴格依法行政，不越權行政，不擅自制定有違稅法的減免稅優惠政策，杜絕以不正當的手段來發展地方經濟，更不能闖政策紅燈、衝法律禁區。同時，政府要大力提高稅務人員的政治業務素質，提高其依法徵稅、依法管理的能力，提升執法行為的

---

① 李淑萍. 論稅務風險的防範與機制創新［J］. 財貿經濟，2005（11）：30-33.

規範程度，降低因違法執法給企業帶來的稅務風險。

（二）企業：外包稅務事項

稅收問題的專業性和複雜性使得企業僅憑自己的力量往往很難應付，企業的稅務籌劃人員往往不能全面地掌握企業發生的所有業務涉及的稅收政策，特別是企業在發生特種業務或稅收政策規定不明確時，尋找一個專注於稅收政策研究與諮詢的仲介組織顯得十分必要。企業可以利用仲介組織掌握稅收、會計、財務、企業管理、經營管理等多方面專業知識的優勢，聘請其作為企業稅收風險的外部監控人，代為承擔企業內部審計部門的一部分職責，能更好地、更專業地監督和發現企業的稅收風險並提供解決方案。因此，將稅務事項外包，借助「外腦」，聘請稅收籌劃專家是防範稅務風險的重要措施。

——《企業稅務風險管理——ERM（TAX）研究》（柳華平）西南財經大學博士後研究報告，2009年3月。

稅務類論文

1. 跨越「中等收入陷阱」的稅收治理邏輯

摘要：「中等收入陷阱」概念不僅解釋了某些拉美國家經濟長期停滯不前的現象，也為處於中等收入階段的中國提供了重要的發展思路。在中國社會的主要矛盾已經轉化為人民日益增長的美好生活需要和不平衡不充分的發展之間的矛盾條件下，稅收作為國家治理的基礎和重要支柱，以稅收邏輯解決發展的不平衡不充分問題，實現消費需求的持續增長和公共消費「搭便車」等問題的有效治理，是稅收的應有之義。本文擬從稅收角度出發，分析「中等收入陷阱」的本質、中國面臨的現實風險及其稅收治理邏輯。

關鍵詞：「中等收入陷阱」 消費需求 稅收 治理

導語

世界銀行資料顯示，中國在1997年及以前一直屬於低收入國家，1998年進入中等偏下收入國家行列，2010年進入中等偏上收入國家行列，目前中國人均國民收入已接近中等偏上收入國家的平均值。進入中等收入國家行列後，中國是否會和大部分中等收入國家一樣陷入「中等收入陷阱」，學術界、產業界、行政界開始有更多人關注。尤其是近年來，中國的GDP增長率從2010年的10.4%下行到2016年的6.7%。經濟增長已步入「新常態」，如果說經濟增長以前主要是「鋪攤子」，以後則主要靠「上臺階」。中國經濟在保持可爭取的增長速度的同時，難度主要在於把提升經濟增長質量和效益的挑戰轉換為新的發展機遇。

一、「中等收入陷阱」的本質：需求不足誘致的經濟增長停滯

（一）「中等收入陷阱」的概念與理論依據

2006年，世界銀行《東亞經濟發展報告》首先提出「中等收入陷阱」（Middle Income Trap）的概念，用於提示當時已經進入中等收入國家行列的東亞地區面臨的特殊情況。中等收入國家是指一個經濟體的人均收入達到世界中等水準後，經濟就難以繼續高速增長，較長一段時間仍然停留在中等收入國家行列。根據世界銀行公布的數據，2015年的最新收入分組標準為：人均國民收入低於1,045美元為低收入

國家，人均國民收入在 1,045~4,125 美元為中等偏下收入國家，人均國民收入在 4,126~12,735 美元為中等偏上收入國家，人均國民收入高於 12,736 美元為高收入國家。根據 2008 年的世界銀行增長和發展委員會報告，自 1950 年以來的半個多世紀，全球經濟飛速發展，新興國家不斷崛起，但只有 13 個國家能夠將 7% 或更快的經濟增速保持到 25 年或更長時間，從而在人均收入水準和社會福利狀況大幅改善的同時，縮小了與發達國家的差距。

事實上，傳統古典經濟學的一些觀點已經為「中等收入陷阱」打下了理論基礎。例如，馬爾薩斯在《人口論》(1798) 中指出了關於人口增長與經濟發展關係的悲觀觀點，被稱為著名的「馬爾薩斯陷阱」。基於增長理論的收斂假設，即各經濟體最終收斂於由技術進步率、儲蓄率、人口增速等因素決定的穩定狀態，當未達到穩定狀態時，人均收入越低，可以實現的經濟增速越快；當靠近穩定狀態後，除非技術有跨越性的進步，否則經濟很難再達到像以前一樣的增速了。

羅斯托提出的「早熟消費學說」也具有一定信服力。發達國家經濟增長到一定程度，很快就進入高消費時代。消費有示範效應，發展中國家接受先進技術難，但是接受高消費模式容易，於是也很快轉入高消費時代，在較低人均國民收入水準上，出現不適當地過度追逐消費品的高消費傾向，進而導致消費品供求結構性失衡。此外，類似理論還有「劉易斯拐點」理論等。

儘管這些理論並未直接提及「中等收入陷阱」這個概念，但在一定程度上為當前社會發展中的這種特殊經濟現象提出了一些理論依據，也給我們研究「中等收入陷阱」帶來了重要的思路和參考。

(二) 文獻綜述

「中等收入陷阱」概念的提出引起了國內外學者大量的討論和研究。有學者 (Athukora La & Woo, 2011) 採用購買力平價法估算各國人均 GDP 並構造了作為美國水準百分比的趕超指數 (Catch-up Index)。用這種方法，作者在一定程度上印證了「中等收入陷阱」的存在。也有學者 (Kharas & Kohli, 2011) 通過研究表明，雖然不是所有經濟體都會陷入「中等收入陷阱」，但是其在發展過程中都會在不同程度上遇到「中等收入陷阱」，並受其影響，只有極少數經濟體能夠避免落入「中等收入陷阱」。還有學者 (Im & Rosenblatt, 2013) 研究發現，中等收入國家收入水準相比高收入國家的收斂除了少數情況外，將是一個非常漫長的過程。

國內也有大量學者致力於研究「中等收入陷阱」的實質、形成原因並結合中國現實提出政策建議等。關於「中等收入陷阱」的實質，學術界主要有三種看法：第一，認為「中等收入陷阱」實質上是關於經濟增速問題。例如，馬岩 (2009) 認為，「中等收入陷阱」的實質是形象地描述一些中等收入國家經濟增長長期停滯不前的問題，或者說是中等收入國家應當「如何以可持續的方式保持（經濟）較高速的增長」，持同類觀點的還有劉偉 (2011)、吳敬璉 (2008) 等。第二，認為「中等收入陷阱」是關於經濟發展問題。例如，蔡昉 (2011) 從經濟學出發，把收入陷阱定義為一種均衡狀態，即在一個促進人均收入提高的因素發揮作用之後，由於這

個因素具有某種程度的不可持續性,其他制約因素又會將其抵消,把人均收入拉回到原來的(生存)水準上面。一個國家即使跨越了低收入水準階段,仍然有可能在中等收入水準上停滯不前,甚至有人均收入下降的危險。持此觀點的還有鄭秉文(2011)、權衡(2010)等。第三,認為社會經濟發展有自身的規律,不存在所謂的「中等收入陷阱」。持此觀點的主要有江時學(2011)、劉福垣(2011)等。儘管大部分學者都認同「中等收入陷阱」的存在,也普遍認為中國要想跨越「中等收入陷阱」應採取相應的必要舉措,但很少有學者從稅收治理的角度研究「中等收入陷阱」的實質。

(三)「中等收入陷阱」與「貧困陷阱」

「貧困陷阱」通常是指這樣一種情況:處於貧困狀態的個人、家庭、群體、區域等主體或單元由於貧困而不斷地再生產出貧困,長期處於貧困的惡性循環中不能自拔。就國家層面來看,「貧困陷阱」也是存在的,如非洲的埃塞俄比亞、坦桑尼亞等國長期處在最不發達國家行列,經濟無法快速增長。幾十年前,中國經濟也曾低迷,甚至無法解決基本的溫飽問題,但經過改革開放後的一系列資本累積、大量引進國內外投資使中國迅速地擺脫了「貧困陷阱」,進入了中等收入國家行列。當前,中國面臨的「中等收入陷阱」和幾十年前的「貧困陷阱」有很大的不同。

首先,從面臨的環境來看,改革開放前的中國百廢待興,亟須大量的基礎設施建設。舊經濟體制的改革、實體經濟的發展和國外投資的引入都為當時的發展注入了活力。而目前中國面臨的形勢是國內經過40年改革開放由淺入深、由易到難破解了許多影響和制約發展的重大難題,但尚有一系列深層次矛盾和問題未得到根本解決。由於改革進入了攻堅期和深水區,這些問題與矛盾遠比以往敏感和複雜,任務也更加艱鉅而繁重。不僅如此,國際關係的緊張和局勢的不斷變化,使中國發展又面臨一系列新的問題和挑戰。因此,與幾十年前的中國相比,國內外的形勢都更加嚴峻和複雜。

其次,跨越「貧困陷阱」和「中等收入陷阱」的路徑也有較大區別。跨越「貧困陷阱」的目標是擺脫落後的生產方式,實現經濟的快速增長,解決人民的溫飽問題。因此,大部分的貧困國家是通過大量的人力、物力投資,來實現量的累積。而「中等收入陷阱」則是由於陷入了發展瓶頸,大部中等收入國家都面臨著貧富差距增長、經濟穩定性差、產業無法升級等因過度注重發展經濟而忽略體制改革留下的一些後遺症。跨越「中等收入陷阱」需要解決好這些問題,從而實現質的飛躍,因此往往選擇在國內深化改革、在國際競爭中努力增加自身優勢從而實現快速發展的路徑。

最後,最重要的是,二者本質上的不同。一般而言,「貧困陷阱」可分為兩種:「技術陷阱」和「人口陷阱」。「技術陷阱」認為落後國家之所以貧窮,是由於每一個人的平均所得太低,又缺乏足夠的需求刺激投資,而且也沒有足夠的儲蓄來提供投資,導致資金投資不足,生產力低下,所得無法提高,因此長期陷入貧窮之中而無法自拔。而「人口陷阱」是指收入增長率低於人口增長率而導致的貧困落

後。因此,「貧困陷阱」更多的是解決供給不足的問題。和「貧困陷阱」相比,「中等收入陷阱」的本質是消費需求不足的問題,這裡的消費需求既包括居民消費,又包括公共消費。一方面,人均可支配收入占 GDP 的比例十分低,尤其是農村居民收入往往比城鎮居民收入低很多,這就決定了社會的需求不足;另一方面,過剩也是由於需求不足造成的,這便造成了經濟增速下滑。

一個國家可以遵循一套發展戰略和經濟體制擺脫「貧困陷阱」,跨入中等收入國家行列,但是沒有哪個國家可以按照之前的發展路徑跨越「中等收入陷阱」,躋身於高收入國家行列。一個國家在低收入和中等收入時,面臨的發展難題和增長難題的差異極大,因此能夠突破「貧困陷阱」的發展戰略完全不適合實現從中等收入到高收入的邁進。只有分析現狀、認清實質,才能從根本上解決問題,跨越「中等收入陷阱」。

二、跨越「中等收入陷阱」:基於中國經濟增長獨特性,取決於消費為主的經濟轉型及轉型的速度

GDP 核算方法是 $Y=I+C+NX$,即國內生產總值=投資+消費+淨出口,其中消費包括居民消費和政府採購。一般意義上講,投資、出口和消費是推動經濟增長的「三駕馬車」。分析這三大要素在中國國民經濟發展中起到的作用,對正確認識中國宏觀經濟形勢、分析中國面臨的現實風險具有重要的意義。

(一) 投資拉動經濟增長模式難以為繼

王小魯等 (2009) 的研究表明,投資是中國改革開放以來經濟增長的最主要動力之一。改革開放以來,中國固定資本形成率逐年上升,已由 1978 年的不足 30% 上升到 2015 年的 42.53%。

美國經濟學家克魯格在其代表作《亞洲奇跡之謎》中指出,基於擴大投入的經濟增長,必然會受限於收益遞減。從成功跨越「中等收入陷阱」,且與中國有相似文化背景的日本、韓國、新加坡的經驗來看,上述三國的固定資本形成率隨著其經濟發展呈先上升後下降的趨勢,自 1990 年以後已逐年穩定下降。而大部分陷入「中等收入陷阱」的國家往往經歷了從資本缺乏到資本投資過度的歷程,導致了產能過剩,資本的邊際效益從遞增到遞減直至為負。近年來,中國也面臨生產過剩、過度投資造成的投資回報率降低等問題。鄭京海等 (2008) 的研究指出了中國固定資本高投資率的不可持續性,可以預期,投資對未來中國經濟增長的拉動作用將會逐漸降低。1980—1995 年,中國每投資 10 元錢,大約可以帶來 5 元錢的產出,巔峰時期甚至可以帶來 8 元錢的產出;1998—2007 年,中國每投資 10 元錢,僅能帶來約不到 3 元錢的產出;而 2015 年,中國每投資 10 元錢帶來的產出已不足 1 元錢。

(二) 出口面臨人口紅利耗盡和國際環境的深刻複雜變化

改革開放以來,中國借助上一輪全球化浪潮中的有利國際環境,充分利用勞動力價格低廉的比較優勢吸引外資,大力實施出口導向型發展戰略,對中國經濟持續

30餘年的高速增長起到了強大推動作用。但近年來，支撐中國外向型經濟發展的人口紅利和有利國際環境這兩大因素都正面臨著深刻複雜變化。

一方面，人口紅利的消失使中國低勞動力成本的出口優勢不再。按聯合國人口基金會的定義，人口紅利指人口年齡結構「兩頭小、中間大」，意味著充足的勞動力供應和較低的人口撫養比。人口紅利使中國勞動力市場長期供大於求，勞動力成本在對外貿易中優勢明顯。但是，據國家統計局數據，中國的勞動人口比例在2012年首次出現下降。根據郭晗、任保平（2014）的研究，中國的人口紅利在2010年到達頂峰，此後持續下降。2009年以來，中國沿海發達地區已出現了勞動力短缺的「用工荒」。勞動力市場供求關係的逆轉，導致了2009年以來中國美元計價單位產品勞動力成本快速上升，預示著中國利用低勞動力成本優勢推動出口高速增長的時代已經結束。

另一方面，發達國家的「再工業化」對中國出口影響巨大。以美國為代表的發達國家由於20世紀80年代以來的去工業化帶來的產業空洞化、失業率上升、貧富差距擴大等問題，已開始推行以重振製造業為核心內容的「再工業化」，將製造業上升為國家戰略，通過實施計劃減稅、發放援助資金等措施，引發了前期流向新興經濟體的國際資本回流。波士頓諮詢集團對200個大型製造企業的調查顯示，21%的企業表示已經開始或預備將部分生產線從中國搬到美國，31%的企業開始考慮「回流生產」。特朗普入主白宮後，眾多跨國公司宣布在美國投資建廠，如日本軟銀集團將在美國投資500億美元，中國富士康集團計劃在美國賓夕法尼亞州建設大型液晶面板工廠。同時，上述發達國家「逆全球化」的貿易保護主義抬頭，中國遭遇的以反傾銷、反補貼為名的貿易摩擦加劇。據商務部與世界貿易組織統計，中國已連續21年成為遭遇反傾銷調查最多的國家，連續10年成為遭遇反補貼調查最多的國家。2016年，中國共遭遇來自27個國家和地區發起的119起貿易救濟調查案件，案件數量與涉案金額較2015年分別上升36.8%和76%。發達國家的「再工業化」嚴重擠壓了中國的外向型經濟的生存空間，美國啟動「再工業化」後，中國規模以上製造業企業的利潤增長率由2011年的12.36%下降到2016年的8.5%。

（三）居民消費需求嚴重不足

消費的規模和質量的改變影響著經濟增長的速度和質量。袁建文和蒙明忠（2011）通過構建誘發系數模型分析消費需求與經濟增長的關係，其結論是和投資相比，消費誘發的GDP總額、經濟增長速度、經濟增長效率大約是投資的3倍左右。在市場條件下，從長期看，消費需求規模是決定著生產規模、投資規模與結構的主要因素。

中國消費貢獻率最高的時候是1999年，之後的消費比重逐年降低，而投資所占比重增加。2010年以來，消費貢獻率在40%~60%。國際貨幣基金組織統計數據顯示，發達國家最終消費支出占GDP的比例平均在80%左右，發展中國家的這一比例平均也在70%以上。由此可見，中國存在消費不足的情況，而消費不足主要是由於居民消費需求不足。

什麼導致了居民消費不足且增長緩慢？究其成因，主要是居民收入差距過大。福阿德·哈薩諾夫（Fuad Hasanov, 2006）利用美國 1960—2000 年的數據分析收入水準分化與經濟增長的關係，研究發現收入水準分化將導致居民消費支出出現嚴重分化，給經濟增長帶來不利影響。改革開放後，城鄉之間、東西部之間、城鎮內部不同行業之間的收入分配差距不斷擴大，中國的基尼系數從改革開放初期的 0.3 上升到 2016 年的 0.465，中國收入最高的 10% 群體和收入最低的 10% 群體的收入差距從 1998 年的 7.3 倍上升到 2016 年的 23 倍。收入差距加大造成的貧富懸殊導致中低收入者的消費需求增長緩慢。而高收入階層的消費傾向較低，其消費支出占收入的比重遠低於低收入階層，社會總收入流入高收入階層越多，最終形成消費支出的比重就越低。

（四）公共消費「搭便車」問題嚴重

公共消費指政府為全社會提供公共服務的消費支出和免費或以較低價格提供的貨物與服務的淨支出。良好的公共消費可以建立完善的社會保障體系，成倍地釋放居民消費需求，成為帶動經濟增長的強勁「引擎」。卡拉斯（Karras, 1994）通過實證分析 30 餘個國家的公共消費對居民消費的影響證明政府消費支出的提高可以帶來居民消費邊際效應的提高。目前，中國對公共消費的投入雖逐年增長，但「搭便車」的問題十分嚴重，即使用公共消費帶來的公共服務，卻通過以偷、逃、騙稅為主的手段逃避繳納相關費用。2016 年，全國稅務稽查部門共查補收入 1914 億元，從一個側面反應了公共消費「搭便車」問題的嚴重性。當一個國家進入中等收入階段後，如相關法律法規和治理能力建設並未隨著經濟增長而建立健全，「搭便車」就可能泛濫，導致公共服務因成本過高而無法提供或無法有效提供。享受的公共服務較少或效率不高，不能滿足人民群眾日益增長的公共消費需求，對居民消費形成了「擠出效應」，導致缺乏社會保障的中國居民預防動機增強，普遍傾向於通過儲蓄應對醫療、教育、養老等需求，導致消費需求受到嚴重抑制。此外，能夠偷、逃、騙稅「搭便車」者，大部分是相對有影響力、高收入的人，這部分人「搭便車」，實際上是將公共消費的成本轉嫁到中低收入者頭上，從而進一步加大了收入差距，抑制了居民消費需求。

由上述關於投資、出口和消費對中國經濟增長拉動作用的分析，可以得出如下結論：以往依靠投資和出口拉動經濟增長的模式已不再適應中國經濟發展的現狀，要保持經濟持續快速增長，跨越「中等收入陷阱」，必須通過解決居民收入差距過大和公共消費「搭便車」問題來提振消費需求。換句話說，防範「中等收入陷阱」，重在防範消費需求不足，這取決於以消費為主的經濟轉型及轉型的速度。

三、跨越中等收入陷阱的稅收考量維度

稅收具有經濟、財政、社會三大職能，與推動經濟增長的「三駕馬車」息息相關。基於研究主題需要，這裡僅對居民收入差距過大、公共消費「搭便車」問題等導致消費需求不足的稅收治理考量維度進行分析。

(一) 稅收價值取向

稅收公平價值取向或稅收公平原則是公平原則在稅法領域的具體體現，主要包括：一是橫向公平，即納稅能力相同的人應當承擔相同的稅負。二是縱向公平，即公民按自身負擔能力承擔稅收，能力大者多納稅，能力小者少納稅，無能力者不納稅。

稅收作為政府調控宏觀經濟運行和國民收入分配與再分配的重要手段，其踐行稅收公平原則的程度與社會的整體公平正義水準息息相關，能夠直接決定居民收入分配差距的大小和「搭便車」問題的嚴重程度。例如，20世紀70年代末，針對嚴重的收入差距問題，韓國政府通過調整稅收政策，在推進國內收入分配格局合理化方面取得了良好效果。首先，韓國調整初次分配格局，1971年降低了工薪收入者的稅率，增加了免額稅，銀行存款利息所得由原來的免稅改為徵收5%的預提稅；1975年實行較徹底的綜合個人所得稅制，並對儲蓄與投資所得單獨設計了稅率。1980—1990年，韓國的收入差距明顯縮小，基尼系數由0.39下降到0.26，人均收入也從1987年的3,000美元上升到1995年的11,469美元，僅用8年即從中等收入國家跨越到高等收入國家。反觀巴西，自1974年躋身中等收入國家行列後，稅制建設滯後於經濟增長和經濟發展，個人所得稅等直接稅比重過低，對調節收入分配作用十分有限，從而長期徘徊在「中等收入陷阱」中。

中國的稅法設計總體上更多地強調資源配置和組織財政收入功能，對稅收調節居民收入分配的功能相對不足，未能充分體現「量能負稅」和服務民生、保障公平的稅收價值取向。

(二) 稅制結構

增值稅、消費稅等間接稅以流通中的商品為課稅對象，並且具有累退性質，將稅負層層向下轉嫁，最終由消費者承擔。間接稅無法根據消費者的負擔能力決定其納稅額，不利於調節收入分配。直接向個人或企業開徵的所得稅等直接稅，其納稅義務人即稅負承擔者，且多按納稅額累進計稅，因此更加符合稅收公平和量能課稅的原則，對於縮小收入分配差距具有較好的調節作用。此外，財產稅的課稅對象是財產的佔有、使用以及取得等相關環節，主要包括房產稅、遺產稅、贈與稅等稅種，對於促進財產流動、改善財產配置、調節居民收入分配有良好的效果。

考察掉入「中等收入陷阱」國家的稅收結構，可以發現一個共性問題：以間接稅為主體，未根據經濟社會發展階段的變化適時改革稅制，未增加直接稅的比重。例如，智利雖然在綜合競爭力、經濟自由化程度、市場開放度和國際信用等級方面均為拉美地區之首，但基尼系數過高，原因是其直接稅佔比過低，稅收調節收入分配的作用相當有限。1999年，智利的直接稅占稅收總收入的35.3%，而間接稅占比為64.7%；2003年，智利的直接稅占稅收總收入的38.5%，而間接稅占比為61.5%。其中，個人所得稅在2000—2012年的收入約佔稅收總收入的6.6%，遠低於經濟合作與發展組織（OECD）成員方約25%的平均水準；而財產稅的佔比僅佔稅收總收入的3.2%。阿根廷的稅制結構也是如此，主要以間接稅為主，直接稅為輔。2004年，阿根廷間接稅所占比重為57.9%，直接稅所占比重為42.1%，個人所

得稅占稅收總收入的比重僅為6.1%。

而成功跨越「中等收入陷阱」的韓國，為提高直接稅所占比重，不斷完善個人所得稅和財產稅制度，充分發揮了稅收調節收入分配差距的功能。為照顧低收入人群和弱勢群體，韓國在徵收個人所得稅方面採取免徵、低稅率、所得扣除等措施，如年收入1,500萬韓元（約合9萬元人民幣）以下的家庭（以四口之家為標準）和年收入482萬韓元（約合3萬元人民幣）以下的個體營業者免徵個人所得稅。韓國在住宅的流轉、保有、繼承各環節建立完整的稅收調節體制，力求全面保護居住需要，擠壓投機需求。

當前，中國稅制結構存在和陷入「中等收入陷阱」國家相似的問題：一是間接稅比重過大。2014年，中國增值稅、營業稅等間接稅的比重達到了67%，占據主體位置。對廣東省的調查顯示，流轉稅稅前收入分配的基尼係數是0.334，稅後的基尼係數是0.356，可見間接稅的累退性質一定程度上擴大了居民的收入分配差距。二是直接稅比重過小。企業和個人繳納的所得稅僅占稅收總額的25%，以累進方式徵收、對調節收入差距效果最佳的個人所得稅僅占稅收總額6%左右。三是財產稅不健全。中國的財產稅僅包括契稅、土地增值稅等幾個稅種，對企業徵收多，對個人徵收少，對財產交易徵稅多，對財產佔有徵稅極少甚至沒有，未能很好地實現對財產性收入的均衡調節，而對鼓勵勤勞致富、促進財富流動、調節財富代際轉移意義重大的遺產稅、贈與稅等財產稅更無定論。

（三）稅收治理能力

稅收治理能力是決定稅收「搭便車」問題嚴重與否的關鍵所在。稅收法律層級不高、管理方式落後且粗放，容易影響稅收法律的剛性，使「搭便車」問題愈演愈烈，最終導致公共服務的成本增加到不能承受之重。

當前，中國稅收治理能力相對不足，主要體現在兩個方面：一是未充分落實稅收法定原則。從中國近年來稅收立法實踐來看，中國的稅收立法級次偏低，現行18個稅種中只有企業所得稅、個人所得稅、車船稅、環境保護稅4個稅種由全國人大及其常委會通過制定法律的形式頒布，其餘均為全國人大授權國務院制定暫行條例，客觀上導致了稅收立法程序簡單、稅收法律變更頻繁、稅收執法隨意性大等問題，影響了稅法的規範性、固定性。二是稅收管理方式粗放。目前，中國的稅收管理仍以屬地管戶的稅收管理員制度為基礎，按照對納稅人事前審核、審批的管理思維，各自為政、碎片化地制定徵管制度，缺乏統籌和前瞻性的考量，導致制度滯後、流程複雜，稅務人員忙於繁雜的事務性工作，事中、事後管理缺失，稅收漏洞較多，稅收違法行為被發現乃至被處罰的概率不高，作為經濟人的納稅人選擇偷、逃、騙稅的概率較大。

四、跨越「中等收入陷阱」的稅收治理邏輯

基於前述分析，我們初步形成跨越「中等收入陷阱」的稅收治理邏輯框架，如圖1所示。

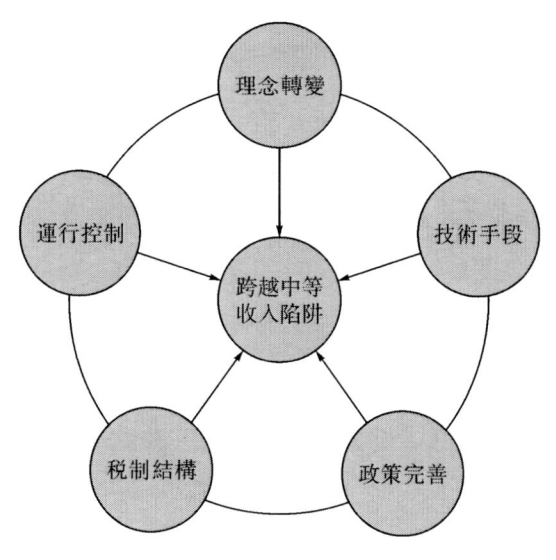

圖 1　稅收治理邏輯框架

（一）理念轉變：從國家稅收到民生稅收，社會、經濟、財政職能並重

作為一種由國家法律加以規範、制約、保護和鞏固的分配關係，稅收可以把公平合理分配的社會尺度具體化為一定的徵收方法和稅率，強有力而又無差別地適用於全社會範圍內相同條件下的所有不同主體。稅收能夠被廣泛用來調節各種不合理的分配，縮小居民收入差距。

中央明確提出，要堅持以人民為中心的發展思想，以保障和改善民生為重點，加大收入分配調節力度，使改革發展成果更多、更公平地惠及全體人民。稅收不僅應體現「聚財」的經濟屬性和社會屬性，更應體現「為民」的馬克思主義執政黨的政治屬性。把稅收的價值取向從國家稅收定位到民生稅收，應當開宗明義地強調：稅收治理應從政府本位向民生本位轉變。儘管現代國家與民眾目標總體一致，但國家稅收本質上強調稅收的財政職能和經濟職能，稅收治理更多是以政府為中心；而民生稅收強調稅收的社會職能，以人民為中心，以保障和改善民生為重點，以民生為導向重構稅收治理全過程。從稅收治理實際而論，民生稅收至少有民主、公平、法治、民治、民享五大特性，也就是說稅收要治理由法、治理由民，真正「取之於民，用之於民，造福於民」，才有其合法性基礎。

樹立民生稅收價值取向，才能在稅制改革過程中，更好地堅持以人民為中心的基本治國理念和方略，一切從民眾的利益出發，踐行稅收公平原則，實現從「籌資稅收」到「民生稅收」的根本轉變，從稅收制度和政策角度加大對居民收入分配的調節力度，加大對偷、逃、騙稅及「搭便車」行為的治理力度。

（二）運行控制：落實稅收法定，把權力關進制度的籠子

落實稅收法定是完善稅制結構、充分發揮稅收職能的基礎，對維護社會穩定、

推進依法治國和順利跨越「中等收入陷阱」意義重大。落實稅收法定原則，是黨的十八屆三中全會明確提出的重要改革任務，也是十二屆全國人大三次會議新修改的《中華人民共和國立法法》進一步明確規定的重要制度。根據全國人大法工委《貫徹落實稅收法定原則的實施意見》的要求，中國將在 2020 年前完成落實稅收法定原則的改革任務，將全部稅收暫行條例上升為法律或廢止，並相應廢止《全國人民代表大會關於授權國務院在經濟體制改革和對外開放方面可以制定暫時的規定或者條例的決定》。落實稅收法定，推進有關稅制改革，不可避免地會涉及現有利益格局的調整，有關部門和單位應當按照實施意見的安排，拿出更大的決心衝破思想障礙，突破利益藩籬，將立法條件成熟的現有稅種由國務院條例升格為法律，健全中國稅收法律體系，力爭早日完成。同時，全社會尤其是稅務機關應增強法治意識，養成法治思維，嚴格依法行政，按法定程序和法定權限規範稅收執法行為。

（三）稅制結構：直接稅、間接稅並重

考察成功跨越「中等收入陷阱」的日本、韓國、新加坡等國的稅收制度經驗可以發現，上述國家在進入中上等收入階段以後，抓住有利時機改革以間接稅為主、直接稅為輔的傳統稅制，實行以直接稅為主體的稅收制度。

中國應汲取經驗教訓，以高收入群體承擔更多稅收、中等收入群體合理負稅、低收入群體盡可能少負稅或不負稅為目標，以黨的十八屆三中全會提出的「逐步提高直接稅比重」「加大稅收調節力度」和黨的十九大提出的「深化稅收制度改革，健全地方稅體系」為指導，改革現行稅收體制，致力於實現從「以組織財政收入為主，調控宏觀經濟和調節收入分配為輔」逐步向「以調節收入分配和調控宏觀經濟促進組織財政收入」轉變。需要明確的是，與社會文化經濟發展相適應，稅制改革的完善有一個自然的水到渠成的邏輯發展過程，不可拔苗助長。為此，中國需要進一步處理好政府與市場、中央與地方、國有經濟與民營經濟、稅制與管理等若干重大關係，積極穩妥採取「漸進式」的方法，由目前的以間接稅為主體逐漸向直接稅、間接稅並重的模式轉變。中國應重點考量以下幾個方面：

一是增加直接稅比重。中國應逐步提高個人所得稅等直接稅占稅收收入總額的比重，建立以個人所得稅為主體，財產稅、消費稅、遺產稅、贈與稅為補充的稅收調控收入差距體系，實現對收入分配結果、收入使用、財富代際轉移的全面調節。

二是健全財產稅。中國應適時開徵遺產稅和贈與稅等財產稅，對資產轉移進行限制，對個人遺產進行調節。中國應按照「立法先行、充分授權、分步推進」的原則，適時開徵房產稅，把不動產的保有環節納入稅收調節干預範圍，按房產評估價值作為計稅依據，客觀反應房地產價值和納稅人承受能力。

三是完善個人所得稅制。中國應提高個人所得稅的起徵點，合理設定個人所得稅稅率級距，加大對高收入群體的徵稅力度，減少工薪階層及中等收入群體的稅負，發揮個人所得稅在縮小收入差距中的作用。中國應確定合理的費用扣除標準，做到扣除標準能夠基本反應居民維持日常基本生活開支和個人家庭開支。

（四）政策完善：促進創新驅動

建設創新型國家作為提升國家綜合實力和國際地位的國家重大戰略是跨越「中等收入陷阱」的強勁「助推器」。為有效提升中國自主創新能力，中國政府已採取了一系列激勵措施。然而，當前中國的自主創新體制尚不健全，創新激勵機制不盡完善，尤其是作為政府實施政策引導重要工具的稅收政策，在對企業自主創新的扶持方法和力度方面存在諸多不足，對於研究與開發的稅收支持力度不夠，一定程度上制約了自主創新能力的培育和發揮。為此，中國應當充分發揮稅收職能作用，通過稅收優惠政策減少創新成本、增加創新收益、降低創新風險，有力促進科技創新企業的發展。

一是頒布特別法案，規範科技稅收立法。中國現有的高新技術產業政策是通過修訂、補充部分基本稅收法規的條款形成的，稅收法律的層次較低，缺乏權威性、系統性和穩定性。從長遠考慮，中國應歸納梳理目前散見於各層次法律中的稅收政策，對科技稅收政策實施單獨立法，明確規定目標、原則、方式及其具體措施範圍、審批程序等內容，消除現行法規之間矛盾、重複、繁雜與混亂的弊端。同時，中國應明確財稅政策的目標和優惠受益對象，研究激勵政策發揮作用的機制；研究和判定應予鼓勵的高新技術及其產業標準，加強科技稅收優惠的規範性、透明性和整體性。

二是借鑑國外經驗，統籌研發稅收優惠政策。研究開發活動是實現科技進步和創新的基礎，也是高技術產業發展的強大推動力。研究開發活動由不同階段和不同環節組成，是一個有機的、完整的漸進過程，滲透於現代社會經濟生活的各個領域、各個方面。總體來看，中國現行的研究開發稅收政策僅僅是一些稅收優惠措施的簡單相加，政策措施之間協調性差，沒有形成統一的整體。為此，中國應借鑑國外經驗，根據研究開發活動各個階段的特點，全面系統地設計促進研究開發的稅收政策，具體包括針對研究與開發的各個階段和環節（實驗室階段、中試階段、產業化階段）的稅收政策、鼓勵技術引進和消化吸收的稅收政策等。在稅收優惠的形式上，中國應擴大稅基式優惠的範圍和幅度，只要企業進行了研究開發活動，滿足稅基優惠的前提條件即可享受相應的稅收優惠待遇，不再考慮研究開發活動是否取得了收入和利潤。

三是完善稅收優惠方式、增強稅收激勵功能。中國應針對現行稅制缺陷，在借鑑國際經驗的基礎上，做好以下工作：首先，調整稅收優惠對象，實施針對企業科技創新項目和活動的優惠政策，盡量減少甚至取消目前針對行業為主的優惠政策；其次，改變稅收優惠方式，採用以間接稅收優惠為主、直接稅收優惠為輔的政策體系；再次，重塑稅收激勵重點，改變以往重成果優惠、輕過程激勵的政策，根據科技研發的特點，對研究開發過程予以優惠，激勵科技創新行為；最後，取消稅收優惠歧視，如區域稅收歧視、盈虧稅收歧視等，構建全國基本統一的不分地區、行業、部門和所有制性質的稅收優惠體系。

（五）技術手段：「互聯網+」

稅收治理能力現代化是國家治理能力現代化在稅收領域的體現，也是稅收現代化的重要保障和標誌。當前，互聯網與各領域的融合發展成為不可阻擋的時代潮流，為推進稅收治理能力現代化帶來了前所未有的歷史機遇。稅務機關應當站在「互聯網+」的風口上，牢牢把握信息技術變革趨勢，以「互聯網+」全力推動稅收徵管方式轉變。

一是推進數據治稅。稅務機關應以大數據管理理念和方法引領數據應用持續深化為主線，建立實現徵納雙方辦稅業務和管理服務業務無縫銜接的一體化工作平臺，構建「納稅人自行處理、計算機自動化處理、稅務機關遞進式應對」的業務處理方式，推動事前審核、固定管戶、無差別管理、經驗式管理等傳統管理方式向事中和事後監管、分類和分級管戶、差異化管理、大數據管理等現代管理方式轉變，不斷提升稅收徵管效能。

二是深化風險管理。稅務機關應建立上下左右貫通的風險管理平臺，深度挖掘稅收大數據，基於納稅人行為數據開展納稅人畫像及其關係挖掘，推進風險管理、基礎管理等稅收業務的自動化、智能化處理，對納稅人申報納稅實施快速準確的定位與監管，做到「無風險不打擾、有風險施重拳」，從而增加違法成本，抑制違法動機，使納稅人形成偷稅、漏稅行為必然受到懲罰，懲罰成本遠高於偷稅、漏稅收益的心理預期，把該收、能收的稅都收起來，使實際稅收不斷逼近名義稅收，有效遏制偷、逃、騙稅及「搭便車」問題，為公共消費提供財力保障。

結語

「中等收入陷阱」的本質是消費需求不足誘致的經濟增長停滯。通過分析傳統的投資、出口和消費「三駕馬車」在中國國民經濟發展中的作用，基於國內外形勢的深刻變化，我們可以發現，解決消費需求不足問題是避免出現經濟增長長期停滯的關鍵所在，是跨越「中等收入陷阱」的必由之路。提振消費需求，必須解決居民收入分配差距過大和公共消費「搭便車」問題嚴重兩大問題。稅收治理體系和治理能力的缺失在一定程度上又加劇了其嚴重性，究其成因，主要是稅收公平原則缺失、稅制結構失衡、稅收治理能力不強等。借鑑國際經驗教訓，中國跨越「中等收入陷阱」，就稅收角度而言，宜從治理理念、運行控制、稅制結構、政策完善、技術手段五個維度尋找對策。具體來講，在治理理念上，中國應從國家稅收到民生稅收，社會、經濟、財政職能並重；在運行控制上，中國應落實稅收法定原則；在稅制結構上，中國應直接稅、間接稅並重；在政策完善上，中國應促進創新驅動；在技術手段上，中國應推進「互聯網+」，以更好地服務中國實現以消費為主的經濟轉型並加快轉型速度，服務實現偉大中國夢，實現中華民族偉大復興，實現國家富強、民族振興、人民幸福。

參考文獻：

[1] 蔡防.「中等收入陷阱」的理論、經驗與針對性 [J]. 經濟學動態, 2011 (12)：4-9.

[2] 代法濤. 跨越「中等收入陷阱」：理論、經驗和對策——基於44個國家的跨國實證分析 [J]. 財經研究, 2014 (2)：54-66.

[3] 厲以寧. 論「中等收入陷阱」[J]. 經濟學動態, 2012 (12)：4-6.

[4] 曾錚. 亞洲國家和地區經濟發展方式轉變研究——基於「中等收入陷阱」視角的分析 [J]. 經濟學家, 2011 (6)：48-55.

[5] 高杰, 何平, 張銳.「中等收入陷阱」理論述評 [J]. 經濟學動態, 2012 (3)：83-89.

[6] 柳華平, 朱明熙. 中國稅制結構及稅收徵管改革的民生取向思考 [J]. 經濟學家, 2013 (1)：100-101.

[7] 柳華平. 從國家稅收到民生稅收——民生視域下的稅收治理與稅收管理思考 [J]. 稅收經濟研究, 2013 (6)：12-16.

[8] 劉國亮, 藏旭恒. 消費結構演變、公共投資增長與經濟波動 [J]. 經濟學動態, 2005 (3)：27-31.

[9] 黃河. 論公共需求與經濟增長 [J]. 南京師範大學學報, 2004 (4)：11-17.

[10] 江時學. 拉美國家的收入分配為什麼如此不公 [J]. 拉丁美洲研究, 2005 (5)：3-11.

[11] 張勇. 智利經濟增長趨勢及中智經貿合作的選擇 [J]. 拉丁美洲研究, 2012 (5)：27-36.

[12] 陳範紅. 韓國跨越「中等收入陷阱」的收入分配政策 [J]. 經濟研究導刊, 2011 (3)：74-76.

[13] 林毅夫. 宏觀管理經驗豐富, 中國可避中等收入陷阱 [N]. 新華每日電訊, 2011-06-11.

[14] 馬岩. 中國面對中等收入陷阱的挑戰及對策 [J]. 經濟學動態, 2009 (7)：42-46.

[15] 權衡. 如何避免陷入「中等收入陷阱」[N]. 文匯報, 2010-10-26.

[16] 劉福垣. 中等收入陷阱是一個偽命題 [J]. 領導文萃, 2011 (19)：24-25.

[17] 林穎. 促進科技創新的稅收政策研究 [J]. 稅務研究, 2007 (1)：14-16.

[18] 尹敬東. 出口需求對中國經濟增長的貢獻：一個修正的核算框架 [J]. 南京財經大學學報, 2006 (5)：25-30.

[19] 白鳳嬌. 中國城鎮居民可變邊際消費傾向的估算 [J]. 統計與決策, 2015 (16)：20-22.

——《跨越「中等收入陷阱」的稅收治理邏輯》（柳華平　張丹　楊波）原載於《稅收研究報告》；2017年12月29日第31期。

2. 中國稅收制度現代化的推進路徑選擇
—— 基於「法治、公平、效率、透明」四個維度的分析框架

摘要：本文基於法治、公平、效率、透明四個維度的分析框架對中國與市場經濟發達國家的稅收制度進行比較分析，從總體上提出了中國稅收制度現代化的實現路徑選擇，即著眼法治，健全稅法治體系；著眼公平，深化稅收制度改革；著眼效率，完善財稅體制；著眼透明，建立現代預算制度。

關鍵詞：稅收制度現代化　國際經驗　推進路徑

一、稅收制度現代化的基本維度

黨的十八屆三中全會決定指出：財政是國家治理的基礎和重要支柱，科學的財稅體制是優化資源配置、維護市場統一、促進社會公平、實現國家長治久安的制度保障。黨的十九大指出：加快建立現代財政制度，建立權責清晰、財力協調、區域均衡的中央與地方財政關係。建立全面規範透明、標準科學、約束有力的預算制度，全面實施績效管理。深化稅收制度改革，健全地方稅體系。這是中國新時代稅收制度建設的著眼點、著力點、著重點。建立現代稅收制度，換言之，即要推進稅收制度現代化。柳華平、張景華和郝曉薇（2016）認為，稅收制度建設包括稅收基礎制度建設、稅收實體制度建設、稅收徵管制度建設三個層面，稅收基礎制度建設應民生價值與稅收法定並重，稅收實體制度建設應穩定收入與優化結構兼顧，稅收徵管制度建設應降低徵納成本，理順職責關係，提高徵管效率，為納稅人提供更加優質高效便利服務。

現代化是一個動態過程，其評判標準，智者見智，仁者見仁。基於研究的需要，本文從紛繁複雜的標準體系中，僅選取法治（Rule of Law）、公平（Equity）、效率（Efficiency）、透明（Transparency）四個維度作為檢驗稅收制度現代化的「試金石」，簡言之為「RLEET」分析框架。其中，法治是靈魂，公平是根本，效率是關鍵，透明是基礎。

（一）法治

稅收法治的實現主要體現為稅收法定原則的落實，稅收法定原則是指關於徵納稅雙方的權利義務、稅收要素、減免稅等事關稅收的所有事項都必須由法律明確規定，包括稅收權力法定、稅收要件法定和稅收程序法定三個基本要求。這一原則的

本質體現為納稅必須經納稅人同意，生命、財產、安全、自由等是納稅人享有的基本人權，不可剝奪和非法侵犯。這一原則可以說是財稅領域中民主和法治原則的最基本體現。稅收法定原則最大限度地協調和平衡公民與政府之間的利益關係，以使公共稅收管理活動取得公民最大限度的同意和認可，也是最大限度實現民主與法治的保障。

（二）公平

公平維度直接體現為稅收公平原則，稅收公平原則始自威廉・配第和亞當・斯密，是指國家徵稅應使得納稅人的納稅負擔與其納稅能力相適應，並保持納稅人之間的負擔水準均衡。稅收的公平分為橫向公平和縱向公平。橫向公平側重於針對納稅能力相同的人課徵相同水準的稅收，縱向公平側重於針對納稅能力不同的人課徵不同水準的稅收。稅收公平原則被公認為各國制定稅收制度的最基本準則，更是現代社會各國完善稅制追求的目標之一。堅持稅收公平原則是憲法平等原則的客觀體現，對於緩解社會矛盾、穩定社會經濟秩序十分重要。

（三）效率

理論界對於稅收制度效率維度通常從收入的角度來研究，包括經濟效率和行政效率。國家在設計、制定稅收制度和政策時，應對稅種的選擇、徵稅範圍的大小、稅率的高低等予以充分考慮，減少稅收對經濟造成的額外效率損失，並考慮徵納成本。但從支出角度講，稅收是政府提供公共產品和服務的成本，是消費者支付的公共產品和服務的價格。稅收轉化為財政支出的過程就是公共產品提供的過程，這表明稅收的效率維度最終要通過完善的財政體制來實現，因此實現稅收制度現代化，前提是建立財權與事權相匹配的財政體制。財權與事權匹配是指中央與地方政府從事的社會經濟事務和財政收入權相匹配，體現權力制衡、地方自治等原則，合理地劃分各級政府之間的事權並且切實付諸實施，是推進國家治理現代化的重要任務。只有當各級政府的事權與財權界定清楚了，才能深入落實各級政府職能，順暢運行國家治理相關活動，有效提供公共產品和服務，提高財政效率。

（四）透明

稅收制度現代化框架下的透明維度應該包括稅收透明和財政透明。稅收透明是指稅收的存在和稅收負擔等能夠被納稅人明確感知，受稅負轉嫁、政策法規、稅種設定、徵收方式等多種因素影響。稅收透明對於政府獲取公眾的理解、提升行政能力以及有效實施稅收政策具有積極影響。財政透明是指財政的決策、預算、執行、決算情況公開，實現政府理財活動公開化、科學化、民主化和法治化。稅收透明可以在公平維度和法治維度基礎上實現，而財政透明需要構建公開、透明的現代預算制度。預算透明可以保障財政公平和稅收法治，對政府的財政行為進行約束和監督，「讓權力在陽光下運行」，保證政府將錢花到公眾最需要的地方，使得政府的公共性導向得以真正確立，從而真正形成公共政府。

二、中國稅收制度現代化的國際比較

(一) 法治維度比較

稅收法治建設集中體現了稅收現代化的民主與法治精神，也是實現稅收現代化的基本保障。縱覽當今各國憲法，絕大多數國家的憲法中都有關於稅收法治的規定，一般通過稅收法定原則來實現。

1. 稅收權力法定

稅收權力法定包括稅收立法權、稅收執法權、稅收司法權的法定。在立法權方面，發達國家稅收立法體系嚴密、結構完整，各部門權力相互制約。

在稅收執法權方面，各國一般賦予稅務機關一定的執法權，以保證稅法的權威性和可操作性。在加拿大，政府通過法律嚴格執行稅收執法權，納稅人如果不履行稅務通知，稅務機關有權凍結其帳戶；對於欠稅未繳的納稅人，稅務機關有權不通過法院直接查封個人資產。在英國，政府通過金融法案賦予稅務機關與警察機關一樣的涉稅刑事偵查權，包括搜查權、拘捕權、監視管制權等。稅務部門擁有一定的執法權，才能保證稅法的有效執行，保證納稅人權益，提高納稅遵從度。

在稅收司法權方面，設立獨立的稅收司法組織。德國、美國、日本等國設立了專門的稅務法院，可以獨立、專業、有效地審判稅務案件，維護納稅人權益；荷蘭、加拿大等國設立了稅務警察機構，具有一定的執法權，專門負責稅務案件的偵破工作。這種稅收司法權的可操作性不僅有利於稅務部門對專業複雜性工作的處理，而且為稅收司法獨立、公平、公正、效率提供了保障。

2. 稅收要件法定

稅收要件法定要求稅收相關的所有程序和內容都應該由法律加以規定，稅收徵收要嚴格按照法律規範執行，如某一項違反法定原則，則稅收徵收無效。美國法院作為擁有司法審查權和對憲法最終解釋權的司法機構，有權裁定包括總統在內的各級政府制定的政策是否合乎美國憲法，並有權判定違憲的法律和政策無效。

3. 稅收程序法定

稅收程序法定是正當程序原則在稅收法治領域的具體表現和要求，相對完善的稅收程序設計可以提高稅收效率，從而節約經濟和社會成本，也是對納稅人權益的尊重和保障，有利於提高全社會納稅意識。《德國稅法通則》詳盡規定了稅收行政執法的職權和程序，還移植了民法、民事訴訟法、行政法、行政訴訟法、刑法等相關法律，是操作性極強的綜合性稅收法典。

4. 比較啟示

從發達國家憲法實現法治維度體現的稅收法定原則可以看出，稅收權力法定、稅收要件法定和稅收程序法定從形式和內涵上保障了稅收法治維度的實現，保障了公民的生命、財產、自由、安全等基本權力，最大限度地實現民主與法治。相較市場經濟發達國家完善的稅收法律體系，中國的稅法體系還不夠健全，缺乏稅收領域

的稅收基本法,且從數量上看僅有七部以法的形式確定,其餘皆以行政法規形式公布,可見稅收立法主要以國務院制定的稅收行政法規為主,而以全國人大及其常委會制定的稅法法律為輔,稅收法律體系亟須完善。在稅收立法程序方面,現有法律對稅務立法程序中關鍵的授權規定過於籠統,缺乏廣泛徵求意見的程序,更突出立法行政主導。在稅收司法體系方面,相較於西方嚴格的、可操作性極強的稅務司法體系,中國的稅收保全和強制措施相對「疲軟」,應著力予以強化。

(二) 公平維度比較

伴隨著資本主義經濟的發展,社會分配不公、貧富兩極分化的現象日趨嚴重,影響了社會的穩定與發展。市場經濟發達國家為了緩和日益尖銳的社會矛盾,紛紛推行以收入均等化為目標的社會政策及福利措施。而稅收作為國家調節收入分配的重要政策工具,公平原則成為各國稅制建設的首要原則。

1. 構建以體現公平的直接稅為主體的稅制結構

直接稅包括所得稅、財產稅等不易進行稅負轉嫁的稅種,由於它是根據個人所得或財產的多少決定其負擔水準,因此相比於間接稅,它更符合稅負公平和量能納稅原則。雖然世界經濟發展複雜多變,各國稅收政策調整頻繁,但是美國、日本、德國、法國等發達國家主體稅種的收入結構仍基本穩定,以所得稅、社會保障稅、財產稅為代表的直接稅比重較高,平均在65%左右。

2. 構建基於公平的個人直接稅調節體系

為了實施稅收公平原則,各國均建立了基於公平維度的個人直接稅調節體系。例如,美國建立了以個人所得稅為主體的稅制體系,再加上社會保障稅、遺產稅、贈與稅、個人財產稅等稅種共同調節,充分發揮各稅種相互協調配合的調節功能。其中,個人所得稅、遺產稅和贈與稅實行累進稅率,個人應稅收入(或財產)越高,徵稅比例就越大,對個人收入差距調節力度就越大(見表1)。表2反應了美國基尼係數與個人所得稅再分配效應,可以看出個人所得稅對於縮小社會收入差距起到了較強的調節作用。

表1　　　　　　　　2010年美國聯邦個人所得稅稅率　　　　　　單位:美元

稅率(%)	單身	已婚合併報稅;符合資格的喪偶報稅人	已婚單獨報稅收入	戶主收入
10	不超過8,375	不超過16,750	不超過8,375	不超過11,950
15	8,376~34,000	16,751~68,000	8,376~34,000	11,951~45,500
25	34,001~82,400	68,001~137,300	34,001~68,650	45,501~117,650
28	82,401~171,850	137,301~209,250	68,651~104,625	117,651~190,550
33	171,851~373,650	209,251~373,650	104,626~186,825	10,551~373,650
35	373,651及以上	373,651及以上	186,826及以上	373,651及以上

數據來源:賈康、王桂娟. 財政制度國際比較 [M]. 上海:立信會計出版社,2016.

表 2　　美國基尼系數與個人所得稅再分配效應：1980—2003 年

	年份	1980	1985	1990	1995	2000	2001	2002	2003
基尼系數	稅收前	0.462	0.486	0.487	0.509	0.509	0.510	0.498	0.498
	稅收後	0.430	0.460	0.466	0.481	0.488	0.491	0.474	0.475
降低不平等（%）	稅收	6.9	5.3	4.3	5.5	4.1	3.7	4.8	4.6

數據來源：美國人口統計局（2006）。

3. 稅收支出更多地用於社會保障

國家稅收與社會福利互為基礎、相互保證，聯繫度越高，越能體現社會的公平與進步。西方發達國家充分發揮稅收在民生保障方面的作用，德國聯邦財政支出中最大的類項就是社會保障支出，而且每年都在增長。在加拿大的財政支出中，政府行政經費僅占 15% 左右，其餘基本用於教育、衛生、國民健康、市政建設等民生支出上。

4. 比較啟示

在稅收公平思想的影響下，市場經濟發達國家的稅收制度充分發揮了稅收的公平分配功能。相較西方充分體現公平的稅收制度，中國稅收組織財政收入的職能更加明顯，而稅收促進社會公平的職能發揮不足。中國一直以來實行以間接稅為主體的稅制結構，據統計，2016 年中國稅收總額為 130,354 億元，其中增值稅、消費稅、營業稅、關稅、城市維護建設稅以及菸葉稅（剔除出口退稅）等間接稅占 53.47%；企業所得稅、個人所得稅和土地增值稅等所得稅占 33.10%；資源稅、房產稅、印花稅、車船稅、契稅、耕地占用稅等資源財產稅占 13.43%。這種以間接稅為主體的稅制結構容易導致價格體系扭曲、稅收逆向調節等問題。同時，中國稅收的收入調節機制不夠完善，特別是個人所得稅調節作用不明顯，基尼系數維持在 0.47~0.49，超過國際公認警戒線 0.4。

（三）效率維度比較

公平和效率是現代經濟學的基本問題，在市場經濟條件下，各國政府一般從稅制設計、稅率優化、稅收負擔、稅收徵管等方面實現效率。但是，效率維度隱含的重要前提和基礎是完善的財政體制，本文主要從稅收支出的角度借鑑國外經驗，為建立財權與事權相匹配的現代財政體制提供經驗。一般認為，財權與事權匹配原則要求中央給地方配置財權時，應考慮事權配置的大小；同樣，中央對地方事權的配置需要相應的財權加以保障。

1. 以法律為基礎明晰事權與財權

大多數發達國家對中央政府和地方政府間財權與事權劃分有明確的法律依據，以確保各級政府財權與事權相匹配。德國的憲法對各級政府的事權做了嚴格規定，「為了普遍的利益必須進行處理的事務」由聯邦負責，其他事務原則上由各州和地方政府負責。美國的憲法對聯邦和地方之間的稅收劃分做了原則性規定。日本除憲法外，還制定了《財政法》《會計法》《地方自治法》《地方分權一攬法》《地方財

政法》《地方稅法》等一系列法律，對政府間事權和支出責任、稅收轉移支付等財政行為做了明確的規定，進而保障了政府間穩定財政關係的良性互動。

2. 以效率為目標合理劃分事權與財權

國際上有關事權劃分的模式主要分為聯邦制和單一制兩類。不管哪種模式，均以公共產品理論為基礎確定政府職能，並按外部性、信息處理複雜性和激勵相容原則劃分配置政府間事權和支出責任。中央（聯邦）政府負責全國性公共產品供給，如事關國家安全、宏觀經濟調控、收入再分配等，地方政府（州）負責資源配置並享有一定的財權，跨區域公共產品由中央與地方共同承擔，其中中央承擔主要責任。

美國是典型的聯邦制國家，全國性事務，如國防、外交和國際事務、關係到全國利益的州際事務、全國性的社會福利等由聯邦政府負責。除憲法明確授予聯邦政府的權力以及明確禁止各州擁有的權力（如外交、鑄幣等）之外，其餘能夠由州和地方政府負責的，憲法皆尊重各州權力（見表3），賦予地方政府取得財政收入的權限。美國聯邦、各州、地方政府分別編製執行各自獨立的預算，並依據本級政府財權調整和設置稅種結構、稅率，確保收入來源穩定。

表3　　　　　　　　美國按照政府層級和功能劃分的支出　　　　　　單位:%

主要支出責任	聯邦政府	州政府	地方政府	總計
國防	100	0	0	100
利息	65.7	13.8	20.5	100
一般行政事務	40	25.9	34.1	100
健康	66.8	14.5	18.7	100
教育	4.4	26.4	69.2	100
地方公共服務	8.7	27	64.3	100

資料來源：中國財政科學研究院. 世界主要國家財政運行報告（2016）[M]. 北京：經濟科學出版社，2016.

日本是典型的單一制國家，實行中央集權制，憲法並不明確劃分中央與地方的權力，地方的權力來自中央，地方政府的權力由中央政府的立法機關以普遍的形式授予。日本的行政機構分為中央、都道府縣和市町村三級。在中央和地方的關係上，財權高度集中於中央，而事權大多分散於地方，大約70%的政府支出是通過地方預算安排的。稅源劃分也是以事權劃分為基礎，便於全國統一徵收的大宗稅歸中央，徵收工作複雜的小宗稅歸地方。中央事業費、地方自治團體及其機構所需的業務經費，原則上由中央和地方分別負擔。都道府縣稅以普通稅為主，佔其稅收總收入的90%左右。市町村稅也是以普通稅為主，佔稅收總額的95%左右（見表4）。

表4　　　　　　　　日本政府間事權與財權的劃分

政府層次＼事權與財權	事權		財權
中央	外交、公路、養老金	防衛、安全、國家一級河流、貨幣	所得稅、企業稅、地方企業特別稅、 繼承稅、轉讓稅、地價稅、酒稅、 菸草稅、石油燃氣稅、航空燃油稅、 證券交易稅、交易稅、關稅、印花稅、 登記許可稅、日本銀行券發行稅
都道府縣	都道府縣、港灣、山水治理、保健所、職業培訓、警察、博物館、醫院、高中		普通稅：都道府縣民稅、事業稅、地方消費稅、不動產購置稅、都道府縣菸稅、高爾夫球場使用稅、汽車購置稅、汽油交易稅、汽車稅、礦區稅、固定資產稅目的稅、狩獵稅
市町村	戶籍、居民登記、地址標示、消防、垃圾處理、生活保護（城市區域）、護理保險、國民健康保險		普通稅：市町村民稅、汽車稅、礦產稅、市町村菸稅、固定資產稅、特別土地保有稅目的稅：入浴稅、事業所稅、城市規劃稅、水利地益稅

資料來源：根據日本財務省公開信息整理。

從各國的實踐來看，財權與事權都在憲法範圍內明確規定，事權明晰，各級地方政府都有對應的課稅權。政府間課稅權的劃分，不僅涉及政府自主權，更是經濟穩定和公平統一稅制實現的基礎。

3. 完善的轉移支付制度

由於財權與事權完全匹配的狀況在實踐中很難實現，因此為了保證地方政府能夠有效提供公共產品，除了賦予地方政府穩定足額的收入來源之外，各國政府還實施了規範的轉移支付制度。由表5可知，中央財政收入與地方財政收入之間的比值平均為71：29，中央財政支出與地方財政支出比平均為56：44，轉移支付占地方支出的平均比重為33.9%，可見轉移支付在維護各國中央與地方收支關係中的重要地位。

表5　　　　　各國最終中央與地方的財政支出比例　　　　　單位:%

			2005年和2014年平均最終財政支出		2005年和2014年平均央地本級財政收入		2005年和2014年平均轉移支付部分	
			中央本級	地方	中央本級	地方	占總支出的比重	占地方支出的比重
市場經濟發達國家	單一制國家	日本	21.0	79.0	53.7	46.3	32.7	41.4
		韓國	41.3	58.7	71.9	28.1	30.6	52.1
		法國	75.7	24.3	81.4	18.6	5.7	23.5
		英國	60.9	39.1	77.3	22.7	16.4	41.9
		簡單平均	49.7	50.3	71.1	28.9	21.4	42.6
	聯邦制國家	比利時	50.1	49.9	66.8	33.2	16.7	33.5
		德國	56.0	44.0	59.7	40.3	3.6	8.2
		美國	53.4	46.6	62.5	37.5	9.1	19.5
		澳大利亞	45.8	54.2	62.0	38.0	16.2	29.9
		簡單平均	51.3	49.2	62.8	37.2	11.5	23.4
	市場經濟發達國家平均		50.5	49.5	67.0	33.0	16.5	33.3
發展中國家	單一制國家	泰國	77.8	22.2	89.8	10.2	12.0	54.1
		波蘭	61.2	38.8	74.7	25.3	13.5	34.8
		匈牙利	66.5	33.5	78.3	21.7	11.8	35.2
		智利	83.1	16.9	87.8	12.2	4.7	27.8
		簡單平均	72.1	27.9	82.6	17.4	10.5	37.6
	聯邦制國家	印度	43.8	56.2	64.8	35.2	21.0	37.4
		俄羅斯	70.5	29.5	79.7	20.3	9.2	31.2
		南非	34.3	65.7	62.0	38.0	27.7	42.2
		巴西	47.2	52.8	58.4	41.6	11.2	21.2
		簡單平均	49.0	51.0	66.2	33.8	17.2	33.7
	發展中國家平均		60.6	39.4	74.4	25.6	13.8	35.0
上述國家平均			55.6	44.4	70.7	29.3	15.1	33.9

數據來源：賈康，王桂娟. 財政制度國際比較 [M]. 上海：立信會計出版社，2016.

4. 比較啟示

雖然各國受政治、經濟、歷史和文化背景不同等因素影響，在事權和財權劃分上不盡相同，但各級政府事權明晰，中央政府和各級地方政府支出範圍明確，一定程度上體

現了集權和分權相統一、兼顧公平與效率的原則。各級政府的事權劃分得越清楚，政府間的收支矛盾就越少，資金使用效率就越高。目前中國在事權劃分上存在一系列的問題，比如中國尚無一部規範政府間事權與財權劃分的法律；政府間事權與財權錯配，地方政府承擔了本屬於中央的支出責任，包括社會保障事務、高等教育、醫療衛生等公共服務；沒有賦予地方政府相應財權，特別是營改增後地方稅體系主體稅種缺位，稅源不足；本應承擔協調中央與地方財權的轉移支付制度管理欠規範，效率較低。這些問題嚴重限制了政府職能的發揮，導致公共產品供給無效率、不均衡等問題。

（四）透明維度比較

國際上對於透明維度的實現，分為稅收透明和財政透明。稅收透明一般通過降低稅收感知程度較低的間接稅比重，相應增加個人所得稅和財產稅等稅收感知程度較高的直接稅比重來實現，同時實行「價稅分列」，即在消費者購買商品取得的發票上註明增值稅和消費稅等稅款以提高公眾對稅收的感知程度。財政透明與前文所述公平維度和法治維度相輔相成，這裡重點從財政透明角度進行國際比較。

財政透明基本通過預算透明來實現，預算透明要求立法機構等能夠監督政府財政收支，確保預算合法、公開。通過考察西方國家現代預算管理制度的建立，我們發現其都以預算透明為基礎，採取預算法定、細化預算程序、公開預算文件等措施，實現有效預算監督，最終建立能夠體現民主和法治的現代預算制度。

1. 預算法定

18世紀，法國著名思想家孟德斯鳩曾經說過：「一切有權力的人都容易濫用權力，這是萬古不易的一條經驗。」而法治就是對權力的最好約束。從國外預算監督實踐來看，各國都十分重視法律制度建設，以保證預算監督正常進行。法國的《預算組織法》是針對中央預算管理的基本法，而《社會保障基金組織法》等則是針對各類財政支出的法規（見表6）。美國、加拿大、法國、義大利等國不僅通過相關法規規定了預算監督的職責與任務，同時還設立專門的預算監督機構（如預算委員會或撥款委員會）進行監督。

表6　　　　　　　　　　　　法國政府預算相關法律

頒布年份	名稱
1958	憲法
2001	預算組織法
1996	社會保障基金組織法
1996	社會保障法典
1994	財政審計法
1994	地方政府法典
1962	公共審計法令
1922	支出控制委員會法

資料來源：中國財政科學研究院. 世界主要國家財政運行報告 [M]. 北京：經濟科學出版社，2016.

2. 預算程序細化

西方國家預算審議時間相對較長，科目和款級數量大，科目體系的細化程度在一定程度上決定了預算審批、預算執行的效果，從制度上防止了預算的隨意性，為預算的嚴肅性和剛性創造了條件。法國預算的科目有1,100多條，款級和項級科目數量極大。美國採用標準預算週期制度，其中預算編製和國會審批階段18個月，預算執行階段12個月，決算的匯總和審計階段3個月。整個程序都有職責嚴格的規範，進而保證了預算編製的質量。

3. 預算公開

預算公開作為現代預算原則實現的核心要件，是實現民主、法治的服務型政府的突破口。國際預算合作組織2012年公布的預算透明度指數顯示，法國、挪威、瑞典等西方發達國家的分值高達80分以上，而中國僅為11分。國際預算合作組織2015年公布的數據顯示，美國預算公開指數為82，通過審計機關進行預算監督的指數為100，中國與之存在較大的差距（見表7）。

表7　　　　　　2015年5個國家預算公開調查得分情況比較

國家	預算公開指數（OBI）	公眾參與	預算監督 通過立法機關	預算監督 通過審計機關
美國	82	69	85	100
英國	75	58	45	92
巴西	77	71	80	75
印度	46	19	39	75
韓國	65	83	73	50

資料來源：王聰，鄧淑蓮. 預算文件公開的國際比較 [J]. 中國財政，2017（1）：41-43.

4. 比較啟示

發達國家在預算透明和預算監督方面實施諸多有效措施，最終建立了統一的現代預算管理制度。現代預算制度體現了民主與法治精神，而一個統一、透明的預算管理體制才能夠有效地實現提供公共產品的職能，才能夠實現稅收為民所用。中國目前預算公開還處於籠統性的、大類項目公開的初級水準，如政府支出功能性項目透明度高於經濟分類項目，專項費用透明度低於基本經費透明度。經濟分類項目和專項經費更能體現公眾關心的出國、招待、差旅、車輛購置等部門內部支出，而這些能夠更好發揮監督作用的項目公開程度幾乎為零（見表8）。由此可見，儘管中國現在預算透明度已有很大進步，但與市場經濟發達國家相比仍有較大差距。

表8　　　　中國功能支出項目和經濟支出項目預算公開得分比較

年份	2009	2010	2011	2012	2013
功能分類	4.24	4.58	4.88	5.35	8.60
經濟分類	0	0.07	0	0.01	5.65

資料來源：上海財經大學《中國預算透明度評估》課題組2009—2013年調查資料。

三、中國稅收制度現代化的路徑選擇

稅收制度現代化是一個動態複雜的系統工程，既是對現行稅收制度的繼承與創新，又是適應國家治理現代化新形勢，對稅收體制基礎制度的系統性重構。現代稅收制度如何與財政支出制度、轉移支付制度和預算制度相結合，堅持財稅一盤棋的思路，「收支聯動」，共同構成現代財政制度，發揮現代財政功能，是未來稅制改革的目標。基於「RLEET」四個維度的國際比較分析，結合中國國情，我們初步搭建了稅收制度現代化實現路徑的總體框架（見圖1）。

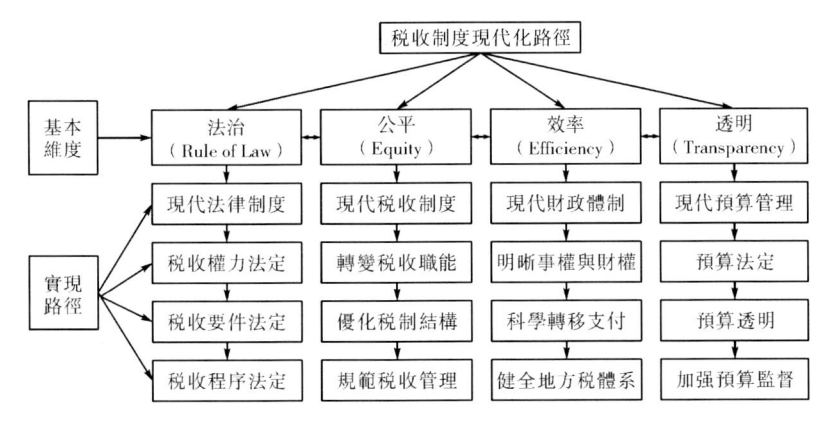

圖1 稅收制度現代化實現路徑的總體框架

（一）著眼法治，健全稅收法治體系

（1）完善稅收法律體系。首先，中國應出抬稅收基本法，統一規定稅法中的基本、共通、原則性問題，使其成為中國稅收法律規範的母法，完善中國法律體系。其次，根據《中華人民共和國憲法》和《中華人民共和國立法法》的要求，稅收立法權應迴歸全國人民代表大會。中國應將條件成熟的稅種法規升級為法律。新設稅種不再由國務院制定，必須通過全國人民代表大會立法。最後，中國應落實地方稅收立法權，建議以中央授權的方式將少數適合地方立法的稅種（如房地產稅）劃分出來，實行由地方人民代表大會行使稅收立法權，實現統一稅法與適度分權有機結合，也為構建穩定合理的地方稅體系提供法律保障。

（2）完善稅收立法程序。首先，中國應提高稅收立法程序中的民主參與度，將稅收立法各階段向社會公開，保證公民知情權；制定「納稅人權益保護法」，從稅收立法程序開始引入民主機制，確保立法的民主性和科學性。其次，中國應明確和規範立法過程中的授權，盡可能減少行政授權，加強授權監督考核機制，做到事前、事中和事後的監督考察。

（3）健全稅務司法保障體系。首先，中國應加強稅收執法保障體系建設，依據黨的十九大提出的「成立中央全面依法治國領導小組，加強對法治中國建設的統一

領導」的新思路，依法利用調解和仲裁手段維護納稅人權益，合理解決稅務爭議，合力打牢稅收法治環境建設的基礎。其次，中國應強化對稅務案件的查處和執行，體現稅法的嚴肅性和震懾力。最後，中國應進一步完善稅收保全和強制措施，確保應徵稅款及時足額入庫。

(二) 著眼公平，深化稅收制度改革

黨的十九大提出：「中國特色社會主義進入新時代，中國社會矛盾已經轉化為人民日益增長的美好生活需要和不平衡不充分的發展之間的矛盾。」這種不平衡和不充分更需要強化貫徹稅收公平原則，縮小社會收入差距。

(1) 轉變稅收職能。轉變稅收職能，實現由國家稅收向民生稅收轉型。傳統國家稅收是滿足國家履行職能的稅收，而現代稅收是民生稅收，體現民主、公平、法治、民治、民享等特徵，實現由追逐短期效率向長期公平的轉變。

(2) 優化稅制結構，強化公平分配職能。中國應提高所得稅比重，降低流轉稅比重；強化個人所得稅調節收入職能，強化企業所得稅管理，增加所得稅收入；推進房產稅制改革，擴大財產稅收入比重；提高民生支出比重，縮小社會收入差距。

(3) 規範稅收管理，維護納稅人權益。中國應建立相應的法律保障納稅人權益；建立專職或相對獨立的納稅服務機構，為納稅人提供全方位的服務；完善稅收法律救濟制度，切實解決行政復議「告狀難」的問題，推行行政復議聽證制度，維護社會公平正義，以實現徵納平等。

(三) 著眼效率，完善財稅體制

(1) 在法治框架下規範事權與財權。中國應加強政府間財政關係的立法進程，制定基本法和具體法，以立法界定政府間財權與事權分配。

(2) 規範事權範圍。首先，中國應盡快推進政府間事權和支出責任劃分改革的總體思路、實施步驟和責任主體，並以法律的形式予以確定。其次，中國應調整央地間的事權範圍。中國應將國防、基本社會保險、全國性公共設施等全國性公共服務明確為中央事權和支出範圍，中央政府應承擔更多的高等教育支出責任；特殊教育、職業教育和普通中等教育、省級公共基礎設施、醫療衛生等事權和支出責任由省級政府承擔；市級政府更多地承擔初等教育、幼兒教育、市政建設、社會救助等地方性公共服務職責。

(3) 健全地方稅體系。根據黨的十九大提出的「深化稅收制度改革，健全地方稅體系」總體思路，中國應加快推進地方稅制建設。中國應推進房地產稅制改革，加快開徵遺產稅、贈與稅，構建以財產稅為主體稅種、環境稅等為輔助稅種的地方稅體系；加快「清費立稅」步伐，加強輔助稅種建設；將教育費附加、社會保險費等逐步由費改稅，推進地方稅體系建設。

(4) 規範轉移支付制度，為財權與事權相匹配提供保障。中國應建立轉移支付情況報告制度，實現資金使用透明化；建立轉移支付績效評價體系，並以法規的形式確定處罰機制。

（四）著眼透明，建立現代預算制度

現代預算制度的產生和發展歷程與現代民主法治國家的建設如影隨形，借鑑西方現代預算制度的發展之路，財政透明和預算監督二者缺一不可。

（1）完善預算法定。中國應在《中華人民共和國預算法》出抬的基礎上，及時出抬預算法實施細則、財政轉移支付法、國庫集中收付制度、政府問責條例等與預算法相配套的法律法規，明確預算法中需進一步明確的事項和規定，使預算透明的現代預算制度法治化。

（2）提高預算信息公開化程度。預算信息公開、透明是實現現代預算制度的基礎，是不可抗拒的趨勢。首先，中國應完善預算公開程序。預算編製時間、預算年度內的實際支出、收入及借款情況、預算決算、年終報告等信息必須及時準確。預算的公開必須完整，一般應涵蓋所有的預算和預算外活動，而不能選擇性公布，特別是廣受質疑、容易滋生腐敗的「三公經費」應當單獨提供。其次，中國應引入公民參與機制，凸顯公民知情權。政府應在官方網站、各大媒體等及時公布預算信息，方便社會大眾查閱；同時，考慮大眾認知水準，提供詳細的說明性解釋文字。公布的預算草案應當廣泛徵求社會意見，邀請民眾代表座談或舉行聽證會，並依此進行相應的修改和完善，以切實保障公民參與權的實現。

（3）加強預算監督。中國應加強預算監督，設立人大專門的預算委員會以及審計委員會，負責對預算的全過程提供專業性的指導。中國應建立政府內控制度。中國應強化權責劃分、雙向監督，比如相關部門在擁有資金支配權利的同時也要負有提高資金使用效率的責任，部門內部建立內部會計制度，強化會計和出納雙向監督。

四、小結

黨的十九大做出「中國特色社會主義進入新時代」的重大政治論斷，在論述社會主要矛盾轉化的同時，強調「中國仍處於並將長期處於社會主義初級階段的基本國情沒有變，中國是世界最大發展中國家的國際地位沒有變」。中國現階段稅收制度建設中存在的問題，都是發展中的問題，都是與中國經濟社會發展現狀相適應的。推進稅收制度現代化建設，既要面向世界、面向未來，更應立足現實，切不可急功近利、急於求成，不能盲目追求脫離中國實際的「現代化」，更不能將稅收制度現代化「理想化」「絕對化」。基於「RLEET」分析框架，中國稅收制度現代化路徑選擇的基本邏輯是：著眼法治，健全稅收法治體系；著眼公平，深化稅收制度改革；著眼效率，完善財稅體制；著眼透明，建立現代預算制度。上述四個方面有機統一，相輔相成，不可偏廢，是推進中國稅收制度現代化的必然選擇。

——《中國稅收制度現代化的推進路徑選擇——基於「法治、公平、效率、透明」四個維度的分析框架》（柳華平　張景華　劉建　王曉慧）原載於《稅收研究報告》2017年11月27日第27期，後刊載於《稅收經濟研究》2018年第1期。

3. 國家治理現代化視域下的稅收制度建設

摘要： 國家治理的核心是權力治理。作為國家稅收權力運行的制度安排，稅收制度承載著國家的興衰。稅收法定原則、現代預算制度、央地財權與事權相匹配、稅收公平原則是現代稅收制度的基本標尺。廣義的稅收制度體系包括三個層面：稅收基礎制度、稅收實體制度、稅收徵管制度，三者之間相互關聯、相輔相成。稅收基礎制度建設應民生價值與稅收法定並重，稅收實體制度建設應穩定收入與優化結構兼顧，稅收徵管制度建設應落實深化國稅、地稅徵管體制改革。

關鍵詞： 國家治理　現代稅收制度　稅收制度建設　稅收治理

國家治理的核心是權力治理。作為國家稅收權力運行的制度安排，稅收制度體現並承載著政府與市場、政府與社會、中央與地方等方面的基本關係，承載著國家的興衰，是國家治理的基礎和重要支柱。現代稅收制度建設既要遵循現代化國家稅收制度的基本規律，又要立足國情，並與國家治理現代化相適應。本文圍繞國家治理與稅收制度建設這一主題，解析稅收制度建設的本質，探討國家治理現代化視域下中國稅收制度建設的系統邏輯，並提出基本路徑選擇。

一、稅收制度供給關乎國家興衰

古今中外的歷史和現實表明，大國崛起、王朝更替、政權變更或政治穩定性等問題與國家治理能力密切相關，而國家治理能力實則國家制度供給的能力。

從歷史上看，稅收是建立負責任、高效率國家的關鍵因素，稅收的歷史就是國家演化的歷史。現代稅收不僅是經濟問題，也不僅是政治問題，更是國家治理體系、國家變革的重要手段和國家治理能力提升的重要工具。凡是稅收制度和政策安排得比較科學、比較合理之時，也是國家繁榮昌盛之時。而稅收改革失效乃至失敗的後果也很嚴重。概要而論：第一，現代財政制度是約束和引導公權力運行的重要制度。對公權力的有效約束是國家治理現代化的基本要求。現代財政制度通過稅收法定約束政府徵稅權力，通過中央與地方財稅關係法定約束政府「分錢」的權力，通過預算制度約束政府「花錢」的權力，從而為公權力規範運行奠定基礎，借以建立穩定的政府與公民的關係，促進國家長治久安。這是基於稅收法定可以建立政府

與公民在徵稅問題上有效協商的機制，有利於防止暴力革命式的政權更替。第二，作為分稅制基礎的財權與事權的科學合理劃分是國家治理順暢運行的前提。只有當各級政府的事權界定清楚了，各項政府職能的履行才可能落到實處，國家治理的相關活動才可能運行順暢，否則各級政府之間的推諉扯皮將嚴重影響一國的治理效率，甚至會引發國家治理危機的升級。第三，稅收是喂養政府的奶娘。政府是國家治理的重要主體，稅收是政府履行職能的物質基礎，沒有這個物質基礎，國家機器將無法運轉，國家治理無從談起。稅收制度是否科學合理，將決定一個國家整體的治理效率。第四，約束稅收徵管的稅收法定原則和現代預算制度是國家治理現代化的重要載體與標誌。由於國家的財政收入越來越依賴於私人部門的財富，這促成了納稅人意識逐漸形成。納稅人不僅希望將國家的徵稅行為納入某種制度化的約束，而且越來越要求國家能夠負責任地花好納稅人的錢。現代預算制度保證政府將錢花到公眾最需要的地方，使得政府的公共性導向得以真正確立，從而坐實公共政府。

可見，稅收制度是國家財政政策、經濟體制與法律規則的綜合載體，是國家治理的重要抓手和助推器。稅收是國家治理的物質起點，沒有稅收，便沒有國家治理。「理財」可以「治國」，誠如奧地利經濟學家熊彼特所言：「只要稅收成為事實，它便會成為社會發展的推手，它可以改變社會結構，只要掌握了稅收的力量，便掌握了國家命運的推動力量。」國家治理體系與國家治理能力現代化的實現，離不開稅收治理的參與。

二、現代稅收制度的基本標尺

稅收源遠流長，稅收制度充滿著各種複雜的利益關係，充滿著利益計算和利益博弈。傳統稅收制度和現代稅收制度最為本質的區別，在於國家收支（收錢、分錢和花錢）所受約束的程度。在傳統稅收制度下，「普天之下莫非王土，率土之濱莫非王臣」，天下是君王的「家天下」，「國家為君王的私有財產」，公眾無權過問也並不關心國家收支。而現代稅收制度的本質是把國家稅收權力關進「制度的籠子」，將其運行置入「金魚缸之中」。概要而論，現代稅收制度有以下幾個基本標尺：

（一）稅收之徵：確定稅收法定原則

稅收法定原則是一個歷史悠久、國際通行的基本法律原則，指導著稅收立法、執法和司法，對規範政府徵稅權、保障納稅人權利至關重要，被稱為稅法領域的「帝王原則」。

稅收法定原則始於1215年的英國《大憲章》。其大部分條款旨在限制國王的絕對權利，因此被認為是「王在法下」的開端，甚至是君主立憲制的根基。《大憲章》明確「沒有公意許可不得徵稅」，其精神隨後擴展至全球範圍，並體現在絕大多數國家的憲法中。

（二）稅收之用：確立現代預算制度

與稅收法定原則的產生一致，現代預算制度同樣始於英國。光榮革命之後，英

國逐步建立起君主立憲政體，議會對政府財政的控制範圍進一步擴大，逐步囊括對國王個人支出的監管、將王室年俸中的私人支出與國家支出分離、將大部分的王室世襲收入轉為由議會徵收和撥付。此後，議會對預算權的完全控制的實現，奠定了英國現代預算制度的主體框架。

美國在 1880—1920 年「進步時代」也進行了一系列深刻的制度建設，奠定了其現代國家的基礎。其中，最重要和最根本的進步就是美國現代財政制度的形成。美國在收入方面引入個人所得稅的同時，在支出方面引入現代預算制度。預算是一種對政府和官員非暴力的制度控制方法。美國現代財政制度的構建確保了美國政府具有足夠的財政汲取能力以應對急遽的社會變遷引發的衝突和危機，又有效地遏制了政府機構和公職人員腐敗的勢頭，改善了政府與公民的關係，提高了政府整體效率。

（三）稅收之分：確立財權與事權相匹配原則

中央政府和地方政府職能作用的劃分及其實現應有相應的物質基礎，即財力作為保障，客觀上需要事權與財權相匹配，做到拿多少錢干多少事。如果二者錯位形成「剪刀差」，會引發政治危機。在英國資本主義由萌芽到發展成熟的數百年發展演變過程中，中央與地方關係不斷調整規範，最終以法律形式固定下來。同樣，美國獨立戰爭勝利後，為防止地方政府各吹各的號、各唱各的調以及各個州之間相互徵收重稅，美國通過召開制憲會議，借憲法來規定中央和地方事怎麼干、錢怎麼分，政府之間的分工有法律依據，這就避免了政府之間相互推諉扯皮問題的發生。

（四）稅收之魂：確立稅收公平原則

傳統國家稅收本質上強調稅收的財政職能和經濟職能，稅收治理更多是以政府為中心。而現代稅收本質上在堅守稅收的財政職能、經濟職能的同時，更多地強調稅收的社會職能，以保障和改善民生為重點，以社會公平正義為導向重構稅收治理全過程。從國家稅收到民生稅收具有較為豐富的理論意義和深厚的實踐價值（柳華平，2013）。促進社會公平正義稅收核心價值觀的確立，使人格化的稅收有了「根」和「魂」，而不是「行屍走肉」。這進一步強化了稅務行政和政府的合法性、正當性，也使稅收超越財政經濟範疇的一般意義，在國家治理中大有可為、大有作為。

國家可以通過稅收和轉移支付對市場經濟形成的收入分配格局予以調整。例如，對高收入家庭課徵累進所得稅並對低收入家庭給予補助從而縮小收入分配差距，促進社會公平。「進步時代」的美國，財富的集聚也帶來了貧富的兩極分化。在這種條件下，美國於 1913 年開徵個人所得稅，並在 1916 年推出遺產稅，逐步建立起以所得稅和財產稅為主的稅制，使得稅收發揮調節貧富差距的作用。

三、稅收制度建設的系統邏輯

現代稅收制度的形成過程和標尺表明，現代稅收制度是把國家稅收權力關進「制度的籠子」，邏輯要求稅收治理實現善治，是政府與納稅人的協同管理，強調合

法性、透明性、責任性、法治、回應和績效。現代稅收制度是一個有機、協調、動態和整體的制度運行體系。

對於國家稅收權力運行的制度安排，當前理論界和稅務行政當局對稅收制度的分類尚未有一個權威的界定，可謂仁者見仁、智者見智。本文認為，從稅收功能定位視角而論，稅收制度可以在總體上從廣義和狹義兩個層面加以區別。一般來說，狹義的稅收制度是指稅種制度，規定徵納雙方權利和義務的實體內容，即稅收實體制度。廣義的稅收制度體系包括三個層面：稅收基礎制度、稅收實體制度、稅收徵管制度。相應地，稅收制度建設實際上包括稅收基礎制度建設、稅收實體制度建設、稅收徵管制度建設三個層面。其中，稅收基礎制度關係稅收治理的基礎理念和價值原則，基本表現形式為稅收基本法、稅收徵管法等；稅收實體制度規定稅收權利和義務的實體內容，基本表現形式為各稅種實體法；稅收徵管制度關係稅收實體權利和義務的落實程序及實現方式，基本表現形式為稅收徵管體制機制。稅收治理體系和治理能力是一個有機整體，推進稅收治理體系的現代化與增強稅收治理能力，是同一過程中相輔相成的兩個方面。有了良好的稅收治理體系，才能提高稅收治理能力；反之，提高稅收治理能力，有助於充分發揮稅收治理體系的效能。

總體而論，稅收基礎制度、稅收實體制度關乎稅收治理體系，而稅收徵管制度關乎稅收治理能力，三者的區隔與內在聯繫構成了稅收制度建設的大邏輯。

國家稅收制度作為一項系統工程，猶如蓋一座大樓，首先必須有一個穩固的基座（地基），在此基礎上搭建一個基本的框架結構，進而進行功能性的分割佈局（裝修）。居於底端的稅收基礎制度就像大樓的地基一樣，追求價值層面的耐久性，強調牢固紮實，但更具有形而上的頂層意義；居於中端的稅收實體制度類似大樓的框架結構，追求穩定性，是稅收制度的核心載體；居於表層的稅收徵管制度猶如房間的功能性裝修，追求適宜性，是落實稅收基礎價值理念和稅收實體內容安排的程序保障。三個層面的制度在發揮各自功能的同時，通過一定程度的互動影響實現相互關聯、相輔相成（具體如圖1所示）。

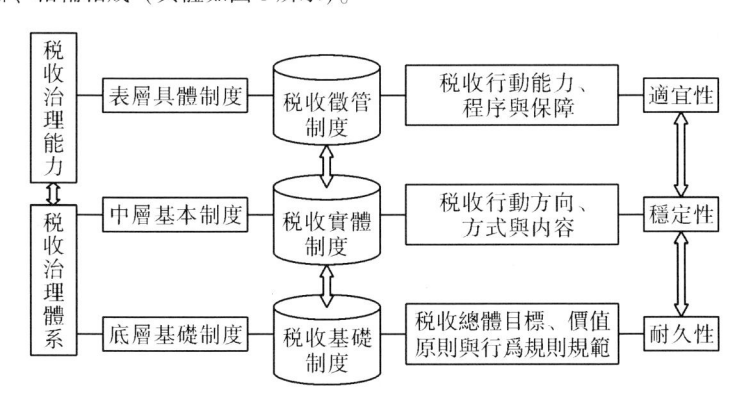

圖1 稅收制度建設的系統邏輯

四、稅收制度建設的基本路徑選擇

（一）稅收基礎制度建設：民生價值與稅收法定並重

公平正義取向與稅收法定原則是稅收制度體系大廈耐久性的根基，是現代稅收基礎制度必須涵蓋的兩個要點。公平正義是其耐久性的內核，法定原則是其耐久性內核的容器。中國現行稅制始於 1994 年的稅制改革，其間雖然也有過全面推開營改增等不少的調整和修補，但總體格局可以說基本穩定。

經濟社會的深刻變革是稅收制度建設和稅種改革的原動力。中國當前的主要矛盾和矛盾的主要方面是在發展的同時帶來了貧富差距、兩極分化問題。國家統計局公布的 2015 年全國居民收入基尼系數為 0.462，超過國際公認的 0.4 的警戒線，國家統計局公布的 2003—2014 年中國居民收入基尼系數一直在 0.47~0.49 波動。國富與民富並不矛盾對立，國富未必會導致民窮。事實上，20 世紀初期以後市場經濟發達國家的財政收入占 GDP 的比重由 10% 左右逐步上升到 30%，甚至達 50%，也是整個經濟社會發展最好的時期，社會公眾也同步處於相當富裕的時期。至少從實踐來看，雖然政府稅收比較多，但如果同時政府向公眾提供的各種社會保障和社會福利、醫療衛生、教育文化、住房保障、交通設施、環境治理等方面的公共服務也多，相應地公眾也就減少了這些方面的支出，實際上相當於公眾增加了收入。在一定意義上而言，這就是發達國家的「高工資、高稅收、高福利」的實質。當然，如果政府收稅不是為了公眾，而是為了滿足少數人的利益，政府集中的稅收越多，老百姓當然會越來越窮。客觀地看，從 2003 年開始，中國中央政府已採取一系列政策措施避免出現這種壞的狀況，「民生政府」建設卓有成效。例如，從財政上而言，政府通過努力調整財政支出結構，加大民生方面的支出，兩極分化的趨勢正在得以扭轉。可以設想，假如沒有這些稅收或財政收入的增加以及由此轉換而來的財政支出和公共品、公共服務的提供，恐怕絕大多數民眾將更為貧窮，社會矛盾將更加激化。中央政府已經明確要「更加註重保障和改善民生，促進社會公平正義」，同時還提出「創新、協調、綠色、開放、共享」五大發展理念，彰顯了執政黨對中國經濟社會發展規律的認識水準的深化，是對發展經濟學理論的豐富和發展。因此，在稅收基礎制度建設上，中國應相應進行結構性和適應性並重的改革，重要的是基於社會公平正義取向，以民生為出發點和落腳點，以公平正義作為檢驗和評判改革績效的「試金石」。落實稅收法定原則，推進依法治稅，是稅收發展的基礎，也是穩定器。近年來，稅收法定觀念逐步得到加強。但稅收基礎制度建設在法治化方面仍須進一步優化，將民生稅收應有之義通過法律的形式固定下來，尤其是稅收基本法缺位問題亟待解決。另外，稅制改革先行還是稅收立法先行呢？一方面，作為全面深化改革的先導，財稅體制改革扮演著國家治理現代化基礎和重要支柱的角色，稅制改革時間緊、任務重、要求高，需要「摸著石頭過河」「膽子要大」；另一方面，「凡屬重大改革都要於法有據」，稅收法定最大限度地協調和平衡公民之間以及公民

与政府之間的利益矛盾，以使公共稅收管理活動取得公民最大限度的同意和認可，堪稱稅法領域的「帝王原則」。落實稅收法定，應處理好法律規範穩定性與稅收制度動態性、法律調整複雜性與稅收調節靈活性、法治建設統一性與政策需求多樣性等矛盾，把握好深化稅制改革與完善稅收立法的關係，區分輕重緩急，積極穩妥推進。

（二）稅收實體制度建設：穩定收入與優化結構兼顧

滿足財政收入是稅收的基本職能，稅收實體制度結構合理、科學高效是其職能實現的基本保證。當前中國的宏觀稅負水準既不能增加，也不宜減少。在黨的十八屆三中全會的決定中，完善稅制有「穩定稅負」「保持現有中央和地方財力格局總體穩定」兩大約束條件。在此前提下，一「減」必有一「加」，在「給」與「予」「舍」與「得」的關係中，次序有先後、空間有騰挪。一方面，為穩定稅負，營改增騰挪出的稅收空間，必將通過後續稅制改革進行填補。財政赤字率從2015年的2.3%提高到2016年的3%，只是將調節年度稅收的「水池」做大，長期來看營改增仍是結構性減稅，不是總體減稅。另一方面，為保持現有中央和地方財力格局總體穩定，中央、地方收入預算級次調整將伴隨稅制結構優化的始終。唯有如此，才不會因某個稅種的增減導致損害地方利益或削弱中央財力。

隨著中國經濟社會的發展，現行稅制結構性問題開始凸顯。中國應逐步提高直接稅比重，在提升來自於自然人繳納的稅收收入比重的同時，逐步降低來自於企業繳納的稅收收入比重，有助於將基本上由企業「獨挑」稅負為由企業和自然人「分擔」稅負，更好地實現稅收職能。

需要明確的是，無論從直接稅、間接稅的占比看，還是從自然人、法人直接承載納稅義務的占比看，中國現行稅制結構與社會經濟發展的實際是總體適應的，與稅收徵管能力、全社會稅收環境也是總體匹配的。由此，中國稅制結構的優化絕非一時之功，不可能一蹴而就，有一個自然的水到渠成的發展過程。

（三）稅收徵管制度建設：落實深化國稅、地稅徵管體制改革

稅收基礎制度、實體制度運行績效取決於稅收徵管制度，稅收徵管體制是稅收徵管制度落地的抓手和保障。稅收徵管體制內涵豐富，主要涵蓋以下方面：一是稅收的徵管權限，這由中央和地方財權與事權劃分決定；二是稅收徵管模式，或者說是稅收徵管資源配置格局；三是稅收徵管機構的設置，既包括分稅制下國地稅分設的兩套機構設置，也包括國地稅內部機構設置。

從總體上看，新中國成立以來，中國稅收徵管制度經歷了以下變遷過程：第一步，理順稅務人與稅務機關的關係；第二步，理順納稅人與稅務人的關係。「兩步棋」棋面雖不同，但落子一致。中國稅收歷史上的幾次重大徵管改革，雖然棋面皆不相同，改革的目的和路徑卻有相似之處。一是改革的基本目的是一致的，都是通過改革力求提高徵管質量和效率。二是改革都把組織機構和職能的調整作為關注點之一，都呈現出更新變革式的體制調整。三是強調徵管體制的環境適應性。歷次改革都與當時經濟形勢相適應、與政府改革相適應、與稅制情況相適應。接下來便是

「第三步棋」：理順國稅機關和地稅機關的關係。在全面深化改革的大背景下，《深化國稅、地稅徵管體制改革方案》拉開了深化國稅、地稅徵管體制改革的大幕，推動服務深度融合、執法適度整合、信息高度聚合，著力解決現行徵管體制中存在的突出和深層次問題。可以預期，國稅機關和地稅機關的關係從「你是你，我是我」向「你中有我，我中有你」演變，向「你就是我，我就是你」蛻變。

深化國稅、地稅徵管體制改革的一個重要取向是推進稅收治理的多元協同共治，客觀上要求有一套完善的「分工不分家」機制，即在現有約束條件下，一方面，註重保障相關獨立主體的自治權，尊重分工，使其「在其位，謀其政」；另一方面，統籌各方面主體權責。整個稅收管理系統應是一個互動融合的開放性系統，要進一步理順中央和地方政府之間、政府部門之間、國稅地稅機關之間、徵納之間的關係，並將各主體納入稅收綜合決策機制中來。稅收治理議題的提出、信息的披露與共享以及決策的過程都應充分考慮各主體的意願，尊重各主體在整個治理過程中的利益訴求，以保證各主體的參與度。從責任分配來看，中國應將稅收治理責任按權利合理分配，確保各主體承擔相應的責任，並避免各自為政、相互掣肘或「各人自掃門前雪，莫管他人瓦上霜」的情況；同時，加強責任監管，使稅收治理的多元主體真正發揮相應的作用，產生「1+1+1>3」的效果。

當前正在進行的深化國稅、地稅徵管體制改革本質上是稅收職權、資源、人員的優化配置，是國家簡政放權、放管結合、優化服務「放管服」改革在稅收領域的實踐。從本質上看，深化國稅、地稅徵管體制改革和「放管服」改革是一致的，體制改革即職能轉變和簡政放權。首先，在職能配置上做「除法」，進一步推進簡政放權。其次，在服務供給上做「加法」，進一步優化稅收服務。再次，在監督管理上做「減法」，進一步創新稅收管理。最後，在運行方式上做「乘法」，進一步落實稅收法定。從稅收主業視角看，徵管體制改革應進一步著力驅動稅收徵管創新轉型。

五、結語

本文研究基於稅收制度建設是把國家稅收權力關進「制度的籠子」的本質分析，從國家治理現代化視域檢討中國稅收制度建設的基本定位，並從學理上搭建了稅收制度建設的稅收基礎制度、稅收實體制度、稅收徵管制度三層結構系統邏輯，詮釋了稅收治理體系和治理能力層面三者之間的內在邏輯關係，實際上也就是稅收制度建設戰略目標和戰略舉措問題。一言以蔽之，可以說，服務國家治理現代化是全部稅收制度建設的基本定位取向。其中，推進民生價值與稅收法定並重的稅收基礎制度建設是稅收發展的穩定器，深化稅收實體制度改革是稅收發展的動力，深化國稅、地稅徵管體制改革是稅收發展目標落地的具體抓手。

——《國家治理現代化視域下的稅收制度建設》（柳華平　張景華　郝曉薇）原載於《稅收經濟研究》2016年第6期。

4. 稅收現代化的邏輯
——目標框架與實現路徑

摘要：本文基於稅務行政實踐的視角，圍繞稅收現代化主題，分析稅收現代化目標框架和實現路徑。稅收現代化是一個發展過程，要面向未來，面向世界，要有中國自信，應立足現實，堅持問題導向。在推進稅收現代化路徑選擇上，創新理論理念是靈魂和先導，深化稅制改革是發動機，落實稅收法定是穩定器，完善徵管體制是落地抓手，「互聯網+稅務」是金色翅膀，而以人為本是基本的前提、依靠和目的。把握了上述稅收現代化邏輯，才能下好稅收現代化的「先手棋」，搶占稅收現代化的「制高點」，打好「主動仗」。

關鍵詞：稅收現代化　治理體系　治理能力　民生稅收

一、稅收現代化：內涵與目標框架

黨的十八屆三中全會在將國家治理體系和治理能力現代化定位於全面深化改革總目標的同時，不僅賦予了「財政是國家治理的基礎和重要支柱」的全新定位，而且給出了「科學的財稅體制是優化資源配置、維護市場統一、促進社會公平、實現國家長治久安的制度保障」的全新闡釋，這也凸顯了稅收在國家治理體系和治理能力現代化中的重要地位，使稅收的職能作用超越了經濟層面，成為治國理政的重要手段，豐富和發展了稅收理論。可以說，稅收迎來了一個歷史性的發展拐點，迎來了一個新的發展平臺。從現在起，優化資源配置、維護市場統一、促進社會公平、實現國家長治久安，成為稅收改革發展的全新取向，既是中國現代化建設的出發點和落腳點，也是評估檢驗現行稅收績效的試金石。

現代化是個用得多但沒有確定定義的詞語，最早產生於西方並用於指代農業向傳統工業的轉化、傳統工業向工業信息化的轉化。亨廷頓認為，現代化是指社會有能力發展起一種制度結構，方能適應不斷變化的挑戰和需求。就本質而言，現代化的進程就是社會制度的現代化進程。因此，一個國家現代化的關鍵是制度的現代化。

何謂「稅收現代化」？對此，仁者見仁，智者見智，可謂眾說紛紜。筆者認為，稅收現代化是採用先進稅收理念、理論和思想，運用先進的稅制及管理等手段實現稅收先進性的動態過程。由此可見，現代化是一個相對的概念，是否現代，要看其

參照物；現代化是一個動態的概念，需要與時俱進；現代化代表一種先進性，因此成為各個時代、各個領域追求的目標。所謂稅收現代化，即稅收全部產品內在使用品質的各項技術參數達到世界上同期同類產品的先進水準。

綜觀國際稅務現代化建設經驗和國內實踐探索，有專家認為，稅收現代化目標任務主要是實現人員、技術、流程三個要素的現代化，它決定著稅收現代化建設進程與現代化的實現。也有學者認為，從涉及主體和內容來看，稅收現代化可以從微觀、中觀和宏觀三個層面來理解。微觀層面的稅收現代化主要是指稅收業務管理的現代化，包括稅收徵管、納稅服務、稅收法治等業務管理範疇類的現代化。中觀層面的稅收現代化主要是指特定區域稅務部門的現代化，包括稅收業務、稅務人員、組織文化等內容的現代化。宏觀層面的稅收現代化主要是指國家的稅收現代化，不僅包括稅務部門的稅務現代化，還包括稅收法制、全民納稅意識、信息系統支撐等外部環境的全要素的現代化。

國家稅務總局從六個方面來描繪稅收現代化 $M(T)$ 的圖景（見圖1）：

$$M(T) = M(L, S1, S2, M, I, O)$$

稅收現代化的基本要素為：完備規範的稅法體系（L）、成熟定型的稅制體系（$S1$）、優質便捷的服務體系（$S2$）、科學嚴密的徵管體系（M）、穩固強大的信息體系（I）、高效清廉的組織體系（O）。

基於稅務行政視角，筆者認為，稅收現代化也可以從理論理念（$T\&I$）、稅制改革（S）、稅收法治（L）、稅收管理（M）、技術手段（T）、人（H）的現代化進一步觀察（見圖2）。這既是稅收現代化的內容，也是稅收現代化的保障。

$$M(T) = M(T\&I, S, L, M, T, H)$$

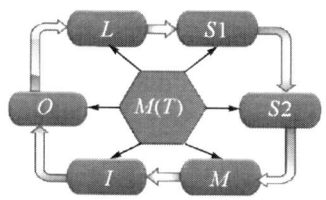

圖1　國家稅務總局明確的
稅收現代化六大體系

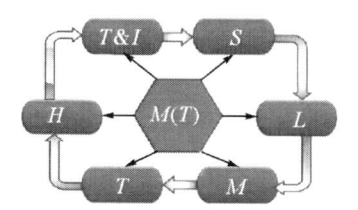

圖2　基於稅務行政實踐
視角的稅收現代化

二、稅收現代化：實現路徑選擇

（一）創新理論理念：稅收現代化的靈魂和先導

1. 從國家稅收到民生稅收

理論之於實踐的意義，猶如大海中的燈塔之於航船。有了理論導航器，就可以防止前行中的事業航船觸礁。稅收現代化的實踐尤為需要先進的理論支撐。當前稅收理論創新尚處於一定程度的相對短缺狀態。

公共稅收的理論基礎是尋求「政府合法性」。政府合法性是指政府獲得公民自願支持的能力。政府的存在離不開暴力，但沒有一個穩定的政府是完全靠暴力維持的，古往今來，任何政府都需要且積極追求自身的合法性。

從國家稅收的課徵依據來看，國家分配論從國家需要（國家為實現其職能需要）和強制性角度來解釋徵稅合理性，它強調稅收強制性與無償性，強調公在先，強調國家是民眾利益的權威代表。「公共需要說」將稅收收入與財政支出聯繫起來，認為稅收收入是滿足公共需要的財政支出的物質基礎（私人通過市場交換無法滿足的需要），強調私在先，強調國家和民眾平等。

從國家稅收到民生稅收，開宗明義地強調稅收治理應從政府本位向民生本位轉變。這是基於民生既是經濟、社會、政治發展的邏輯起點，也是它們的發展終點。儘管現代國家與民眾目標總體一致，但國家稅收本質上強調稅收的財政職能和經濟職能，稅收治理更多是以政府為中心。而民生稅收本質上強調稅收的社會職能，以保障和改善民生為重點，以民生為導向重構稅收治理全過程。從稅收治理實際而論，民生稅收至少有民主、公平、法治、民治、民享這五大特性，也就是說稅收要治理由法、治理由民，真正「取之於民、用之於民、造福於民」，才有其合法性基礎。

從國家稅收到民生稅收具有較為豐富的理論意義和深厚的實踐價值。國家治理體系現代化需要解決價值體系問題。從國家稅收到民生稅收，使人格化的稅收改革發展有根和魂，而不是「行屍走肉」。當今社會，思想多元、多樣、多變。這是時代發展和社會進步的體現，但也給核心價值觀（文化）的堅守帶來了新的挑戰。價值觀的高度決定著發展的高度。民生本位的稅收核心價值觀的確立，將進一步強化稅務行政和政府的合法性、正當性，將使稅收超越經濟範疇的一般意義，在國家治理體系和治理能力現代化建設中大有可為、大有作為。

2. 從稅收管理到稅收治理

一個木桶的最大容量不取決於長的木板，而取決於最短的那塊木板。理念轉變不過來，是最大的短板。理念不轉變，工作方向就會發生偏差，越是努力推進工作，越是背道而馳。因此，推進稅收現代化的前提和基礎是要從推進國家治理體系和治理能力現代化的高度，打開思路，開闊視野，轉變理念，用先進的理念來推進從稅收管理向稅收治理轉型。

治理與管理既緊密聯繫又有不同內涵，治理是更高層次的管理，一定程度上是對管理的管理。從管理走向治理是全球政府管理體制變革的普遍趨勢。在中國，從管理走向治理是歷史發展的必然選擇。改革開放以來，隨著市場在資源配置中的決定性作用不斷增強，政府管理體制在不斷發生變化：政府由全能政府逐漸變為以「經濟調節、市場監管、社會管理、公共服務」為主要職能的有限政府；由強調政府自上而下的層級管轄逐漸變為強調減少管理層次、資源下沉和撫育基層發展；由主張「政府包打天下」逐漸轉變到運用社會組織在內的各種力量；由依靠單純的行政管控手段轉變到依靠包括非強制、非官方和非正式的方式在內的多種方式實現社會治理。縱觀中國政府管理機制，其正在成為共同關注的關鍵點，這顯然符合治理

理論的核心理念。從稅收管理到稅收治理的轉變，來自於改革開放以來的稅收改革探索和實踐經驗，同樣是對人類優秀文明成果的借鑑和吸收，是中國特色稅收的實踐總結。

從稅收管理到稅收治理，迫切需要樹立稅收善治（Good Governance）理念。善治理念強調合法性（Legitimacy）、透明性（Transparency）、責任性（Accountability）、法治（Rule of Law）、回應（Responsiveness）和績效（Effectiveness）。善治的本質是國家權力向社會的迴歸，善治的過程就是一個還政於民的過程。中國中央政府明確「簡政放權，放管結合，優化服務」，是釋放政府改革紅利的一個善治的務實之舉。

稅收善治客觀要求切實轉變「管」納稅人的思維，以納稅人為中心，依託現代科技手段，調整優化稅收制度安排、徵管業務流程、辦稅服務方式，寓治理於服務之中，樹立平等、信賴、合作的稅收徵納關係。在微觀工作機制上，中國應改變以稅務機關為中心、以方便稅收徵管為前提的傳統做法，以納稅人為中心，以滿足納稅人合理需求、保障納稅人合法權益為導向，創新和優化稅收工作方式方法。第一，中國應紮實推動稅收工作從稅務機關權力本位向納稅人權利本位轉變，尊重納稅人的平等主體地位，充分保障納稅人各項合法權益。第二，中國應推動稅收工作從管理本位向服務與管理並重轉變，高舉服務與管理兩面旗幟，把該有力的徵管抓強，把該柔和、美善的服務抓優，尤其要以高質量的納稅服務贏得納稅人對稅收工作的認同、支持和信任。第三，中國應推動稅收工作從監督打擊、嚴防死守向信賴合作、自願遵從轉變，尊重納稅人、理解納稅人、信任納稅人，通過減輕納稅負擔，降低納稅成本，引導納稅人依法誠信履行納稅義務。

（二）深化稅制改革：稅收現代化的發動機

「善治需要優良的制度作保障。」稅收制度現代化是稅收治理現代化的一部分。世界上並不存在一個放之四海而皆準的、具有範例性質的標準化的最優稅制模式。但從技術層面看，衡量稅制是否「最優」的標準，可以觀察它是否最大限度地符合當前的主客觀環境條件的要求，是否有利於可持續地促進經濟社會發展。一個脫離經濟社會發展狀況、僵化的稅制體系，顯然是低效率的，並且會成為阻礙經濟社會進一步發展的因素。經濟社會是一個不斷發展變化的過程，一個優良的稅制必須與經濟社會這種發展變化相適應，並能夠根據經濟社會發展變化，做出相應的調整。

1. 著眼點——更加註重發揮稅收社會職能

（1）著力實現稅收公平。稅收公平是稅收的重要原則之一，它不僅包括社會公平，還包括經濟公平。作為財政分配體系中籌集收入的主要方式，一般而言，稅收具有組織財政收入職能、調節職能和監督職能三大職能。三方面作用的發揮應匹配而不可脫節、不可偏廢。其中，組織財政收入是稅收的本原職能，其他職能則是在這一職能基礎上衍生出來的，這也就要求稅制設計首先要考慮組織財政收入職能，在此前提下，註重發揮稅收的調節職能和監督職能。在現實條件下，中國應適度強化稅收的社會職能，即為民生改善提供更多的「授能」。

（2）著力提高效率。強調稅收公平，絲毫不排斥稅制的建立和改革應遵循效率

原則，講求行政效率和經濟效率。一個效率較低的稅制，顯然也不是一個優良的稅制。為了提高經濟效益，稅制設計宜盡可能保持中性原則，盡量減少對經濟行為的扭曲。為了降低徵稅的行政成本，稅制應簡單明了、易於操作。

2. 著重點——優化結構

改革開放以來尤其是 1994 年稅制改革以來，中國稅收制度安排在服務改革發展中發揮了不可替代的重要作用。但現行稅制尚存在一定的越位、缺位、錯位現象，甚至在一定程度上固化、激化了現行社會經濟中的現存矛盾，產生逆向調節。總之，發揮稅收功能作用尚大有空間。

從稅制結構分析，中國稅收具有以下特點：

（1）從稅收負擔總量看，根據中國稅務年度報告，2013 年稅收占 GDP 的比重過低，只占 GDP 的 21.1%，而根據 30 個 OECD 成員方公布的稅收收入數據，其稅收收入占 GDP 的平均比重為 34.6%。

（2）從稅收收入結構看，2013 年直接稅占整個稅收的比重高達 64.2%，包括增值稅、營業稅、消費稅、進口貨物增值稅和消費稅、關稅、城市維護建設稅、印花稅。若再加上間接稅特徵濃重的地方其他稅種，整個間接稅收入在全部稅收收入中的占比超過 70%。而來自企業所得稅、個人所得稅等直接稅收入的占比僅為 26.2%。間接稅收入與直接稅收入之比，大致為 7：3。2014 年，對收入差距進行調節的個人所得稅收入為 7,377 億元，占當年稅收收入（119,158 億元）的比重為 6.19%，占 GDP 總量（636,463 億元）的比重僅為 1.16%。加上企業所得稅 24,632 億元，也只占 GDP 的 5.03%。根據國際貨幣基金組織的政府財政統計年鑒，過去 20 年，93 個發展中國家個人所得稅占稅收總額的比重的平均值為 10.92%，21 個工業化國家的這一比重的平均值為 29.04%。目前中國的稅收主要仍是以間接稅為主體，較 1994 年稅制改革要構建以流轉稅、所得稅為主的雙主體稅制結構的初衷尚有一定落差，存在明顯的「一條腿長一條腿短的跛足現象」。從流轉稅占比看，世界平均水準一般在 30% 左右，中國較世界平均水準高了大約 35 個百分點。

（3）對個人財產差距進行調節的稅收幾乎是一片空白。統計數據表明，尤其是 1998 年以來，中國的收入分配差距存在加速擴大的特點，究其原因，主要在於財產性收入差距擴大。1998 年，中國開始推動住房制度改革，福利分房制度取消，轉向市場化方向，到 2000 年，住房實物分配在全國基本停止，這一輪改革加大了收入分配差距。市場化後，房產作為一項重要的財產正加大中國社會的收入差距，其不平等系數要大大超過城市居民收入的不平等系數。此外，經濟增長和證券市場交易的推動，進一步加速擴大金融財產的分配差距。根據西南財經大學中國家庭金融調查與研究中心《中國家庭金融調查報告》，截至 2011 年 8 月底，中國家庭金融資產平均為 6.38 萬元。其中，城市家庭金融資產平均為 11.20 萬元，農村家庭金融資產平均為 3.10 萬元；家庭金融資產在城鄉之間的差異顯著，呈現出明顯分佈不均勻的特徵。同時，財產的不平等分佈會產生「馬太效應」，即由於財產的保值增值和財產收入的衍生性，高收入群體擁有的財產多，也就能獲得越來越多的增值和財產性收入，使得居民之間的收入差距進一步擴大，造成財產分配不平等-收入分配不

平等-下一輪財產分配不平等的惡性循環。目前中國的稅收對此卻基本上處於缺位、錯位狀態。例如，對個人擁有的房產徵稅也只是前幾年才開始在上海和重慶試點，而試點更多的只是具有一種象徵意義。目前對個人財產進行徵稅的主要是車船稅，但其調節作用太小。例如，汽車在銷售和使用環節還需要繳納車輛購置稅和車船稅，扣除重複計算部分後，2014年車輛購置稅占稅收收入的比重為2.16%；車船稅占比為0.39%，而且相當部分是對單位徵收。僅從民生和社會公平正義的角度看，中國現行以流轉稅為主體的稅制結構對目前收入差距的調節在一定程度上尚處於「肌無力」的尷尬境地。這樣一種以流轉稅為主體的稅制實際上難以起到縮小收入差距的作用，反而起到推波助瀾的擴大作用。這是流轉稅具有的累退性質決定的。除此之外，流轉稅對於物價也往往起著推波助瀾的作用，無論是價外稅的增值稅，還是價內稅的營業稅和消費稅，它們都會隨著價格的上漲而上升，並且打入價格之中，推動物價上漲，而加重的稅收負擔最終相當大部分必然轉嫁給消費者。過去相當長的一段時期，中國稅收彈性系數較高，稅收增長幅度年年超過GDP的增長速度，這是一個較為重要的原因，尤其是在通貨膨脹時期。

（3）從稅收人口結構看，企業來源收入與自然人來源收入之比大致為9∶1。

總體而論，中國現行稅制結構與經濟社會是相適應的。同時，中國向間接稅一邊倒、由企業「獨挑」稅收負擔以及難以觸碰自然人的稅制結構現狀，既同當今世界的通行稅制結構格局迥然相異，也與現代稅收制度的功能和作用定位不相匹配。這種嚴重失衡的現行稅制格局，不僅暴露了現行稅收制度功能和作用的諸多「漏項」，而且導致與當前的國內外經濟社會形勢衝突迭起。王小魯估算的2008年隱性收入高達9.26萬億元甚至更高，幾乎占當年GDP的1/3。據他的研究，9.26萬億元的隱性收入中，最高收入家庭佔有了63%，20%的高收入家庭佔有了80%以上的隱性收入。因為隱性收入很大一部分是見不得陽光的。經濟秩序越混亂，現金交易越多，收入越不規範和不透明，國家監控越少，法治越寬鬆，市場越自由，隱性收入就越是如魚得水。但是，如此巨量的資金長期遊離於國家的監控之外，不僅使國民財富和國家稅收受到重大損失，使中國的收入差距急遽拉大，同樣也對經濟、社會造成巨大衝擊和損害。

稅制結構實質上是稅負分配結構，作為稅收理論研究中的一個重要議題，也是稅制建設著力解決的問題，它直接影響了國家稅收宏觀調控功能的發揮。結合國際實踐經驗和中國稅制改革的歷史經驗，依據中國市場經濟不斷發展與完善的實際，在稅收現代化背景下，中國應以間接稅和直接稅並重的「雙主體」稅制模式作為稅制改革的目標和中心。

3. 著力點——穩定稅負

這一政策的核心要義是，當前中國的宏觀稅負水準既不能增加，也不宜減少。建立現代稅收制度只能從結構優化著手，建立在穩定稅負水準的基礎上。深化財稅改革應著力於「兩個穩定」——改革稅制、穩定稅負，中央和地方財力格局的整體穩定。

（1）改革稅制、穩定稅負。這是指宏觀稅制，主要是指政府和企業或納稅人之

間的關係，就是在今後的稅制改革中總體上不增加納稅人的負擔。

（2）中央和地方財力格局的整體穩定。這就是中央財政和地方財政的分配關係，既不能說要增加中央財政的比重，這樣會損害地方利益；但是也不能說把地方財政收入比重提高，這樣中央財力削弱了以後也不利於經濟發展。因此，這是使中央和地方的分配關係總體上保持穩定。

同時，中國應著力「逐步提高直接稅比重」。中國應逐步降低來自於企業繳納的稅收收入比重，同時相應提升來自於自然人繳納的稅收收入比重，從而變基本上由企業「獨挑」稅負為由企業和自然人「分擔」稅負。

（三）落實稅收法定：稅收現代化的穩定器

稅收善治要求稅收法治，與人治相對立，既規範公民的行為，又制約政府的行為。作為一項歷史悠久、國際通行的基本法律原則，稅收法定原則指導著稅收立法、執法和司法，對規範政府徵稅權、保障納稅人權利至關重要，堪稱稅法領域的「帝王原則」。稅收法定最大限度地協調和平衡各種公民之間以及公民與政府之間的利益矛盾，以使公共稅收管理活動取得公民最大限度的同意和認可。在當前時代背景下，全面落實稅收法定原則也成為大勢所趨、民心所向。

觀察中國實踐，稅收法定尚存在較大的落實空間。在制度規範層面，通常觀點認為，現行《中華人民共和國憲法》第五十六條「中華人民共和國公民有依照法律納稅的義務」並未從正面直接肯定稅收法定原則。《中華人民共和國稅收徵收管理法》第三條「稅收的開徵、停徵以及減徵、免稅、退稅、補稅，依照法律的規定執行」的約束力原則上只涉及稅收徵收管理，不包括稅收立法行為。

迴歸稅收法定原則的本源，其含義實際上包括三個方面：一是課稅要件法定，即納稅人、徵稅對象、計稅依據、稅率、稅收優惠、繳納程序等基本稅收要素應當由法律規定；二是課稅要素明確，即上述基本稅收要素在法律中的規定應盡可能是明確、詳細的，避免出現漏洞和歧義；三是徵稅合法，即稅務機關必須嚴格按照法律規定的課稅要件和徵納程序來徵收稅款，不允許隨意加徵、減徵、停徵或免徵。概括起來，前兩點主要是對稅收立法的要求，最後一點則是對稅收執法的要求。此外，全國人大及其常委會在制定或修改稅收法定原則所指的狹義上的「法律」時，不僅應當做到最低層次的稅種的開徵、停徵法定，還應當盡量明確規定每個稅種的各項基本稅收要素，這樣才能實現稅收法定原則對立法機關的完整要求。

縱觀各方面的研究，目前對稅收法定原則有兩種主流解釋。一是稅收法定的「法」是指法律，不包括行政法規和下面的規章，即除了現在的企業所得稅、個人所得稅和車船稅有法律規定之外，剩下的15個稅種都由相應的法規和規章規定。二是稅收法定的「法」既包括法律，也包括國務院行政法規，還包括規章，比如財政部公告、國家稅務總局公告等，由這個法律法規系統組成就體現稅收法定原則。筆者趨向於接受第二種觀點，不是說全盤否定法律，而是特別尊重法律，但是要經過一個過程。

落實稅收法定，應處理好法律規範穩定性與稅收制度動態性、法律調整複雜性

與稅收調節靈活性、法治建設統一性與政策需求多樣性等矛盾，把握好深化稅制改革與完善稅收立法的關係，區分輕重緩急，積極穩妥推進。第一，今後凡是新開徵的稅種必須遵循這個原則，比如房地產稅。第二，涉及個人和民生的稅種要立法先行，因為涉及個人和民生的稅種非常複雜，其涉及每個人的利益關係，所以在這種情況下必須通過法律來求大同存小異，爭取全社會的支持。第三，重要的稅種要立法先行。例如，中國應推動環境保護稅等新稅種立法。增值稅立法已經列入全國人大的計劃，但是這個立法要在營改增完成以後才能進行。第四，要研究稅收基本法立法或修訂《中華人民共和國稅收徵收管理法》。第五，提高稅收制度建設質量。中國應進一步規範稅務部門規章和規範性文件的制定管理行為，強化合法性、合理性以及世貿規則合規性審查，建立程序化、規範化的稅收政策動態調整機制等。

稅收法定具體落實到稅務機關，就是要牢固堅持依法行政，規範稅收執法行為，最大限度減少執法隨意性，最大限度規範稅務人，最大限度便利納稅人。

總之，全面落實稅收法定原則是「四個全面」建設的重要抓手和突破口，能夠更有效地規範徵稅權，使行政機關「有權但不任性」，保障納稅人權利，維護公共利益，進而構建現代化的稅法治理格局。中國要將稅收法定原則真正貫穿於稅收立法、執法、司法和守法的實踐中，還有很長的一段路要漸進探索和攻堅克難。

（四）完善徵管體制：稅收現代化的落地抓手

全面深化政府管理體制改革，推動治理體系和治理能力現代化，核心在於政府職能轉變。在市場經濟環境下，稅收徵管是稅收工作的核心內容和關鍵所在。稅收職能作用的充分發揮，需要靠稅收徵管來實現、去保障。稅收法定主義原則告訴我們，國家與納稅人的稅收權利和義務，構成了稅收法律關係的基本內容。稅收徵管的一般運行機理是：納稅人作為納稅主體，主動作為，自主申報納稅，依法履行義務，依法行使權利；稅務機關作為徵稅主體，要為納稅人自主申報納稅提供條件，並引導督促其遵從稅法，稅務機關的作為應體現為服務與管理。

與傳統的政府組織結構一樣，稅務組織為金字塔式，在信息不對稱的時代有助於提高管理的效率，具有正效應。但在「互聯網+」時代，這種層層上報、層層下達、條塊分割的金字塔式管理亟須進行扁平化改造。例如，如今國務院一發文群眾在網絡上就看到了，但基層政府還沒有收到文件，說明現有組織結構效率低，需要構建更加科學、節點閉環、共享互聯的網狀結構。

應該說，傳統的家長式、保姆式稅收管理與金字塔式組織結構是相匹配的。但隨著「互聯網+」時代的來臨，傳統的管理手段難以適應納稅人和社會公眾多元化、個性化的需求，傳統的管理資源無法適應呈幾何級增長的管理事項。那麼，路在何方？其實，新一屆中央政府已經給了很好的解題思路和答案，那就是簡政放權、放管結合、優化服務。落腳到稅務機關的基本職能就是定位於「服務+監管」，也就是「服務+執法」。在具體運作中，我們不僅要轉觀念轉思維，更要轉職能轉方式。由此，我們必須尋求用最少的資源獲取最大的效益、不斷提升公眾滿意度的管理模式，這就是稅務機關對社會和公眾提供個性服務、實施風險管理。個性服務就是讓

更多的稅收管理資源進入基層一線，收集社會公眾的需求，為其提供相應的服務產品，提升滿意度，做到「有需求，即回應」。風險管理就是根據不同的法律、管理、道德遵從度，配置相應的管理資源，實現管理的精準化、科學化、效率化，做到「無風險，不管理」，從稅收角度最大限度保持社會自由度和創新活力，最大限度降低政治、經濟、社會風險，也就是最大限度地服務優化資源配置、維護市場統一、促進社會公平、實現國家長治久安。

與稅制改革相適應，中國稅收徵管創新轉型始於改革開放的啟動，並以改革開放的深化為其持續的背景。可以說，轉變職能、優化服務、強化監管早已經啟動，但尚未完成，永遠在路上。創新稅收徵管體制，核心在於稅收徵管創新轉型。

1. 優化納稅服務，做到有需求就回應，無需求不打擾

優化納稅服務的根本目的是最大限度地便利納稅人，提高納稅人的滿意度和稅法遵從度。第一，維權減負，既保護納稅人合法權益，又著力「三轉」減負，即著力轉職能，簡政放權，對納稅人少管理、多服務；著力轉作風，與納稅人少打擾、多合作；著力轉方式，讓納稅人少付出、多受益。第二，提速增效。我們推行「互聯網+稅務」，用互聯網改造稅務管理服務，開展個性化辦稅服務。這些創新性的納稅服務工作思路和舉措，將有力提升納稅服務工作水準。

2. 強化稅收風險管理，做到有風險才管理，無風險不打擾

推行風險管理核心是把徵管資源優先用於風險大的納稅人，防範和控制納稅人的不遵從行為，以最小的代價降低稅收流失風險。稅收風險管理的本質特徵是精準管理、效率管理和科學管理，它既是一種方法，更是一種理念，在稅源管理中起著導向作用。風險管理的本質是在管理服務資源有限的前提下，必須集中主要資源去發現、分析和應對高、中風險事項，做到「有風險才管理、無風險不打擾」，實現徵管服務資源要素的最佳配置。風險管理作為一種現代管理思維、管理能力和管理手段，已經成為稅收管理的龍頭、導向和主線，稅收管理就是風險管理。在推進稅收徵管乃至整個稅務工作現代化的進程中，必須始終堅持這一戰略定位，保持這一戰略定力，實現感性向理性轉變、傳統向現代轉變、消極應對向積極應對轉變。

風險管理的目的不是打擊納稅人，而是讓相似的遵從風險不再發生或少發生，這是風險管理追求的最高境界，即「上醫治未病」。把不同風險的納稅人狀況分析出來以後，考慮資源消耗、徵納關係維護、遵從度的提高等因素，稅務機關應對策略的安排一般有四個大類：使遵從變得容易、幫助遵從、通過發現來威懾、採取強制措施。

實踐中的一些模糊認識需要厘清。第一，風險管理的工作起點在納稅申報之後。納稅申報之前是納稅人自身的法定責任或納稅服務的事，不能把納稅申報之前納稅人自己應承擔的責任與義務和稅務機關實施的稅法宣傳、培訓輔導、走訪交流、提供辦稅方便、審批備案服務、納稅提醒等工作等同於風險管理。我們要厘清納稅人和稅務機關的責任邊界，厘清納稅服務和風險管理的工作邊界，不能相互混淆，更不能包辦代替，進一步為風險管理定好位、瘦好身、減好負，防止風險管理越位、錯位甚至越權、違法。第二，稅收風險就是稅收流失，管控稅收流失風險是

稅收工作的長期任務。稅收流失是客觀存在的稅收現象，具有普遍性、多元性和長期性，有稅收存在就有稅收流失。可以說，稅收風險管理沒有終點，永遠在路上。因此，稅收風險管理不能搞運動、打突擊，必須常態化。第三，管控稅收流失風險的重點是管控惡意稅收流失。稅收流失可分為惡意稅收流失和善意稅收流失兩大類。惡意稅收流失主要是指納稅人主觀故意採取違法違規方式不繳或少繳稅款造成的流失，或者稅務人員違法亂紀、內外勾結、失職瀆職造成納稅人不繳或少繳稅款造成的流失。善意稅收流失主要是指納稅人非故意或違法形成的流失，或者稅收人員因能力、技術、手段等不足以及政策、制度、體制障礙形成的稅收流失。稅收管理資源有限，稅收風險無限。因此，稅收風險管理就是要把有限的管理資源集中使用到有風險、高風險的管理事項上去，重點管控惡意稅收流失，而不能眉毛胡子一把抓。第四，風險管理的主要績效體現為堵漏增收的主觀努力量化指標。我們要切實糾正「查補稅款多就是日常管理差」的錯誤觀念，牢固樹立「查補稅款越多、徵管質量就越高、風險管理績效就越好」的意識，努力形成圍著風險轉、盯住風險管、抓住風險查的工作局面，不斷提升風險管理工作績效。

（五）「互聯網+稅務」：稅收現代化的翅膀

隨著經濟社會的快速發展，納稅人數量大幅增加，組織體系和經營方式日趨複雜，徵納雙方信息不對稱問題日益突出，傳統的「稅務幹部人盯人」的人海戰術和「以票管稅」等管理方式已不能完全適應中國稅收徵管工作的需要。我們要依託現代技術手段，牢牢抓住信息技術這一稅收徵管的重要生產力，改革和創新稅源管理模式，最大限度地破解徵納雙方信息不對稱難題。

「互聯網+」時代倒逼政府再造，呼喚智慧政務。智慧政務需要技術再造予以支持，技術再造的目的是讓政府管理服務更加系統、更加快捷、更加便利。從這個方面而言，智慧稅務的技術再造大有可為、大有作為。智慧稅務一是應打通不同區域、不同部門、不同層級的「信息孤島」狀態；二是應讓稅務機關和納稅人的溝通交流實現在線化，從物理上「切割」雙方，但又能夠打破交流的空間和時間限制，讓稅務信息第一時間直達公眾，讓公眾需求第一時間直通稅務機關；三是應開發更多安全、易用的工具，讓管理服務更加便利，最大限度地節約納稅人、公眾與稅務機關打交道的交易成本。

（六）以人為本：稅收現代化的前提、依靠和目的

社會整體現代化離不開人的現代化。社會整體現代化是指社會全面變革舊有傳統、發展現代文明的過程，不僅包括物的現代化，更包括人的現代化乃至全要素的現代化。法國現代化規劃制定者讓·莫內說過：「現代化要先化人後化物。」人的現代化具有豐富而深刻的內涵與要求，如果從人的主體性角度看，實現人的現代化，就是推進人從傳統向現代的轉型，即推進包括人的思想觀念、素質能力、行為方式、社會關係等方面的現代轉型。

回到稅收現代化主題，其不僅需要稅務人的現代化，也需要納稅人的現代化，更需要用稅人的現代化，需要全社會的現代稅收意識、素養和行為規範。僅以納稅

人意識為例，不同於納稅意識，納稅人意識是在市場經濟和民主法治條件下，有關方面基於對自身主體地位、自身存在價值和自身權利與義務的正確認識而產生的一種對稅法的理性認知、認同和自覺奉行精神。一方面，市場經濟的高度發展是納稅人意識存在的經濟基礎；另一方面，民主政治進程的推進是納稅人意識存在的政治基礎。這需要理性認識稅法，認同和信仰稅法，遵從和奉行稅法，而且這三個層面是有機聯繫、密不可分的。

三、稅收現代化：延伸思考

（一）稅收現代化是一個發展過程，要面向未來

現代化追求的目標是「人的解放」和「生產力的解放」。現代化的特點是「四快」，即知識更新快、技術進步快、信息傳播快、工作轉換快。稅收現代化作為一個發展過程，發展慢了不行，發展起來之後的問題一點也不比發展慢少，甚至還要多得多，複雜得多，棘手得多，因為稅收改革發展已經進入「深水區」，超越了簡單的「進與退」和「是與非」問題。對此我們一要防止急於求成、急功近利，不能違背規律一哄而上，必須腳踏實地、循序漸進，紮實推進各項工作，逐步接近現代化的總目標，二要防止絕對化、理想化，切忌盲目追求純粹的現代化，搞高不可攀、遙不可及、脫離實際、烏托邦式的東西；三要防止簡單化、庸俗化，不能隨意組裝、拼湊，簡單貼上現代化標籤，自欺欺人；四要防止等待觀望、消極畏難，不應把現代化看得過於神祕、複雜、艱難，以致裹足不前、畏首畏尾、消極不為，甚至寄望於現代化自己跳出來、慢慢等出來、自動送上來。

（二）稅收現代化要面向世界

不斷實踐和推進現代化建設，是當今世界的時代特徵。同時，現代化在一定意義上而言就是先進性、國際化。在稅收技術性、規律性層面，我們可以奉行「拿來主義」。為此，我們必須大膽吸收和借鑑人類社會創造的一切文明成果，吸收和借鑑當今世界各國包括資本主義發達國家的一切反應現代社會化生產規律的先進經營方式、管理方法。

（三）稅收現代化要有中國自信

在稅收社會屬性層面，稅收體制差異、實踐基礎差異客觀要求有中國特色，不能簡單崇洋媚外，要有中國特色社會主義道路自信、理論自信、制度自信、文化自信，不能產生稅收基因變異的悲劇。

（四）稅收現代化應立足現實，堅持問題導向

我們要著力解決現實問題，緊盯與現代化不適應、不匹配的一些現實問題，突出問題導向。例如，著力把複雜的事情簡單化；著力把模糊的事情清晰化；著力把陳規陋習變得相對規範文明；著力降低風險，把有風險變成無風險，把高風險變成低風險。

四、結語

稅收現代化是一盤大棋局。在稅收現代化的進程中，稅收立法、改革、稅制體系建設等屬於頂層設計，省以下稅務機關面對的主要是徵管、服務、組織體系、信息化等工作。如果稅收是一輛在高速公路上前行的汽車，那麼稅收現代化基本的邏輯是創新理論理念是稅收現代化的目標價值取向，深化稅制改革是動力系統，落實稅收法定是穩定器，完善稅收徵管體制是車之四輪，「互聯網+稅務」是車的「隱形翅膀」，人的現代化則是前提、依靠和目的。這六個方面又不是孤立存在的，而是相互作用、相互依賴、相互促進的，有的重在「破」，有的重「立」，有的既「破」又「立」。把握了上述稅收現代化邏輯，才能下好稅收現代化的「先手棋」，搶占稅收現代化的「制高點」，打好「主動仗」。

——《稅收現代化的邏輯——目標框架與實現路徑》（柳華平）原載於《稅收經濟研究》2015 年第 4 期，後轉載於《體制改革》2015 年第 12 期。

5. 新公共管理國家稅收收入的瓦格納特性實證檢驗及啟示

摘要：對新公共管理國家稅收收入進行瓦格納特性檢驗，其實質檢測是新公共管理運動以來經濟增長對稅收增長的影響。在國際貨幣基金組織（IMF）統計框架下，本文運用 E-G 兩步法協整檢驗及 Granger 因果檢驗技術，通過對澳大利亞、加拿大、法國、英國以及美國 5 個國家總稅收收入及分稅種收入的實證檢驗發現，絕大部分國家的絕大部分指標不具有瓦格納特性。稅收占 GDP 比例伴隨 GDP 增長而增長的趨勢具有階段性而非永久性，這一階段性可以稱之為財政規模的瓦格納適應期。參考新公共管理運動國家稅收規模的變化規律，中國稅制優化的方向可以從不同稅種制度優化的角度進行著手。

關鍵詞：新公共管理　瓦格納定律　稅收收入　瓦格納適應期

一、研究背景及研究意義

　　新公共管理國家是指 20 世紀後 20 年新公共管理運動開展成效顯著的國家。新公共管理運動（New Public Management）始於 20 世紀 70 年代，其核心在於秉承「有限政府」理念，將商業管理理念、方法和技術引入公共管理領域，通過民營化、放鬆規制、競爭招標等各項舉措在實踐中重在改善政府越位而進一步釐清政府和市場的關係，提高公共管理效率。

　　財政與行政具有聯動關係，財政固然是行政（國家治理）的基石，行政改革反過來也會影響財政實踐。新公共管理運動作為一場行政改革，不僅對各國財政支出規模和結構帶來了巨大的影響，也不可避免地會促使財政收入（稅收）做出同一個價值方向的制度變革。而制度改革基本穩定之後，就邏輯上而言會對相關指標的變化產生作用，形成新的趨勢和特點。基於此，對新公共管理運動典型國家稅收收入相對於國民生產總值的變化趨勢進行實證研究，具有重要的意義。在變量處理上，本文依託於瓦格納定律經典二元模型，將其中的因變量由財政支出更換為稅收收入，事實上就是對稅收收入進行瓦格納特性檢驗。

　　黨的十八大以來，中國開啓了新一輪致力於進一步規範政府與市場關係的治理變革，並將財政地位提高至「國家治理的基礎和重要支柱」這一高度，反應了決策層對財政價值認識的科學迴歸。毋庸置疑，財政支出與財政收入從兩個不同的方向

對政府和市場關係進行著約束,當前對財政支出的討論已經十分深入,而對財政收入尤其是稅收結構的討論卻鮮有從釐清政府市場關係為出發點的實證考察。而對新公共管理國家的稅收收入進行瓦格納特性檢驗,不僅有利於深化這一視角的思考,而且對於中國稅制優化也具有重要啟示。

二、相關研究基礎簡述

對稅收收入進行瓦格納特性檢驗,在計量上是將 GDP 作為自變量,稅收指標作為因變量,將樣本數據代入既定計量模型進行迴歸分析。其實質是研究稅收與 GDP 的單向關係,即經濟增長對稅收增長的影響。基於此,核心文獻包括兩大主題:一是經濟對稅收的影響,二是瓦格納定律計量模型。而樣本國家稅制簡況、新公共管理運動、經濟增長理論、稅制優化理論等相關研究則屬於背景文獻,因主題所限不再綜述。

(一) 經濟對稅收的影響

稅收與經濟增長相關關係邏輯上包括兩大方面:一是稅收對經濟的影響,二是經濟對稅收的影響。

稅收對經濟增長的影響相關研究十分豐富而深入,包括稅收規模、稅收負擔或稅收結構對經濟增長的影響以及由此衍生的對稅收規模和稅收制度的反思。重商主義、古典學派、歷史學派、福利經濟學派等經典經濟理論思想中都蘊含著從經濟發展視角對稅收的考量,其核心思想或者強調財政收入,或者強調公平輕稅,或者二者都有提到。20 世紀以來,現代經濟學研究更加註重稅收對經濟的影響,一系列理論和實證成果不斷湧現,但觀點則比較分散。凱恩斯主義在經濟危機背景下強調大政府而主張擴大稅收規模;新古典學派則為應對經濟停滯提出了減稅以刺激經濟的觀點,並提倡不同經濟態勢下稅收的相機抉擇機制;貨幣學派則為應對滯脹,在反對高稅率和累進稅率的同時也反對減稅政策,並發明了「負所得稅政策」;供給學派則提出了著名的「拉弗曲線」,蘊含著適度稅率和減稅思想。這些思想都有自己對最優稅制的具體要求,進而衍生了基於最優稅追求的研究。另外,稅收收入與 GDP 的長期協整關係是否成立成為國內外實證研究的集中著眼點。向量自迴歸(VAR)模型、面板(Panel Data)模型、一般均衡(CGE)模型、隨機均衡模型等計量模型成為實證檢驗的常用工具。

單純研究經濟對稅收影響的文獻相對較少,相關研究集中於稅制影響因素研究。

(二) 瓦格納定律計量模型

瓦格納定律自誕生之日起便受到了國際學術界的廣泛關注。1958 年其英文版著作(原文為德語版)出版後,學界對瓦格納定律的關注更加集中,引發了國際學術界對瓦格納定律的理論反思與實證檢驗。這些實證研究大部分運用了傳統的迴歸分析技術,協整分析和誤差糾正機制以及因果檢驗等技術也在某些文獻中有所運用,

檢驗結果在不同的樣本之間出現了較大的差異。

整合過去的經驗分析，瓦格納定律的模型目前有 6 種（見表 1）。就這 6 種模型表達式而言，沒有證據顯示哪一個表達式更加優越，因此在後來的實證研究中，有很多研究就其研究對象對這 6 種模型都進行了檢驗。本文的研究亦是如此。

表 1　　　　　　　　　　　瓦格納定律的 6 種模型

版本	方程表達式	原始出處（創建者）
1	$LE = a + bLGDP$	皮科克和懷斯曼（Peacock & Wiseman, 1961）
2	$LC = a + bLGDP$	普賴爾（Pryor, 1969）
3	$LE = a + bL(GDP/P)$	戈夫曼（Goffman, 1968）
4	$L(E/P) = a + bLGDP/P$	康托（Gupta, 1967）
5	$L(E \times 100/GNP) = a + bL(GDP/P)$	馬斯格雷夫（Musgrave, 1969）
6	$L(E \times 100/GNP) = a + bLGDP$	曼恩（Mann, 1980）

註：本表來自德米爾巴斯（Demirbas）於 1999 年的研究總結。L 代表對時間序列取自然對數，E 代表財政支出，GDP 代表國內生產總值，C 代表公共消費支出，P 代表人口。其中，C 為一般公共服務支出、國防支出、公共秩序與安全支出之和。

三、實證設計及數據說明

（一）實證設計

新公共管理運動出於市場效率優於政府規制效率的判斷，在一切可能的領域推行「國退民進」的市場化改革。其具體內容反應在稅收制度方面，即形成本的研究關注的有待於實證檢驗的一系列假設：不管是總稅收還是分稅種，一般都不具有瓦格納特性。

針對研究的具體假設，實證分析的目標是要實現對稅收收入總指標及分稅種指標的瓦格納特性檢驗。協整檢驗可以測查兩個變量之間是否具有長期均衡關係，Granger 因果檢驗可以指出兩個指標短期的因果方向，而這兩種工具的有效性都與數據序列的平穩性具有密切聯繫。因此，實證分析在方法上呈現的邏輯順序如下：首先，對相關數據和指標進行 ADF 檢驗；其次，對相關指標進行協整檢驗；最後，進行 Granger 因果檢驗。

另外，針對瓦格納定律 6 種模型，表 1 中第 2 個表達式的因變量是間接支出變量，無法找到對應的收入指標，因此剔除掉第 2 個公式，針對其中 5 個表達式進行每個指標的檢驗。調整後的表達式如表 2 所示。

表 2　　　　　　　收入視角的瓦格納定律數學模型

版本	方程表達式	原始出處（創建者）
1	$LT=a+bLGDP$	皮科克和懷斯曼（Peacock & Wiseman, 1961）
2	$LT=a+bLAGDP$	戈夫曼（Goffman, 1968）
3	$LAT=a+bLAGDP$	康托（Gupta, 1967）
4	$LRT=a+bLAGDP$	馬斯格雷夫（Musgrave, 1969）
5	$LRT=a+bLGDP$	曼恩（Mann, 1980）

註：T 代表各稅收收入指標，GDP 代表國內生產總值，$AGDP$ 代表人均 GDP，AT 代表人均 T。其中，T 具體分為總稅收 T、資本所得稅 $T1$、個體資本所得稅 $T11$、公司資本所得稅 $T12$、勞動所得稅 $T3$、財產稅 $T4$、貨勞稅 $T5$。

（二）數據描述

考慮到新公共管理運動的背景以及限於數據的可得性，研究對象限定於以下新公共管理運動發展比較典型的國家：澳大利亞、加拿大、法國、美國、英國。本文以其稅收收入相應各指標為據，數據的年限選取範圍為 1979—2011 年。

研究涉及的具體指標包括 GDP、人口以及稅收收入數據。為了保證數據運算的可靠性，以上處理均使用 GK 指數換算為真實值。其中，GDP 數據來源於相應年份的 *International Financial Statistics Yearbook*（IFS），人口數據來源於 *Groningen Growth and Development Centreand the Conference Board: Total Economy Database*，稅收數據來源於相應年份的 *Government Financial Statistics Yearbook*（GFS）。

以上是研究的總體實證設計，相關的指標在之後的研究中就每一個國家進行具體化。需要說明的是，限於數據的來源有限，有些國家的數據有不同程度的缺省。為了保證研究結果的客觀性，本文在之後的分析中對數據缺省的指標進行了迴避。

四、樣本國家分國別實證檢驗過程

（一）澳大利亞總稅收收入的瓦格納特性檢驗

1. ADF 檢驗

對於數據平穩性的檢驗，本文通過 ADF 檢驗的方法實現。鑒於 ADF 檢驗是非常成熟的方法，此處不再描述檢驗原理。

根據瓦格納定律經典計量模型的 5 個模型，需要對澳大利亞進行平穩性檢驗的變量包括 5 個：$LGDPPaus$、$LTous$、$LAGDPaus$、$LATaus$、$LRTaus$。具體結果整理。如表 3 所示。

表3 澳大利亞總稅收（T）及GDP水準序列ADF檢驗結果

變量	檢驗類型（C, T, K）	ADF檢測值	5%的臨界值	結論
LGDP	（C, T, 1）	-3.253,053	-3.562,882	不平穩
LAGDP	（C, T, 1）	-3.243,98	-3.562,882	不平穩
LT	（C, T, 1）	-3.639,337	-3.562,882	平穩
LAT	（C, T, 1）	-3.591,991	-3.562,882	平穩
LRT	（C, T, 1）	-4.014,027	-3.562,882	平穩

註：C表示常數項，T表示趨勢項，K表示滯後項的階數（下同）。

水準序列，即未進行差分的真實數據原始序列。表3呈現的結果是對數據水準序列進行單位根檢驗的結果，為使殘差項為白噪聲序列此處加入了滯後項。數據顯示，在5%的顯著性水準下，各個變量的數據水準序列平穩性呈現出不一致的狀態。如果這種情況直接對水準序列進行迴歸，則會出現偽迴歸的後果，因此須對其一階差分序列進行ADF檢驗（見表4）。

表4 澳大利亞總稅收（T）及GDP一階差分序列ADF檢驗結果

變量	檢驗類型（C, T, K）	ADF檢測值	5%的臨界值	結論
D（LGDP）	（C, T, 0）	-4.449,119	-3.562,882	平穩
D（LAGDP）	（C, 0, 0）	-4.234,31	-2.960,411	平穩
D（LT）	（C, T, 1）	-5.818,89	-3.568,379	平穩
D（LAT）	（C, 0, 1）	-5.858,878	-2.963,972	平穩
D（LRT）	（C, T, 1）	-6.139,423	-3.568,379	平穩

對數據進行一階差分之後的檢驗結果顯示（見表4），所有變量均為一階單整序列[I（1）]。

2. 協整分析

同階單整序列滿足了協整分析的前提條件。我們運用Engle-Granger兩步法進行協整檢驗，結果如表5所示。

表5 澳大利亞總稅收（T）與GDP協整檢驗結果

方程	被解釋變量	常數項	係數		ADF	5%的臨界值	是否有協整關係
方程1	T	-3.874,162	1.206,502	0.974,59	-4.226,882	-1.952,066	是
方程2	T	-7.570,476	1.934,773	0.970,048	-4.361,162	-1.952,066	是
方程3	AT	-4.498,591	1.330,316	0.946,906	-4.280,721	-1.952,066	是
方程4	RT	0.107,773	0.330,199	0.516,393	-4.277,664	-1.952,066	是
方程5	RT	0.731,616	0.206,457	0.521,821	-4.225,176	-1.952,066	是

協整檢驗的原假設是協整迴歸之後的殘差序列因存在單位根而呈現非平穩狀態。表5中的結果顯示，各模型版本相應指標在5%的顯著性水準下可以拒絕殘差

序列不平穩的原假設，證明以上被解釋變量與 GDPaus 指標之間存在長期穩定的協整關係。

協整檢驗結果顯示，在澳大利亞，相對於瓦格納定律的 5 個不同版本的模型，稅收總收入 Taus 與國內生產總值 GDPaus 之間存在長期均衡關係。

3. Granger 因果檢驗

1969 年，格蘭杰（Granger）創建了因果檢驗技術，在隨後的十多年，亨德利（Hendry）、理查德（Richard）、西姆斯（Sims）等對其加以了發展完善，從而成為檢驗變量之間單向因果關係的有力工具。

Granger 因果檢驗模型如下：

$$\Delta LX_t = a + \sum_{i=1}^{m} b_i \Delta LX_{t-i} + \sum_{i=1}^{n} C_i \Delta LY_{t-i} + u_t \quad ①$$

$$\Delta LY_t = a + \sum_{j=1}^{q} k_j \Delta LY_{t-j} + \sum_{j=1}^{r} d_j \Delta LX_{t-j} + v_t \quad ②$$

方程①和方程②中，Δ 代表一階差分，u_t、v_t 代表白噪聲序列，m、n 與 q、r 為最大滯後期數。方程①用於檢驗由 ΔLX_t 到 ΔLYt 的單向因果關係是否成立；方程②則用於檢驗由 ΔLY 到 ΔLX 的單向因果關係是否成立。如果方程①中的係數 $c_i = 0$，則接受 ΔLX 不是 ΔLY 的格蘭杰的原假設；如果方程②中系數 $d_j = 0$，則接受 ΔLX 不是 ΔLY 的格蘭杰原因的原假設；如果不但 $c_i = 0$，而且同時 $d_j = 0$，則說明 ΔLX 與 ΔLY 兩個變量沒有因果關係而相互獨立；如果 $c_i \neq 0$ 且 $d_j = 0$，說明 ΔLY 是 ΔLX 的單向格蘭杰原因；反之，如果 $c_i = 0$ 而同時 $d_j \neq 0$，說明由 ΔLX 到 ΔLY 的單向因果關係成立。最後一種情況符合瓦格納定律的內涵，即稅收變量的增量能夠很好地解釋 GDP 增量的變化，此時可以認為該指標具有瓦格納特性。

對澳大利亞總稅收與 GDP 兩個變量因果檢驗的實證結果如表 6 所示，其中包括對於瓦格納定律 5 個版本模型表達式的檢驗結果。

表 6　　　　　　　澳大利亞總稅收與 GDP 因果檢驗結果

表達式	原假設	1Lag F 值	1Lag P 值	2Lag F 值	2Lag P 值	3Lag F 值	3Lag P 值	4Lag F 值	4Lag P 值
方程 1	D(T) 不是 D(GDP) 的原因	0.486,7	0.491,1	0.000,3	0.999,7	0.098,5	0.960,0	0.306,3	0.870,1
	D(GDP) 不是 D(T) 的原因	5.524,1	0.026,0	2.626,7	0.092,2	2.000,9	0.143,3	2.143,7	0.114,9
方程 2	D(T) 不是 D(AGDP) 的原因	0.694,1	0.411,8	0.013,4	0.986,7	0.063,5	0.978,6	0.217,3	0.925,5
	D(AGDP) 不是 D(T) 的原因	5.904,4	0.021,8	2.738,6	0.084,1	2.051,9	0.135,9	2.169,8	0.111,5
方程 3	D(AT) 不是 D(AGDP) 的原因	0.526,1	0.474,3	0.001,5	0.998,5	0.075,3	0.972,6	0.264,4	0.897,1
	D(AGDP) 不是 D(AT) 的原因	5.963,7	0.021,2	2.848,1	0.076,9	2.082,9	0.131,6	2.183,7	0.109,8
方程 4	D(RT) 不是 D(AGDP) 的原因	0.529,3	0.473,0	0.001,6	0.998,4	0.069,9	0.975,4	0.262,2	0.898,5
	D(AGDP) 不是 D(RT) 的原因	4.305,8	0.047,3	1.666,1	0.209,3	1.298,1	0.300,1	1.740,2	0.182,5
方程 5	D(RT) 不是 D(GDP) 的原因	0.491,6	0.489,0	0.000,4	0.999,6	0.092,1	0.963,6	0.303,4	0.872,1
	D(GDP) 不是 D(RT) 的原因	4.482,9	0.043,3	1.811,0	0.184,3	1.334,0	0.288,8	1.774,1	0.175,8

根據研究需要，此處僅考慮 4 期之內滯後的情況，並且規定 Granger 因果檢驗

的相伴概率 P 值小於 0.1 即可認為拒絕原假設，即此時相關指標的單向因果關係成立。表 6 顯示，除方程 4 外，其他所有表達式在不同滯後期內由 GDP_{aus} 至 T_{aus} 方向的單向因果關係成立，這一結果很大程度上支持了瓦格納定律。因此，澳大利亞的總稅收具有瓦格納特性，基本否定了本研究預期假設。

篇幅所限，其他國家的實證檢驗具體過程暫存備索。

（二）樣本國家總體實證結果

通過對澳大利亞、加拿大、法國、英國與美國 5 個新公共管理運動典型國家的稅收相關指標與 GDP 的關係進行驗證，得到總體實證結果，具體結果如表 7 所示。

表 7　　　　樣本國家稅收指標瓦格納特性檢驗結果一覽表

國家 指標	澳大利亞 （AUS）	加拿大 （CAN）	法國 （FRA）	英國 （GBR）	美國 （USA）
總稅收 T	√	×	×	×	×
資本所得稅 T1	√	×	×	×	×
個體資本所得稅 T11	√	×	×	×	×
公司資本所得稅 T12	√	√	×	×	×
勞動所得稅 T3	×	√	√	−	×
財產稅 T4	×	×	×	×	×
貨勞稅 T5	×	×	×	√	×

註：「×」代表否定瓦格納定律，「√」代表支持瓦格納定律，「−」代表數據缺失。

根據表 7，5 個樣本國家的 7 個指標，除了澳大利亞的 4 個指標、加拿大的 2 個指標、英國的 1 個指標，其他所有指標的瓦格納特性檢驗結果均呈現了對瓦格納定律的否定。樣本國家的絕大多數稅收數據加入 GDP 因素判斷因果關係，都不能成立。實證結果說明，新公共管理運動以來，稅收制度的改革都獨立於（或相反於）於 GDP 的發展趨勢。

五、結論

實證結果表明，在新公共管理運動的衝擊下，稅收收入絕對規模及稅收收入的相對規模（即稅收收入佔 GDP 的比例）與 GDP 的關係不具有正相關關係。

本文在此基礎上再進一步分析，假設社會需求的發展趨勢隨著 GDP 的增多而不斷擴大，但社會需求在社會發育到更高水準之後不再完全依賴於財政滿足，而是能夠逐漸實現較高程度的自我滿足，那麼可以推測出稅收相對規模的長期變化趨勢：稅收相對規模伴隨 GDP 增長而增長的趨勢具有階段性而非永久性，這一階段性可以稱為財政規模的瓦格納適應期。

這一推論的內在邏輯如圖 1 所示，其中橫軸代表 GDP 絕對規模，並且同時具有時間特徵，從原點至箭頭方向代表時間的延展；縱軸代表稅收相對規模（T/GDP）。

隨著社會需求在社會發展最初階段的極端貧乏到社會發展到較高級階段的急速增多，基於社會管理者管理角色的基本義務和社會發育程度的限制，社會公共需求更多地依賴稅收，則稅收相對規模在一定時期內必然隨著 GDP 的增長而增長，OM 時期即為稅收相對規模的瓦格納適應期。但是由於稅收收入來自於 GDP，其占 GDP 的比例在邏輯上不可能達到 100%，因此稅收相對規模的增長必然有一個天花板值 N，一旦該值達到天花板值 N 點之後，就絕不會再有上升空間，此時的社會發育程度漸趨成熟，社會管理者的管理功能漸趨弱化。這意味著在 GDP 發展到 M 點之時，主要由稅收負擔的社會需求的供給基本達到飽和，此後衍生的新的社會需求，更多可以由財政之外的社會多元化主體供給，稅收收入相對規模即可漸趨減少。當然，作為社會管理者和服務者，政府應相對於 GDP 保持恰當的規模（可稱之為理性規模），但這一恰當比例由於社會系統的複雜性，需要在 M 點之後仍須經歷一個過程才能實現，MP 階段即其過渡階段。P 點之後，稅收收入占 GDP 的比例將漸趨穩定。總體來看，隨著經濟的發展和社會發育成熟度的提高，社會需求的滿足會由依賴財政逐漸轉變為社會自我滿足，稅收收入占 GDP 的比例在達到一個制高點之後會回落，並逐漸過渡到一個相對穩定的水準，由此稅收占 GDP 的比例從總體上呈現為近似於「乙」字形的曲線。

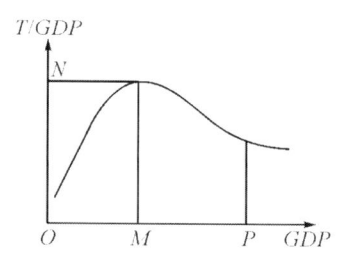

圖 稅收規模瓦格納適應期示意圖

　　需要進一步說明的是，不同的國家在社會成熟度發育到 M 點之前需要的時間歷程都有所差別，由 M 點到 P 點也是如此，其影響因素千差萬別。研究主題所限，此處不做具體討論。可以明確的是，發育速度越快的社會，其在 OM 期間稅收相對規模的增長坡度越陡峭，瓦格納適應期就越短，期內稅收相對規模增長速率就越大；反之，則坡度越平緩，瓦格納適應期越長，期內稅收相對規模增長速率就越小。從邏輯上說，鑒於現實的複雜性，在 OM 期間可能稅收相對規模的增長會出現不同幅度的跳躍，但總體趨勢必然是上升趨勢；M 點右側瓦格納適應期結束之後，稅收收入同樣也會出現複雜的勢態，但總體趨勢必然是下降趨勢；其不會無限下降，P 點之後，稅收占 GDP 的比例將呈現比較穩定的趨勢。

　　由於具有「小政府」的價值追求，從邏輯上可以推知，新公共管理運動總體上對瓦格納適應期具有反方向的消解作用。具體而言，如果新公共管理運動發生在 M 點之前，那麼會縮短 OM 的長度，即縮短瓦格納適應期，並同時降低 N 點的高度，緩和 OM 的坡度；如果新公共管理運動作用期間跨越了 M 點（在 M 點兩側的區域），那麼將直接促使瓦格納適應期結束，並同時降低 N 點的高度；如果新公共管

理運動發生於 M 點之後，則會縮短 MP 期間，並使 M 點之後的稅收相對規模曲線以更低的姿態接近橫軸。

六、啟示

黨的十八大強調，經濟體制改革的核心問題是處理好政府和市場的關係，必須更加尊重市場規律，更好發揮政府作用。同時，黨的十八大還提出了「加快改革財稅體制」的要求。對新公共管理運動國家的稅收收入進行瓦格納特性檢驗及規律總結，並結合中國國情強調的民生稅收的價值追求，對中國稅收結構提出優化建議，是對黨的十八大提出的以上兩個改革要點的有機結合與緊密呼應——新公共管理運動的實質是從合理限定政府邊界的視角對政府與市場關係的重新界定，限制政府越位；而民生稅收則與政府責任相對應，矯正政府缺位。

對比新公共管理運動國家稅收規模的變化趨勢，雖然中國的結構性減稅改革與新公共管理運動「小政府」的價值理念高度吻合，但實踐上中國近年來的財政收入持續上漲，尤其 2011 年突破 10 萬億元人民幣並持續走高，引發了社會廣泛關注。有鑒於此，中國稅制改革問題及未來調整的方向可以從以下五個方面進行努力：第一，保持「營改增」全方位推開的效率。中國應從宏觀視角切入「營改增」具有稅制完善效應、減稅減負效應、經濟優化效應和改革促發效應，保持「營改增」全方位推開的效率，對相應問題設計配套應對措施，有利於稅制進一步完善。第二，優化企業所得稅制度。中國應借鑒新公共管理運動樣本國家的改革經驗，以「寬稅基、低稅率、少優惠」為改革導向，對企業所得稅制度進行進一步完善，須特別注意清理規範當前雜亂繁瑣的稅收優惠，盡可能減少稅制對企業投資及營運的制度誘導，保證稅制的中性。第三，優化個人所得稅模式。中國應充分落實「量能課稅和差別負稅」原則，盡快實現個人所得稅由「分類」向「綜合」模式過渡，同時注意優化個人所得稅稅基結構，對費用扣除標準進行指數化，並逐漸轉變為以家庭為單位計徵。第四，加強房地產稅制的優化。房地產稅制優化不僅有利於緩解地方財政收入缺失問題，也具有非常良好的貧富差距調節作用，在稅制要素設計上，需要注意不同地區經濟發展水準的差異，並且宜採用累進稅率。第五，進一步完善消費稅制度。中國消費稅具有「寓禁於徵」的性質，與綠色發展理念高度呼應，但由於徵稅範圍有限、稅率設計偏低以及徵稅環節漏洞等原因，其對於綠色發展的促進作用較弱。基於綠色發展理念對消費稅進行完善，有必要及時擴大徵稅範圍，適當提高適用稅率，並大力加強徵管力度。

綜上所述，參考新公共管理運動國家稅收規模變化趨勢，中國可以通過具體稅種的制度完善，促進新一輪結構性減稅效果的落實。

——《新公共管理國家稅收收入的瓦格納特性實證檢驗及啟示》（郝曉薇 柳華平）原載於《財經科學》2015 年第 12 期。

6. 從國家稅收到民生稅收
—— 民生視域下的稅收治理與稅收管理思考

摘要：在民生成為時代主題的大背景下，重構稅收、發展與民生關係的任務顯得尤為迫切。民生視域下看稅收，在關注稅收管理的同時，還應特別重視對稅收管理的管理——稅收治理。本文從分析稅收對民生的「授能」與「去能」雙重作用入手，從稅收治理模式與稅收管理兩個層面探討保障和改善民生的稅收瓶頸及其成因，在此基礎上提出民生稅收的概念，初步思考了改善稅收治理和稅收管理的價值取向與基本路徑選擇。

關鍵詞：國家稅收　民生稅收　稅收治理　稅收管理

民生既是經濟、社會、政治發展的邏輯起點，也是它們的發展終點。加強社會建設，必須以保障和改善民生為重點。從政府公共服務角度而言，保障和改善民生在經濟上本質體現為「取」和「予」兩個方面，而稅收治理與稅收管理貫穿於「取」和「予」的始終。鑒於此，稅收職能關乎民生，稅收的本質、稅收的邏輯起點和終極目的都與民生息息相關。

民生視域下看稅收，一般看到的是稅收管理。例如，稅收管理給公眾的直觀感受、稅收管理的成績與不足、稅收管理的改善空間等。深入探究，如同公司管理與公司治理一樣，稅收管理的框架設計、核心理念和人員安排均來自於稅收治理。《中共中央關於全面深化改革若干重大問題的決定》對當前和今後一個時期稅制改革做出明確部署，其中一個鮮明特點就是從提高國家治理體系和治理能力現代化水準的高度部署稅制改革。因此，民生視域下看稅收，在關注稅收管理的同時，還應特別重視對稅收管理的管理——稅收治理。

本文擬在民生的大背景下，觀察和分析稅收對民生的作用，探討保障和改善民生的稅收瓶頸及其成因，並提出改善稅收治理和稅收管理的價值取向與路徑選擇。

一、稅收對民生具有「授能」和「去能」的雙重作用

作為政府公共服務的重要內容之一，稅收具有「授能」和「去能」的雙重性，既可為民生改善過程「授能」（Enabling），又可為民生改善過程「去能」（Disabling）。也就是說，稅收給其「消費者」帶來的不一定是正效用，還可能是負效用。

稅收作為政府宏觀調控政策工具箱裡的重要手段之一，兼具財政職能、經濟職能和社會職能，三方面職能作用發揮應匹配而不可脫節，不可偏廢，在現實條件下應適度強化其社會職能，即更多地為民生改善「授能」。

二、稅收治理模式滯後和稅收管理不盡完善約束民生改善

應該說，改革開放以來，中國稅收對民生的「授能」作用明顯增強，體現為「一加一減」的「授能」。「一加」，即 1994 年稅制改革以來，中國稅收收入由 1994 年的 5,070 億元增加到 2012 年的 100,600 億元，增長了 19.8 倍，年均增長 18.1%，為改善民生提供了較為強大的公共財政保障。「一減」，即以 2008 年、2009 年為例，出抬的結構性減稅舉措就達 17 項（次），為企業、居民共減稅 8,466 億元，為改善民生提供了強有力的稅收政策支撐。同時，隨著新公共管理、新公共服務理論在國內的借鑒及應用，全國稅務機關的納稅服務意識逐步增強，服務措施和手段逐漸多元，為民生發展與改善提供了更為優質的稅收服務環境。這表明，無論是中國稅收制度及政策設計，還是稅收管理，總體上是適應民生發展需求的。

實事求是而論，與社會經濟發展伴生和共生的問題是中國稅收對民生改善尚存「去能」作用，稅收與民生不相適應、不相匹配的矛盾逐漸顯現，存在一定程度的越位、缺位、錯位現象，既阻礙了民生改善，甚至固化、激化了民生現實問題。這裡僅從稅收立法、稅收負擔、稅收管理和稅收使用四個方面，分析現行稅收治理和稅收管理對民生的約束。

（一）在稅收立法上，徵稅權不盡在「制度籠子」之內

（1）稅收立法模式滯後。目前，中國共有增值稅、消費稅、營業稅、企業所得稅、個人所得稅等 18 個稅種，但僅有《中華人民共和國企業所得稅法》《中華人民共和國個人所得稅法》《中華人民共和國車船稅法》三部實體法，其他稅法都是全國人大及其常委會授權國務院制定的。這種授權立法模式，在改革開放初期，為促進經濟建設、法治建設起到了積極作用，但隨著時代的變化發展，其存在的問題逐步凸顯。一是法律內容未經充分討論。國務院是國家最高行政機關，在立法過程中會通過國務院法制辦徵集參考納稅人的意見，但徵集意見如何在法律中體現、體現多少的決策權仍在行政首長手中，這會導致立法過程存在較濃的「長官意志」，考慮較多的行政便利度。二是立法程序相對簡單。授權行政立法在立法的程序和過程方面，相比人大立法簡單、快捷，為建立健全中國特色的社會主義法制體系做出了重要貢獻。但由於中國授權立法存在授權事項範圍不明、授權條款不規範、監督制度不完善等問題，會導致立法的隨意性，並降低了法律的穩定性。三是法律級次相對較低。授權行政立法模式下，人大授權國務院立法，國務院又將具體工作任務安排給財政部、國家稅務總局，最終形成的包括稅收法律、行政法規以及大量部門規章在內的稅法體系雖然完整，但法律級次低，極大地影響了稅法的權威性。這種行政主導型的立法模式實際上是稅收治理中立法權的錯位，容易導致公眾權益受到行

政權力的侵害。

(2) 稅法法律存在民生赤字。雖然「稅收・發展・民生」已連續多年成為稅收宣傳月的主題，但長期以來國家發展戰略重心在於發展經濟，導致稅收社會職能的發揮需要讓位於稅收財政職能和經濟職能的發揮。這表現在稅收法律方面，就是與改善民生密切相關的稅收法律不盡完善或處於空白，對納稅人權利的保障和實現不足。例如，個人所得稅在調節居民收入、促進社會公平方面的作用還未得到有效發揮，遺產稅、環境稅、物業稅、社會保障稅等與居民生活密切相關的稅收目前仍然處於空白，憲法中缺乏對納稅人權利的明確表述，稅收立法全過程中納稅人參與難度大、參與程度低，納稅人的意見未引起立法者的充分重視。

(二) 在稅收負擔上，總量偏重，結構失衡

1994年稅制改革促進了稅收收入的連年增長，加大了中央財政收入的占比，增強了國家的宏觀調控能力，促進了經濟健康有序發展，但也還存在一些亟須解決的問題。

(1) 總量負擔偏重。目前，在以收入為導向的稅收管理模式下，徵收、管理和稽查都圍繞組織收入工作來開展，「應收盡收」成為稅收工作的中心和重心。這種稅收管理模式確實有利於「為國聚財」，1994年稅制改革以來稅收收入的超速增長就是例證。但也正是在這種模式下，稅收收入增速長期超過GDP增速、超城鎮居民可支配收入增速，扭曲了資源的有效配置，這不利於消費型社會的建立，不利於收入倍增計劃的實施，不利於保障和改善民生。

(2) 結構失衡。雖然1994年稅制改革確立的是「流轉稅+所得稅」的雙主體結構，但從每年的稅收收入組成中可以看出，流轉稅占絕對優勢的格局一直未變。以2012年為例，稅收總收入為100,600.88億元，其中增值稅、消費稅、營業稅、關稅和土地增值稅等流轉稅合計59,904.47億元，占比達59.55%，企業所得稅和個人所得稅合計僅為25,473.8億元，占比僅為25.32%。由於流轉稅稅負的承擔者是最終消費者，不具備調節收入的功能，而所得稅的占比又太低，財產稅等輔助稅種的作用也未得到充分發揮，這樣的稅制結構難以充分體現「按納稅能力負擔」的原則，增加了大多數納稅人的稅負痛感指數。

(三) 在稅收管理上，理念滯後，成本偏高

(1) 理念滯後。目前，稅務機關的整體納稅服務水準已經大為改善，但還在一定程度上存在著將納稅人視作「外人」「僕人」「嫌疑人」對待的現象。在徵管程序的設置上，「有罪推定」的意識較為嚴重，「無罪推定」的做法較少，比如增值稅退稅和發票管理等，建立在完成對納稅人狀況的全部核實和審查的基礎上，這實際上是先入為主地假定納稅人不會主動依法誠信納稅。

(2) 稅收遵從成本偏高。例如，國稅和地稅分設兩套機構，使得基本建設經費、稅收徵管設備、辦公經費等的投入加大。稅收工作中形成了多部門、多次到納稅人處評估稽查，不可避免地使納稅人產生了反感，在加大稅收徵收成本的同時也加重了納稅人的負擔，增加了納稅成本。

（四）在稅收使用上，用稅過程不盡在「金魚缸之中」

在稅收使用之前的預算方面，財政預算由政府全程控制，各級人民代表大會對政府提出的預算草案有審議和批准的權利，尚無修正權；在稅收使用之後的審計方面，財政預算執行情況和其他財政、財務收支均由各級審計部門負責，但審計部門屬於政府組成部門，在政府領導下開展工作，也就是政府自己審自己，這實際上是稅收治理中監督權的錯位。更主要的是，稅收使用的透明度還存在空間。以2013年3月財政部向十二屆全國人大一次會議提交的《關於2012年中央和地方預算執行情況與2013年中央和地方預算草案的報告》為例，公眾只能看到教育支出、科學技術支出、文化體育和傳媒支出、醫療衛生支出等項目的支出明細，而看不到行政管理費支出、國有企業政策性虧損補貼支出等與民生改善關係不大的支出明細。稅收使用不盡透明，在一定程度上助推行政管理費用浪費嚴重，使得提供公共品的資金受到擠壓，在國家總體稅收收入大幅增長的同時，納稅人享受到的公共產品和社會福利卻增加有限，導致納稅人的稅負痛感指數增加。

三、保障和改善民生的稅收對策

民生，按照孫中山先生的解釋，就是「人民的生活——社會的生存，國民的生計，群眾的生命」。民生視域下，同其他公共領域相比，稅收治理和稅收管理變革較為低調、具體、務實、包容，變革的成本低、收益高，中國深化改革實踐可以以稅收治理和稅收管理變革為重要切入點。

（一）在價值取向上，國家稅收與民生稅收並重

（1）民生稅收的要義——稅收治理與稅收管理應從政府本位向民生本位轉變。儘管現代國家與民眾目標總體一致，但國家稅收本質上強調稅收的財政職能和經濟職能，稅收治理與稅收管理更多是以政府為中心。而民生稅收本質上強調稅收的社會職能，以保障和改善民生為重點，以民生為導向重構稅收治理與稅收管理全過程。稅收與民生是手段與目的關係，在實踐中應把民生改善作為評判稅收好壞的主要價值尺度，作為稅收的出發點和落腳點，作為評判和檢驗稅收的試金石，作為基本原則貫穿於稅收全過程，著力實現國家稅收與民生稅收並重。

（2）民生稅收特性——民主、公平、法治、民治、民享。結合稅收治理與稅收管理實際，民生稅收至少有民主、公平、法治、民治、民享五大特性。第一，民主特性，就是指是否徵稅、徵多少稅由人民說了算，以民之所望為施政所向。稅收的開徵、停徵、減免退補稅由全體公民來確定，以保證徵稅權行使的合法性與正當性。如果無法由全體公民集體決定，至少也應該由公民的代表集體決定如何使用徵稅權。第二，公平特性，就是指稅收保證目的正義、程序公平和行為公正。在稅法的確立上，人民徵稅權的行使應以多數決定、尊重個人與少數人的權利為原則，同時確保納稅人在相同的經濟條件下應被給予同等對待。在稅制的設計上，公平特性要求既力促橫向公平，又力保縱向公平。在稅收的徵管上，公平特性要求堅持普遍

徵稅、平等課徵和量能課稅的原則。在稅收的使用上，公平特性要求保證基本國民待遇的普遍實現，杜絕任何形式的非國民待遇或超國民待遇。第三，法治特性，就是指依法治稅。法治是指以民主為前提和基礎，以嚴格依法辦事為核心，以制約權力為關鍵的社會管理機制、社會活動方式和社會秩序狀態。唯有法治，才能保障民主與公平的實現，才能保證稅收的固定性，也才能防止特定的個人或利益集團以稅收為工具隨意傷害其他大多數人的利益。第四，民治特性，就是指人民治理國家居於稅收管理之上，稅收管理的空間、時間、過程向人民負責。稅收管理需要人民的治理，需要人民的參與，需要人民的監督。換句話說，稅收管理不僅要「為人民服務」，更要「聽人民的話」和「向人民負責」，並主動接受人民的管理和監督。在具體工作中，我們還應注意不能因「人民」一詞的集體概念而忽視每一位公民個體的參與權和監督權。第五，民享特性，就是指稅收用之於民、造福於民。稅收與市場交易不同，稅收不具有經濟學意義上的個體有償性，但卻應該有社會意義的整體有償性，也就是指稅收要用之於民、造福於民。

（二）優化稅收治理與稅收管理的基本路徑選擇

針對中國目前稅收治理和稅收管理中存在的問題，這裡結合國際通行的稅收平等、確定、便利和經濟原則，僅選取幾個重點環節，思考下一步變革的具體路徑選擇。

1. 稅收之徵法定——安民

從經濟內涵上講，稅收是一種物權的讓渡。因此，稅收的徵收必須法定。在改革開放初期，人大授權立法有其合理性，但隨著時代的發展，現在已不盡合時宜。我們現在需要做的就是要還權於民，把本該屬於人民的徵稅權還給人民。這就要求在現實中進一步落實依法治稅原則，有關稅的重大決策，行政部門宜不參與或少參與。在法律制定前期，相關部門應通過各種渠道廣泛徵集民意，如2013年6~7月，國務院法制辦通過網絡、電子郵件、信件等多種方式為稅收徵管法修正案徵求意見一樣。在法律制定期間，相關部門應按照既定程序規定鼓勵民眾參與。在法律實施期間，相關部門應及時收集民眾的訴求、回應民眾的呼聲，以穩步推進稅收立法。稅收方面的法律法規會影響到民眾的切身利益，因此出抬稅收法律法規還應給民眾一個合理而穩定的預期，否則實施起來就可能違背立法初衷。

2. 稅收之負降低——富民

20世紀80年代以來的多次稅制改革，分別重點解決了國家與企業的分配關係、中央與地方的分配關係、政府與納稅人的關係。在現有的經濟環境下，國家宜進一步還利於民。正如熊培雲所說：「國民是珠寶，國家是珠寶盒。」這意味著國家若不以國民價值為第一價值，則國家毫無價值。為了讓「珠寶」更有價值，政府應把「多拿」的部分通過合適的方式還給國民。

（1）繼續落實結構性減稅政策。中國應從以流轉稅為主向「流轉稅+所得稅」雙主體過渡，再向以所得稅為主轉變，使得總體減稅的社會盈餘部分不至於被少數人壟斷和瓜分，扭轉稅收「逆調節」趨勢，使稅收成為調節社會公平的重要利器。

（2）逐步推行總量減稅政策。中國應降低社會整體稅負，政府從該退出的地方退出來，從全能政府的角色中走出來，從「監護人政府」向「守夜人政府」的角色轉變。與此同時，中國應進一步理順中央與地方的財權與事權關係，加大地方財政來源的監控程度，使地方增加「暗稅」的成本大於收益，從而減輕納稅人負擔。

（3）確保預期稅負的穩定。中國應進一步完善稅收預算制度，適度優化收入規劃核算指標體系，以穩定市場預期。具體來講，中國可以探索試行稅收指數化，即按照每年消費物價指數的漲落，自動確定應納稅所得額的適用稅率和納稅扣除額，以便剔除通貨膨脹造成的名義所得增減的影響。

3. 稅收之管優化——便民

中國應提升稅務行政效率，優化服務、降低徵納成本至關重要。

（1）優化組織，穩步推進稅務機構改革，逐步改變以收入為導向的稅收管理模式。

（2）優化流程，以納稅人為中心再造稅務機關工作流程。

（3）逐步建立稅務決策公眾參與機制，稅務機關的重大工作決策必須要有一定數量納稅人代表參與，且納稅人代表的選擇要堅持自願原則並進行隨機抽取。

（4）建立健全涉稅救濟機制，納稅人在涉稅事項上受到不對等、不公平的對待時，納稅人可以方便地通過多種渠道獲得法律、政策和服務上的救濟。

（5）增強稅務公務人員能力，進一步優化稅務機關公務員的知識結構、年齡結構、民族結構和地域結構。

（6）進一步和諧徵納關係，節約徵納雙方的交易成本。

4. 稅收之用透明——利民

為了保證稅收監督權的正常行使，我們可以從多個角度入手。

（1）逐步推進政治統治型、經濟建設型政府向公共服務型、社會管理型政府轉變，政府管理重心由經濟建設向民生改善方向發展。

（2）建立國家預算體系，將政府的全部收入納入預算之中，並可將預算外財政定為非法；將預算草案的修正權還給人大，並逐步擴大預算公開範圍和級次，強化預算公開明細，方便公眾進行監督。

（3）建立國家審計體系，根據《利馬宣言》改革國家審計制度，把國家審計從行政機構中獨立出來，增強審計機構的獨立性，以保證審計工作的正常開展和審計應有作用的發揮。

四、結語

本文從民生視域下看稅收，發現稅收對民生既有「授能」作用，又有「去能」作用。在探討保障和改善民生的稅收瓶頸及其成因的基礎上，本文提出了「民生稅收」的概念，對稅收治理和稅收管理的價值取向與路徑選擇做了初步思考。

民生視域下的稅收治理和稅收管理，需要更多的關注和研究，需要不斷地總結和摸索規律，並大膽吸收和借鑑人類社會創造的一切文明成果，吸收和借鑑當今世

界各國包括資本主義發達國家的一切反應現代社會化生產規律的先進經營方式、管理方法。

——《從國家稅收到民生稅收——民生視域下的稅收治理與稅收管理思考》（柳華平）原載於《稅收經濟研究》2013年第6期，後載於《體制改革》2014年第4期。

7. 中國稅制結構及稅收徵管改革的民生取向思考

柳華平　朱明熙

　　民生既是經濟、社會、政治發展的邏輯起點，也是它們發展的邏輯終點，稅收與民生互為資源，息息相關。當前，中國收入分配差距拉大，財富分佈呈金字塔趨勢快速發展，在一定程度上抑制了中國經濟內生發展的最重要的引擎——內需。經濟受抑制必然制約稅收，同時由於稅制結構不合理，稅源監控、稅收徵管乏力，稅收對急遽拉大的收入分配差距和財產佔有差距的調節不得力、不到位，稅收對經濟和社會公平應有的調節作用難以很好發揮。因此，當務之急是應以民生為基本取向，加快進行稅制結構和稅收徵管改革，使中國稅收能夠真正有效地發揮調節作用，避免掉入「中等收入陷阱」。

一、積極發揮國家稅收「有形之手」的作用

　　西方學術界有一種倒 U 理論，認為市場機制能夠自動調節收入差距，但美國等發達國家近 300 年的發展歷史，特別是 2008 年爆發的席捲全球的「百年一遇」的經濟危機，在一定程度上宣告了市場機制可以自動調節失靈。事實上，西方國家在二戰後實行了一系列「福利國家」的民生價值取向政策，政府進行了一系列經濟、財政、稅收以及社會政策調節，才在一定程度上控制了收入分配差距。市場競爭的「叢林法則」和資本的「唯利是圖」決定了市場經濟不能自動調節收入差距，反而要不斷擴大收入差距，最終不斷導致經濟和社會危機。市場經濟需要政府及時、主動、有效的調節，糾正其自身不能自糾的缺陷，避免收入差距嚴重分化，避免相應的經濟、社會和政治問題。

　　稅收作為政府宏觀調控政策工具箱裡的重要手段，兼具財政職能、經濟職能和社會職能，三方面職能作用發揮應匹配而不可脫節、不可偏廢，在現實條件下應適度強化其社會職能。中國作為一個發展中大國，人口多，人均資源少，歷史遺留問題多，可供解決民生問題的財力有限，因此政府作為稅收制度的供給者、推動者、執行者，關注民生，調節收入差距應當而且必須有所為有所不為，將「有形之手」與「無形之手」有效對接。

二、建立和完善調節收入差距的個人所得稅制和財產稅制

目前中國稅收之所以對收入差距的調節相當乏力，其主要原因之一在於現行稅制結構不合理，在一定程度上形成了制度問題的「堰塞湖」，寄希望於執行環節加強管理來填堵是不可能的。經濟秩序、收入分配秩序和財產分配秩序一定程度上存在混亂，或大或小的漏洞使稅務部門很難真正監控稅源，因此也很難發揮其調節作用。

中國建立和完善稅制，主要應在以下兩個方面著力：

一是盡快改革和完善個人所得稅制度。具體來說，中國應將現行的分類所得稅制改為綜合與分類相結合的稅制；將現在的固定扣除改為按家庭具體情況扣除；將按個人為單位徵稅改為按家庭或個人為單位徵稅；將按月或按次徵稅改為按年徵稅；甚至可以考慮適當降低稅率，將45%的最高邊際稅率下調為40%，在邊際稅率10%~20%之間增加一個15%的檔次。應強調的是，個人所得稅的根本性改革是否能夠推出、在多大程度上推出，不是取決於人們的願望，而是在很大程度上取決於現實的可能性，說到底就是經濟秩序和徵稅秩序是否能夠真正規範。

二是建立和完善財產稅系列的稅制。首先，改革和完善房產稅，調節財產佔有上的貧富懸殊。在上海、重慶試點摸索出經驗的基礎上，全面修訂房產稅制度無疑對抑制投機、調節房價、調節收入差距、緩和經濟和社會矛盾起到決定的作用。在具體徵收上，我們可以不按第二套及其以上的房產徵收，而是按面積徵收。例如，給人均50平方米的寬免額，人均超過50平方米以上的房產就要徵收。稅率可以考慮按照市場評估價值和佔有的面積大小實行1%~3%的累進稅率。人均低於20平方米的，政府可以給予一定標準的補貼。其次，考慮適時開徵遺產和贈與稅。遺產和贈與稅不宜對所有繼承遺產和接受贈與財產的人都徵收，而是只對超過一定寬免額的富人徵收，寬免額可以在開始定得高一些，比如500萬元。在具體制度設計上，我們要放眼世界，「洋為中用」，大膽吸收和借鑑別的國家好的經驗做法。最後，推進配套改革。在陸續推出上述改革和調整措施時，我們應相應地降低流轉稅的稅率和比重，同時降低和取消一些基金與收費。具體來講，就是在一段時期內，在保持寬口徑的宏觀稅負水準的前提下，來進行這些改革，同時又不加重社會總體的稅收負擔。

三、大力整頓經濟秩序，優化稅收生態環境

稅制結構的調整與完善在很大程度上取決於中國的經濟秩序、收入分配秩序和財產分配秩序是否能夠規範，能夠真正堵塞漏洞，使數量巨大的各種隱性收入變得公開、透明，總而言之就是要使稅務機關真正監控和掌握稅源。目前的稅收監管在富裕階層面前存在一定的「盲區」，應首先解決對高收入者的稅收監管難題。

對此，政府要有改革的決心和膽識，進一步整頓規範經濟稅收秩序。這要求整

頓金融秩序，嚴格控制現金交易，廣泛使用信用卡和支票結算；銀行、保險、工商、海關、統計、財政、稅務、住房、社保、公檢法等部門利用計算機網絡和信息技術組成一個統一的監控平臺；所有自然人和法人都只擁有一個統一的身分號碼，不管是領取收入、獲得財產、銀行存取款、繳納稅收、買賣住房、饋贈財產等，都只能使用這個統一的身分號碼，從而使巨量的「隱性收入」轉為公開收入，以堵塞各種漏洞，最大限度地減少犯罪分子的可乘之機。

同時，我們應以民生為取向改革稅制和稅收徵管，不僅需要從稅收科學化、規範化、專業化、精細化的技術層面來推進，更重要的是進一步優化稅收運行的政治、經濟、社會生態環境，尤其要優化政府。從民生視角看，我們不能簡單地「頭痛醫頭，腳痛醫腳」，更需要「標本兼治」。

從治本之策來講，我們需要通過深化政治體制改革，建立和健全社會主義民主法制，建設法治政府、預算政府、廉價政府、責任政府。第一，完善和強化人民代表大會制度。強化全國人民代表大會的最高權威，加強人民代表大會對政府、公檢法及其他一切權力機關的監督和制約。我們應從制度設計上促使各級政府官員把「立黨為公，執政為民」真正落在實處，而不是僅僅落在口頭上。第二，推進依法行政。我們應規範黨政官員和一切政府部門的行為，政府制定的法律法規、政府的預算收支、政府的政策和施政行為必須要公開、透明、依法辦事，隨時接受人民的審議和監督。我們應從制度上切實落實社會公眾對黨和政府的日常監督，尤其要充分保護和發揮網絡與輿論的監督作用，依法「把政府置於金魚缸內」。第三，強化預算約束。政府部門的一切收支必須全部納入國家預算，絕不允許有預算之外的政府收支甚至「小金庫」存在。各級政府的一切預算收支應做到統一、公開、透明和規範，註重加強各級人民代表大會和人民代表對預算收支計劃及調整的嚴格審議、批准和質詢的權威，預算收支必須依法接受社會公眾的監督和質詢，絕不能任由各級黨政領導「拍腦袋」隨意支配使用。第四，優化支出結構。我們應加大預算支出結構的調整，大力整頓和嚴格控制「三公」經費和行政支出，努力打造「廉價政府」，突出民生和社會保障、社會福利性質的支出，使稅收真正做到「取之於民，用之於民」。

稅制和稅收徵管作為公共服務品，稅收事業作為一個「特殊的產業」只有不斷地改革創新，必須增加有效供給才有出路、活路、新路。這種改革應當以民生為基本價值取向，在社會政治經濟宏觀背景下不斷調整、不斷適應、不斷改進，從而得到創新和發展。

——《中國稅制結構及稅收徵管改革的民生取向思考》（柳華平　朱明熙）原載於《經濟學家》2013年第1期。

8. 問題・成因・對策
——對廣元市「5/24」稅案的檢討與思考

2012年，廣元市國家稅務局查處了「5/24」虛開農產品收購發票和增值稅專用發票案。結合案件的總結工作，我們在梳理案件特點的基礎上，對案件的成因進行了檢討，獲得了一些啟示和思考。

一、基本特點

2012年5月，廣元市朝天區國稅局在對轄區內某中藥材經營企業的納稅評估中發現該企業在經營期間，帳面反應收購的中藥材數量遠遠大於當地中藥材實際產量。通過對農戶的實地調查，朝天區國稅局確認該企業中藥材收購業務虛假，涉嫌虛開農產品收購發票和增值稅專用發票，涉案金額超過2,000萬元。廣元市國稅局接到案情報告後，立即成立了「5/24」專案組，舉一反三，對全市同行業納稅人進行了全面梳理排查，發現全市範圍內共有11戶企業涉嫌虛開農產品收購發票和增值稅專用發票。由於涉案企業和人員多、金額大，該案被國家稅務總局和公安部聯合督辦。

2012年11月，稅務機關已依法對11戶涉案企業審理結案，並按要求全部移送公安機關。公安機關共抓獲涉案人員39人，已移送檢察機關起訴33人，取保候審6人，在逃6人。「5/24」案件共涉及11戶企業，虛開農產品收購發票46,517份，金額為2.96億元；虛開增值稅專用發票3,327份，金額為3.03億元，稅額為0.47億元，價稅合計為3.5億元，已挽回國家稅款損失3,500餘萬元。值得一提的是，本案中無一地方黨政機關公職人員和稅務人員涉案。

「5/24」稅案是廣元市有史以來涉案金額最大、涉及面最廣的虛開農產品收購發票和增值稅專用發票案件。回顧整個案件，主要有以下五個特點：

（一）特點之一：地域性較強，家族式作案

11戶企業直接涉案的人員中，絕大多數為安徽太和、安徽臨泉人，也有部分廣元本地人。外地人結伴而來或沾親帶故來到廣元，分散作案。例如，健祥中藥材的法定代表人和恒達藥業的法定代表人是父子關係，廣泰中藥材公司財務負責人和恒達藥業的實際財務負責人為同一人，廣和中藥材的法定代表人為廣泰中藥材提供了公司成立之初的庫存中藥材，榮禾藥材的法定代表人及投資人與廣和中藥材的投資

人是親兄弟，力搏藥業和力弘藥業的會計也為同一人，雙豐寶藥業是夫婦二人註資的其他有限責任公司。各公司之間關係盤根錯節，一人同時在幾個不同的公司兼任職務的現象較為普遍，他們異地註冊公司，相互勾結，共同作案。

（二）特點之二：出資人操縱，本地人操作

隨著沿海發達地區打擊虛開增值稅專用發票力度的加大，涉稅違法犯罪分子開始向中西部地區轉移。作案的主要人員普遍出資不出面，在後臺操縱指揮，租借辦公、生產場所，聘請本地人為法定代表人或財務人員，由本地人出面申請一般納稅人資格認定、申請領購發票、從各種渠道獲取農村居民身分證信息用於虛開農產品收購發票。例如，力搏藥業會計嘗到虛開增值稅專用發票和農產品收購發票的甜頭後，另邀約李某夫婦虛假出資 50 萬元，「另立山頭」自行成立公司，讓李某出面擔任法定代表人，自己全盤操作，承接力搏藥業原有虛開發票的客戶，給李某夫婦少量好處費，他本人卻取得違法所得的絕大部分。恒達藥業、健祥藥業、廣泰藥材、華鑫藥業和廣和藥業等企業都聘請當地人為法定代表人或會計，給人一種本地人經營的假象，用以麻痺稅務機關，掩蓋真相。11 項案件中，實際操控 14 人中，除蒼溪縣 3 戶企業是當地人操控外，其餘 8 戶企業均是外來人員實際出資和操控，占比 71.43%；讓當地人出面擔任法定代表人的有 6 戶，占 54.55%。

（三）特點之三：註冊真公司，從事假經營

本次涉案的 11 戶企業都是在廣元市各縣（區）依法註冊成立的公司，從資料看，都是嚴格按照工商部門要求辦理註冊的，程序合法，資料完備。但實際上除了 2 戶本地人註冊的企業（力搏藥業、雙豐寶藥業）有部分真實的藥品經營業務且註冊經營時間已經達到 7 年左右並在持續經營外，其餘的企業註冊時間都較晚、存續時間較短。它們購買了生產設備，低價收購少量價格便宜的中草藥掩人耳目，申請成為增值稅一般納稅人，日常依照同行業稅負水準按期申報納稅，造成合法正常經營的表象，逃避涉稅檢查和違法打擊，但實際唯一目的是虛開增值稅專用發票以獲取手續費。從涉案企業稅負看，除一戶企業作案未遂（稅負為 0）外，絕大多數企業稅負均為 0.5%～1.5%，高於同行業其他企業稅負，因此具有一定的欺騙性和迷惑性。

（四）特點之四：高智商設計，註銷逃逸快

首先，選擇地區有針對性。廣元市屬於經濟欠發達地區，信息相對閉塞，鮮有重大的虛開增值稅專用發票案件。稅務等執法部門對這類發票違法案件警惕性相對缺失，預防措施不夠嚴密。同時，當地群眾缺乏對該類案件違法手段和後果的認識，相對容易被違法犯罪分子蒙蔽和利用。其次，確定行業有選擇性。11 戶涉案企業註冊的生產經營範圍均與中藥材收購、加工、銷售業務有關。廣元市各縣（區）農村有種植、收購和銷售中草藥的歷史和習慣，屬於國家藥材產區，在本地經營該業務可降低稅務機關的懷疑，不易被發現。同時，該行業也是國家扶持的涉農行業，便於虛開農產品發票抵扣進項稅金。最後，作案保持警惕性。各犯罪嫌疑人在

和稅務機關周旋的同時，做好了隨時撤退和逃逸的各種準備。企業經營時間一般不長，從開業到註銷多在 2 年以內。其中，健祥中藥材、恒達藥業（案發時主要責任人和實際業務人在逃）、榮禾藥材（案發時法定代表人在逃）和史記中藥材在 2011 年年底被認定為一般納稅人，廣泰藥材（案發時法定代表人正在辦公地點對開具的發票自行進行作廢處理）、廣和中藥材為 2012 年年初開辦的企業，這 6 戶企業一起被查處。華鑫藥業於 2010 年 6 月註冊，2011 年 3 月註銷，人員已經出逃；金宇藥業於 2010 年 3 月被認定為一般納稅人，2011 年 5 月註銷；力弘藥業於 2010 年 7 月被認定為一般納稅人，案發前正在辦理註銷手續。

（五）特點之五：收購多集中，銷售分佈廣

「5/24」稅案主要作案手法是利用收集的本地居民身分證信息虛開農產品收購發票，反應收購業務集中在本地農村。從蒼溪縣的三戶涉案企業來看，核實當事人涉嫌為自己虛開農產品收購發票 59,265 份。其中，開給本地農戶 52,305 份，占 88.26%；當事人涉嫌虛構業務為他人虛開增值稅專用發票 2,559 份，讓他人為自己虛開增值稅專用發票 5 份，對外虛開對象涉及安徽、貴州、河北、廣西、河南、四川、陝西、湖北、重慶 9 省（市）57 戶受票企業，銷售對象分散、涉及地域廣。

二、成因分析

「5/24」稅案是利用涉農產品經營行業可以自行開具農產品收購發票抵扣稅款的增值稅政策缺陷以及稅務機關對農產品收購業務真實性監控難、核查難的空子，成立涉農行業的「開票公司」，虛開農產品收購發票抵扣稅款，進而虛開增值稅專用發票獲取手續費。這與廣元市過去發現的企業通過多抵進項、少計銷項而達到自身少繳稅款的一般偷稅行為不同，其違法行為性質更惡劣、危害更大。而且這類案件有從東部發達地區向西部欠發達地區轉移的趨勢，需要高度重視。究其成因，我們分析主要有以下四點：

（一）成因之一：經濟利益驅動

自 1994 年以來，虛開增值稅專用發票違法犯罪行為屢禁不止，究其原因：一是接受虛開發票的企業能夠獲取可予抵扣的進項稅額以直接減少應納稅款，獲取非法利益。二是開票方可以直接按開票金額獲取一定比例的所謂「手續費」，而且是無本生利，誘惑極大。開票、受票雙方利益一致，容易一拍即合，結成利益同盟。「5/24」稅案的各犯罪嫌疑人按照票面金額 1.8%～2.8% 不等的比例共收取數百萬元非法利益。三是修改後的《中華人民共和國刑法》取消了虛開發票可判死刑的規定，致使犯罪分子更加膽大妄為，鋌而走險。我們認為，貪婪的追逐經濟利益是虛開增值稅專用發票行為屢禁不止的根本原因。反應在稅收上，只要有利益，只要能少繳納稅款，不法分子就敢於無視法律規定，肆意踐踏道德底線，利欲熏心，不擇手段。商人追逐利益，本無可非議，但這種自私的逐利本能一旦失去控制將會露出猙獰的一面。

（二）成因之二：增值稅政策缺陷

廣元「5/24」稅案涉及的納稅人註冊的經營範圍均為中藥材收購。該行業屬於農業產品徵稅範圍的藥用植物類，納稅人享受涉農行業增值稅政策優惠的便利。涉農增值稅政策規定：對農業生產者自產的農產品予以免徵增值稅的優惠；涉農增值稅一般納稅人收購農產品可以自行開具農產品收購發票，並可按照其自行填開的發票上註明的農產品買價按13%的扣除率計算進項稅額予以抵扣，而銷售的農產品卻是按不含稅價格依照13%的增值稅稅率計算銷項稅額。這一稅收政策規定在促進農產品生產和流通發展方面發揮了重要作用，體現了國家對農業增產、農民增收、農村發展的具體支持。同時，該政策存在以下兩個方面的缺陷：

一是割裂了增值稅的鏈條。增值稅的計稅原理是徵多少扣多少，未徵稅則不扣稅。農產品抵扣政策採取的「前免後抵、自開自抵」的方式，違背了增值稅徵扣稅一致的基本原則，造成購銷雙方相互制約的增值稅徵扣稅鏈條機制失效，動搖了增值稅穩定運行的根基，在稅制層面為虛開收購發票騙稅提供了可能。

二是形成「高扣低徵」。現行農產品貨物購銷抵扣政策規定，抵扣的進項稅額按照農產品買價和13%的扣除率計算，而農產品貨物銷售按照不含稅價和13%的稅率計算銷項稅額，進項、銷項稅額計提口徑不統一、不匹配，進銷稅額倒掛，在涉農收購行業形成「高扣低徵」的現象，造成農產品購銷企業增值稅稅負低以及留抵稅額逐步增大的現象。例如，收購一批農產品支付貨幣資金100萬元，那麼銷售該批農產品就必須在113萬元以上才會產生稅款，也就是說，該類業務必須保持10%的銷售毛利率，才會產生應納稅款，否則就會出現稅負倒掛現象。這違背了增值稅的有增值即徵稅、無增值不徵稅的基本原理，導致涉農收購企業普遍無稅繳，行業企業普遍長期零申報、負申報，部分企業留抵稅額大，稅務管理機關難以及時關注風險。

（三）成因之三：收購發票難管理

現行稅收政策賦予農產品收購發票具有「自開自抵」的功能，這就對使用該發票的納稅人賦予了很大的自主性和隨意性。由於農產品行業收購發票存在真實性確定難、收購對象區分難、物耗水準掌控難、收購範圍確定難、稅務檢查取證難等諸多問題，為不法人員留下了利用的空間。而許多農產品收購企業制度不健全，驗收、過磅、開票、入庫手續不全，帳、款、物一人統管；財務核算不規範，會計憑證不全，沒有將收購憑證、磅碼單、入庫單等相應的原始憑證附入會計憑證備查，對收購農產品後發生退貨或缺失及改變用途的，不作進項稅轉出處理。有的企業在收購農產品開具收購憑證時，不真實填寫銷售方名稱、身分證號碼、地址、農產品品名、計量單位、數量、單價和金額等，增大了稅務機關的核查難度。

農產品收購發票雖然與增值稅專用發票一樣均屬於增值稅抵扣憑證，可以直接抵扣應納稅款，但沒有增值稅專用發票那樣一套完善的防偽稅控開具、認證、稽核、比對系統進行管理。由於缺乏有效約束，農產品購銷企業虛開農產品收購發票現象普遍，成為稅務管理中的一大難題，也形成增值稅管理中的一個漏洞。部分企

業常常置國家稅收政策於不顧，更多地從自身經濟利益出發，把農產品收購發票當成隨意調節當期利潤、當期成本、蓄意偷逃稅款的工具。例如，有的企業把從小規模納稅人處購買的農產品也開具收購發票，虛增進項稅。有的企業「以銷控進」開具農產品收購發票，銷量多則多開，銷量少則少開，使農產品收購發票成了他們繳稅的「調節器」。有的企業把虛增的成本費用、運輸費等也納入收購發票開具範圍，減少利潤，偷逃所得稅。

從「5/24」稅案查處的虛開農產品收購發票行為看，各犯罪嫌疑人主要是把虛開農產品發票作為虛開增值稅專用發票的輔助部分用以少繳或不繳增值稅。

（四）成因之四：徵管稽查力度不足

一是思想認識不足。購進農業產品憑收購發票可以計算進項稅額予以抵扣的規定，使收購發票也進入了增值稅抵扣「鏈條」。按理說，稅務機關應把它當成增值稅專用發票一樣來嚴格管理和使用。我們檢討，在實際操作中，稅務機關及管理人員對收購發票的管理重視不夠，一般還是把它當成普通發票來對待，不論是使用管理上還是違法處罰上，都沒有給予應有的重視。例如，增值稅專用發票管理有《增值稅專用發票使用規定》等各種專門的具體落實措施以及違法處罰規定，而對於收購發票至今還沒有一個專門的管理辦法，一些文件也只是規定比照增值稅專用發票管理。由於稅務機關對收購發票在印刷、保管、使用、繳銷等方面的管理力度遠不如增值稅專用發票嚴格，因此漏洞較多，易被違法分子鑽空子。

二是現存徵管機制不夠健全。為了加強對農產品行業的稅收管理，近年來，我們採取採集收購憑證信息、加大對收購發票的核查、開展納稅評估、強化管理員責任等管理措施。但事實上，這些措施難以治本，對於不法分子而言，虛擬一個銷售方虛開發票易如反掌，而稅務機關由於時間、地域等客觀因素的限制，要核實每一筆收購發票內容的真實性不太現實。查證涉農行業納稅人的問題，往往花費了大量的人力物力，卻不能達到預期效果，而增大的稅收成本也是基層稅務機關難以承受的。同時，個別稅務人員責任心不強，工作精細程度不夠，管理僅僅限於帳面核對、發票填開情況的一般性核查，容易被有意規避，難以發現問題。

三是現行稽查體制有待完善。目前，稽查體制以縣（區）為核心，稽查力量嚴重不足，基層稽查單位往往忙於應付常規工作，許多需要及時查處的違法行為得不到有效處理，對大要案件更無力稽查，導致個別縣（區）稽查單位選案避重就輕、避難就易，並經常性、長期性「掛案」。在「5/24」稅案的辦理過程中，我們發現，對個別納稅人的虛開違法行為，管理部門早有覺察，也及時辦理了手續移交相應稽查單位，但由於縣（區）稽查的局限性，相關人員存在一定的畏難情緒，掛案未查，導致整體發現延遲，增大了損失。

三、對策思考

（一）對策之一：不斷加大稅法宣傳力度

（1）提高公民稅法遵從度。我們應將日常稅收宣傳和稅收文化的建立結合在一起，使稅法普及面和深度得到進一步提高。我們應增強納稅人的誠信納稅意識和守法意識，用法律約束人，用稅收道德觀念引導人，堅持依法治稅和搞好納稅服務相結合，走綜合治理稅收秩序的路子，使虛開增值稅專用發票等涉稅違法犯罪成為「過街老鼠」，營造全社會協稅護稅良好氛圍。

（2）加大涉稅違法案件的曝光度。

我們應借助新聞媒介，通過多種途徑，加大對案件的監督和查處力度，對有典型意義的大要案件、反面典型進行公開曝光，警示和教育廣大納稅人，形成輿論監督的社會氛圍。

（3）擴大涉稅違法舉報的公開度。我們應採取各種行之有效的方式，多層次、多渠道地公告舉報電話、舉報途徑、舉報方式、受理部門、受理時限、受理範圍、舉報獎勵政策等，為查處涉稅違法犯罪行為營造良好的執法環境，使涉稅違法犯罪無處可藏。

（二）對策之二：逐步完善現行農產品增值稅政策

（1）長期目標。我們應對農產品流通環節實行徹底的免稅政策，為解決下游加工企業購進的免稅農產品因無抵扣項目導致稅負升高的問題，可對農產品加工企業實行簡易徵收。這樣既可以降低農產品流通成本，促進農民增收，也有利於稅收管理。

（2）短期措施。在短時間內，我們如果不能從稅制上解決涉農行業增值稅問題，則可以從以下兩方面著手予以完善：一是改變扣稅方式。鑒於目前農產品收購企業直接從農民手中收購農產品的較少，其絕大部分農產品來源於農村經紀人（俗稱「收購販子」）之現狀，可以取消農產品收購發票的抵扣功能，改為憑銷售發票扣稅。這樣既可以促使中間商被稅務機關納入管理，防止稅款流失，又可以防止收購企業虛開收購發票。對少數農民出售的農產品則可以由稅務機關代開發票。二是推行核定扣除辦法。我們應盡快將農產品核定扣除辦法擴大至所有農產品經營企業，取消農產品收購發票的扣稅功能，讓收購企業失去虛開收購發票的原動力。

（三）對策之三：切實加強對涉農企業稅收及收購發票管理

（1）規範涉農收購企業稅收管理。一是要求企業健全帳務，建立現金日記帳、銀行存款日記帳、庫存明細帳、商品成本帳，嚴格倉儲管理和現金管理制度。二是督促企業收購的農產品及時入帳，做到農產品收購發票、庫存明細帳與實際庫存相符。三是及時掌握企業農產品購、銷、存情況。稅收管理員應深入企業瞭解其生產經營情況，考察企業原材料庫存，進而測算收購數量，以判斷企業收購業務的真實

性，並不定期抽查其收購農產品價格、發票填開情況，由企業按旬報送農產品購、銷、存表或做好農產品購銷存記錄。四是定期評估購銷存是否合理。存貨與成本的關係密不可分，國稅機關應對企業成本計價方法登記備查。稅收管理員可以定期推算企業庫存農產品，然後與企業實際庫存相比較，看是否相符。五是強化稅負分析。稅務部門應對農產品收購企業進行合理分類，選出各類別中財務規範且有代表性的典型企業，根據企業的經營規模、銷售對象以及財務管理水準等因素，制定不同類別企業的稅負預警線。數據分析崗位定期採集不同類型企業的實際稅負率並公布，發現稅負偏低的企業，及時組織業務骨幹進行評估，找出疑點，實施重點管理。

（2）嚴格執行農產品收購發票使用規定。一是稅務部門應認真審核抵扣的農產品收購發票，嚴格依照《四川省國家稅務局關於加強農產品收購發票使用管理的通知》（川國稅函〔2009〕185號）規定審核，凡不符合要求的堅決不予抵扣。二是規範普通發票的開具，對普通發票及數額大的農產品收購發票加強稽核，檢查有無應開具增值稅專用發票、普通發票而用收購發票代替的現象，對有疑問的發票應及時實地核查。三是嚴格收購發票的發售，對稅負明顯過低，而無正當理由的企業，應嚴控發票使用量並加強核查；對有稅收違法行為，拒不接受稅務機關處理的企業，應按規定，收繳其發票或停止向其發售發票；對有虛開、假開現象的企業，一經查實，嚴肅處理，絕不心慈手軟。

（四）對策之四：持續改進稅源管理工作模式

（1）完善稅源專業化管理。我們應淡化層級意識，消除部門壁壘，將市局、縣局定位於一個徵管服務實體，進行職能調整和流程重組，打破稅源屬地化管理限制，市局、縣局、稅源管理單位一體化無縫對接。我們應更加科學地細分稅源管理事項，對高風險事項由專業化風險管理團隊派發工作項目單；更加科學合理地設置崗位職責，解決工作中「疏於管理、淡化責任」問題。

（2）打造多層級專業化的風險管理團隊。我們在各層級均應設置專業化管理機構或專業化管理團隊、崗位，將風險監控、納稅評估等專業性強的業務從稅源管理中剝離出來單獨處理。在機制上，我們可以採取集中與分散相結合的方式，推進管理服務人力資源配置使用向徵管服務重點事項集中，一方面通過抽調政策業務熟悉、徵管經驗豐富人員組建市、縣、稅源管理單位的專業化風險管理團隊，固定崗位、固定人員實施定期的專業化操作；另一方面全市或全縣統管統用人力資源，適時根據需要組織專業化團隊集體作業，不定期開展專題數據分析及風險排查工作。

（3）註重風險預警及防範。我們應在以納稅人自主申報的基礎上，依託省、市、縣各級專業化監控系統、金稅系統等數據信息，結合稅源巡查掌握信息，充分運用「投入產出」「以銷控進」「以進控銷」「能耗測算」等多種方法建立模型，綜合評價企業納稅風險係數。我們應通過納稅約談、實地核查和信譽等級評定等細緻工作，強化稅源管理，提高納稅遵從度，降低企業納稅風險和稅務管理風險。我們應力爭做到通過風險識別、風險評定、風險應對、跟蹤評價等過程提高稅務機關風

險預警、防範、應對能力。

(五) 對策之五：加強和改進稅收檢查工作

我們應將縣區局稽查局轉變為市局稽查局下屬的檢查科，主要稽查業務向市局集中。我們應強化稽查與日常管理和風險管理環節的協調互動，在市局層面試行由風險監控部門通過稅收風險識別、排序，為稽查提供案源，實施有針對性的檢查。我們應避免評估和稽查重複開展，讓稽查更有針對性。全市集中由市局稽查局組織統一檢查、統一審理、統一執行、統一處罰，加大對稽查權力運用的監督制約力度。稅務檢查應按照遵從大微管的整體要求，從風險管理的角度關注重點，加強選案的針對性，對於高風險行業和企業，應定期列入檢查範圍，實施重點檢查，防範稅收違法行為。我們應針對不同行業納稅人的經營特點，建立不同的稽查模型，以便能迅速發現問題，提高檢查效率。

(六) 對策之六：有效運用經濟信息共享機制

我們應借助全市經濟信息共享平臺，進一步完善與相關部門的信息共享通道和工作聯繫制度，充分挖掘經濟信息共享平臺使用效能，發揮其在信息共享、數據先知、稅收保障、形成合力等方面的積極作用。我們應嚴肅工作紀律，對拒絕、推諉或報送虛假數據的責任單位、責任人進行追究，確保經濟信息共享平臺數據真實、完整、及時、有效。稅務風險分析部門要充分挖掘該系統中的共享信息，開展風險分析，以有助於及時發現風險納稅人。管理部門在微管工作中發現虛開等違法線索要及時移送稽查部門查處。同時，稅務部門應加強與公安、工商、銀行、財政等相關部門的合作與聯動。我們應建立部門之間的聯席會議和聯絡員制度，保持更密切的溝通交流，積極爭取支持，借助各職能部門的力量解決風險問題，共同做好打擊涉稅違法犯罪的工作，淨化稅收環境。

——《問題‧成因‧對策——對廣元市「5/24」稅案的檢討與思考》[課題組組長：柳華平。課題組成員：李光華、汪小波、李柏璋、楊旭、王恒、伏永翔（執筆）、苟新顏（執筆）] 原載於《廣元財政》2013 年第 1 期。

9. 中國稅制和稅收徵管改革的民生視角探討

一、稅收與民生：互為資源，息息相關

民生是個古老的話題，備受古代仁人志士推崇。關注與改善民生，是中華民族治國傳統的重要理念。「天下順治在民富，天下和靜在民樂」「民者，國之根也，誠宜重其實，愛其命」等論述中蘊含的民生理念已成為中國傳統文化中富有人性光輝的優秀因子和歷代不懈的價值追求。

民生是安全感，民生是幸福感。今天，執政黨立足科學發展、構建和諧社會，把保障和改善民生上升為重要的國家戰略，充分體現了讓全體人民共享改革發展成果的執政理念。解決民生問題，不僅是一個時代發展的課題，也是一個現實的難題，需要開動腦筋，集思廣益，借鑑國際經驗，探尋破解之道。

民生概念的內涵非常廣，本文僅從狹義上論述。民生是指民眾的基本生存、生活狀態以及基本的發展機會、發展能力和基本權益狀況等。

民生既是經濟、社會、政治發展的邏輯起點，也是它們發展的邏輯終點。

第一，民生是重要的經濟問題。民生問題對推動經濟持續健康發展有著直接的重要影響，重視並努力改善民生，可以減少貧困人口數量並使低收入者的收入普遍提高，可以增大中等收入者的比例，這樣才能有條件拉動內需，促進經濟有效持續增長。第二，民生是重要的社會問題。民生問題既關係人的進步與發展，也關係社會的和諧與穩定。如果民生問題未能得到很好的解決，則會造成社會矛盾尖銳，導致社會動盪。具體到中國這樣一個正在努力實現現代化的大國來說，保持社會穩定的問題更加突出。第三，從歷史和現實來看，民生問題的解決程度關係到政權能不能穩固，甚至決定政權興亡。因為經濟、社會層面的民生問題直接與政府的公共服務相關聯，民生問題解決得好不好，取決於政府公共服務方面的制度安排合理不合理、得當不得當。

民生具有變動性、層次性和差異性的特點，時代不同，內涵和重點也不盡相同。那麼，當前中國民生問題的焦點是什麼？總體來看，隨著生活成本快速上升，居民生活壓力不斷加大，加上體制、機制的變革，中國現階段的民生問題仍然是就業、教育、醫療、社保、住房等社會層面的問題。對此，中央政府也重點提出了加

快以改善民生為重點的社會建設的六大任務，即發展教育、擴大就業、改革收入分配制度、加快建立覆蓋城鄉居民的社會保障體系、建立基本醫療衛生制度、完善社會管理。

稅收與民生互為資源，息息相關。第一，稅收職能關乎民生。稅收有三個基本職能，即組織財政收入、調控經濟、調節收入分配的職能。一方面，稅收通過無償強制的徵收，取得國家財政收入，保證國家機器順利運轉；另一方面，稅收參與社會產品的分配，調節各方面的經濟利益，維護社會的經濟秩序，對社會經濟施加影響和干預，像槓桿一樣使國民經濟得以長期有效運行，促進經濟發展。同時，稅收是均衡社會財富的有效措施，稅收具有調節收入分配的各種有利條件。稅制的設計、稅收政策的調整、稅收徵管的公正與否、稅收收入的使用、稅收負擔的高低無不關乎民生。正確發揮稅收職能作用，可以促進發展，改善民生，反之，則會阻礙發展，惡化民生。第二，稅收目的服務民生。稅收作為政府籌資、調節收入的工具，其最終目的是指向民生，即保障和改善民生。偏離了民生目標，則意味著稅收異化。在這個意義上，稅收與民生是手段與目的關係，民生是稅收的出發點和落腳點，稅收則是保障和改善民生的重要手段。

二、中國稅制和稅收徵管失靈：民生問題的誘因及其固化因素

改革開放以來尤其是1994年稅制改革以來，中國在涉農、民政福利等方面的一系列稅收優惠安排以及取消農業稅、強化個人所得稅管理等改革舉措在改善分配、縮小收入差距方面發揮了不可替代的重要作用。但現行稅制在調節收入分配方面功能弱化的矛盾亦逐漸顯露，在國民收入的三次分配①中存在一定的越位、缺位、錯位現象，甚至在一定程度上固化、激化了收入分配中的現存矛盾，產生逆向調節。發揮稅收調節收入差距的功能作用尚大有空間。為此，我們簡要分析一下中國現行稅制結構就可以看出一些問題（見表1、表2）。

表1　　　　　　　　　　2010年中國稅收收入結構

項目	稅收收入（億元）	占稅收總收入的比重（％）	占GDP的比重（％）
稅收總收入	73,210.79	100.0	18.25
國內增值稅	21,093.48	28.8	5.23
國內消費稅	6,071.55	8.3	1.51

---

① 三次分配理論並不嚴格，但近年來已為學界與社會廣泛接受與使用。初次分配是指在市場經濟條件下，各生產要素（勞動力、資本、土地和技術等）主體根據對產出做出的貢獻大小而獲得報酬；再分配（第二次分配）是政府通過稅收、政策、法律等措施，對初次分配的要素收入進行再次調節的過程；第三次分配是個人出於自願，在習慣與道德的影響下把可支配收入的一部分或大部分捐贈出去的過程。

表1(續)

項目	稅收收入（億元）	占稅收總收入的比重（%）	占GDP的比重（%）
進口貨物增值稅、消費稅	10,490.64	14.3	2.61
出口貨物退增值稅、消費稅	-7,327.31	-10.0	1.83
營業稅	11,157.91	15.2	2.78
企業所得稅	12,843.54	17.5	3.20
個人所得稅	4,837.27	6.6	1.21
資源稅	417.57	0.6	0.10
城市維護建設稅	1,887.11	2.6	0.47
房產稅	894.07	1.2	0.22
印花稅	1,040.34	1.4	0.26
其中：證券交易印花稅	544.16	0.7	
城鎮土地使用稅	1,004.01	1.4	0.25
土地增值稅	1,278.29	1.8	0.32
車船稅	241.62	0.3	
車輛購置稅	1,792.59	2.5	0.45
關稅	2,027.83	2.8	0.51
耕地占用稅	888.64	1.2	0.22
契稅	2,464.85	3.4	0.61
菸葉稅	78.36	0.1	

資料來源：財政部網站。

表2　　　2000—2008年各國商品和服務稅占財政收入比重　　　單位：%

國家和地區	2000年	2004年	2005年	2006年	2007年	2008年
世界		32.59	33.11	32.54	33.37	
孟加拉國		28.95	27.50	28.61	28.18	
柬埔寨		37.71	36.90	40.28		
印度	28.92	29.70	30.75	28.89	29.01	
印度尼西亞		32.04				
伊朗	6.59	2.37	2.39	1.99	1.76	1.25
以色列	26.95	29.41	29.07	27.93	28.51	
哈薩克斯坦	40.03	39.94	21.00	28.02	29.80	

表2(續)

國家和地區	2000年	2004年	2005年	2006年	2007年	2008年
韓國	28.24	29.56	28.32	26.69	24.97	
老撾					35.78	
馬來西亞	23.43					
蒙古				34.38	20.43	
緬甸	32.84	23.26	30.73			
巴基斯坦	30.30	32.92	34.07	32.83	29.70	33.31
菲律賓	27.46	24.66	23.46	29.19	28.32	
新加坡	18.04	23.63	23.41	22.21	23.26	
斯里蘭卡	56.75	59.84	55.28	51.13	48.09	
泰國		40.06	40.11	39.93	39.76	
埃及		21.42	23.65	19.72	19.18	
南非	33.10	34.06	32.98	32.48	31.64	
加拿大	16.34	17.60	17.09	15.35	15.52	
美國		3.49	3.20	2.79	2.56	2.62
委內瑞拉	24.92	27.96	24.94			
捷克	34.32	26.86	26.87	27.08	26.89	
法國	24.61	24.58	23.81	23.77	23.30	
德國	20.33	21.85	22.24	22.12	23.44	
義大利	22.93	22.16	22.32	22.30	21.36	
荷蘭	25.79	28.39	28.08	27.31	27.50	
波蘭		36.65	37.51	38.10	38.83	
俄羅斯	30.87		23.62	20.61	23.98	
西班牙	25.11	17.77	17.82	17.39	15.77	
土耳其				48.52	42.17	
烏克蘭	32.67	21.50	27.96	31.32	29.24	
英國	30.24	32.56	29.06	28.02	27.81	
澳大利亞	17.90	25.20	24.11	23.59	23.13	
新西蘭		29.09	27.26	26.40	25.89	

資料來源：國家統計局網站。

從表1可知中國稅收具有以下特點：

(1) 2010年中國的稅收占GDP的比重過低，只占GDP的18.25%，而OECD

國家 2007 年此項比重為 35.8%。①

(2) 中國流轉稅占整個稅收的比重高達 73.4%，包括增值稅、營業稅、消費稅、進口貨物增值稅和消費稅、關稅、城市維護建設稅、印花稅。也就是說中國的稅收主要是以流轉稅為主體，較 1994 年稅制改革初衷要構建以流轉稅、所得稅為主的雙主體稅制結構尚有一定落差。而世界平均水準的比重一般在 30% 左右。換言之，中國比世界平均水準高了大約 40 個百分點。

(3) 所得稅所占比重相當低，尤其是對收入差距有調節作用的個人所得稅只占稅收總額的 6.6%，占 GDP 的比重更低，僅占 1.21%，加上企業所得稅也只占 GDP 的 4.41%，而 OECD 國家 2007 年此項比重為 13.2%。中國社科院財貿經濟研究所發布的《中國財政政策報告 2010/2011》和一些學者的研究也證明了這一點② (見表 3)。

(4) 對個人財產差距進行調節的稅收幾乎是一片空白。統計表明，中國開始實質性市場化取向改革尤其是 1998 年以來，中國的收入分配差距存在加速擴大的特點。究其原因，主要在於財產性收入差距擴大。1998 年，中國開始推動住房制度改革，福利分房制度取消，轉向市場化方向。到 2000 年，住房實物分配在全國基本停止，這一輪改革加大了收入分配差距。市場化後，房產作為一項重要的財產正加大中國社會的收入差距，其不平等係數要大大超過城市居民收入的不平等係數。在經濟快速增長的推動下，證券市場日益紅火，股指屢創新高，從而加速擴大了金融財產的分配差距。有統計表明，2002 年年末，中國金融資產的分佈狀況是最高 20% 與最低 20% 之間的比率達 51∶1，城市金融資產的分佈的基尼係數為 0.51，金融資產的分佈極不平等，這甚至還不包括農村的情況。同時，財產的不平等分佈會產生「馬太效應」，即由於財產的保值增值和財產收入的衍生性，高收入群體擁有的財產多，也就能獲得越來越多的增值和財產性收入，使得居民之間的收入差距進一步擴大，造成財產分配不平等→收入分配不平等→下一輪財產分配不平等的惡性循環。目前中國的稅收對此卻基本上處於缺位、錯位狀態。例如，房產稅目前對個人住房基本上沒有徵收，即便是有的人擁有數套也沒有徵稅。中國對個人擁有的房產徵稅也只是 2011 年才開始在上海和重慶試點，而試點更多的只是具有一種象徵意義。目前對個人財產進行徵稅的主要是車船稅，但其調節作用太小，2010 年僅有 241.62 億元稅收，只占稅收總額的 0.3%，而且至少一半以上是對單位徵收。

表 3　　　　　　　稅前稅後全國居民和城鎮居民收入的基尼係數

年份	稅前全國居民收入的基尼係數	稅後全國居民收入的基尼係數	稅前城鎮居民收入的基尼係數	稅後城鎮居民收入的基尼係數
2002	0.404,4	0.391,5	0.351,3	0.334,8
2003	0.414,7	0.402,1	0.359,1	0.342,7

① 資料來源：OECD Factbook 2010。
② 高培勇，張德勇.中國財政政策報告 2010/2011 [M].北京：中國財經出版社，2010. 陳建東，蒲明.個人所得稅及最低生活保障制度對收入差距的調節作用的實證研究 [J].西財成果要報，2010 (14).

表3(續)

年份	稅前全國居民收入的基尼系數	稅後全國居民收入的基尼系數	稅前城鎮居民收入的基尼系數	稅後城鎮居民收入的基尼系數
2004	0.424,5	0.411,6	0.362,0	0.345,5
2005	0.443,2	0.430,0	0.369,7	0.352,9
2006	0.446,4	0.432,9	0.365,4	0.348,1
2007	0.450,3	0.436,0	0.366,2	0.347,5
2008	0.461,4	0.447,4	0.378,0	0.359,6
2009	0.469,0	0.455,8	0.371,7	0.354,2

資料來源：中國經濟網（http://db.cei.gov.cn/）。

由此可見，中國現行的以流轉稅為主體的稅制結構對目前收入差距的調節，基本上處於軟弱無力的尷尬境地。這樣一種以流轉稅為主體的稅制實際上難以起到縮小收入差距的作用，反而起到推波助瀾的擴大作用。這是流轉稅具有的累退性質決定的。除此之外，流轉稅對於物價上漲也往往起著推波助瀾的作用，無論是價外稅的增值稅，還是價內稅的營業稅和消費稅，都會隨著價格的上漲而上升，並且打入價格之中，推動物價上漲，而加重的稅收負擔最終相當大部分必然轉嫁給消費者。近年來中國稅收彈性系數較高，稅收增長幅度能夠年年超過 GDP 的增長速度，這是一個較為重要的原因，尤其是在通貨膨脹時期。結果，受到損害最重的就是處於社會中下層的公眾。

另外，本身應當起到一定調節作用的個人所得稅卻難以發揮應有的作用，使得收入差距基本上得不到有效的控制。[1] 據國際貨幣基金組織的統計，2010 年中國人均 GDP 是 4,283 美元，印度只有 1,176 美元，僅約為中國的 1/4。但據劉植榮的分析，印度的個稅納稅人約佔總人口的 10%[2]，而中國 2010 年的個稅納稅人只有 8,400 萬人，只約佔人口的 6.26%，如果按照調整以後的 2,400 萬人計算，則只約佔總人口的 1.79%。

三、中國稅制和稅收徵管民生取向的改革：基本路徑選擇

現在，一方面是收入差距嚴重抑制了中國經濟內生發展的最重要的引擎——內需，另一方面是由於稅制結構的不合理和稅源監控、稅收徵收的乏力，而使得中國目前的稅收對急遽拉大的收入分配和財產佔有的差距的調節不盡得力。由此，當務之急是應以民生為基本取向，加快進行稅制結構和稅收徵管改革，使中國稅收能夠真正有效地發揮調節作用，避免陷入「中等收入陷阱」。

---

[1] 陳志龍. 地稅局官員稱只能徵到工資稅 沒辦法監控高收入人群 [N]. 第一財經日報, 2011-09-02.
[2] 劉植榮. 看看外國個稅怎樣徵 [N]. 羊城晚報, 2011-03-14.

（一）路徑選擇之一：理念創新——破除「市場能夠自動調節收入差距」的神話，註重發揮政府「有形之手」的作用

近年來，一些人特別是一些所謂的「市場原教旨主義」專家學者們，都信奉並不斷鼓吹一個自認為是顛撲不破的真理，那就是認為市場機制能夠自動調節收入差距。其理論依據就是庫茲涅茨的倒 U 理論或「涓滴效應」。該理論認為，收入差距開始會因為市場經濟的引入而逐步擴大，但隨著市場的完善和經濟的發展，它擴大到一定程度就會自動出現逐步縮小的趨勢。①

雖然在西方國家市場經濟發展的 300 多年的歷史上的確曾經出現過收入差距縮小的現象（20 世紀 50~70 年代），但在此之前和在此之後出現的恰恰是相反的現象，即隨著市場經濟的發展，收入差距不但沒有自動縮小，反而卻在不斷擴大。以美國為例，1861—1914 年是美國工業化社會崛起的階段，也是自由市場經濟興盛的時期，這個時期又被美國人稱為只有市場和資本剝削的自由，而沒有廣大勞工不被剝削的自由的「工資奴隸」的「鍍金時代」。在這個時期，美國的收入差距呈現出不斷擴大的趨勢，社會矛盾也不斷積聚尖銳。這個時期同時也是資本與權力相互勾結，政治上相當腐敗的「政黨分肥制」時期。這一趨勢的扭轉是在 1913 年出現的「進步運動」之後，尤其是 20 世紀 30 年代大危機的「新政」以後。更為確切地說是在第二次世界大戰以後到 20 世紀 70 年代這段時間美國實行凱恩斯主義和「福利國家」政策的時候通過政府一系列的調節才使得收入差距有所縮小，中產階級也才逐漸形成，並成為美國社會的中堅力量。例如，美國在 1946—1963 年的個人所得稅的最高邊際稅率就一直保持在 90% 左右。從 1964 年開始，美國實行減稅政策，一直到 1981 年，其最高邊際稅率也在 70%~77% 之間波動。② 而這個時期恰恰是西方國家現代歷史上經濟發展速度最快、經濟危機相對緩和、社會相對平靜的時期，因此也被人們稱為西方市場經濟發展史上的「黃金時期」。但好景不長，由於 20 世紀 70 年代的經濟滯脹和凱恩斯主義調節政策的失靈，從 20 世紀 80 年代起，隨著更多的市場自發和更少的政府干預，更低的稅收和更少的福利這一套「新自由主義」政策的推行，美國的收入差距又開始拉大，以至於美國人驚呼「中產階級正在消失」。這一曲折的歷史變化過程不光出現在美國，也同樣程度不同地出現在其他西方國家。2008 年之所以爆發席捲全球的百年未遇的金融危機和經濟危機，可以說在很大程度上與此相關。這次危機的爆發一定程度上宣告了主張「市場萬能論」的新自由主義的失靈，它也同時宣告了市場機制可以自動調節收入差距的所謂的經濟規律的失靈。

慎重研究一下西方國家第二次世界大戰以後到 20 世紀 70 年代為什麼會出現收入差距縮小的短暫現象，就會發現，它恰恰不僅是市場機制自動調節的結果，更是政府一系列經濟、財政、稅收以及社會政策調節的結果。而政府之所以調節的背

---

① 在經濟學中，對經濟增長與收入差距之間的關係，庫茲涅茨於 1955 年提出了著名的倒 U 形假說，對於這一假說在中國是否成立，經濟學界存在巨大爭議。

② 劉植榮. 中國個稅制度落後美國 100 年 [N]. 光明網，2010-03-29.

後，恰恰是西方國家或政府不得不實行一系列「福利國家」的民生取向政策，調節市場機制的結果。市場經濟之所以不能自動調節收入差距，反而要不斷擴大收入差距，最終不斷導致經濟和社會危機，從根本上講，是市場競爭的「叢林法則」和資本的「唯利是圖」，即資本累積的本性決定的，市場經濟只要沒有相應的制約就必然導致收入差距和兩極分化。這是西方國家的市場經濟發展史一再證明了的客觀規律。

中國作為一個發展中大國，政府作為制度的供給者、執行者、推動者，調整收入差距應當而且必須有所為有所不為，「有形之手」與「無形之手」有效對接。稅收作為政府宏觀調控政策工具箱裡的重要手段，兼具財政職能、經濟職能和社會職能。現在的問題是三方面職能作用發揮應匹配而不宜脫節，在發揮財政職能、經濟職能的同時，應全面協調，統籌兼顧，不可偏廢，在現實條件下還應適度強化其社會職能。

（二）路徑選擇之二：制度創新——建立和完善調節收入差距的個人所得稅制和財產稅制

目前中國稅收之所以對收入差距的調節相當乏力，其主要原因之一在於現行稅制結構的不合理，一定程度上形成了制度問題的「堰塞湖」，而寄希望於執行環節加強管理來填堵是不可能的。例如，中國缺乏調節財產收入差距的房產稅和一般財產稅以及遺產和贈與稅。而現行的調節收入分配差距的個人所得稅也由於落後的分類所得稅制和難以有效監控稅源而基本上起不到「削峰填谷、抽肥補瘦」的調節作用。財產稅制遲遲不能出抬，個人所得稅改革一直難以進行大的改動和調整，其中最主要的原因就在於目前經濟秩序、收入分配秩序和財產分配秩序的混亂，到處都存在或大或小的漏洞，使稅務機關很難真正監控稅源，因此也很難發揮其調節作用。在此，本文只論及調整稅制結構這一關聯頂層設計的優化問題。

（1）盡快改革和完善個人所得稅制度。中國應將現行的分類所得稅制改為綜合與分類相結合的稅制；將現在的固定扣除改為按家庭具體情況扣除；將按個人為單位徵稅改為按家庭或個人為單位徵稅；將按月或按次徵稅改為按年徵稅；甚至可以考慮適當降低稅率，將45%的最高邊際稅率下調為40%，在邊際稅率10%~20%之間增加一個15%的檔次。應強調的是，個人所得稅的帶根本性的改革是否能夠推出，在多大程度上推出，不是取決於人們的願望，而是在很大程度上取決於現實的可能性，說到底就是經濟秩序和徵稅秩序是否能夠真正規範。

（2）建立和完善財產稅系列的稅制。第一，盡快推行房產稅，調節財產佔有上的貧富差距。在上海、重慶試點摸索出經驗的基礎上，盡快推出房產稅，無疑對抑制投機，調節收入差距，緩和經濟和社會矛盾是能夠起到一定的作用的。在具體徵收上，借鑑一些專家提出的設想，可以不按第二套及其以上的房產徵收，而是按面積徵收，比如給每個人50平方米的寬免額，超過人均50平方米以上的房產就要徵稅。稅率可以考慮按照市場評估價值和佔有的面積大小實行1%~3%的累進稅率，不夠50平方米的可以享受相應的補貼。這樣既可以保護老百姓享有基本的居住權，

防止「離婚熱潮」和「婚姻異化」，又可以在一定程度上抑制房屋的投機炒作，平抑房價，還可以鼓勵人們減少住房面積，達到節約資源的目的。第二，適時開徵遺產和贈與稅。遺產和贈與稅不宜對所有繼承遺產和接受贈與財產的人徵收，而是主要對超過一定寬免額的富人徵收。此稅開徵的目的一是調節收入差距，防止社會兩極分化和社會矛盾激化；二是在一定程度上防止所謂的「富二代」「富三代」好逸惡勞，不思進取，成為垮掉的「富二代」「富三代」。第三，推進配套改革。在陸續推出上述改革和調整措施時，中國應相應地降低流轉稅的稅率與比重，或者同時降低和取消一些基金與收費。具體來講，就是在一段時期內，在保持寬口徑的宏觀稅收負擔水準的前提下來進行這些改革，同時又不加大公眾的稅收負擔。

（三）路徑選擇之三：管理創新——大力整頓經濟秩序，優化稅收生態環境

目前稅制結構的調整與完善在很大程度上取決於中國的經濟秩序、收入分配秩序和財產分配秩序是否能有效地加以規範，是否能夠真正堵塞或大或小的漏洞，是否能夠使數量巨大的各種隱性收入變得公開、透明，總之，是否能夠使稅務機關真正監控和掌握稅源。由於目前的稅收監管在富裕階層面前存在一定的「盲區」，由此造成了貧富階層實際稅負不公。如果不首先解決對高收入者的稅收監管難題，出抬再好的政策也將是一紙空文。[①]

中國應進一步整頓規範經濟稅收秩序。例如，整頓金融秩序，嚴格控制現金交易，廣泛使用信用卡和支票結算；銀行、保險、工商、海關、統計、財政、稅務、住房、社保、公檢法等部門利用計算機網絡和信息技術組成一個統一的監控平臺；所有自然人和法人都只擁有一個統一的身分號碼，不管是領取收入、獲得財產、銀行存取款、繳納稅收、買賣住房、饋贈財產等，都只能使用這個統一的身分號碼，從而使目前處於地下狀態的巨量的「隱性收入」轉為地上的公開收入，以堵塞各種違法亂紀、偷稅漏稅的漏洞，最大限度地減少犯罪分子的可乘之機。

同時，以民生為取向改革稅制和稅收徵管不僅需要從稅收科學化、規範化、專業化、精細化的技術層面來推進，更重要的是應進一步優化稅收運行的政治、經濟、社會生態環境，尤其要優化政府。

從治本之策來講，中國需要通過深化政治體制改革，建立和健全社會主義民主法治，建設法治政府、預算政府、廉價政府、責任政府。第一，完善和強化人民代表大會制度，使人民代表進一步真正代表人民的利益，強化全國人民代表大會的最高權威，加強人民代表大會對政府、公檢法及其他一切權力機關的監督和制約。中國應從制度設計上促使各級政府官員把「立黨為公，執政為民」真正落在實處。第二，推進依法行政。中國應規範黨政官員和一切政府部門的行為，政府出抬的法規、政府的預算收支、政府的政策和施政行為必須要公開、透明、依法辦事，隨時接受人民的審議和監督。中國應從制度上切實落實社會公眾對黨和政府的日常監督

---

① 富人善逃稅 稅收加劇收入差距［N］．經濟參考報，2010-05-17．

的權力，尤其要充分保護和發揮網絡與輿論的監督作用。中國應通過實行公眾普遍的、及時的監督和制約這種真正的人民民主制度，依法「把政府這頭怪獸關進籠子裡」或「把政府置於金魚缸內」。第三，強化預算約束。政府部門的一切收支必須全部納入國家預算，絕不允許有預算之外的政府收支甚至「小金庫」存在。各級政府的一切預算收支應做到統一、公開、透明和規範，註重加強各級人民代表大會和人民代表對預算收支計劃及調整的嚴格審議、批准和質詢的權威，預算收支必須依法接受社會公眾的監督與質詢，絕不能任由各級黨政領導「拍腦袋」隨意支配使用。第四，優化支出結構。中國應加大預算支出結構的調整，大力整頓和嚴格控制「三公」經費與行政支出，努力打造「廉價政府」，突出民生和社會保障、社會福利性質的支出，使稅收真正做到「取之於民，用之於民」。

從治標之策來講，第一，將紀檢、監察、審計、司法、巡視等監督部門實行中央垂直管理，減少監督中的阻礙，強化監督力度，使它們逐步成為反腐「利器」。第二，按照中央要求，通過大力整肅吏治，嚴懲腐敗，樹立正氣。可以說，治國就是治官，官治不好，國必然治不好。為了治官，必須從各級領導幹部開始，一級抓一級，一級帶一級，層層抓到底，進一步推進吏治清明和世風清正。

(四) 路徑選擇之四：機制創新——重點推動稅收工作創新轉型

在微觀工作機制上，我們應改變以稅務機關為中心、以方便稅收徵管為前提的傳統做法，以納稅人為中心，以滿足納稅人合理需求、保障納稅人合法權益為導向，創新和優化稅收工作方式方法。第一，紮實推動稅收工作從稅務機關權力本位向納稅人權利本位轉變，尊重納稅人的平等主體地位，充分保障納稅人各項合法權益。第二，推動稅收工作從管理本位向服務與管理並重轉變，高舉服務與管理兩面旗幟，把該有力的徵管抓強，把該柔和、美善的服務抓優，尤其要以高質量的納稅服務贏得納稅人對稅收工作的認同、支持和信任。第三，推動稅收工作從監督打擊、嚴防死守向信賴合作、自願遵從轉變，尊重納稅人、理解納稅人、信任納稅人，通過減輕納稅負擔，降低納稅成本，引導納稅人依法誠信履行納稅義務。第四，推動稅收工作從稅務部門單向強制推動向徵納和諧互動轉變，增強民主、開放、合作、共贏意識，依靠納稅人開展稅收工作，發動納稅人參與稅收工作，共同推進稅收事業發展。

——《中國稅制和稅收徵管改革的民生視角探討》（柳華平　朱明熙）原載於《稅收研究資料》2012 年第 12 期。

10. 促進西部大開發稅收政策效應調查與建議

中國實施西部大開發戰略已逾 10 年，國家為配合這一重大區域經濟發展戰略實施的第一輪促進西部大開發系列稅收優惠政策也已到期。為全面瞭解這些政策的實際執行情況及其產生的經濟社會效應，四川省廣元市國稅局立足本市進行了深入調研，在此基礎上提出了一些新的政策建議。

一、西部大開發稅收優惠政策促進廣元經濟社會發展的作用比較明顯

中國在 2001—2010 年實施的首輪促進西部大開發稅收優惠政策主要集中在以下幾個方面：對設在西部地區的屬於國家鼓勵類產業的企業，民族自治地區的內外資企業以及符合條件的西部地區新辦交通、電力、水利、郵政、廣播電視企業給予不同形式的企業所得稅優惠；對西部地區公路國道、省道建設用地免徵耕地占用稅；對西部地區鼓勵類產業及優勢產業的項目在投資總額內進口的自用設備按規定免徵關稅和進口環節增值稅（2009 年 1 月 1 日起為配合增值稅轉型改革恢復徵稅）；退耕還林（草）產出的農業特產收入免徵農業特產稅（2004 年起全國停徵、2006 年起正式取消了除菸葉稅外的農業特產稅）；等等。

首輪促進西部大開發稅收優惠政策主要集中在企業所得稅方面。2001—2010 年，廣元市國稅部門先後為 20 戶符合政策條件的企業落實企業所得稅優惠政策，累計減免稅收 9,604 萬元。其中，17 戶屬於鼓勵類產業企業享受減按 15% 稅率繳納企業所得稅的優惠，3 戶新辦電力企業享受企業所得稅「兩免三減半」的稅收優惠，主要集中在 2004—2007 年，每年減免企業所得稅均超過 1,000 萬元。上述企業中只有少數企業連續享受至 2010 年政策期滿，大部分企業則由於經營虧損或經營停止而中斷繼續享受優惠。

這些促進西部開發稅收政策與其他經濟扶持政策相配合，促進了廣元經濟社會發展。十年間，廣元市地區生產總值從 2000 年的 86 億元增加到 2010 年的 322 億元，年平均增長 14.11%；固定資產投資總額 10 年間增長了 16 倍多，2010 年達到 480 億元。與此同時，產業結構不斷優化，特色優勢產業加快發展，基礎設施建設發生巨變，低碳式發展邁出新步伐。伴隨著經濟健康快速發展，廣元市地方財政實力明顯增強，2010 年全市實現財政收入 33 億元，是 2000 年的 5.99 倍。其中，稅收收入 30 億元，是 2000 年的 5.96 倍。

二、部分政策實用性不強導致促進西部大開發稅收優惠政策整體效能降低

中國第一輪促進西部大開發系列稅收優惠政策已於2010到期，雖然效果明顯，但廣元市的實際情況和其他地區相關資料都表明，部分政策的實用性不強，導致促進西部大開發系列稅收優惠政策的整體效能降低。這具體表現在：

第一，稅收優惠政策的實際效力不高。2008年，《中華人民共和國企業所得稅法》實施後，企業所得稅稅率下調為25%，高新技術企業統一適用15%的優惠稅率，加之從事國家重點扶持的公共基礎設施項目和符合條件的環保、節能節水項目所得享受「三免三減半」優惠，民族自治地區企業應繳納企業所得稅中屬於地方分享部分可由自治機關決定減徵或免徵。這就大大抵減了西部地區企業所得稅優惠政策形成的區域優勢。據統計，廣元市2008—2010年國稅部門負責徵管的企業享受西部大開發企業所得稅優惠政策，減免稅額僅1,978萬元，只占同期減免企業所得稅總額的22%。

第二，稅收優惠政策的適用範圍偏窄。以促進西部大開發的企業所得稅優惠政策為例，其鼓勵類產業必須符合全國統一的鼓勵類產業目錄，「兩免三減半」的優惠期限必須自開始生產經營之日算起，這些條件實質上限制了西部地區特色產業企業和扭虧為盈企業對這一政策的充分享受，優惠範圍狹窄、受惠企業數量不多。據統計，廣元市僅有3家企業享受到「兩免三減半」的稅收優惠政策、17戶企業符合鼓勵類產業企業享受15%的優惠稅率，且享受優惠的企業主要集中在電力、飲料製造行業，而更多具有西部特色的企業無一享受到這一稅收優惠。

第三，稅收優惠方式比較單一。相比《中華人民共和國企業所得稅法》規定的加計扣除、加速折舊、稅額抵免、減計收入等優惠方式而言，西部大開發稅收優惠方式比較單一，僅包括免徵、減徵和降低稅率等方式，這對西部地區盈利能力弱甚至虧損企業難以形成比較明顯的區域優惠效應。

第四，部分稅收優惠政策失效多年。隨著除菸葉稅外的農業特產稅被取消，原來給予西部地區的農業特產稅優惠實際已經失效；對西部地區內資鼓勵類產業及優勢產業的項目在投資總額內進口的自用設備免徵進口環節增值稅，也在增值稅轉型後實際失效。這些稅收政策在多年前相繼失效後沒有再增加相應的替代或補充稅收政策，使得相關稅種的部分西部大開發稅收優惠政策形同虛設。

三、新一輪促進西部大開發稅收優惠政策仍需進一步完善

2011年7月，財政部、海關總署、國家稅務總局聯合印發了《關於深入實施西部大開發戰略有關稅收政策問題的通知》，明確了2011—2020年的新一輪支持西部大開發一攬子稅收政策。主要內容是：對西部地區符合條件的進口自用設備免徵關稅；對設在西部地區的鼓勵類產業企業減按15%的稅率徵收企業所得稅；對2010

年12月31日前新辦的符合條件的交通、電力、水利、郵政、廣播電視企業,可以繼續享受企業所得稅「兩免三減半」優惠到期滿為止。

與首輪西部大開發稅收優惠政策相比較,第二輪稅收優惠政策出現明顯變化:一是優惠稅種減少。上一輪優惠稅種涉及企業所得稅、關稅、進口環節增值稅、農業特產稅、耕地占用稅,除進口環節增值稅、農業特產稅優惠因稅制改革停止執行外,新一輪優惠政策僅僅涉及企業所得稅和關稅。二是優惠對象變化。上一輪企業所得稅優惠對象包括國家鼓勵類產業企業、民族自治地方的內外資企業以及新辦交通、電力、水利、郵政、廣播電視企業,而新一輪優惠政策對後兩項優惠不再單獨規定,西部大開發稅收政策關於企業所得稅的優惠範圍統一為符合《西部地區鼓勵類產業目錄》規定的企業。三是單獨制定適用目錄。上一輪政策中的鼓勵類產業企業先後適用了《當前國家重點鼓勵發展的產業、產品和技術目錄(2000年修訂)》《產業結構調整指導目錄(2005年)》《外商投資產業指導目錄》《中西部地區外商投資優勢產業目錄》4個目錄,新一輪政策將單獨制定《西部地區鼓勵類產業目錄》,享受優惠的企業將按該目錄標準進行確認,西部大開發稅收政策更具有針對性,更便於操作執行。四是企業所得稅優惠範圍和方式有所改變。新一輪稅收優惠政策未單獨對西部民族自治地方企業和新辦交通、電力、郵政等企業做出企業所得稅的稅收優惠規定。隨著企業所得稅優惠政策內容的改變,新的西部大開發企業所得稅優惠方式不再包括定期減徵、免徵和「兩免三減半」,而只保留了減按15%的稅率徵稅,優惠方式更加單一。

總體上看,新一輪西部大開發稅收優惠政策更加務實,較好地適應了稅制改革發展和西部經濟發展的新形勢。一是企業所得稅優惠政策與《中華人民共和國企業所得稅法》相統一。新一輪西部大開發稅收優惠政策中除符合條件的鼓勵類產業企業減按15%的稅率徵收企業所得稅外,其餘設在西部地區的企業一律依照《中華人民共和國企業所得稅法》享受統一的企業所得稅優惠政策。二是稅收優惠政策的適用產業目錄與區域經濟發展相適應。新一輪西部大開發稅收政策規定,鼓勵類產業企業以《西部地區鼓勵類產業目錄》中規定的產業項目為主營業務,不再適用全國統一的《產業結構調整指導目錄》,使得針對西部地區的稅收激勵和扶持政策更具有針對性、實效性、可操作性,更能體現經濟發展的區域特點。三是稅收優惠政策與推進民族地區發展相適應。2011年6月,財政部、國家稅務總局發布了《關於新疆困難地區新辦企業所得稅優惠政策的通知》,規定新疆困難地區新辦的符合條件的企業在2010—2020年期間享受企業所得稅「兩免三減半」優惠,並且單獨適用《新疆困難地區重點鼓勵發展產業企業所得稅優惠目錄》,這項政策充分體現了西部大開發與推進民族地區發展的高度統一。四是稅收優惠政策與稅制改革相適應。基於首輪西部大開發稅收優惠政策中有關農業特產稅、進口環節增值稅優惠政策由於稅制改革已自動失效,新一輪西部大開發稅收政策僅涉及企業所得稅和關稅,與稅制改革保持了一致。

對照新一輪西部大開發稅收優惠政策和西部地區經濟社會發展的實際需要,本文建議財政部、國家稅務總局對新一輪稅收優惠政策做出適當補充和完善,以提高

其政策效率，更好地實現其政策預期目標。

　　第一，建議對西部地區企業從事國家重點扶持的公共基礎設施項目的投資經營以及符合條件的環境保護、節能節水項目所得，按《中華人民共和國企業所得稅法》規定享受「三免三減半」的優惠期限，單獨規定從開始獲利年度算起，而不是自取得第一筆生產經營收入所屬納稅年度算起，以提高這一政策扶持西部地區企業的適用性。

　　第二，建議對設在西部地區國家級貧困縣的鼓勵類產業企業，在減按15%的稅率徵收企業所得稅基礎上，再給予自取得第一筆生產經營收入所屬納稅年度起，第一年至第二年免徵企業所得稅，第三年至第五年減半徵收企業所得稅的特殊優惠，以加大對西部貧困地區的扶持力度。

　　第三，建議制定《西部地區鼓勵類產業目錄》應充分體現西部經濟特色，產業目錄要有利於帶動西部優勢產業協調發展，充分體現主體功能區域發展以及經濟結構調整的要求，促進特色優勢產業轉型升級。鼓勵類產業目錄設置還應註重西部地區的可持續發展，鼓勵自然生態保護和環保產業發展。同時，《西部地區鼓勵類產業目錄》應盡早制定並發布，以利於優惠政策盡快有效執行。

　　第四，建議跨地區總分機構企業所得稅預繳分配向西部地區大力傾斜。當前總機構及二級分支機構大部分設在發達的中東部城市，現行總分機構企業所得稅政策對西部資源地有較多不利影響，在稅收徵管實踐中也存在許多矛盾與困難，使得稅務機關對分支機構企業所得稅的監管缺乏力度。如果對三級機構企業所得稅實行就地預徵，不僅有利於逐步改變西部地區有稅源無稅收的困境，保證西部地區享有充足的財政收入，也有利於解決總分機構企業所得稅管理中存在的各種矛盾，有利於提高其稅收徵管質量和效率。

　　——《促進西部大開發稅收政策效應調查與建議》（四川省廣元市國家稅務局）原載於《稅收經濟調研》2011年11月第33期。

11. 轉變經濟發展方式的分稅制研究

摘要：目前，轉變經濟發展方式已經成為中國面臨的重大挑戰。而現行分稅制財政體制的某些不合理安排導致中央與地方財權和事權嚴重不匹配，形成雙重「剪刀差」，在一定程度上固化和激化了經濟發展中的一系列現實問題，助長經濟的粗放式、傾斜式增長，導致經濟增長主要依靠外需和投資，同時削弱了中央和地方兩級政府對經濟的調控作用，不利於加快經濟發展方式轉變。圍繞和服務於加快經濟發展方式轉變，分稅制宜做出相應戰略性和適應性調整。

關鍵詞：轉變經濟發展方式　分稅制　事權與財權

導語

轉變經濟發展方式已經成為中國經濟發展亟須解決的重要問題，財政體制在推進發展方式轉變方面亦具有十分重要的作用。在經濟體制-財政體制-財政政策的遞進關係中，財政體制上承經濟體制的總體影響方向，下啟財政政策的具體影響策略，同時要不違背經濟發展方式轉變的一般規律。無疑，檢討現行分稅制財政體制對於轉變經濟發展方式的約束，進一步完善分稅制改革，服務和推進經濟發展方式轉變具有非常重要的理論和實踐意義。

一、現行分稅制固化和激化了中國經濟發展方式的現實問題

1994年推行的分稅制改革有效解決了「地方財政富裕，中央財政困難」的矛盾，實現了「兩個提高」，即提高了稅收收入占財政收入的比重和中央財政收入占全國財政收入的比重，對促進中國經濟的快速發展做出了積極貢獻。但隨著中國工業化、城市化進程的加快，一些資源性、結構性、社會性問題逐步凸顯，重速度、重數量、輕質量、輕效益的增長方式難以為繼，經濟增長方式粗放，經濟發展缺乏可持續性。

分稅制財政體製作為中國的基本財政體制，對經濟發展方式的選擇起到了重要的指引作用。2009年，中國中央財政收入占全國財政收入的52.42%，地方財政收入占全國財政收入的47.58%，而中央財政支出僅占全國財政支出的20.14%，地方

財政支出占全國財政支出的79.86%。中央和地方財權與事權存在嚴重不對等、不匹配的問題無疑應對經濟發展方式中暴露出來的問題負誘導責任。可以說，阻礙經濟發展方式轉變的相關分稅制問題紛繁複雜，這裡僅從粗放式增長、經濟增長動力和傾斜式增長三個角度進行探討。

（一）固化和激化粗放型經濟增長方式

改革開放以來，中國經濟雖然實現了年均10%的高速增長，但粗放型經濟增長方式大行其道。造成這種局面的一個重要原因是分稅制財政體制導致地方政府財力匱乏以及現行政府績效考核體系輕視產出和效益的關係。根據現行分稅制財政體制對財權和事權的劃分，地方政府財力嚴重不足，誘發政府的短期行為。以增值稅為主體的稅收體系以及中央和地方對增值稅的共享安排，誘發了地方政府的投資擴張衝動。多年來，一些產業項目的盲目上馬和低水準重複建設雖然實現了產量的增長，增加地方政府財政收入，但卻是以大量消耗資源、能源和環境污染為代價的，忽略了產出與效益的配比關係。這不但不利於產業結構的調整優化，也無益於國民經濟的健康發展。2006年，中國以占世界總量15%能耗、30%鋼材消耗和54%水泥消耗僅產出了占全球產值總量5.5%的國內生產總值。從中國與西方7個發達國家（G7）能源消耗的比較來看，中國每創造1美元GDP消耗的能源為69,000千焦，G7平均能耗的5.9倍。同時，中國廢棄物排放水準大大高於發達國家，每增加一單位GDP的廢水排放量比發達國家高4倍，單位工業產值產生的固體廢棄物比發達國家高10多倍。

（二）固化和激化政府盲目投資與擴大外需

現行分稅制體制對中央和地方之間財權與事權的劃分不盡合理，造成地方財政困難，地方政府不得不挖空心思地尋求資金以維持運轉。加之改革開放以來，中國大力鼓勵出口和投資，一定程度上忽視了各產業和內外需之間的協調發展，經濟發展表現為過分依靠外需和投資。

1. 外需拉動層面

改革開放以來，中國在擴大海外市場、大力發展對外貿易上取得了巨大成就，但是在外需急遽擴張的同時，內需變得相對薄弱，形成了經濟發展主要依靠外需拉動的特點。現行分稅制體系下，承擔出口退稅責任的主要是國家，增值稅在徵收的時候地方政府享有25%的分享權，退稅則主要由中央財政負擔。這樣的分擔機制無疑會造成地方政府出抬更多的鼓勵出口政策，加大經濟增長對出口的依賴性。從另一角度看，中國的出口企業和產業主要集中在沿海發達地區，這樣的出口退稅分擔機制無疑是中央對地方的另一種變相轉移支付，增大了地區差距。

2. 投資拉動層面

中國消費支出尤其是居民消費支出在GDP中所占比重不僅大大低於發達國家，也大大低於發展中國家的平均水準；投資所占比重卻很高，分別為發達國家和發展中國家平均比重的2倍和1.6倍。高投資低消費的後果是投資效率低下，部分行業生產能力過剩，影響產業結構調整，影響居民整體生活質量的提升，最終會影響經

濟的可持續發展。從實踐來看，中國的投資急遽增加主要有社會投資和政府投資兩個方面，分稅制體制下投資的擴張主要以政府投資為主。隨著地方政府事權範圍擴大，形成了政府投資-政府收入增長-政府再投資的循環體系，造成投資的急遽膨脹。按絕對價格計算，2009年中國GDP增長率為11.54%，同期地方政府財政收入和支出增長率分別為13.72%和23.04%，均高於GDP增長率（見圖1）。

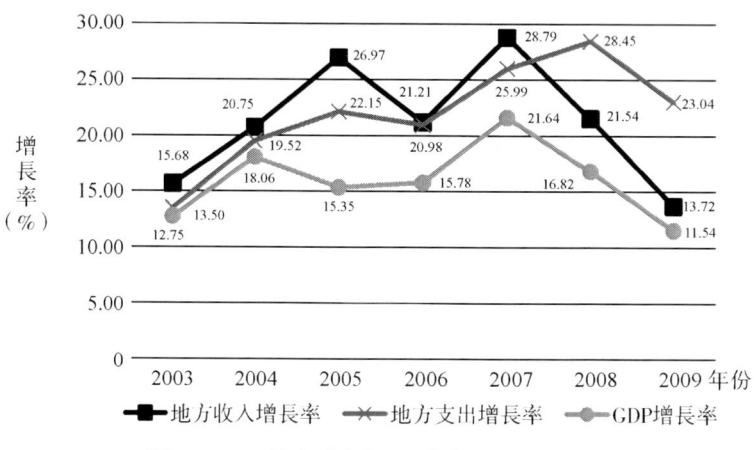

图1 GDP、地方財政收入和支出增長率示意圖

更為嚴重的是，為大力增加財政收入，地方政府盲目擴張的行業偏向於低端、高能耗、高污染行業，資源配置不合理，導致各地重複建設和地區間產業趨同，嚴重阻礙了產業結構優化和資源節約型、環境友好型社會的構建。第一，形成以基建投資為主拉動經濟增長的經濟增長方式。1994—2008年，中國建築業產值年均增長26.2%，明顯高於GDP增長率。不可否認，建築業的蓬勃發展促進了經濟繁榮，但建築業產值的大幅度增加和重複建設有著千絲萬縷的聯繫。道路、城區規劃缺乏長遠考慮，「修了拆，拆了再修」造成資源的極大浪費。2009年，中國地方政府基金支出中和建築業相關的支出就高達7,274.33億元。第二，形成地區間產業趨同。多年來，各地區間引進低端企業較多。忽視當地基本情況的盲目引進，造成資源、人力、財力的極大浪費。例如，多晶硅產業，許多地方本地根本沒有硅礦，也沒有硅板銷售渠道，原料從外運進，產品再運出售賣。又如，煤礦、水泥、造紙等行業在全國各地大肆蔓延等。

同時，現行按照隸屬關係劃分收入的所得稅分享制度誘發了一定程度的地方保護主義，對區域結構、所有制結構、企業組織結構的調整及經濟增長方式的轉變等造成了極為不利的影響，阻礙了產業結構的優化升級。

（三）固化和激化傾斜型發展

目前，中國的傾斜性發展主要包括區域、城鄉、社會財富聚集三個方面。據國家統計局相關資料，內地最富裕的10%的人口佔有了全國財富的45%；而最貧窮的10%的人口所佔有的財富僅為1.4%；銀行60%的存款掌握在10%的儲戶手裡。東

部地區經濟發展明顯快於中西部地區，東中西部地區經濟發展差距正逐年加大。在分稅制財政體制中尋根溯源，除去上述論述中提到的出口退稅政策對東部地區的隱形轉移支付外，中國的專項轉移支付和稅收返還在很大程度上加劇了區域發展的不平衡性。中國的轉移支付包括稅收返還、體制補助、專項補助和財力性轉移支付，其中財力性轉移支付又包括一般性轉移支付、民族地區轉移支付、調整工資轉移支付、農村稅費改革轉移支付等。從轉移支付的結構上看，稅收返還和專項撥款補助所占比重過大，而具有地區平衡功能的一般性轉移支付的比重又過小（見表1）。

表1　　　　　　　中央轉移支付後地方財政收入情況

年份	中央對地方轉移支付後地方財政收入（億元）	中央對地方轉移支付支出（億元）	轉移支付後地方總收入占比（％）	稅收返還（億元）	稅收返還占轉移支付支出比重（％）
1994	4,700.69	2,389.09	90.08	2,028.1	84.89
2002	15,866.80	7,351.8	83.94	3,335.0	45.36
2005	26,584.76	11,484	84.00	4,144.0	36.08
2008	51,595.40	22,945.61	84.13	4,282.7	18.66
2009	61,202.04	28,621.3	89.38	4,942.27	17.27
地方實際收入平均占比（1994—2009年）			84.89	—	—

2009年，中央財政對地方稅收返還4,942.27億元，專項轉移支付12,359.14元，共占轉移支付支出的60.45％。同期一般性轉移支付11,319.89億元，占全部轉移支付的39.55％。1994年，稅收返還這種轉移支付制度的設計是為了保護各地區的既得利益，順利推進分稅制改革。稅收返還和專項轉移支付在相當長的時期內有其合理性，並且發揮了積極作用，但客觀上卻對轉變經濟發展方式造成了不利影響。從橫向關係來看，由於各地區的稅收返還基數不同，稅收返還增長機制明顯有利於富裕地區，成為助長地區間財力差距不斷擴大的重要原因。儘管中央財政的一般性轉移支付在向中西部地區傾斜，但是在總體轉移支付中，東部地區所占數量仍然具有明顯優勢。這已成為東部地區與中西部地區差距擴大、阻礙經濟發展方式轉變的一個制度性原因。此外，縣鄉財政困難無力投資基礎設施建設帶動經濟發展，也是造成城鄉發展不平衡的主要因素。

二、現行分稅制制約經濟發展方式轉變的成因分析

（一）中央與地方財權和事權嚴重不匹配，形成雙重「剪刀差」

現行分稅制下，各級政府的財權、事權範圍和各級預算主體的支出職責尚缺乏科學、合理的界定，形成了兩個「剪刀差」，即中央政府收入和地方政府收入之間

的「剪刀差」及其支出責任之間的「剪刀差」。根據現行中央政府與地方政府事權的劃分，中央財政主要承擔國家安全、外交和中央國家機關運轉所需經費，調整國民經濟結構、協調地區發展、實施宏觀調控所必需的支出以及由中央直接管理的事業發展支出。地方財政主要承擔本地區政權機關運轉所需支出以及本地區經濟、事業發展所需支出。在具體的支出責任上中央與地方經常出現魚龍混雜的情況，中央與地方支出責任不對等、權力關係不規範，造成各級政府的事權範圍和支出責任不明確，越俎代庖的事情時有發生，經常出現「中央點菜，地方買單」的現象。

同時，實施分稅制以來，呈現財政收入向上集中、支出向下轉嫁的趨勢。中央在集中財力的同時並沒有承擔相應的義務，由於行政權力的垂直集權，往往出現「上級出政策，下級出錢」的情況，中央將應承擔的政策負擔也轉移到了地方。在改革過程中，作為下放事權的形式之一，各級政府紛紛將所屬虧損國有企業下放，增加了地方負擔，出現支出向下轉嫁的問題。

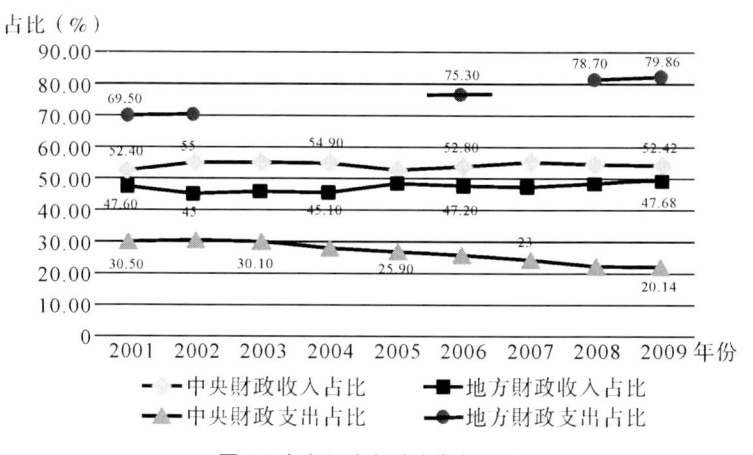

圖2 中央和地方財政收支比重

圖2集中反應了中央政府和地方政府財權與事權劃分不合理的現實狀況，財政收入方面中央和地方「五五開」，財政支出卻是「二八開」。地方支出過分依賴中央轉移支付和地方預算外收入。

（二）稅權和財權配置弱化政府對經濟的調控作用，導致「政府失靈」

1994年的分稅制改革有效解決了「地方財政富裕、中央財政困難」的突出問題，中央財政收入在隨後十多年內的時間裡得到有效提高。但隨著市場經濟的發展，現今稅權和財權在中央與地方之間的劃分卻正在弱化中國各級政府的宏觀調控效果，「政府失靈」凸顯。

1. 分稅制對中央調控的弱化作用

目前，中國財政收入中中央本級財政收入大概占總收入的50%，中央對宏觀調控的控制能力還有待加強。2007—2009年，中國中央本級財政收入占全國財政收入分別為54.1%、53.3%、52.42%，而世界上主要國家的中央財政收入占總收入的比

重基本上在58%以上，有的甚至超過80%。目前，中央通過稅收政策調控經濟運行的效果尚不明顯，主要就是因為中央財政收入占全國財政收入比重不夠大，並且不能遍布全社會所有產業和所有個人。例如，個人所得稅和營業稅這種稅源遍及全國，具有高度協調功能的部分稅種並未劃歸為中央稅。分稅制對稅收分權、分管模式的安排，促使中央不能有效控制全國範圍內的主要稅種，宏觀調控力度不夠，轉變經濟發展方式的政策難以落實。

2. 分稅制對地方調控的弱化作用

稅收立法權高度集中於中央，不利於各地區結合實際引導經濟發展方式轉變，導致地方調控弱化。現行分稅制財政體制的核心是劃分中央與地方的權力邊界，為各級政府行使其職能確立制度基礎。為規範和遏制地方政府的權力擴張，現行分稅制規定，稅權高度集中在中央，絕大部分地方稅稅種的稅法、條例以及大多數稅種的實施細則都由中央制定和頒發，地方只有徵收管理權。這樣雖然保證了中央的控製作用，但不利於地方因地制宜地制定徵稅法則，根據本地區情況作出最合理、最有利的安排，也不利於地方政府利用稅收這一經濟槓桿調節和控制地方經濟，促進經濟發展方式轉變。

地方稅收體系不健全，收入水準不高，自給率偏低。由於地方稅收來源不足，既限制了地方財政職能的有效發揮，又促使地方政府尋求稅外收入，以解決其行政事業經費和建設資金不足的問題，從而導致整個政府收入機制的紊亂，遏制各產業的健康發展，特別是高新技術產業和新興產業。另外，近年來的亂收費、亂攤派、亂集資以及預算外和制度外資金加劇膨脹的問題，與預算管理體制中地方政府收入制度的不完善存在著密切的聯繫。2008年，地方政府非稅收入5,394.68億元（不含土地出讓金等預算外收入）占到地方政府總收入的18.83%，僅次於營業稅收入所占份額。2007年，地方政府預算外資金收入6,289.95億元，占到全國預算外資金收入的92.2%。

省級以下分稅制財政體制的改革不盡完善，致使財權向上轉移，而事權卻相對下移，增加了地方政府負擔，打擊了地方調控積極性。雖然分稅制設計的是中央財政與省級財政之間的分配格局，但是這種格局對省以下財政，尤其對縣鄉兩級財政產生了巨大影響。一是原來屬於縣鄉收入的部分企業稅收按分稅制規定化為中央收入；二是按照目前財政體制設計，每一級政府有權決定它與下一級政府採取的財政劃分辦法，從而造成財權層層上收，基層財政運行困難，無力提供公共服務。地方政府不得不盲目尋求收入以保證其自身運轉，忽視了政府在市場失靈領域的調控作用。

分稅制是經濟發展方式選擇的財政基礎、財力基礎和財政動因，而現行分稅制固化、激化了經濟發展方式中的現實問題，政府間財權、事權不均和「剪刀差」是重要誘因。隨著市場經濟的發展，現行分稅制體制亟待完善。

三、幾點對策思考

完善分稅制是深化政府管理體制改革的重要組成部分，對轉變政府職能和經濟發展方式具有舉足輕重的影響。完善分稅制的基本取向，應以加快轉變經濟發展方式為著眼點和檢驗完善績效的「試金石」，服從並服務於經濟發展方式轉變，做出戰略性、適應性調整。

（一）從中長期來看，宜對分稅制作戰略性調整——合理劃分事權、財權

分稅制的核心是合理劃分中央和地方的事權、財權範圍。理順政府職能，科學劃分各級政府的事權、財權、稅權的邊界，消除財政「缺位」「越位」和「錯位」現象，逐步健全公共財政框架是完善分稅制的戰略性調整的主要內容。

1. 合理劃分中央和地方政府支出責任

改革政府事權與支出責任的首要出發點就是要解決好各級政府職責交叉或重疊現象。這是一個複雜而龐大的系統工程，這裡僅對關係重大但又存在較多問題的教育、計劃生育、社會保障等基本公共服務領域的支出責任進行分析。

（1）義務教育方面。現行體制下，縣鄉政府承擔部分義務教育支出和管理責任，其他支出由省級或中央財政轉移支付。但現在5級財政層級卻造成資金層層截留，縣鄉財政困難，實際花在義務教育上的支出大打折扣。建議合理劃分政府事權範圍，適當上收縣鄉政府現階段承擔的支出責任和管理責任，讓省級政府在義務教育中承擔更大的支出責任，進一步加大中央對義務教育的專項轉移支付。學校基礎設施按照屬地原則由縣級財政負擔，必要時上級政府給予一定協助。現階段由縣級財政負擔的義務教育事業費支出責任的70%上繳省級財政，省級政府同時承擔義務教育階段全部教師和部分營運的管理責任。中央加大對困難地區教育支出的轉移支付。義務教育基本建設支出由縣級財政負擔，省級財政通過轉移支付給予幫助。調整後中央、省級、縣級教育支出比例變為30：55：15。

（2）計劃生育方面。計劃生育作為基本國策，屬於強制消費的全國性公共物品，應由中央政府承擔支出責任。中央政府應加大對地方醫療衛生領域專項轉移支付支出，著力解決好現階段「看病難、看病貴」的問題。

（3）社會保障方面。養老保險、失業保險和醫療保險與勞動力流動等密切相關，這些具有全國性公共物品性質，應該由中央政府和高層級地方政府承擔支出責任，管理責任由中央和地方共同承擔。工傷保險、社會福利、社會救濟等與地方密切相關，屬於地方性公共物品，由地方政府支出。

2. 適當下放部分地方稅稅權和地方舉債權

縱覽世界各國分稅制發展歷程，稅權的劃分基本上是「以全部中央政府立法」到「主要稅種中央政府立法，次要稅種地方立法，中央、地方分稅分級管理」，先擴大地方政府的稅收徵管權，再給予地方政府一定的立法權。中國可借鑑這種方式，適當增加稅收調控的靈活性。稅基由中央政府統一規定，事關全局性的稅種的

立法權、開徵停徵決定權、稅目稅率調整權等集中在中央。具有很強的地域性和地方性的稅種的開徵停徵權、稅率稅目調節權、減免權下放給地方。適當下放部分稅種的立法權，地方在中央的統一領導下，結合本地區經濟發展的具體情況，開徵新稅種。同時，中國可賦予地方一定限度的舉債權。目前，中國地方政府沒有發債權，這不符合分級分權財政管理體制的初衷和發展方向。賦予地方政府一定的舉債權，既有利於地方政府結合本地區具體情況，決定是否赤字以促進地區經濟健康發展，又有利於規範地方政府的規費收入。現行財政體制下，地方政府運轉資金嚴重不足。由於地方政府沒有舉債權，只能通過土地出讓金、收取規費等方式募集資金，這就從一種程度上鼓勵了暗箱操作，不利於政府營運資金的透明化，增大了納稅人稅收負擔，造成不同行業之間利潤率相差甚遠，不利於地區經濟協調發展。需要注意的是，賦予地方政府舉債權，不等於使地方政府權力泛濫，中央政府應對地方發債規模實行有效控制，如控制地方發債的審批權，實行舉債權與審批權的分離，嚴格限定債務收入用途，有效控制財政風險。債務收入只能用於基礎設施建設等資本性支出和經濟危機下的消費刺激支出，不能用於彌補經常性支出的不足。

（二）從短期來看，宜對分稅制做適應性調整——構建規範、穩定、透明的體制

1. 增大中央對稅收收入的控製作用，增強宏觀調控能力

分稅制並不僅僅強調地方財政分權，如果沒有中央政府的統一協調，過分強調地方的獨立性，會在一定程度上削弱中央的宏觀調控作用，影響資配置效率，產生現存的地方政府投資衝動、地區間產業結構趨同、地方保護主義等問題，也不能有效地解決傾斜型發展。稅收貫穿國民經濟的方方面面，增強中央對稅收收入的控製作用，是中央宏觀調控效率的必要保證。中國應減少共享稅，合理劃分中央與地方固定收入，完善轉移支付制度，保障地方財政所需資金充足，既保證中央對宏觀經濟的調控和控製作用，又保證地方財政營運資金充足，大力增加公共物品供給。

增值稅與所得稅聯動，將其中之一「上收」為中央固定收入，另一「下放」為地方財政收入，既可以解決共享安排存在的問題，又有利於調整中央與地方的收入分配比例。改革增值稅和企業所得稅的共享安排，將企業所得稅作為中央財政的固定收入，增值稅作為中央對地方的轉移支付固定來源，即將地方財政所屬的企業所得稅的40%上繳中央，同時將目前歸中央財政的增值稅的75%再分配給地方財政，相當於以中央財政所屬增值稅的75%份額換取地方財政所屬的企業所得稅40%份額。一方面，我們將所得稅等作為中央財政固定稅種，企業所得稅成為中央稅，從制度上切斷地方政府財政收入與企業收益之間的直接聯繫，消除地方保護主義，為企業發展壯大創造良好環境；另一方面，我們將增值稅作為中央與地方特殊共享稅，其收入全部用於中央對地方的轉移支付，這樣既可以解決目前增值稅對地方的不當激勵問題，也可以為轉移支付體系提供穩定、可預期的資金來源。

同時，我們應將營業稅、城市維護建設稅作為地方財政固定稅種。我們應通過完善城市維護建設稅、房產稅、教育稅等，使地方自有收入能力有所增強；出抬燃

油稅、環境稅、資源開採和補償稅等新稅種，以進一步增強地方的自有收入能力。增值稅共享改革與新型房產稅（物業稅）改革同步配套推進。總體來看，增值稅和企業所得稅共享調整，有利於增加地方財政可支配收入。由於增值稅收入主要來自發達地區，而轉移支付則主要面向不發達地區，因此增值稅全部由國家稅務局徵收，並作為中央對地方轉移支付的固定來源，短期內對發達地區地方財政必將造成一定的影響。長期來看，隨著新型房產稅等新稅種的開徵，發達地區地方財政收入將呈現穩步增長態勢，完全可以彌補增值稅調整對地方財政收入減收的影響。把房產稅等財產稅作為地方稅的主體稅種，有助於遏制地方政府的「投資饑渴」，轉而更加關注公共產品的提供、居民收入增長、充分就業等民生項目的發展。

依據上述設想，中央機關負責徵收增值稅、企業所得稅、個人所得稅等關係整個社會的主體稅種，有利於增強中央對地方的控製作用，有助於宏觀調控措施的有效落實。表2反應增值稅、企業所得稅調整後對中央和地方財政收入的影響。

表2　　　　部分稅種調整後對中央和地方財政收入的影響　　　　單位：億元

項目	2009年收入總額	2009年收入結構（%）	2009年中央財政收入	2009年地方財政收入	擬調整內容涉及收入變化
稅收收入	63,104	100	35,896.14	32,580.74	
國內增值稅	18,820	29.82	13,915.99	4,904.01	中央收入減少13,915.99億元
消費稅	4,761	7.54			
營業稅	9,015	14.29			穩定的作為地方收入
企業所得稅	12,157	19.27	7,618.82	4,538.18	地方收入減少3,089億元
個人所得稅	3,944	6.25	2,366.72	1,577.28	現行分配比例不變
出口退稅	-6,486.56	—			
中央轉移支付	28,621.3				
調整內容	企業所得稅全部劃歸中央收入 增值稅全部作為轉移支付來源		中央減少收入10,826.99億元 地方增加收入10,826.99億元		

2. 嚴格規範地方政府收費權，硬化地方政府預算約束

下放一定的稅權和舉債權給地方政府，必須建立在有效的地方財政預算約束這個前提下，否則會嚴重削弱中央對地方財政的控制力，不利於各級政府間財政關係的協調，可能導致地方政府的赤字偏好，最終影響宏觀經濟的穩定和經濟發展方式的轉變。因此，中國需要合理劃分地方政府的收費權，將各種規費收入逐步納入預算內，嚴格財政紀律，加強審計監督力度。中國現階段地方政府事權責任大，財政預算內資金不足，存在著對規費收入的路徑依賴，增大了企業活動的交易成本，制約了企業科技創新和產業升級。政府收費應本著成本價收費的原則，主要針對各種

證照辦理。但目前，土地出讓金、攤派費等卻占到了政府規費的絕大部分，加大了企業的實際稅負。規範地方政府的收費權，將收費逐步納入預算內，也將大大有助於降低企業實際稅收負擔，為中小企業的發展創造良好的外部環境，推動企業投入技術創新資金，實現產業結構升級。

3. 完善政府間收入分配機制，增強基層政府提供公共服務的能力

一方面，完善轉移支付制度，促進公共服務均等化。中央政府應建立起各級政府間的有效協調機制，即建立起以實現「各地公共服務水準的均等化」為主旨的政府間合理規模的公平補償利益關係。中國應逐步建立以因素法為基礎的財政補償方法，擯棄目前的基數法；逐步減少稅收返還和專項補助，縮小地區差異。另一方面，推行「省直管縣」行政管理體制。中國應減少財政管理層級，推行省以下分稅制財政體制的完善，解決縣鄉財政困難的實際問題，有利於調動地方各級政府的積極性，促進政府職能的實現。同時，這也有利於平衡各地財力，實現公共服務均等化。這些都有助於加快經濟發展方式的轉變。

（1）按不同經濟實力，將縣區劃分為「強縣、中等縣和貧困縣」，分別採取不同辦法，區別對待。劃分縣區按60%的發達縣，30%的欠發達縣，10%的中等縣實行不同的政策差別對待。發達縣財政收入實現自收自支，努力實現地方財政平衡，省級機關減少下撥資金。省級政府轉移支付主要針對中等縣和欠發達縣，主要向欠發達縣傾斜。結合各縣區具體情況，專項轉移支付和一般性轉移支付相結合，加大對欠發達地區的基礎建設資金投入，促進欠發達縣產業經濟結構形成。

（2）省級財政直管縣級財政，地級市財政只管轄本轄區範圍內的財政收支，減少財政層級，促進資金投放向基層傾斜，向與老百姓日常生活息息相關的產業傾斜。

（3）完善省以下稅收分配制度。初步設想占各省（縣、市）40%的欠發達縣、中等縣的營業稅、個人所得稅、房產稅、契稅等（除資源稅）稅種稅收入直接劃歸縣級金庫。占各省（縣、市）60%的發達縣營業稅、個人所得稅分別按60：40的比例劃歸縣級財政和省級財政所有。省級財政營業稅和個人所得稅收入作為基礎性專項轉移資金來源，主要針對農林水事務支出、教育支出、醫療衛生支出、社會保障和就業支出、糧油物資儲備支出、科學技術支出六項經常性支出項目。發達縣房產稅、土地增值稅按60：40的比例劃歸省級財政和縣級財政所有，省級財政房產稅和土地增值稅收入主要用於對中等縣和欠發達縣的基礎建設性專項支出，幫助欠發達縣解決公共交通、市政基礎設施建設等具體問題。全省所有縣區資源稅按70：30的比例劃歸省級財政和縣級財政，嚴格控制各縣區資源稅收入使用範圍，主要針對資源開採後的排污處理、植樹造林等環境保護項目。

結語

轉變經濟發展方式，國家政策不僅要體現在推動高新技術產業發展、促進節能減排和產業結構升級上，關鍵還要為轉變經濟發展方式掃清財政體制的制度性障

礙，註重適應性調整和戰略性調整相結合的互動式調整，從事權、財權、法權等多方面進一步深化中國的分稅制改革，合理劃分稅收在中央與地方之間和省級與縣區之間分配比例，消除地方保護主義，促進省以下分稅制體制的建立，有效解決縣鄉財政困難。

——《轉變經濟發展方式的分稅制研究》（柳華平　餘昕雯　喻顯良）原載於《政務》2010年第6期。

12. 轉變經濟發展方式的稅收約束及其對策

當前，對於刻不容緩地轉變經濟發展方式、優化經濟結構、增強經濟發展的內生動力問題，眾說紛紜，見仁見智。稅收作為分配社會資源和政府宏觀調控的重要手段，對促進經濟發展方式轉變、提高經濟發展的質量和效益，具有不可或缺的重要作用。審視現行稅制對轉變經濟發展方式的約束，對完善中國稅收制度、加快轉變經濟發展方式無疑具有重要意義。

一、稅收對轉變經濟發展方式的作用機理

（一）轉變經濟發展方式的內涵

隨著中國工業化、城市化進程的加快，一些資源性、結構性、社會性問題逐步凸顯。重速度、重數量、輕質量、輕效益的增長方式已經難以為繼，而且僅僅從傳統的轉變經濟增長方式的角度引導、調整經濟已不能適應經濟、社會發展的需要，轉變需要新的思路。

與經濟增長相比較，經濟發展具有更為深遠的內涵，不僅指國家財富數量的增加，還意味著財富質量的提升，包括經濟結構的優化、投入產出效益的提高和人民生活質量的持續改善等。「發展方式」也更科學和全面，不僅包含經濟的「增長方式」，更有經濟結構、運行質量、經濟效益、收入分配、環境保護以及現代化進程等多方面的內容，著眼點在於「績」和「質」的提升，而不再以「量」的提高為根本。

中國被卷入肇始於美國的世界金融危機，其中一個根源就被歸於中國經濟發展方式的落後和不適應。現在轉變經濟發展方式已被放在同社會制度轉型、經濟體制轉軌同一層面。2009年，中國經濟已經觸底反彈，最困難的時期已經過去了。但同時，中國經濟已經不可能再回到危機之前的狀態，因為中國和世界都發生了一系列深刻的變化，今天的發展方式轉變已經不同於危機之前了。

轉變經濟發展方式，至少包含五個方面的內容要義：一是保持適度的經濟增長，只有經濟持續增長，社會財富才能得到累積，人民生活質量的改善、社會和諧發展才具備堅實的基礎。二是更加註重經濟增長的質量，從粗放型增長方式向集約型增長方式轉變，處理好速度與效益、經濟增長與資源環境的關係，建設資源節約

型、環境友好型社會。三是更加註重經濟增長的效益，經濟增長必須有利於提高人民的物質文化生活水準和健康水準，改變收入分配失衡狀況，讓人民平等地享受發展成果。四是更加註重經濟增長的可持續性，由主要依靠出口、投資拉動經濟向依靠消費、投資、出口「三駕馬車」共同拉動經濟增長轉變，由主要依靠物質資源的消耗向主要依靠科技進步、勞動者素質提高和管理創新轉變，增強經濟增長的內生動力。五是更加註重經濟結構的均衡，實現三次產業協同發展，實現城鄉之間、區域之間均衡發展，實現國內與國際市場協調發展。

(二) 稅收對轉變經濟發展方式的作用

稅收具有財政職能（組織收入）、經濟職能（調控經濟）、社會職能（調節收入分配）。具體來講，政府可通過稅收的不同制度安排對轉變經濟發展方式產生廣泛影響。其作用機理包括以下三個方面：

1. 激勵

西方供給學派經濟學家認為，低邊際稅率有利於提高人們的工作積極性（正向激勵），而高邊際稅率則會降低人們的工作積極性（負向激勵）。拉弗曲線說明，採取過高或過低稅率的稅收政策都並不一定能獲得高的稅收收入。因此，政府可以通過制定合理稅率水準，在保證政府財政收入和保持人們工作積極性上找到平衡點。

2. 引導

在經濟學理論中，稅收對微觀經濟主體主要產生收入效應和替代效應。政府可以通過稅收在稅率、稅基和稅收優惠上的不同制度安排來改變商品的相對價格，改變納稅人生產、消費、儲蓄和投資等經濟行為，從而體現一定的引導性，達到調節經濟的目的。

3. 矯正

因為公共物品、外部性、壟斷等原因，市場經濟存在其自身無法克服的固有的缺陷，稱為「市場失靈」。在經濟學理論中，稅收是政府矯正市場失靈的重要工具之一。

二、現行稅制對轉變經濟發展方式的約束

實事求是地評判，改革開放以來尤其是 1994 年稅制改革以來，無論從制度內容層面還是從體制機制實現形式層面來說，稅收在組織財政收入、促進經濟發展、理順中央與地方關係、調節各種經濟成分、擴大對外開放等方面都發揮了不可替代的重要作用。但與中國經濟增長、經濟發展相伴而生的問題是現行稅制與轉變經濟發展方式不相適應、不相匹配的矛盾逐漸顯露，尚存在越位、缺位、錯位現象，甚至在一定程度上固化、激化了經濟發展方式中的現存矛盾。其具體主要表現在以下三個方面：

(一) 稅收作用深度的約束

1. 稅收負擔偏高

稅負反應國家徵稅的深度。1994—2009 年，中國稅收收入增長了近 12 倍，由 1994 年的 0.51 萬億元上升到 2009 年的 5.95 萬億元，年均增長率近 17%，大大超過中國的經濟增長速度。但如果只從國際通行的稅負統計口徑看，中國的宏觀稅負水準並不高。2009 年，中國稅收收入加上社會保險繳費共計約 7.55 萬億元，約占 GDP 的 22.5%，這一稅負水準與大多數發達國家 30%～50% 的宏觀稅負水準相比是低的。不過，中國稅收的法定稅負（即名義稅負）偏高，這也是《福布斯》在其所謂的「全球稅收痛苦指數」排行榜中將中國排在前幾位的原因。因此，中國現行稅制存在巨大的「徵管空間」，即法定稅負與實徵稅負之間的差距，稅收徵管凸顯了非同一般的稅收增長效應。同時，在中國財政收入的結構中，仍有很大一部分是預算外收入，主要包括各類政府基金收入和土地出讓金等，2009 年全國僅土地出讓金收入就達 1.5 萬億元。有學者統計，如果加上預算外收入，中國的宏觀稅負水準已經超過 30%，稅負水準高於發展中國家平均稅負，甚至高於美國和日本。

稅負水準偏高，會對經濟產生抑制效應。很多研究表明，中國的稅收負擔同經濟增長存在顯著的負相關關係，即使考慮政府支出的正效應，依然不足以抵消其抑製作用。這一點從中國實施結構性減稅應對國際金融危機取得的卓越成效也可以得到驗證。儘管國家實施了一系列結構性減稅政策，但客觀上都是以增稅為實際執行結果的。同時，中國現行稅制中，營業稅重複徵收、個人所得稅扣除額偏低、部分稅種稅率偏高等問題依然存在，不利於調動生產者積極性和擴大消費，阻礙了稅收激勵作用的發揮。

2. 稅制體系不盡合理

中國現行稅制格局以間接稅為主體，流轉稅收入占到了全部稅收收入的 70% 左右，直接稅收入（包括所得稅和財產稅）不到 30%，其中流轉稅近 60% 的收入集中在增值稅上，畸形的稅制結構潛藏著風險和脆弱性。以間接稅為主體的稅制體系雖然在客觀上能有效組織財政收入，但不利於調節社會貧富差距，因為流轉稅具有累退性，即中低收入者承擔了更多稅收。這樣的稅收體系不利於提高國民的可支配收入，進而難以刺激消費、擴大內需。相反，其固化了各個地方拼命追求 GDP 的高速發展和發展重化工業以獲得更多稅收，客觀上鼓勵經濟粗放式擴張。同時，中國也沒有完整的財產稅體系，既有的房地產稅、車船稅等，收入規模較小，難以有效發揮職能作用。

(二) 稅收作用廣度的約束

1. 稅收政策與經濟增長模式

改革開放以來，中國採取「外向型」增長模式，主要依靠出口和投資取得了長時期的經濟高速增長。但這種高投資、高出口、低消費的增長模式也帶來種種弊端，需要逐步轉變為主要由內需驅動經濟增長，讓經濟增長惠及全體人民。中國現行的稅收政策體系是適應「外向型」經濟增長模式的，在一定程度上也固化了這種

模式。例如,現行進出口稅收政策鼓勵出口而不利於進口,造成貿易順差不斷擴大,不斷發生與其他國家的貿易摩擦。

2. 稅收政策與產業結構調整

近年來,中國經濟增長對第二產業尤其是製造業和建築業依賴度很高,稅收政策也主要向第二產業傾斜,導致第一產業、第三產業發展滯後。第一,在對農業發展的支持上,因為在市場中處於弱勢地位,農民承接優惠政策的能力較低,難以完全得到相關稅收優惠。例如,雖然農民銷售自產農產品免增值稅,但企業仍能壓價收購。同時,對農業生產資料的稅收優惠又難以真正惠及農民。稅收在支持農村合作經營組織、農村金融保險服務和農業科技推廣等方面也存在不足。第二,在促進產業結構升級上,稅收優惠方式單一、不系統,各種法規之間銜接性較差。第三,在促進第三產業尤其是服務業的發展上,因為營業稅存在重複徵稅,其本身的優惠政策又較有限,加之中國現行增值稅小規模納稅人適用3%的徵收率,而對服務業徵收的營業稅稅率為5%,從稅制上更加鼓勵重化工製造業、工商業,稅制成為制約服務業發展的根源之一。

3. 稅收政策與「兩型社會」建設

中國現行稅制中,資源稅、消費稅、增值稅和企業所得稅等稅種對促進納稅人節能降耗、保護環境起到了一定的鼓勵作用,但按照「兩型社會」建設要求還存在諸多問題,經濟增長的生態環境成本難以正確反應。第一,缺乏完善的環境稅體系。中國還沒有開徵環境稅,在很多領域和環節是通過收費的辦法來解決,稅收調節存在缺位。第二,資源稅徵稅範圍過窄,主要採取從量徵收,稅率偏低,不能反應市場價格變化,也缺乏優惠政策鼓勵企業提高開採效率和進行環境修復。第三,現行稅制不利於企業節能降耗和發展循環經濟。例如,企業利用本企業前期生產所產生的廢棄物進行生產,就不能享受增值稅進項抵扣。第四,通過高稅率抑制「兩高一資」(高污染、高能耗和資源性)行業存在逆向調節,發展這些行業反而能得到更多稅收收入。因此,一些地方政府尤其是經濟落後地區在一定程度上支持這些行業。

4. 稅收政策與自主創新

提高自主創新能力是增強經濟發展內生動力、優化經濟結構、提高國家競爭力的中心環節和必然選擇。運用稅收手段鼓勵企業進行自主創新、支持高新技術產業發展,已經成為發達國家的共同選擇,但中國現行稅收政策對自主創新的支持力度還不夠。第一,對傳統產業技術改造扶持上,企業只有被確認為高新技術企業,才能享受較好的稅收優惠待遇,非高新技術企業進行高新技術研發則不能享受與之相同的優惠政策,有悖於稅收公平原則。第二,高新技術產業的稅收優惠政策覆蓋面主要集中在流轉和利潤分配環節,不利於整個產業鏈的快速發展。第三,高新技術企業的無形資產和開發過程中的智力投入往往佔高新技術產品成本的絕大部分,但這些投入並不能抵扣,不能減輕高新技術企業的稅收負擔。第四,對於風險投資企業尚缺乏比較完整的稅收優惠措施。第五,個人所得稅政策中對進行自主創新的科技人員激勵不足,不利於激發科技創新熱情。

（三）稅收作用力度的約束

1. 稅收收入政績化不利於稅收政策的落實

中國稅收是按計劃徵收的，很多地方沿襲傳統的「稅收基數+增長系數」模式，地方政府出於對自身利益的考慮，量出為入、以支定收，根據本地財政支出的缺口，層層追加稅收收入計劃，脫離經濟發展客觀實際。對稅收計劃的過度考核既可能導致稅收計劃困難時徵收「過頭稅」「虛列空轉」，也會導致計劃完成容易時「有稅不收」「違規批緩」等現象，影響稅收政策貫徹落實。

2. 稅收成本偏高

稅收成本包括徵收成本、納稅成本。徵收成本是稅務機關為徵稅而花費的行政管理費用。有統計，中國的徵收成本大約在8%，遠高於發達國家1%~2%的徵稅成本率。納稅成本是納稅人為履行納稅義務支付的各種資源的價值。中國稅制複雜、不穩定、變動多，加之近年來徵管模式運行機制及方式又不斷地做出調整，使得納稅人的納稅成本較高。較高的稅收成本帶來稅收效率低下、扭曲市場行為和「逆向調節」等問題，同時不利於規範稅務機關徵稅行為、提高納稅人稅法遵從度和稅收政策的執行。

三、化解稅收約束的對策思考

加快轉變經濟發展方式已對稅收提出了迫切的現實要求，這既是當前和今後一個時期稅收制度體制機制完善的出發點，又是落腳點，同時也是檢驗和評判稅收制度完善和稅收工作績效的「試金石」。從理論和實踐看，中國應進一步落實「簡稅制、寬稅基、低稅率、嚴徵管」原則，積極推進稅制改革，完善稅制體系，繼續有所作為且必須堅持的基本取向。對此，本文提出以下幾點具體思考和建議：

（一）思考之一：拓展稅基，降低稅率，保證合理的宏觀稅負水準

一方面，保持稅收收入與經濟同步增長的良性關係，不一味追求稅收收入高速增長。在依法治稅的條件下，隨著稅務徵管效率的提高和納稅人納稅意識的增強，中國可以適度降低較高的法定稅率，從整體上降低稅負水準。另一方面，中國應在近期乃至在一個比較長的時期內繼續實行結構性減稅，在保證稅收收入總量適度的情況下，對某些現行稅制沒有覆蓋的經濟活動和收益，或者雖然已經覆蓋但稅負水準明顯偏低的經濟活動和收益，要徵稅或加稅；對稅負水準偏高的稅種要減稅。例如，逐步降低增值稅適用稅率；逐步將營業稅納入增值稅徵收範圍，可以將與貨物銷售關係密切的交通運輸和建築業先行納入，再逐步將其他行業並入，消除重複徵稅；進一步規範非稅收入，堅決取締不合理的行政收費項目。

（二）思考之二：完善稅制體系，逐步增加直接稅，提升稅收對收入差距的調節功能

中國應提高所得稅和財產稅比重，建立起在收入和財產兩個層面調節收入差距

的直接稅稅制體系。深化分稅制改革，可以考慮將財產稅、物業稅作為地方稅體系的主體，緩解地方政府財政壓力，規範政府行為。例如，完善房地產稅體系，適時開徵物業稅（或不動產稅）、社會保險稅、遺產與贈予稅；改革個人所得稅，改分類徵收為分類綜合徵收，減少稅率檔次，擴大徵收範圍，提高費用扣除標準，不同省（市、區）可以根據實際情況進行一定幅度的調整。

（三）思考之三：立改廢並舉，完善相關稅收政策體系

1. 促進經濟增長模式轉變

第一，逐步改變間接稅和直接稅的占比結構。降低增值稅等流轉稅稅負有助於地方政府改變對GDP的過分迷戀，從而更加關注居民收入和財產的增長，也有利於納稅人消費能力的提高，進一步擴大內需。第二，完善進出口稅制。中國應調整出口退稅率和關稅稅率，取消高能耗、高污染和資源性產品的出口退稅，提高高附加值、高科技含量產品的出口退稅率，引導企業升級換代，逐步改變過度鼓勵出口的政策，讓企業有壓力開拓國內市場，進一步啓動內需。同時，中國應鼓勵進口，進一步減少貿易順差，並增加可觀的進口稅收。

2. 促進產業結構優化升級

第一，繼續加大和完善涉農稅收優惠，促進農村發展。中國可以考慮農產品加工全環節免徵增值稅，既可以減除對農村品收購抵扣管理的成本，也有利於鼓勵資本進入農業生產領域；對農業生產資料生產企業提高優惠幅度；對農村的企業和各種投資採取稅費優惠，對農村各種經濟組織和農民個體工商戶減免稅，促進其發展；對金融保險企業對農村的金融保險服務業務提高優惠力度；對農業科技人員推廣農業科技的個人收入可以提高扣除標準，甚至免稅。第二，建立健全支持產業結構升級的稅收優惠制度，豐富優惠方式。第三，加大對現代服務業的稅收政策支持力度。中國應優先扶持新型服務業，如軟件服務業、移動通信增值服務業，對新型服務企業在新辦初期給予一定期限的營業稅和所得稅減免；大力扶持諮詢、法律、會計、資信評估、市場代理等仲介服務業發展，對新辦仲介機構取得的收入給予一定時期的營業稅、房產稅和土地使用稅減免；鼓勵發展生產性服務業，如物流業。

3. 促進「兩型社會」建設

第一，改革完善資源稅。中國應擴大徵稅範圍，將森林、草原、淡水等列為徵稅範圍；調整計稅依據，將開採量與回採率、環境修復費用掛勾；改革計稅方法，實行從價計徵同從量計徵相結合的方法；適當提高稅率。第二，開徵環境稅，建立綠色稅收體系。第三，其他稅種的配套改革和完善。中國應擴大資源綜合利用產品增值稅優惠政策的範圍；加大對環保節能設備、技術、產品的增值稅優惠，如企業內部節約資源和循環利用資源可以加計抵扣進項；對環保企業和企業的環保行為進行所得稅優惠，提高對節能減排設備和產品研發費用的稅前扣除比例；擴大消費稅徵稅範圍，將資源消耗大、難以回收利用的材料或嚴重污染環境的材料生產的產品納入消費稅徵稅範圍，提高大排量小汽車、越野車等的消費稅稅率；對符合一定標準的節能生產企業，在城鎮土地使用稅、房產稅方面適當給予一定的減免稅優惠。

第四，鼓勵節能技術推廣。中國應對從事節能技術開發、技術轉讓業務和與之相關的技術諮詢、技術服務業務取得的收入，免徵營業稅；對單位和個人為生產節能產品服務的技術轉讓、技術培訓、技術諮詢、技術服務、技術承包取得的技術性服務收入，可予以免徵或減徵企業所得稅和個人所得稅。

4. 鼓勵自主創新

第一，制定系統的鼓勵企業自主創新的稅收優惠政策，建立覆蓋高新技術產業鏈的稅收政策體系，增強高新技術產業一體化效應。第二，鼓勵傳統產業改造升級，對其進行研發投入部分實行類似高新技術企業的稅收優惠制度，鼓勵多種經濟實體加大科技研究與開發投入。第三，擴大高新技術企業增值稅抵扣範圍，允許其抵扣外購的專利權和非專利技術等無形資產的進項稅金。另外，企業銷售自行研發的屬於國家產業政策重點扶持開發的新產品繳納的增值稅，可以根據不同情況給予「先徵後返」優惠。第四，完善鼓勵風險投資的稅收政策。中國應適當延長企業所得稅優惠期限，擴大投資抵免範圍。第五，完善對科技人才培養與激勵的稅收政策，鼓勵對教育科技的投入。中國應適度提高高新技術企業職工教育經費的稅前扣除比例，對科研人員通過技術開發、技術轉讓、技術諮詢和技術服務獲得的收入減免個人所得稅。

(四) 思考之四：依法治稅，提高徵管效率，優化納稅服務

1. 制訂科學合理的指導性稅收計劃，完善稅收工作績效管理制度

在目前中國公民納稅意識相對比較薄弱、稅收管理社會化程度相對較低、稅務徵管手段相對落後的情況下，完全取消稅收計劃可能造成較嚴重的稅款流失現象。在宏觀層面，隨著稅務徵管水準的提高，中國宜推行部分稅收指數化（Tax Indexing），比如按照每年消費物價指數的漲落，自動確定所得稅應納稅所得額的稅前扣除額和適用稅率，以消除通貨膨脹的名義所得額增減的影響。在微觀層面，中國應完善稅收預測與計劃制度，根據經濟運行和稅源特點準確開展稅收預測工作，科學制定符合本地區經濟發展的指導性稅收計劃，並及時根據形勢發展作出調整。計劃是指導性的而非指令性的，中國可以將稅收計劃的完成情況作為考核稅務機關工作的主導標準但不是唯一標準。這需要完善上級稅務機關和地方黨政部門對稅務機關的績效管理制度，建立起轉變經濟發展方式、促進科學發展導向的績效考核體系，促進稅務機關依法徵稅，應收盡收，堅決不收「過頭稅」，堅決制止和防止越權減免稅，嚴格執行各項稅收政策。

2. 降低稅收成本，提高稅收效率，優化納稅服務

強化稅收成本意識，稅制設計應該更簡化，並保持一定的穩定性，變粗放型稅收徵管為集約型管理，提高稅務機關效能。同時，中國應簡化辦稅流程，減輕納稅人成本，防止把加強稅收管理產生的成本轉嫁給納稅人，不斷優化納稅服務，提高納稅人遵從度和社會滿意度。

(五) 思考之五：把握時機，優化環境，防止「稅收失靈」

毋庸置疑，稅收在促進經濟方式轉變上應當而且必須有所作為，實際上也大有

可為。但稅收不是萬能的，不可能解決轉變經濟發展方式過程中的所有問題。同時，稅收職能作用的發揮也受到內外環境的影響，要求「天時、地利、人和」，否則稅收制度也會變得無效率，出現「稅收失靈」。因此，在完善稅制的過程中，需要注意幾點：第一，把握時機。稅制完善應在條件和時機成熟的前提下，有先有後、有急有緩地穩步推行，降低風險，既考慮其迫切性，又考慮其現實可操作性。第二，優化作用環境。稅收制度的完善作為政府體制改革的一部分，需要同其他相關制度改革協調推進。例如，預算制度、轉移支付制度、會計制度、財產登記評估制度、金融制度以及信息技術水準都會影響稅制改革的進程。第三，提高制度建設的質量。稅收制度本身是否嚴密和穩定以及不同稅種之間是否協調對經濟發展產生的效應顯然不同。因此，我們必須注意稅制本身的科學性。過去的稅收制度建設，在一定程度上講是外延式數量增長模型，是「摸著石頭過河」。我們現在應註重探索科學規律，走內涵式、集約化、質量導向的發展路子，提高制度績效。制度政策出抬前，既應進行合法性、可行性論證，又應進行不可行性論證。制度政策出抬後，應推行績效評估制度，及時檢討、清理、廢止、完善和創新。

——《轉變經濟發展方式的稅收約束及其對策》（柳華平）原載於《政務》2010 年第 5 期，後轉載於《稅收研究資料》2010 年第 7 期。

13. 巨災後稅收體系重建研究

自然災害是自然現象。「沒有哪一次巨大的歷史災難不是以歷史的進步為補償的。」「5/12」汶川特大地震給我們帶來了巨大的損失和挑戰，也帶來了非同尋常的發展機遇。在抗震救災取得階段性成果的同時，為總結經驗，摸索規律，加快推進災後重建，四川省廣元市國家稅務局以黨組中心組學習方式，組織了本研究與討論。我們以「5/12」地震災後重建為例，結合工作實踐，分析巨災對稅收體系的影響，評估現存問題，借鑑國內外相關經驗，對巨災後稅收體系重建做了一些初步思考。

一、巨災對稅收體系的影響評估

國際上對巨災還沒有統一的標準。一般而言，巨災是指發生概率小，但造成巨大人員傷亡和財產損失的地震、海嘯、颱風、洪水、戰爭、恐怖事件等具有不可預見性和不可抗拒性的災害。巨災發生頻率小，但其破壞程度深，遠遠超過承受主體的承受能力。這裡擬從經濟稅源、徵管實務、隊伍建設三個方面分析巨災對稅收體系的影響。

（一）對經濟稅源的影響

（1）稅源規模縮減。受災初期，因為巨災的強破壞性，絕大多數納稅人都將不同程度地受到影響，部分受災特別嚴重的納稅人甚至將不復存在，大多數納稅人也會因為生產經營環境的變化而困難重重。由資金緊張、納稅能力減弱造成的納稅人申請延期申報、延期繳納稅款現象的增加，對稅務機關即意味著稅源規模將大幅減少。

（2）稅源增長潛力大。巨災發生後，災區除完全不宜生活、生產的（一般也會異地重建）外，都會在各級政府和社會各界的支持下迅速進入重建，投資大幅度增加，消費逐步恢復，刺激經濟擴張性增長，這也就意味著稅源的大幅增長。

（3）稅源結構變化。災後會有部分納稅人消亡，但重建過程中會不斷出現新的納稅人，稅源的數量發生波動。災後重建將帶動相關行業迅速發展，如醫藥、保險、建材、家電等。巨災後消費者的需求和生活觀念發生變化，引起消費結構變化，進而影響不同消費行業的發展。因為重建影響，納稅人的地區分佈即稅源的地

理結構也會發生變化。

(二) 對徵管實務的影響

(1) 徵管基礎受損。巨災中徵管基礎設施會遭受破壞,辦公樓、辦公設施損毀,計算機、網絡一定時間內不能正常運行,徵管資料缺損或丟失,影響徵管工作的開展;納稅人的帳簿資料、發票、稅控設備等可能會因為巨災損毀,或者未及時搶救而不完整,影響正常申報;巨災後環境、交通等狀況可能惡化,也影響稅務機關的正常徵管工作。

(2) 徵管成本增加。巨災後納稅人變化大,關、停、並、轉現象增加,生產、經營地址可能頻繁變動,給日常管理、稅源巡查帶來很大難度。災後重建中新註冊納稅人對稅法、財務制度相對陌生;同時,部分納稅人對稅收優惠期望很高,在現實政策不能滿足其期望時,容易出現抵觸情緒,從而促使整體納稅遵從度降低,徵納矛盾加大。因為巨災的破壞,納稅地點可能變更甚至多次變更;同時,受交通等因素影響,單一的辦稅服務廳將不能滿足巨災後納稅人的需求,納稅人對稅務機關提供流動辦稅服務車、上門辦稅等措施有很高期望,這也將增加徵管成本。

(3) 納稅服務需求增長。納稅人瞭解稅收政策變化,尤其是優惠政策的需求強烈;延期申報、減、免、緩、抵、退稅等行政審批類事項增多,與災前的一系列徵管流程及制度相比,對辦稅時間和辦稅效率也提出了更高的要求;納稅人的需求呈現個體化、多樣化特徵,需要根據不同受災情況、不同行業、不同主體進行管理,提供納稅服務。

(4) 稅收環境受到衝擊。第一,巨災後政府工作重心轉移,對稅收工作的管理力度相對減弱,個別地方甚至希望本地區少徵稅甚至不徵稅,以支持納稅人重建。第二,部門配合的難度加大,災後重建工作被置於首要位置,與其無關或沒有益處的事項就容易遭到冷遇甚至抵觸,部門配合難度加大。第三,納稅人違法行為增加,納稅人借故開展生產自救、恢復正常的生產生活秩序,而不按規定期限辦理登記、申報、繳納稅款,不按規定使用、領購、繳銷發票,拖欠稅款、隱瞞收入傾向加大等現象增加。第四,稅收管理權的變化。現行稅制關於個別稅種管理權限的劃分不盡明晰,而災後很多企業將以改組、擴建、合併等方式完成重建,再加上新設企業,造成部分稅務機關可能受地方財政利益驅動,產生更多的爭搶管戶現象。

(三) 對隊伍建設的影響

(1) 環境惡化。巨災後,稅務人員的工作環境和生活環境都受到嚴重破壞,而且一般在短時間內難以恢復,稅務工作開展和個人生活困難重重。

(2) 心理壓力重。巨災很可能給職工帶來極大的心理衝擊,也可能因警惕次生災害而長時間處於緊張、驚恐之中,變得非常脆弱、壓抑,一段時間內出現情緒波動大、易怒易燥、心態失衡、工作熱情難以激發和保持等問題。

(3) 價值觀念受到衝擊。巨災後正常的觀念和信念容易受到衝擊,個別人可能在思想觀念和理想信念上產生誤區。例如,個別人認為活著就好,從而淡化追求,積極奮發的心態減弱;或者是怨天尤人,產生等、靠、要的思想,基層帶隊伍的難

度增加。

（4）業務壓力大。巨災使得災區稅收事務增多，面臨的稅收業務也更加複雜。因為稅務機關的工作重心轉移，所以對稅收業務的重視和指導有可能減弱。同時，一定時期內，災區稅務幹部也難有學習交流的機會，業務水準難以提高。但國家卻會針對災區出抬一系列特別的稅收政策，需要稅務人員迅速把握和執行，同時災區納稅人對高質量納稅服務的訴求更加強烈，需要稅務人員更高的工作技巧。因此，巨災後稅務幹部在巨大生活和心理壓力下面臨巨大的業務壓力。

（5）幹部隊伍受到鍛煉。巨災也可能對幹部隊伍產生積極的作用，使幹部隊伍得到鍛煉，提高隨機應變和處理複雜問題的能力，累積豐富的工作和實踐經驗，增強隊伍凝聚力。

二、巨災後稅收體系重建的實踐體會

在「5/12」地震災後重建過程中，我們感到，稅收制度的法定性、稅務體制的封閉性、稅收工作的專業性，從根本上決定了現行稅收體系在應對巨災時的優勢和劣勢。

（一）體會一：高效是垂直管理體制最顯著的優勢

通過災後稅收體系重建實踐，我們體會到，現行稅收體系對於應對巨災有很大優勢。這主要包括：

（1）動員能力較強。稅務系統具有短時間內迅速集中力量辦大事的巨大優勢，這對於應對巨災是非常有利的保障，能有效地降低災區的生命、財產損失，使災區迅速完成救災進入重建。

（2）運行效率較高。國稅系統相對獨立、封閉，業務單一、專業，與地方政府及其他機構牽涉不大，這有利於系統內的救災資金劃撥、救災物資分發，不致延誤救災時機，對救災資金、物資的管理也相對簡捷而不至於多頭管理、下撥混亂。同時，這也有利於上級機構對災區進行救災、重建和業務指導。

（3）對口幫扶有力。參照地方政府對口幫扶的制度，國稅系統在應對巨災的時候也創造性地採用這一辦法，按照一定的條件讓非受災地的國稅局與極重災區的國稅局「結對子」，從人力到物力、從救災到稅收業務，非受災地國稅局向災區國稅局提供力所能及的幫助、支援，可以有效地幫助災區稅務機構。

（4）科技支撐較牢。相對於其他政府單位和部門，國稅系統的信息化程度較高，涉稅數據集中在省級局服務器，在災害中，涉稅信息受到的破壞較小，有利於災後稅收業務的迅速恢復。

（二）體會二：體制封閉、制度政策缺失是最大約束

現行稅收體系應對巨災時存在的主要問題如下：

（1）國稅部門地位和作用相對邊緣化。在救災過程中，地方黨政工作重心調整，而且國稅系統相對獨立，獲取地方支持相對困難，與地方救災工作的兼容性較

差。同時，稅收與民爭利的表象及實質與災後重建也存在矛盾。

（2）科學規範防災、減災稅收制度體系缺失。這主要體現在：第一，缺乏應對災害的稅收應急預案。國家制定的《中華人民共和國減災規劃（1998—2010年）》《國家自然災害救助應急預案》等應對巨災的法規上幾乎未涉及稅收體系的內容。第二，沒有專門的稅收優惠法律。中國現行稅收制度中應對巨災的稅收優惠政策散見於各具體稅種，而它們所需的條件並不完全一致。國家針對巨災出抬的稅收措施大都具有針對性和臨時性，制定層次較低，規範性不強，約束力不夠，存在「頭痛醫頭，腳痛醫腳」的現象。第三，在稅收徵管應急制度方面也缺乏完善的規定。因此，稅務部門在應對巨災時就可能滯後一步。

（3）現行稅收優惠政策有待完善。這主要體現在：第一，局限性大，納稅人享受較難。優惠範圍窄，當前應對自然災害的稅收優惠主要集中在所得稅類和財產行為稅類，流轉稅類的優惠較少；優惠方式單一，以減免稅、捐贈扣除為主，其他方式較少；優惠時間較短。第二，對防災、備災技術和產品稅收支持較輕。災害監測預警、防災備災與應急處置、災害救助和恢復重建同等重要。先進的防災技術、產品、設備對防災救災的作用十分重要，但中國現行應對自然災害的稅收政策大多集中於災害救助和恢復重建階段，缺乏對企業防災、備災技術研發和使用這類技術、產品的稅收支持。第三，災區地方財力難以保障。現行應對自然災害的稅收優惠政策主要集中在企業所得稅、個人所得稅、營業稅、資源稅、土地使用稅、房產稅等屬於地方財政收入主要來源的稅種上，全額屬於中央收入的消費稅以及大部分歸中央所有的增值稅，並沒有應對自然災害的稅收優惠條款，一定程度存在「中央請客，地方買單」的現象。其結果必然導致地方財政收入大量減少，不利於災後經濟恢復發展。第四，捐贈扣除規定限制較多，不利於鼓勵捐贈。

未形成統一規範的稅收優惠政策在一定程度上有利於基層稅務部門根據具體災害情況有針對性地制定稅收扶持措施，掌握主動權。但是，中國稅法的立法權高度集中，地方政府一般不能自行立法。由中央政府制定的針對性措施並不完全適應所有災區，因此政策的針對性將會削弱。

（4）災情認定和救災物資、人員的登記不規範。救災和災後重建是一個比較長的過程，災區納稅人享受稅收優惠政策也會持續相當長的時期。在現行的稅制中，沒有關於受災納稅人災情認定的可操作措施，沒有規範的納稅人受災受損情況調查制度，不利於稅務機關執行稅收優惠政策。對於參與救災的人員、物資和交通工具等（包括非受災地區進入災區的）也沒有規範的登記制度和證明資料，不利於其所屬稅務機關按規定給予稅收上的支持，比如所得稅稅前扣除等。

三、巨災後稅收體系重建的經驗借鑑

（一）美國經驗

美國自然災害頻繁發生，其稅務部門應對巨災呈現既權威又人性的特點。

一是巨災範圍權威化。享受災害援助和緊急事件減免（Disaster Assistance and Emergency Relief）的納稅人需要位於經美國總統「聲明」的受災區域內，非「聲明」區域納稅人不得享受。

二是災後稅收減免法定化。美國國會通常都會針對巨災通過特別法案，在特別法案中對稅收減免等做出明確而具體的規定。例如，2005年8月29日，卡特里娜颶風登陸美國路易斯安那州和密西西比州，數以萬計的房屋被淹和數十萬戶家庭斷電，美國總統布什當天宣布上述2個州為重災區。據報導，該次颶風造成100多萬人流離失所，財富損失巨大，稱之為「美國的海嘯」和「天災9/11」。對此，美國國會通過了《2005卡特里娜稅收減免法案》。

三是災後稅收援助具有持續性。例如，2008年美國針對金融危機通過的《2008住房與經濟恢復法案（110-289）》，仍然對2005年卡特里娜颶風對住房造成的損失提供了稅收優惠。

四是系統而完善的服務體系。這體現在災後稅收特殊法律制定快速，宣傳、服務手段多樣，稅收援助程序、表單規範。

五是個性化提醒服務。美國稅務部門在其網站上提示納稅人應做好「災前」準備，尤其是保管好財務和稅收記錄，具體有五點建議：第一，利用電子信息保管財務和稅收記錄並經常異地備份；第二，美國國家稅務局（IRS）提供災害損失登記簿（Disaster Loss Work Books）幫助納稅人回憶並登記財產損失；第三，從第三方（如信託機構）獲取信息；第四，制訂應急預案並保證其具有可操作和連貫性；第五，美國國家稅務局（IRS）提供固定格式的表格，納稅人受災後可以憑表格獲得稅務部門反饋的有用信息。

同時，美國《國家洪水保險計劃》（NFIP）受到聯邦財政的支持，享受相關的免稅待遇，使其具備較強的災後償付能力，對於鼓勵減災、主動防災起到十分重要的促進作用。

（二）日本經驗

日本稅務部門有規範的應對巨災制度，在災後第一時間介入應災對策和受災調查工作。

在中央，財務省下屬的國稅廳在政府災害應急機制全面啟動後按應急機制要求主要執行三項工作：一是與財務省其他部門一起把受災區域可以空出的國有土地與房屋提供給受災民眾；二是向受災民眾宣傳稅收減免政策；三是劃定可執行延期申報和延期納稅等特殊徵管辦法的地域範圍。

在地方，市級稅務部門首先要做的是參與受災調查，也稱「被害調查」。受災調查依申請受理，只針對遭受損失的不動產。受災調查結束後，受災者即可向市政府申請「受災證明書」。經過定損取得的「受災證明書」，即作為災後稅務處理的一個重要依據。受災民眾經過稅務部門調查定損取得「受災證明書」後，即可獲得稅務部門各項稅收減免。這些稅收減免包括屬於地方稅收的市稅、縣稅和屬於國家稅收的國稅三個層次。除減免外，納稅人還可以向稅務部門申請延期申報或延期

繳稅，期限最長可達一年。

（三）國內金融行業經驗

「5/12」汶川地震發生後，多家銀行緊急推出各項創新舉措，如建設銀行推出「抗震救災期間無取款交易介質受災客戶救急取款」服務，為無法提供銀行卡、存折等交易介質的客戶救急取款；同時還推出「匯款免收費」「網上救災捐款直通車」「善意提醒確保捐款安全」「延長服務時間」等創新性服務措施。農業銀行在災後對救災資金「特事特批」，出抬八項信貸優惠政策。工商銀行實行特別授權，對每筆資金業務進行及時處理，確保了調撥資金5~10分鐘到帳。郵儲銀行有8個受災網點以「帳篷臨時網點」方式恢復營業。

四、幾點思考

中國是世界上自然災害最為嚴重的國家之一。近幾十年來，造成巨大人員財產損失的巨災多次出現，越來越呈現出常態化趨勢。因此，我們有必要立足中國國情，學習借鑑國內外經驗，構建一套能夠有效應對巨災的稅收體系，最大限度地發揮稅收在防災、抗災、減災方面的作用，同時提高稅務系統本身的應急反應和防災、抗災、減災能力。

（一）基本原則

（1）以人為本。稅務部門必須堅持「始於納稅人需求，基於納稅人滿意，終於納稅人遵從」服務理念，保障納稅人的合法權益，最大限度地方便納稅人、服務納稅人；同時，最大限度地保護稅務幹部職工的生命和財產安全。

（2）重視防控。巨災具有不確定性。稅務部門要加強防災意識，在開展日常工作時要考慮到災害發生的可能性，並在制度、物質、技術、人員等方面進行適當的準備，以便在災害降臨時能及時應對和控制。稅務部門必須著眼長遠，適應未來發展，適度超前規劃全局，統籌徵管建設與基礎建設，兼顧物質家園建設與精神家園建設。

（3）服務發展。在巨災發生情況下，稅收與民爭利的本質應當被抑制。國家要制定合理的稅收政策推動經濟恢復，支持納稅人防災、減災，全面恢復市場，增強發展後勁，關注民生、還利於民、支持民富。

（4）成本原則。稅務部門進行防災、抗災、減災和重建時，要牢固樹立成本意識，根據巨災發生的概率和可能損失的規模進行防災、減災的投入；在救災、重建的過程中要密切注意救災款物的發放及重建資金的安排，杜絕浪費。

（二）制度建設

（1）工作機制。第一，抗防。自救是救他的基礎和前提，應建立健全稅務系統應急機制，提高防災意識，加強防災抗災演練，提高抗防能力。第二，協作。稅務部門要與地震、氣象、監測及其他部門建立信息共享機制，及時交換災害信息，力

爭適時獲得第一手資料，為應對巨災做好防範工作；災害發生時，積極尋求幫助，協助地方救災、重建；在災後重建中，針對新辦企業增多的情況，可以考慮建立在政府統一領導下的部門協調聯動機制，實現多部門情報交換，加強信息交流與共享。第三，幫扶。規範稅務系統對口幫扶制度，組建固定化的稅務志願者隊伍，根據需要隨時支援災區，確保災區各項業務正常開展。

（2）財力支持。分稅制體制下，稅收優惠將一定程度上減少受災地區的財政收入，而這些地區的財政支出因救災反而會增加，國家單獨下發的項目資金又必須專款專用，災區財政將出現較大的困難。為解決這一矛盾，國家要健全災區財稅體制，盡力減少「中央請客、地方買單」的現象。一方面，中央財政要加大對災區的財政轉移支付力度，對於因減免稅造成地方財政減收的，全額由中央政府轉移支付；另一方面，國家可以考慮提高中央與地方共享稅的地方分成比例，對災區由總機構匯總納稅企業的分支機構實行就地納稅等。

（3）稅收優惠。從長遠來看，國家有必要在整合現行應對自然災害稅收政策的基礎上，制定專門規範稅收減免方面的法律，從法律層面規範稅收優惠制度，規定各省、市、自治區稅收減免的豁免權、地方稅收優惠的一般辦法。從短期來看，國家應建立《自然災害損失稅收扶持應急預案》，採取分級分類、區別對待的辦法，根據《國家自然災害救助應急預案》的四個回應等級相應制定四個不同優惠程度的稅收政策和稅收徵管應急回應措施，對受災地區納稅人、支持和建設災區的非災區納稅人可享受的稅收優惠予以統一和明確。

（三）政策優化

（1）拓寬應對巨災稅收優惠的範圍。中國應改變目前應對自然災害的稅收優惠主要限於資源稅、財產稅和所得稅的做法，將稅收優惠盡量擴大到所有稅種，特別是要適當增加流轉稅的優惠措施。中國應合理延長災後優惠政策的執行期，將受災地區稅收優惠執行期延長至災後重建結束。

（2）加強地區優惠的同時應兼顧產業調整。中國應加強對防災減災技術和產品的稅收支持，鼓勵企業研發和使用防災減災技術、工藝和設備；通過稅收政策，限制國家不鼓勵行業進入災區，尤其是防止高能耗、高污染企業借重建之機進入災區。

（3）豐富稅收優惠方式。中國應綜合採用如降低稅率、投資抵免、納稅期限、提高出口退稅額度、虧損彌補等方式，促進稅負公平，引導投資。同時，國家可以考慮在巨災的特殊情況下，下放部分稅收制定權限，各受災地方可以根據當地實際情況和納稅人具體情況，制定合理的稅收政策，更有針對性、更有效地支持重建，促進經濟增長。

（4）加大對金融企業的稅收支持。國家對金融機構針對巨災區推出的低息貸款利息收入及核銷災民貸款等業務可考慮減免營業稅等；同時，支持建立巨災保險體系。

（5）完善鼓勵捐贈的稅收優惠政策。對於巨災，國家應允許企業和個人捐贈可

以在所得稅前全額扣除，同時簡化減免的審批手續；完善對民間合法註冊的非營利性公益組織的稅收支持，對企業和個人捐贈給它們的款物，在規範的條件下也可以稅前扣除。

（6）完善納稅人救助制度。國家應建立規範的災後納稅人調查制度。稅務部門要協同民政等部門在災後及時走訪調查納稅人，瞭解納稅人受災情況，形成「受災證明」一類的規範文書，為政府提供詳細受災受損情況；同時，形成的規範文書可以作為納稅人日後享受稅收優惠的憑證。國家應對進入災區的人員、物資、交通工具等做出規範的登記，出具證明，以便後期對其進行稅收上的減免支持。國家應健全信訪工作制度，暢通信訪渠道，瞭解納稅人的合理訴求，及時給予解決。

（四）稅收徵管重建

（1）優化徵管資源。第一，稅務部門在充分評估稅源分佈的基礎上，按照「堅持屬地管理、強化分類管理」的原則規劃徵管機構設置，可以打破原縣域內按行政區劃設置管理分局的方法，以縣區局一體化和適應直線管理為目標，設置靠近納稅人集中區的稅收徵管機構。受災特別嚴重的地方可以建立國地稅「兩塊牌子、一套人馬」的徵管機構。第二，適度調整和整合個別機構職能。巨災後，對納稅人實施稅務稽查意義不大且容易激化矛盾，此時稅務部門應充分發揮稽查人員業務熟練的優勢，從執法向服務轉變，讓稽查人員參與稅法宣傳、政策輔導、納稅評估等事項。第三，強化基礎資料清理。稅務部門應對重要的基礎性徵管資料、稅收票據、涉稅單證進行清理核對，盡力組織搶救，及時補辦，充實完善，做實、做好徵管基礎修復工作。第四，制定科學徵管目標。稅務部門應建立科學的災區稅源分析機制，把握災區經濟稅源變化走勢和稅收收入增減趨勢；對災區收入任務、徵管指標等工作目標的下達，要遵循可持續發展的思想，本著有利於災區經濟稅源長期發展的原則，客觀下達各項目標。

（2）創新徵管手段。稅務部門應引入銀行等部門做法，大膽嘗試「特事特辦」，體現「從快從簡」。第一，根據納稅人實際情況安排合理的延期申報時限和延期繳稅時限，受災特別嚴重的可以考慮延長緩繳稅款的最長時限；適當下放審批權限，放寬審批前置條件。第二，簡化登記證件遺失處理程序，允許在不登報的情況下直接掛失重辦。第三，進一步優化徵管業務流程，對巨災區啟用直線工作流程，減少中間環節審批，減少徵管節點，提高徵管效率。第四，充分考慮巨災不可抗力因素，提供額外的申報、納稅、資格認定時限，加速辦理與巨災有關的稅收退還。

（3）合理處罰。對巨災後納稅人違反稅法規定的行為，稅務機構需要根據災區納稅人的特殊情況，合理行使自由裁量權，從簡從輕處理和處罰，以免激化矛盾。

（五）稅務體制內的家園重建

（1）精神家園重建。第一，及時進行「危機干預」。稅務部門應將準確的資訊傳播到災區職工，註重信息公開，建立安全感。第二，積極開展心理疏導。稅務部門應邀請專家開展心理輔導活動，加大災區職工外出學習、療養力度；組織職工「幫助更需要幫助的人」，舒緩心理壓力。第三，加強思想政治工作。稅務部門應深

入開展與災區職工交心談心活動，適當減少災區職工工作量，提供寬鬆和諧的內部工作生活環境；淡化災難、災區、災民稱謂，體現人格尊重與人文關懷。第四，開展各種健康有益活動。稅務部門應引導職工以感恩的心態來面對生活，樹立戰勝困難、創造美好生活的信心。第五，及時宣傳、表彰先進。對在救災、重建中的感人事跡應積極宣傳，對表現突出的集體和個人要及時表彰，提煉高尚的精神內涵，形成新的稅務文化，成為廣大稅務人共同的精神財富，增強幹部隊伍的凝聚力、戰鬥力。

（2）物質家園重建。災後隨著時間推移，幹部職工生活、工作環境等物質方面的要求將變得更為迫切。第一，積極解決受災職工生活困難。稅務部門應及時瞭解受災幹部職工的合理要求，充分保障受災稅務職工作為災區的公民能享受國家相關政策補貼、救助的權益；號召國稅系統幹部職工之間加強互助，可以建立全國範圍的職工互助基金，在巨災後對受災幹部職工進行一定的扶持，增進系統內部的團結和諧。第二，迅速重建辦公環境。重建辦公環境要放眼長遠、優化功能、貼近業務，為幹部職工提供良好的辦公環境，更好地為納稅人服務。第三，加快信息化、網絡化建設，提高稅務部門容災抗災能力。國家稅務總局正加快推進的「金稅三期工程」建設，實現全國稅收執法的統一、規範，將大大提高國稅系統的容災抗災能力。在工程的總體規劃和業務需求整理分析中，稅務部門應考慮應災需求，設置防災應急系統。

（六）服務地方重建

（1）收入服務。稅務部門應努力完成稅收收入計劃，著力為經濟社會又好又快科學發展提供公共財力保障。重點是堅持組織收入原則，依法徵稅，應收盡收，堅決不收「過頭稅」，堅決防止和制止越權減免稅。

（2）政策服務。稅務部門應對外用好用活用足現行政策，對上積極爭取優惠政策，積極發掘政策的「含金量」，「保增長、擴內需、調結構」，著力為發展集聚「磁場」效應。重點是抓好政策落實，註重跟蹤政策執行，認真落實出口退稅、災後重建政策和增值稅轉型、調率等政策，提高政策的承接落實能力。

（3）納稅服務。稅務部門應視納稅人為客戶，堅持客戶為本、服務至上；堅持為納稅人服務就是服務經濟、服務政治、服務發展，納稅人的合法合理訴求就是我們工作努力的方向等理念；進一步為民、親民、便民、關注民生，支持民富，著力提高服務質量和效率。主要措施：第一，全面推行全職能辦稅服務廳模式，提高辦稅效率。第二，開展「向納稅人報告」活動，整合各類宣傳資源，突出納稅人的主體地位。第三，積極回應納稅人訴求，註重納稅人利益表達、利益分配、利益協調，按照法、理、情順序原則處理具體問題，註重落實納稅人法定利益、傾斜模糊邊界利益。

——《巨災後稅收體系重建研究》（四川省廣元市國家稅務局黨組中心學習組）原載於《災後重建工作交流研討會資料匯編》（2010年6月）。

14. 稅收安排與商務組織形式的選擇
——基於所得稅維度的解析

摘要：稅收與商務組織形式選擇密切相關，並由此影響社會資源的組織配置。商務組織形式選擇一般在立足自身和行業特點基礎上，側重於爭取有利的商業法律地位和優惠稅收環境。稅收安排的差異性使國家社會經濟政策得以實施，客觀上也為經濟個體商務組織形式的選擇創造了機會。本文在對商務組織形式選擇中的稅收因素運作機理分析基礎上，從所得稅維度對中國各類商務組織形式適用的稅收安排差異性做了實證檢討。基本結論是商務組織形式優勢與劣勢是相對的、動態的，其選擇具有多元性、動態性；不論採取何種商務組織形式，都必須重視相關稅務關係；稅制改革和政策創新應適應和服務於商務組織形式的發展。

關鍵詞：所得稅　稅收安排　稅制改革　商務組織形式

一、主題的導入

（一）商務組織形式：資源配置方式

考察市場經濟發達國家的立法意義的商務組織分類標準，商務組織形式是投資者的出資方式（產權結構）和出資人承擔責任的方式（法律形式）的總稱。商務組織形式的優劣比較，通常是從投資人的角度來分析和看待的。

從經濟上講，商務組織形式實質上是一種社會資源配置方式。看似簡單的資源配置，往往也是一個個交易的累積，實際上包含了極為複雜的連鎖關係。從商務組織體制外看，每個主體的經濟決策首先要考慮價格，其次要考慮交易者是否可以自由參與或退出交易。從商務組織體制內看，參與決策的人必須是組織內的人，如果不是該組織的人就不能參與交易；組織的目標是持續地開展活動，那麼在交易者之間，存在著固定的和持續的業務聯繫，因此參與和退出交易，原則上就不是自由的了。企業組織理論以主流經濟學的「效率」和「主觀選擇」為基礎，引入「交易費用」這一分析工具，分析理性人如何在利益（利潤、股東財富、企業價值）最大化目標激勵下，選擇不同的交易方式以實現勞動分工。商務組織形式的選擇作為一種常見的企業決策行為，正是投資人從交易自由安全、經濟效率的角度考量，依據自己的投資條件和心理需求，審視比較並確定某一種企業形式作為投資的商務組織形式。在一定程度上講，企業的發展史也是一個企業的組織選擇史、發展史。

（二）稅收與企業組織形式：「有形之手」及其著力點

稅收在商務組織形式選擇中具有導向功能。稅收政策配合宏觀經濟調控，主要借助於稅種、稅目、稅率和稅收支出等稅收制度的構成要素，可以從生產要素入手，進而影響商務組織形式的變動。稅收「有形之手」對商務組織的影響，主要是通過其對企業資金運動的影響來實現的。

公共財政理論認為，現代經濟是由家庭、企業和政府參加的三元經濟系統，擁有三個決策主體和一只「無形之手」（市場）。

如圖1所示，政府、企業和家庭在市場的依託下，三個決策單位之間的聯繫是：首先，家庭不僅通過提供生產要素從企業獲得要素收入，而且還從政府的轉移支付中獲得了補貼等收入；同時，家庭獲得的收入除支付商品的購買費用外，還有一部分必須向政府繳納稅收。其次，企業不僅向家庭而且也向政府提供商品，取得銷售收入；同時，企業需要向家庭提供要素的購買費用，並向政府納稅。最後，政府一方面以稅收等方式從家庭和企業取得收入，另一方面又通過購買商品、提供公共產品以及轉移支付等方式運用已取得的收入。在這個兩部門經濟的運轉體系中，政府可以運用稅收手段介入其中，在一定的週轉點上向居民個人或企業課稅，從而對國民經濟活動產生影響。

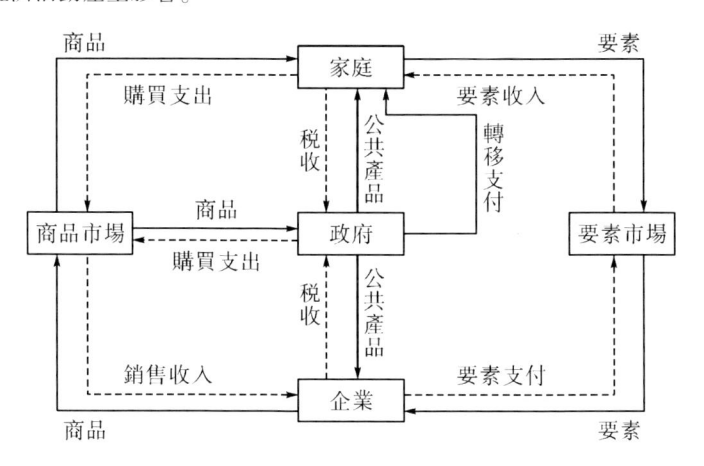

圖1

著名財政經濟學家馬斯格雷夫曾經提出「稅收影響點」的理論。該理論將整個國民經濟假定為兩個部門，一是家庭部門，二是企業部門。不同稅種在兩個部門的收支流轉中居於不同的影響點，並據此繪製了「貨幣資金運動中稅收影響點分佈圖」。由於間接稅的稅率本質上說是無個性特徵的，所有的納稅人都支付同樣的稅率（尼爾·布魯斯，2001），因此間接稅對商務組織形式的選擇的影響相對較小。而企業所得稅影響著企業的多項決策，在生產決策上，如生產多少產品、採用哪些投入品；在財務決策上，如是否通過發行債券或股票來籌集投資用資金。上述影響點都與企業生產經營過程密切相關，屬於按照企業經營過程進行稅收籌劃時應考慮

的變化因素。

從中國所得稅角度看，對商務組織形式選擇的主要影響因素如下：課稅主體、稅率結構、資產的稅務處理、成本費用列支、稅收優惠等。此外，雇員或股東借款給企業能否提高其投資成本、所得稅會計方法、納稅年度等也成為商務組織形式選擇的考慮因素。

二、各類商務組織形式適用所得稅制安排的差異性分析

從產權結構和法律形式看，商務組織形式一般可以分為個人獨資企業、合夥企業和公司企業，其中公司企業又可以分為有限責任公司和股份有限公司。一般來說，商務組織形式不同，國家的稅收政策也會有很大差異。企業創始人首先考慮的因素之一就是稅收。就性質而言，所得稅屬於企業的一項費用，直接影響著投資者的利潤大小，進而影響著投資者的生產經營決策。個人獨資企業、合夥企業與公司企業在適用政策與稅率、稅前項目確認、稅收徵管、稅收優惠規定等多方面不盡一致，這種不同的所得稅安排被認為是企業創辦或企業重構時進行商務組織形式選擇中應考慮的重要因素。

（一）適用政策與稅率差異

中國的企業所得稅和個人所得稅單獨立法，個人獨資企業、合夥企業與公司企業分別適用不同的所得稅稅收政策。由於個人獨資企業、合夥企業共同適用一類規定，這裡將個人獨資企業、合夥企業作為一類來與公司制企業進行比較。

1. 適用政策

財政部、國家稅務總局明確規定，自 2000 年 1 月 1 日起，對個人獨資企業和合夥企業停止徵收企業所得稅，比照個體工商戶生產經營所得徵收個人所得稅，即比照《個體工商戶個人所得稅計稅辦法（試行）》徵收個人所得稅。近年來，國家也出台了部分個人獨資企業和合夥企業個人所得稅的調整政策。公司適用的所得稅政策主要是《中華人民共和國企業所得稅暫行條例》及其實施細則，同時有許多具體的實施辦法。

2. 適用稅率

個人獨資企業、合夥企業的生產經營所得適用個體工商戶的五級（5%～35%）超額累進稅率。投資者興辦兩個或兩個以上企業的，應匯總其投資興辦的所有企業的經營所得作為應納稅所得額，以此確定適用稅率計算出全年經營所得的應納稅額，再根據每個企業的經營所得占所有企業經營所得的比例，分別計算出每個企業的應納稅額和應補繳稅額。公司制企業適用的基本稅率為 33%，優惠稅率為 18%、27%。

（二）所得稅項目確認差異

1. 資產稅務處理差異

（1）固定資產折舊與攤銷。

（1）固定資產的界定標準。個人獨資企業、合夥企業中的固定資產是指在生產

經營過程中使用的、期限超過一年且單位價值在1,000元以上的房屋、建築、機器、設備、運輸工具及其他與生產經營有關的設備、工具、器具等。公司所得稅中，納稅人的固定資產是指使用期限超過一年的房屋、建築、機器、機械、運輸工具以及其他與生產經營有關的設備、器具、工具等。不屬於生產經營主要設備，但單位價值在2,000元以上，並且使用期限超過兩年的物品，也應作為固定資產。

（2）折舊與攤銷。個人獨資企業、合夥企業適用的折舊方法為平均年限法和工作計量法兩種，不能使用加速折舊法，對因特殊原因而需要縮短固定資產折舊年限的，如受酸、鹼等強烈腐蝕的機器設備和簡易或常年處於震動、顛動狀態的房屋和建築物以及技術更新變化快等原因，可由其提出申請，報省級稅務機關審核批准後執行。公司制企業中，根據國務院發布的《鼓勵軟件企業和集成電路產業發展的若干政策》的規定，企事業單位購置的軟件達到固定資產標準或無形資產的，經批准，其折舊或攤銷最短可縮短為2年。對促進科技進步、環境保護和國家鼓勵投資的關鍵設備以及常年處於震動、超強度使用或受酸、鹼等強烈腐蝕狀態的機器設備，確需縮短折舊年限或採取加速折舊方法的，由納稅人提出申請，經當地主管稅務機關審核後報國家稅務總局批准。自2004年7月1日起，東北地區［遼寧省（含大連市）、吉林省和黑龍江省］，工業企業的固定資產（房屋、建築物除外），可在現行折舊年限的基礎上，按不高於40%的比例縮短折舊年限。

（2）存貨的處理。稅法規定，納稅人的商品、材料、產成品、半成品等存貨的計算，應當以實際成本為準。個人獨資、合夥企業的存貨應按實際成本計價；領用或發出存貨的核算，原則上採用加權平均法。購入低值易耗品的支出，原則上一次攤銷，但一次性購入價值較大的，應分期攤銷。分期攤銷的價值標準和期限由各省、自治區、直轄市地方稅務局確定。對公司制企業，納稅人的各項存貨應以取得時的實際成本計價。納稅人各項存貨的發出或領用的成本計價方法，可以採用個別計價法、先進先出法、加權平均法、移動平均法、計劃成本法、毛利率法或零售價法等。如果納稅人正在使用的存貨實物流程與後進先出法相一致，也可以採用後進先出法確定發出或領用存貨的成本。

（3）開辦費的稅務處理。個人獨資企業、合夥企業在籌建期間發生的開辦費，自開始生產經營之日起不短於5年的期限內分期均額扣除。公司制企業在籌建期間發生的開辦費，應當從開始生產、經營月份的次月起，在不短於5年的期限內分期扣除。

（4）資產（財產）損失處理。個人獨資企業、合夥企業無法收回的應收帳款，提供有效證明經審核後按實際發生數扣除。公司制企業自2005年9月1日起，資產（財產）損失處理上有許多不同的規定。企業的各項財產損失應在損失發生的當年申報扣除，不得提前或延後。企業申報扣除各項資產損失時，均應提供能夠證明資產損失確屬已實際發生的合法證據，包括具有法律效力的外部證據、具有特定資質的仲介機構的經濟鑒證證明和特定事項的企業內部證據。

2. 收益、虧損處理差異

（1）投資收益處理。個人獨資企業、合夥企業對外投資分回的利潤或利息、股

息、紅利，不並入企業的收入，而應直接在投資者間分配後，單獨作為投資者個人取得的利息、股息、紅利所得，按「利息、股息、紅利所得」應稅項目計算繳納個人所得稅。

公司制企業在外投資、聯營取得的稅後利潤，一般不再徵稅。但投資方企業適用的所得稅稅率高於被投資企業適用的所得稅稅率的，除國家稅收法規規定的定期減稅、免稅優惠以外，其取得的投資所得應按規定還原為稅前收益後，並入投資企業的應納稅所得額，依法補繳企業所得稅。

（2）虧損彌補。個人獨資企業、合夥企業投資者興辦兩個或兩個以上企業的，企業的年度經營虧損不能跨企業彌補。實行查帳徵收方式的個人獨資企業和合夥企業改為核定徵稅方式後，在查帳徵稅方式下認定的年度經營虧損未彌補完的部分，不得再繼續彌補。

公司制企業聯營時，被投資企業發生的經營虧損由被投資企業按規定結轉彌補；投資方不得調整或減低其投資成本，也不得確認投資損失。如果納稅人投資採用的是權益法進行核算，在計算會計利潤總額時已扣減的投資損失應做納稅調整。企業因收回、轉讓或清算股權投資而發生的股權投資損失，可以在稅前扣除，但每一納稅年度扣除的股權投資損失，不得超過當年實現的股權投資收益和投資轉讓所得，超過部分可無限期向以後納稅年度結轉扣除。如果投資方企業發生虧損，可將其分回的稅後利潤還原後用於彌補虧損，彌補虧損後仍有餘額的，就其餘額再按照規定計算繳納所得稅。如果企業既有按規定需要補稅的投資收益，也有不需要補稅的投資收益，可先用需要補稅的投資收益還原後彌補虧損，彌補後還有虧損的，再用不需要補稅的投資收益還原後彌補虧損，彌補虧損後有盈餘的，不再計算繳稅。

經國家稅務總局批准實行匯總、合併繳納企業所得稅的成員企業，在總機構集中清算年度發生的虧損，由總機構在年度匯算清繳時統一盈虧相抵，並可按稅法遞延抵補，各成員企業均不得再用本企業以後年度的應納稅所得額進行彌補虧損。

3. 成本費用列支差異

（1）工資薪金扣除。個人獨資企業、合夥企業投資者本人的工資不允許在稅前扣除，自2006年1月1日起，每月可扣除1,600元（19,200元/年）的費用。投資者興辦兩個及以上企業的，其費用扣除標準由投資者選擇在其中一個企業的生產經營所得中扣除。

公司制企業中，符合規定條件的軟件開發企業，實際發放的工資總額在計算應納稅所得額時準予扣除。計稅工資制的企業，按計稅工資標準扣除工資薪金；實行工效掛勾企業，其實際發放的工資、薪金在工資、薪金總額增長幅度低於經濟效益的增長幅度，職工平均工資、薪金增長幅度低於勞動生產率增長幅度以內的，在計算應納稅所得額時準予扣除；對飲食服務企業按國家規定提取的提成工資，在計算應納稅所得額時準予扣除。

（2）廣告費、業務宣傳費列支。個人獨資企業、合夥企業發生的廣告和業務宣傳費不超過當期銷售（營業）收入2%的部分可據實扣除，超過部分，可無限期向以後納稅年度結轉。

公司制企業中，納稅人每一納稅年度發生的廣告費支出，除特殊行業另有規定外，不超過銷售（營業）收入2%的，可據實扣除；超過部分可無限期向以後納稅年度結轉。糧食類白酒廣告宣傳費不得在稅前扣除。制藥、食品（包括保健品、飲料）、日化、家電、通信、軟件開發、集成電路、房地產開發、體育文化和家具建材商城等特殊行業的企業，自2001年1月1日起，每一納稅年度可在銷售（營業）收入8%的比例內據實扣除廣告支出，超過部分可無限期向以後納稅年度結轉。對從事軟件開發、集成電路製造及其他業務的高新技術企業、互聯網站，從事高新技術創業投資的風險投資企業，自登記成立之日起5個納稅年度內，經主管稅務機關審核，廣告支出可據實扣除；超過5年的，按上述（8%）比例扣除。制藥企業自2005年度起，每一納稅年度可在銷售（營業）收入25%的比例內據實扣除廣告費支出，超過部分可無限期向以後納稅年度結轉。電信企業實際發生的廣告費和業務宣傳費支出，可按主營業務收入的8.5%在企業所得稅前合併計算扣除。

公司制企業中，納稅人每一納稅年度發生的業務宣傳費（包括未通過媒體的廣告性支出），在不超過銷售營業收入5%範圍內，可據實扣除。超過5%的部分當年不得扣除，以後年度也不得扣除。

(3) 融資費用扣除。個人獨資企業、合夥企業在生產經營中的借款利息支出，未超過中國人民銀行規定的同類、同期貸款利率計算的數額部分，準予扣除。

公司制企業向金融機構借款的費用支出，按照實際發生數扣除；向非金融機構借款的費用支出，在不高於金融機構同類、同期貸款利率計算的數額以內的部分，準予扣除。納稅人從關聯方取得的借款金額超過註冊資本50%的，超過部分的利息支出，不得在稅前扣除。

(4) 新產品、新技術、新工藝開發費用。個人獨資企業、合夥企業研究開發新產品、新技術、新工藝發生的開發費用以及研究開發新產品、新技術而購置的單位價值在5萬元以下的測試儀器和試驗性裝置的購置費，準予扣除。單臺價值在5萬元以上的測試儀器和試驗性裝置以及購置費達到固定資產標準的其他設備，按固定資產管理，不得在當期扣除。

公司制企業中，所有財務核算制度健全、實行查帳徵收企業所得稅的各種所有制的工業企業研究開發新產品、新技術、新工藝實際發生的各項費用，不受比例限制，據實扣除。盈利企業研究開發新產品、新技術、新工藝發生的各項費用，比上年實際發生額增長達到10%（含10%）以上的，其當年實際發生的費用除按規定據實列支外，年終由納稅人自己再按其實際發生額的50%直接抵扣當年應納稅所得額。如抵扣數大於當年應納稅所得額，超過部分，當年和以後年度均不再予以抵扣。

(5) 壞帳損失。個人獨資企業、合夥企業計提的各項準備金不得扣除，發生的與生產經營有關的無法收回的帳款，應由其提供有效證明，報經主管稅務機關審核後按實際發生數扣除。

公司制企業納稅人發生的壞帳損失，原則上應按實際發生額據實扣除，報經稅務機關批准，也可提取壞帳準備金；經批准可提取壞帳準備金的納稅人，除另有規

定外，壞帳準備金提取比例一律不得超過年末應收帳款餘額的5%。

(6) 公益救濟性捐贈。個人獨資企業、合夥企業將其所得通過中國境內的社會團體、國家機關向教育、其他社會公益事業以及遭受嚴重自然災害地區、貧困地區的捐贈，捐贈額未超過納稅人申報的應納稅所得額30%的部分，可以據實扣除。

公司制企業納稅人（金融保險企業除外）用於公益、救濟性的捐贈，在年度應納稅所得額3%以內的部分，準予扣除。

另外，2006年發布的《企業會計準則》在很多方面有較大變動，新準則將於2007年在上市公司施行，稅法在許多項目的具體確認上會有一些相應的政策出抬，值得重點關注。

(三) 稅收徵管差異

個人獨資企業、合夥企業的個人所得稅，由地方稅務局負責徵收管理。投資者應納的個人所得稅稅款，按年計算，分月或分季預繳，由投資者在每月或每季度終了後7日內預繳，年度終了後3個月內匯算清繳，多退少補。投資者在預繳個人所得稅時，應向主管稅務機關報送個人所得稅申報表，並附送會計報表。年度終了後30日內，投資者應向主管稅務機關報送個人所得稅申報表，並附送年度會計決算報表和預繳個人所得稅納稅憑證。投資者興辦的企業中含有合夥性質的，投資者應向經常居住地主管稅務機關申報納稅，辦理匯算清繳，但經常居住地與其興辦企業的經營管理所在地不一致的，應選定其參與興辦的某一合夥企業的經營管理所在地為辦理年度匯算清繳地，並在5年內不得變更。需要變更個人所得稅匯算清繳所在地的，須符合相關條件。

自2002年1月1日起，除另有規定外，按國家工商行政管理總局的有關規定，在各級工商行政管理部門辦理設立（開業）登記的企業，其所得稅由國家稅務局負責徵收管理。公司制企業納稅人應自月份或季度終了後15日內，向其所在地主管稅務機關報送會計報表和預繳所得稅申報表，並在規定的納稅期限內預繳稅款。納稅人在納稅年度內，無論盈利或虧損，均應按規定期限辦理納稅申報。自2006年1月1日起，納稅人12月或第四季度的企業所得稅預繳納稅申報，應在納稅年度終了後15日內完成。除另有規定外，納稅人應在納稅年度終了後4個月內向主管稅務機關報送《企業所得稅年度納稅申報表》和稅務機關要求報送的其他有關資料，辦理結清稅款手續。

(四) 稅收優惠差異

個人獨資企業、合夥企業可以享受的稅收優惠較為單一，主要針對殘疾人創業，即殘疾人員投資興辦或參與投資興辦個人獨資企業和合夥企業的，殘疾人員取得的生產經營所得，符合各省、自治區、直轄市人民政府規定的減徵個人所得稅條件的，經批准，可按各省、自治區、直轄市人民政府規定減徵的範圍和幅度，減徵個人所得稅。享受個人所得稅優惠的個人獨資企業、合夥企業必須帳證健全，並實行查帳徵收。其他如核定徵收的不得享受個人所得稅優惠。

相對於公司制企業，個人獨資企業、合夥企業不能享受的稅收優惠主要有地區

性、產業性、「三廢」綜合利用、技術轉讓和國產設備投資、民政福利企業和再就業等稅收優惠政策。其主要內容如下：

1. 地區性的優惠

（1）民族地區和貧困地區的優惠。民族自治地方的企業，需要照顧和鼓勵的，經省級人民政府批准，可實行定期減稅或免稅。國家確定的「老、少、邊、窮」（即革命老根據地、少數民族地區、邊遠地區、貧困地區）新辦的企業，經主管稅務機關批准後，可減徵或免徵所得稅3年。企業遇到風、火、水、震等嚴重自然災害，經主管稅務機關審核批准，可減徵或免徵所得稅1年。鄉鎮企業可按應繳稅款減徵10%，用於補助社會性開支的費用。

（2）西部地區的所得稅優惠。湖南省湘西土家族苗族自治州、湖北省恩施土家族苗族自治州、吉林省延邊朝鮮族自治州可以比照西部地區的稅收優惠政策執行。對設在西部地區國家鼓勵類產業的內資企業，在2001—2010年期間，減按15%的稅率徵收企業所得稅。對在西部地區新辦交通、電力、水利、郵政、廣播電視企業，上述項目業務收入占企業總收入70%以上的，可以享受的企業所得稅優惠為：內資企業自開始生產經營之日起，第1年至第2年免徵企業所得稅，第3年至第5年減半徵收企業所得稅。符合規定條件的，第3年至第5年減半徵收企業所得稅時，按15%的稅率計算出應納所得稅額後減半執行。對西部地區內資鼓勵類產業在投資總額內進口的自用設備，除《國內投資項目不予免稅的進口商品目錄（2000年修訂）》所列商品外，免徵關稅和進口環節增值稅。

2. 產業性的優惠

（1）高新技術產業方面的優惠。凡設置在國務院批准的高新技術產業開發區的企業，經有關部門認定為高新技術企業的，均可減按15%的稅率徵收所得稅。國務院批准的高新技術產業開發區內新辦的高新技術企業，自投產年度起免徵所得稅2年。自2003年1月1日起，對經認定屬於新辦軟件生產企業同時又是國務院批准的高新技術產業開發區內的新辦高新技術企業，可以享受新辦軟件生產企業的減免稅優惠。在減稅期間，納稅人按照15%的稅率減半計算徵收企業所得稅；減免稅期滿後，按照15%的稅率計徵企業所得稅。對生產線寬小於0.8微米（含）集成電路產品的生產企業，凡符合規定認定標準的集成電路設計企業及產品，2002—2010年，自獲利年度起第1年和第2年免徵企業所得稅，第3年至第5年減半徵收企業所得稅。

（2）第三產業方面的優惠。對新辦的獨立核算的從事諮詢業（包括科技、法律、會計、審計、稅務等諮詢業）、信息業、技術服務業的企業或經營單位，自開業之日起，第1年至第2年免徵所得稅。對新辦的獨立核算的從事交通運輸業、郵電通信業的企業或經營單位，自開業之日起，第1年免稅，第2年減半徵收。對新辦的、獨立核算的從事公用事業、商業、物資業、對外貿易業、旅遊業、倉儲業、居民服務業、飲食業、教育文化業、衛生事業的企業或經營單位，自開業之日起，報經主管稅務機關批准，可減徵或免徵所得稅1年。

（3）農業產業化國家重點龍頭企業的優惠。對經認定為重點龍頭企業，符合有

關條件的，可按《財政部、國家稅務總局關於國有農業企事業單位徵收企業所得稅問題的通知》規定，自 2001 年 1 月 1 日起暫免徵收企業所得稅。

3.「三廢」綜合利用的稅收優惠政策

企業利用廢水、廢氣、廢渣（即「三廢」）等廢棄物為主要原料進行生產的，可在 5 年內減徵或免徵所得稅。企業在原設計規定的產品以外，綜合利用本企業生產經營過程中產生的、在《資源綜合利用目錄》內的資源為主要原料生產的產品的所得，自生產經營之日起，免徵所得稅 5 年。企業利用本企業外的大宗煤矸石、爐渣、粉煤灰為主要原料生產建材產品的所得，自生產經營之日起，免徵所得稅 5 年。為處理利用其他企業廢棄的、在《資源綜合利用目錄》內的資源而新辦的企業，經主管稅務機關批准後，可減徵或免徵所得稅 1 年。

4. 技術轉讓和國產設備投資的優惠

（1）技術轉讓。企業、事業單位進行技術轉讓以及在技術轉讓過程中發生的與技術轉讓有關的技術諮詢、技術服務、技術培訓的所得，年淨收入在 30 萬元以下的，暫免徵收所得稅；超過 30 萬元的部分，依法繳納所得稅。

（2）凡在中國境內投資於符合國家產業政策的技術改造項目的企業，其項目所需國產設備投資的 40% 可從企業技術改造項目設備購置當年比前一年新增的企業所得稅中抵免。實行投資抵免的國產設備，企業仍可按設備原價計提折舊，並按有關規定在計算應納稅所得時扣除。但企業將已經享受投資抵免的國產設備在購置之日起 5 年內出租、轉讓的，應在出租、轉讓時補繳設備已抵免的企業所得稅稅款。

5. 民政福利企業和再就業稅收優惠政策

對民政部門舉辦的福利工廠和街道辦的非中途轉辦的社會福利生產單位，凡安置「四殘」人員（即盲、聾、啞及肢體殘疾的人員）占生產人員總數 35% 以上的，暫免徵收所得稅；凡安置殘疾人員占生產人員總數的比例超過 10% 未達到 35% 的，減半徵收所得稅。新辦的勞動就業服務企業，當年安置城鎮待業人員超過企業從業人員總數 60% 的，經主管稅務機關審查批准，可免徵所得稅 3 年。勞動就業服務企業免稅期滿後，當年新安置待業人員占企業原從業人員總數 30% 以上的，經主管稅務機關審核批准，可減半徵收所得稅 2 年。

三、各類商務組織形式適用所得稅制安排的評估

隨著中國社會主義市場經濟體制的逐步完善和對外開放程度的加大，各種性質的投資特別是個人投資在社會總投資中的比重呈逐漸加大趨勢。統籌考慮各方面的因素（包括設立主體、條件、法律地位、責任、創業目標、經營模式、投資行業、規模、工藝流程、收益分配方式、適用稅收優惠、風險好惡等），並選擇最適合的商務組織形式，成為投資人需要重視的問題。由於個人獨資企業與合夥企業、一人公司與普通公司相似點頗多，這裡重點從個人獨資企業與一人公司的對比來分析非公司制企業與公司制企業的選擇。

(一) 個人獨資企業與一人公司

1. 稅收優惠

個人獨資企業與一人公司在享受稅收優惠方面的差異較大。一人公司屬於公司制企業，其能夠享受上述產業的、地區的、鼓勵投資等多方面的稅收優惠，但個人獨資企業能享受的稅收優惠屈指可數。特別是軟件企業，在工資扣除、廣告費列支、享受企業所得稅優惠等方面優勢明顯，可考慮採用一人公司形式；如受設立條件限制，也可成立普通有限責任公司。

2. 稅負因素

《中華人民共和國公司法》明確了自然人、法人都可以一個投資主體設立有限責任公司，但同時也可能帶來對同一所得經濟性雙重徵稅的問題。一人公司屬於企業所得稅的納稅義務人，公司因生產經營而產生的利潤應當首先依法繳納企業所得稅。在此基礎上，一人有限責任公司可將稅後利潤分配給股東，此時如果投資主體是自然人，投資者應就稅後分配利潤，按照「利息、股息、紅利所得」項目繳納個人所得稅。但對於法人股東設立的一人公司，其所得稅政策同設立其他有限公司的稅收政策沒有區別。

由於對公司分配利潤的經濟性雙重徵稅，個人獨資企業只需要繳納個人所得稅，公司稅負重於個人獨資企業。為減少經濟性雙重徵稅問題，許多國家都規定了相應的稅務處理辦法，採取分率制或歸集抵免制等方式消除或減輕雙重徵稅問題。而中國尚無相應的稅收政策規定，一人公司可能出現的經濟性雙重徵稅問題不可避免。以所得稅率33%分析，一人公司除了按照法定稅率繳納企業所得稅外，實現的稅後利潤全部分配給股東部分，還要繳納20%的個人所得稅，其綜合稅負率為46.4%（33%+67%×20%）。個人獨資企業只需按照個體工商戶生產經營所得繳納個人所得稅，最低稅率為5%，最高稅率為35%（應納稅所得超過5萬元以上部分）。

個人獨資企業最大的優勢是設立條件寬鬆、程序簡單且設立費用較低、稅負較低；但必須要承擔無限連帶責任，能享受的稅收優惠非常有限。一人公司最大的優勢在於承擔有限責任，經營風險較小，享受稅收優惠政策多，有利於做大事業；但缺點在於設立程序複雜，稅負較高，經營管理成本較高。一人公司的發展是一種趨勢，由於當前社會信用體系尚未完全建立，一人公司信用度還不高，發展一人公司的關鍵在於有能力與客戶保持業務上的聯繫、以可行性計劃吸引客戶，讓公司得以順利發展。

(二) 合夥企業與普通公司

與合夥企業經營比較，採用普通公司方式的稅收優勢主要有：第一，公司能享受的稅收優惠大大超過合夥企業。第二，在成本費用列支上，公司的允許稅前扣除標準也寬鬆得多，優勢明顯。第三，公司盈利在股東層次存在可能被重複課稅的情形。但如果公司有公開市價，則公司可累積盈餘致股價上漲，公司股東則可通過股權的自由轉移，避免雙重徵稅。第四，在出資方式上，根據《中華人民共和國公司

法》的規定，投資者以實物、知識產權、土地所有權等非貨幣性資產投資，出資額最高可占註冊資本的70%。《中華人民共和國公司法》放寬貨幣性資產出資限額的鼓勵性政策，投資者可選擇多採用設備投資和無形資產投資。現行稅法規定，以無形資產、不動產投資入股，參與投資方利潤分配，共同承擔投資風險的行為，不徵收營業稅；對於以房地產進行投資、聯營的，投資、聯營的一方以土地（房地產）入股進行投資或作為聯營條件，將房地產轉讓到所投資、聯營的企業中時，暫免徵收土地增值稅。另外，設備投資的折舊費、無形資產攤銷費均可稅前扣除。

（三）個人獨資企業與合夥企業

個人獨資企業與合夥企業相似之處較多。個人獨資企業、合夥企業適用個人所得稅稅率均比照個體工商戶的5%～35%的五級超額累進稅率。個人獨資企業的經營所得由其投資人獨享，合夥企業的經營所得按照合夥的盈虧分攤比率分派給各合夥人，再由各合夥人按其適用的所得稅稅率納稅。對於確定的經營所得，由於參加分派的合夥人數量多於個人獨資企業，各合夥人分得的所得適用的稅率可能會低於個人獨資企業主的經營所得適用的稅率，個人獨資企業的稅收負擔通常會略高於合夥企業。但合夥企業不能單純為減輕稅收負擔而增加「假合夥人」，否則可能引致不必要的麻煩和經濟糾紛。

（四）企業集團：一種特別的商務組織形式

從企業的組織形式看，企業集團並無固定的組織模式。企業集團首先是經濟聯合體，但這種聯合體在多數情況下是比較鬆散的，即沒有一個嚴密的組織體。因此，從它的法律形式看，企業集團作為一個整體本身並不是法人，也不具備法人資格以及相應的民事權利，而是由多個法人構成的企業聯合體（劉東明，2003）。在這個聯合體中，除分公司外，子公司及其他成員企業同母公司一樣，均具獨立的法人資格及相應的民事權利。母公司是企業集團的管理中樞，可以代表集團對內行使管理權，對外行使宣傳權。經核准的企業集團名稱可以在宣傳和廣告中使用，但不得以企業集團名義訂立經濟合同，從事經營活動。

中國企業集團納稅人確定的基本原則是獨立核算標準。國際上關於企業所得稅納稅人身分界定的一般做法是對法人公司徵稅，而對不具備法人資格的合夥企業、業主制企業只徵收個人所得稅，不徵企業所得稅。由於中國實行內外有別的兩套企業所得稅制，相應的對納稅人身分的認定也採用內外有別的兩種標準。對外資企業是以法人作為所得稅的納稅人，而對內資企業則採用獨立核算標準認定所得稅納稅人，即應具備三個條件：在銀行開設結算帳戶，獨立建立帳簿、編製財務會計報表，獨立計算盈虧。獨立核算的單位不一定都是法人組織，即只要具備了上述三個獨立核算的條件，不管是否為法人，都屬於企業所得稅的納稅義務人。我們認為，以是否實行獨立經濟核算作為企業所得稅納稅人身分的界定標準，缺乏法律依據，既不明確也不規範，帶有隨意性，實踐中往往難以劃分，形成漏洞，使一些單位沒有納入所得稅徵收範圍，同時也不符合國際慣例，容易造成內資企業所得稅與個人所得稅交叉錯位。

對於企業集團來講，由於其資金存量厚實，盤活、調度效果明顯，因此在戰略選擇、兼併重組、經營調整等方向優於獨立企業，在稅收上有著獨立企業無可比擬的優勢。企業集團公司對集團內成員單位的財務管理模式大致可分為集權式、分權式和總分結合式三種，這對於縮小集團企業或集團的稅基，使集團整體適用較低的稅率，合理歸屬集團企業或集團所得的年度，整體延緩納稅期限等提供了空間和可能。同時，通過集團的整體調控、戰略發展和投資延伸，主營業務的分割和轉移可以實現稅負在集團內部各納稅企業之間的平衡和協調，進而降低集團整體稅負。

四、結語

結語一：商務組織形式選擇具有多元性、動態性。企業的發展過程就是企業組織形式的升級過程，同時也是企業由產品經營向資產經營、由資產經營向資本經營的邏輯發展過程。企業在種子期、開創期和發展早期，規模較小，風險也相應較低，發展是企業的主要矛盾，單一業主制和合夥制的組織形式就成為理想的模式；企業在發展後期與成熟期，規模較大，風險也相應較大，如何吸引投資並分散風險成為主要矛盾，公司制企業就成為企業形式的主要模式（劉東明，2003）。選擇商務組織形式應對相關因素進行綜合的比較把握，以便使投資者根據自身情況和願望選擇最適當的商務組織形式進行投資。投資人在正式決定商務組織形式前，應就各當事人對營業性質的認識、願意承擔的風險、金錢處理的態度、不同個性的包容、人事作業的安排和企業發展的動向等因素詳加考量，進行綜合評估，擇優選擇最適合的商務組織形式，以降低成本及避免風險，實現未來的長足發展。

結語二：商務組織形式選擇應重視相關稅務關係。現代市場經濟是經濟關係貨幣化的經濟，商品生產和交換形成的錯綜複雜的經濟關係是以資金為紐帶的。資金運動貫穿於企業生產經營的全過程，並成為連接企業和市場、企業和政府的紐帶，因此稅收籌劃作為現代企業理財的一個重要領域，也要圍繞資金運動而展開。這就有必要對企業生產經營中的資金運動及其與稅收籌劃的相互關係，進行進一步的研究，在法律規定許可的範圍內，通過對經營、投資、理財活動的事先籌劃和安排，盡可能地取得節稅的稅收利益，其要點在於合法性、籌劃性和目的性。大量稅收優惠的存在和商務經營活動的週期性，為稅收籌劃提供了操作的可能性。

結語三：稅制改革和稅收政策創新應適應和服務於商務組織形式的發展。在中國經濟市場化、工業化、國際化和世界經濟一體化、貿易自由化的大背景下，商務組織重構和調整將是一個自然的經常性的經濟行為。相關的稅收政策導向上應鼓勵商務組織重構和調整，適應和服務於商務組織的發展，既倡導市場自由競爭，通過稅務優惠鼓勵真實的企業組織重構，又根據實現原則、經濟合理原則、利益持續性原則、經營目的原則進行限定，防止濫用優惠，打擊和防範偷逃稅收。

——《稅收安排與商務組織形式的選擇——基於所得稅維度的解析》（柳華平 張紅梅）原載於《光華財稅年刊（2006）》。

15. 對中國出口退稅制度的反思

摘要：中國出口退稅制度伴隨著政治經濟的變革和發展經歷了若干發展階段，經歷了導入期、成長期，已經進入成熟期，成為國民經濟增長「三駕馬車」之一——出口的助推器。但現存問題和改革開放的深度推進為出口退稅制度創新提出了新的需求，需要以法治的、體制的、改革的、機制的、管理的層面等增強制度的有效供給。

關鍵詞：出口退稅 制度 創新

一、中國出口退稅制度的績效評估

任何稅收制度都是一定歷史時期政治經濟的產物。中國的出口貨物退稅制度的確立和發展，也是伴隨著中國政治經濟的變革和發展經歷了若干發展階段，體現著深刻的國際背景和歷史背景。總體上看，1985年以前屬於制度的導入期，主要是時斷時續的財政補貼措施；1985—1993年屬於制度的成長期；1994年以後進入制度的成熟期。

與1994年工商稅制全面改革相適應，出口退稅制度也進一步得到了改進和完善。《中華人民共和國增值稅暫行條例》第二條第三款明確規定，納稅人出口貨物，稅率為零。第二十五條又進一步明確，納稅人出口適用稅率為零的貨物，向海關辦理出口手續後，憑出口報關單等有關憑證，可以按月向稅務機關申報辦理該項出口貨物的退稅。《中華人民共和國消費稅暫行條例》第十一條規定，對納稅人出口應稅消費品，免徵消費稅。由於不同稅種稅率設計原則不同，增值稅涉及生產、流通各環節，可按零稅率的原則退稅；消費稅由於僅涉及生產環節納稅，可就直接出口（或收購出口）部分退稅。最終均達到出口貨物銷售收入中應納增值稅、消費稅稅負為零。根據上述指導思想，國家稅務總局先後研究制定並頒布了《出口貨物退稅管理辦法》等文件，對出口貨物退稅的範圍、出口退稅電子化管理、計稅依據、計算辦法、常規管理及清算檢查等問題做了具體的規定，標誌著中國出口貨物退稅制度逐步走上了法治化、規範化的軌道。《出口貨物退稅管理辦法》明確計算出口貨物應退增值稅額的退稅率，按照《中華人民共和國增值稅暫行條例》規定的17%、13%的稅率執行，對從小規模納稅人購進特準退稅的貨物按照6%的退稅率執行，

對從農業生產者手中直接購進的免稅農產品不辦理退稅；計算出口貨物應退消費稅額的退稅率或單位退稅額，按照《中華人民共和國消費稅暫行條例》所附的《消費稅稅目稅率（稅額）表》執行。這樣建立了以徵稅稅率為退稅稅率的「徵多少、退多少」的退稅率體系。

但在實際工作中，由於退稅率與實際稅負的不一致和騙稅行為滋長，使實際退稅額增長過快，對財政造成很大壓力，國家不得已採取了降低增值稅退稅率的辦法。1995年7月1日出口退稅率平均下調3.7個百分點後，1996年1月1日出口退稅率再度平均下調4.6個百分點，形成了3%、6%、9%的增值稅退稅率體系，即農產品、煤炭的退稅率為3%；以農產品為原材料加工生產的工業品以及適用13%的增值稅稅率的其他貨物退稅率為6%，適用17%的增值稅稅率的其他貨物退稅率為9%。平均退稅率降為8.3%。亞洲金融危機爆發後，中國外貿出口受到了巨大的衝擊，特別是1998年，外貿出口一路下滑，全年僅實現了0.5%的微弱增長。在此情況下，從1998年起國家陸續提高了出口貨物出口退稅率，使中國增值稅平均退稅率逐步提高到15%左右，形成了17%、15%、13%、5%的退稅率體系。

從實踐來看，中國出口退稅制度產生了較好的制度效應。

（一）出口退稅是鼓勵中國貨物參與國際競爭的有力措施

中國對出口實行零稅率的目的在於避免對出口貨物雙重徵稅。間接稅的基本原則是稅款最終由消費者負擔，由於出口商品或勞務的最終消費者是進口國的購買者，因此進口國有權對進口商品或勞務的消費者徵稅。如果對中國出口產品不實行零稅率，勢必造成雙重徵稅，使中國出口產品在國際競爭中處於不利地位。同時，零稅率也是促進國際貿易發展的一項重要措施。零稅率不僅免除最後出口階段的增值稅，而且通過退稅使出口商品或勞務不含有任何間接稅，從而使出口商品能夠以不含間接稅的價格進入國際市場，有效提高中國產品的競爭力。據測算，中國出口退稅率每降低1個百分點，相當於一般貿易出口每美元換匯成本增加0.075元人民幣。1995年1~9月全國出口換匯成本平均為8.39元人民幣，在平均退稅率下調4.6個百分點後，1996年一季度每元換匯成本上升到8.5元人民幣，嚴重影響了中國出口產品競爭力。可見，出口退稅制度的實行不僅符合國際慣例，而且對促進中國市場經濟的發展，促進中國參與國際經濟競爭具有重要意義。

（二）出口退稅制度的全面實施促進了中國對外貿易的發展

中國對出口貨物實行退稅，使出口貨物以不含稅價格進入國際市場，增強了出口貨物的競爭能力，調動了外貿企業出口的積極性，出口額連年大幅度增長。1994年實行新稅制以來，出口退稅政策對外貿和經濟發展的促進作用和調控能力日益增強，特別是在亞洲金融危機以後，國家通過靈活運用出口退稅政策手段，適時提高出口退稅率，加大出口退稅對外貿出口的支持力度。出口退稅額從1995年的548.74億元增長到2000年的800億元，增長45.78%。1998—2000年，中國實際辦理出口退稅1,875億元，年均增長246%。在出口退稅政策的大力支持下，中國外貿出口實現了三年年均11.5%的增長，促進中國外貿較快地走出了亞洲金融危機的

陰影，並邁上了一個新的臺階，促進中國在「九五」期間基本形成全方位對外開放格局和開放型經濟迅速發展。2000 年，中國進出口總額達到 4,743 億美元，比 1995 年增長 68.9%；出口達到 2,492 億美元，比 1995 年增長 67.5%；國家外匯儲備超過 1,600 億美元，比 1995 年增長一倍多。到 2001 年 8 月底，中國外匯儲備規模更是達到 1,900 億美元。

(三) 出口退稅制度的實施有效促進了國民經濟健康發展

出口退稅是調節國民經濟的重要經濟槓桿。伴隨著國際經濟一體化步伐和中國加入世貿組織（WTO）的進程，近年來，中國國民經濟重要組成部分——國際貿易成長迅速，其對國民經濟的拉動作用日益顯著。中國正式實行出口退稅政策的 1985 年出口退稅額僅為 20 億元，國民經濟對出口的依存度僅為 9.02%。1994 年稅制改革後，隨出口退稅額從 1993 年的 300 億元增長到 1994 年的 450.2 億元，增長 50%，國民經濟對出口的依存度也從 1993 年的 15.26% 驟然提高到 1994 年的 22.29%，提高了 7.03 個百分點，提高幅度達到 47%。從此中國國民經濟對外貿出口的依存度基本穩定在 20% 左右。隨著出口退稅政策支持力度的進一步提高，2000 年中國出口退稅額達到創紀錄的 800 億元，國民經濟對出口的依存度也達到創紀錄的 23.08%。據測算，中國一般貿易出口退稅率提高 1 個百分點，出口增長約 0.8%~0.9%，GDP 增長約 0.3%。可見，中國出口退稅的發展過程，同時也是中國國民經濟從單純依靠國內市場的封閉經濟發展到國內、國外兩個市場並重的外向度不斷提高的開放型經濟的過程。中國出口退稅在各個時期對國民經濟發展起著不同的調節作用。特別是近幾年國家實施的經濟軟著陸政策、積極財政政策都及時對出口退稅政策進行了重大調整，使出口退稅制度在促進出口、增加外匯儲備、抑制通貨膨脹、穩定經濟局勢、抵禦亞洲金融危機以及拉動經濟增長等方面發揮了十分重要的作用。

(四) 出口退稅制度的實施促進了中國出口商品結構的優化

國家通過對不同出口貨物確定不同出口退稅率，對鼓勵發展的高新技術產品、機電產品等工業製成品適用較高退稅率，對初級產品適用較低退稅率，形成了出口退稅率隨著出口貨物加工程度的深淺而變化的退稅機制，大大促進了出口商品結構的優化，使出口貿易的質量有了較大的提高。1993—1997 年，中國製成品出口以年均 18.5% 的速度快速發展，其占出口總額的比重由 1993 年的 81.8% 上升至 1997 年的 86.9%；初級產品出口低速增長，年均增長 7.1%，所占比重由 1993 年的 18.2% 下降到 1997 年的 13.1%。在工業製成品中，機電產品由於加工程度高，實行了較高的退稅率和優先退稅的辦法，其出口有了顯著發展，1991—1997 年年均增長 24.9%，占出口總額的比重由 1991 年的 19.6% 上升至 1997 年的 32.5%，超過紡織品成為中國第一類出口商品。由於中國自 1998 年以來對高新技術產品出口採取了提高退稅率和在同等條件下優先辦理退稅等措施，2000 年中國高新技術產品出口額達到 370 億美元，比 1999 年增長 50%，增幅高出總出口 22.2 個百分點；高新技術產品出口占全國總出口的比重達到 15%，比 1999 年提高了 2 個百分點，超額完成

2000年高新技術產品出口300億美元的目標，有力促進了中國出口商品結構的優化。出口退稅制度已成為中國調節出口貿易最重要的手段之一，對中國產業結構的調整起著日益重要的作用。

（五）出口退稅制度配合外貿體制改革，促進出口企業提高經濟效益

經濟體制改革以來，外貿體制改革一直走在前列。國家進一步明晰了國家與企業的關係，打破了外貿大鍋飯體制，促進外貿企業向自主經營、自負盈虧、自我發展、自我約束經營機制的轉變，並逐步建立現代企業制度，在實施外貿企業股份制、代理制和發展生產企業自營進出口等新的外貿體制下，由於企業的生存與經濟效益息息相關，使外貿企業不僅註重進出口規模的擴大，而且十分註重經濟效益的提高。據統計，全國外貿系統1993年利潤總額為108.97億元，1994年為119.07億元。近年來，由於國家政策的調整而使利潤有所下降，但外貿企業始終從效益的原則出發，努力挖掘內部潛力，充分利用出口退稅政策和其他相關政策，大力降低成本從而在日趨激烈的國際國內競爭中得到不斷發展壯大。

二、中國出口退稅制度存在的主要問題

（一）立法層次低，制度依據不嚴肅

目前中國出口退稅的制度依據還只是行政規章。按照中國的立法層次，行政規章是指國務院有關部委及國務院授權的直屬機構依照憲法、法律和行政法規的規定制定的具有普遍約束力的規範性文件，其法律效力低於法律和行政法規。法律是指由全國人民代表大會及其常務委員會制定的規範性法律文件，其法律效力僅次於憲法，高於各種法規。現行《出口貨物退稅管理辦法》是由國家稅務總局制定和出抬的部委規章，立法層次低於法律和行政法規。由於出口退稅制度立法層次低，對其進行調整只需國家稅務總局在部門內進行，而不需要經過全國人大和國務院的批准。其雖然政策靈活性強，可以由稅務部門及時根據經濟發展的情況做出調整，但法律嚴肅性就不能得到必要的保障，政策透明度和可預測性差，給出口企業增加了不可預測的經營風險。

（二）出口退稅與國內徵稅環節脫節，信息不對稱

增值稅實際稅收負擔率的不確定性造成的徵退稅信息不對稱和各種稅收優惠，使徵稅對象在每一個商品流轉環節都能按規定稅率納稅，這樣增值稅發票上註明的徵稅率即成為該貨物的實際稅收負擔率。而當前中國的增值稅實踐證明，各種增值稅政策性的先徵後返和管理中存在的包稅、地方優惠、企業欠稅等已經使增值稅的名義稅率與實際稅收負擔率相悖離，不僅不同產品的實際稅收負擔率與法定徵稅率存在不同的差距，而且相同的出口貨物也會由於貨物來源地稅務機關管理差異造成出口貨物在不同地區間的稅負差異，甚至來源於不同地區的同一產品僅因為生產廠商不同，稅收負擔率就出現差異，加劇了實際稅收負擔率的不確定性。這樣出現了

徵稅信息與退稅信息不對稱，某些產品或不同貨源地、不同廠商的同一產品實際稅負低於規定的稅率。如果所有產品的出口退稅都按照規定的稅率計算退稅，就會使這些產品出現「少徵多退」的問題，而在統一降低出口退稅率的情況下，又會出現「少徵多退」「多徵少退」並存的問題。因此，加強對前環節已納增值稅款的控管，根據出口產品的實際稅負來確定退稅率，解決出口退稅中的「少徵多退」「多徵少退」問題，是改進當前出口退稅工作的一項重要任務。

出口退稅管理方式加劇出口貨物徵退稅信息不對稱。在當前的徵退稅管理機制中，存在著國內徵稅與出口退稅在管理上相互脫節的問題。由於生產企業與出口企業往往不在同一地區，負責國內徵稅的稅務機構與負責出口退稅的稅務機構因此也是不同地區的不同機構，它們相互之間缺乏先進、快捷、嚴密的聯繫網絡來傳遞稅收信息，這樣就形成「徵歸徵、退歸退、徵退不見面」的信息不對稱局面。這種管理缺陷正是騙稅分子大肆利用的一個漏洞。犯罪分子通過虛假的增值稅專用發票、出口報關單、收匯單證等，利用徵退稅管理中的信息傳遞缺陷和漏洞，騙取出口退稅款，使增值稅流失嚴重。

（三）出口退稅率設計目標存在不確定性

1994年以來，中國出口退稅政策調整很大程度是圍繞出口退稅率進行的。在進口徵稅不到位，國內徵稅與出口退稅脫節而導致「少徵多退」、騙稅猖獗的情況下，本來就十分困難的中央財政存在保證出口退稅支出和緩解財政困難的兩難選擇在出口退稅制度建設上出現了「頭痛醫頭，腳痛醫腳」「治標不治本」的問題，嚴重影響了出口退稅制度目標的實現。

1. 為緩解財政困難而降低出口退稅率

面對不斷增加的出口退稅額，國家在1995—1996年採取了不斷降低最高退稅率的辦法。一是降低最高稅率。1995年7月1日起最高退稅率由17%調低到14%，1996年1月1日起又調低到9%。二是降低平均退稅率。經過兩次調低後，平均退稅率從1994年的16.6%降到1996年的8.3%。採取「一刀切」統一壓低退稅率的辦法來減輕財政壓力，實現出口產品徵稅與退稅的平衡，即使從總量上可以達到這一收支平衡的目的，但從結構上看也必然是很不平衡、很不合理的，勢必會加劇不規範的現象，客觀上起到打擊先進、鼓勵後進、鼓勵企業投機取巧的作用。

2. 為刺激出口增長而提高出口退稅率

降低出口退稅率辦法的實施雖然減輕了財政困難，但導致了部分企業出口退稅不足的問題，影響到中國對外貿易的發展，使國家不得不從1998年起逐步提高出口退稅率。一是將最高退稅率恢復到17%；二是將平均退稅率提高到15%。這樣雖然明顯促進了外貿出口增長，但在徵退稅信息不對稱等問題沒有得到有效解決的情況下，財政困難再次顯現。這樣在目前保證出口退稅支出與緩解財政困難的兩難選擇中，很難保證出口退稅不再一次面臨新的欠退稅高峰以及今後還會不會再次出現降低退稅率以緩解財政困難的問題。

(四) 出口退稅受傳統計劃經濟體制特徵約束，供給與需求脫節

從1985年正式實行出口退稅以來，中國出口退稅管理就帶有明顯的計劃經濟特徵，執行嚴格的出口退稅指標管理制度。中國規定每年的出口退稅額由年初確定的退稅指標控制，超過指標的部分，結轉到下一年度退稅，依此類推。這種辦法雖然在一定程度上延緩了財政壓力，但也給中國的對外貿易造成了一些不利影響。出口退稅計劃指標管理與出口增長的需要越來越不相適應。由於出口退稅指標的安排主要是依據當年的財政狀況來決定的，而中國目前財政狀況十分困難，安排用於出口退稅的財力明顯不足，因此一些外貿企業不能及時、足額地得到退稅，嚴重影響了中國外貿出口的擴展。例如，1995年國家財政安排退稅計劃指標為550億元，比1994年實際退稅額增加100億元，而1994年應退未退結轉到1995年的出口退稅就達到了302億元，這表明1995年的出口退稅計劃已經被1994年的結轉額「吃掉」了一大半。而1995年中國的出口繼續保持增長的勢頭，1995年的出口退稅計劃指標彌補上1994年的結轉額之後，餘下的還不夠半年的退稅需要。這樣勢必造成每年拖欠外貿企業的退稅款越積越多，給外貿企業的資金流動造成不利影響。

(五) 管理辦法不統一，造成出口退稅政策偏差

現行出口貨物增值稅的退稅辦法主要有六種具體操作方式。一是外貿企業含稅購進貨物出口後再辦理退稅的「先徵後退」稅管理辦法。二是生產企業自營或委託出口自產貨物「免抵退」稅管理辦法，即對生產企業本環節增值部分免徵，進項稅額準予抵扣的部分在內銷貨物的應納稅額中抵扣，不足抵扣的部分實行退稅。三是卷菸出口企業實行免稅購進，出口不退稅的管理辦法。四是國產鋼材和新疆棉花實行的「以產頂進」辦法。為了鼓勵加工出口產品企業使用國產鋼材，帶動國產鋼材出口，國家列名寶鋼、鞍鋼、攀鋼等27家鋼鐵企業銷給加工出口企業的鋼材，實行「以產頂進」辦法予以出口退稅。為了解決國產棉花積壓的問題，鼓勵加工企業使用國產棉花加工出口產品，對新疆棉花採取「以出頂進」政策，視同出口辦理退稅。五是來料加工實行進口、加工環節免稅，出口不退稅的管理辦法。六是出口貨物免稅辦法對國家統一規定免稅的貨物，不論是否出口銷售一律給予免稅，如出口企業直接收購農業生產者銷售的自產農產品、古舊圖書等，這類貨物在國內生產、流通環節均已免稅，因此出口後也不再退稅。

雖然中國出口退稅的總體指導思想是「徵多少、退多少、不徵不退」的「徹底退稅」，但由於具體退稅辦法不同，存在退稅程度不同，形成參與出口退稅活動的各方在具體管理辦法選擇上存在偏好差異。一般而言，對出口企業來講，「免抵退」稅辦法較為有利，因為出口貨物應納增值稅額減免後，企業以應納增值稅額為計稅依據計算繳納的城市維護建設稅和教育費附加等也被同步減免。城市維護建設稅以納稅人實際繳納的增值稅、消費稅額為計稅依據，按照市區7%、縣城5%、其他城區3%的稅率計算應納稅額，並在繳納增值稅、消費稅時繳納；教育費附加也是以納稅人實際繳納增值稅和消費稅額為計徵依據，按照3%的附加率計算徵收。這樣在出口貨物離岸價一定的情況下，實行「免抵退」稅可以使市區出口企業整體稅負

降低約 1.7 個百分點。次之則是「先徵後退」稅，由於能對出口企業外購進項按適用退稅率退稅，對出口企業較為有利。最不利的則是出口企業不能對外購進項進行抵扣和退稅的出口免稅。嚴格來講，出口免稅由於沒有遵循出口貨物零稅率的原則應不屬於出口退稅範疇。對管理出口退稅稅務機關而言，「先徵後退」稅管理辦法手續明了、便於操作，退稅管理成本最低，比較受歡迎。對地方政府而言，「先徵後退」稅由於對地方財政影響最小，最受歡迎。這樣由於出口退稅管理辦法給出口企業、退稅稅務機關和地方政府造成的機會成本不一，實際存在退稅程度不同，出現對退稅程度低的企業的政策歧視，使各方面對退稅辦法選擇偏好上存在差異。

(六) 中央政府和地方政府利益與責任機制不對稱

中央政府和地方政府在出口退稅問題上的利益、責任機制不對稱，沒有形成中央、地方政府有效地對出口退稅進行監督的機制。現行財政制度規定出口退稅支出全部由中央財政承擔。這樣地方財政不承擔出口退稅支出，各地出口企業全額享有出口退稅收入，造成地方政府利益與責任脫節的局面。地方政府容易將出口退稅理解為中央政府對出口企業所在地區的轉移支付，形成哪個地區的退稅越快、越多，就越能促進該地區經濟發展的認識，而不太關心本地出口企業是否存在騙取出口退稅問題，缺乏主動、自覺監督加強出口退稅管理的意識，使地方政府在出口退稅問題上容易出現「一手硬一手軟」的局面。加快退稅進度促進出口企業創匯的一手硬，督促出口企業防範和打擊騙取出口退稅的一手軟。而中央政府則既要關心財政支出力度是否合理，以出口退稅促進外貿和經濟發展的宏觀經濟目標能否順利實現，又要關心所退稅款是否安全，是否是支持外貿和經濟發展必需的支出，為實現同樣的促進外貿和經濟發展的目標能否進一步節約相應的財政支出，進一步提高出口退稅支出效率。這就造成地方政府與中央政府在出口退稅問題上的政策目標不完全一致，容易使中央政府在防範和打擊騙取出口退稅時孤軍作戰，難以有效調動地方政府積極性的局面。

三、中國出口退稅制度的創新思考

中國加入世貿組織以後選擇對外貿出口的支持措施，既要符合 WTO 反傾銷反補貼原則，又要符合經濟效率原則。

(一) 法治創新：提高出口退稅的立法層次，建立出口退稅法

稅收法定主義原則是現代世界各國稅法中的一條最為重要的基本原則。它要求稅收立法必須具有高度的權威性，在中國，應由國家最高權力機關——全國人民代表大會立法頒布。作為應對加入世貿組織的出口退稅制度建設的基本要求，及時按照稅收法定主義原則確定出口退稅制度在中國稅收法律體系中的地位和作用，對於鞏固和完善出口退稅制度，增強出口退稅制度的透明度與規範性、公正性都具有十分重要的意義。中國應加快出口退稅立法進程，這也將是中國整個稅收體系為適應WTO 進行法律化建設的重要組成部分。

當前，尤有必要完善騙取出口退稅罪的司法解釋，使打擊騙取出口退稅違法犯罪活動有準確的法律依據可遵循。核心是提高騙取出口退稅罪的司法定義和解釋的可操作性，提高對騙取出口退稅罪的司法打擊力度和打擊效率。

（二）調控範圍創新：對進口產品普遍徵收增值稅、消費稅，並嚴格控制減免

對進口產品按照本國的稅收制度徵收進口環節的增值稅、消費稅，與出口退稅一樣，也是世界各國普遍接受的一種國際慣例，是國際稅收協調和貫徹目的地稅收原則的基本要求，也是實現進口產品與國內產品公平稅負、平等競爭的基本保證。在市場經濟中，對某些市場參與者給予某種優惠，實際上就是對其他市場參與者的歧視。中國給予外國進口產品減免進口環節增值稅、消費稅的優惠，實際上就是對國內同類產品的歧視，使國內產品在與國外進口產品的競爭中處於不利地位。目前，按照國民待遇原則和規範化國際慣例來處理中國與其他國家的經貿關係已逐步成為共識。因此，按照國民待遇原則和國際慣例，改變對進口環節增值稅、消費稅與關稅同步減免的做法，對進口產品普遍徵收進口環節增值稅、消費稅，是理所當然的事。同時，對進口產品普遍徵收進口環節稅可以使國家取得應有的稅收收入，緩解出口退稅財力不足的壓力，實現「以進養出，大體自求平衡」，形成進出口貿易與進出口稅收的良性循環。國家可以通過進口環節徵收增值稅、消費稅，來限制不必要的進口，抑制國內過熱項目的投資規模。此外，中國為加入世貿組織已承諾大幅度降低關稅稅率，而中國作為生產技術水準較為落後的發展中國家，國家有責任保護和扶植國內民族工業的發展。從這點看，中國必須把進口環節增值稅、消費稅與關稅同步減免的問題解決好。

（三）管理創新：建立國內徵稅與出口退稅的一體化管理模式，實現徵退稅信息對稱

1. 加強對出口貨物納稅環節的控管，促進出口貨物的實際稅負與徵稅率相一致

在目前出口退稅「先徵後退」辦法占主導地位的條件下，國家必須提高對出口貨物納稅環節的控管水準，建立徵、退緊密銜接的退稅方式。一是要嚴格推進依法治稅，堅決清理稅收減免、包稅、欠稅，堅持應收盡收；二是嚴格推行出口貨物稅收專用繳款書（專用稅票）制度，提高出口貨物稅收收入庫率。稅務部門以金稅工程的推行為契機，進一步完善專用稅票電子信息核查系統，建立高效、準確的專用稅票稽核系統。稅務部門以專用稅票管理經驗來彌補專用發票管理上的納稅額不確定性的問題，推行增值稅專用發票按註明稅額的一定比例入庫，專用發票需經收款銀行（國庫）簽章後方可作為稅款抵扣憑證的辦法，減少各地政策執行不一對增值稅收入的影響，提高應收稅款入庫率，使發票註明稅款等於或盡量接近實際稅收負擔額。

2. 實現徵退稅業務的合併，實現徵退稅信息對稱

（1）推行出口貨物「免抵退」稅辦法。中央明確規定要努力推廣商品和勞務的對外貿易，深化對外經濟貿易體制改革，完善代理制，擴大企業外貿經營權，形

成平等競爭的政策環境。基於對外貿體制改革的支持和促進的考慮，中國應將出口退稅制度優化與外貿體制改革配套進行。方案一是完善和擴大外貿代理制，全面推行生產企業出口貨物「免抵退」稅辦法，實現出口貨物徵、退稅信息的對稱。方案二是外貿出口企業在出口產品時，實行「價稅分流、免稅購進」的模式，即外貿出口企業在收購產品時向生產企業支付不含稅價款，再由生產企業辦理「免抵退」稅。

（2）實現徵、退稅業務合併。在推行外貿代理出口制和出口免稅購進改由生產企業辦理出口「免抵退」稅的基礎上，合併生產企業納稅申報與退稅申報，使出口企業的退稅業務與納稅業務同時成為企業的日常稅收業務，從而實現徵、退稅稅務機關合二為一。這樣一方面實現了出口產品的國內徵稅與出口退稅的一體化管理，克服了徵退稅脫節的漏洞，實現徵、退稅信息對稱，做到「先徵後退，徵多少退多少，誰徵誰退，誰納稅就退給誰」，有效降低騙稅風險；另一方面可以降低稅務機關的出口退稅管理成本和出口企業辦理徵稅與退稅成本，提高出口退稅制度效率。

（四）目標創新：科學設定出口退稅率

出口退稅率的設計要以實現出口退稅政策目標為標準，同時兼顧財政負擔能力，不影響政府其他職能的發揮。因此，出口退稅率的設計要從中國外貿出口和經濟發展的現狀出發，將「徵多少、退多少」的徹底退稅原則、宏觀調控原則與國家財力原則結合起來。中國具體可考慮：一是建立出口貨物實際稅收負擔狀況定期評估制度。目的是根據出口貨物稅收減免情況，確定出口貨物實際稅收負擔水準。中國應在徹底清理出口貨物稅收減免優惠政策的基礎上，對出口貨物進行實際稅負定期評估，並向社會公布。這樣可以加強退稅率設定的透明度，使退稅率的確定和調整更具規範性。二是為避免退稅率檔次太多太繁、大幅度變動頻繁的狀況，應制定一組中性的中心出口退稅率，可以就是經評估產生的實際稅收負擔率。同時，中國應對徵稅過程中的各種優惠減免進行清理和歸並，使中心出口退稅率盡可能接近或等於出口貨物法定徵稅率。三是以法定徵稅率為上限設計實際出口退稅率。法定徵稅率就是實現「徵多少、退多少」的徹底退稅原則的最高退稅上限。由於出口退稅還是促進出口和實現國家宏觀調控政策的非中性手段，因此應圍繞中心出口退稅率對不同產品採取有差別的實際出口退稅率，使實際出口退稅率在零退稅率和法定徵稅率之間波動。例如，對那些能夠反應國家產業政策要求、政府積極鼓勵出口，或者對解決就業問題作用明顯的貨物可給予出口退稅率等於或接近間接稅的法定稅率的支持；對於一般性行業和國家一般鼓勵出口的商品，給予接近或等於中心出口退稅率的退稅支持；對於屬於限制發展的行業或限制出口的商品給予低於中心出口退稅率的退稅或出口不退稅。例如，對嚴重破壞自然環境、影響國民經濟可持續發展的產業就應當停止退稅，以限制其發展。

（五）計劃管理創新：逐步取消出口退稅指標分配管理辦法，實現出口退稅按實際退稅需求及時辦理

在未來一段時期，出口退稅資金來源仍將受國家預算的制約，出口退稅的財政

支持能力顯得尤為重要。而且目前中國外貿出口的綜合退稅率已達15%，加強退稅資金管理，充實出口退稅指標，切實做到及時足額退稅就顯得尤為重要。近期改善出口退稅指標管理的措施主要是前文述及的加強稅收管理，治理商品在國內流轉環節的稅收流失，提高增值稅的徵收率，增強財政出口退稅資金的支付能力；治理進口環節嚴重的稅收流失，建立進出口的稅收平衡，積極探索以進口保出口的辦法。按照發展中國家加入世貿組織的普遍規律，在中國關稅普遍下調、逐步開放國內市場的過程中，中國進出口貿易將呈擴大趨勢，尤其是進口貿易將出現激增，由於中國稅收是以流轉稅為主體，進口產品對中國國內產品的衝擊對中國的稅收總體上是不會有影響的，只會影響稅收收入結構。稅務部門組織徵收的收入比重將有所下降，來自於海關代徵的稅收比重將有所上升。按各國在實踐中引入的「用進口徵稅收入保證出口退稅支出」的觀點，要求進出口稅收自求財力平衡的管理辦法，讓進口產品與國內產品以同等稅負在國內市場參與競爭，可使國家徵收到相應的稅收收入，不但符合國民待遇原則，還能起到保持財政收入的雙重作用，在財力分配上實現部分「以進養出，獎出限入」的良性循環。入世後進出口貿易的增長會帶來對國內經濟增長性刺激作用，配合以稅法逐步完善下的徵管、稽查水準的不斷提高，國家財政收入是會有較大增長的。因此，我們可以預見入世後出口退稅應該是有足夠的財力支持的。

（六）政策創新：按照WTO非歧視性原則，統一出口退稅辦法

（1）取消「專給性」點名企業和確定產區享受的國產鋼材和新疆棉「以產頂進」退稅辦法。這種點名享受的免稅政策明顯不符合出口退稅公平原則，對非列名企業而言就是退稅政策上的歧視性措施。

（2）取消來料加工免稅政策，實行出口退稅政策。目前中國對來料加工業務採取進口免稅，出口免稅、不退稅的政策。由於國外客商提供的料件占出口商品20%以上即可作為來料加工業務。因此，按照目前的政策，從理論上講來料加工復出口商品中最高可達80%的國產料件中的已徵稅款不能退稅，即對有國產料件的來料加工出口商品沒有實行零稅率的政策。這樣不利於鼓勵出口企業大力開展來料加工業務，也不利於鼓勵出口企業盡可能採用國產料件打入國際市場。建議取消來料加工業務進口免稅，出口免稅、不退稅的政策，與一般貿易一樣，進口照章徵稅，出口實行退稅。

（3）統一出口退稅計算方法。重點應統一生產企業出口退稅計算辦法。中國現行生產企業自營出口或委託代理出口在計算出口退稅時，實際操作中存在「免抵退」和「先徵後退」並存的局面，應從有利於出口退稅管理優化和規範出口退稅制度的角度出發，在改進「免抵退」稅辦法的基礎上，統一實行「免抵退」稅辦法。

（七）負擔體制創新：建立中央和地方共同負擔出口退稅支出的機制

中國可以考慮比照增值稅收入中央、地方分成比例，以開始負擔分成前一年的出口退稅支出為基數，對基數內的出口退稅支出按中央財政負擔75%、地方財政負擔25%，對超過基數的部分按照中央70%、地方30%的比例分擔，並將其納入全國

人大和地方各級人大的預算監督範圍，從預算體制上促進各級政府對出口退稅管理的積極性，讓各級政府自覺探索如何把促進外貿發展與優化財政支出結構結合起來，從而有效提高出口退稅財政支出效率。同時，這樣可以減輕中央財政對出口退稅支出負擔壓力，充實出口退稅資金來源，有利於出口企業能夠及時得到退稅款，提高出口企業經濟效益。

——《對中國出口退稅制度的反思》（尹音頻　周定奎　柳華平　劉延俊）原載於《當代經濟研究》2002年第6期。

16. 中國稅制改革的回顧與思考

改革作為一項前無古人的事業，沒有現成的經驗和模式可以借鑑，必然經歷一個不斷探索、循序漸進的發展過程，人們的認識只能隨著實踐的發展而逐步深化。同其他事物一樣，稅制改革也有其客觀規律性，是可以被認識和掌握的。如果要求稅制改革十全十美，那就有悖於改革這一永恆主題的內涵，那只是一種唯心主義的先驗論；反之，如果說改革中的一切挫折和失誤都不可避免，那就陷入了神祕主義的不可知論，改革前途就不可預測，理論就失去了意義。堅持唯物主義認識論，從理論上總結成功的經驗，找出其固有的規律性，這既是當前實施稅制改革的現實需要，也是中長期稅制的發展需要。

（一）

縱觀國內外稅制改革（稅收制度總體結構或主要稅種的重大變革），其基本動因是稅收賴以存在的外部條件發生重大變化，如所有制結構、經濟體制及經濟運行機制的重大變革以及由此引發的國家政治經濟任務的重大變化，要求稅收制度適應新的政治經濟形勢及任務。改革的基本趨向是適時選擇主體稅種，合理配備輔助稅種，協調各稅種之間的關係，調整或重新設計有關稅種的徵收制度，完善徵收管理體制等，使改革後的稅收制度適應國家政治經濟形勢及任務的需要，充分發揮稅收職能作用，促進社會經濟發展。

中華人民共和國成立後，隨著政治經濟形勢的變化，中國稅制經過多次變革，經歷了一個建立—健全—削弱—恢復—加強的曲折發展過程。

——1950年統一全國稅政，建立新稅制。中華人民共和國成立前，各革命根據地處於分割狀態，稅收制度無法統一。新解放區限於當時條件，只能根據「暫時沿用舊稅法，部分廢除，在徵收中逐步整理」的原則徵稅。因此，當時全國稅收制度極不統一。中華人民共和國成立後，為建立統一的政治經濟制度，迅速恢復國民經濟，需要對中華民國政府的舊稅予以廢除，統一稅政，建立新稅制。中央人民政府政務院於1950年1月頒布《全國稅政實施要則》，統一了全國稅收政策，建立了中華人民共和國稅收制度。《全國稅政實施要則》規定全國設14個稅種，即貨物稅、工商業稅、鹽稅、關稅、薪給報酬所得稅（未開徵）、存款利息所得稅、印花

税、遺產稅（未開徵）、交易稅、屠宰稅、房產稅、地產稅（後與房產稅合併為城市房地產稅）、特種消費行為稅和車船使用牌照稅，建立了一套基本適應中華人民共和國成立初期經濟發展的多稅種、多環節課徵的復稅制。

——1953年修正稅制。經過3年經濟恢復，中國進入了第一個五年計劃時期，為使稅收制度適應新的經濟形勢並滿足國家財政需要，按照「保證財政收入、簡化稅制」的原則，對工商稅制做了若干重要修正，工商稅收減為12種。其主要內容包括試行商品流通稅、簡化貨物稅、修訂工商營業稅、取消特種消費行為稅、整頓交易稅等。

——1958年改革工商稅制。經過1956年前後的生產資料所有制的社會主義改革，中國已基本形成單一的社會主義經濟，確立了計劃經濟體制，經濟管理進入高度集權時期。1958年，中國按照「基本保持原稅負的基礎上簡化稅制」的方針，對工商稅制又進行了適當改革。其主要內容包括將工商企業原繳納的商品流通稅、貨物稅、營業稅、印花稅合併為「工商統一稅」，在工業生產環節和商業零售環節各徵一道稅；將原工商業稅中的所得稅改為一個獨立稅種，稱為「工商所得稅」。

——1973年工商稅制改革。「文化大革命」時期，根據在「基本保持原稅負的前提下，合併稅種，簡化徵稅辦法」的原則又進行一次稅制改革，從此對國有企業只徵一種工商稅，集體企業徵收工商稅和所得稅兩種。

——20世紀80年代稅制改革。黨的十一屆三中全會以後，中國社會主義現代化建設全面展開，經濟體制改革不斷深化，國際經濟技術合作與貿易往來日益發展。為適應新形勢需要，經過開徵涉外所得稅和1983年第一步「利改稅」、1984年第二步「利改稅」、工商稅制改革以及部分年度某些新稅種的開徵，形成了6大類、30多個稅種的多環節、多層次的複合稅制。

1950—1957年，國民經濟恢復和社會主義改造時期，工商稅收實行復稅制，稅種較多，在稅收負擔政策上對不同行業、不同產品規定了不同稅率。同時，國家根據對資本主義工商業進行改造的需要，稅收上還實行了「公私區別對待、繁簡不同」的政策。這一時期的工商稅制同當時的經濟情況是相適應的，稅收作用發揮得比較充分。1958年，在社會主義改造基本完成以後，國有經濟和集體經濟占了絕對優勢，由於受「左」傾錯誤和「非稅論」影響，忽視稅收作用，片面強調簡化稅制，幾次改革都是走一條簡化的路子，簡並了稅種，減少了納稅環節，簡化了徵稅辦法，甚至對國有企業打算取消稅收，一度搞過「稅利合一」試點。1966—1976年，已經簡並了的稅制又被作為「繁瑣哲學」來批判，結果稅種越來越少，大大縮小了稅收在經濟領域中的活動範圍，影響了稅收槓桿作用的充分發揮。20世紀80年代的稅制儘管還存在一定不足，但它基本上適應了中國改革開放與發展社會主義有計劃商品經濟的需要，對於保證國家財政收入的穩定增長，維護企業合法權益，正確處理國家、企業與個人三者物質利益關係，調節微觀經濟使之符合宏觀經濟，促進國際經濟技術合作等，都發揮了積極而重要的作用。同時，這也為中國財政體制逐步走向「分稅制」奠定了基礎。

(二)

20世紀80年代，稅制是在兩步利改稅和工商稅制改革框架上構建的。通過調整和完善，中國稅制從工商稅為主體的單一稅制轉變為以流轉稅、所得稅為主體的複合稅制。稅收調節已廣泛介入社會經濟生活各個方面及相關的社會各階層，調節力度明顯增強，為組織財政收入，促進社會生產力發展做出了貢獻。客觀地評價，20世紀80年代的稅制是按照計劃經濟和市場調節相結合的要求設計的，還保留計劃經濟模式中國家運用行政手段管理經濟的痕跡，存在諸多缺陷和弊端。

——政策目標偏差，不符合市場主體公平競爭原則。企業所得稅按不同經濟性質分設，稅率和計徵辦法各不相同。大中型國有企業所得稅率為55%；小型國有企業和集體企業實行8級超額累進所得稅，稅率最低為10%，最高為55%；城鄉個體工商業戶採用10級超額累進所得稅稅率，最低為7%，最高達60%；私營企業採用35%的比例稅率；外商投資企業和外國企業採用33%的比例稅率。稅收負擔不公平，不利於企業在市場中平等競爭。

——過於繁雜，應急出抬和重複設置稅種多，且稅、費、基金交織在一起，影響了稅收的嚴肅性。在已設置的30多個稅種中，有的是稅務機關徵管，有的由財政、海關徵管。徵管不規範，影響了稅收的嚴肅性。

——不能體現產業政策和行業發展規劃，甚至存在著逆向調節的問題。本來屬於限制性生產的高稅產品，地方反而加以發展。此外，地方政府還樹立稅收壁壘，或者限制本地資源外流，或者限制外地商品流入，搞市場封鎖，保護了落後，不利於統一市場的形成、生產要素的合理流動和社會資源的有效配置，最終制約產業結構的升級和優化。

——稅基侵蝕嚴重，名義稅率高，實際稅負低。國有企業、集體企業所得稅稅前還貸和流轉稅減稅還貸大大侵蝕了稅基，縮減了財源。加之實際存在的「高稅輕徵」和「多頭減免」的現象使稅收調節成為「空調」或「微調」。

——內部結構不合理。一是內外兩套稅制並存。二是稅負分佈結構不合理。在工商稅收中，流轉稅比重大，其他各稅比重低。三是稅種搭配結構不合理。流轉稅中產、增、營三稅並立，互不交叉，不僅容易出現重複徵稅，而且人為地割裂了生產與流通。四是稅率檔次結構複雜，產品稅26檔，增值稅12檔，營業稅5檔固定稅率和1檔幅度稅率，而所得稅最多有10檔。五是稅收管理權限在中央與地方劃分不夠合理，地方稅收入規模過小，不利於實行徹底的分稅制。

(三)

中國經濟體制改革的目標是建立社會主義市場經濟體制。稅收在促進市場經濟體制完善和發展中，一要揚市場經濟之利，適應市場機制充分發揮稅收作用要求，二要抑制市場經濟自發作用之弊，以實現宏觀調控。1994年稅制改革是對舊稅制的

結構性、整體性改革。新稅制的推進會遇到許多障礙和困難，一方面受傳統觀念的束縛，另一方面由於權力和利益的重組與調整勢必造成摩擦和碰撞。因此，我們有必要從改革主體思維角度明確其指導思想，以形成共識，齊心協力實施改革。與歷次稅制改革比較，1994年稅制改革蘊含了以下基本取向：

——統一稅法。例如，《中華人民共和國增值稅暫行條例》規定，除各項列舉政策性減免稅外，各地區、各部門不得自行規定免稅或減稅。只有統一稅法，才能體現稅法的權威性、統一性。統一稅法不僅有利於打破地區間人為分割的界限，有利於不同地區間的企業形成平等的商品交換關係，促進統一市場的形成，而且有利於實施國家對市場經濟發展的引導和調節，體現市場機制和宏觀調控的一致性。

——公平稅負。在企業所得稅改革方面，1994年統一內資企業所得稅，下一步統一內外資企業所得稅。內資企業實行統一的比例稅率，考慮到部分企業盈利水準低的實際情況，還增設兩檔優惠稅率。這充分體現了「起點公平、過程公平、效益公平」的原則。公平稅負的實質是促進公平競爭。企業作為獨立的商品生產者和經營者，其生存和發展在於競爭。市場經濟的效率也在於競爭，但競爭又必須是公平的、規則的。在市場經濟條件下，國家與企業的分配關係主體是通過稅收方式實現的，公平稅負對保證公平競爭具有決定性的意義。

——優化稅制。例如，改革後的流轉稅由增值稅、消費稅和營業稅組成，統一適用於內外資企業，取消對外資企業徵收的工商統一稅。國家對商品生產、批發、零售和進口環節普遍徵收增值稅，並選擇部分消費品交叉徵收消費稅，對不實行增值稅的勞務交易和第三產業徵收營業稅。同時，國家對增值稅按照國際慣例進行系統優化。通過改革，整個稅制得到簡化和優化，更具有透明度，增強了有效性，同時體現了稅收經濟效率原則和稅收行政效率原則。

——合理分權。中國地域遼闊，地區間經濟發展極不平衡，因此有必要適當改革過去過分強調稅權集中而實際又集中不了且管不好的格局。國家應根據有利於調動「兩個積極性」的原則，適當劃分稅種，適度劃分稅權，既可以保證中央必需的財力和經濟手段，又可以使地方經過自身努力去組織好地方財源，發展地方經濟。例如，國家不再在全國範圍內對屠宰稅統一立法，把開徵與否的權限下放給地方，正是符合中國基本國情的決策。

——統一稅法，公平稅負，優化稅制，合理分權，有其內在統一性，其核心是為適應國民收入分配格局的變化，規範分配方式，保障財政收入，促進社會主義市場經濟健康發展。

（四）

中華人民共和國以來，中國稅制幾經改革，特別是1979年以來的一系列工商稅制改革累積了豐富的經驗。總結正反兩方面的經驗與教訓，我們有以下幾點認識和啓迪：

——稅制改革必須適應經濟體制改革的要求。對傳統計劃經濟體制的批判性思

考和改革實踐的深化使人們認識到社會主義經濟確實具有商品經濟屬性。而商品經濟說到底是市場經濟，市場交換是商品經濟的基本運行形式。計劃管理如不自覺依據和運用價值規律，如果不同市場調節機制結合起來，勢必走向僵化，阻礙生產力的發展。因此，從產品經濟向商品經濟、從計劃經濟向市場經濟過渡，這正是中國改革發展明確的方向。稅制改革始終是按照服務於、服從於改革開放要求進行的，也是在改革開放的宏觀背景下，稅制改革才得以啓動和推進，稅收組織財政收入和調控經濟運行等方面的作用日益得到加強。1984 年工商稅制改革和第二步利改稅確定了 20 世紀 80 年代稅制的基本框架。黨的十二屆三中全會做出的《關於經濟體制改革的決定》對中國經濟體制改革進行了全面闡述和總體部署。由此中國開始進一步完善稅制的新探索，其中包括分別開徵了城鄉個體工商業戶所得稅、私營企業所得稅，以求平衡各種經濟性質主體之間稅收政策和稅收負擔；開徵個人收入調節稅和獎金稅，以達到適應分配體制改革，用稅收調節收入差距懸殊和消費基金膨脹；在流轉稅改革上，加大了擴大增值稅實行範圍的步伐。由於新舊體制處於膠著對峙狀態，市場機制對國民經濟總體運行還難以充分發揮調節作用，用稅收政策調整來達到公平稅負、促進競爭的目的是頗為艱難的。1987 年，黨的十三大提出了近期和中長期稅制改革設想，由於 1988 年以後的幾年，企業改革、財政改革以及價格改革等方面仍難以適應稅制改革可能帶來的利益分配格局變化，因此稅制改革未取得實質性進展。總體而言，改革開放以來，中國經濟已由原來單一的公有制轉變為以公有制為主體、多種經濟成分並存的所有制結構，初步形成了適應社會主義有計劃商品經濟發展的、計劃經濟和市場調節相結合的經濟體制和運行機制。改革開放前十年稅制改革最突出的成果是適應客觀經濟變化，完成了從單一稅制向複合稅制的轉變，從而進一步發揮了稅收組織收入和宏觀調控的作用。1994 年稅制改革也是根據黨的十四大關於社會主義市場經濟體制總體設計的。

——必須明確稅制改革的目標模式。稅制改革是一項長期性的戰略任務，確定中國稅制改革目標模式，既不能照抄國外經濟學家、稅務專家提出的各種理論模式，也不能照搬其他國家稅制改革實踐中形成的稅制，否則就會出現「邯鄲學步」的結局。由於受經濟體制改革總體進程的制約，一段時期內中國稅制改革目標模式並不是十分明確的。在確立了社會主義經濟是有計劃商品經濟以後，從總體上看，改進的方向基本找到了。但由於理論界對有計劃商品經濟的理解具有一定的彈性和分歧，有的強調計劃經濟，有的強調市場經濟，因此導致對稅制改革目標的模糊，對改革到什麼程度心中無數，對改革進程和步驟缺少總體上的戰略構想，甚至出現忽視目標模式、「試著干、試著看」的傾向，妨礙了稅制改革的拓展和深入。隨著社會主義市場經濟理論的提出和社會逐步承認，稅制改革總體上是市場取向，由此加快了步伐。

——改革必須配套進行。稅制改革是一項極其複雜的社會系統工程，必須統籌兼顧，謹慎安排。國家注意對稅制各要素改革的出抬時序作出科學的安排，把改革點面關係協調起來，使改革穩定地循序漸進。在新舊稅制模式轉換中，中國要防止出現「真空」狀態。當然，由於整個舊經濟體制盤根錯節，不能企求一切改革同時

實現，而只能有計劃分步驟進行。但是稅制改革主要環節應與計劃、金融、價格、財政等改革協同動作，配套進行。事實上，人們過於強調尋找能夠觸發全面的突破口，而忽視與之配合的相關對策和後繼行動，各項單項改革先後孤立出抬，以致帶來許多不良的連鎖反應，難以把握主動權，影響了改革成效。因此，中國在改革上應堅持邁小步、不停步，少走彎路、回頭路，注意漸進性、同步性，而不是孤軍深入、一步到位。稅制改革是稅收制度自我完善、自我發展的長期歷史過程，面對複雜情況，在注意立足現實條件，按照經濟發展的客觀要求和改革內在規律，確立一個時期的改革重點和相應的配套措施，並把握改革的進程和節奏，隨時進行協調和調整，及時解決各種不平衡現象，不使小問題積成大問題。

——必須堅持合理分權的基本思路。改革開放初期「簡政放權」的基本思路未能擺脫行政格局轉換的框架，在某種程度上形成了新的行政性分權管理局面。政企不分矛盾不解決，條塊分割、自成體系的問題就無從解決。稅制改革必須堅決實行經濟性分權，把微觀經濟活動的決策權交給企業，排除長期存在的行政性放權思路干擾，推動企業真正成為自主經營、自負盈虧、自我發展、自我約束的商品經營者和獨立的法人實體，同時調動中央和地方兩個積極性，在此基礎上形成新稅制基本框架。

——充分關注社會主體的利益和情緒。稅制改革直接關聯各方面經濟利益分配關係的調整和重構，必須堅持穩中求進的改革和發展方針，隨時注意把握形勢，駕馭局面，不能貪多求快、急於求成。改革在實施中須堅持「三穩」原則：一是穩定，注意理順各種關係，特別是社會納稅主體的情緒，搞好改革宣傳，努力創造和諧、融洽、協調的社會環境；二是穩步，既要強調振奮精神，積極進取，又不能盲目冒進，操之過急，而是謹慎從事，平穩推進；三是穩妥，對重大稅制改革措施和政策的出抬，要周密準備，把握時機，循序漸進，盡量避免失誤，減少震動。改革實踐表明，穩中求進是正確把握和駕馭形勢的方針。改革決策主體應始終保持冷靜的頭腦，無論在順利或困難的情況下，都能審時度勢，穩住大局，審慎地解決各種複雜矛盾。穩中求進是協調發展的方針。我們推進稅制單一改革時要注意相關因素，決不孤軍冒進，使整體改革協調前進，不致出現大的波動和反覆。改革決策者要通過有效宣傳，把握社會主體（包括各級稅務幹部）的覺悟程度、傳統習慣、心理承受能力，使稅制改革不是在群眾憂心忡忡、意見紛紛中推進，而是在贏得社會主體信任和支持的前提下推進。

——宏觀控制與微觀放活相結合。改革開放的根本目的是解放和發展社會生產力，使中國經濟充滿生機和活力。在宏觀控制與微觀搞活的關係上，一位中央領導指出：「應該像放風箏，放出去了，有線牽著，放得高是水準高的表現；而不應像放生，放出去後看不見、管不了、回不來。」稅制改革的一個核心問題就是管理權限問題，在市場機制不很健全的情況下，要十分重視有計劃地放開，有控制地搞活。一是力求放得出去，收得回來，做到控而不死，活而不亂。二是注意放開的程度和範圍，其取決於宏觀控制能力。在控制能力不夠時，即使應該放的，也不貿然行事，不搞一步到位，而是依照具體情況辦事。三是放開和控制都從全局出發，從

長遠考慮，不顧此失彼，不只看一時一事，在稅制決策上避免短期行為。四是對出現的問題要善於綜合運用經濟、政治、行政、法律、教育的多種手段，全面治理才能攻克疑難雜症。

稅制改革已成定局，回頭審視已走過的改革歷程，從歷史的經驗教訓中得到啟發，並使之上升到理性思維的高度，正是為擺脫那種「走走看看」的近乎原始的改革方法，而為進一步完善稅制理出一條線索。

——《中國稅制改革的回顧與思考》（曉實　柳華平）原載於《四川稅務》1994 年第 1 期。

17. 稅務信息工作中存在的問題及對策

　　搞好稅務信息工作是各級稅務機關辦公室發揮參謀助手作用的內在要求。近年來，內江市稅務信息工作在各級領導的重視和關心下，經過廣大信息工作者的努力，取得了較大的成績，為領導決策和指導基層工作起到了積極作用。但也要看到，稅務信息工作仍存在諸多薄弱環節，對此我們應當實事求是、深入細緻地解剖，有的放矢地採取措施予以改進，力爭稅務信息工作躍上新臺階。

一、稅務信息工作中存在的幾個突出問題

　　（一）認識偏頗，進展緩慢

　　一是對信息的內涵認識不足。有的同志只重視形式上的大信息而忽視內容上的小信息，一些幹部認為，稅務信息「三言兩語」，起不了多大作用，引不起各級領導重視。因此，個別同志不願意提供「小豆腐塊」，只熱衷於寫「大塊材料」，殊不知短小精悍、有價值的信息也能為宏觀決策服務。二是個別領導對信息工作重視不夠，認為自己從事稅收工作多年，對信息工作重視，情況熟悉，無需他人提供信息。因此，個人領導對稅務信息工作的重視、支持打了折扣。

　　（二）網絡不健全，專業素質差

　　稅務信息工作作為稅務機關辦公室的一項重要工作，有的縣、區雖然聘請了部分信息員，但未縱橫成網，人員多系兼職，有的雖然是專職，但也僅是大中專畢業，在理論知識上有一定的學習，對稅務信息工作必備的業務知識儲備不多，專業不熟練，特別是新上崗的同志對稅收工作和稅務信息工作有個逐步熟悉摸索的過程。

　　（三）工作不規範，傳遞速度慢

　　有的部門沒有正式的信息工作制度，缺乏嚴謹、科學的操作規程，致使信息工作僅僅停留於機關一般工作的要求和水準上。另外，傳輸手段低下，絕大部分信息只能靠單一的郵寄傳遞，在一定程度上降低了信息應有的價值。

　　（四）信息質量不高，不便於領導決策

　　內江市稅務信息反應領導活動、一般工作動態和新聞報導的信息較多，而帶有

普遍性、傾向性、預見性、問題性等深層次、高質量的信息較少；過時信息多，超前信息少；零散信息多，綜合信息少。這導致信息發揮作用甚微，浪費了人力、財力、物力。另外，有的信息員為調動基層提供信息的積極性，在編輯上搞「平衡」，降低了信息的質量。

（五）信息篩選編發隨機性強

由於沒有一個縱橫閉路的信息流系統，信息的質量很難達到領導要求。有些信息人員對情況瞭解不夠、政策水準不高，常常將一些重要的信息遺漏，而把一些無關緊要的信息作為重要信息編報。同時，對信息不加綜合整理的現象較為突出。

二、提高稅務信息工作質量需要明確的幾個問題

（一）科學認識稅務信息工作的重要性

（1）稅務信息是領導決策的基礎。無論是貫徹落實黨的路線、方針、政策，還是組織實施上級或本級稅務機關重大決策，都必須結合實際情況。稅務信息能夠廣泛、深入地反應稅務工作實際，可以從稍縱即逝的現象中發現潛在的問題，從司空見慣的現象中發現不尋常的問題，從初現端倪的現象中發現問題的苗頭。只有充分掌握可靠的信息，對稅收實務活動了如指掌，才能駕馭形勢，運籌自如，從而服務於對稅收工作進行科學的計劃、調控、監督、組織、實施和評估。

（2）稅務信息是加強稅務管理的手段。從理論上講，計劃的組織實施是根據指令和任務進行的，在實施過程中又會不斷地產生新的信息流；根據實施的信息進行監督管理，檢查與目標是否相背離；把反應實際情況與原定目標是否背離的信息傳回管理（決策）中心，即信息反饋；依據反饋的信息，管理者不失時機地發出調節和控制命令，以保證整個管理系統正常運轉和原定目標的實現。在實踐中，市、縣及以上稅務機關領導的工作性質決定了其主要任務是在宏觀上對關聯本地全局的稅收實務活動進行決策，無論是在精力上還是時間上都不可能事事、時時深入基層，但工作中的許多具體問題又不是單靠坐在辦公室就可以瞭解和解決的。市、縣稅務機關辦公室處於聯繫上下左右、溝通四面八方的中樞位置，理應積極收集和反饋各種信息，為領導掌握實際情況，充當觸角和耳目，從而增強稅務管理的效能。

（3）稅務信息是聯繫基層、聯繫社會的紐帶。稅收分配關係到各方面經濟利益，觸及群眾的切身利益，在第一線的稅收徵管活動中必然產生各種社會反響。因此，我們必須發揮稅務信息這一「神經系統」下情上傳、上情下達的紐帶和橋樑作用，一方面及時採取相應對策，解決群眾迫切需要解決的問題；另一方面又要及時地把領導的指示和決策傳播下去，以鼓動基層同志的士氣，克服和減少工作中的偏差與失誤。

（二）明確稅務信息工作的指導思想和原則

我們認為，稅務信息工作的立足點是為上級領導的決策服務，為同級領導的決

策服務，為決策的貫徹落實服務，為指導基層工作服務。因此，我們必須明確稅務信息工作的指導思想和原則。

指導思想——堅決貫徹黨的路線、方針和政策，為領導決策、改進和加強稅務工作提供切實可行的依據，以利於充分發揮稅收的職能作用，為經濟建設和改革開放服務。

工作原則——解放思想，實事求是。為上級領導服務，稅務信息要在積極開發、提高質量的前提下，求精勿濫；為同級領導服務，信息涉及面要廣泛，量要大一些，並盡量系統化；為基層工作和群眾服務，信息量不宜過大，側重於通報上級領導的意圖和思路，通報有關經驗、教訓等。

（三）明確稅務信息的內容

根據上級稅務機關和地方黨政部門的要求，市、縣稅務信息的主要內容應包括以下方面：

（1）黨和國家重要的政治、經濟政策和工作重點，稅收工作的方針政策、重大措施的貫徹落實情況。

（2）稅收工作為改革開放和經濟建設服務、保駕護航情況。

（3）地方各級黨政部門對稅收工作的重要指示、意見以及貫徹執行情況。

（4）重要會議和工作部署的貫徹落實情況。

（5）關聯稅收工作的經濟動向、社會活動等。

（6）各個時期收入完成情況、稅源變化情況、促產增收情況。

（7）新的稅收政策和改革措施的執行情況、社會反應、問題與建議。

（8）依法治稅、加強徵管、稅法宣傳等方面的情況。

（9）稅務幹部隊伍建設、基層建設、廉政建設等方面的情況。

（10）稅收工作中出現的重大事件、重大偷漏稅案件和暴力抗稅案件。

（11）通過各種渠道收集到的對工作有參考價值的有關資料、情況等。

三、改進稅務信息工作機制的對策

結合內江市稅務信息工作的實情，本文提出如下思路與對策：

（一）擺正位置，加強對信息工作的領導

我們要把信息工作作為整個稅務工作的有機組成部分，絕不能視之為可有可無的工作，並採取切實可行的措施使之與整個稅務管理工作同步發展。因此，各級領導應在思想上高度重視，把信息擺在與時間、金錢同等的高度，積極支持。領導要經常瞭解、檢查本單位信息工作情況，並為開展信息工作創造良好條件。例如，在專職或兼職信息員閱讀文件、參加會議、寫作時間上都予以方便，並經常定課題、授意圖等。同時，領導應以身作則，帶頭研究和綜合匯總信息，促進信息工作向縱深發展。

（二）健全網絡

搞好信息工作，必須廣開信息渠道，擴大信息來源，才能耳聰目明，信息靈通。

市稅務局辦公室是實施稅務信息宏觀管理和微觀處理的中心，起著承上啓下的仲介作用，負責收集、處理全市稅務信息，宜配備政治敏銳、思維敏捷、反應敏感的同志任專職或兼職信息員，其工作可以與全市稅務宣傳、報刊通聯工作「三位一體」。市稅務局各職能科（室）和基層稅務所兼職信息員應從多角度提供多層次信息。各區、縣稅務局辦公室宜設專職信息員，並對基層信息工作予以指導。為擴大稅務信息輻射面，市、縣兩級稅務部門可以分別與本級經濟主管部門、經濟執法部門、經濟槓桿部門和部分大中型工商企業開展信息交換。

（三）分類指導

一是縱向骨幹網絡，比如縣（區）對市、市對省報送信息，主要內容應包括當地綜合工作的經驗、建議、設想、傾向性、苗頭性問題，帶有區域特色且在全局中具有舉足輕重的情況。二是橫向骨幹網絡，比如本市範圍內貫徹上級方針政策情況、執行情況和綜合分析、意見或建議；全市在某項工作中創造的經驗，包括局部試驗中有新意的東西；部門工作的意見和建議。三是擴散網絡，主要是基層信息點，報送信息重點應是一些富有特色的經驗、意見或建議。

（四）健全規程

在鞏固原有的登記、審簽、通報等制度的基礎上，我們應建立一些必要的工作制度，使信息工作規範化。一是信息專報制度。各局對全局性問題綜合報送，政策性問題專題報送，中心工作系列專門報送，重要動態隨時報送。二是信息批示、催辦制度。凡是局領導批示的信息，應專人負責催辦，限期報送處理結果。三是逐步實行市、縣稅務信息員崗位責任制和目標管理，建立實施全市稅務信息工作條例。四是在市稅務局試行稅務信息出入一條道試點。市稅務局除對上級文件必須保證按時送達外，對各局及市局各科、室、隊、校、組上報的所有文件、簡報和信息，都經過辦公室綜合處理，經篩選、淘汰後分別以原件或信息的形式送局領導閱示（審簽）。

（五）強化激勵

一是鞏固現行的低稿酬制度，評選優秀信息和劣質信息，評選優秀稅務信息員，並作為幹部評定職稱和晉級的參考。二是定期進行信息工作聯繫會，交流業務，開展培訓，互相切磋技藝，相互促進，共同提高。三是以干代訓，安排一級信息員到市、縣局信息職能部門工作一段時間，實習操作，掌握要領。

（六）加強聯繫，快速傳遞

我們要加強縱向和橫向稅務信息工作的聯繫，學習外地的先進經驗，同時努力爭取當地黨政信息機構的業務指導和支持。對加快信息傳遞，我們建議：第一，各

局根據財力許可，逐步購置現代化辦公和通信設備，如直撥電話、移動電話、傳真機等；第二，在一般情況下，信息材料可由各局辦公室主任簽發，特別重要的信息由局領導簽發。

——《稅務信息工作中存在的問題及對策》（李剛　柳華平）原載於《四川稅務研究》1992年第11期。

18. 回顧・反思・建議
——內江市「七五」時期工商稅收的分析及振興經濟的思路

黨的十三屆七中全會通過的《中共中央關於制定國民經濟和社會發展十年規劃和「八五」計劃的建議》指出：國家經濟管理的主要任務是合理確定國民經濟發展的計劃、規劃和宏觀調控目標，制定正確的產業政策、地區政策和其他經濟政策，做好綜合平衡，協調重大比例關係，綜合配套地運用經濟、法律和行政手段引導和調控經濟的運行。稅收是重要的經濟槓桿，具有調控和監測經濟的功能作用。稅收取決於和反作用於經濟的二重性，使我們得以從分析內江市「七五」時期工商稅收狀況入手揭示內江市經濟發展的深層次矛盾和制約因素，並探求走出經濟困境的出路。

內江市「七五」時期工商稅收發展狀況的歷史回顧

「七五」時期，內江市各級稅務部門在上級稅務機關和各級地方黨政部門的領導下，堅持以黨的基本路線為指針，認真貫徹執行國務院關於加強稅收工作的決定等有關文件和各項稅收政策法規，強化稅收徵管檢查，大力促產增收，加強隊伍建設，實現了工商稅收的大幅度增長。內江市共入庫工商各稅 220,503 萬元，比「六五」期間增加 117,128 萬元，增長 113.3%；1990 年入庫工商各稅比 1985 年增長 26.505 萬元，上升 92.8%，年均增長幅度達 14.03%；1986—1989 年均超額完成上級下達的稅收任務，為平衡國家財政收支做出了很大貢獻。

稅收反應經濟的功能，使之成為經濟運行系統的指示器、晴雨表。經濟發展的趨勢、企業經營狀況的好壞都集中地反應在稅收上。從表象上看，內江市工商稅收形勢比較樂觀，但冷靜分析卻潛伏著較多問題，突出表現為稅源枯竭、稅收後勁不足。

（1）「七五」末期收入增長速度和計劃進度明顯減慢。前四年增速都在兩位數以上，即在 1985 年基數較大（比上年增長 34.9%）的基礎上，1986 年增長 11%，1987 年增長 15.6%，1988 年增長 22%，1989 年增長 17%，而 1990 年只增長 5.03%，比上年慢了 11.87 個百分點。1986—1988 年上半年的計劃進度分別為 46.5%、48.5%、46.2%，而後兩年僅為 42.6% 和 34.6%。

（2）主要經濟稅源增長速度明顯減慢。1990 年與 1985 年比較，內江市工商稅

收年均增幅為14.03%,十大工業經濟稅源增長10,223萬元,年均增幅11.92%,占同期工商稅收增長總額的比重僅為38.57%。其中,卷菸占了22.5個百分點。剔除卷菸考核,其他九大工業經濟稅源只增長了4,253萬元,年均增幅僅7.27%。十大稅源中,達到稅收平均增長速度的僅有卷菸、紡織兩個稅源;低於平均增長幅度的有紙、電力、機器機械、鋼坯鋼材、建材五個稅源。而長期以來作為內江市主要經濟稅源的糖、酒、化工卻出現負增長,分別為-7.2%、-10%、-2.6%。特別是糖稅,中華人民共和國成立以來內江市糖稅占稅收總收入的比重最高曾達50%,而1990年僅為2.21%。

(3) 工業企業繳納的流轉稅占工商稅收的比重明顯下降。內江市工業企業繳納的產品稅、增值稅、鹽稅占工商稅收入庫總額的比重由1985年的57.84%下降至1990年的52.35%,下降了5.5個百分點。如剔除卷菸考核,1985年為52.33%,1990年僅為42.58%,下降了9.75個百分點。

(4) 收入在全省的地位明顯降低。一是收入位次下降,差距拉大。「五五」末期,內江地區工商稅收總額在四川省僅次於成都、重慶兩市和綿陽、宜賓兩地區居第五位,只比綿陽、宜賓兩地分別少5,500萬元、1,400萬元。由於行政區劃的調整,綿陽一分為四,宜賓一分為二,「六五」末期,內江地區稅收雖然居四川省第三位,但與原綿陽、宜賓兩地區同口徑比較差距分別為28,577萬元、2,485萬元。「七五」末期,綿陽市稅收超過了內江市躍居第三位,內江市降至第四位。內江市稅收與原綿陽、宜賓兩地區同口徑比較差距分別達91,439萬元和6,389萬元。二是增長速度低於全省。四川省工商稅收(不含重慶)「七五」時期比「六五」時期增長128.43%,內江市只增長了113.3%;從遞增幅度比較,四川省為15.21%,內江市為14.03%。三是內江市收入占四川省工商稅收的比重下降,「六五」時期為8.13%,「七五」時期為7.62%,降低0.51個百分點。其中,1980年、1985年、1990年收入比重分別為9.06%、7.71%、7.32%。

(5) 地區之間稅收發展失調。1990年與1985年比較,地理交通條件較好的東興、資中、隆昌三縣(區)稅收分別只增長55%、77%、61%。而條件較差的威遠、安岳、樂至三縣稅收增幅達82%、138%、135%,年遞增幅分別為12.2%、18.3%、18.1%。

(6) 稅收增長相當一部分來源於稅政因素的變化。「七五」時期新開徵的車船使用稅、個人收入調節稅、印花稅、房產稅、城鎮土地使用稅,1990年入庫2,613萬元。屬於「六五」末期開徵、收入集中體現在「七五」時期的城建稅、獎金稅以及商品批發、金融保險營業稅,1990年入庫6,821萬元,比1985年增加4,525萬元。這兩項政策因素增長7,138萬元,占同期增長絕對額的26.9%。剔除上兩項考核,1990年比1985年增長19,367萬元,上升67.8%。可見,內江市稅收增長不完全是來源於經濟的增長,有相當部分來源於稅收政策的調整。另外,價格變動增加的稅收也占相當比重。

內江市「七五」期間工商稅收存在問題的癥結

內江市工商稅收發展步履維艱，與本市經濟發展緊密相關，這是經濟決定稅收這一客觀經濟規律發生作用的結果，是多年經濟發展過程中累積下來的深層次矛盾和治理整頓中新出現的矛盾在稅收收入上的集中反應。具體分析其癥結，主要如下：

（1）圍繞經濟建設打總體戰的意識不強。由於各種原因，有的地區、部門、企業和幹部不同程度地存在著經濟建設精力不集中；行政和經濟行為短期化；各自為政、墨守成規、思想保守、觀念僵化、夜郎自大、故步自封等問題，導致了經濟建設起步慢、規模小、效益差、後勁弱，多次坐失了經濟發展的良機。

（2）對工業投入不足，投向不準，投資分散。據有關部門統計，「七五」期間內江市用於經濟和社會發展的固定資產投資為42.74億元，其中生產性建設投資僅為26.09億元，占同期總投資的61.4%，而全民所有制工業生產性投資僅為15.06億元，占生產性投資的57.7%，占全市投資總額的35.24%。在工業投入總量不大的情況下，內江市又將重點投向了肉聯廠及化肥、糧食飼料加工等農用生產資料企業。這些企業的新建、擴建對於穩定農業發揮了積極作用。但生產的產品幾乎全是免稅產品，體現在財稅效益上，則為投入增加，稅收沒有增加；產值銷售增長，稅收沒有增長。同時，內江市有一批大中型項目由於缺乏科學的可行性論證或論證不充分，急於上馬，盲目投入，結果「騎虎難下」，使企業和財政背上了沉重的包袱。這些投資上千萬元的項目不僅未能增加稅收，反而還要減免原有的收入來「卸包袱」。這種只見投入不見產出還要挖老本的現象帶有一定的普遍性。

「七五」期間，內江市對鄉鎮企業投入了大量資金，但由於投資比較分散，新建、擴建的企業大多數規模小、技術起點低、產量質量不高、管理水準差、承受風險能力弱，一旦遇到政策和市場的變化，就紛紛停產倒閉。五年間，雖然投資上億元而徵收的稅收卻很不理想。1986—1990年分別為2,030萬元、2,693萬元、3,147萬元、3,633萬元和3,368萬元。

（3）行業、企業、產品的趨同性和老化現象比較嚴重。內江市的主要支柱性工業，如糖、酒、紙、紡織、機械等都是傳統行業。近十年來，經濟的發展仍然是局限在這些行業內，全市先後新辦了不少的小糖廠、小酒廠、小棉紡廠、小紙廠、小絲廠、小玻璃廠。這種新老企業、大小企業的趨同性導致了爭原材料、爭能源、爭市場的矛盾，造成一些企業「吃不了」和另一些企業「吃不飽」，使有限的能源、勞動力、原材料蒙受巨大損失。這些小企業由於技術、設備、管理比較差，很長時間不能按規定納稅，而老企業由於原材料、市場被擠占，經濟效益也很不理想。加之20世紀70年代以前創建的企業經過十幾年甚至幾十年的生產，廠房、設備、技術已出現比較嚴重的老化現象，近年來又沒有投入更多的資金進行技術改造，導致企業發展舉步維艱，很多企業處於非常困難的局面。1990年，內江市年納稅50萬元以上的企業只有101戶，較1989年減少22戶。行業、企業、產品的趨同性和老

化的矛盾在國家政策和市場比較穩定的情況下還不易反應出來，一旦遇到像 1989 年和 1990 年這種全國性的治理整頓，矛盾就集中暴露出來了。

（4）資源缺乏、財政困難與擴大生產規模的矛盾日益突出。內江市礦產資源不豐富，主要自然資源人均佔有量低，土地、水源、能源、原材料短缺產生對經濟發展的明顯制約。1990 年，內江市國民收入僅 54.5 億元，財政收入 6.2 億元，財政支出 5.36 億元，人均水準分別為 628 元、70 元和 62 元，比全國人均水準分別少 632 元、226 元和 235 元，比全省人均水準分別少 268 元、41 元和 68 元。由於財政是「吃飯」財政，在組織財稅收入時，只能應收盡收，留給企業用於技改、發展的資金甚少。稅收減免多為困難救濟性減免，扶持發展性減免較少。加之亂收費、亂攤派、亂罰款的影響，企業負擔偏重。這些問題長期得不到妥善解決，不僅使社會事業的「欠帳」難以彌補，而且使已初具規模的機械、化工、食品、制藥等工業難以輻射和擴展。

（5）流動資金嚴重短缺。1990 年年末，內江市居民儲蓄存款餘額 23.005 億元，人均 265 元，比全省、全國平均水準分別低 73 元、352 元。各類貸款餘額 36.867,7 億元。按全國人均貸款額計算應貸 115 億元，按本市人均工商稅收貢獻水準計算應貸 42.3 億元，按社會商品零售額水準計算應貸 96 億元。1990 年，內江市鄉鎮企業總產值為 22.39 億元，而自有流動資金僅 7.682 萬元，銷售額達 2 億元的川蒸廠僅有自有流動資金 550 萬元。

（6）市場體系發育不健全，商業落後，購買力低下。由於商業設施建設投入少，設備落後，加之經營方式不活、手段不力，未能發揮內江市的商貿優勢，對外缺乏輻射力，對內缺乏吸引力。儘管 1990 年內江市實現社會商品零售總額 32.6 億元，在四川省內位居前列，但與所處的地理位置和擁有的人口量很不相稱，人均水準僅 372 元，較全國、全省人均水準分別低 231 元、133 元。

綜上所述，觀念、結構、資金、效益、市場等方面存在的突出矛盾，已成為內江市經濟發展的重要障礙，需要下決心進行綜合治理。

內江市經濟走出困境，實現長足穩定增長的基本思路

遠謀內江市經濟發展，不僅要認真分析解剖過去的矛盾，更重要的是緊緊抓住發展中的主要矛盾和矛盾的主要方面，揚長避短，對症施治，為最終解決矛盾尋求根本途徑。

在對內江市「七五」時期經濟和稅收作了粗略剖析的基礎上，我們認為內江市今後十年經濟發展的思路應是「調整結構，穩定農業，強化工業，放活商業」，由過去的「穩農安市」逐步轉移到「強工活商富市」。我們建議將全市七縣二區劃分為工業區、農業區、商業區，在「三區」內從政策、資金、能源、交通、原材料、科研等方面實行傾斜，最終以科技和科學管理帶動全局，實現以工帶農，以農促工，以商活工，開源致富。具體思想如下：

（1）調整結構，就是調整產業結構。鑒於內江市的經濟發展水準與內江市經濟

基礎及其在全省所處地位不相稱的現狀，內江市需要下決心在產業結構調整上做文章，逐步降低農業在國民經濟中的比重，加大工業和商業的分量，形成「穩農、強工、活商、富市」的格局，最終實現經濟的良性循環，加快經濟發展和奔小康的步伐。

（2）農業區。內江市應將幾個主要農業縣確定為農業區，在穩定糧食生產的同時，大力發展經濟作物和養殖業以及與之相適應的鄉鎮企業，特別是要把生豬、水果、棉麻、蠶桑作為內江市食品、紡織工業的第一車間去抓，把著力點放在推廣科學技術降低農業成本上，從而提高農、工、貿的整體效益。內江市應對農業區實行支農資金、銀行信貸物資、電力、科技、農業基本建設等方面大幅度傾斜。農業區的財政收入上解比例要降低，上解額度要減少，從而使農業區得到的利益與工業區和商業區大體相當。

（3）工業區。內江市應將工業基礎較好的幾個縣和成渝高速公路沿線確定為工業區，實行弱化、鞏固、開發分類指導，區別對待的辦法。弱化就是對沒有發展前途的老產品不再給予扶持，使其隨著時間的推移逐步自然淘汰，必要時可以通過制定政策強制淘汰。例如，內江市的白糖、白酒、白紙已經失去了產品優勢、市場優勢、財政優勢，在新興工業開發起來以後可以考慮逐步淘汰。鞏固就是對產品有銷路，但由於受生產規模、技術水準、資金的限制未能充分發展起來的支柱性行業要通過企業聯營、組建企業集團、革新生產技術、開發新產品，使之盡快形成規模，發揮效益。例如，開發就是大力開發新興工業，發展高稅利、高附加值的產品。糖化工、食品工業、生化製藥、電子、家用電器等行業，從內江市的地理、資源條件和國內外市場來看是有可能和有必要發展的，需要著力開發。內江市要通過開發新興工業逐步取代傳統工業，或者通過改造傳統工業，使之發展為新興工業。新興工業應沿成渝高等級公路修建，使之逐步形成工業一條線的格局。

工業區的開發和新興工業的發展都需要有一個寬鬆和諧的外部環境。首先，各級黨政部門要從思想認識、組織領導、工作措施等方面強化發展工業的意識和領導。其次，有關部門要從大局和長遠出發，在土地、能源、資金、科技、政策等方面給予全力支持。最後，內江市要樹立全市一盤棋思想，搞好宏觀發展規劃，防止出現一哄而起、趨同發展的傾向。

在利益分配上，為了平衡農業區的利益，內江市需要適當提高工業區的財政上解比例或額度，實現以工補農。

（4）商業區。內江市要充分利用便利的交通條件，大力發展商業，放活商業。市中區內物資、百貨、糖酒、五交化大樓的建成和鐵路沿線縣城商業設施的建設，很大程度上改變了內江市商業設施落後的狀況，為商業發展提供了良好條件。因此，以市中區為全市的商貿中心，迅速發展高等級公路沿線的商品市場應成為內江市商業發展戰略，即一線-中心戰略。在市中區，我們應充分發揮幾個大樓的優勢，爭取逐步舉辦全省、全國的訂貨會、交易會把內江市推向全國；要全力帶動市中區內中小商業企業的發展，逐步聯成商業網絡，發展商業集團，把市中區建成一個商貿城市。在高等級公路沿線，我們要以縣城為依託建立若干個大型綜合市場和農副

產品專業市場，組建各種聯合產銷集團、批發集團、聯合投資公司、代理仲介服務組織，促進地方產品向外擴散。同時，我們要培育和發展勞務、科技、信息、資金等多元化的市場體系，確保商業區的正常經營運轉。

在商業區內，我們要爭取實現「兩活」，即價格放活、政策放活。

當然，內江市內各縣、區還可以根據當地實際，劃分「小三區」，分別採取穩定、強化、放活的政策，促進地區經濟結構合理化。

上述內江市農、工、商分類發展思路的必要性在於：一是市情決定了全市經濟發展不可能「同步到位」，各地自然地理條件差異甚大，資源條件優劣不同，社會經濟發育水準高低懸殊。這種區域間自然條件的差異必然導致全市經濟發展水準的不平衡，形成多層次的經濟區域。二是全市經濟發育體系的形成需要一個漸進過程，區域經濟的發育正是這一必經階段。三是以放權讓利為特徵的經濟體制改革使相當一部分經濟決策權分散化，加之缺乏有效的宏觀調控措施，形成原有的縣、區經濟對內的開放性和對外的封閉性並存的市場割據局面，使縣、區之間的摩擦及市與省和其他地區的矛盾激化，形成以區域封鎖、市場分割、爭奪資源為特徵的「諸侯經濟」。重構經濟區劃，有利於消除區域之間的封鎖和摩擦，續接被人為割斷的商品經濟的內在聯繫，實現市場要素的合理配置，扭轉區域經濟的紊亂局面，建立新秩序。四是實現財政狀況根本好轉的需要。只有大力發展工業、放活商業才能使財政收入持續、穩定增長，最終擺脫「吃飯財政」的被動局面。

實質上，「三區」經濟開發區是與勞動地域分工相聯繫，以一定的區域單元和行政單元為依託，以區域內中心城鎮為核心，以充分利用區內資源，發揮地區優勢，發展流通協作，促進生產技術進步，實現區域經濟協調發展為目標的市場空間組織形式。它包含四個相互聯繫的內容：區域開放、區域交換、區域分工、區域比較利益的實現。實現「三區」發展戰略，應具備和努力創造下列條件：一是消除地方割據的體制性因素，包括推進經濟要素配置主體由政府向企業轉移，減少行政干預等，保證區域共同經濟的建立和發展；盡快理順市和縣、區的經濟事權，並使其法規化，將市與縣、區的經濟行為限制在容易把握的範圍內。二是改革不合理的價格體系，為區域間等價交換提供條件。三是建立區域經濟協調組織和監察仲裁組織，保證區域經濟運行有序化。四是加強交通運輸、郵電通信、信息中心等市場基礎設施建設，促進生產要素的自由流動和市場的充分發育。五是調整區域產業結構和區域分工體系，促進區域經濟聯合。

內江市經濟發展與振興的稅收對策

內江市經濟發展與振興，稅務部門責無旁貸。通過對我市「七五」期間稅收的回顧與反思，我們就稅收工作促進內江市經濟的發展與振興提出以下幾個方面的建議：

一、稅收工作必須堅持以經濟建設為中心這一基本指導思想

經濟是稅收的基礎，只有經濟的持續、穩定、協調發展，才會有稅收的穩定增長。稅務幹部必須牢固樹立經濟觀念、生產觀念，把工作的立足點和出發點切實轉移到以經濟建設為中心上來，充分發揮稅收的職能作用，全心全意為經濟建設服務。

二、增強改革開放意識，更新觀念，用好用足政策

稅務部門要摒棄傳統的有礙經濟發展的陳舊觀念和工作方法，增強改革開放意識，用開拓創新精神貫徹和執行好稅收政策。具體講應該注意以下幾個問題：

第一，稅務幹部要充分認識改革開放的現實意義和深遠的歷史意義，增強歷史責任感和時代緊迫感，自覺地、積極地投身改革，支持改革，服務改革。

第二，增強「開放治稅、綜合治稅」的意識。稅務部門應打破「兩眼向內、孤軍作戰、默默無聞」的被動局面，破除稅收工作的神祕感，主動打開大門，把稅收工作推向全社會，爭取各級黨政部門、新聞單位和廣大群眾都瞭解、理解、關心、重視、支持、維護國家稅收，形成「開放治稅，綜合治稅」的全新局面。

第三，要在堅持以法治稅的前提下，因地制宜地貫徹執行稅收政策。國家稅收具有較強的統一性和原則性。在重大問題上，如稅收管理體制，行業性的、大範圍的減免稅等，必須堅持集中統一，不得越權減免稅。但對當地要求解決的一些具體問題、個別問題、試點性問題，稅務部門應在堅持稅收管理體制的前提下，積極主動幫助解決。對權限範圍內無權解決的問題，只要是有利於經濟發展，有利於改革開放的，應及時組織調查研究，摸清情況，向上級匯報爭取上級的支持。

第四，要不折不扣地用好用足省、市既定的現行稅收優惠政策。目前，在發展經濟方面的稅收、財務優惠政策已經不少，關鍵在於用好、用足、用活。稅務部門要主動宣傳並輔導企業用好這些政策。

三、大力開展稅務促產增收，為穩定發展經濟服務

稅務部門作為政府管理經濟的一個綜合職能部門，同樣承擔著發展生產的根本任務。促產增收是稅務部門的職責和應盡的義務。因此，稅務部門應該把促產增收作為一項長期的戰略任務抓緊抓好。

第一，各級稅務部門應該制定年度促產增收目標任務，將促產項目、新增產值、實現稅利、入庫稅利層層分解落實到稅務幹部，並認真組織實施，年終進行檢查、考核、評比。

第二，各級稅務部門應該根據當地經濟發展規劃和國家產業政策，針對重點、難點、熱點，從稅收工作的角度開展調查研究，找準問題，分析原因，提出發展經濟、促進生產、調整結構的合理化建議；向黨委、政府提交調查報告，從宏觀決策

上為黨政部門出主意，當參謀。

第三，稅務部門應結合本地經濟發展規劃和逐年投入產出計劃，根據新產品開發、挖潛改造、新企業及新項目投產等情況，按照投入產出週期的不同階段，可能形成的產銷量度和額度進行分類排隊，把保證當年稅收的骨幹企業和產品作為第一稅源梯隊；把那些有發展前途和潛在優勢，需要稅務部門予以支持幫助的企業列為後續稅源和潛在稅源。在此基礎上，稅務部門按照需要與可能、眼前利益與長遠利益相結合的原則，分別採取「以取為主、取之有度」「有取有予、取予結合」「著力培植、養雞下蛋」的辦法，鞏固現有稅源，扶持發展中稅源，開闢潛在稅源，使稅收源遠流長，梯次遞進，合理配置與分佈。稅收扶持的重點對象應該是稅利大，附加值高，名、優、新、特的產品和企業。稅收扶持的方法應該是政策、智力、信息、決策、服務的全方位促產。

第四，適度實施稅收目標管理，進一步增強大中型企業活力。稅收目標管理就是按照「質量、品種、效益」導向的原則，有針對性地選擇一部分大中型企業和重點企業實行稅收收入目標考核，超目標部分的收入，按稅收管理體制報批給予減免，專款用於技術改造。這種方法既保證國家稅收的穩定增長，又增強企業自我發展、自我改造的能力。每個區、縣每年選擇3~5戶企業實行這一辦法，「八五」期間，內江市有200多戶重點企業通過稅收減免得到改造，大大增強了這些企業的活力，稅收也有了穩定可靠的來源。

第五，全面推行稅務機關定點促產聯繫企業制度。稅務部門定點促產聯繫企業制度是改進機關作風、增進稅企相互瞭解、密切稅企關係、保證稅收政策的貫徹執行和稅收計劃順利實現的重要制度。1990年，內江市稅務局確定了3戶企業作為直接促產聯繫的企業。1991年擴大到20戶，並要求在全市稅務系統全面推行。稅務部門通過層層確定促產聯繫企業，形成聯繫企業網絡，可以直接、及時、準確地掌握幾百戶重點企業的生產經營情況，從中總結經驗，交流信息，發現問題，研究對策，為黨政領導和有關部門指導經濟工作提供第一手資料。

四、強化稅收管理，引導企業經濟行為

第一，全面推行稅收徵管改革，強化徵收管理，加強稅收檢查，打擊偷稅、抗稅的違法行為，嚴格財務監督，促進各地區各行業的公平競爭，維護國家稅收。

第二，多層次、多渠道、全方位開展稅收宣傳，建立由公、檢、法、司、工商、銀行、財政、稅務等部門組成的協稅護稅網絡，努力提高納稅單位和個人依法納稅的自覺性，通過「稅法宣傳-協稅護稅-自覺納稅」三級跳，最終實現國家依法徵稅的強制性與納稅人依法納稅的自覺性有機結合的歷史性轉變。

——《回顧·反思·建議——內江市「七五」時期工商稅收的分析及振興經濟的思路》（課題組長：王賓、蔣森。成員：周光成、李剛、羅元義、王莉、喬祖堪。執筆：柳華平。）

19. 問題・癥結・對策
——對內江市工商稅收欠稅的調查與思考

1989年以來，內江市企業拖欠工商稅收的現象十分普遍，大量欠稅威脅著財政預算的平衡，一定程度上制約著經濟的正常發展。對此，我們必須認真對待，絕不能掉以輕心。

問題——陷入怪圈、積重難返

1989—1990年，內江市工商稅收欠稅都亮了「黃牌」。欠稅額都曾突破一億元的警戒線，為平衡年度財政收支，市政府多次出面協調各級財政、金融部門拆借、籌措一部分資金給企業作為稅金入庫，次年又由企業將這部分資金歸還有關部門。這樣企業因生產經營的延續而新實現的稅款仍無資金保證，再度形成新的拖欠。年復一年，必然導致「欠稅－清理－欠稅」的惡性循環，一年清二年欠，使稅收徵管工作十分被動。正如一位縣稅務局長所說：「陷入怪圈，積重難返。」

問題之一：欠稅數額巨大。1990年10月底，全市工商稅收欠額達11,364萬元，佔當年工商稅收計劃任務的19.99%。

問題之二：拖欠日益嚴重，舊欠難壓，新欠不止，出現前清後欠，屢清屢欠，欠稅趨勢不減。1990年10月末欠稅額較1989年年末（3,500萬元）增長225%。

問題之三：拖欠時間長，短則半年數月，長則一年數年。有一戶鄉鎮企業拖欠幾十萬元稅款長達5年之久，最後因無力繳納，只好豁免了結。

問題之四：欠稅形式多樣，數稅並欠。有的企業不僅拖欠流轉各稅，還拖欠所得稅及有關地方稅等。

問題之五：發生面廣。1990年10月，內江市欠稅企業達792戶，涉及城鄉國營、集體工商企業，其中欠稅達10萬元以上的有118戶。截至1990年年底仍有欠稅企業506戶，欠稅10萬元以上的重點企業111戶。

癥結——素質偏差、管理不力

根據調查分析，近兩年內江市工商稅收欠稅嚴重不是偶然的現象，是治理整頓、深化改革的必然產物。企業欠稅實質是經濟生活中各種複雜矛盾在稅收上的綜

合反應。企業欠稅陷入怪圈、積重難返的根本原因是企業經營素質偏差，加之稅務監督管理的低效率，使欠稅得以年復一年的「欠而清，清而欠」，似乎無控制地惡性膨脹。

癥結之一：經濟困難。由於多年來經濟過熱累積下來的深層次問題與治理整頓、深化改革中新出現的矛盾交織在一起，致使近兩年內江市工業生產低速增長，銷售市場疲軟，企業之間相互拖欠貨款增加，資金嚴重短缺，從而影響企業正常繳稅，特別是產成品資金占用過多，企業流動資金嚴重不足。加之有關部門應撥補的資金未到位，企業占用上繳的稅款用於生產週轉，這種現象在大中型企業尤為突出。

癥結之二：法制觀念淡薄。一些企業在目前資金緊張的情況下，自覺依法納稅觀念淡薄，認為國家稅收可繳可不繳。有的甚至認為欠稅有「理」，欠稅有「利」，便拖著不繳，故意占用國家稅金用於週轉，以減少自己的利息支出。

癥結之三：政出多門，各行其是。現實中往往是上有政策，下有對策。為維護本部門、本地區的利益，有的地區、部門紛紛豎起保護主義的「籬笆」，使清理欠稅工作受到重重阻撓。許多地方清理「三角債」。企業清回的貨款未用於繳稅，結果是「清了企業的，欠了國家的」。個別企業甚至靠欠稅、欠貸過日子。在企業大面積拖欠稅款的情況下，部分納稅觀念較強、能夠及時足額納稅入庫的企業擔心「吃虧」，也借口資金困難拖欠稅款。有的地方專業銀行從本位主義出發，收到貨款先還貸款，使稅款無法得到保證。有的部門巧立名目向企業亂攤派、亂罰款、亂收費也影響了企業有限的資金安排。

癥結之四：部分政策界限不清。目前稅收政策法規較為零亂、繁瑣，對於哪些屬於合理的欠稅可以適度緩徵，哪些屬於不合理的欠稅應按期催繳入庫尚無統一明確的規定，執行起來難於掌握「尺度」，有的企業便乘機鑽「空子」。

癥結之五：部分稅務職工未能正確處理穩定企業、穩定大局與組織收入的關係和促產增收與以法治稅的關係，政策認識上失之於偏，政策執行上失之於寬，監督檢查不力，致使一部分收入未能及時足額組織入庫。特別是個別地方實行徵管模式改革後，由於查、管人員比例分配不盡合理，造成徵管人員不足，催繳企業欠稅不力的狀況。

對策——綜合治理、標本齊治

使企業工商稅收欠稅走出怪圈、防止再度膨脹的出路究竟何在？筆者認為，鑒於企業欠稅原因複雜，應辨症施治，對症下藥。在指導思想上我們要堅持「分類排隊、突出重點、分步清欠、逐步到位」。在方法上我們一要堅持清理欠稅與治理稅收環境、整頓納稅秩序相結合，既要清理舊欠，又要防止新欠；二要堅持與清理「三角債」、盤活企業資金、啟動生產和市場相結合；三要抓住重點，集中力量，條塊結合，堅決、審慎、有效地清理。一句話：「綜合治理、標本齊治。」

對策之一：強化稅法宣傳。我們要充分利用各種宣傳工具，多層次、多渠道、

多側面地大力宣傳稅收政策法規，使企業真正樹立依法納稅是企業應盡義務的觀念，增強法律觀念和全局意識，自覺及時足額納稅入庫。

對策之二：提高認識，加強領導。各級政府應高度重視清欠工作，切實加強對清欠工作的組織和領導，納入工作目標責任制，做到首長負責，層層配合協調抓落實，及時研究解決難點問題，把該收的稅都收起來。

對策之三：建立完善監督制約機制，加強徵收管理。

——實行欠稅目標管理，雙向考核。稅務部門既考核稅務徵管員，落實獎懲措施；又考核企業，與稅收減免等優惠政策的實施掛勾。稅務部門應將企業每月欠稅的情況公之於眾，實行群眾民主監督，客觀上又以榮譽激勵機制刺激企業主動納稅。

——適當充實徵管力量，嚴格依法治稅。對拖欠稅款不交的單位，稅務部門要按照稅法有關規定加收滯納金，必要時可通知銀行扣款。

——銷售貨款含稅比例入庫制度。稅務部門應建立「稅款過渡專戶」，對企業收回的貨款一律按含稅的比例劃入專戶，保證稅款及時入庫，防止發生新的欠稅。

——完善緩稅政策。國家應明確緩稅的條件，不允許任何地區、企業、部門自立政策緩稅。緩稅應考慮年度財政承受的能力，並實行有償占用制度，即國家向占用稅款的企業收取一定的資金占用費，其收取比例可參照當期流動資金貸款利率設計。

對策之四：搞好稅務促產增收。為從根本上解決企業欠稅問題，我們要以提高效益為中心搞好稅務促產增收。一是通過各種渠道向企業提供市場行情、產品投向、社會需求、效益反饋等方面生產經濟信息。二是協助企業清倉利庫，處理積壓滯銷、超儲的物資和商品，啓動企業資金的正常運轉。三是積極幫助企業融通籌措資金，提高資金使用效率。

對策之五：搞好部門配合。企業及時足額納稅入庫需要有關部門的支持配合。財政及企業主管部門對應撥付的款項要及時撥付；銀行應安排好信貸資金的調度，嚴格執行「稅貸貨利」扣款順序的原則；計委和有關部門對基建項目撥款不足，要及時採取措施彌補資金缺口，確保實現稅款入庫資金。

——《問題‧癥結‧對策——對內江市工商稅收欠稅的調查與思考》（柳華平）原載於《四川稅務研究》1991年第6期。

20. 堅持五個結合，促產增收見成效

促產增收是稅務機關的一項十分重要的工作。近年來，內江市稅務職工逐步克服了稅務促產「開源無道、生財無路、無能為力」的消極畏難情緒；牢固樹立「面向生產，服務生產，關心生產」的觀點，堅持稅收為穩定發展社會經濟服務的指導思想，採取有力措施，開展了全方位促產增收。特別是在1990年經濟形勢嚴峻、稅收入庫遲緩的情況下，我們把促產增收工作放在十分重要的位置，抓緊抓好。1990年8月，內江市委、市政府總結推廣稅務定點促產的做法與經驗，制定了定點聯繫企業制度，要求各經濟管理部門和經濟執法部門像稅務部門那樣掛勾聯繫企業，為企業辦實事。

通過幾年的努力，內江市取得明顯效果。1988年和1989兩年全市稅務系統促產增收累計實現新增產值2.5億元，新增稅金2,678萬元，1990年上半年落實促產項目586個，實現新增產值12,204萬元，新增利潤555萬元，新增稅金1,758萬元。回顧幾年來的促產增收工作，我們的體會是：堅持五個結合，促產增收見成效。

一、堅持促產增收與強化徵管相結合

我們一方面在稅收徵管活動中，全面掌握經濟稅源發展變化情況，加強徵收管理；另一方面腳踏實地地開展「支、幫、促」活動。我們通過強化稅務管理，督促企業改善經營管理，提高經濟效益，實現增產增收，依法納稅。

威遠縣玻璃廠前幾年產品結構單一，只生產酒瓶。1988年年初，我們鼓勵該企業開發新產品（液體通用定量包裝玻璃瓶），報經批准給予免徵增值稅兩年的照顧，使企業維持了正常生產，並安排了待業人員。該企業從本企業利益出發，將不屬免稅範圍的其他產品混入免稅新產品。市稅務局稽查大隊根據群眾舉報進行檢查，共查補入庫各項稅款、基金68萬多元，嚴肅了納稅紀律，使企業端正了經營方向。該企業將正常的新產品減免稅投入中齡球的技改工程，填補了四川省的生產空缺，年產量2萬噸，產品供不應求，產值稅金穩定增長，產量躍居全國同類廠家第三位，全年納稅突破100萬元。

二、堅持全面促產與開源增收相結合

我們堅持扶重點稅源、促優勢產品、求調整結構、廣開稅源，使經濟和稅收持

續穩定增長。

（一）扶重點稅源

大中型骨幹企業能否充滿活力，對保證重點稅源影響巨大。內江市年納工商各稅50萬元以上的大中型骨幹企業123戶，占全市工商稅收總數的70%以上。我們從增強大中型企業活力、提高經濟效益出發，重點扶持骨幹稅源。四川橡膠廠是化工部一家設備先進、技術力量雄厚的輪胎定點生產企業。我們按照稅收政策和管理體制規定，1987—1989年給予企業減免稅989萬元照顧，一期技改工程於1990年6月全部竣工投產，企業生產能力得到擴大，實現扭虧增盈。企業產量提高413.18%，產值增長84.5%，稅利增長83.2%。

（二）促優勢產品

我們堅持促進地方「拳頭」產品發展，形成商品出口基地，增加稅收。內江市盛產生豬，每年有大量凍豬肉可供出口。我們積極協助有關部門建立了割肉、皮革、皮件、皮服裝出口基地。我們幫助內江市皮革廠聯繫落實資金從南斯拉夫引進起皮設備，將一層豬皮起為三片，實現產品增值，效益提高，年盈利100萬元。

（三）求調整結構

要使企業發展、稅收增長，必須力求引導調整產業結構與企業產品結構，生產適銷對路的產品。1989年以來酒廠增多，加劇了糧食供求矛盾，原材料價格不斷上漲，市場競爭激烈，部分企業經營虧損或停產歇業。我們及時與內江市酒類專賣局聯合召開酒類生產會，全面整頓酒類生產。協助地方政府扶優限劣，關停並轉設備陳舊、工藝落後、出酒率低、耗糧量大、財務管理混亂的小酒廠；鼓勵骨幹酒廠生產代用品酒和名優酒，限制糧食白酒和滯銷酒的生產。1990年，內江市酒廠雖減少近40戶，產量下降17.71%，但入庫產品稅1,334.3萬元，比1989年上升17.25%。

三、堅持促產手段與促產對象相結合

近年來，我們在促產方面拓展了思路，逐步採取決策的、組織的、政策的、信息的、服務的、管理的全方位促產手段，結合實際，合理運用，收效較好。四川內燃機廠生產國際暢銷產品N185型柴油機，急需資金購回試製設備，按規定報經批准，減稅30萬元購回了設備，投入批量生產後，企業前兩年創匯560萬美元，實現稅利937萬元，1990年入庫稅收200萬元。1990年上半年，我們按照現行政策和管理體制的規定，對33個促產項目報批減免稅148萬元，實現新增產值565.3萬元，新增利潤80萬元。

我們利用聯繫面廣、信息靈通的優勢，通過稅務管理監督過程，及時向納稅人提供適用的經濟信息，主動向地方黨政部門提出合理化建議，參與宏觀決策。1990年，樂至縣海椒豐收，年產量達3,000萬千克，大大超過了該縣市場消費需求量，交通不便外銷困難大，價格偏低，農民憂心忡忡。縣稅務局簡化採購納稅手續，並

提出了改經銷海椒為代食品加工企業購銷，供銷社積極採納。全縣 100 名基層稅務幹部不畏酷暑深入農戶海椒地，協助縣供銷社為外地企業代購鮮椒 2,500 多萬千克。僅此一項縣供銷社就甩掉了虧損帽子，盈利 70 多萬元，稅收大幅度增長。

四、堅持促產增收與以法治稅相結合

我們利用多種形式、多層次、全方位地向社會各界宣傳稅法，堅持在以法治稅活動中促產。我們堅持「兩手抓」，一手抓促產增收，一手抓以法治稅，收到事半功倍的效果。

內江市稅務局稽查大隊 1991 年初對簡陽蒸發器廠進行納稅檢查，查明企業自 1987—1989 年隱瞞利潤 620 萬元，主要用於擴大再生產和流動資金週轉。我們追補入庫稅款、基金 80 多萬元，並對企業偷稅行為處以罰款 10 萬元，對負有直接責任的原副廠長、原財務科長分別處以罰款 1,000 元、600 元。企業端正了經營思想，努力多產多銷，在經濟滑坡的情況下，生產沒有滑坡。

五、堅持稅務促產與爭取黨政領導重視、部門協作相結合

我們在促產活動中主動爭取黨政領導的重視，部門密切協作，使促產工作由被動變為主動，由稅務單家促產變為全社會促產。威遠縣有豐富的建築陶瓷原料，縣稅務局經過調查分析建築的生產與市場狀況，發現其有發展前途和銷路，產值高、稅利大，還可就地安置多餘勞力，利國利民。縣稅務局決定對建築陶瓷業重點支、幫、促，並向縣委、縣政府提出把威遠縣建成內江市建築陶瓷基地的建議，已被納入全縣「八五」發展規劃。兩戶建築陶瓷企業跨入年產值 1,000 萬元和年納稅額 100 萬元以上的大中型企業行列。

稅務促產遇到的許多實際問題離不開各經濟主管和執法部門的通力協作解決。內江市創稅大戶四川卷菸廠是內江市稅務局重點促產對象，也是地方政府和市計經委等部門重點抓的對象。近年來，支持該廠技術改造成為市、縣各部門的一項重要工作，通過政府組織稅務、計經委、財政、銀行等部門進行可行性論證，支持技改工程。報批減免稅收和以稅還貸，協作解決技改資金，進口先進設備，擴建產菸車間，使該廠形成年產 20 萬箱的生產規模，年納稅突破 1 億元大關。1991 年，為實現菸的產、供、銷協調發展，市計經委牽頭，組織成立了由企業、稅務、財政、菸草公司和縣政府等單位參加的川菸協調領導小組，每季召開一次協調會議，交流信息，疏導川菸產供銷，使川菸生產保持良好勢頭。

——《堅持五個結合，促產增收見成效》（林海　柳華平）原載於《四川稅務研究》1991 年第 4 期。

21. 改革徵管模式，促進以法治稅

1989年6月，內江市稅務局直屬徵收分局在上級稅務機關的指導下，進行了徵管模式改革的試點。

一、徵管改革的原則

長期的產品經濟形成的封閉、單一的徵管體系，不適應商品經濟形勢和多稅種、多層次、多環節的複合稅制。為此，稅務局將「一員進廠、各稅統管、徵管查合一」的徵管模式，改革為徵管與檢查兩權分離、相互制約、相互促進的徵管模式。

徵管改革遵循的原則是：嚴格執法與保證國家收入穩定增長相結合；嚴密實效與提高工作效能相結合；管查分離與增強上下、內外監督制約機制相結合；強化檢查與促進納稅人自覺申報納稅、增強依法納稅意識相結合。

二、徵管改革的基本做法

通過加強領導、嚴密紀律、教育引導等方式，我們統一了稅務局職工對徵管模式改革重要性的認識。經過分析幹部素質、徵管狀況和稅源情況，我們堅持群眾路線，制訂改革方案。

第一，調整機構。我們保留辦公室、稅政科、計會科；將原有的4個徵收科改為3個；組建稅務稽查隊，內設3個小組，與3個徵收科對口；新設人事監察科。

第二，調整幹部。我們將71名專管員中的35人分到3個徵收科，36人分到稽查隊；同時調整原稅政科及4個徵收科的9名中層幹部到合適的工作崗位。

第三，調整管戶（即專管員換崗）。我們對徵收科幹部分管的企業大多數進行了調整。

第四，調整工作職責。3個徵收科負責所屬企業的日常徵管工作：一科負責國營、集體工業企業309戶，二科負責國營、集體商業企業247戶，三科負責其他企事業單位364戶；稽查隊負責所屬企業的各項稅收檢查工作。

稅務局除對徵管、稽查、稅政人員的職責做了明確分工外，還建立了三條線聯

繫協作制度，相互提供有關資料、信息，互通情報，共同分析解決問題。

三、徵管改革初見成效

(一) 強化了稅收徵收管理工作

徵管、檢查分離使徵收人員擺脫過去長期的繁瑣事務，專心致志抓好日常徵管工作。查、管分離已形成對企業納稅行為的雙重監督，增強了內外制約機制。許多企業開始主動到稅務機關瞭解稅收政策、主動反應情況，絕大多數企業做到了主動申報納稅。徵管改革後，稅務局加強了納稅宣傳與輔導、稅務登記、稅收票證管理、納稅檔案資料等薄弱環節的工作，稅收徵管日趨深入，也增強了「防偷堵漏」的能力。改革後，稅務局組織徵管人員對市計經委等13戶行政事業單位的能源交通重點建設基金和預算調節基金專項清理結算，清補「兩金」入庫255.94萬元，堵塞了偷漏，增加了收入。

(二) 拓展了納稅檢查的廣度和深度，有效地堵塞了偷漏稅

徵管、檢查分離後，稅務稽查隊突出了重點檢查，克服了過去由於時間緊、任務重、人員素質偏低所存在的「查不深、查不透、查不細」的問題，提高了檢查質量，強化了對企業納稅行為的監督檢查，減少了稅款流失。

第一，稅務稽查隊在剛成立的頭兩個月內對64戶個人承包企業、新辦集體企業、批發扣稅單位及重點企業進行專項檢查，查補工商各稅63.89萬元，加收滯納金和罰款2.6萬餘元。

第二，狠抓稅收大檢查。稅務局共組織705戶企業自查，自查覆蓋面達100%，為歷年最高水準，同時對238戶企業重點檢查。自查和重點檢查累計查補工商稅收和基金616萬元。

第三，稽查隊通過對324戶企業1989年度集體企業所得稅匯算清繳，共查增利潤74.4萬元，查補工商各稅40萬元、所得稅8萬元，查補入庫率達95%。

第四，稅務稽查的權威明顯提高。稽查隊處理問題，堅持寬嚴適度，依法辦事，敢於碰硬。例如，內江市某進出口公司經營彩電業務漏稅，稽查隊按規定加收滯納金14,925元；某醫用設備廠未按規定貼印花稅票，被罰款2,250元。稽查隊員的查帳技能得到提高，納稅單位稱稽查隊為「稅務特警隊」。

(三) 稅收收入穩定增長，稅收組織財政收入和調控、監督經濟的職能作用得到進一步發揮

在改革後的1989年7月～1990年6月，稅務局共組織工商各稅入庫達7,550萬元，比改革前同期增長21.22%。

(四) 增強內部監督制約機制，推動了稅務幹部隊伍的廉政建設

徵管、檢查分離對稅款發生到解繳入庫的各個環節都形成了制約機制，增強了稅務幹部嚴格執行稅收政策的自覺性，促進了稅務幹部為稅清廉。

四、幾點體會

徵管改革成功的關鍵在於：

第一，把轉變觀念、提高認識貫穿於整個徵管改革的始終。

第二，有明確的指導思想和原則。

第三，從實際出發選擇改革模式。制定改革方案要堅持調查研究，集思廣益，反覆論證，民主決策。

第四，及時明確稅政、徵管、稽查職能，理順關係，各司其職，各負其責，協調配合，相互監督；堅持「兩分兩合」，即職責上分，目標上合，任務上分，關係上合。

第五，幹部分工調整要切合實際，特別是在徵管、稽查、稅政人員的比例分配和機關與基層人員的比例分配上，要注意克服人浮於事和事浮於人的現象。

第六，有配套改革與之相適應。其一，堅持完善現行徵管制度；其二，全面推行崗位責任制，量化目標考核，試行稅務徵管員、稽查員、稅政員等級制，並把競爭機制引入稅務幹部管理之中；其三，強化徵管手段，提高稅務稽查辦案能力。

第七，優化對稽查隊和稽查人員的「反監督」機制。其一，加強稅法宣傳，推行公開辦稅，大力依靠群眾監督；其二，加強稅務復議，依靠行政訴訟監督；其三，加強幹部管理，依靠行政監察監督；其四，完善交流制度，依靠事後監督；其五，搞好抽查、復查、互查，依靠稽查監督；其六，依靠審計、司法、檢察、工商等部門監督。

第八，各級領導要高度重視，大力支持，關心徵管改革，解決改革者的後顧之憂，及時研究解決改革中存在的實際問題。

——《改革徵管模式，促進以法治稅》（柳華平）原載於《四川稅務研究》1991年第2期。

財政・經濟類論文

1. 城市化進程阻滯與財政改革支持

摘要： 中國的城市化進程有其自身的特點，即淺度城市化和政治城市化，存在著城市公共產品供給不足、土地資源浪費、就業形勢嚴峻等問題，由此形成的困境帶來的城市化進程的阻滯效應，使得城市化的可持續性面臨嚴重挑戰。城市化困境的財政根源在於缺乏規範的財稅體制、合理的財政收支結構和科學的財稅政策以及由此形成的強有力的財政支持。因此，以財稅體制的完善、財政收支結構的規範和調整、大力支持第三產業發展的財稅政策的制定等為主要內容的中國財政改革必然成為城市化健康發展的推進器。

關鍵詞： 城市化　財稅體制　財政收支結構　財稅政策

城市化是以農村人口向城市遷移和集中為特徵的一種歷史進程。改革開放以來，中國的城市化發展是最受世人關注的經濟社會「亮點」之一。2012年，中國城市化率達到52.6%。鑒於城市化與公共財政的關係以及中國城市化的健康發展需要公共財政制度和政策支持，因此如何解決中國城市化進程中出現的問題也相應地成為財政改革的重要契機之一。

一、中國城市化困境顯現的進程阻滯

中國的城市化有自身的發展歷程和特點。20世紀90年代中期以前，中國城市化進展緩慢，城市規模較小，城市人口比重低。此後，中國的城市化進程明顯加快，城市人口迅速增加，城市面積快速拓展，表現出兩個顯著的特徵：一是淺度城市化。中國城市化進程在相當大程度上是沒有改變戶籍性質的往日農民按照定義被統計為城市常住人口的結果，即城市化率的計算包括了所有的城市常住人口。這些沒有改變戶籍的農民在城市就業和生活，但沒有城市戶籍，沒有真正地「市民化」。2012年，52.6%的城市化率中，有15%的城市常住人口是「準城市人口」，加上城市化進程中土地被徵用的失地農民，中國「準城市人口」的數量達到2億多，1/3的城市常住人口被排斥在真正意義上的「城市化」之外。二是政治城市化。中國的城市化帶有明顯的政治色彩，地方政府在推動城市化進程中居主導地位，市場作用不明顯。地方政府通過兩種政治設置，即戶籍制度和土地國有制度影響城市化進

程。戶籍制度設定了中國城市化的基本格局，農民可以自由進城打工，但無權享受城市福利。土地國有制度使地方政府能夠以城市發展為目的徵用農村土地，通過直接控制土地資源，影響城市化進程，並從中獲取利益。

淺度城市化和政治城市化表明中國城市化進程中存在諸多社會經濟問題，正面臨難以持續的困境，主要表現如下：

（一）城市公共產品供給不足

按照諾瑟姆（Ray M Northam）關於城市化發展的 S 形曲線三階段理論，中國的城市化處在中期階段，即發展階段。這一階段城市人口占總人口的比重在 30%～70%，人口和經濟活動迅速向城市集聚，城市化水準明顯加快，城市數量迅速增加，城市地域大幅度拓展。但中國的城市化發展導向和城市公共服務目標卻存在偏差。城市化被理解為城市建設，地方政府熱衷於改變城市形象、大拆大建，忽視了城市化發展中最重要的轉移農村人口的長遠目標，忽視了對轉入城市的人口公共服務的提供。「準城市人口」不能享受與城市居民同等的公共服務，在教育、醫療、就業、社會保障和勞動保護方面受到系統性歧視。在大量人口向城市集中的過程中，一方面，城市人口規模的擴大會導致對城市公共產品消費擁擠成本的上升以及對城市公共產品需求的大幅度增加；另一方面，人口向城市的集中並不是簡單的城市人口的增加，它是城市空間擴展、生活質量改善、文明程度提高等方面的綜合體現，必然引致對城市建設、城市生態環境等眾多新興的、更高層次的公共產品需求。提供公共產品是政府不可推卸的責任，但像所有在城市化進程中的政府對公共產品供給投入不足一樣，中國政府同樣面臨公共產品供給不足問題，而且中國政府正處在向服務型政府轉型的過程中，這在一定程度上抑制了公共產品的供給能力。公共產品的供給水準與居民現實需求之間必然存在更大的缺口，突出表現在基礎設施、教育、衛生、社會保障、住房、公共安全、環境保護等方面的供需矛盾。由於中國的戶籍制度是與居民福利掛鈎的一種制度安排，已從事非農產業的農民即便到了城市，也不可能獲得作為城市居民的社會權利，也難以享受到城市的公共資源和分享城市的集聚效應。

（二）土地資源浪費嚴重

中國的城市化進程不僅表現為城市人口的增加，也表現為城市面積的拓展。城市化進程與土地資源的利用有著密切的關係。中國城市數量的增加和城市外延式發展造成了大量土地資源尤其是耕地資源被徵用。20 世紀 90 年代以來，土地使用制度開始從無償劃撥向有償使用轉變，省以下各級地方政府被授予土地徵用權。自此，土地出讓收入成為地方政府加快城市化進程的重要資金來源。全國地級以上城市建成區面積迅速增長，31 個特大城市主城區用地規模平均增長 50%。近 10 年中，這些城市建成區面積擴展都在 60% 以上，其增長率大大超過市轄區中人口的增長。這表明中國的城市化更多的是一種土地城市化，農民工或外來人口不能在工作所在地長期穩定居住，造成人口城市化低於土地城市化。一方面，用地擴張支撐著政府主導下的巨額資金和土地投入進行的城市現代化建設，但城市房價高漲，新建城區

人氣不足，缺乏吸納農村移民的能力；另一方面，土地利用狀況並不樂觀，不僅用地重平面擴張，75%的新增土地占用的是耕地，而且用地粗放，土地利用效率偏低。

(三) 就業形勢嚴峻

城市化是人類生產與生活方式由農村型向城市型轉化的歷史過程，這種轉化的深刻內涵在於它不是簡單的城鄉人口結構的轉化，而是一種產業結構及其空間分佈結構的轉化，它必須有產業鏈的支撐。如果沒有產業支持，農村人口進入城市定居的生活出路就無法得到保障。沒有就業就沒有足夠的收入和消費，而一個沒有足夠需求支撐的城市是沒有生命力的，城市化就無從談起。因此，中國城市化最需要關注的是農業勞動力的轉移，為進入城市的勞動力提供就業崗位，那麼能夠吸納更多勞動力就業的產業發展就具有舉足輕重的作用。西方城市化理論認為，在工業化初期，城市化由工業支撐，工業發展形成的聚集效應對城市化具有較大的帶動作用；而當工業化進入中期階段之後，第三產業結構升級的作用超過了工業聚集效應，城市化的演進更多地表現為服務業就業比重上升的拉動，對城市化進程的主導作用逐步由工業轉變為第三產業。中國城市化進程中的就業問題突出表現在服務業發展滯後，制約了非農就業的增長及其比重的上升。與工業相比，服務業具有較高的就業彈性，隨著經濟發展水準的提高能不斷增強對整個就業的帶動效應。農村人口進入城市，他們從過去從事農業生產轉而從事非農活動，這意味著他們需要在工業和服務業就業。根據發達國家的經驗，工業吸納就業的合理能力的比率不超過30%，中國目前工業的就業人口已經接近這個水準，無法再接納大規模的勞動力。而中國城市化的制度設計卻存在偏差，盲目追求工業投資增長，服務業發展依賴的人口和產業集聚空間難以形成，服務業的帶動效應受到抑制，相應地削弱了城市化對經濟社會發展的推動作用。因此，中國要解決農村人口進入城市後的就業問題，唯有將希望寄予服務業。但中國第三產業發展不足，在總量上，服務業占GDP的比重低於世界平均水準，服務業的增長落後於GDP的增長速度；在結構上，傳統的服務性第三產業所占比重很大，新型的社會經濟功能較強的現代第三產業比重較小。因此，要加快城市化的進程，必須加快服務業的發展。

二、城市化困境的財政根源

以上困境的存在表明，中國城市化進程受到多方面阻滯，除表現為對中國國情和城市化的實質缺乏清楚的認識、沒有對城市佈局的前瞻性規劃、城市發展管理滯後、土地徵用雙軌制等原因外，缺乏規範的財稅體制、合理的財政收支結構和科學的財稅政策而難以形成強有力的財政支持也是其重要因素。

(一) 現行財稅體制不適應城市化發展的需要

1994年的分稅制改革使得地方財政獲得了較大的自主空間，能夠因地制宜地安排一定的財政資金支持各地城市化建設和發展。然而中國的分稅制改革並沒有建立起科學合理的財權與事權相對稱的格局。從財權上看，目前省以下各級財政掌握的

地方稅大多數是比較零星和穩定性較差的小稅種，地方稅收體系缺乏規模和質量，地方財政收入穩定性較差和保障程度較低。同時，中央政府集中了所有地方稅的立法權和稅收管理權，地方政府擁有的財權相當有限。地方政府無權開徵新的地方稅稅種，不能發行地方公債，甚至不能自主地對地方稅稅種的稅率、徵收範圍以及稅收優惠等進行調整。而與之相對應的是，地方政府承擔的事權卻與日俱增。地方財政收入占財政總收入的比重由1993年的78%下降到2012年的52.1%，同期地方財政支出占財政總支出的比重卻從71.7%提高到85.1%。雖然財力缺口可以通過中央對地方的轉移支付予以彌補，但由於轉移支付資金分配不規範，一般性轉移支付比例小，轉移支付制度的財力協調作用無法得到充分發揮。現行分稅制正是導致地方政府財政窘境的制度根源，這一體制的直接後果就是地方財政收入薄弱，有限的收入難以滿足城市化進程中城市建設和公共服務的資金需要，導致地方公共產品供給不足，城市公共產品的供給不能覆蓋所有城市常住人口。

由於城市擴張能為地方政府帶來稅收，建築業和房地產業的營業稅和所得稅全部由地方享有，因此追求城市發展成為地鄉政府迫切的利益訴求，而中國的土地制度又為地方政府「以地生財」提供了方便。中國實行城鄉分治、政府壟斷城市土地一級市場的制度。這種制度使地方政府成為建設用地的唯一決定者和城市土地一級市場的唯一供應者。地方政府徵地越多、賣地越多，可支配的收入就越多；地方政府掌握的土地越多，招商引資越便利，稅源就越充裕。這正是城市化進程中土地資源浪費的重要原因。2000—2012年，土地出讓金收入的平均增幅為56.8%，遠高於同期地方財政收入增長幅度，土地出讓金收入占同期地方財政收入的比值也從2000年的9.3%攀升到2012年的47.5%，數額達到2.9萬億元。如果當前的財稅體制不改變，任何措施都難以控制地方政府「賣地」的強烈衝動，城市土地使用無序擴張將難以遏制，那麼耕地減少、土地資源浪費的形勢更將更為嚴峻。因此，不從制度上完善中國的公共財政體系，合理賦予地方政府與事權相對應的財權，徹底解決地方財力匱乏的問題，中國城市化的進一步發展必將受到嚴重制約。

（二）現行財政收支結構不適應城市化發展的需要

城市化發展的目標是提升居民生活水準和生活質量，城市基礎設施作為城市存在、發展的物質載體以及城市經濟增長和社會進步的前提條件，其建設和發展狀況直接影響著城市化進程的速度和質量。城市基礎設施建設具有「即期投資、跨期消費」的特點，提供這類公共產品的成本需要在整個受益期內進行分割，由各受益期的人們分別承擔。因此，城市基礎設施建設所需的資金可以通過地方債務融資來滿足。但從現行地方財政收入形式結構看，地方缺乏規範化的債務收入形式。雖然《中華人民共和國預算法》規定地方政府不得發行公債，然而，不發債並不代表不負債，地方政府大都在不同程度上舉債和負債經營。西方發達國家的實踐證明，地方債是地方政府低成本的、規範的融資工具，它促進了城市化進程，在城市建設中發揮了重要作用。

根據馬斯格雷夫和羅斯托的經濟發展階段理論，一個國家財政支出結構與經濟

發展的階段性密切相關。該理論認為，經濟發展一般會經歷早期、中期和成熟期，在經濟發展的早期和中期階段，教育、衛生、社會保障、環境保護等社會性支出不斷增長，財政支出結構表現為經濟建設支出比重減小而社會性支出比重增大。社會性支出是代表社會共同利益的支出，也是所有城市化進程中的國家財政支出結構中重要的支出。實證分析表明，城市化率每增加1個百分點，社會性支出比重就增加0.629個百分點。隨著中國城市化的推進，社會性支出的比重會呈現日益上升的趨勢。但在現行財政支出結構中，維持性支出、經濟性支出和社會性支出大體各占1/3。雖然經濟性支出的增長趨緩，但圍繞經濟建設的財政開支仍然龐大，儘管社會性支出的增長有所加快，但增長最快的還是行政管理支出。政府機構龐大，財政供養人員比例過高，加重了地方財政運行的困窘，造成了中國城市化建設中財政支持資金的不足。

(三) 現行財稅政策不適應城市化發展的需要

鑒於中國城市化的演進更多地表現為非農產業就業比重上升的拉動，影響中國城市化進程的主要「瓶頸」是就業，因此為源源不斷進入城市的農民創造就業崗位成為城市化發展的首要任務。雖然城市化進程中的就業問題是各種矛盾的集中表現，但對農村勞動力轉移就業缺乏系統有效的財稅政策支持也是重要原因。

促進就業的財稅政策涉及兩方面：一是就業需求，包括直接創造就業崗位、開發就業信息、消除制度壁壘、改善就業環境；二是就業供給，包括求職幫助和再就業服務、培訓、創業等組成的開發人力資源的政策體系。因此，就業政策體系具有多重目標，首要目標就是增加就業總量，開發就業崗位的政策可以直接增加就業總量；改善就業市場環境、消除制度壁壘等政策可以間接擴大就業總量。其次是提供就業服務、職業介紹、教育培訓可以提高求職者的就業能力，滿足迅速變化的勞動力市場中的多樣化需求。但現行財稅政策並未對以上就業目標的實現給予充分的財力支持，表現為歷年促進就業的財政支出占財政總支出的比重偏低，財稅政策導向仍以拉動經濟增長為主，創造持續性、長期性就業崗位的能力低下，難以從根本上緩解城市化進程中的就業壓力。中國經濟增長與就業增長嚴重不對稱，經濟高增長與低就業甚至無就業並存的原因之一在於就業機會的結構性變化。中國經濟發展伴隨著產業結構調整和升級，產業結構逐漸由勞動密集型進入資本密集型，資本取代勞動力致使工業吸納勞動力的能力逐年降低，第三產業成為吸納勞動力的主力軍。產業結構的調整必然帶來職業技能結構的調整，要求勞動力具備越來越高的素質和技能。而現行財稅政策卻沒有對就業機會的結構性變化作出及時的調整，投資導向仍然偏重於資產回報率高的工業，而對第三產業的財政支持力度不夠，稅收優惠政策過於短期化。同時，促進就業的財政補貼政策也主要面向失業保險、失業救濟，對人力資源的開發重視不夠。進城的農民絕大多數文化水準較低，缺乏必要的勞動技能，缺乏必要的職業教育和培訓，無法給中小企業和服務業提供合適的勞動力供給，勞動力市場必然出現結構性失衡。因此，現行財稅政策無助於解決城市化進程中的失業難題。

三、城市化可持續健康發展的財政改革支持

城市化是中國經濟社會發展的長期任務,健康的城市化發展必須體現強大的人口吸納能力,用較少的土地容納更多的城市人口,發揮城市集聚效應。中國的城市化發展道路不僅要契合城市化的本質,而且還要符合中國人多地少、農村人口龐大的基本國情。為了實現這一目標,財政必須給予充分的財力支持,因此中國的財政改革必然成為城市化健康發展的推進器。

(一)完善財稅體制,為城市化健康發展提供財力保障

地方政府的財政困難,過度依賴土地財政與地方政府無可靠、穩定的稅收收入有直接關係。為了扭轉這種「借地生財」的局面,國家須建立中央、省、市(縣)三級財政管理體制。市(縣)財政直接面對地方居民提供公共服務,市(縣)財政同級,實行省級財政直管市(縣)財政,明確界定各級政府的事權和支出範圍。市級政府的事權範圍包括城市地區的基礎教育、公共衛生、社會保障、住宅建設和城市發展等。科學合理地分稅仍然是劃分各級政府財權和財力的最佳選擇,為此必須完善地方稅收體系。目前,中國地方政府尚未將居民住宅納入房產稅徵稅範圍,而將居民住宅作為主要徵稅對象的財產稅已成為很多國家地方政府籌集公共服務資金的重要手段。隨著城市化進程的推進,居民住宅面積保有量巨大且增長顯著,已經具備開徵房產稅的條件。對保有環節的房產進行徵稅,既可以形成穩定的稅收,提升地方政府提供公共服務的財政能力,又可以將地方政府財政收支納入規範化管理,避免對「土地財政」的依賴。整合地方稅收以後,市級財政的固定收入包括房產稅、城市維護建設稅、車船稅、土地使用稅、印花稅、契稅等稅基流動性較小、收入較穩定的稅種,從而形成與城市稅源結構特點相吻合的稅收體系,地方財政收入隨經濟發展自動穩定增長,就為城市建設和公共服務提供了穩定的財源,地方政府「以地生財」的行為也可以得到根本改變,從而有利於優化土地資源配置,提高土地利用效率。為了平衡發達地區與落後地區之間的財力差距,保證經濟落後地區城市化進程的資金需要,必須完善轉移支付制度。轉移支付的對象是人均財力低於全國平均水準的地區,通過轉移支付加快經濟落後地區的城市化進程,使落後地區的居民能享受到與富裕地區大致相同的公共服務,從而消除在教育、衛生、環境保護、公共設施、社會保障等方面的巨大差距。因此,財稅體制改革是地方政府獲取城市化發展財力的制度保障。

(二)規範和調整財政收支結構,為城市化健康發展提供財力基礎

健康的城市化發展應以可持續性為標準,淺度城市化迴避了城市化的實質,推進的只是城市的自我現代化。而政治城市化向市場城市化過渡進行的戶籍制度改革雖然可以做到將進城的農民工身分轉換為市民,但如果不解決與戶籍掛勾的公共福利、社會保障等具有實質意義的權益分配,城市戶籍只是一張「空頭支票」。為了把簡單的城市常住人口的增加改變為盡享城市公共服務的市民的增加,推動深度城

市化的著力點不是抽象的戶籍制度改革，而是具體的從社會保障覆蓋水準、義務教育權利、升學權利和住房權利等方面入手。為此，規範和調整財政收支結構是關鍵。規範財政收入形式結構，必須對《中華人民共和國預算法》做出的不允許地方政府發行債券的限制性規定進行修訂，允許地方政府以規範的形式舉債，將債務收入作為地方政府財政收入形式，解決地方政府在基礎設施方面的財力不足。調整財政支出結構，必須堅持以人為本的城市發展觀，把政府的職能重點轉移到公共基礎設施、教育和衛生、環境保護、住房和社會保障等領域，將受益範圍擴展到在城市居住的所有居民，並作為財政支出的重點，進而提高社會性支出的絕對規模及其在財政支出中的比重。財政支出結構的調整能增強地方政府提供公共產品的能力，在財政收入既定的情況下，優先滿足基本公共服務需要，不僅有利於為市民創造良好的生活環境，而且也有利於城市經濟的繁榮。

（三）制定大力發展第三產業的財稅政策，為城市化健康發展提供政策支持

歷史經驗證明，第三產業的發展和城市化水準的提高是一個相互依存、彼此促進的聯動過程，服務業的規模、結構和城市的規模、結構有很大關係。第三產業大多是勞動密集型和知識、技術密集型行業，能夠吸納較多的勞動者就業。第三產業的發展賦予了城市新的活力，成為加快城市化進程的重要因素。目前，中國第三產業就業人口比重不到40%，明顯低於發達國家60%～70%的水準，因此，運用財稅政策鼓勵和扶持第三產業的發展，可以充分發揮第三產業吸納勞動力的巨大潛力。

第三產業有四個層次，即運輸、商業、飲食業、倉儲業等流通部門，金融業、保險業、旅遊業、諮詢業等為生產和生活服務的部門，科學、教育、文化、體育等為提高居民素質服務的部門以及為社會公共需要服務的部門。鑒於工業吸納就業人口的有限性以及解決農村剩餘勞動力就業的迫切性，第三產業發展的重點應該是能為吸納勞動力就業發揮極大促進作用的行業，財稅政策的著力點是支持服務業擴大總量、優化結構、拓寬服務領域。為此，首先，國家必須改變偏重於資產回報率的財政投資導向，加大對第三產業的財政資金支持力度，著力發展信息、金融、會計、諮詢、法律服務等行業，帶動服務業整體水準的提高。目前，傳統服務業在整個服務業中仍居重要地位，增強對傳統服務業改造的資金支持，通過運用現代經營方式和服務技術對傳統服務業進行改造，有利於擴大服務業總量、發揮吸納就業的優勢。在財力上支持具有增長潛力的公共服務、生產服務、生活服務、救助服務等服務業新領域，支持開發養老服務、醫護服務、物業服務等社區服務崗位，引導和支持家政和農業技術推廣、農用生產資料連鎖經營等服務業發展，支持新建產業開發區、工業園區等配套服務，擴大就業規模。其次，國家應設立第三產業發展財政專項資金，用於對第三產業項目的規劃編製、項目投入的貼息補助，重點扶持與自主創新、轉變經濟發展方式有關的現代服務業。國家應對服務業人力資源的開發、職業介紹機構、職業培訓機構等進行財政補貼。最後，國家應加大減稅的政策力度，以免徵或減徵營業稅、所得稅的優惠政策為主要政策手段，引導社會資金投入

到服務業，拓寬服務領域，增強服務業吸納就業的能力。減稅政策同財政支出政策一樣也能產生擴大就業總量的乘數效應，而且減免稅的政策措施還會優化就業結構。對求職、培訓、教育等方面的稅收優惠政策可以對提高勞動力的素質、增強其求職能力起到積極的促進作用。

參考文獻：

[1] 美國麥肯錫公司. 中國的淺度城市化 [J]. 改革內參, 2010 (28)：30.

[2] 黃亞生. 中國城市化需去政治化 [J]. 改革內參, 2010 (48)：66.

[3] 劉尚希, 王宇龍. 財政政策：從公共投資到公共消費 [J]. 財政與稅務, 2008 (8)：18-24.

[4] 陳昌兵. 中國城市化影響政府公共支出的理論與實證 [J]. 財經科學, 2009 (4)：53-55.

[5] 田發, 周深影. 重構地方政府間財政關係——基於政府層級變革的分析 [J]. 中國經濟評論, 2004 (2)：17-22.

——《城市化進程阻滯與財政改革支持》（戴毅　柳華平）原載於《經濟體制改革》2013 年第 5 期。

2. 構建統籌城鄉的公共財政支撐體系

摘要：公共財政支撐體系對於促進統籌城鄉發展具有重要意義，構建統籌城鄉的公共財政支撐體系，主要從以下幾方面入手：一是完善增加農村公共服務供給的公共財政運行機制，二是創建促進農民增收的公共財政政策條件，三是營造加強農村經濟文化繁榮的公共財政制度環境。

關鍵詞：統籌城鄉　公共財政　體系構建

由於錯綜複雜的深層原因，中國目前形成了城鄉分割的二元結構，導致了一列的社會經濟問題，尤其「三農」問題成為制約國民經濟進一步發展的瓶頸因素。因此，繼2002年黨的十六大提出統籌城鄉的要求之後，2007年黨的十七大又進一步明確了「統籌城鄉發展，推進社會主義新農村建設」的戰略發展思路。統籌城鄉發展的關鍵是解決好「三農」問題，在社會主義市場經濟下，這要求公共財政給予足夠的支撐。

一、城鄉二元結構形成的財政視角反思

回顧中國歷史發展的進程，從財政角度來反思中國城鄉二元結構的形成，主要是由於長期以來在制度安排上重工輕農、重城輕鄉的失衡，通過工農業之間產品的不等價交換，並限制和減少對農村發展的財政供給，使得農業為工業資本的原始累積額外付出，其性質是以犧牲農業為代價支援工業。

（一）計劃經濟體制下重工抑農的制度安排

中華人民共和國成立以來，基於重點發展工業的政策取向，中國當時主要是採取工業與農業產品的「剪刀差」政策和徵收農業稅，而這兩種方式幾乎都是通過財政手段實現的，由此形成了城鄉二元結構的財政制度性淵源。

在計劃經濟體制背景下，長期對農副產品實行統購統銷農民剩餘的農副產品，只能按照國家規定的價格標準統一賣給國有商業部門。該統購價格明顯低於市場價格，兩者之間的差額即為政府憑藉政治權力在分配中對農民創造的社會產品進行的額外扣除，是對「農業剩餘」或農民的生產成果及農村的生產要素過多的強制性剝奪和轉移。同時，隨著低價的農副產品銷往城市，不僅直接降低了工業的原材料投

入成本，城市居民也由於生活費用降低而獲得實物福利，並間接降低了工業的勞務成本。在工業原材料和勞務投入成本被人為降低的同時，工業品銷售實行的是較高的計劃價格標準，加之農業產品統購價格的偏低，形成了工農業產品之間的「剪刀差」，農業部門的一部分剩餘價值被強制轉移到工業部門。

農業稅收則是由財政集中起來，用於工業化和城市的發展，是農業對工業化的直接貢獻。有關分析認為，改革開放前的20多年，國家以工農業產品價格「剪刀差」形式從農業中提取的經濟剩餘估計在6,000億~8,000億元。

（二）市場經濟體制下農村財政投入的短缺

改革開放之後，中國進入了市場化取向的改革和發展時期。由於長期的工農業產品價格「剪刀差」導致工農業發展、城鄉發展起點不公，市場經濟等價交換的原則又強化了這種不平衡，農業和農村發展的先天不足明顯地暴露出來，於是城鄉二元分割及由此引起一系列問題也凸現出來。

在新的市場經濟體制環境下，中國偏重於效率的追求而忽視了公平的發展，從財政角度分析，體現為對農村發展的財政投入嚴重不足，農村公共產品供給短缺。在這種情況下，農村公共產品和公益事業的成本大部分由農民自身承擔。同時，縣、鄉、村級政府自20世紀90年代後半期以來出現大量負債，在經濟上陷入「破產」狀態。稅費改革後，儘管一定程度上減輕了農民的負擔，但是更加限制了縣、鄉財政狀況的改善，進而更加削弱了公共產品的基層財政投入能力。儘管中央、省給予了一定的財政轉移性支付，但基層財政仍然存在相當大的缺口。財政對於農村發展投入的不足直接導致了城鄉福利差距，並間接造成了城鄉收入差距、財富差距以及消費支出差距。

與此同時，在土地和農民工方面又形成了新的「剪刀差」。在工業化的進程中，由於制度性因素和資本追逐利潤的驅動，農村土地資金大量流出，農業、農村的剩餘勞動力也被迫向城市轉移。從制度角度來看，大量的土地資源用低廉的價格，以公益性和非公益性的形式被強制徵用到工業和城市裡。因佔地而喪失就業機會的農民在向城市轉移的過程中也受到了結構和制度的限制，農民工的勞動強度大，工作條件差，但工資待遇低，甚至拿不到應有的工錢。這種新的「剪刀差」的形成，加之財政對於農村事業發展投入的嚴重不足，使城鄉二元結構更加突出。

二、構建公共財政支撐體系對統籌城鄉的作用

鑒於實踐上長期以來在財政政策及制度上對於農民、農村、農業的「多取少予」的偏差，在統籌城鄉發展已經提高到戰略高度的今天，有必要從各方面尤其首先從政策和制度上進行矯正，構建偏重於農村的統籌城鄉公共財政支撐體系，通過財政安排促使工業反哺農業，實現城鎮支援農村。

（一）有利於統籌提供城鄉公共服務

包括基礎設施、基礎教育和社會保險等方面的內容在內的公共產品（服務）具

有非排他性和非競爭性的特徵，決定了應當由政府提供。在中國社會主義市場經濟條件下，公共財政是政府提供公共產品的主要渠道。

當前，中國城鄉公共產品的供給水準存在巨大差異，中國城鄉居民享受的各種社會福利也存在較大差距。在基礎設施方面，中國實行城鄉公共基礎設施的差別供給制度，城市的基礎設施建設主要靠國家財政投資，農村的路、電、水、氣、通信等基礎設施主要靠農民投資建設，國家只給予適當的補助，這種政策安排導致廣大農村地區的基礎設施建設越來越落後於城市。在社會福利方面，城市居民享受的住房補貼、物價補貼等各種補貼以及各種社會保險，如醫療保險、失業保險、最低收入保障等，絕大多數農民都不能享受。在農村，只有極少數集體經濟發展較好的鄉村，才能享受到諸如住房補貼、醫療補貼和青少年教育費用減免等福利，對絕大多數鄉村來說很少有甚至根本沒有這些福利。

解決以上問題，公共財政體系支撐的構建成為必然選擇。統籌城鄉的公共財政支撐體系有利於根據不同時期城鄉經濟與社會發展的特點，調整城鄉公共產品供應水準，保持城鄉公共產品提供的相對合理。只有在統一的公共財政框架下，才能夠全方位審視城鄉公共產品供給情況及存在的問題

（二）有利於調節城鄉收入分配

回顧中華人民共和國成立以來中國城鄉收入差距的演變歷史，可以得出一條近似於U形的曲線軌跡。1951—1978年，中國城鄉收入差距相對縮小，原因是這一時期國家實行計劃經濟，控制及縮小舊中國遺留下來的城鄉居民收入差距並取得了積極成效。1978—1984年，城鄉收入差距進一步縮小，達到歷史最低點。原因是改革開放以來，農村實行了家庭聯產承包責任制，相對城市居民收入來講，儘管農民收入一直處於一個較低的水準，但是收入在不斷提高，與先農村後城市的改革進程相吻合。1984—1994年，城鄉收入差距開始擴大，原因是從1984年起，改革從農村轉向城市，城市改革步伐加快，城市居民收入的增長速度迅速提高。相比而言，這一時期農村改革的農民收入效應不顯著，因此該階段城鄉收入差距逐漸拉大。1994—2003年，城鄉收入進一步擴大，達到最高點。1993年轉軌階段正式開始後，在機制不健全的市場力量作用下，政府改革的利益重心又進一步向城市傾斜，城鄉差距越拉越大。值得稱道的是，2003年以來城鄉收入差距擴大的勢頭開始得到遏制，這主要是由於從2002年起，國家出於統籌發展的戰略思想，根據農村經濟和社會發展相對滯後的狀況，財政開始對農業和農村傾斜。但是由於制度的慣性和歷史根源等深層次原因，解決城鄉收入分配差距過大的問題很難一蹴而就。

當前，中國城鄉收入差距表明，在社會經濟發展中，由於市場經濟對於效率的單一追逐而忽視了公平。一定程度的公平是實現效率的必要條件，追求效率和公平都能使社會福利得到改善。然而，市場機制不能解決收入分配的公平問題，只能依靠政府進行必要的干預。公共財政支撐體系能夠根據經濟和社會發展不同階段的實際情況，通過稅收和轉移支付等途徑從工業化發展的成果中集中部分資源，對農業和農村進行反哺，從而實現對城鄉收入分配進行調節。

（三）有利於促進城鄉經濟文化繁榮

公共財政負有穩定經濟、發展社會的職能。一方面，政府可以運用宏觀經濟政策有意識地干預經濟運行，盡可能實現充分就業和物價穩定基礎上的經濟增長；另一方面，政府必須通過使用轉移支付或專項補貼等方式，豐富城鄉農村社會生活，尤其是農村社會文化生活。

從經濟發展角度而言，財政促進城鄉一體化發展的方式主要有稅收調節、預算安排、專項扶持、體制調整等。針對中國城鄉經濟二元結構，從宏觀層面看，公共財政必須關注國民經濟重大比例關係，通過採取相應的政策措施，促進城鄉經濟穩定和協調發展，如完善中央對農業投資的政策、調整地方財政的存量分配格局、改革鄉鎮財政管理體制等。從微觀層面看，為了推動產業結構調整和提升，財政對國民經濟中的基礎產業和科技進步項目也要給予必要扶持，如對一些高新技術產業和農村經濟產業化發展制定和實施相應的財政扶持政策，通過增加專項支農資金支持農業基礎設施和生態環境建設、農業產業化經營建設、科教興農建設等方面。

從文化生活角度而言，城鄉差距表現更為突出。農村不僅僅是經濟發展有差距，文化貧困、精神缺失現象更為嚴重。尤其是改革開放帶來的價值觀念的衝擊和生活方式的多樣化，使得農村建立在家庭倫理基礎上的樸素價值觀念搖搖欲墜，一部分人勤儉節約等良好傳統日漸丟失，加之知識的匱乏和小農意識的局限性，導致生產生活無計劃，缺乏進取意識和合作意識，這些反過來勢必制約農村經濟的發展。

為進一步促進統籌城鄉發展和社會主義新農村建設，中國必須重塑農村積極上進的新風尚，必須把精神文化建設作為戰略任務來抓，而這一點尤其需要公共財政給予經費支撐。這不僅能夠從思想上、精神上提升農村生活品質，也對促進城鄉經濟協調發展具有重要意義。

三、構建統籌城鄉公共財政支撐體系的具體思路

構建統籌城鄉的公共財政支撐體系，就是要在財政制度安排和具體實踐中從實質上矯正對農民「取」與「予」的偏差，加大公共財政支持農村和農業發展的力度，改變農業和農村經濟在資源配置與國民收入分配中所處的不利地位，讓公共服務更多地深入農村、惠及農民。

（一）完善增加農村公共服務供給的公共財政運行機制

（1）建立城鄉統籌的義務教育體制。中國已經計劃從 2006 年到 2010 年，逐步把農村義務教育全面納入公共財政保障範圍。在此基礎上，中國需要進一步探索一個長效機制，從制度上根本解決農村的義務教育問題，包括農民工子女在城市的義務教育問題，還需要在經費投入、辦學條件、師資力量上逐步加大向農村的傾斜力度。

（2）完善新型農村合作醫療制度。中國絕大多數的省份於 2003 年開始建立新型合作醫療的試點，並取得了一定的成效。下一步的工作有必要建立農民連續「參

合」的激勵機制，調動農民「參合」的積極性。同時，中國必須進一步探討農村基本醫療的可持續籌資機制，將各級政府的補助經費列入財政預算，可以考慮視情況在若干年內將中央和地方所有財政新增加的衛生投入全部用於農村。

(3) 構建農村基礎設施投入機制。中國應重點構建包括交通、電力、通信、廣播電視、農田水利設施等農村基礎設施的長效投入機制。一方面，國家應在預算中增大農村基礎設施建設的財政投入比重，包括加大直接財政投入、財政補貼、國債資金支持的力度，等等；另一方面，國家應建立、完善農業信貸政策，制定優惠政策，鼓勵城市資金投向農村，解決農村經濟及社會發展融資難問題。

(二) 創建促進農民家庭增收的公共財政政策條件

現階段中國農民家庭收入主要來源於兩個方面，一方面仍舊是農業生產，另一方面是進城務工。因此，要促進增收，在強化對農業產業的保護與支持的同時，還要積極建設統籌城鄉的就業體系，以確保農民工收入。

中國要繼續堅定不移地堅持「以稅惠農」政策，直接減輕農民負擔。2006年，全國全部免徵農業稅，徹底改變了2,000多年來農民繳納「皇糧國稅」的歷史，這項改革政策最重要的成果就是大大減輕了農民負擔。接下來，國家還應當考慮在財力許可的前提下，逐步取消農民的各種「費」，讓農民長期休養生息。

逐步增加對農業的補貼和投資，具體可以通過以下方式來實現：一是調整農業補貼方向和結構，減少對流通環節和支農工業的補貼，增加對農民的直接補貼；二是增加對農業貸款的補貼，增強農業發展後勁；三是加大支持農業結構和農產品結構的調整力度，培育具有競爭優勢的農產品；四是建立農業生產風險機制，設立農業生產風險基金，對農業發展中的自然風險和市場風險給予補償，形成農業生產的穩定收入增長機制。

中國要加快建立公共就業服務體系，打破阻礙城鄉勞動力自由流動和就業的壁壘。符合市場規律的城鄉勞動力雙向自由流動，有利於保證和促進農民或農民工增收。建立公共就業服務體系是一個系統工程，公共財政體系可以通過提供政策優惠，鼓勵和支持解決好以下幾個方面的問題：一是構建城鄉統一的就業市場，打破城鄉封鎖，消除就業歧視；二是加快推進農業產業化經營，培育農村多餘勞動力充分就業的內部載體，大力發展農村第二產業和第三產業，加大農村多餘勞動力轉移；三是通過各種方式努力提高農村勞動力素質，增強轉移勞動力的市場競爭能力。

(三) 營造加強農村經濟文化繁榮的公共財政制度環境

(1) 繼續完善農村社會保障體系。社會保障體系是經濟和社會的「穩定器」「安全網」，目前中國亟待建立覆蓋全國的城鄉一體化的社會保障制度，一是在全國範圍內初步建立農村最低生活保障制度，可以由民政系統專項負責，以縣級政府管理為主，對低保所需資金實行專項轉移支付，以保證資金來源的穩定性；二是探索建立符合農村特點的養老保障制度，由縣級政府制定並主導實施，個人與村集體、國家按一定比例共同承擔成本；三是建立和完善農村公共衛生保障體系和農村醫療

保障制度，加大財政對農村公共衛生和農村醫療的投入力度，並改善農村的基本醫療服務條件。

（2）著力改善縣鄉財政狀況。農村社會文化事務主要靠縣鄉政府引導落實，因此改善縣鄉財政狀況是穩定城鄉經濟、繁榮農村文化社會生活的重要條件。一是增加一般性轉移支付規模，加大對財政困難縣鄉的支持力度；二是減少財政管理層次，提高行政效率和資金使用效益；三是核定各地區標準化收入和標準化支出，合理確定對各地區的轉移支付的規模；四是優化轉移支付結構，提高一般性轉移支付比重，嚴格控制專項轉移支付規模。

（3）構建農村精神文明建設投入機制。社會主義新農村必須是物質文明和精神文明都得到發展的新農村，促進農村精神文明建設應該落到實處，有待於財政投入的支持。一是繼續增加對農村教育的財政投入，包括基礎教育和職業技術教育，以從根本上提高農村人口素質；二是設立專項資金，由縣鄉政府視具體情況安排專門機構牽頭，在農村定期開展多種形式的文化娛樂活動，以豐富農民精神生活；三是建立專門的公共學習場所，考慮到成本問題，以鄉鎮一級為單位建立免費開放的圖書室、音像廳等學習或娛樂場所，為農民提供精神營養。

綜上所述，統籌城鄉發展需要公共財政體系的支撐。在實踐中，我們需要注意的是：一方面，統籌城鄉發展不等於城鄉等同化、一致化，農業和工業具有根本的差別，農村建設和城市建設存在很多方面的不同，統籌城鄉的公共財政體系的構建必須建立在承認城鄉之間客觀差別的基礎之上，對於農民、農村和農業的財政支撐與投入機制要與其自身的根本特點和發展規律相符合；另一方面，必須處理好財政支撐與市場機制的關係，財政支撐與市場機制關係的實質是政府與市場的關係，在社會主義市場經濟背景下，強調公共財政支撐對於統籌城鄉發展的作用並不是否定市場機制的地位，在統籌城鄉發展中構建公共財政支撐體系，必須將公共財政的作用範圍限制在公共產品和公共服務的提供上。

參考文獻：

[1] 張兵，柳華平．城鄉統籌的公共財政檢討與政策取向 [J]．財經科學，2005（5）：182-188．

[2] 李建民，趙慧．試論財政與城鄉統籌發展 [J]．經濟研究參考，2005（22）：18-27．

[3] 朱勇．構建農村公共財政體系，統籌城鄉社會經濟發展 [J]．農村財政與財務，2006（8）：9-11．

[4] 馮潤．新農村建設和城鄉統籌的公共財政政策研究 [J]．華東經濟管理，2007（1）：46-48．

——《構建統籌城鄉的公共財政支撐體系》（郝曉薇　柳華平）原載於《農村經濟》2009年第2期。

3. 城鄉統籌的公共財政檢討與政策取向

摘要：在市場經濟條件下，公共財政既是政府經濟干預的重要工具，也是政府實施其他干預的重要載體。從一定意義上講，公共財政是推動城鄉統籌的經濟體制基礎和保障。本文從財政角度分析中國城鄉分割的形成機理，通過實踐反思公共財政體制框架下，實施城鄉統籌取向的財政政策。

關鍵詞：公共財政　城鄉統籌　財政政策

一、城鄉分割——形成機理的財稅考察

當前，中國城鄉二元分割格局是一個不容置疑的現實。目前，中國農業占 GDP 的比重已下降到 15% 左右，而農村人口仍占總人口的 60% 以上。農業比重的降低是產業升級的結果，困難在於人多地少，不容易形成規模經營，加上農業比較收益低以及政策方面的原因，導致投資過分向工業和城市傾斜，農民收入增長緩慢，城鄉發展和居民收入差距呈不斷擴大趨勢，農民人均純收入增長遠遠落後於城市居民人均可支配收入的增長，農村文化、科技、教育、衛生、體育等現代文明遠遠落後於城市。據國家統計局發布的信息，2004 年城鎮居民人均可支配收入達 9,422 元，而農民人均純收入只有 2,936 元。據測算，1980 年，中國反應收入分配差距的基尼系數為 0.3 左右，1988 年上升到 0.38，2003 年則達到 0.46，已超過國際公認的警戒線。

中國「城鄉分割」問題由來已久，產生的原因是複雜的，既有資源稟賦條件等自然原因，也有社會歷史原因，還有政治經濟原因。實際上，「城鄉分割」問題在計劃經濟時代就已經存在，但被舊的體制掩蓋，矛盾不甚突出或未上升為中國經濟的主要矛盾。中國「城鄉分割」問題目前已經到了相當嚴重的地步。它是中國長期以來相關經濟、社會政策，包括財稅政策的必然結果。「城鄉分割」問題主要不是因財稅政策不當而產生的，但卻大多與財稅政策有關。

（一）計劃經濟體制背景下的財稅誘致性因素

中華人民共和國成立以來，長期對農副產品實行統購統銷，農民剩餘的農副產品只能按照國家規定的相對偏低的價格標準統一賣給國有商業部門，國有商業部門

執行的統購價格同市場價格之間的差額便是政府憑藉政治權力對農民創造的社會產品的分配進行的必要扣除，即農民繳納的「暗稅」。進一步看，隨著低價的農副產品銷往城市，不僅工業的原材料投入成本因此直接降低，城市居民亦因此獲得實物福利（生活費用降低），並間接降低了工業的勞務投入成本。在工業原材料投入成本和勞務投入成本被人為降低的同時，工業品實行的是較高的計劃價格制度，遠遠高於農副產品的統購價格，形成工農產品之間的「剪刀差」。於是，在低成本和高售價的基礎上，工業部門獲得了高的利潤。這塊高利潤並不是工業部門獨立創造出來的，它包含來自城市職工的貢獻，也包含來自農民的貢獻（高培勇，1999）。正是由於這種農副產品統購統銷制度和對工農業產品價格「剪刀差」以及城鄉分割的政策，農民生活水準一直有待提高。

（二）市場經濟體制背景下的財稅誘致性因素

在新的市場經濟體制環境下，近年來，「城鄉分割」問題從隱性轉為顯性，並且更為突出。其中，既有農產品出現結構性過剩，農產品價格連年出現下跌，也有經濟結構不合理，總量過剩以及城鄉分割的體制使農民「非農化」進程嚴重受阻的原因，同時還有農村資金大量外流，農業處於「失血」狀態的原因（朱明熙，2002）。

從財政角度檢討，主要是農村公共產品供給短缺，成本居高不下且主要為農民所承擔，導致稅費負擔日趨嚴重。中國對農民基本上沒有什麼農業直接補貼，恰恰相反，還有較為沉重的稅費負擔。在農村稅費改革以前，其實政府收費也出現了「疲勞症」。農民只有靠外出打工取得的收入來交清稅費，稅費負擔沉重。由於農民種糧收益極低甚至出現虧本，加之所交稅費較高，農村出現大量撂荒，許多青壯勞力基本都外出打工。這表明在稅費課徵沒有「用手投票」的權利下，農民只能採取「用腳投票」的方式來對抗稅費負擔的沉重和生活的貧困。儘管如此，政府收取的各項稅費仍不夠支出，縣、鄉、村級政府自20世紀90年代下半期以來出現大量負債，在經濟上處於「破產」狀態。據2004年中國鄉鎮體制改革研討會提供的資料，中國鎮政府的財政債務每年以200多億元的速度遞增，預計當前的鄉鎮基層債務額超過5,000億元。其中，鄉鎮一級淨負債超過2,300億元，村一級淨負債預計達2,500億元。農村社會公共產品和公益事業，如農村的治安、行政、義務教育、醫療衛生、計劃生育、鄉村道路、農田水利、廣播電視、鄉村電力、五保戶補助等，過去主要靠農業稅收、提留統籌、各種集資攤派來提供資金。稅費改革後，按照規定，農村只能徵收農業稅和農林特產稅以及兩稅附加，過去的屠宰稅、提留統籌、各種集資攤派統統取消。儘管中央、省級政府給予一定的財政轉移性支付，仍然存在相當大的缺口。

農村公共產品和公益事業的供給資金匱乏問題，實質上反應了農村的這些社會公共產品和公益事業到底應由誰來提供這一重大問題，即政府對農民是「多予少取」還是「多取少予」的基本政策問題。中國農村人口占總人口的2/3，廣大農民是目前中國收入和生活水準最低的群體。儘管如此，中國農村的治安、行政、義務

教育、醫療衛生、公路交通、廣播電視、電力通信、人畜飲水、水利灌溉、科技推廣、植保防疫、社會保障及社會救濟等社會公共產品和準公共產品卻基本上由農民自己出資解決，而城市裡的這些公共產品的提供卻基本上由國家出資解決。

二、實踐反思——應加大對農業的「反哺」性財稅政策供給力度

從財政角度分析，「城鄉分割」問題從根本上講是中國長期以來對農民、農村、農業的「多取少予」，重城市輕農村，重工業輕農業政策的必然結果。實施城鄉統籌，應對農業實施和強化「反哺」性財稅政策。

從實踐層面看，2004年中央「一號文件」的出抬，標誌著中國總體上已經到了以工促農、以城帶鄉的發展階段。2005年的中央「一號文件」又著力於努力實現糧食穩定增產、農民持續增收，直接帶有資金支持的政策占到相當大的比例。其中一個突出特點是國家財政開始越來越多地向農村傾斜，農民享受公共服務的狀況有了積極變化。在繼續堅持「減法」（少取）的基礎上，2005年「加法」（多予）的政策增多。中央正加大力度調整國民收入分配格局，切實轉變財政分配、資源配置向城市傾斜的政策，在穩定現有各項農業投入的基礎上，新增的財政支出和固定資產投資向「三農」傾斜，逐步建立穩定的農業投入增長機制。中央又一次把支持「三農」作為「一號文件」的主題，反應出中國在發展戰略及政策思路方面的重大變化——從在農業中提取累積轉向工業反哺農業，今後將堅持把有利於縮小城鄉差距、增強農業、富裕農民、繁榮農村，作為制定經濟社會政策的重要原則。

從組織和制度的角度看，政府和農村經濟主體作為正式的組織，都具有資源性，並且互為資源。政府作為公共管理機構，雖然本身不直接創造價值和參與價值創造，但政府可以憑藉其政治權力和權威，作為制度和規則的供給方來維護價值創造和服務價值創造。同時，政府作為政府採購的主體，也是一種市場資源。因此，政府是農村經濟的資源。農村作為政府管理和服務的對象，本身也是一種社會資源。評判政府農村政策的基點，就在於這種政策對價值創造的效率有何效應。

財政稅收作為調控市場經濟的「有形之手」，對經濟發展具有「授能」（Enabling）和「去能」（Disabling）的雙重性。在市場經濟條件下，財稅政策給經濟帶來的既可能是正效用，也可能是負效用。農業發展中政府干預其他手段的實施，最終均歸結於財稅「取予」的收支活動。為經濟發展提供更好的「授能」環境，促進、服從、服務於經濟發展是農業財稅政策創新理論的基石，也是認識財稅現象、制定財稅政策、創新財稅管理的鑰匙。這樣才能形成經濟與財政、稅收之間持續不斷的良性循環，既把經濟、財政、稅收的「蛋糕」做大，又有效地分配「蛋糕」，使所有人能夠分享經濟增長、改革、開放的成果，調動各方面積極性，努力實現全面建設小康社會的目標。因此，在當前中國經濟工業化、市場化、國際化等多元條件下，都應對農業實施和強化「反哺」性財稅政策，將「三農」發展中屬於政府職責的事務逐步納入各級財政支出範圍，真正讓公共財政的陽光照耀到廣大農村。這在客觀上需要一個法治、公平、透明、穩定的公共財政體制保障。

三、城鄉統籌——公共財政體制框架下的政策選擇

從東部沿海地區城鄉統籌的情況看，儘管各地情況存在差異，但有一條是相同的，即都是從「轉移農民、保障農民、提高農民、富裕農民」入手的。所謂轉移農民，就是把農村勞動力從農業轉移到非農產業中去，達到逐步減少農民的目的。所謂保障農民，就是逐步在農村建立社會保障體系，為農民特別是弱勢群體、失地農民提供相關的社會保障。所謂提高農民，就是通過各種培訓，提高農民勞動技能和適應市場競爭的本領，為他們的就業創造更好的條件。所謂富裕農民，就是通過轉移農民、提高農民、保障農民的途徑，使仍在務農的農民增加收入，享受城市文明，提高生活質量。

針對當前中國農業基礎仍較薄弱、農民增收困難的矛盾和問題。政府應按照統籌城鄉社會經濟協調發展的要求，把解決「三農」問題放在突出位置予以大力支持，進一步改革財政體制，建立城鄉一體的公共財政制度，調整公共財政資源的分配格局，逐步實現公共財政覆蓋農村並向農村傾斜，真正向農業、農村和農民傾斜。

（一）強化對農業的產業保護與支持

在世貿組織規則下，與其他產業相比，農業產業所受衝擊是最大的。一方面，中國農業勞動生產率比較低，農業人口增加速度快，農業生產基本上是粗放型的，技術裝備程度相當落後；另一方面，農產品價格高於國際市場價格，而且品質低。在這種情況下，我們應充分實施相關公共財政政策，才能在世貿組織規則下有效地保護中國農業發展。在執行和利用產生貿易扭曲的「黃箱」政策上，中國應調整農業補貼方向和結構，減少對流通環節的補貼和對支農工業品的補貼，直接增加對農民的補貼，從而增加農民的收入，提高農產品的國際競爭力。此外，財政還應該增加對農業貸款的補貼，增強農業發展後勁。

在執行和利用不產生貿易扭曲的「綠箱」政策上，中國應加大支持農業結構和農產品結構的調整力度，培養和培育有競爭優勢的農產品；加大農業基礎設施投資，加快農田水利建設；加強農業生態環境的保護建設，繼續推進退耕還林還草；加強農業市場信息化服務體系建設以及加強農產品質量檢測體系的建設；加強農業科技開發、應用研究、農業教育與培訓的支持。

（二）逐步建立城鄉一體的勞動就業和社會保障體系

一是要統籌城鄉勞動就業，加快建立公共就業服務體系。就業是民生之本。現在許多地方尤其是經濟欠發達地區的農民，就業不充分的問題仍然比較突出。有一些地方近年來隨著經濟的快速發展，建設占地很多，也造成了一部分農民因失地而失業，使農民就業的矛盾更加突出。因此，中國應逐步打破一切影響農村勞動力流動和就業的樊籬與壁壘，建立城鄉統籌的公共就業服務體系。中國應加大對小城鎮基礎設施建設的財政投入力度，加快小城鎮建設的步伐，吸納農村剩餘勞動力，增

加農民收入，縮小城鄉之間差別與差距。我們可以借鑑國際上的一些成功做法，如政府組織公共工程吸納剩餘勞動力，替代消極的失業救濟與補助，借此來吸納剩餘勞動力和縮小收入差距，實現公平分配。

二是統籌城鄉社會保障，構建城鄉一體的社會保障體系。民生離不開保障。但長期以來，社會保障似乎成了城市居民的專利，離農民很遠。針對目前的社會保障體系，中國要在加強城市居民最低生活保障制度、完善養老保險制度和失業保險制度的同時，逐步發展和完善農村社會保障制度，在農村適時建立低保制度。現在農村實施的是一種互助救濟方法，不能適應社會發展的需要，也不能擺脫貧困，貧富差距不可能縮小。因此，財政政策在更多關注城市居民的同時，也應該關注農村居民，重視中國公正性分配的空白區域。中國應擴大社會保險的覆蓋面，完善多層次、多支柱的保障體系，實現社會保險資金從省級統籌向全國統籌過渡。

（三）加大對農村公共產品的供給力度

一是義務教育。目前中國農村的義務教育基本上由農民自己買單。實施城鄉統籌，農村義務教育所需經費應當像城市一樣基本上由政府提供，鑒於農民的困難現狀，其提供比例還應當更高一些。農村義務教育經費應當由中央、省、市、縣分擔，經濟落後地區則只由中央、省分擔。所需資金可以通過調整教育支出結構，如對大學這類非義務教育保持現有支出規模，新增財力全部用於義務教育，尤其是農村義務教育投入。

二是基本醫療。中國廣大農村在20世紀50~70年代曾建立起為世界衛生組織贊為典範的從村到鄉、縣的農村免費基本醫療制度。但改革開放以來，隨著人民公社的瓦解，農村基本醫療體系也隨之崩潰，享受基本醫療保障的農民從90%下降到9%左右。高額的醫療費用和農村基本醫療體系的崩潰成為中國農村導致貧困的頭號原因。農民反應，現在是一怕遭災，二怕生病，只要一生大病，基本上就會傾家蕩產。中國應按照公平原則承擔起相應的責任，加大農村醫療衛生的投入，建立起「政府出大頭、農民出小頭」的農村基本醫療體系。

三是交通、電力、通信、廣播電視、清潔水、農田水利設施等基礎設施。農村目前這些公共產品建設所需資金基本上是靠農民自己出資解決。這一方面加重了農民負擔，另一方面由於資金短缺，農村交通不便、電價太高、通信不暢、人畜飲水困難、農田水利設施老化等問題長期存在。中國應調整財政支出結構和國債投向，加大對這些公共產品的資金支持力度。

（四）加大中央財政對中西部地區城鄉統籌的支持力度

（1）繼續擴大中央財政對西部地區的投入力度，加強西部地區基礎設施建設。

（2）對西部地區的企業發展要註重使用財政貼息手段扶持其發展和成長。這樣一來，企業可以減少投資成本，出資者可以及時獲得收益，財政可以用很少的資金帶動經濟發展。

（3）對西部地區特別是民族地區實行有別於發達地區的財稅體制，為其騰飛打好財力基礎。一是探索中央對經濟發達地區和落後地區實行有差別的分稅制，中央

稅和地方稅的劃分在不同地區有不同的選擇。二是適當降低落後地區企業流轉稅負，從而增加企業利潤，增加地方稅收收入。三是加大轉移支付力度，規範轉移支付制度。

（4）支持西部地區搞好生態環境的保護和建設，建議開徵生態環境保護稅。例如，對凡在長江、黃河中下游地區從事生產、流通、加工、修理修配以及服務等的單位和個人，依據其繳納的增值稅、消費稅、營業稅徵收一定比例的環保附加稅。中國應加快費改稅步伐，在全國範圍內將環保費改為採取稅收形式，將環境保護納入法治化、規範化的管理軌道，並在全國範圍內建立生態資源補償制度，對建設生態公益林農戶經濟損失進行適度補償。

四、城鄉統籌——政府與市場作用邊界及體制創新

（一）城鄉統籌既要用公共財政等政府行政安排的辦法，更要用市場經濟的辦法來推進

當城鄉統籌的目標方向確定以後，接下來的問題就是如何實現這一目標。我們認為，城鄉分割問題主要是市場原因造成的，其解決也應當主要用市場經濟的辦法來推進，立足於發揮市場機制在資源配置中的基礎性作用，強調把城鄉統籌的目標和實現目標的途徑統一起來考慮，把城鄉統籌發展問題和體制問題統一起來考慮，符合市場經濟發展要求的經濟發展目標，應該而且只能主要通過市場經濟的辦法來實現，而不能通過計劃經濟的辦法即行政手段來推進。財政應增加用於基礎設施、環境保護、文教設施、企業技改等方面的資金投入，進一步增加一部分人的就業機會。同時，國家在引導民間投資上應加大力度，讓民間投資成為吸納就業、縮小收入差距的主力。更重要的是，國家應對民間投資降低稅負，制定鼓勵政策，減少民間投資的政府干預成本。

（二）建立城鄉一體的管理體制

東西部地區之間、城鄉之間的差距不能完全用自然地理或歷史條件來解釋。差距形成的關鍵因素是東部地區、城市率先開放帶動了經濟體制的全面創新。目前我們的行政管理體制總體上是從二元結構遺留下來的，還是城鄉分割的一套老體制。許多行政管理部門的服務對象局限於城鎮或城鎮居民。例如，勞動局只管城鎮居民就業，建設局也只管城鎮建設。有不少職能部門，雖然名義上城鄉都管，但實際操作中，往往也都偏向於城鎮。這樣的體制是不適應、不利於做好統籌城鄉經濟社會發展工作的。中國應從有利於統籌城鄉經濟社會發展的要求出發，考慮機構的設置和職能的定位，建立起城鄉一體的管理體制。從公共收入角度看，中國現行農業稅制是在計劃經濟體制下形成的，是與農村自然經濟相聯繫的，與市場經濟體制的要求不完全適應。中國應結合農業、農村、農民的實際情況特別是農民收入的實際情況，逐步用現代稅收制度替代現行的農業稅制，貫徹合理負擔的原則，促進農業經濟發展。創造條件逐步實現城鄉稅制統一，有利於逐步改變城鄉二元經濟結構，規

範農村分配關係，從制度上保證減輕農民負擔，促進農業和農村的健康發展（樓繼偉，2003）。

(三) 建立城鄉聯動發展機制

中國應建立健全相互協調、有力有效的政策體系，突破政策性障礙，以創新的政策和機制為聯動發展提供保障。基本著力點有四條：一是統籌城鄉資源配置，重點是打通城鄉市場梗阻，建立統一有序的城鄉市場，促進資源和生產要素的城鄉互動。二是統籌城鄉產業發展，重點是打破城鄉分割，加快城鄉產業融合，增強城鄉產業關聯度，促進城鄉產業優勢互補、一體化發展。三是統籌城鄉國民經濟分配，重點是調整收入分配結構和財政支出結構，加大對農村的支持力度。四是統籌農民、市民待遇，重點是逐步使農民擁有與城市居民平等的發展機會和享受同等的權利。

——《城鄉統籌的公共財政檢討與政策取向》（張兵　柳華平）原載於《財經科學》2005年第5期。

4. 論西方公共財政與中國的公共財政建設

摘要：在經濟市場化、社會化的條件下，公共財政既是政府經濟干預的重要工具，也是政府實施其他干預的重要載體。從一定意義上講，構建公共財政，既是完善中國市場經濟體制的核心內容之一，又是新體制順利運行的重要經濟保障。本文從分析公共財政的內涵與特徵入手，借鑑西方公共財政的理論與實踐，剖析中國公共財政建設的現狀與問題以及深化改革的背景與依據，提出構建中國特色公共財政的基本框架模式和路徑選擇。

關鍵詞：公共財政　制度創新　構建

公共財政是國家或政府為市場提供公共服務的分配活動或經濟活動，具有以下特徵：第一，從分配的主體來看，作為政權組織和社會經濟管理者的政府是公共財政分配的主體和前提，處於主動的、支配的地位，公共財政分配是政府在全社會範圍內的集中性分配。第二，從分配的目的來看，公共財政分配是為了滿足公共需要，即為了保證各類通過市場機制配置資源難以有效解決的社會公眾需要的財力。滿足社會公眾需要的公共產品效用具有不可分割性，不具有排他性。第三，從分配的依據來看，公共財政分配是憑藉政治權力經由非市場性的渠道進行的，其收入取得具有個體的無償性、整體的有償性。第四，從經濟性質來看，公共財政分配是政府的計劃資源配置行為，具有公共性和非盈利性特徵。

一、西方公共財政：理論與實踐

(一) 公共財政的理論基礎

公共財政產生的前提是市場經濟，它產生與發展的過程事實上就是市場經濟的產生與發展的過程，也是人們對於政府在市場中作用的認識的發展過程。

將政府與市場關係作為規律來研究，各個時期不同的經濟學家在其漫長的研究和探索的歷史進程中，已經形成了豐富的理論體系。從西方經濟學的發展歷史來看，對政府與市場的研究總體上分為干預主義和自由主義兩大派系，大致可以劃分為五個階段。從15世紀到17世紀的重商主義時期，主張政府干預的思想占據主流地位。從1776年亞當·斯密出版《國民財富的性質和原因的研究》到20世紀20

年代強調市場作用和主張經濟自由主義的思想占據主流地位。從20世紀20年代到20世紀50年代末期，從分析「市場失靈」出發，強調政府干預經濟的必要性。從20世紀60年代末期到20世紀80年代，經濟自由主義復興，強調「政府失靈」或「政策失靈」的可能性，主張恢復以市場機制作為調節資源配置的主要工具。20世紀80年代後期和20世紀90年代初期，新凱恩斯主義主張恢復政府干預經濟。

從西方經濟學關於政府與市場關係的歷史性闡釋中，我們可以對政府與市場關係得出以下基本判斷：第一，政府干預經濟是客觀存在的，力度和方式是變化的；第二，政府干預經濟並不排斥市場機制在資源配置中的基礎性作用，相反有效的干預是以市場為基礎的；第三，政府干預與市場干預在明晰各自邊界的基礎上正在相互融合，正如美國經濟學家約翰遜所預言的，將來會出現的情況是「在革命與反革命之間達成一種綜合」。

隨著許多經濟學新領域的開拓，特別是隨著宏觀經濟學和福利經濟學的發展與成熟，財政學經歷了一個從公共財政學到公共經濟學的發展過程。與傳統經濟學相比，公共經濟學更註重財政收支對整個經濟的影響。當然，公共經濟學仍然是圍繞著財政而展開的，是對公共財政學的繼承和發展。

（二）西方公共財政的實踐

17世紀中葉至18世紀中葉，西歐從封建社會末期過渡到自由資本主義初期，經歷了一個從自然經濟向自由市場經濟轉化的過程。受亞當·斯密經濟自由主義的影響，這個時期的公共財政主要是為了保證政府作為「守夜人」這一角色能夠正常運轉。此後，約翰·穆勒、威克塞爾、林達爾都進一步發展了亞當·斯密的理論，公共產品理論的創立和福利經濟學的興起使得公共財政理論越來越豐富，職能範圍也有所拓寬。

20世紀30年代初，西方資本主義爆發了空前嚴重的經濟危機，從而宣告了自由放任的古典經濟理論的破產，從羅斯福「新政」和隨後應運而生的凱恩斯主義經濟學開始，政府必須干預經濟逐步獲得了人們的共識。各國政府及財政部門開始對經濟進行大規模干預，以便彌補市場缺陷，充分利用市場的功能作用，促進經濟資源的合理配置、收入和財富的合理分配以及經濟的穩定運行。

隨著經濟的發展，政府干預經濟在實踐中開始暴露出自身的缺陷，20世紀70年代的「滯脹」使得人們重新認識「市場失靈」和政府干預的關係。理性預期學派和供給學派為代表的新自由主義對國家干預提出了責難和質疑，開始主張減少國家干預，恢復自由經濟。進入20世紀90年代以來，西方國家又開始重新重視國家干預政策。在這個過程之中，財政的職能也相應地不斷調整，但是從大的趨勢來看，在市場經濟的不斷發展和完善過程中，政府干預經濟的職能呈現出不斷增強的趨勢，財政的職能也相應地不斷增強。

（三）西方公共財政的職能配置結構

在市場體制框架下，公共財政的主要職能結構一般界定為以下三個：一是資源配置職能。它是由政府的介入和干預產生的，它的作用和特點是通過本身的收支活

動為政府提供公共物品，提供財力，引導資源的流向，彌補市場的缺陷，最終實現全社會資源配置的「最優效率狀態」。二是收入分配職能。財政通過自身的收支活動進行全社會範圍的再分配，以實現社會分配的相對公平。三是經濟穩定職能。由於市場在自發運行中必然產生經濟週期問題，政府必須推行宏觀經濟政策以實現宏觀經濟的相對穩定。

對待西方公共財政的理論與實踐，我們既不能完全照搬，也不能絕對排斥，應做到「和而不同」。因為西方的公共財政是以私有制為基礎，在個人主義價值觀指導下形成的，我們不能照搬；而它又是西方幾百年市場經濟發展史的經驗總結，反應了市場經濟的共同規律。為此，我們要取其精華，去其糟粕，為中國財政改革服務。

二、中國公共財政：現狀考察

自從改革開放以來，關於財政改革及其模式的討論就一直沒有停止過。其中，既有「大財政」和「小財政」之爭，也有「財政要不要轉型，要不要退出再生產領域」之爭。爭論的焦點卻過多地涉及了財政的社會屬性（階級性）問題，忽略了其自然屬性（公共性、技術性）問題。解決市場經濟條件下的財政問題，應更多地還原到財政的自然屬性上來，把財政的公共性、技術性作為創新財政制度及其管理服務的邏輯起點、發展目標和「試金石」。

中國公共財政的建設始於改革開放的啟動，並以改革開放的不斷推進為其持續的大背景。在一定程度上講，中國公共財政改革與發展不僅集中體現在各級政府間的財政關係由「放權讓利」到制度創新的變遷軌跡上，還體現在財政收入和支出的公共性上。

（一）財政收入的公共性

規範的稅收是典型的「取眾人之財」。2003 年，全國財政收入第一次突破 2 萬億元，達到 21,691 億元（不含債務收入，下同），比 2002 年增加 2,787 億元，增長 14.7%。其中，稅收收入也突破 2 萬億元，共完成 20,450 億元（不包括關稅和農業稅收），比 2002 年增加 3,446 億元，增長 20.3%。稅收收入占財政收入的比重為 94.3%，較 1993 年（市場經濟體制導向的稅制改革以前年度）提高了 3.2 個百分點，較 1983 年（第二步利改稅以前年度）提高了 6.4 個百分點，較 1978 年（改革開放以前年度）提高了 54.1 個百分點。稅收組織收入、調控經濟以及調節收入分配的功能進一步增強，尤其是通過 1994 年的稅制改革，中國進一步規範了國家與各類經濟主體的分配關係，較好地實現了政府運用財稅政策干預經濟、實現政策目標的公共需要。

（二）財政支出的公共性

2003 年，全國財政支出 24,607 億元，比 2002 年增加 2,554 億元，增長 11.6%。其中，中央財政總支出 15,663 億元（含對地方稅收返還和補助支出 8,240 億元），

比 2002 年增加 1,195 億元,增長 8.3%。從支出結構看,中央財政「辦眾人之事」的所謂「公共性」明顯增強,尤其是在財政宏觀調控和保障、支持解決「三農」問題、就業和社會保障、加大社會事業投入、支持出口退稅機制改革方面。以下僅舉幾組數字:第一,安排國債項目資金1,400億元,重點向農村傾斜,向結構調整傾斜,向中西部地區傾斜,向科技、教育和生態環境建設傾斜,向公共衛生建設傾斜。第二,2003 年,中央財政用於地方的財力性轉移支付為 1,912 億元,比 2002 年增長 17.9%。第三,社會保障、農業、科技、教育、衛生、扶貧等專項轉移支付2,577億元,比2002年增長7.3%。第四,「非典」疫情暴發後,各級財政共安排「非典」防治資金 136 億元,其中中央財政安排 28 億元。2003 年下半年,中央財政又增加專項資金 10 億元用於加強公共衛生體系建設。同時,財政預算的公共性、透明度也進一步增強。

(三) 問題及癥結

總體上講,中國財政存在的主要問題是總量不足,職能尚待進一步到位。中國2003 年預算內收入占 GDP 的比重為 18%左右,仍然低於發達國家在經濟快速增長的 20 世紀六七十年代的總體水準。更為重要的是,1980 年以來的歷次財政改革,都是針對政府收入的劃分,而政府支出結構實質性變化不大。由於財政職能「越位」和財政資源的稀缺性,使得一些本應由財政供給的領域卻不得不轉嫁給社會和個人,出現財政供給的「缺位」。特別是在政府重點公共支出上,存在總量不足、結構不合理和管理級次偏下的問題。整個 20 世紀90 年代政府預算內支出的總量規模按當年價格增長了 4 倍以上,但各項支出仍然處於短缺狀態。由於財政供給不到位或不完全到位,使政府難以充分發揮宏觀調控職能,無法彌補「市場失靈」的缺陷,影響了經濟與社會的協調發展,同時也給得不到政府「公共產品」的企業增加了社會負擔。這種非市場經濟型的政府支出框架是改革開放以來追求經濟增長速度,忽視社會、經濟、環境協調發展的總體經濟思維方式在政府財政中的具體體現。在一定程度上講,有限的政府應該做什麼及更重要的是不應該做什麼,仍然是模糊的。

三、中國公共財政建設的深化:背景與動因

從總體上說,自改革開放之初,中國公共財政的建設就已經開始了,但直到現在尚未到位。加入世界貿易組織(WTO)以後,中國公共財政建設的背景又發生了深刻的變化。明晰這種變化,把握其發展規律,對於深化財政改革研究具有基礎性意義。

一是經濟市場化為公共財政提供了經濟空間。經濟市場化取向的改革打破了政府(包括地方政府)直接管理經濟的基礎條件,政府對經濟只能實施間接調控。在市場經濟國家中,市場對資源配置起主導性作用,經濟要素的流向、流動方式和供求結構等的生成和變化主要取決於市場的引導,各類經濟主體的行為依從價格信號

和心理預期的變化而定,一切經濟行為的形成和改變帶有強烈的理性和不確定性。當然市場不是盡善盡美的,客觀上存在市場失靈。因此,政府出於維護社會公平和社會穩定以及促進社會進步的目的,必然介入市場失靈領域,通過自己的非市場性活動來矯正市場失靈。在市場經濟條件下,政府(包括地方政府)既當裁判員,又當運動員的時代一去不復返了,政府只能採取間接調控的方式去干預經濟。在此背景下,財政收支行為只能圍繞著滿足區域內社會公共需要為核心來安排。任何超越「公共性」範圍而介入經營性、競爭性的活動都是對市場有效競爭的損害。因此,市場經濟條件下的財政更多的是轉向實施間接調控。

二是經濟國際化條件下政企關係的重構為公共財政提供了政治基礎。加入 WTO 以後,政府不再代行企業職能以及企業從政府附屬物的角色中擺脫出來,使得政企由不分到分開,從而促進了財政職能的轉變。在市場經濟條件下,企業是自主經營、自負盈虧、自我發展、自我約束的法人實體和市場競爭主體,追求利潤最大化是其唯一的目標。這就要求企業不能再充當政府的附屬物,以往企業履行的政府職能(如企業辦社會、小而全、大而全)應剝離出去交由政府或社會去做。政府代行的企業職能也應還原給企業獨立承擔(如企業虧損補貼)。這樣政府就從統管國有企業、直接插手微觀企業的決策轉到通過制定有效的法律法規和政策為所有的企業創立一個公平競爭的外部環境上來。同時,從企業剝離出來的教育、醫療、社會保障等社會職責,政府應承擔起來。因此,政府與企業關係的基本理順促進了財政職能的轉變,為市場經濟條件下財政職能的重新界定奠定了基礎。

三是經濟工業化的推進和經濟持續增長為公共財政提供了社會需求。工業化的推進和經濟增長確實會加快生產力發展和社會進步,但由於效率提高勢必以優勝劣汰為條件,加之有社會成員屬於非資產所有者,而且制度安排中仍帶有諸多排斥公平競爭的地方,因此工業化的推進和經濟增長帶來的福利並不是被合理的分配,很多人失去了理應享受到的福利,如國有企業兼併和破產、退休職工的社會保障、下崗分流和再就業培訓等。這是市場經濟發展中難免要遇到的矛盾。工業化推進帶來的城市化又極大地擴張了公用事業的需求規模,如公檢法建設的力度要加大,基礎教育、基礎科研、衛生保健以及社會公共基礎工程和服務設施等方面的支出擴大等。在此情況下,轉變財政職能、建立公共財政已不容迴避。

四、中國公共財政建設的深化:框架模式與作用邊界

(一)財政的作用域選擇——對政府(或財政)和市場進行合理的分工

借鑑西方公共財政理論並結合中國實際,對政府和市場的分工進行明確劃分,這就是市場要在政府宏觀調控條件下對資源配置起基礎性作用。中國要從過去政府全面配置資源逐步轉變為政府和市場共同配置資源,政府必須改變大包大攬的做法,逐步退出市場能夠正常發揮作用的領域(「越位」)。也就是說,只要市場能

夠做得好的領域，政府就不要去干預；市場不能發揮作用的領域或市場干不好的事情，才是政府必須介入的領域。為此中國必須進一步轉變財政職能，科學界定財政支出範圍，優化財政支出結構，逐步從經營性、盈利性的領域退出，從市場可以提供的、私營企業和家庭可以提供的各項領域退出；同時，要強化那些必須由財政管而財政卻沒有管或沒有管好的各項事業和建設領域，要強化社會領域的調控功能，如社會保障、社會救濟等，從而徹底解決好政府和財政的「越位」與「缺位」問題，從根本上規範政府、財政與市場之間的關係。

（二）公共財政的幾個基本取向

第一，公共財政是為市場提供公共產品的財政。公共財政是與市場經濟相聯繫的，僅存在於市場經濟之中，順應市場經濟的潮流，中國財政模式和活動思路也應予以根本變革，從為政府自身服務轉變到為市場提供公共產品上來。

第二，公共財政是彌補市場失效的財政。公共財政是以市場失效為前提的，其活動範圍不能超出市場失效的範圍，否則會損害市場效率的發揮。同時，這也意味著凡是市場不能有效發揮作用的地方，財政就應該充分發揮它的作用。財政要「到位」，既不能「越位」，也不能「缺位」。

第三，公共財政的分配規模應由市場來決定。過大的財政規模會引起市場發展規模和速度不應有的壓縮，而過小的財政規模則難以提供市場正常運轉所需的各種服務和條件，這些都會對市場產生危害，因此財政分配規模應保持在市場要求的適度規模上。

第四，公共財政是非盈利性財政。在市場經濟條件下，政府不能是盈利性的市場營運主體，不能參與市場的盈利競爭。財政應逐步從經營性、盈利性的領域退出來，還市場一個自由競爭的空間。

第五，公共財政是透明的財政。政府的權力是全體人民賦予的，權力的行使又需要通過納稅人提供的稅收來支撐，為此政府必須接受公眾的監督，這就要求公共財政必須具有很高的透明度。同時，公共財政是民主財政、民有財政、民享財政，必須是規範化、法制化的財政，是由「公眾」對其規範、決定和制約的財政。

五、中國公共財政建設的推進：路徑選擇

黨的十六屆三中全會通過的《中共中央關於完善社會主義市場經濟體制若干問題的決定》，明確提出了進一步深化中國經濟體制改革的目標和任務，並且旗幟鮮明地指出要繼續改善宏觀調控，加快轉變政府職能，推進財政管理體制改革的要求。因此，繼續深化財政改革，健全財政職能，加強財政管理，盡快在中國建立起適應社會主義市場經濟要求的財政體制和穩固、平衡、強大的國家財政就成為當前財政領域一項重大改革任務。

（一）建立公共財政管理體系

中國要建立以宏觀經濟效益和社會效益最大化為目標，以財政法規為依據，以

財政收支為中心，運用現代科學的手段和規範的制度的公共財政管理體系，做到財政收支的民主、透明和科學民主的審計。

第一，建立以稅收為主體，以規範的非稅收入為輔助的公共財政收入體系。這包括兩個方面的內容：第一，界定收入範圍，主要有稅收收入、規費收入、公債收入、罰沒收入、轉讓出售公產收入、基金收入、捐贈收入等。第二，進行收入制度的創新，包括實行稅費改革、完善稅制和建立國有資產經營預算等。

第二，建立以公共支出為主體的支出體系。這包括三個方面的內容：第一，界定支出範圍，主要有公共安全、公共機構、公共服務、公共工程和公益事業等。第二，確立公共支出的供給方式，對「純粹公共產品」的供給，政府應全額負擔；對「混合性公共產品」中的教育、社會保障、公共衛生等公共支出，實行最低保障制度；對於「混合性公共產品」中的水、電、暖、路、橋等基礎設施和基礎產業以及公益事業，其公共支出應實行以市場為主、政府資助為輔的原則。第三，進行支出制度的創新，加快與國際慣例的接軌，逐步推進零基預算、社會保障預算、政府採購以及國庫單一帳戶等項改革，強化預算外資金管理。

（二）健全財政宏觀調控體系

中國要建立以保證國民經濟穩定協調發展為目標，綜合運用預算、稅收、投資、國債、補貼、貼息等財政政策和手段的財政宏觀調控體系。

（三）完善政府間財力分配體制框架

中國要借鑑國際經驗，結合中國國情，明確中央政府和各級地方政府的財政收支責任，調整各級政府的事權範圍、收支關係，明確提供公共產品的不同任務和分稅制等關係。中國既要防止中央事務由地方政府負擔或部分負擔支出的現象，又要防止地方事務由中央安排支出的情況。中央政府在為委託性事務或共同負擔事務提供資金方面應形成規範、統一的辦法，健全財政資金使用監督機制，提高資金使用效益。

——《論西方公共財政與中國的公共財政建設》（張兵　柳華平）原載於《理論與改革》2004年第5期。

5. 西部大開發熱的辨證思考

摘要：在西部大開發中，我們既不能走老路，也不能走彎路。在具體開發中，我們既要用政府行政安排的辦法，更要用市場經濟的辦法來推進；既要注意總量平衡，更要注意結構優化；既要依託政策財政支持來「輸血」，更要重視自身制度變革來「造血」；既要重視投資「硬」環境的建設，又要重視「軟」環境的建設；既要重視對內開放，又要重視對外開放；既要重視物質資源的開發，又要重視人力資源的開發；既要重視工業的發展，又要重視農業的發展；要以市場為導向，重塑資源觀，把資源開發與經濟技術緊密結合起來，使西部開發規劃系統化、科學化、重點突出，「冷熱」並舉，把潛在優勢轉化為真正具有強大競爭力的經濟優勢。

關鍵詞：西部開發　經濟優勢　市場經濟　資源開發

最近召開的中央經濟工作會議明確了國家將實施西部大開發戰略，通過加大財政轉移支付力度等手段促進西部經濟發展。這對經濟相對欠發達的西部地區各省（區、市）而言，無疑是一個「利好」消息。但值得注意的是，西部地區各省（區、市）政府在西部開發熱潮中更需要辨證思考，因為僅有熱情和衝動是無濟於事的。

一、西部大開發既要用政府行政的辦法，更要用市場經濟的辦法來推進

一個國家經濟發展的區域平衡是相對的，不平衡是絕對的。但經濟的健康發展不允許我們忽視地區不平衡帶來的種種問題，而是要設法緩解地區發展不平衡的矛盾。當西部大開發的目標方向確定以後，接下來的問題就是如何實現這一目標。我們認為，主要應用市場經濟的辦法來推進，立足於發揮市場機制在資源配置和再配置中的基礎性作用，強調把西部發展的目標和實現目標的途徑統一起來考慮，把西部發展問題和體制問題統一起來考慮，而不能通過計劃經濟的辦法，即行政手段來推進。對政府行政安排的運作方式，某些政府機構是熟悉的，思維方式和實際操作上也很容易「靠攏」和適應，但其弊端也顯而易見。這種「老辦法對付新問題」的思路在實踐中肯定要面對不少在這種思路框架下無法解決的難點。例如，中央加

大對西部地區的轉移支付力度，必然不會是想當然的、無限度的「支持」。為了縮小東西部地區經濟發展水準的差距，不惜讓東部發達地區陷入低速發展、徘徊，甚至停滯，而西部地區也未有長足的增長，或者雖有增長，卻遠不足以彌補東部發達地區損失的份額，通過反市場化的行為，以犧牲發達地區的發展為代價來推動西部欠發達地區的經濟，似乎不符合國際上通行的做法，既不現實，也不足取。實際上，只有在東部發達地區經濟有著持續不斷再投資、再創新和大發展的前提下，中央政府才有能力和精力更好地解決地區發展差距問題。西部地區加大對其內部地區的轉移支付方面也存在類似的問題。

當然，作為一種制度安排，市場存在的價值就在於解決那些個人和組織（包括政府）「理性」範圍之外的「不確定」和「看不準」的問題。市場經濟有其長處，也有其缺陷。在中國社會主義初級階段的市場經濟中，由於處在較低的發展階段及其特殊的歷史背景，市場缺陷不僅無法避免，而且可能表現得更為突出和複雜。因此，在西部大開發這樣一個事關全局的重大問題上，有些事情又需要而且只能由政府來做，但政府的作用只能限定在這個範圍之內，而且發揮作用的方式要改革。

二、西部大開發既要注意總量平衡，更要注意結構優化

西部經濟發展滯後的一個重要原因是結構方面的差異，而經濟結構的調整與優化需要一個適宜的宏觀環境。中國要實施「鬆緊」適度的宏觀總量政策，保持投資、出口和消費的合理增長，保持宏觀經濟的總量平穩，避免出現大的波動，既給予結構調整一定的壓力，也給予一定的動力。

在西部大開發中，中國尤其要注意合理安排投資總量與結構，優化投資取向。一方面，我們要做好投資的年度與中長期計劃，嚴防投資總量的過快增長，使之與西部地區經濟發展的需要和財政承受能力相適應，協調好資金供需關係，減輕供需壓力。另一方面，我們要優化投資取向，全方位推行產業導向政策，並適時對導向內容進行調整，以引導中央投資、東部投資乃至外商投資和中國港澳臺地區投資於西部瓶頸產業。我們既要避免新一輪的低水準重複建設，又要防止高水準的重複建設；既要防止西部地區與東部地區的重複建設，又要防止西部地區內部的重複建設。同時，我們要把結構調整與總量擴張結合起來，註重對已建成項目的消化吸收、挖潛改造與存量調整，把開發和投資的重點從外延擴張轉移到內涵增長上來。

三、西部大開發既要依託政策財政支持來「輸血」，更應重視自身制度變革來「造血」

西部經濟之所以較東部經濟緩慢，一個更深層次的原因就在於制度的差異。西部地區市場經濟的制度因素少一些，具有短缺或缺位的特點。如果西部地區自身註重解除一些不利於經濟發展的限制，促進本地區市場經濟的發展，使其在制度變革方面跟上東部地區的步伐，按照發展開放型（保護對內開放和對外開放）經濟的要

求，逐步推進全國市場的一體化進程，打破「隔層」，減少壟斷和不必要的行政保護，逐步形成新的有活力的經濟，使其經濟結構、資金、組織更符合現代化的要求，增強對資金、熟練勞動力的吸引力。客觀上，西部地區要加大改革開放的力度，進一步轉變思想觀念，創造一個寬鬆的、規範的制度環境，提高政府機構和經濟管理部門的服務水準與辦事能力，使西部地區低成本優勢得到充分發揮。

東西部地區因制度的短缺或缺位造成的差異不是簡單通過中央投資或自身「招商引資」辦幾個企業就能彌補得起來的。在缺乏體制改革深化的有效配合下，中央政府一味地對西部地區給予政策傾斜和轉移支付，這種「輸血」的辦法雖然能暫時緩解一下西部地區經濟發展的矛盾，強制性地縮短東西部地區經濟發展差距，但西部地區並不會形成「造血」機能。可以預計，在相當長的一段時間內東西部地區經濟發展的絕對差距不僅不會縮短，相反還會「絕對拉大」。實際上，這也昭示著西部地區還有很大的發展空間。

四、西部大開發既要重視投資「硬」環境的建設，又要重視「軟」環境的建設

各級政府在改善投資「硬」環境，加快基礎設施建設方面可謂「不遺餘力」，但在「軟」環境方面的建設卻是「雷聲大，雨點小」，進展緩慢。稅收優惠固然重要，但它不是吸引外資，特別是跨國公司投資的充要條件。制度保障是至關重要的。一個穩定和合理的經濟制度除了產權、市場和契約外還包括政治、法律和其他「上層建築」在內。對於制度的根本意義，德姆塞茨曾有一句至理名言：「產權和制度的意義就在於幫助人們形成一個穩定和合理的預期。」制度給予人們信心。吸引外資特別是跨國公司來投資，重要的是它們對我們的制度產生信心和信任。國際國內利用外資的實踐證明，外商尤其是跨國公司對投資環境諸要素的選擇中，對稅收這樣的「小恩小惠」並不十分在意，而對制度環境特別是法律環境尤為重視。因此，改善投資「軟」環境應成為西部大開發中政府傾力關注的首要對象。政府應著力縮小東西部地區投資「軟」環境的差異，加強制度尤其是法制建設，使政府的行為法制化，使外商免於應付盤根錯節的關係、防不勝防的政府干預，從而創立有利於西部大開發的宏觀投資法律環境。

五、西部大開發應面向市場重塑資源觀，資源開發應與高新技術相結合

提到西部大開發，人們很容易想到西部地區極其豐富的土地、能源、礦產等自然資源，認為西部地區應發展資源導向型產業。但我們必須注意到這樣一個事實，在現代經濟特別是知識經濟已初露端倪的時代，自然資源在經濟發展中的重要性已大為下降，而知識資本對 GDP 的貢獻率和收益率則與日俱增。另外，資源開發還具有投資大、週期長、見效慢的特點。因此，沉溺於自然資源的開發和初加工，不僅

會造成資源的過度開發、生態環境的惡化，而且自身在過剩經濟的現實下也是沒有出路的。我們的目光必須轉向品牌、商標、專利、市場網絡、信息、創新環境、人力資本等後天可獲得性資源。這些後天可獲得性資源往往對自然資源具有點石成金之效。而後天可獲得性資源往往與高新技術休戚相關。因此，要將資源優勢轉化為競爭優勢、經濟優勢，就必須充分利用西部地區、國內、國外的高新技術成果開發自然資源，對自然資源進行深加工，延長資源開發的產業鏈條，提高產品的附加值，形成資源開發的擴散效應和帶動效應。同時，我們開發什麼、生產多少，應以市場為導向。西部地區較為豐富的礦產資源和能源在中國的能源消費中佔有重要地位，但它們的供給又遠離主要消費地區，過高的運輸成本、技術成本和製造成本使資源的優勢大為削弱。為此，我們必須重新審視西部地區資源開發的方向。

第一，明確中長期資源開發的基本目標。我們應將天然氣開發定於首位，盡快建成「西氣東送」的天然氣外輸基地和天然氣化工企業。我們對新疆的石油實行按需開採，不應盲目擴大石油加工規模。

第二，根據市場需求適當開發西部地區稀有金屬和貴金屬資源；控制黑色、有色礦產資源的開發和冶煉，重點進行技術改造、結構調整和發展深加工產品，提高產品質量與市場競爭力。

六、西部大開發不能輕「內」資、重「外」資，要充分利用東部地區結構調整和中國加入 WTO 帶來的契機

改革開放之初，中央推行梯度開發的戰略，使華南地區乃至整個東部地區快速發展起來。目前，東部地區正在進行產業結構的調整，以資本密集型和技術密集型產業作為發展的重點，一般加工工業將被轉移出去，西部地區正好利用這一機會引進內資大力發展加工工業。除此之外，西部地區可以在資源開發、專業化協作、對外開放、基礎設施建設、創辦區域合作組織、區域性市場方面與東部地區合作開發。

談到加入 WTO 我們應注意一種傾向，即重利弊分析而輕「拿來」。現在看來，如何「拿來」應成為我們分析研究的重點。中國加入 WTO 後，隨著市場准入的放寬，將會有更多的外資進入中國市場。如何吸引外資進入西部地區呢？

第一，我們要用好用足中央的傾斜政策。黨的十五大報告明確提出：加快中西部地區的發展，積極引導和鼓勵外資到中西部地區投資。目前引導外商投資中西部地區的具體措施如下：

（1）中西部地區可以選擇有優勢的項目，經國家批准後，享受修改後的《外商投資產業指導目錄》中鼓勵類項目政策待遇；對限制類和限定外商股權比例項目的設立條件和市場開放程序可以比東部地區適當放寬。

（2）國家優先安排一批農業、水利、交通、能源、原材料和環保項目在中西部地區吸引外資，並加大對項目配套資金及相關措施的支持；鼓勵「三線」軍轉民企業和國有大型企業利用外資進行技術改造。

(3) 國家鼓勵東部地區的外商投資企業到中西部地區再投資，外商投資超過25%的項目，視同外商投資企業，享受相應的待遇。

(4) 國家允許開展試點的開放領域和試點項目，原則上在中西部地區同時進行；經國家批准，中西部省會城市可以進行國內商業、外貿、旅遊方面的開放試點。

第二，國家可以優先考慮在西部地區開放金融保險業、電信業、石油勘探開發、天然氣開發與輸送、計算機製造、航空製造、電力及傳輸市場，鼓勵跨國公司進入該地區投資；吸引外資進入西部地區，使國內廠商逐漸適應國際化的競爭。

第三，積極利用外資開發西部地區資源。這裡政府要做的是創造好投資環境而不是政府投資。政府應引進外資進行自然資源和能源的開發，打破石油、化工、天然氣、電力等行業的國有壟斷，產生出競爭的效率和效益。

第四，西部地區應對外開放基礎設施的建設，改變目前的「瓶頸」狀態，建立高效、完整、快速的交通體系，為西部地區成為世界加工業製造中心奠定良好的基礎。

七、西部大開發不僅要重視物質資源的開發，更要重視人力資源的開發

對於西部地區的優勢，人們很容易想到人多、勞動力廉價的優勢。但必須注意到的是，西部地區大部分人口在農村，素質較差，缺乏較好的管理和技術人才，不適應經濟發展的需要。人力資本對經濟發展的重要性已為實踐所證實。研究表明，學齡前兒童的入學率提高0.1個百分點，人均GDP可以提高0.35~0.59個百分點。舒爾茨的研究也證明，人力資本的投資收益率已超過物質資本的投資收益率。既然人力資本的收益率較高，那麼人力資本就是經濟發展中最重要的因素，提高人力資本的質量便是經濟發展的關鍵所在。

第一，西部地區應充分利用現有的科研院所，進行體制創新，改變科研力量配置不均衡、科研封閉的現狀，使科研特別是應用研究面向市場，充分激發科研人員的積極性和創造性。

第二，國家可以在西部地區投資建設一批大的教育、科研項目，有目的地引導東部地區人才向西部地區流動，以幫助西部地區建立起培養自己的教育、醫療、科技及管理人才的基地。

第三，制定吸引優秀人才的措施，清除中高級人才流動的障礙。

第四，加強對教育的投入，變革學校培養人才的模式，面向市場，培養適應市場的具有創新能力的人才。當然，這需要對教育體制進行改革。

八、西部大開發不要「熱」了工業，「冷」了農業

西部地區最大的實際情況就是農民的人均收入大大低於全國的平均水準（約低

20%～35%），城鄉的人均收入差距大（約 2.4～3.4 倍）。因此，加快農業與農村經濟的發展為西部大開發的首要目標。如果西部大開發沒有提高農民的收入，農村的經濟發展不起來，西部大開發則是失敗的。農村的經濟發展起來了，西部地區潛在的市場優勢就能轉化為現實的優勢，吸引外資就是水到渠成的事。因為我們最大的優勢是市場優勢。各級政府在規劃西部地區經濟發展時，農村地區的經濟改革和發展至少應具有與工業化同等重要的地位。

綜上所述，政府在規劃西部地區經濟發展時，要使規劃系統化、科學化，突出重點，不可熱了這一頭，冷了那一頭，要充分考慮西部地區的真正優勢，並把這種潛在的優勢轉化為競爭優勢、經濟優勢。

——《西部大開發熱的辨證思考》（柳華平　龔玉池　楊君）原載於《財經科學》2000 年第 2 期。

6. 重視公共利益的保障機制建設
——公共財政視野下群體性事件防範問題研究

摘要： 群體性事件對正常工作及生活秩序都具有一定的影響，只有在正確把握群體性事件的表象、特點、成因和趨勢的基礎上，加快完善公共財政和公共利益保障機制，才能構建和諧社會。

關鍵詞： 公共利益　保障機制　群體事件　防範對策

一、新時期群體性事件：表象、特點、成因和趨勢

（一）基本表象

群體性事件是指由社會群體性矛盾引發的，形成一定規模，造成一定社會影響，干擾正常的工作、生活秩序，危害社會穩定和經濟建設的事件。據有關方面2005年發表的《社會藍皮書》表明，1993—2003年，中國「群體性事件」數量已由1萬起增加到6萬起，參與人數也由約73萬人增加到約307萬人。爆炸性數字的背後是社會問題和矛盾的日趨突出。

新時期「群體性突發事件」在各個領域都有不同程度的表現。當前比較集中地表現在六個方面：一是農村土地徵用，二是城建規劃、拆遷安裝，三是勞動和社會保障，四是市場經營、交通管理，五是環境保護，六是村級財務、幹部作風方面。另外，部分軍轉幹部要求提高福利待遇，部分被辭退的民辦教師和代課教師要求享受養老保險等，值得引起重視。從具體形式看，群體性事件一般是採取圍堵政府和圍堵公路、斷絕交通等形式，通常會造成嚴重的社會後果和負面影響（程剛，2003）。

（二）基本特點

群體性事件在不同的歷史時期和歷史階段具有不同的特點。在新的歷史條件下，群體性事件無論是內容還是表現形式都呈現出新的特點：

一是利益性。群體性事件歸根究柢是一個利益分配問題，是社會主體之間利益衝突的結果。利益驅動是群體性事件產生、發展、激化的主導性因素。當前，無論是農村土地徵用問題、城市房屋拆遷安置，還是權益歸屬、社會保障等問題，無不

強烈地反應出人民群眾在資源佔有、收入分配、公平維權等方面的具體利益要求。①

二是廣泛性。相當多的群體性事件涉及一部分人的切身利益，而且大多數有一定的理由，極易引起社會同情，如農民負擔過重、職工下崗、離退休人員無生活來源等。共同的利益目標把大多數人維繫在一起，又極易吸納相同利益者，特別容易產生共鳴，形成一定的利益共同體，因此使群體性事件觸及的範圍更加廣泛。一方面，涉及領域廣泛，參與主體多元化；另一方面，發生起數、參與人數、事件規模呈上升、擴大趨勢。從近幾年群體性事件的發展情況看，由於其組織性越來越強，規模越來越大，影響也越來越大。

三是對抗性。群體性事件是不同利益群體為實現各自的利益目的相互排斥的結果。當利益無法實現或沒有達到預期的目標時，矛盾的一方往往採取一些非常規手段，向另一方施壓，使矛盾的對抗性增加，尖銳性凸顯。加之複雜的國際國內因素，經濟利益矛盾激化，弄不好甚至可能會引發政治衝突和社會動亂。例如，一些群眾會因為對收入、住房、工資、物價等各方面的福利待遇不滿，而採取停工、罷課、集體上訪、遊行示威、衝擊政府等形式的直接對抗；一些群眾之間會因為財產糾紛、資產分配、土地使用等問題，引起糾紛和暴力衝突。如果對這類問題缺乏警惕，處理不當，就有可能釀成某種程度的社會動亂，影響社會政治穩定。

四是複雜性。群體性事件往往是經濟、社會、政治多種因素相互交織、相互滲透、相互影響的結果。新時期群體性事件往往是歷史遺留問題與現實問題交織在一起，行政主體行政原因與群眾認識覺悟原因交織在一起，群眾要求的合理性與反應形式的違法性交織在一起，矛盾的處理涉及縱向和橫向方方面面的關係。有些矛盾帶有組織性、計劃性，有些矛盾還因家族勢力、宗教勢力的介入或被一些犯罪分子、敵對勢力利用，性質變得更加複雜，處理解決難度較大。

（三）基本成因

一是體制轉軌。在高度集中的計劃經濟體制下，人民內部的物質利益矛盾雖然存在，但它被平均主義的分配方式和特殊的政治氛圍掩蓋了。改革開放以後，隨著分配領域平均主義大鍋飯被打破，人們之間的物質利益矛盾日益增多起來。從一定意義上說，改革本身就是一種利益調整。改革越是深入，各種深層次矛盾就越是凸顯。在經濟社會發展的過程中，不同的社會成員、不同的經濟組織因競爭能力的差異、勞動貢獻和要素投入的不等，形成一定的收入差距是必然的，也是正常的，這在總體上有利於促進競爭、提高效率。但是，在利益關係調整中出現分配不公及城鄉之間、地區之間、行業之間收入差距拉大的現象，容易引起社會矛盾。其中，既有市場經濟體制尚待健全完善的問題，也有市場經濟體系缺失彌補不足的問題，還有計劃經濟體制下形成的積極成果丟失的問題。

二是社會轉型。中國社會正處於前所未有的劇烈變革時期，正在經歷城市化、

---

① 中國社科院農村發展研究所於建嶸研究員對轉型期間工人、農民的維權行為有深入研究，他認為，中國已經進入了這兩大弱勢群體維權抗爭的社會衝突多發期。

工業化、市場化、信息化和經濟全球化帶來的空前機遇與巨大衝擊。改革開放已經20多年，在發展不可逆轉的主題下，中國社會開始分化，正從同質的單一性社會向異質的多樣性社會轉型。社會結構正由計劃經濟體制下那種以職務、單位、戶口為主界定人們身分的等級化、封閉式的社會結構，向市場經濟體制下重視能力、知識、貢獻的平等化、開放式結構轉變。在社會轉型過程中，經濟成分、組織形式、就業方式和分配方式日益多元化，社會利益結構也隨之分化、重組，新的利益群體和階層逐步形成。相對於經濟改革的深入展開，中國社會變革滯後。由於針對多元社會的利益訴求機制缺位，目前中國社會出現了比較嚴重的利益協調危機。因為利益分配不均衡而產生的社會矛盾尤為突出，特別是一些享受改革成果很少的弱勢群體，其利益被一再侵犯。弱勢群體社會資源匱乏，當自身利益被別的強勢群體侵犯時，他們往往束手無策。長此以往，在他們心中就會沉澱「仇富」「厭世」「恨世」等消極思想，進而對執政黨、行政當局產生離心傾向，激進一點的，可能會採取極端手段來尋求利益表達，形成社會的動亂源。

綜合分析城鎮、農村和其他領域的群體性突發事件可以發現，造成群體性突發事件的原因是多方面的，但往往直接起源於群眾利益問題。① 隨著社會的發展，包括土地等在內的財產「越來越值錢」，但財產的產權、利益關係不明確的局面未能得到根本性的改變，侵害群眾利益的事情時有發生。由此，勞資關係、農村徵地、城市拆遷、企業改制重組、移民安置補償等問題，往往是釀成群體性事件的直接原因。

（四）基本趨勢

中國正在跨越從人均GDP1,000美元到3,000美元的歷史階段，勞動力供給充足而社會負擔相對較輕，既是「黃金機遇期」，又是「矛盾凸顯期」，在把握機遇加快發展的同時，需要重視各種容易誘發社會矛盾衝突的不和諧因素，促進人與自然、社會與經濟的協調發展，加快社會主義和諧社會的建設進程。我們在跨越這一階段時，面臨著更加複雜和嚴峻的國情，利益矛盾更加顯性化，催生群體性事件的發生廣度、成因深度、處置難度。

綜合有關研究，滋生利益矛盾誘致群體性事件的特殊國情主要表現在以下六個方面：第一，城鄉人口比例失衡。根據聯合國的標準，當一個國家的人均GDP達到1,000美元之時，城市人口應占到總人口的62%，而中國卻只有40%，不到這一比例的2/3。造成這種狀況的根本原因是中國在長期計劃經濟條件下，形成了城鄉二元結構，「離土不離鄉」違背了經濟發展的客觀規律，這種現狀短時間內難以根本扭轉。第二，收入差距拉大。世界各國在人均GDP跨越1,000美元後，其收入的貧富差距開始縮小。而中國的貧富差距暫時不但未縮小，反而在繼續擴大。這使政府不得不利用財政、稅收、福利、低保等多種手段來調控，增加了社會公益成本。第

---

① 公開材料顯示，在過去的土地徵用中，一些地方政府佔有土地利益分配的20%~30%，開發商占40%~50%，而農民作為土地使用權的主體僅占5%~10%。政府對轉讓土地樂此不疲，而農民顯然難以接受如此低的補償。中國人民大學毛壽龍教授據此認為，群體性事件凸顯出來是因為「中國這一階段也是產權、利益關係不明確的階段」。

三，就業形勢嚴峻。世界各國在人均 GDP 進入 1,000 美元後，開始出現勞動力短缺，就業形勢向良性轉化。而中國的勞動力非但不短缺，供大於求的狀況還將長期存在，就業形勢較為嚴峻。第四，人口「未富先老」。世界各國的發展是「先富後老」。而中國由於人均壽命的快速延長和計劃生育的剛性政策，已是「未富先老」，面臨老齡社會的諸多問題，養老和社會保障的剛性增長與經濟發展的週期性波動矛盾十分突出。第五，貧困人口基數大。世界各國在進入人均 GDP1,000 美元後，貧困人口開始減少，可基本消除每人每天收入低於 1 美元的人口。而中國每人每天低於 1 美元的人口還有 1 億多人，新世紀的扶貧工程仍相當繁重。第六，大國發展。二戰後世界上進入人均 GDP1,000 美元的國家多數為小國。小國人均 GDP 再高，總量仍十分有限，不會影響世界的大格局。而中國是一個大國，大國的發展因其總量巨大，常常會改變世界的政治經濟格局，引發勢力範圍的爭奪和國際衝突。因此，各國會高度警惕，並千方百計地加以遏制（王健剛，2005）。國際經濟矛盾最終體現為國內經濟利益的重組和「洗牌」。以上特殊國情是長期高速增長潛伏問題的制約因素，對加強黨的執政能力提出了更高的要求，而構建和諧社會作為鞏固加強執政能力的重要基礎工程，其意義更顯重大。

二、兩個國際案例：公共財政缺失的教訓

（一）獨聯體國家的顏色革命

近年來，蘇聯加盟共和國格魯吉亞、烏克蘭和吉爾吉斯斯坦先後爆發了「玫瑰革命」「橙色革命」和「黃色革命」。獨聯體國家爆發的這三次政權更迭，一方面是因為冷戰結束後的這十幾年時間，在這些國家開始出現三權分立、政治多元化的態勢，包括允許反對派合法存在，西方利用這種形勢積極插手，培訓所謂的民主勢力，灌輸所謂的西方民主。另一方面是因為這些國家在轉型中政治的、社會的和經濟的一系列矛盾的總爆發。從這兩個方面看，應該說，內因更關鍵、更重要。

「顏色革命」的內因之一是當地比較貧困。應該看到，蘇聯是一個比較強大的國家，能夠和美國抗衡。但是蘇聯解體之後，很多獨聯體國家包括中亞地區一些國家，還有高加索地區的一些國家，這些國家脫離蘇聯以後名副其實成為一個窮國和弱國。還有極個別國家發生了內戰，戰爭和動盪使本來就處於轉型時期比較弱的經濟遭受了更大的打擊。比如說格魯吉亞曾經發生過內戰和武裝衝突，這使得國家本來比較困難的經濟更加雪上加霜。實際上這些國家包括俄羅斯在內，都面臨著兩個任務。一是要進行走上獨立的道路，走上獨立國家的進程。二是要進行社會政治經濟轉型，要尋找利於國家發展的經濟，解決社會問題的方式、途徑、模式。從世界歷史來看，這是一個非常艱難的過程，也是一個比較複雜的過程。從實踐來看，獨聯體很多國家的生活水準都沒有超過蘇聯時期的水準，在發生內戰的國家還有很多難民，在這些國家當中也出現了少數的富豪，貧富分化比較嚴重。正因為這些當權者沒有很好地解決人民的生活水準問題，經濟持續下滑，所以導致人民群眾對政策

滿意度不是很高,不滿意的因素在累積。

「顏色革命」的實質是這些國家實行的「民主制度」的失效。發生「顏色革命」的這些國家的總統都是「選票」選出來的,但是選票選舉的對象實質上都是某些利益集團的代表。無論選出誰,這些民選執政者都未能代表廣大人民群眾的根本利益。對此,人民的一般選擇是「忍」,等一下屆有一個「好人」當選。但是,選來選去,只能選擇「顏色革命」。

(二) 印度 2004 年人民院選舉

2004 年 5 月印度人民院選舉結果揭曉,由索尼婭·甘地領導的反對黨印度國民大會黨(簡稱國大黨)在選舉中出人意料地擊敗了瓦杰帕伊領導的全國民主聯盟(簡稱人民黨),取代人民黨成為議會第一大黨,獲得了組建內閣的權利。

以瓦杰帕伊為總理的聯合政府原本在 2004 年 10 月任滿,但人民黨高層 2004 年年初經過多次權衡利弊,決定在經濟發展勢頭良好、地方選舉告捷、外交成績明顯以及國大黨士氣不振的有利情況下,提前半年進行大選,增大連任的概率。由於瓦杰帕伊政府總體政績不錯,加上掌握著行政資源,更為重要的是,已先後三度出任總理、被媒體稱為「現代尼赫魯」的瓦杰帕伊,在選民中德高望重,人氣指數一直高出國大黨主席索尼婭不少,是印度人民黨最大的「競選王牌」。

印度國大黨在該次選舉中的獲勝多少有些出人意料,但是從公共財政的角度來解析,這個意外結果其實在情理之中。執政的全國民主聯盟從 2003 年年底就開始推出了一個響亮的競選口號——「印度大放光芒」。全國民主聯盟認為,印度經濟增長強勁,2003 年第二季度的國內生產總值增長 8.4%,第三季度的增長率更達到創紀錄的 10.4%,躍居世界第一,外匯儲備在 2003 年 4 月達到 1,100 億美元,股市也是一路攀升,突破了 6,000 點大關。全國民主聯盟在競選宣言中許諾:如果繼續執政,有信心在 2020 年讓印度進入「發達國家」行列。這樣的競選綱領雖然具有相當的誘惑力,但是在選民中的反響卻是平平。正如國大黨領袖索尼婭·甘地所說,所謂的「經濟繁榮」只是讓印度高收入階層和中產階級受益,處於金字塔頂端的富人階層、白領和中產階級是經濟發展的最大受益者,而在廣大農村以及一些不發達的地區,數以億計的印度人仍在為突破 1 美元/天的國際貧困線而苦惱。目前印度仍有 3.5 億人生活在貧困線以下,全國失業率達到 8%以上,普通百姓在炎熱的夏天連水電等基本生活必需品都難以得到正常供應,犯罪率不斷上升。面對這一切,印度又怎麼「大放光芒」?與此相反,國大黨針對其傳統基礎主要是廣大的底層選民的特點,在競選宣言中提出了提高就業率、改善農民生活、提高婦女地位和加強青少年教育等一系列切實可行的改革方案,受到選民歡迎。對廣大的底層選民而言,他們更期望要用選票改變政府,以表達自己的不滿。

從獨聯體國家的「顏色革命」到印度 2004 年人民院的選舉啟示看,政治獨立、經濟增長或經濟停滯,由於公共財政缺失,都有可能導致執政當局面臨巨大的社會、政治危機。工業化、城市化、國際化的進程也是一個利益重組、利益調整的過程,公共利益的平衡和協調是基礎,必須註重公共利益分配的表達、平衡和協調。

三、實踐啟示：完善公共財政，構建公共利益保障機制

和諧社會是民主和法治的統一，是活力和秩序的統一，是多元與公正的統一（常修澤，2005）。利益矛盾引發的群體性事件，不都是公共財政能夠解決的，但或多或少都與公共財政有關聯。當前中國城鄉分割、城鄉差距實際上就是城鄉利益博弈的結果，長期處理不好，利益矛盾衝突累積到一定程度，有可能成為最大規模群體性事件的誘因。

預防處置群體性事件是新時期考驗執政能力及和諧社會建設能力的一項重要內容。群體性事件本身並不可怕，可怕的是缺少社會調節機制。面對經濟社會發展中存在的問題，適應構建社會主義和諧社會的要求，公共財政體制需要在兩個方面進一步完善：一是在相關領域著力推進制度創新，形成各種生產要素正常流動通道，更好地發揮市場資源配置的基礎性作用；二是在財稅領域優化政府支出結構，改善稅制結構，改革財政管理體制，更為有效地彌補市場配置資源的不足，提高行政效率。中國要形成經濟與財政、稅收之間持續不斷的良性循環，既把經濟、財政、稅收的「蛋糕」做大，又有效地分配「蛋糕」，使所有人能夠分享經濟增長、改革、開放的成果，調動各方面的積極性，努力實現社會和諧的目標。

參考文獻：

［1］常修澤. 論和諧社會的體系、關鍵和經濟著力點［N］. 中國經濟時報，2005-03-09.

［2］樓繼偉. 完善公共財政框架，促進和諧社會建設［N］. 人民日報，2006-04-26（11）.

［3］王偉光. 正確處理人民內部矛盾，構建社會主義和諧社會［N］. 學習時報，2005-03-22.

［4］孫曉莉. 多元社會治理觀念下的和諧社會構建［N］. 學習時報，2005-03-09.

［5］郝建國，關春平. 構建社會主義和諧社會的理論思考［J］. 黨建研究，2005（1）：20-22.

［6］中國專家談中亞「顏色革命」的思考［N］. 燕趙晚報，2005-03-31.

［7］中國「群體性事件」10年增6倍［N］. 新華每日電訊，2005-07-31（5）.

［8］楊泰波. 正確處理社會矛盾是構建和諧社會的緊迫課題［J］. 理論參考，2006（5）：26-28.

［9］馮俊揚. 執政黨緣何輸掉大選？［N］. 北京青年報，2004-05-14.

［10］張兵，柳華平. 城鄉統籌的公共財政檢討與政策取向［J］. 財經科學，2005（5）：182-188.

——《重視公共利益的保障機制建設——公共財政視野下群體性事件防範問題研究》（柳平華）原載於《西部大開發對策研究》2006年12月25日。

管理類論文

1. 定位・理念・關係・手段
——對稅務信訪工作的思考

做好稅務信訪工作，很大程度上取決於對信訪工作的定位要準確，理念要正確，關係要理順，手段要得力。

一、定位要準確——正本清源，迴歸本位，釐清「三個定位」

釐清職能作用、業務邊界和職權職責是做好信訪工作的前提，否則就會「失位、越位、錯位」。

（一）明確稅務信訪工作的職能作用

從信訪工作的沿革和《信訪條例》的規定看，信訪主要包括反應訴求、意見建議和揭發控告等，信訪工作的職能作用至少有以下三個方面：

第一，信訪工作是黨和政府密切聯繫群眾的一個平臺與渠道。信訪對群眾來說，是表達訴求、反應情況的一個渠道；對黨委和政府來說，是瞭解社情民意、體察群眾疾苦、形成決策參考、檢驗施政得失的一個平臺。因此，要做好信訪工作就必須真正樹立群眾觀念和宗旨意識。第二，信訪工作是推動解決群眾合理合法訴求的一個平臺和渠道。在這一點上，思想認識是最一致的，工作著力也是最多的。但正因為如此，個別同志也會片面地把信訪工作的作用局限在這個方面。第三，信訪工作是黨和政府聽取群眾意見建議的一個平臺和渠道。目前，各級領導重視通過信訪聽取意見建議，因為能夠最及時、最直接地聽到最真實的聲音、獲得最全面的信息，有些意見建議對改進工作具有很好的參考價值，已成為領導科學決策的重要參考。

信訪工作的上述職能作用在稅務系統同樣適用，有些方面表現得還尤為突出。明確這一職能定位，有助於從治國理政的高度來認識信訪工作，有助於從保障和推進稅收現代化建設事業的高度來做好信訪工作。

（二）明確稅務信訪事項的受理範圍

實踐中，人們往往容易把信訪當成「一個筐」，啥都往裡裝，導致信訪部門不堪重負，疲於應付。要解決上述問題，關鍵是要正本清源，實行「分流」，明確信訪事項的受理範圍。

一是實行訴訪分離制度。訴訪分離是在「入口」處厘清信訪與訴訟的界限，把涉及民商事、行政、刑事等訴訟權利救濟的信訪事項從普通信訪體制中分離出來，納入法治軌道處理。各級稅務機關信訪部門對收到的屬於法院、檢察院等職權範圍內的信訪事項不予受理，並告知信訪人依法向有關機關提出；對按照規定受理的涉及公安機關、司法機關的涉法涉訴信訪事項，收到的群眾涉法涉訴信件，應當及時轉同級政法主管單位依法處理。

二是堅持法定途徑優先。通過法定途徑分類處理信訪投訴請求，是在行政體系內部進一步厘清信訪與仲裁、行政復議、行政裁決等法定途徑的界限，積極引導群眾依法向有關機關提出。各級稅務機關信訪部門對已經或依法應當通過仲裁、行政復議、行政裁決等法定途徑解決的事項，不得納入信訪範圍，不得啓動信訪程序。這裡的「法定途徑」應當包括依據稅收管理的實體法和程序法解決爭議、處理糾紛的機制制度。

三是依據專門程序處理。按照《稅務系統信訪工作規定》的要求，涉及納稅諮詢和納稅服務投訴、稅收違法行為檢舉、紀檢監察信訪舉報的事項，分別依據有關專門規定程序處理。上述事項應分別轉送稽查、監察和納稅服務部門按其專門程序處理，不得按照信訪程序進行處理。

按照上述原則和步驟，剝離不屬於信訪範疇的事項後，才能啓動信訪程序或繼續按照信訪程序進行處理。上級稅務機關發現下級單位錯誤啓動信訪程序的，應當及時進行糾正。

（三）明確稅務信訪部門的職權職責

權責明晰才能保障稅務機關信訪部門和相關職能部門在信訪工作中不越位、不失位、不錯位。《稅務系統信訪工作規定》明確，各級稅務機關辦公室是組織管理信訪工作的職能部門，負責組織協調、督促檢查，推動本單位有關部門和下級稅務機關對信訪工作的責任落實。各級稅務機關的有關部門是本單位職責範圍內相應信訪工作的責任主體，負責具體處理相應信訪問題。

此外，辦公室對於信訪事項的辦理和辦理結果的落實負有督促之責，對於信訪程序和信訪文書是否依法合規負有把關之責，對於複雜疑難特殊信訪事項的處理負有協調之責。這要求各級稅務機關辦公室既要履行好應盡之責，不能一轉了事、不再過問，信訪部門經手的事，向前要瞭解來龍去脈，向後要知道進展結果；更要防止越俎代庖，避免單打獨鬥，要充分發揮職能部門的主體作用，督促其履行好主體責任。

二、理念要正確——直面問題，適應形勢，樹立「三個理念」

做好稅務信訪工作，要勇於面對問題，主動適應形勢，樹立正確理念，積極應對挑戰，不能用老眼光去看新問題，不能用老框框去套新事物，不能用老辦法去解新難題。

(一) 樹立全局觀念，提升服務大局能力

有的單位信訪工作部門的全局觀念和大局意識不強，片面強調信訪工作為稅收中心工作「保駕護航」的作用，滿足於把一個一個具體的信訪案件處理好，沒有充分發揮好信訪工作的作用。例如，信訪工作能夠第一時間真實地掌握大量的第一手信息，充分挖掘和深入分析這些寶貴的信息資源，積極提出改進工作的意見建議，使信訪工作成為領導決策和工作指導的重要參謀助手，與其他渠道相比具有獨特的優勢。

對此，各級稅務機關要轉變觀念，主動提升站位，樹立全局觀念和大局意識，處理信訪問題要註重從群眾信訪事項中發現前端治理中帶有普遍性、趨勢性的問題，及時向領導和有關部門提出完善政策、制度的意見建議；要注意發揮信訪的「晴雨表」作用，及時梳理、匯總、上報信訪群眾提出的意見建議，為領導和有關部門更加深入地瞭解稅情民意、更好地集思廣益發揮積極作用。

(二) 樹立法治思維，堅守法律政策底線

目前，信訪工作中一個突出問題是有的單位和部門為了息事寧人，不惜突破法律和政策底線，「花錢買平安」，對信訪違法行為一味遷就、處置不到位，客觀上形成「大鬧大解決、小鬧小解決、不鬧不解決」的狀況，導致信訪人的「胃口」越來越大，纏訪鬧訪、滯留滋事現象增加；引發了其他信訪人的效仿，往往是「摁下葫蘆起來瓢」，增加了不穩定因素。

從實踐看，信訪主要反應的是信訪人權益受到侵害的問題，從根本上說大部分屬於法律調節的範疇。黨的十八屆四中全會提出「把信訪納入法治化軌道，保障合理合法訴求依照法律規定和程序就能得到合理合法的結果」。用法治思維和法治方式指導信訪工作、處理信訪問題是大勢所趨、勢在必行。

對此，各級稅務機關要進一步樹立法治思維，一方面，要善於運用法律和政策來衡量群眾訴求，切實做到「訴求合理的解決問題到位、訴求無理的思想教育到位、生活困難的幫扶救助到位、行為違法的依法處理」；另一方面，要堅持依據法律和政策來處理群眾訴求，信訪問題應當採用法律規則和原則解決；沒有法律依據而有政策規定的，應按政策規定辦理；法律和政策依據不足的，應按公平合理的規則處理。

(三) 樹立程序意識，強化程序剛性約束

目前，有的單位信訪基礎工作比較薄弱，基礎業務比較粗放，突出表現為信訪工作程序的各個主要環節上存在瑕疵。例如，在受理環節上，有的沒有按照規定出具書面受理告知書。在辦理環節上，有的未經調查核實就草率作出處理，甚至「閉門造車」。在答復（復查復核）環節上，有的未按期出具辦理意見；有的答復意見格式不規範；有的答復內容事實不清，沒有正面回應訴求；有的答復意見引用的政策法規依據不準確，或者避重就輕做選擇性答復；有的答復意見遲遲得不到落實，卡在了「最後一公里」上。

隨著形勢任務的變化，信訪工作制度改革的各項舉措陸續推出，對信訪業務提出了新的要求。例如，國家出抬的引導來訪人依法逐級走訪和加強信初訪辦理的兩個辦法，突出強調了信訪程序的剛性約束，旨在以信訪工作程序的公正嚴密確保實體問題處理得公正到位。

　　對此，各級稅務機關要進一步繃緊「程序」這根弦，具體負責信訪工作的同志要把好「程序」這個關，嚴格按照信訪工作程序辦事，絕不能在「程序」上「輸了理」。一是轉變思維方式，改變習慣做法，該告知的必須告知，該出具文書的必須出具，該簽收的必須簽收。二是壓實首辦責任，初信初訪辦理機關要按照規定的時間和要求進行答復，白紙黑字地亮明態度、做出決斷、列出政策法規依據，不能事實不清、依據不明。三是嚴格審核把關，復查復核機關對下級國稅機關存在的工作程序不規範等問題及時堅決予以糾正。

三、關係要理順——辯證看待，理性對待，處理好「三個關係」

　　改革與法治，如同「車之兩輪」，正在驅動著信訪工作理念和方式發生深刻變化。這需要運用辯證思維看問題，秉持理性心態干工作，從而把握信訪工作規律特點，把準信訪改革發展脈搏。

　　（一）標本兼治、重在治本，正確處理好推動問題解決與強化源頭治理的關係

　　事後解決是「標」，源頭治理是「本」。信訪工作的宗旨是「為黨分憂、為民解難」，首要的工作是積極推動群眾合法合理訴求得到解決，但這只是治標之舉。做好信訪工作的治本之策是從源頭上減少信訪問題的發生。

　　對此，各級稅務機關要推進科學民主依法決策，建立完善重大決策社會穩定風險評估制度，抓緊廢止或修改於法無據、有損群眾合法權益的稅務規章和規範性文件。各級稅務機關要規範行政執法行為，深入開展「便民辦稅春風行動」，持續推行納稅服務規範和徵管規範，進一步構建和諧徵納關係。各級稅務機關要規範行政管理行為，嚴格落實中央「八項規定」精神，加快推進內控機制信息化建設，減少因幹部違法違紀或內部工作程序不當引發的信訪問題。各級稅務機關要強化執紀問責，對於因決策失誤、執法不當、違法行政引發信訪問題並造成嚴重後果的，依法依紀嚴肅追究責任。

　　（二）上下協同，重在基層，正確處理好建立聯動機制與強化屬地責任的關係

　　信訪事項的受理涉及層級管轄，信訪事項的答復、復查、復核由三級國稅機關辦理。建立健全規範統一、銜接有序、運轉高效的信訪工作系統聯動工作機制，充分發揮稅務系統實行垂直管理的體制優勢，將極大地提升稅務系統信訪管理水準。其中，省、市級國稅機關要發揮好承上啓下的作用，既落實好上級有關工作要求，又指導好本系統的信訪工作。

系統聯動旨在發揮優勢、形成合力，並不意味著平均用力、責任轉移。近年來，敏感時期上訪大幅增加、信訪過激行為屢有發生等情況，其原因雖是多方面的，但歸根究柢還是一些地方和部門沒有及時就地把問題解決到位。因此，我們要最大限度地把問題解決在基層，把群眾吸附在當地。

當前，各級稅務機關要按照《信訪條例》的規定和中央關於改革信訪工作制度的要求，切實強化屬地管理責任，嚴格實行依法逐級走訪，如果信訪人越級上訪，上級機關堅決按程序不予受理，但要做好政策解釋和教育引導工作，告知其應向有權處理的本級或上一級機關提出；如果信訪人向上一級機關提出信訪事項，上一級機關受理後交辦給該信訪事項的本級機關辦理，由其作出一級答復意見。與此同時，各級稅務機關要明確「兜底」責任，對於上級稅務機關不予受理的越級信訪，基層特別是有權處理的部門不能以任何借口推諉卸責；對於「三跨三分離」的信訪事項，要嚴格按照有關規定，分清主辦協辦責任，確保問題解決好、人員穩定住。

（三）以人為本，重在守法，正確處理好維護合法權益與維護信訪秩序的關係

信訪工作是黨的群眾工作的重要組成部分，必須以維護群眾合法權益為出發點和落腳點。這就要求各級稅務機關必須要在「及時」上下功夫，使問題不累積；在「就地」上用氣力，使矛盾不上行；敢於啃硬骨頭，採取領導包案、集中攻堅、掛牌督辦等辦法，化解長期累積、久拖不決的信訪積案，最大限度地實現息訴罷訪。

同時，當前群眾信訪活動中違法行為還比較突出，纏訪鬧訪、滋事擾序行為時有發生，嚴重干擾了正常的信訪秩序和辦公秩序，牽扯了各級稅務機關大量精力。信訪要堅持「雙向規範」，稅務機關要守法，堅決糾正把上訪群眾當成「麻煩製造者」的錯誤認識和「攔卡堵截」群眾正常上訪活動的錯誤做法；來訪人員也要守法，必須在法治的軌道上、法制的框架內、法定的渠道上表達訴求。

各級稅務機關要理直氣壯地堅決依法維護信訪秩序，絕對不能姑息遷就，讓其「牽著鼻子走」；要加強向當地黨委和政府的請示匯報，加強與公安、信訪等部門的溝通協調，積極爭取其支持；要密切關注個別上訪人員製造影響的新方式，認真加以防範並會同有關部門及時處置、消除影響。如果發生到上級機關集體訪、纏訪鬧訪的，接到上級通知後，要向本系統「一把手」匯報，請本單位負責同志帶隊到上級機關配合做好有關工作。

四、手段要得力——註重實幹，善於巧干，運用好「三個手段」

信訪工作責任重大、任務繁重，既要有實幹苦干的精神品格，也要有事半功倍的方法手段。

（一）常用聯席會議這一平臺，形成分工合作、齊抓共管的工作格局

信訪工作單靠辦公室一個部門是干不了、干不好的，要善於依託信訪、輿情、應急管理聯席會議這一平臺。平時工作中，我們要注意加強與聯席會議成員單位的

溝通協調；對於重大疑難複雜的信訪事項，要及時提請召開聯席會議研究決定。這既是推動解決信訪問題的平臺，也是展示信訪部門作為的舞臺，信訪部門要精心做好準備，注意發揮組織協調作用，並抓好會議決定事項的督促落實工作。

（二）敢用督查督辦這一利器，形成強化責任、狠抓落實的工作機制

《信訪條例》明確賦予了信訪部門具有督辦這一重要職責和手段。辦信體現水準，接訪塑造形象，督查樹立權威，其中督查督辦的作用特殊且重要。

各級稅務機關信訪部門要切實履行好督辦職責、運用好督辦手段、提高督辦質效。各級稅務機關要加大督查力度，重點加強對信訪積案化解和落實逐級走訪的督查工作；要提高督查水準，搞清案情、吃透政策、找準問題、真督實查、推動解決，堅決防止搞形式、走過場；要強化責任追究，對工作不到位、責任不落實、推諉扯皮、弄虛作假的，要視情予以通報批評，造成嚴重後果的，要依照相關規定嚴肅追究責任。

（三）善用績效考評這一抓手，營造奮勇爭先、自我加壓的工作氛圍

信訪績效考評的效用已經顯現，初步營造出了奮勇爭先、自我加壓的工作氛圍，有力地推動了工作的開展。信訪工作如何考評，發揮好「指揮棒」和「風向標」作用，科學設計績效考評指標至關重要。各級稅務機關要糾正搞簡單的「一票否決」、提出「零上訪」等不切實際的指標，重點考核規範受理、轉送交辦、辦理、督查督辦等方面情況；同時，堅持不搞「上下一般粗」，結合實際情況制定指標，增強工作針對性。

——《定位·理念·關係·手段——對稅務信訪工作的思考》（柳華平　胡春　張明月）原載於《四川國稅》2015 年第 11 期。

2. 新時期黨政機關思想政治工作創新研究
　　——以廣元國稅為例

導語——問題的提出

　　思想政治工作是經濟工作和其他一切工作的生命線，也是一個需要長抓不懈的系統工程。高度重視思想政治工作是我們黨的優良傳統和政治優勢，做好此項工作意義重大，影響深遠。在當前經濟社會雙轉型時期，思想領域日趨多元、多樣、多變，人們思想活動的獨立性、選擇性、多變性、差異性明顯增加，自我意識顯著增強，價值取向日益多樣化，呈現出很多新特點、新變化。這就要求我們在繼承思想政治工作優良傳統方法的基礎上，順應時代需求，按照實踐性、時代性、科學性和多樣性的要求，努力創新社會主義市場經濟條件下思想政治工作的方法，註重人文關懷和心理疏導，培育自尊自信、理性平和、積極向上的社會心態，提高思想政治工作的實效，從而凝聚思想共識、促進社會和諧穩定。

　　廣元市國稅系統現有正式職工 723 人，離退休人員 275 人。在職職工中 45 歲以下 393 人，占 54%；大專以上學歷 702 人，占 97%。廣元市國稅局下轄 8 個縣（區）國稅局，共有 20 個稅務分局和 18 個稅源管理科。思想政治工作的成效如何直接決定著這樣一支隊伍的建設、成長與發展。本文擬在新時期的大背景下，重新認識和定位思想政治工作，並在實踐中積極探索思想政治工作新載體，從而用新的理念來提升思想政治工作的科學化水準，打造思想教育的堅強陣地，構建廣元國稅幹部群眾的和諧精神家園。

一、認識——明晰「我與廣元國稅同成長」主題

　　思想是行動的先導，思路決定出路，理念決定行動。我們要做好思想政治工作，首先要解決好思想認識和工作理念的問題。由於經濟體制深刻變革、社會結構深刻變動、利益格局深刻調整，加之稅務部門稅收任務重、工作標準高、執法風險大等現實問題，稅務幹部隊伍的思想日趨多元化、多樣化，利益衝突和社會適應問題凸顯，精神困惑和心理問題增多。因此，廣元國稅以「我與廣元國稅同成長」為主題，從提高思想認識、轉變思想觀念入手，重新認識和定位思想政治工作。

(一) 特點：政治性+技術性

辯證看待思想政治工作，將思想和政治分為兩個不同層面。政治是公開的、透明的、公眾的，主要解決國家、組織、方向性問題；思想是私密的、私人的、個性的，主要解決個人問題。政治工作講黨性，要求我們不亂思、亂想、亂說、亂為，正確地思考和行動，自覺把言行統一到黨的大政方針上來；思想工作講技術性，要求我們針對性、個性化解決幹部職工具體問題，允許創新，允許在輿論框架內自由發揮。區分二者性質有助於防止無所不包、無所不能的「萬能論」，防止越位、缺位、錯位。

(二) 格局：全員抓+全過程抓

隨著時代發展，思想政治工作功能由政治功能向政治、教育、監督、管理、服務綜合功能轉變，參與者由過去的專職化向業餘化、全員化轉變，職責由政工部門單兵作戰向大政工人事、教育部門綜合服務轉變。黨組、機關黨委、科室、個人、家庭，人人都是責任人、參與者和受益者，應各盡其責、各司其職。黨組主要抓系統，機關黨委主要抓機關，科室、家庭主要抓好小團隊，個人抓自身。同時，思想政治工作是做人的工作，人是活生生的社會個體，其性格豐富多彩，不能以一個標準來衡量。因此，我們要把思想政治工作擺上機關工作的重要議事日程，做到與其他業務工作同步計劃布置、同步督查考核、同步落實總結，做到與文化建設、團隊建設、群眾工作密切結合，相輔相成，協同推進。

(三) 方法：傳統+創新

當前國稅機關思想政治工作存在的問題，既有思想政治工作本身的原因，也有一些具體問題，如工資福利、職級待遇、工作風險、生活壓力、子女就業等問題，其產生原因也複雜多樣、林林總總，既有家庭性、工作性、利益性、改革性、社會性等客觀原因，也有心理性格、知識觀念障礙性、領導言行失範導向性、消費攀比享樂性等主觀原因。思想政治工作方法的創新，不僅要在思想政治工作的範疇裡探索，更要借鑑眾多人文科學的新發展和新成果，拓展思路，尋求突破。社會學、組織學、管理學、文化學、心理學等，都從不同的側面為思想政治工作的方法創新提供了空間。例如，現代心理知識的普及和心理諮詢活動的開展，啓發思想政治工作從人的個性傾向、情感特徵上深化工作，強調人文關懷、心理疏導，使「一把鑰匙開一把鎖」的面對面思想政治工作在理論和實踐上得到了昇華。機關文化、系統文化建設又從文化推進的角度豐富了思想政治工作，以團隊價值共識為目標，融宏觀思想政治工作於單位部門的具體工作之中，通過制度規範和行為養成，形成豐富的文化累積和文化底蘊。互聯網的廣泛應用為思想政治工作帶來了網上工作的新天地，尤其適應於青年群體的實際，在暢通信息傳遞、加快信息交流的同時，開闢了雙向溝通的新途徑，變「面對面」為「鍵對鍵」，加強這一對象層面的思想政治工作。

基於以上認識，廣元國稅將工作團隊的組織建設目標定位為「一個家庭、一所

學校、一支軍隊」。「一個家庭」,即人人都是主人翁、人人都是責任人,大家相互包容、相互尊重,彼此關愛,一榮俱榮,一損俱損。「一所學校」,即人人都是老師、人人都是學生,時時處處事事皆學問,像重視自己的子女成長一樣,重視幹部隊伍的教育培訓和素質提高,把廣元國稅作為職工實現自身價值的舞臺。「一支軍隊」,即政治堅定,紀律嚴明,作風頑強,敢打硬仗,善打硬仗,做到招之即來,來之能戰,戰之能勝,戰無不勝,只為成事想辦法,不為失敗找借口。團隊、任務、個人成為三個相互交匯的圓,三者之間既有獨立性、分割性,又有統一性、協調性。在統籌分析三者利益結合點的基礎上,明晰「我與廣元國稅同成長」這一思想政治工作主題,把精神價值化為全員共識,體現以人為本,體現組織發展、任務完成和個人成長的統一,分析特點、改進格局、創新方法,以工作主題為引領,做好新時期的思想政治工作。

二、實踐——把思想政治工作做到幹部隊伍中去,做到稅收業務工作中去

好的思想理念必須堅持貼近實際、貼近生活、貼近群眾的原則,必須要付諸實踐之中,經受實踐的檢驗。廣元國稅圍繞培養幹部職工對國稅機關的認同感、歸屬感和作為國稅職工的自豪感,以「我與廣元國稅同成長」為主題,註重機制與載體,立足抓理論武裝、抓情緒疏導、抓創新創業、抓解決問題、抓教育培訓,開展了豐富多彩的思想政治工作實踐活動。

(一) 以交流溝通為基礎

交流溝通是人類集體活動的基礎,是人際情感的基石。交流溝通主要是人與人通過一定的聯絡渠道,傳遞和交換各自的意見、觀點、思想、情感和願望,以取得思想上的同意,謀求行動上的一致。有效的交流溝通可以消除誤會、避免衝突、融洽感情、凝聚人心、鼓舞士氣、促進合作,達到上下左右精誠團結,從而使組織的凝聚力得以增強;可以使黨的方針政策、組織的任務目標變成職工的行動,增強組織的吸引力,使職工感到工作的安全,精神的滿足,從而使政令暢通,行動協調一致。

1. 全範圍寬領域的交流溝通

一是撰寫公開信。市局黨組堅持按月給職工寫 1 封公開信,就安全、學習與思考、堅持、秩序、感恩、健康、和諧、自信、歸零、時間等 14 個方面與職工進行思想溝通,部分幹部職工收到公開信後,通過郵件、短信、電話等方式與市局黨組成員深度交流,及時解決心中的困惑。二是撰寫「工作 ABC」。針對機關工作「盲目、忙碌、茫然」現象,市局通過撰寫工作 ABC,內容涉及崗位工作、人生感悟等方面,明確工作目標,分清工作主次,注意工作方法,總結工作經驗,做工作的明白人。三是開展「3Q3D」活動。市局與幹部職工座談,通過「請列舉自己三個優點」「請規劃分局、縣局、市局工作團隊的樣子」「你願意為此做什麼」等 3 個問

題(3 Questions)，引導幹部職工「自我發現（Discovery）」「自我設計（Design）」「自我實現（Destiny）」，達到幹部職工個人思想與廣元國稅「實現自我超越，共鑄和諧國稅」團隊願景的統一。

2. 特殊對象特定群體的交流溝通

一是定期召開離退休老幹部座談會，通報工作，關心老同志身心健康。二是舉辦職工光榮退休儀式，充分肯定退休老同志取得的成績，勉勵在職人員學習他們的優良作風和優秀品質，愛崗敬業。三是召開青年幹部會及公招錄用公務員座談會，引導青年幹部樹立正確的世界觀、人生觀、價值觀。四是要求上掛人員撰寫上掛工作心得體會，增進上下級機關之間的工作溝通和瞭解。五是市局班子成員加強與中層幹部的溝通，中層幹部不定期與一般幹部加強交流。

（二）以能力培訓為平臺

思想政治工作本身具有調動人的積極性和開發人的創造潛力的功能，使一切有利於社會進步的創造願望得到尊重、創造活動得到支持、創造才能得到發揮、創造成果得到肯定。人是最核心的要素。思想政治工作成效如何既取決於思想政治工作者的能力素質，更與思想政治工作對象的能力素質密切相關。

1. 鍛煉意志

廣元國稅通過開展冬訓活動來磨煉意志。市局機關及城區各局近300人在部隊參加冬訓，內容涉及基本隊列、軍姿等軍事項目和拔河、籃球等體育比賽。通過冬訓，幹部職工鍛煉了身體，磨煉了意志，增強了團隊意識、紀律意識、責任意識和服務意識。

2. 提升能力

一是開展「我來講一課」主題春訓活動。廣元國稅鼓勵全市系統幹部職工結合自身專業特長和業餘愛好，自備課件，走上講臺，與大家交流分享，實現業務講學由「個別教學」到「全員講學」的轉變、機關作風建設由「效能監督」到「自動自發」的轉變、職工心態由「不敢不願講」到「能講想講」的轉變、思想工作由組織「灌輸式」到全員「互動式」的轉變。二是加大幹部培養力度。在幹部培養上，廣元國稅舉辦包括科級幹部班、副科級幹部班、各縣區局全員災後心理調適班等在內的14個培訓班，進一步解除幹部職工成長之憂，使其以更大的熱情投入到工作中來。

（三）以人文關懷為支撐

思想政治工作是做人的思想工作的實踐活動，其核心價值是用馬克思主義科學真理教育人、提高人、促進人的全面而自由的發展。思想政治工作堅持以人為本，體現人文關懷，能夠在潛移默化中引導人們樹立正確的思想觀念，有效地疏導不良情緒，給人們的情緒累積和宣洩提供一個緩衝地帶，從而消除誤解、化解矛盾。

1. 心理疏導

一是災後心理輔導。「5/12」地震後，市局多方收集、播放相關心理諮詢資料，供廣大幹部職工學習。廣元國稅在市局主頁提供14集央視心理訪談視頻資料；為

青川局送去相關圖書，幫助大家度過心理危機期。廣元國稅及時主動通報辦公樓鑒定排危情況，緩解心理壓力，使廣大幹部職工克服了心理恐慌和心理偏差。二是社會轉型心理疏導。在社會轉型期多元價值衝突容易造成人們的「煩惱和焦慮」等心理情緒。這種情緒長期積蓄，必然在一定「導火索」的引爆下爆發。市局通過邀請市精神衛生中心專業心理諮詢師，開展心理衛生知識科普講座，對群眾進行心理疏導，緩解心理壓力、控制與發洩情緒、重塑社會認知，減少心理障礙的發生，防止極端行為的出現。

2. 風險管理

廣元國稅引入風險管理理念，註重從源頭發揮思想政治工作防火功能。市局廣泛開展風險管理教育，召開風險管理輔導視頻會，開展風險設計、風險評估和風險控制活動；組織對全市系統開展徵管主題活動和作風建設督導調研，查找風險與問題，提出意見及建議，把問題解決在萌芽狀態，防患於未然。

三、啟示——用新的理念提升思想政治工作的科學化水準

近年來，廣元國稅發揮機關體制優勢，在加強和改進思想政治工作上進行探索，初步嘗到了甜頭。市局班子連續12年被廣元市委評為「四好領導班子」；市局連續6年獲市委市政府目標管理先進單位；全市系統連續6年獲得「全市黨風廉政建設和行風建設優秀單位」，先後被評為市州級文明行業示範系統、全省國稅系統和廣元市「思想政治工作先進單位」；市局機關被評為全國精神文明建設先進單位；8個縣區基層單位全部建成省級文明單位、省級最佳文明單位，有3個基層單位分別獲得了「全國稅務系統先進集體」和「全國青年文明號」榮譽稱號。旺蒼縣局試點的「全職能窗口」工作模式，被評為四川省國稅系統第四屆優秀創新項目；市局「向納稅人報告」「我與廣元國稅同成長」分獲四川省國稅系統第一屆、第二屆稅務文化建設一等獎；青川縣國稅局等8個單位分別榮立全國稅務系統抗震救災一、二、三等功，孫國東等24人分別榮立個人一、二、三等功；市局選拔參加第六屆省級徵管稽查能手的6名同志全部考中，平均成績名列四川省第一。2012年，廣元國稅組織全口徑收入14.7億元，同比增長16.7%，超額完成省局、市委市政府目標任務。實踐證明，思想政治工作大有可為，大有作為。做好思想政治工作，不僅要有熱情和責任心，還需要用新的理念來提升思想政治工作的科學化水準。

（一）資源理念

思想政治工作是法寶，人有多重要，思想政治工作就有多重要。從內部看，思想政治工作是機關建設、國稅幹部隊伍建設的一項基礎性工作。從外部看，思想政治工作一定程度上展現了幹部隊伍的精神面貌，是地方黨政部門和幹部群眾觀察與評判國稅工作、國稅機關的一個重要「窗口」。思想政治工作本身不完成工作目標，但可以維繫和服務工作任務的完成。無論內外看、上下看，思想政治工作都是一種政治資源、組織資源。機關每一名領導幹部、每一個支部、每一名黨員都必須增強

責任感、使命感，都應當在思想政治工作上有所作為。同時，既然這項工作是一種資源，就必須關注其稀缺性、關注其有效性，充分發揮思想政治工作這一寶貴資源的效應，把對群眾的教育、引導，轉化為群眾的自我教育，相信群眾，依靠群眾，開發和利用群眾資源。各級組織作為思想政治工作資源的重要規劃者與分配者，就必須以「如履薄冰」的嚴謹態度將資源效用最大化。

（二）開放理念

廣元國稅引入知識經濟時代基本理念，與時俱進開展思想政治工作。廣元國稅強調尊重個體，講究思想工作多樣性，改進傳統思想政治工作生搬硬套、大道理說不清、小道理講不明等弊病，構建地位對等、內容開放、團隊互動、多維溝通、共同參與的思想政治工作格局。廣元國稅寓思想工作於日常工作，轉變過去會議傳達、領導灌輸等被動工作方法，積極實踐探索互動、溝通式工作方法。我們既要善於運用說服教育、示範引導、提供服務等手段，把思想政治工作做活，又要充分運用高科技和現代通信技術等靈活多樣的方法，不斷拓展思想政治工作的渠道和空間。

（三）服務理念

思想政治工作的對象是人，做思想政治工作必須從對象的實際出發，堅持以人為本。在市場經濟條件下，我們要以工作對象的需求作為追求，變傳統的「我說你聽」「我打你通」的單向灌輸做法為「服務中引導、引導中提升」的新型工作模式，既要重視理想信念、思想道德、作風意志等方面的教育，也要做好品性修養、知識技能、身心健康等方面的服務，積極做好教育人、提高人、激勵人工作。思想政治工作本質上是群眾工作，要把群眾路線的科學方法貫徹到思想政治工作之中去。辯證地看待思想政治工作，新思路、新經驗只能來源於實踐，來自於廣大人民群眾，樹立群眾觀點、深化群眾意識，掌握群眾的情緒，發現群眾觀念的變化，體察群眾的要求，以便有的放矢地做好工作。

（四）務實理念

思想政治工作「牽一髮而動全身」，而「治大國若烹小鮮」，既要有所作為，又要有所不為，尤其不為形式主義，不製造形式主義。思想政治工作本身絕非「虛功」，只要抓得實在，只要貼近我們的工作、貼近我們的學習和生活、貼近我們的思想，領導和群眾都是會滿腔熱情地支持和參與的，就會產生巨大的效能。思想政治工作必須立足於解決實際問題，把解決思想問題與解決實際問題結合起來。人們的思想問題是從實際問題中引發，並因實際問題的存在而存在的。群眾的實際問題大多與群眾的切身利益密切相關，而利益矛盾又往往是誘發群眾思想問題的根源。因此，我們要解決群眾的思想問題，必須同解決群眾的實際問題結合起來，把對群眾進行思想教育的過程與解決群眾實際問題的過程統一起來。思想政治工作隊伍需要專業化的人才隊伍，需要進行精細化管理，科學化推進。

四、小結——簡要的結論

新時期面對新情況、新特點、新變化，廣元國稅始終堅持辯證地看待思想政治工作，把思想與政治既分開又結合，以「我與廣元國稅同成長」主題為引領，把思想政治工作融入全局工作當中，與文化建設、群眾工作、業務工作相結合，把組織發展、任務完成和個人成長相統一，既繼承優良的傳統方法又不斷創新工作形式，加強人文關懷和心理疏導，培育自尊自信、理性平和、積極向上的社會心態，以資源理念、開放理念、服務理念、務實理念等新理念不斷提升思想政治工作的科學化水準，使思想政治工作邁上新臺階，取得突出成效。一路走來，廣元國稅的思想政治工作既品嘗了獲得成功的喜悅，同時也有發展中的困惑，如何在已經取得成績的基礎上實現突破、實現超越，既是促進廣元國稅不斷向前發展的新動力，也是留給廣元國稅的新課題。

——《新時期黨政機關思想政治工作創新研究——以廣元國稅為例》（廣元市國家稅務局課題組，課題組組長柳華平，成員胡欣霞，廖開華）2013年11月7日。

3. 以項目為抓手推動機關文化建設的實踐與思考

2009年以來，四川省廣元市國稅系統以「我與廣元國稅同成長」為文化活動項目，進行了一些探索和實踐，取得了初步成效。

一、背景與內涵

從某種意義上說，文化就是「人化」，就是人化的過程與結果，或者是人化和物化結合的過程與結果。對於我們稅務部門來說，我們的行為規範、管理制度、價值觀念、職業道德以及我們國稅人的工作、生活軌跡，最終形成稅務文化。

廣元市地處川陝甘三省結合部，是山區、老區、地震重災區，有厚重的三國文化、女皇文化、紅軍文化。在國稅工作中，我們堅持「資源、開放、服務」的工作理念，把稅務幹部隊伍建設作為「第一產業」，把納稅服務與徵管作為「第二產業」，把政務工作作為「第三產業」，秉承「實現自我超越、共鑄和諧國稅」的共同願景，樹立「一個家庭、一所學校、一支部隊」的組織營運目標，著力打造具有廣元國稅特色的文化品牌。

在實踐中，我們感到，個人、團隊、任務是相互交匯的三個圓，三者之間既有獨立性、分割性，又有統一性、協調性。我們在統籌分析三者利益共同點的基礎上，按照加強責任文化、和諧文化、服務文化和廉政文化建設的總體佈局，確立了「我與廣元國稅同成長」稅務文化建設活動主題，體現任務完成、組織發展和個人成長的統一，體現科學發展觀，體現以人為本，體現我們做工作、干事業既見物，又見人，為了人、依靠人、發展人，「組織為我，我為組織」，有利於在幹部職工中樹立「我」與「國稅」互為依存、共同成長的文化理念，實現個人和組織的共同發展。

二、探索與實踐

2009年以來，我們以「我與廣元國稅同成長」為主題和重要活動項目，著力把文化建設做到幹部隊伍中去、做到稅收業務工作中去，開展了豐富多彩的實踐活動。概括起來就是，用口講、用手寫、用心帶、用績賽。

一是用口講。我們開展「我與廣元國稅同成長——感恩奮進、發展振興」先進模範巡迴演講和專題演講活動，以輝煌篇、感恩篇、責任篇為主線，暢談國稅發展取得的顯著成就，感謝國稅組織為「我」提供的成長空間，堅定「我」為國稅發展盡責的信念。我們開展「我與廣元國稅同成長——我來講一課」主題冬訓、春訓活動以及會前講學活動，深化在崗業務講學，包括講自己的經驗和教訓、優點和不足，引導幹部職工「自我審視、自我發現、自我設計、自我實現」。我們開展市局領導為新錄用公務員講一課、人生感悟大家談、職工光榮退休儀式等，宣講國稅文化理念，傳承國稅文化精神。我們開展「我與廣元國稅同成長——專家講座」活動，先後邀請國家行政學院、四川省社科院、中共四川省委黨校、國家稅務幹部學院的專家向全市系統職工做了《傳統文化與當代社會》《九十年的偉大創舉》等20餘場專題講座。

二是用手寫。市局黨組按月向全市系統幹部職工寫一封公開信，進行心理溝通，交流互動。市局以總結式、經驗式或研究式、案例式的方法，開展全員撰寫個人工作ABC活動，達到開放式、總結式、比較式學習的目的。我們鼓勵幹部職工多讀書，多思考，多寫讀書體會、調研報告、散文、詩歌等各種體裁的文章，提升思考、寫作和欣賞的能力。外出學習人員培訓結束後要撰寫培訓心得體會，與同事交流、分享培訓收穫。我們組織編輯了《我的工作ABC》《我的八小時之外》等稅務文化建設系列叢書10餘冊100餘萬字。

三是用心帶。我們開展「師帶徒」結對幫帶和「上掛下派」幫帶活動，讓新參加工作的人員、輪崗換崗到新崗位的人員和業務技能急需提高的人員在老師的幫助和帶動下，盡快熟悉崗位工作，成為崗位業務能手。例如，劍閣縣局羅萬德等80餘名年逾50歲的老同志在年輕同志的幫助帶動下，勤學電腦知識，能進行徵管系統操作、數據監控系統運用；張星源等30多位新錄用公務員在老師的幫助和帶動下，學習納稅評估、稅務稽查等業務工作，師徒還撰寫了《我的「師傅」經：「道、能、心」》《我的「徒弟」經：「德、勤、魂」》等100餘篇師徒幫帶心得體會，在全市系統交流分享。

四是用績賽。我們搭建個人成果展示平臺，建立個人成長評價體系，按照參加稅務工作年限、身分及崗位類別，分類開展軍轉幹部暨退役士兵業務知識競賽、徵管稽查能手選拔、企業所得稅業務知識、文秘檔案人員「賽比爭」等各級各類業務競賽活動；採取考試考核、競賽評比、民主推薦等方式，從2010年以來，在全市系統開展學習之星、敬業之星、服務之星、創新之星等「國稅之星」評選活動。截至2011年10月底，全市系統已評選出各類年度明星9人，季度明星168人；與團市委聯合評選表彰了首屆全市系統「十大青年標兵」，形成了濃厚的創先爭優氛圍。

三、成效與體會

經過三年來的探索，我們在各方面都初步嘗到了甜頭。擇要而論：第一，支撐完成災後重建任務。開展「我與廣元國稅同成長」稅務文化建設活動的三年，也是

「5/12」地震災後重建的三年。三年來，我們心往一處想，勁往一處使，勇挑重擔，感恩奮進，重建了樂觀向上、奮發有為的精神家園，順利地完成維修加固項目31個，新建項目9個，重建了安全、美觀、漂亮的物質家園。第二，服務稅收主業創新發展。我們有序組織災後業務工作，實施徵管設施、徵管秩序、徵管能力、徵管體系四項恢復工程，創新納稅服務和稅收徵管，重建了徵管服務一體化新模式，「全職能窗口」工作模式獲評四川省國稅系統第四屆優秀創新項目，「向納稅人報告」活動項目受到廣元市委和納稅人的肯定。第三，培育了一支優秀的團隊。「我與廣元國稅同成長」主題文化建設工作的實施，增強了幹部職工對國稅組織的認同感、歸屬感和使命感，塑造了幹部職工敢於擔當、勇挑重擔的精神品質，展現了廣元國稅人「血在，生命就要向前流動」的精神品質和「戰鬥到死」的意志力，「一個家庭、一所學校、一支部隊」的氛圍初步形成。

在實踐中，我們體會頗多。第一，註重導向性與激勵性。稅務文化建設要反應稅務部門的價值取向，引導幹部職工正確認識自我、認識組織、超越自我、適應組織；能夠培育幹部職工的參與意識，形成個人、團隊、任務的有機統一，實現整個團隊在個人價值實現的基礎上的總體目標。第二，註重全員抓與全程抓。人人都是建設者，人人都是參與者，人人都是受益者，我們必須把文化建設工作融入幹部隊伍管理中、融入稅收徵管業務全過程。第三，註重傳承與創新。作為一種特定的部門文化，在堅持傳承優秀社會文化和民族文化的基礎上，我們要體現出開放、交流、互動、分享、對等的文化內涵，賦有廣元國稅行業特色的文化思想。

同時，我們感到，機關文化建設具有「三性」。第一，資源性。文化是資源，可以維繫和服務幹部隊伍和稅收徵管主業，把隊伍往高處帶，往安全處帶。第二，開放性。我們要把稅務文化放在建設社會主義先進文化的全局中來定位、思考和把握，學習借鑑其他行業、地區的先進文化，但也不宜五花八門，要體現出地域特點和行業特色。第三，務實性。稅務文化建設需要一定的形式，但不能搞形式主義，尤其不能製造形式主義。我們要不懈怠、不動搖、不折騰，將稅務文化建設與稅收業務工作、隊伍建設有機結合起來，在工作中融入文化理念、文化元素，體現稅務文化自覺和文化自信。

下一步，我們考慮在以下三個方面下功夫：一是在廣度上下功夫，借鑑軍營文化、企業文化、大眾文化，深化稅務文化內涵；二是在深度上下功夫，與稅收服務徵管相結合、與高素質專業化幹部隊伍建設相結合，在工作中體現文化、培育文化；三是在力度上下功夫，從人力、物力、財力等資源配置及其優化上做文章，摸索出機關文化建設的規律，推進文化建設工作創新發展。

——《以項目為抓手推動機關文化建設的實踐與思考》（四川省廣元市國家稅務局黨組）原載於《稅官論壇》2012年第12期。

4. 構建具有中國特色的服務型政企關係

中國加入WTO標誌著中國已由政策性開放進入全面的體制性開放的新階段，既表現為不同經濟體的經濟利益調整或國家宏觀、微觀經濟主權的部分讓渡和調整，也意味著國內原有經濟制度與WTO規則的融合，各級政府的職能、企業的運作都需要重新「洗牌」，政企關係必須重構。

WTO是在各國市場經濟機制的外部聯繫中成長起來的，市場經濟的運行機制客觀上要求各國向外部世界開放市場，要求各國將商品、勞務、資本流動直至信息納入全球市場體系。WTO既擴大了新的貿易保護主義，又削弱了國家政府的職能作用。這既構成中國政企關係重構的條件，也為中國政企關係重構明確了方向。值得注意的是，加入WTO雖然意味著部分經濟主權的讓渡和調整，但任何主權國家加入WTO並不意味著該國政府將放棄宏觀調控，相反，政府對宏觀調控提出了新的更高的要求。在WTO條件下，無論是政府還是企業，都要面向市場化、國際化進行創新，明確各自的邊界和基本職能，以適應國際貿易自由化的總方向。政府與企業的創新還表現為政府與企業聯動的創新。

按照WTO規範，學習借鑑市場經濟發達國家處理政企關係的經驗，結合中國政企關係的獨特性，中國政企關係重構的目標應當是構建服務型政企關係。在政企關係重構中，政府本身就是制度變遷的主體，是制度變遷的直接組織者，是制度變遷的總控制者，也是降低制度轉換成本和穩定社會的主要責任人。因此，WTO條件下政府對於企業的角色定位應是「服務」，這也是政府存在價值的全部內涵。即使是法律、制度和秩序的供給，實際上也是一種服務。可以說，政府服務企業的政企關係模式是國際政企關係中的第四種模式。加入WTO後政府服務主要不應靠政治動員和行政計劃，應按市場經濟發展需求來供給，這就界定了政府服務企業關係模式中政府服務的供給體系與邊界。

政府職能作用的發揮是要付出成本的。或者說，企業和社會享受政府提供的公共服務是需要付出代價的。這個「公共產品」的價格就是以稅收為主體的政府財政收入。借鑑美國供應經濟學派通過著名的拉弗曲線闡釋稅率與稅收量關係的方法，可以說明政府職能供應量與市場主體（企業）生產的相關關係。在全球化背景下政府必須對自身的職能有恰當的定位，界定在合理的空間，必須做到「入世」與「退市」的有機結合。所謂「退市」，是指政府要正確處理與市場、企業之間的關係，

在「有所為」的同時做到「有所不為」。

根據中國政企關係改革的實踐，在 WTO 條件下政府服務企業關係模式框架中，政府作為公共管理機構，應構建一種以企業為本、以市場為中心的價值創造體系。在服務型政企關係模式下，政府應根據不同類型國有企業不同的經營目標和經營條件，選擇不同的政府管理機制，實行分類管理：對競爭性國有企業，以利潤為主導；對基礎性國有企業，以效益為主導；對公益性國有企業，以質量為主導；對那些具有特殊功能的企業，應以國家經濟安全為主導，實行國家壟斷，直接控制。應當說，對國有企業的分類和政府管理方式是相對的，因為企業性質在一定條件下是可以變化的，政府管理方式也可以相應進行動態轉換。

——《構建具有中國特色的服務型政企關係》（柳華平）原載於《四川稅務》2003 年第 8 期。

5. 政府與企業的互動式改革是發展的動力之源
——青島市工業經濟發展的考察與思考

2002年5月下旬至6月上旬，筆者隨四川省委省級機關黨校第38期處級班赴山東社會實踐考察組到青島市進行了考察。這次考察調研時間雖短，但獲益匪淺，進一步拓展了思維視野，堅定了改革信念，啓發了發展思路。

一、青島市工業經濟發展的基本情況

青島市地處膠東半島，轄7區5市，面積1.06萬平方千米，人口710萬人。青島市是1984年國務院確定的14個沿海開放城市之一，也是國家5個計劃單列市及15個副省級城市之一。

1978年以來青島GDP年均增長12%，其中1992年以來保持年均增長15.8%的發展速度。隨著城市功能不斷完善，吸引力明顯增強，一大批國內外大公司、大企業到青島市來考察、洽談和投資合作，在青島市投資的世界五百强企業累計達到47家。2001年，青島市實際利用外資16億美元，資本輸入貢獻率較大的國家和地區主要是韓國、香港、臺灣、美國；青島市對外貿易進出口總額為279億美元，其中出口163億美元，出口市場最大的國家和地區主要是日本、美國、韓國、香港；稅收收入245億元，其中地方性財政收入98.7億元（按照2002年企業所得稅分享體制改革新口徑計算為81.9億元）。

改革開放以來，青島工業現代化的進程顯著加快。2001年，全市規模以上企業（所有國有企業和年銷售收入在500萬元以上的非國有企業）1,924家；從業人員70萬人，呈逐年減少的趨勢。分流下崗職工56萬人，直接重新安置30萬人，通過培訓再就業20多萬人，現在市勞動就業服務中心登記註冊的有2萬人。全市完成全部工業增加值578億元，其中規模以上工業企業完成增加值438億元。實現利稅136億元，其中利潤59億元。全市規模以上工業實現高新技術產品產值543億元，占工業總產值的32.5%。

青島市正處於工業化加速發展階段，「十五」期間青島市工業發展的思路是以市場為導向，以企業工作為中心，加快制度創新和經濟結構的戰略性調整，推進工業經濟國際化、高新技術產業化和增長方式集約化，構建以高新技術為核心，以園區、大集團和名牌產品為特色，以電子信息、信息家電、化工橡膠、飲料食品、車

輛船舶、生物醫藥六大支柱產業為支撐的工業發展「新框架」，實現工業發展由追趕型向先導型的跨越。爭取用5~10年的時間，使青島市工業綜合競爭力躍居全國前列。

二、青島市工業經濟發展的三大戰略及其特點

（一）名牌發展戰略

青島市積極向國家爭取改革開放「試驗田」任務，成為3個城市技術創新試點城市之一，海爾成為全國6家企業技術創新試點企業之一。青島市實施城市技術創新和企業技術創新「雙新工程」，為實施企業名牌發展戰略創造了較好的環境，大大提高了企業研究與開發（R&D）能力。海爾成立了全國第一家企業技術研發中心，青島市擁有市級以上企業研發機構89家，國家級研發機構16家。青島市在全市範圍內自主開展了「爭創青島金花」活動，通過成立專門的評價機構，對市級以上名牌產品、對評選出的產品加以宣傳、培養和推廣，並實行動態管理，能上能下。例如，政府利用市政設施，命名了「海爾路」「海爾大橋」，以推廣海爾產品。2001年，「即發」針織內衣獲國家級馳名商標，市政府獎勵企業100萬元。青島市市級以上名牌產品109種，銷售收入和工業增加值分別已占規模以上企業的1/3和1/2；國內市場佔有率達20%的產品有10種；有9戶企業進入全國500強，86種產品成為省級以上名牌，海爾、青島啤酒、雙星、即發、海信和澳柯瑪成為全國馳名商標。

（二）大企業集團發展戰略

大企業集團發展的原因是因為企業在名牌產品的基礎上，實行低成本擴張比較成功。企業擴張不受地域、產業限制，不受政府干預，而是按市場經濟客觀發展規律來做出決策。有的企業集團只是「青島得名，外地得利」。例如，雙星鞋業現在只有總部在青島，其工廠已全部遷出；青島啤酒有40多家分廠，本地只有6家。在企業規模擴張中，原來一般依靠兼併等形式，現在注意發揮資本運作的優勢，「由原來的花錢100%買斷控制企業，轉變為用較少的資金只買最大的股份就控制較大的企業」，實質就是進行控股。同時，政府為企業創造了較為寬鬆的政策和環境。例如，十大企業集團原來都在市政府行政局中，現在已從行政局中分離出來，與行政局並列。在企業集團發展的初期，政府「行政性」配置資源，對企業規模的擴張發揮了積極的作用。目前，青島企業集團的發展已形成了「十大、十強、十高、十外」梯次發展格局，即十大企業集團、十強企業、十大高新技術企業和十大外商投資企業梯次遞進，呈現「萬船齊發，百舸爭流」的態勢。2001年，青島市年銷售收入超過10億元的企業有23家，利稅超過1億元的有21家。十大企業集團產值占全市工業的40%，利潤占60%。

（三）工業園建設發展戰略

在名牌戰略、大企業集團發展戰略之後，企業一般存在「小、散、差」的問

題,急需擴大發展空間。工業園與一般的經濟技術開發區、高新技術開發區以及產業園區相比較,表面上為有無「區」字,但實際上這一字之差反應了觀念和體制的重大突破。所謂開發區,其主體是政府,帶有顯著的行政色彩和計劃經濟體制特徵。而工業園不管是政府建的,還是企業自己建設的,其運行主體都是企業,反應的是市場經濟體制特徵。工業園的建設一般在市郊,根本不是簡單地把市區的老企業搬出去,而是以項目為載體,建設新的廠區和研發中心。青島市有22個國家級國債項目,總投資50億元,其中國家貼息5.5億元。企業既有資金,也有項目,自然願意建設自己的工業園。青島市已建成10個工業園,總投資計劃120億~130億元,已完成60億元,2001年銷售收入120億元。「十五」末期青島市要建成50個有一定規模和管理能力的工業園,工業園的GDP要占全市的60%以上。

在考察中,我們注意到,青島市「三大戰略」不是孤立的,而是相互聯繫的有機統一整體。這表現在:一是在結構上「三大戰略」是一個系統工程,二是在時間上「三大戰略」是承前啟後銜接照應關係,三是在發展上「三大戰略」是邏輯遞進關係。名牌發展戰略是基礎,大企業集團戰略實現企業量的擴張,工業園戰略通過管理、技術、制度三大創新,實現企業質的提升。同時,企業的發展是不均衡的,對全市而言,「三大戰略」表現為一定的階段性和穩定性,是相對靜止的;對企業而言表現為個體發展戰略選擇的動態性、靈活性。

三、青島市政府在工業經濟發展中的角色定位

在考察中,我們瞭解到,青島市經濟發展的過程是與改革開放同步的,在很大程度上說,這得益於政府與企業的互動式改革。青島市政府在經濟發展中絕不是隔岸觀火,當「甩手掌拒」,相反較好地發揮了幾種角色功能,即經濟體制轉軌的主體角色、制度變遷的直接組織者角色、制度變遷的總控制者角色以及降低制度轉換成本和穩定社會的主要責任人角色。這裡體現在以下幾個方面:

(一) 將企業職能與行政職能剝離

工業管理體制上,青島市在經委下面,將工業局改制為國有資產經營公司,保留企業職能;原來的行政職能分為兩個部分,一部分成立工業行辦,另一部分行政職能下放到地方政府。同時,在大的企業成立市直企業集團。

(二) 分類指導企業改革

為使企業改革深入,青島市從全市各部門中選調得力人員組成改革促進組,進入資產經營公司、企業集團。每年一期,已派出2期。一是組成大企業集團組,如海信、雙星;二是中小企業改革促進組;三是困難企業組。三個組為臨時機構,通過定期聯繫,一企一議,發揮了改革的協調機制作用。

(三) 對國有企業的激勵與約束相結合

青島市對20個效益好、有一定規模的企業經營者實行年薪制,並與風險抵押

相結合。青島市對技術、管理人員實行股權、期權激勵，允許技術、管理要素參與分配。同時，青島市採取三種模式加強對國有資產的監管：一是對改制的企業，派駐監事會主席、秘書；二是派駐財務總監；三是對一部分企業派出審計特派員、巡視監督員。

（四）對困難企業的優惠照顧

一是把企業的土地進入市場，企業適時公開拍賣，分期分批把資金注入企業。企業要接收下崗人員，通過土地拍賣資金解決欠工資、欠費問題。二是把土地資產「虛進」企業資產（帳上），企業沒有出資權。三是土地資產「實進」企業資產，如8家企業通過債轉股，把28億元的資產全部劃轉給企業，減少了企業的資產負債率。

（五）建立中小企業的服務體系

政府把原來的一些仲介組織整合起來，建立了企業服務呼叫中心、技術創新中心、貸款擔保中心等中小企業服務體系。例如，青島市貸款擔保中心已擔保貸款4.8億元，緩解了企業資金壓力。

四、幾點借鑑和啟示

青島市作為國家重要的外貿港口城市、海洋科研城市、風景旅遊城市，其自然條件和經濟基礎與四川有較大差異。青島市經濟發展的思路，我們不能完全照搬照抄，但其某些先進經驗是值得我們學習、借鑑和參考的。通過考察調研，筆者有如下思考：

思考之一：必須努力構建市場化企業、學習型政府。無論是政府還是企業，都要進一步樹立市場經濟觀念，增強發展意識、效率意識、規則意識、法治意識、誠信意識、服務意識。在知識經濟時代，政府行政的效率也主要取決於參與行政的人員的知識和智慧。要想使政府行政高效，首先要求參與政府行政的人員有現代的知識和應對知識經濟時代變化的智慧。他們辦事的主要依據，不是憑藉經驗，不是用古典經濟的思維來局限自己，而是用知識經濟時代的思維，用新的眼光、謀略、方法和技術手段來開展行政工作，進行宏觀管理，指導微觀活動協調社會行動，開拓國際事務。WTO條件下的政府行政應當是個人的經驗、能力和現代知識技能相結合條件下憑知識和智慧進行的行政，是「知識行政」。因此，政府必須不斷提高學習創新能力。

思考之二：要有明確的發展戰略思路，並持之以恒地實施。思路決定出路，大思路決定大出路，沒有思路就沒有出路。無論是政府制定當地經濟發展戰略，還是企業自主決策其經營發展戰略，都要「高瞻遠矚」，要有「面向世界、面向未來、面向現代化」的戰略眼光。中國在改革開放中形成了幾個著名的區域經濟發展模式，如「蘇南模式」是發展鄉鎮企業，「溫州模式」是發展個體經濟，「膠東模式」是發展農業產業化，「上海模式」是發展都市型工業，「深圳模式」是發展外向型

特區經濟,「大連模式」是通過「環境革命」以經營城市推動企業發展,而「青島模式」是通過打企業名牌、打大企業集團牌、打工業園建設牌,提升城市品牌,推動經濟發展的。幾種模式各具特色,成功的共性原因在於結合實際形成自己的發展優勢。因此,內陸地區既不能夜郎自大,又不應妄自菲薄,相反應從實際出發,準確把握和充分發揮比較優勢,發展特色經濟、「個性」經濟,把資源優勢轉化為經濟優勢,把經濟優勢轉化為財政優勢,進而形成新的發展優勢。任何一項經濟發展戰略的實施,要因時制宜地加以充實、調整和完善,不斷地追求和實現新的跨越。我們要避免發展戰略的實施因人而異,隨著領導的改變而改變,甚至隨著同一領導人意願的改變而改變。

思考之三:政企之間必須進行互動式改革。青島市的實踐表明,經濟的發展取決於政府的改革,取決於企業的改革,更取決於政府與企業改革的聯動與互動,加入WTO是這種互動過程的「催化劑」和「助推器」。因此,深化政府與國有企業互動式改革,是四川經濟實現「追趕型」「跨越式」發展的基本路徑選擇。值得注意的是,傳統政府行政在績效評估上關注資源投入和行政努力,而忽視行政效果。事實上,一個行政機關常常可以有令人欽佩的行政努力但不一定有令人滿意的行政效果。對行政過程及其努力的過分關注,在不健康的行政心理支配下,會異化出「製造工作」的形式主義行政現象。結果政府花費巨大而收效甚微,企業及公眾也缺乏基本的滿意程度。行政改革必須徹底扭轉這種傾向,由關注投入轉向關注產出,由關注行為轉向關注效果,由關注效率轉向關注服務對象滿意程度。我們應加快政府由領導型向服務型轉變,著力塑造一個富有濃厚的敬業和創新精神、強烈的競爭和服務意識、快速傳遞和迅速反應能力的服務型政府。

思考之四:要大力培育名牌,發展名牌,宣傳名牌,保護名牌。實施名牌戰略是一個龐大的系統工程,也是一項長期、艱苦的工作。名牌戰略需要在意識、理論、法制、戰略和運作等方面同時推進,不僅是企業的任務,更是政府經濟工作的一項重要任務。在經濟體制轉軌的進程中,名牌產品特別是名牌產品群的形成,更需要政府的引導和推動。借鑒青島市的經驗,我們應本著「擇優扶強、重點扶持」的原則,把實施名牌戰略同產業結構調整結合起來,同「三改一加強」結合起來,重點抓「四個一批」,即通過改造提高一批,造就一批在全省乃至全國同行業有一定實力的大型企業,帶動工業結構的優化和升級;通過改組拉長一批,借助名牌優勢走集約經營的路子,推動企業重組、培育大型企業集團,發展名牌、壯大名牌、構築名牌群優勢;通過嫁接拓展一批,既要借助國外大公司、大企業的技術和牌子,拓展經營,謀求發展,又要樹立保護民族名牌的意識,盡量避免在引進外資中喪失自己原有的名牌;通過加強管理鞏固一批,堅持推行全面質量管理,把生產名牌拳頭產品的企業作為深化全面質量管理的重點,形成一批產品和管理雙優的標杆企業。

思考之五:要做好、做大、做強一批重點骨幹企業集團。我們要以市場為導向、企業為主體、名牌為龍頭、大項目為支撐,加快企業產業園、工業園建設步伐,進一步優化工業佈局。當前值得注意的一個傾向是有的地方在推行「以我為

主」的「大集團戰略」，只允許本地的企業兼併外地的企業，或者通過行政干預在本地區的企業中硬性搞「拉郎配」，把本地區同行業的企業簡單組合到一起。這實際上是人為阻礙生產要素的合理流動和重組。在市場經濟體制下，生產什麼、生產多少、在哪裡進行生產，都屬於企業的自主經營範圍。政府只能通過改善投資環境等手段對企業的投資活動進行引導，通過體制優勢來招商引資，同時還要創造條件讓本土企業「走出去」，到國內市場、國際市場去競爭、發展壯大。

　　思考之六：要善於「經營城市」，充分發揮中心城市的輻射帶動作用。青島市優美的環境、文明的市風、一流的市政設施和管理，既是城市的亮點和寶貴資源，也是城市整體優勢和城市綜合競爭力的重要組成部分。青島市的實踐表明，現代化城市既是發展市場經濟的載體，又是直接為市場經濟發展服務的。目前包括成都市在內的四川大中城市在功能定位、市政規劃、市政管理、經濟結構等方面的改進提升還有相當的空間，大有可為，大有作為。在城市建設中，我們不能各自為政，各自為戰，就城建抓城建，就管理抓管理，就工業抓工業。我們應當根據可持續發展的要求，按照城市的功能和定位，把城市的規劃、建設、管理有機結合起來，以結構調整和環境革命增強城市的綜合競爭力，以城市建設和增強城市的服務功能、生態功能推動經濟增長和社會進步，塑造城市品牌和品牌城市群，提升城市整體形象，促進工業現代化、信息化。

　　——《政府與企業的互動式改革是發展的動力之源——青島市工業經濟發展的考察與思考》（柳華平）原載於《中共四川省委省級機關黨校學報》2002年第3期。

6. 整合政企關係，應對 WTO

政企關係是政府和企業間相互作用、相互影響的狀態。在經濟運行主體中，政企關係對於經濟制度（所有制關係）、經濟體制（資源配置方式）而言，屬於經濟運行機制的範疇；相對於生產力而言，政企關係屬於生產關係的範疇。政府和企業在市場聯繫、制度約束、信息傳遞、政策調控、公共供給等不同方面相互聯繫、相互作用的集合，構成特定環境下的政企一般關係。

一、中國政府與國有企業關係的現狀素描

隨著計劃經濟體制向市場經濟體制轉軌，我們先後經過「以計劃經濟調節為主，市場調節為輔」「計劃經濟與市場經濟相結合」「有計劃商品經濟」「社會主義市場經濟」等不同階段的探索，政企關係也相應地發生一些轉變，特別是在建立社會主義市場經濟體制過程中，提出市場在資源配置中起基礎作用，對政企關係的重構具有根本性意義。

第一，由上下級隸屬關係轉變為產權所有的關係。國有企業的產權關係是企業中的國有資產所有權屬於國家，企業擁有包括國家在內的出資者投資形成的全部法人財產權，國家擁有投入企業的資本額並享有所有者的權益；企業破產時，國家只以投入企業的資本額對企業債務負有限責任。目前國有大中型企業通過改制為國有獨資公司，國有資產可以轉讓；小企業經過轉、租、賣等改制，已解除了與政府的隸屬關係。同時，政府憑藉政治權力依法課稅。

第二，以計劃為約束的直接聯繫轉向以市場為導向的間接聯繫。企業生產、經營、價格決策權大部分已經放開，一般競爭領域的國有企業幾乎完全依據市場供求和價格信號運行。政府則依靠財稅、金融、產業政策、貿易政策，引導企業的經濟運行。

第三，由單一的行政關係轉變為法律、行政並存的雙元關係。國有企業是享有民主權利、承擔民事責任的法人實體，與其他企業一樣，都是市場競爭主體，實行優勝劣汰。同時，由於產權關係的存在，政府仍有長足的管理和監督權，直接干預企業的工資、分紅、高層經營人員的任免等，因此，還有行政約束關係。

政府雙重身分也存在一些本能的衝突。政府既是行政管理者，又是國有資產的

實際所有者或代表；既是規則的制定者，又是競爭游戲的參與者，同時還是裁判。所以，修改規則成了常事，也使得國有企業的改革具有不穩定性。

二、加入 WTO 對政企關係的影響

加入 WTO 將使中國獲得自改革開放以來的最大的外部推動力，它對中國內部政治經濟生態產生的影響將是持久而重大的。中國加入 WTO 意味著中國開始正式融入國際經濟體系，無論是企業還是政府都有一個適應調整問題。企業固然會受到強大的外國企業的壓力，但是政府面臨的挑戰將最大。WTO 對政府提出的不是產品與價格的挑戰，而是一種體制性挑戰，是要用 WTO 的法律框架體系來約束政府的相互影響的狀態。這種挑戰是全方位、深層次的，政府今後要擔負的責任也將是最大的。

目前，政府體制中不適應 WTO 規則的地方主要有：一是在政企關係上，政府還沒有完全從企業活動中超脫出來，還在沿用直接干預企業的老辦法。從總體上看，政府行為仍然沒有擺脫靠紅頭文件、靠政策手段、靠保護壟斷這樣一種行政支配的行為模式。不少政府部門還習慣於直接干預企業的經濟活動，行政管制還過多，審批制還在經濟生活中起主要作用。在現實經濟運作過程中，確實存在著政府對市場的過度替代問題，一些應該由市場起作用的仍由政府包辦，而一些政府職能應該到位的卻沒有真正管得起來。如果加入 WTO 後再直接干預企業，搞行政審批，就意味著歧視和沒有完全放開市場准入，打官司的案例就會很多。二是在市場運行環境和市場秩序監管上，依法管理體系還很不完善。WTO 條款要求有比較完善的依法行政體制，政府行政過程必須是透明的和可預見的，要公開所有的政策和行政、執法程序。在法律上要優先使用國際法，沒有國際法的要引用判例或國內法。在中國現有的法律、法規中，不少條款是與 WTO 原則相衝突的，還有不少領域我們沒有國內法。三是我們還缺乏現代管理理念。長期以來，政府習慣於自上而下的行政權力管理，這種「指揮式」的管理模式與市場經濟多元化的網絡結構已不相適應，我們需要「服務式」的管理。四是政府管理能力和人才結構還不適應需要。加入WTO 以後，企業特別是外資企業和非公有制企業對政府的反控制能力將依法獲得增強，政府管理的難度肯定會增大，這就要求必須建立一支懂得並能駕馭現代市場經濟條件下宏觀調控和政府運作的人才隊伍。

三、政企關係創新重在政府轉變職能，增加制度的有效供給

加入 WTO，使中國國有企業尚未完成市場化又面臨全球化，城市未完成工業化又面臨信息化的衝擊。在這種條件下，我們不僅需要增強國有企業的制度績效，增強市場競爭力，增強與市場經濟的相容性，與現代企業制度相適應，更需要建立現代政府管理制度。政企關係創新絕非政企分開了事，重在政府轉變職能，增加制度的有效供給。

政府經濟職能需要界定在合理的邊際內，通過重新定位，做到既不越位，又不缺位，干預適度。根據當前改革和發展的實踐，與市場經濟體制改革、發展、運行相適應，在改革的過渡時期政府應具有三大職能，即保證市場經濟正常運行的職能、管理國有資產的職能、經濟體制擇優供給的職能。政府保證市場經濟正常運行是通過市場進行間接調控，通過運用經濟槓桿，根據市場經濟運行的規律對經濟運行進行間接的適時的宏觀調控，並為企業創造公平競爭的市場環境，維護市場秩序。政府對國有資產的管理要改變行政管理的方式，建立符合市場化取向的政企分開、政資分開的新型的資產運作管理體制。政府的制度擇優供給是通過改革探索能提高經濟效益的機制，目前宏觀上是建立和完善市場經濟體制框架，微觀上是為企業建立現代企業制度創造宏觀環境，促進企業在資產重組中，在改制、改造、改組中選擇最有效的企業制度。在市場經濟體制下，政府應充分發揮和運用宏觀調控的功能、法制約束的功能、管理監督的功能、組織協調的功能、諮詢服務的功能。

同時，融入經濟全球化是一把「雙刃劍」，經濟全球化對中國經濟的發展帶來極大的機遇，同時也帶來了巨大的風險。政府應重視在改革開放中幫助企業規避國際風險，尤其是在貿易、投資、金融等領域的風險，稀釋國際競爭的壓力，使競爭與適度保護保持動態平衡，並在競爭中培養企業的國際競爭力，促進國內產業的健康發展和升級。

——《整合政企關係，應對WTO》（柳華平）原載於《黨的建設》2001年第11期。

7. 略論市場經濟取向與治稅指導思想的選擇

治稅思想是國家對稅收的運用和管理的宏觀戰略指導思想，是理財思想的重要組成部分。稅收具有政治和經濟的雙重屬性，決定治稅思想在總體上是動態的，以客觀的政治和經濟為基礎，同時又具有相對的穩定性，具有特定的內涵和外延。治稅思想不同，稅收作用的範圍和力度也不相同。在中國歷史上，治稅思想的爭論不僅表現為理論爭鳴，更主要地表現為政治主張的爭論。在現代中國，無論是民主革命時期，還是社會主義建設和改革開放時期，不同治稅思想的爭論依然存在，並對稅收實踐起著不同的導向作用。

建立社會主義市場經濟體制是中國改革已經明確的方向，這標誌著建設有中國特色的社會主義已進入一個新的發展階段。目前改革正在各個領域全面展開，對外開放由沿海向沿邊輻射、向沿江延伸，呈現多層次、全方位改革開放的新格局。由於改革開放是從淺層次向深層次逐漸推進的，處在不斷變化和運動之中，而治稅思想又具有相對的穩定性、權威性，二者在微觀上、時間上都存在著一些矛盾。在改革開放的全局中，稅收工作應持什麼樣的治稅思想，各界眾說紛紜，基層稅務工作者更覺困惑。無疑，困惑需要用實事求是的精神去消除，模糊認識需要以辯證唯物的理性去廓清。通過對治稅思想的歷史考察，結合對市場經濟基本原理的認識，筆者認為，市場經濟與稅收呈高度正相關關係。在由產品經濟轉向商品經濟、由計劃經濟轉向市場經濟的機制轉換過程中，我們應當立足市場經濟取向，更新治稅思想，利用市場機制強化稅收職能，並在建立市場經濟體制的全局中，找準充分發揮稅收職能作用的最佳坐標，有效地服務於經濟建設和改革開放。

一、市場經濟的取向是公平競爭，在治稅思想上應堅持公平稅負原則

市場經濟充滿著競爭，而競爭又必須是公平的。隨著經濟市場化的推進，原來在計劃經濟中起主導作用的國家行政命令、指令性計劃等必將讓位於市場機制的「無形之手」。國家對企業的管理以市場為仲介，「國家調控市場，市場引導企業」。國家與企業的分配關係是通過稅收、利潤等形式來體現的。由於社會平均利潤的驅動，公平稅負對公平競爭影響很大。所謂公平稅負，從橫向上講，對經濟條件即納

稅能力相同的人，應課以相同數額的稅；從縱向上說，對經濟條件即納稅能力不同的人，課以不同數額的稅，使納稅人之間稅負公平合理。同時，競爭又是規則的，因此稅政應統一、稅權應集中。在指導思想和政策法規上，我們要保持對各類經濟主體的一致性，排除各種非主觀因素對收入分配的影響，使不同主體能在同一起跑線上公平競爭。

二、市場經濟的取向是經濟秩序法治化，在治稅思想上應堅持以法治稅原則

運用法律手段調節經濟關係是建立社會主義市場經濟體制的客觀要求。競爭的公平與規則都需要以法制為保障。因此，我們要制定與完善保障改革開放、加強宏觀管理、規範微觀經濟行為的法律和法規，使一切經濟活動有法可依。稅收法制是社會主義法制的一個重要組成部分，堅持社會主義法制，必然要依法治稅。凡是市場經濟發達的國家和地區，稅法、稅制都具有較強的剛性。只有在公平稅負的前提下堅持依法治稅，市場經濟主體的競爭才能公平、規則。只有加強法制宣傳，形成有法可依、有法必依、執法必嚴、違法必究的社會輿論環境，提高公民法制觀念和依法納稅意識，才能對整個經濟在宏觀上管住，在微觀上放活。

三、市場經濟的取向是資源的有效配置，在治稅思想上應堅持中性原則

市場經濟依靠市場機制組織經濟運行，市場在資源配置中起著基礎性作用。從總體上看，市場可以促進資源的有效配置，並有利於經濟的發展。市場通過價格信號調節生產和需求，使資源在社會生產和消費的各環節間進行分配，並通過競爭，使成本低的生產代替成本高的生產，把資源配置到效益好的環節中去。由於市場能促進生產要素的合理流動和各種資源的有效配置，國家徵稅應避免對市場機制的干擾和扭曲而影響主體生產與消費的決策。但是僅僅依靠市場機制「無形之手」的自發調節是難以保證國民經濟長期正常運行的。稅收中性原則是相對的或「中性」的，實際意義在於能夠通過市場機制去解決的就依靠市場去解決，盡可能降低稅收對經濟干預的作用「度」，盡量降低因徵稅而使納稅人和社會承擔的超額負擔「量」，以保證市場機制的有效運行，實現資源的有效配置。

四、市場經濟的取向是經濟的穩定與增長，在治稅思想上應堅持從經濟到稅收、稅收促進經濟發展的原則

中國現實經濟生活中存在一些深層次矛盾，如經濟效益較低、產業結構難以優化、勞動力素質不高、資源浪費嚴重等，都同企業、產品、勞動力等不能完全進入市場、市場機制難以發揮作用相關。稅收來源於經濟，稅收增長的規模速度取決於

經濟增長的規模和速度。只有經濟發展了，稅收才能源遠流長。因此，稅收要發揮促進經濟發展的作用。這是基於：第一，稅收的基礎是經濟，國家在一定時期內都有宏觀經濟目標；第二，稅收是國家管理經濟的重要槓桿；第三，市場機制的自發性、盲目性需要政府在一定範圍介入經濟活動，運用稅收政策等工具進行宏觀調控，實現宏觀經濟目標。

五、市場經濟的取向是在分配上刺激公平與效率，在治稅思想上應堅持取之有度

市場經濟條件下，國家以按勞分配為主體，其他分配方式為補充，兼顧公平與效率。國家通過包括市場在內的各種調節手段，既要鼓勵先進、刺激效率，合理拉開收入差距，又要注意緩解社會分配不公，防止兩極分化，逐步實現共同富裕。稅收關聯各方面經濟利益關係，既要在微觀上通過有度的課徵保障市場主體生存和發展的權益，又要在宏觀上通過組織財政收入為社會全體成員提供良好的公共福利和穩定的社會保障。稅收在國民收入分配和再分配中，應統籌兼顧國家、集體、個人三者利益，理順國家與企業、中央與地方的分配關係。一方面，按照財權與事權相適應的原則，在中央與地方政府間根據各自的職責範圍劃分稅源，並以此為基礎確定各自的稅收權限、稅制體系、稅務機構和協調財政收支的分稅制，理順中央和地方的關係；另一方面，加快國有企業稅利分流改革進度，區分國家的兩種身分、兩種職能以及稅收和利潤收入兩種不同的分配手段。核心在於國家稅收分配取之有度、量度適中，既不削弱國家的整體財政能力，又不超過經濟發展水準和人民的負擔能力。

六、市場經濟的取向是處理好當前利益和長遠利益、局部利益與整體利益的關係，在治稅思想上應堅持稅收宏觀與微觀調控相結合

由於市場機制具有盲目性、自發性，必須採取適度有效的國家干預。宏觀經濟調控的主要目標是實現國民經濟總量的綜合平衡，把握國民經濟發展速度、物價上升幅度、就業率和人民生活提高幅度，保證經濟的穩定增長與良性循環；引導生產力合理佈局和經濟結構的調整，促進產業結構的優化和國民經濟素質的提高。中國是一個統一的國家，沒有宏觀管理不行。對兼具法律、經濟、行政調節特徵的稅收，特別是涉外稅收，更須強調統一管理。國家可以通過稅收對不公正交易和壟斷進行調節與干預，對社會經濟發展必需的基礎設施和部分基礎產業建設予以政策傾斜。稅收要通過強化法制、統一稅法、集中稅權，對市場進行引導、調節，限制其盲目性，以保證在宏觀上管住。同時，中國地域遼闊，各地經濟發展水準參差不齊，在微觀調控上必須有適度的靈活性，以放活微觀經濟，推動改革開放和社會生產力的發展。

七、市場經濟的取向是節約政府行政成本，在治稅思想上應堅持經濟和效率的原則

市場經濟條件下，企業自主經營、自負盈虧、自我發展、自我約束，政府的職能主要是搞好統籌規劃、掌握政策、組織協調、提供服務和檢查監督。隨著政府行政管理體制和機構的改革，政府行政成本將大大降低。稅務行政作為政府行政的一部分，必然要講求效率和效益。一方面，我們要節約稅務行政費用，即節約在實施各種稅收計劃、徵管過程中支付的費用，另一方面，我們要節約納稅人依法納稅過程中支付的費用，既要徵稅人「經濟實惠」，又要納稅人「經濟方便」。因此，我們首先要運用現代科學方法進行稅務管理，包括優化治稅主體效能，採取各種形式提高稅務職工隊伍的政治、思想、文化、業務、身體素質，以節省管理費用。其次，我們要簡化稅制，使納稅人易於理解掌握，並盡量予以方便，如廣泛開展稅法、稅政宣傳，以降低執行費用。最後，我們要盡可能將執行費用轉化為管理費用，以減輕納稅人的負擔，既增強稅務管理費用支出的透明度，又確保公平競爭，合理負擔徵稅成本。

——《略論市場經濟取向與治稅指導思想的選擇》（柳華平）原載於《內江稅務》1993年第2期。

8. 稅務行政不作為違法及其防範

不作為是指行政機關不履行法律賦予的職責和義務的行為。行政機關負有依法行政管理的職責，就相對人而言，這是一種權利；對國家而言，這是一種義務。如果行政機關不依法履行職責，就是違法和失職行為。不作為違法是行政機關依照法律或自己的職責應該而且能夠實施，而不予實施，從而影響社會經濟秩序的行為。

確定不作為行為是否違法，必須判明：第一，行政機關有沒有實施一定行為的義務；第二，行政機關在一定條件下有沒有實施要求的行為的可能，特別是行政當事人的主觀能動性（包括知識範圍、技術熟練程度等）；第三，行政機關是否確實沒有實施其有義務實施的行為；第四，行政機關是否超過法律、法規、辦事規則規定的時間界限，而無所作為或作為不夠。在不可抗力條件下的不作為，不能認為是違法。

不作為違法的共同特徵是行政機關不行使應行使的法定職權，不履行應履行的法定義務。隨著社會分工的日益細化，不作為違法給社會經濟造成的損失也越來越大。因此，《中華人民共和國行政訴訟法》第十一條對人民法院受案範圍作列舉規定時，其中第四、五、六款和《行政復議條例》第九條第四、五、六款均涉及有關部門的不作為行為。其中的「不予答復」，就是指行政機關既不表示同意，也不表示不同意，總處於「研究」中的不確定狀態。

一、稅務行政不作為違法的主要表現

第一，稅務登記問題。稅務登記是納稅人開業、歇業、停業前以及經營期間發生較大變化時向所在地稅務機關申請辦理書面登記的一項制度。在具體執行過程中，有的納稅人按照規定程序手續齊全地向主管稅務機關提出辦理登記的申請報告，而主管稅務機關在規定期限內既不審查核實、準予登記，也不明確答復，這就構成了不作為違法。

第二，稅收財務優惠問題。稅務機關是執行國家稅收政策的主體，同時管理著部分城鎮集體企業和其他企業的財務制度。中央和省為支持企業發展都制定了許多具體的法規性優惠標準和方法。在具體執行中，如果稅收財務優惠辦法不落實，主管稅務部門拖而不決不予答復，就構成不作為違法。

第三，法定減免稅問題。有些稅種的基本法規（如法律、法令、條例、稅則等）明確列舉了減免稅的具體項目。例如，納稅人確應享受法定減免稅待遇，並按規定程序做出申請，而主管稅務部門置之不理的，也構成不作為違法。

第四，特定減免稅問題。所謂特定減免，是指根據政治經濟發展變化，為達到一定政治經濟目的而專案規定的減免稅。例如，自然災害救濟減免稅、社會資源再利用減免稅等，稅務部門接到申請報告後如不及時核實，並施以必要的減免稅照顧，就是一種不作為違法。

第五，偷漏稅案辦理問題。查處偷漏稅案是稅務管理的重要環節。在實際中，主管稅務部門如果接到舉報情況屬實不予以查實處理的，也是沒履行法定職責，構成不作為違法。

實際上，在委託代徵、代扣、代繳稅款的事務費用，對重大偷漏稅案件舉報人的保護及獎勵，處理稅務復議，辦理退稅，發貨票管理等其他稅務行政中都有可能發生不作為行為，雖然不一定構成行政違法，但其消極作用不言而喻，情節嚴重者甚至可能導致玩忽職守罪、瀆職罪。

二、稅務行政不作為違法產生的原因

第一，思想認識偏頗。有的稅務幹部對不作為及其後果認識不足，甚至個別領導也錯誤地認為「多辦多出事，不辦不出事」，因此覺得「多一事不如少一事」，特別是遇到界限不清、分工不明、處理起來棘手的事情，就採取能拖則拖、能推就推的態度。

第二，「公僕」意識淡薄。行政工作是為人民服務、辦實事的，稅務幹部應有較強的「公僕」意識，而一些幹部對納稅人的事情只圖省力，簡單敷衍，不求實效。

第三，作風紀律渙散。少數稅務幹部辦事拖拉，對來自群眾基層的意見、信函，束之高閣，漫不經心，拖而不決或議而不決，造成事實上的不作為。有的同志熱衷於形式主義，工作常常四面出擊，同時開展多項「中心」工作，由於精力不足，使納稅人申請久懸不決。

第四，制度約束乏力。在基層工作中，許多職責劃分不清，分工不明，相互交叉，又缺少自上而下的行政法則和個人責任制，導致事無大小，時常無章可循。加之缺乏催辦查辦制度，經辦時限無明確規定，結果使該答復的長期不答復，該處理的長期不處理，不自覺地釀成不作為違法。

第五，執法水準偏低。少數稅務執法人員對自己行政工作依據的法律法規學習不夠、理解不透，又不善於調研思考，把一些明屬自己職責範圍內的事情，誤作他人或其他部門的事，或者因許多稅收法律、法規對某些具體行政行為的期限不可能作明確界定，因此相互推諉或熟視無睹，產生各種不作為違法。

三、稅務行政不作為違法的防範對策

客觀地評判，基層稅務工作中確實存在各種不作為違法行為，但並未引起徵納雙方的充分重視。可以肯定，隨著公民法制觀念的提高，不作為違法行為必將更多地納入行政復議和行政訴訟。但是，稅務行政不作為違法絕非不治之症，只要採取切實措施，是完全可以防範的。

第一，輸血——開展法制教育，增強法制觀念。我們應結合普法教育活動，有計劃、分步驟對廣大稅務幹部、協稅員進行法制教育，使稅務職工明確自己的法定職權與義務，自覺履行職責，既依法治稅，又依法行政。

第二，強心——端正指導思想，轉變工作作風。我們要端正稅收工作為經濟建設和改革開放服務的指導思想，強化國家幹部的公僕觀念，教育引導廣大稅務幹部切實為群眾、為企業服務，不要花架子、踢皮球。我們要克服辦事單純向上級負責的思想，力求做到對上級負責與對納稅人負責相一致。各級稅務幹部要深入實際，認真調查研究，急群眾所急，想群眾所想。

第三，定標——配套有關政策，明確法定職責。在稅務行政中，有些工作仍缺少法律依據或依據的法律效力等級不夠，有些工作雖有法律依據但有關職責義務的分工及辦理的時限等不夠明確。因此，立法配套工作尤為重要，應有計劃抓緊展開。有些法規性文件不盡規範，要認真清理，應廢止的廢止，應完善的完善，消除不作為違法的誘因。

第四，轉軌——健全工作規程，促進高效運轉。徵、管、查分離的行政機制尚處於初始階段，實踐中有一個磨合與調試的過程，其間難免發生摩擦與衝撞。因此，我們急需建立健全機關、基層工作規程，如分工、權限、交接、時限等程序方面的規定，使整個稅收徵管工作有章可循、按章辦事、違章必究。

第五，建制——健全各項工作制度。工作制度包括交辦、經辦、催辦、查辦制度，來信來訪及公文處理制度，稅務復議制度等，確保國家稅收法令政令暢通，有令必行，有禁必止。

第五，約束——加強內部監督制約，防患於未然。稅務系統已有一支包括紀檢、監察、稅政、法規、徵管等一系列的法制監督系統，關鍵在於落實責任，明確分工，積極開展執法工作，有效發揮其監督職能。

——《稅務行政不作為違法及其防範》（柳華平）原載於《內江稅務》1992年第4期，後轉載於《稅務研究》1993年第3期。

9. 堅持依法治稅與發展地方經濟的辯證思考

一、依法治稅與發展地方經濟之間的矛盾表現及危害

依法治稅與發展地方經濟之間的矛盾，一方面表現在只講地方經濟發展，不堅持依法治稅；擅自開稅收、財務政策口子；越權減免稅；包稅或變相包稅；片面強調「放水養魚」「養雞下蛋」，在組織收入上「留一手」；以鄰為壑，設立名目繁多的稅收關卡，甚至實行區域稅收自治，對無益於本地既得利益的宏觀政策拒不執行。另一方面表現在只講依法治稅，特別是在財政捉襟見肘的地區，「貪污」或截留有關稅收優惠政策，該減免的不減免，不該徵收的卻要徵收，組織收入上搞「竭澤而漁」「寅食卯糧」。

以上兩方面的表現，其危害性都是嚴重的。第一，弱化了稅收槓桿的調控功能，不能體現國家產業政策，不利於產品結構、產業結構的調整。第二，加劇了市場的分割，助長了地方保護主義，不利於市場經濟的發育。第三，不僅造成企業間的不公平競爭，優不能勝，劣不能汰，而且不可避免地增加一些企業的依賴性，使其躺在稅收優惠上過日子，缺乏自我發展、自我約束能力，從而不利於企業經營機制的轉換。第四，影響稅收管理的權威性，削弱中央和地方的財力，不利於國家各項建設事業的發展。同樣，過分強調所謂「依法治稅」而忽視地方經濟的發展，終究導致稅源枯竭、後勁不足，其危害也是顯而易見的。

二、依法治稅與發展地方經濟的矛盾形成機理

依法治稅與發展地方經濟之間矛盾的出現有著複雜的背景，其形成機理是多方面的，主要有以下幾個因素：

一是政績考核制度的驅動。稅務機關作為實施國家稅收管理職能的主體，承擔著組織財政收入的任務，收入任務的剛性指標從中央層層下達到區、縣。而現行稅務部門政績考核的主要指標是年度稅收任務完成情況，特別是本級次的稅收增幅，這就導致一些稅務部門特別是經濟發展比較落後的地方為追求稅收收入絕對值和增長速度而出現「寅食卯糧」的現象。

二是財政體制的制約。現行「分竈吃飯」的財政體制導致地方註重抓地方級收入，忽視中央和省級收入；傾斜照顧地方企業，扶持中央和省屬企業較少。「分竈吃飯」的體制雖能調動地方「當家理財」的積極性，但伴隨出現爭相鋪攤子、搞重複建設、爭上稅高利大的加工業等，形成「諸侯經濟」的分散格局，不利於國家宏觀調控。加之在目前條件下，財政預算尚未實現由「以支定收」向「以收定支」的轉變，行政性支出增長的剛性導致部分地區（特別是經濟不發達地區）稅收任務層層加碼，使稅收收入增長幅度超過生產發展水準，客觀上制約了經濟的長遠發展。

三是企業管理體制的障礙。由於企業還未真正從政府行政附屬物地位中解脫出來，因此無論是生產經營困難的企業，還是生產經營好的企業，都在一定程度上寄希望於地方政府、部門的「行政優勢」上，進而導致有的地方片面強調企業發展，越權減免稅、隨便開政策口子的現象時有發生。

四是現行稅收法律體系不健全，稅收的剛性不夠強。除涉外稅法外，現行的國內稅收法規大都停留在「暫行條例」和「暫行規定」上，因此一些稅收的剛性還不如某些地方性攤派強。加之現行管理體制中「資權利分離」現象嚴重，影響了基層依法治稅的積極性。

三、把依法治稅與促進地方經濟發展結合起來評價基層稅務工作

從理論上講，稅收與經濟的相互依存、相互促進的關係決定了依法治稅與地方經濟發展並不矛盾。這就取決於實際工作中用什麼標準來判斷既堅持了依法治稅，又促進了地方經濟發展。筆者認為，應從二者的有機結合上進行評價。

衡量稅務部門是否堅持依法治稅，可用下面幾條標準：第一，是否保證稅法統一、稅權集中；第二，是否由稅務部門處理有關稅收事宜；第三，是否堅持按稅收管理體制減免稅；第四，偷、抗稅現象是否得到有效遏制；第五，是否形成強有力的協稅護稅力量；第六，是否廉政執法。

衡量稅務部門是否促進了地方經濟發展，可用下面幾條標準：第一，是否促進了地方經濟的技術水準提高和管理的科學化；第二，是否合理開發利用地方資源，把資源優勢變為產業優勢；第三，是否增強了地方產品的競爭力；第四，是否促進地區內、地區間競爭機制、分配機制的優化，調動各方面的積極性；第五，是否促進了地方經濟橫向聯繫。

總體來說，就是看稅收工作能否促進地方經濟與國家稅收同步發展。

四、堅持依法治稅與促進地方經濟發展相結合的思路

第一，加強對二者關係的認識，主要是把認識變為共識，並轉化為自覺行動，做到認識和行動的統一。在工作中，我們既要牢固樹立為經濟建設和改革開放服務的思想，又要堅持依法治稅原則，並把二者的有機結合作為想問題、辦事情的基點。

第二，開放治稅，綜合治稅，協調「條塊」關係。我們要實現依法治稅和促產增收，不能靠稅務部門單槍匹馬、孤軍作戰。稅務部門要與各主管部門相配合，緊緊圍繞經濟建設打總體戰，同心協力，實現整體效應。稅務部門在處理與地方黨政部門的關係時，只要有利於經濟建設和改革開放的事，稅收上都應支持；對地方黨政部門的經濟發展意見與稅法規定有抵觸時，要及時向上級反應，爭取支持解決，未能解決的要多做宣傳解釋工作，取得諒解。對稅收工作的情況、問題、上級稅務機關的重大部署等，稅務部門應及時向當地黨政領導匯報請示，與有關部門交換意見，以取得地方更多的支持和幫助。

第三，盡快實行分稅制，主要是劃分中央與地方的事權，根據事權與財權相關、分配與調節相結合的原則，按經濟發展水準和收支現狀劃分中央與地方各級政府的收支範圍，以中央稅、地方稅和共享稅的形式明確下來。中國應在此基礎上建立地方稅體系，逐步提高地方稅占稅收總收入的比重；同時，應建立「雙軌徵管體系」，即國稅由中央稅務部門徵管，地方稅和共享稅由地方稅務部門徵管。地方稅務部門由地方政府領導，接受中央稅務部門的指導和監督。

第四，建立「稅收管理體制法」，對「越軌」行為予以約束和法律制裁，以促進地方稅務行政行為的規範化。

第五，促進國營大中型企業經營機制的轉換。為減少企業對政府的依賴，企業要面向市場。為把企業推向市場，政府要減少對企業的直接管理。因此，政府要轉變職能，要嚴格貫徹落實《中華人民共和國公司法》，在企業內部管理權限上，最主要的就是真正落實企業生產經營、產品定價、內部分配、勞動用工、技術進步、機構設置等方面的自主權。此外，政府制定政策措施主要以是否有利於發展生產力為標準，逐步建立起以服務為主的政府職能機制，簡政放權，真正落實企業自主權。

——《堅持依法治稅與發展地方經濟的辯證思考》（柳華平）原載於《內江新論》1992年第2期，後轉載於《四川稅務研究》1993年第4期。

10. 納稅人的心理障礙與治理藥方

納稅人作為納稅主體，其納稅觀念及意識制約和支配著履行納稅義務的客觀行為。因此，我們有必要深入全面地分析納稅人的心理狀態，以採取行之有效的克服其心理障礙的對策、措施，大力推進以法治稅。

一、納稅人普遍存在的心理障礙

第一，逃避心理。有些納稅人明知自己發生了應稅行為，負有依法納稅的義務，但卻認為取得的收入要以稅款的形式上繳一部分給國家，稅款不能用之於己，似乎使自己的部分勞動變為「白干了」，於是故意漏報甚至不報收入或隱瞞其應稅行為。個別企業認為自己的會計業務水準超過稅務專管員，便採取做假帳等手段企圖蒙混過關。

第二，有恃無恐心理。少數納稅戶認為自己有頗具權勢的「靠山」或上級主管部門，納不納稅，稅務機關管不著，於是無視稅收法紀，明目張膽地偷稅漏稅，這些上級領導和主管部門也利用其職權，以權代法，以言代法，擅自制定與國家稅法相抵觸的條文，干預稅務機關依法徵稅。一部分名望很高的納稅人，特別是那些所謂的「企業家」「改革新星」以及文藝界的「歌、舞、影三星」等，以名壓法，公開偷漏稅。

第三，優惠心理。有些納稅戶不求自身改善經營管理，指望在稅收上給予減免稅照顧。有些納稅人利用送禮行賄與專管員之間建立某種「特殊關係」，個別專管員也大施恩惠，擅自越權減免稅，放寬成本費用列支範圍，甚至與納稅人共謀偷漏稅。

第四，僥幸心理，有的納稅戶認為自己應納稅款數額小，對稅收任務的完成無足輕重；稅務機關面對千千萬萬的納稅單位和個人，不一定會查出自己的偷漏稅行為，即便查出，也能以疏忽大意所致而敷衍過去，未必會受到處罰。

第五，攀比心理。有的納稅戶認為自己的稅收負擔比別人重，或者別人偷漏稅沒被稅務機關查出，於是互相「攀比」，不以偷漏稅為恥，反以之為榮。

第六，抵觸心理。少數納稅戶尤其是個體工商業戶認為稅收名目多，加之個別專管員以權謀私、貪污挪用稅款等不良影響，使他們產生抵觸情緒，進而抗拒稅務

人員依法執行公務。

第七，觀望心理。有的納稅戶出於對稅法的無知，既不瞭解自己是否發生了應稅行為，又不主動到稅務機關申報和繳納稅款，只是等待稅務機關的處理，「幸運」的話則可不納稅。

第八，非稅心理。有的納稅戶認為古代王朝覆滅的一個重要原因就是苛捐雜稅繁重，現在是社會主義國家了，稅收負擔應該很輕甚至無稅才好。

二、克服納稅人心理障礙的對策

納稅人產生上述心理障礙的基本原因在於新舊體制的摩擦和以法治稅新規範尚處在建立與完善之中。要克服納稅人的心理障礙，造就納稅人依法納稅的心理環境，需要採取必要的對策。

第一，完善稅收法規，做到有法可依。中國現行稅法過於龐雜、繁瑣，部分「通知」「決定」與「暫行條例」之間互相矛盾，執行起來困難較大。國家稅法必須統一，稅收不能分散，任何地區、部門和個人都無權變更稅法。

第二，強化稅務機關的執法權威，做到有法必依，執法必嚴，違法必究。稅務機關是國家依法徵稅的職能機構，其執法活動不應受到任何單位和個人的干擾。因此，我們必須保證稅務機關獨立行使其職權，強化稅務機關的執法權威，使之在徵納關係中處於主動地位，使納稅人樂於接受稅務監督和管理。稅務機關還應積極與有關部門配合，防止稅源的跑、漏、滴、冒。司法機關要協助稅務機關開展工作，對於各種偷漏稅行為決不姑息遷就、心慈手軟，應當嚴加處理。

第三，加強稅收宣傳和社會監督，使人人心中有稅法，做到人人遵守稅法。我們要充分利用廣播、電視、報紙等社會輿論工具，大力宣傳稅法，解答稅收業務疑難，弘揚依法納稅正氣，嚴懲偷稅、漏稅、抗稅行為，使廣大公民養成自覺義務納稅習慣。我們要廣泛依靠社會各界力量進行監督檢查，形成協稅、護稅風氣。

第四，努力提高稅務幹部隊伍的執法能力。少數稅務幹部執法犯法，弄權瀆職，玷污了稅務幹部的形象，有損黨和政府在群眾中的威信。對這類問題決不能聽之任之、放任自流。我們要加強對廣大稅務幹部的教育引導，完善制度規範，加強監督檢查，使廣大稅務幹部秉公執法。我們要採取多種形式、多種手段提高稅務幹部的徵管業務技能，以適應稅收工作範圍廣、政策強、業務難的特點。

——《納稅人的心理障礙與治理藥方》（柳華平）原載於《內江稅務》1989年第4期。

報刊約稿

1. 轉變經濟發展方式需要積極推進稅制改革

加快轉變經濟發展方式已對稅收提出了迫切的現實要求，這既是當前和今後一個時期稅收制度體制機制完善的出發點，又是落腳點，同時還是檢驗和評判稅收制度完善與稅收工作績效的試金石。從理論和實踐來看，進一步落實國家明確的「簡稅制、寬稅基、低稅率、嚴徵管」原則，積極推進稅制改革，完善稅制體系，應繼續作為必須堅持的基本取向。

拓展稅基，降低稅率，保證合理的宏觀稅負水準

一方面，我們應保持稅收收入與經濟同步增長的良性關係，不一味追求稅收收入高速增長，可適度降低較高的法定稅率，從整體上降低稅負水準。另一方面，我們應繼續實行結構性減稅，在保證稅收收入總量適度的情況下，對某些現行稅制沒有覆蓋的經濟活動和收益，或者雖然已經覆蓋但稅負水準明顯偏低的經濟活動和收益，要徵稅或加稅；對稅負水準偏高的稅種要減稅，包括逐步降低增值稅適用稅率；逐步將營業稅納入增值稅徵收範圍，可將與貨物銷售關係密切的交通運輸和建築業先行納入，再逐步將其他行業並入，消除重複徵稅。同時，我們應進一步規範非稅收入，堅決取締不合理的行政收費項目。

完善稅制體系，逐步增加直接稅，提升稅收對收入差距的調節功能

我們應提高所得稅和財產稅比重，建立起在收入和財產兩個層面調節收入差距的直接稅稅制體系。深化分稅制改革，可以考慮將財產稅、物業稅作為地方稅體系的主體，緩解地方政府財政壓力，規範政府行為。這包括完善房地產稅體系，適時開徵物業稅（或不動產稅）、社會保險稅、遺產與贈與稅；改革個人所得稅，改分類徵收為分類綜合徵收，減少稅率檔次，擴大徵收範圍，提高費用扣除標準，不同省（市、區）可以根據實際情況進行一定幅度的調整。

立改廢並舉，完善相關稅收政策體系

在促進經濟增長模式轉變方面，我們逐步改變間接稅和直接稅的占比結構。降

低增值稅等流轉稅稅負，有助於地方政府改變對GDP的過分迷戀，從而更加關注居民收入和財產的增長，也有利於納稅人消費能力的提高，進一步擴大內需。

我們應完善進出口稅制，調整出口退稅率和關稅稅率，取消高能耗、高污染和資源性產品的出口退稅，提高高附加值、高科技含量產品的出口退稅率，引導企業升級換代，逐步改變過度鼓勵出口的政策，讓企業有壓力開拓國內市場，進一步啓動內需。同時，我們應鼓勵進口，進一步減少貿易順差，並增加可觀的進口稅收。

在促進產業結構優化升級方面，我們應繼續加大和完善涉農稅收優惠，促進農村發展。我們可以考慮農產品加工全環節免徵增值稅，既有利於減除對農產品收購抵扣管理的成本，也有利於鼓勵資本進入農業生產領域。我們應對農業生產資料生產企業提高優惠幅度，對農村的企業和各種投資採取稅費優惠，對農村各種經濟組織和農民個體工商戶減免稅，促進其發展。我們應對金融保險企業對農村的金融保險服務業務加大優惠力度，對農業科技人員推廣農業科技的個人收入可以提高扣除標準，甚至免稅。

我們應建立健全支持產業結構升級的稅收優惠制度，豐富優惠方式。我們應加大對現代服務業的稅收政策支持力度，優先扶持新型服務業，如軟件服務業、移動通信增值服務業，對新型服務企業在新辦初期給予一定期限的營業稅和所得稅減免。我們應大力扶持諮詢、法律、會計、資信評估、市場代理等仲介服務業發展，對新辦仲介機構取得的收入，給予一定時期的營業稅、房產稅和土地使用稅減免。我們應鼓勵發展生產性服務業，如物流業。

在促進「兩型」社會建設方面，我們應改革完善資源稅。我們應擴大徵稅範圍，將森林、草原、淡水等列為徵稅範圍；調整計稅依據，將開採量與回採率、環境修復費用掛勾；改革計稅方法，實行從價計徵同從量計徵相結合的方法；適當提高稅率。

我們應開徵環境稅，建立綠色稅收體系。我們應進行其他稅種的配套改革和完善，擴大資源綜合利用產品增值稅優惠政策的範圍；加大對環保節能設備、技術、產品的增值稅優惠；企業內部節約資源和循環利用資源可以加計抵扣進項。我們應對環保企業和企業的環保行為實行所得稅優惠，提高對節能減排設備和產品研發費用的稅前扣除比例。我們應擴大消費稅徵稅範圍，將資源消耗大、用難以回收利用的材料或嚴重污染環境的材料生產的產品納入消費稅徵稅範圍，提高大排量小汽車、越野車等的消費稅稅率。我們應對符合一定標準的節能生產企業，在城鎮土地使用稅、房產稅方面可適當給予一定的減免稅優惠。

我們應鼓勵節能技術推廣，對從事節能技術開發、技術轉讓業務和與之相關的技術諮詢、技術服務業務取得的收入，免徵營業稅；對單位和個人為生產節能產品服務的技術轉讓、技術培訓、技術諮詢、技術服務、技術承包取得的技術性服務收入，免徵或減徵企業所得稅和個人所得稅。

在鼓勵自主創新方面，我們應制定系統的鼓勵企業自主創新的稅收優惠政策，建立覆蓋高新技術產業鏈的稅收政策體系，增強高新技術產業一體化效應。

我們應鼓勵傳統產業改造升級，對其進行研發投入部分實行類似高新技術企業

的稅收優惠制度，鼓勵多種經濟實體加大科技研究與開發投入。

我們應擴大高新技術企業增值稅抵扣範圍，允許其抵扣外購的專利權和非專利技術等無形資產的進項稅金。另外，企業銷售自行研發的屬於國家產業政策重點扶持開發的新產品，繳納的增值稅可以根據不同情況給予「先徵後返」優惠。

我們應完善鼓勵風險投資的稅收政策，適當延長企業所得稅優惠期限，擴大投資抵免範圍。

我們應完善對科技人才培養與激勵的稅收政策，鼓勵對教育科技的投入；適度提高高新技術企業職工教育經費的稅前扣除比例，對科研人員通過技術開發、技術轉讓、技術諮詢和技術服務獲得的收入減免個人所得稅。

——《轉變經濟發展方式需要積極推進稅制改革》（柳華平）原載於《中國稅務報》2010年6月23日。

2. 理性推進民營經濟發展

民營經濟發展需要一個「聰明」的政府，不能再走依靠計劃經濟手段來推動的路子

民營經濟自古有之，但相對於公有制經濟而言是一種新體制經濟。現代民營經濟是市場法律框架內的民主經濟、自主經濟，其成長進步空間的拓展，光有熱情和責任心是不夠的，既需要「熱水洗腳」，也需要「冷水洗頭」，以保持理智理性，需要有新經濟思想、新經濟理念。

至關重要的一點是要發揮民營經濟企業體制和市場經濟體制兩個新優勢。在當今國際經濟全球化、貿易自由化的發展變化趨勢中，經濟資源在全球範圍自由、大量地流動和不斷地重組，經濟主體既能「用手投票」，也能「用腳投票」。除自然禀賦外，國際、國內經濟資源駐足的前提從本質上講並不是靠多麼特殊的優惠政策，而是看是否有良好的市場環境和規範的市場機制。創造一個有效率的市場環境更加重要，更具有基礎意義。

但是，體制轉軌和市場環境不會自然形成。強調市場起作用，並不否認政府的作用，實際上，能創造這一體制和市場環境的主要是政府，但政府作用的重點和方式應有根本性的轉變。政府應當將自己的主要注意力、發揮作用的基本點明確無誤地放到創造有效率的市場環境上來。從這個意義上說，對政府的有效性，很大程度上要通過市場的有效性做出評價。

在計劃經濟體制下，由於過分迷信政府的作用，政府過多過度地干預企業，扼殺了創造力，使得經濟沒有效率和活力。因此，民營經濟這種新經濟的發展，需要一個「聰明」的政府。現在的問題是，由於政府、企業對新體制的運行和駕馭確有一個從經驗曲線到學習曲線的過程，政府在相當程度上還是習慣於、熱衷於計劃經濟手段。發展的基本取向是「市場化企業，學習型政府」。形式主義就是缺乏創新能力的體現，實際上就是舊體制的復歸。處在經濟轉軌過程中，政府職能作用邊界必須做到「有所為有所不為」「有進有退」，凡是能由市場決定的，要由市場做出決定；市場不能決定的，要創造條件由市場決定。民營經濟發展自然是企業為本位，企業為主體，「聰明」的企業既然獲得了「準生證」「身分證」「游泳證」，就

應當勇於、敢於、善於在市場經濟的大潮中競技。這一點是中國與市場經濟成熟國家，也是西部地區、四川與沿海發達地區的差距所在，也是我們的希望所在。

當前民營經濟發展「春天」裡的「冬天」

在一般市場經濟條件下，企業產權是明晰的，出資者作為決策主體，以利潤最大化為目標，進入的標準主要在於經營績與產業選擇。企業進退的壁壘主要是經濟性的。而中國民營企業很多則缺乏這種進退的動力與能力，最大的特徵是從經濟意義上考察，該退出的未退出，該進入的未進入。

一是觀念性障礙。一方面，民營經濟作用功能指向認識有偏差。毋庸置疑，當前社會上對民營經濟在一定程度上存在著某種「傲慢與偏見」。另一方面，發展預期不確定性，等到市場欣欣向榮時，再進入成本可能就要高得多。

二是體制性障礙。總體上講，當前中國民營企業產權結構「絕對」封閉，這與開放的市場體制是格格不入的。儘管企業產權實際上一直處於所有者明晰狀態，但內部人控制權的不易轉讓構成了民營經濟做活、做大、做強、做優的體制本能障礙。同時，政府服務作用邊界不明晰，既有越位，又有缺位，使民營企業享受著「超國民待遇」或「準國民待遇」。

三是發展成本障礙。當前國有企業與民營企業爭奪人才、資金、信息、技術、市場等資源，實質上就是兩種體制的競爭，加之行政（政府）方面還要「挖一塊」（人才），使本來就相對短缺的資源更加「稀缺」。在計劃體制權力的釋放中，民營企業的特殊地位使其獲取使用資源資本的成本處於絕對的劣勢和「下風」，必然要付出數額較大的市場信息、簽約和履行合同等各項市場交易費用。一個顯著的例證就是民營企業的人才「高成本」。

四是市場法制障礙。社會資本相對短缺，資本市場絕對不完善。同時，保護私人財產的法律沒有出抬，民間資金順利進入或退出某一領域還缺乏完善的法律依據和法律保障。

國（有）民（營）經濟互動，是中國民營經濟發展的一條有效路徑

中國民營經濟的發展，既面臨著經濟工業化、市場化、國際化的國內背景，又面臨著經濟全球化、貿易自由化的國際背景，既要「入市」，又要「入世」。矛盾在於任何社會總資源都是有一定限度的，各利益主體都希望獲取一塊較大的「蛋糕」。中國的特殊國情決定，國（有）民（營）經濟互動，應當是中國民營經濟發展的有效路徑之一。

應該說，國有企業、民營企業都具有客觀的自然屬性和社會屬性。作為一種社會生產組織經營形式，企業本身並不存在姓「社」姓「資」的問題，本身與低效率也沒有必然聯繫。正如世界銀行的經濟學家所說：「決定一個企業有無效率的主

要因素並不是在於它是公有的還是私有的……從理論上講，任何一種類型的所有制都可能創造最大限度提高效率的刺激手段。」問題的關鍵在於其經濟規模和配置應當合理化，應「經濟合理分工配合」。中國目前正在進行的人類歷史上最偉大的、也是經濟史上最艱難的工程之一——國有企業改革，就為此提高了空間。實際上，民營經濟的發展不僅為國有企業改革發展提供了制度改造效應，形成了一種「倒逼」機制，還提供了客觀的經濟基礎和組織依託。而通過深化國有企業改革，使國有經濟總體在規模上把握「控制力」，在佈局上「有進有退」，不再「與民爭利」，真正「讓利於民」，註重發揮其基礎服務職能、經濟調節和控制職能、社會政治職能，就可以為整個國民經濟發展，首先是為民間企業發展創造條件。學習西方國家的經驗，政府可以把救助瀕危的私人企業視為國有企業的一項重要任務，把國有企業作為「病態民間企業的療養院」。按照市場規律，依託分工合作「這一偉大的槓桿」，通過國（有）民（營）互動，內外資的互動，民間資金的自由組合，建立良好的、有序的競爭合作關係，就能實現「共贏」。

——《理性推進民營經濟發展》（柳華平）原載於《四川經濟報》2003 年 9 月 5 日。

3. 結構就是「槓桿」

　　加入WTO後，中國菸草企業在國際國內兩個市場上必將與國外的主要菸草企業面對面地全面競爭。但是毫無疑問，中國的各菸草企業與國外的大型菸草企業相比，不僅在經濟規模、產品實力等「硬件」方面存在較大差距，而且在「軟件」方面也難與之抗衡。在體制結構上，現行菸草企業管理體制人為地限制了企業根據自身利益在市場上尋求有效的競爭方式，菸草企業在原料、生產規模、產品價格、市場選擇等重大問題上缺乏足夠、完整的自主權。在市場結構上，菸草企業呈現出工商割裂、市場割裂，但在區域範圍內又是行政權力和經營權利一體化，這種局面既限制了企業自身經營的靈活性，又造成了企業對行政權力的依賴性，致使企業行為扭曲。而國外的大型菸草企業往往都不存在上述致命的問題。它們都擁有在比較充分的市場條件下長期形成的企業結構和運作機制，是具有完整企業功能的市場主體。正是這種企業組織的不同和運作機制上的差異，構成中國菸草企業在參與國際競爭中的又一薄弱環節。

　　加入WTO，迫切要求中國菸草行業盡快進行企業組織結構及其功能的全面調整，培育大市場、大企業、大品牌，以增強競爭實力。構建大市場，就是要建立和形成全國統一、公平競爭、規範有序的大市場，堅決反對和糾正各種形式的地區封鎖行為，積極推進專賣體制下適應市場經濟發展要求的菸草市場體系建設，努力提高菸草行業參與國際市場競爭的整體實力；扶植大企業，就是要加快企業組織結構調整步伐，為重點企業的發展壯大創造有利環境，鼓勵和支持工業企業間的聯合、兼併和重組，推進這些企業做大做強；培育大品牌，就是要加大產品結果調整力度，壓縮、精減牌號，培育一批有一定規模數量、有較高技術含量、有較強市場競爭力、深受消費者歡迎的名優卷菸。真正地培育好大市場、大企業、大品牌，中國菸草才會有健康的發展前景。

　　——《結構就是「槓桿」》（柳華平）原載於《稅收指南》2003年第9期。

4. 不能看空「後非典」經濟

「後非典」經濟空間依然看長。發生在生命體中的非典型性肺炎（非典）已經對中國宏觀經濟產生了一定的不利影響，不可低估，但也不能高估。從總體上看，非典對經濟的影響將大大低於中國經濟自身增長潛力的釋放效應。非典疫情衝擊的是消費心理，而非消費需求。它使消費者的消費行為和企業的投資活動將受到一定程度的抑制，從而對總需求的增長產生消極影響。但這樣的外部衝擊只會給經濟增長造成擾動，經濟增長曲線會突然往上或突然往下，形成一個拐點，在這種擾動結束後經濟活動將恢復到原來的狀態。

從產業結構分析，非典疫情的發生，受影響較大的主要是少數疫情嚴重的地區，並且主要集中在第三產業，在中國整體經濟中所占的比重不是很大。中國的第一產業尤其是占中國整體經濟比重很大的工業受非典的影響比較小。由於食品、生活必需品等消費剛性較強的商品消費以及汽車、住房、家具等大件消費品的消費未因受非典影響大幅減少；反而由於抗擊非典的需要，藥品、消毒用品的消費量已大幅增加，因此居民消費購物前期在一定程度上減少，但是總體上對消費增幅的影響不大。同時，第三產業中的通信業、網絡服務業也在這一非常時期獲得較快增長。從根本上影響當前經濟高速增長的主要因素是由於中國「世界工廠」「世界市場」絕對比較優勢對投資的帶動效應，對內對外開放開發對投資和消費的拉動效應，以及新興消費品拉動的增長週期，特別是以消費結構升級為核心的新一輪經濟增長內在動力正在直接帶動中國經濟的強勁增長。而這些因素並未受到非典的深度影響。非常重要的是，政府對市場「無形之手」規律性的認識和駕馭能力已顯著增強。各級政府通過出抬一系列的政策、措施，如對受非典影響較大的行業採取減免行政事業性收費和適當財稅優惠政策措施，以「有形之手」彌補市場缺陷，將幫助這些行業渡過難關。因此，非典對中國宏觀經濟的影響只是一個暫時的衝擊，而不是永久性的傷害和系統性的衝擊。通過各種中短期的政策、措施、國際合作和建立健全長效的機制我們已經打贏了這場沒有硝菸的戰役。

——《不能看空「後非典」經濟》（柳華平）原載於《稅收指南》2003 年第 8 期。

5. 從「中國製造」到「中國標準」

　　茶業是綠色經濟、生態經濟。川茶何時再度「飄香」，或許再也不能「飄香」，這些都不是由某位德高望重的專家、領導說了算的，而應當由市場說了算，由消費者的「嘴」說了算。川茶要再度「飄香」，必須在中國經濟工業化、市場化、國際化的大背景中定好位、把握好機遇。

　　中國新一輪工業化先由農業和農村開始，並得到農業和農村經濟發展中持續提供的產品剩餘、資本剩餘以及勞動力剩餘的有力支撐。因此，它一開始就是由農業和農村參與並與工業和城市共同創造、共享工業文明的工業化，是全民參與的工業化，也是逐步打破城鄉隔離、工農業封閉狀態而轉向城鄉互動、工農業及其他產業互動的工業化。

　　中國經濟的市場化進程，是一個市場在資源配置中作用不斷強化的過程，是一個政府、企業和其他市場主體相互關係在市場中的重新定位的過程，是一個企業朝著市場主體方向和其他市場主體一起發育和成長的過程，同時還是一個市場及市場主體本身的發育過程。政府職能的轉變、企業市場主體行為的強化、消費者消費行為的理性化和權益意識的覺醒、市場競爭的加劇、全國統一市場的形成、各類產品市場的形成、資本和勞動力市場的發育等諸多方面的變化，無一不是在這個過程中進行並與這一過程緊密聯繫在一起的。

　　中國經濟的國際化，意味著中國的經濟發展不再是單純地依賴於本國的資源、技術、資本等要素條件和市場條件，還同時依賴於其他國家的資源、技術、資本等要素條件和市場條件。在這種宏觀經濟背景下，茶業生產者、經營者必須改變傳統的經營理念、經營方式、產品結構以及生產工藝，這將成為川茶贏得更大國際、國內市場份額的新起點。競爭勝敗在於產品質量，而質量的好壞又取決於產品「標準」的高低，正所謂得「標準」者得天下。

　　中國是一個傳統茶業大國，不應當再滿足於「中國製造」（Made in China），應當努力在 WTO 農業政策框架下實現全球茶業的「中國標準化」（Chinese Standardization），也就是茶葉標準的「中國化」，中國茶業標準的「國際化」。這要求茶業的生產經營活動以市場為導向，建立健全規範的工藝流程和衡量標準，包括生產技術、管理技術、採收、包裝、儲存運輸等諸多環節。企業必須從生產、流通、加工等領域全程抓「標準化」的推廣與應用，不斷提高符合市場需求的產品質量，擴大

產品的市場佔有率。政府應當發揮產業結構政策、產業組織政策、產業佈局政策的作用，促進產業合理佈局和分工；同時，發揮產業技術政策的作用，促進產業結構高度化、高級化。這是茶業增長方式根本性轉變的一項重要內容。政府要支持茶業向高附加值方向推進，社會生產能力逐步從資源開發初加工向深加工方向發展。這種調整與規模化經營、內涵式發展相結合，從整體上提高產業素質、效益，提高國際競爭力與應變能力，並從根本上解決資源不足、資源開發滯後的問題。

四川是傳統的茶業大省，面對新經濟變革趨勢，應當增強茶業結構調整的主動性，並自覺接受國際、國內分工給我們「分配」的產業。我們必須調整思維定式，在全球經濟一體化中擺正自己的位置，在國際、國內分工中尋找自己的優勢，再圖「霸業」。

——《從「中國製造」到「中國標準」》（柳華平）原載於《稅收指南》2003年第7期。

6. 從多取少予到少取多予的制度創新
——中國「三農」問題的財稅政策檢討

摘要： 中國「三農」問題由來已久，形成機理極為複雜。在體制轉軌時期，出現「三農」問題並不可怕，關鍵是要有一套完善的社會控制機制。財稅政策既是市場經濟條件下政府干預農業的重要經濟政策工具，也是政府實施其他經濟干預的重要載體。借鑑財稅支農國際慣例，中國應對農業實施「反哺」性財稅政策，重點是進行從多取少予到少取多予的制度創新。

關鍵詞： 多取少予　少取多予　制度創新　財稅政策

近年來，中國的農民、農村、農業「三農」問題嚴峻，已經引起上上下下的普遍關注。中央明確提出，建設現代農業，繁榮農村經濟，增加農民收入，是全面建設小康社會的重要任務。本文擬從財稅政策角度對「三農」問題做一些檢討，考察分析其表象及形成機理，並借鑑國外農業財稅政策，提出中國農業財稅政策創新的基本路徑。

一、中國「三農」問題的表象及其形成機理

改革開放後，由於實行家庭聯產承包制以及20世紀80年代初期、20世紀90年代中期大幅度提高農產品價格和鄉鎮企業的興起與發展，農民的收入水準有了一定的提高，生活水準有了一定的改善。但自20世紀90年代中期以來，由於整個宏觀經濟形勢的變化，農民、農村、農業又一次陷入困境。一是中國處於社會主義初級階段，農村尤其不發達。全國近13億人口，62%以上在農村，占大多數。二是當前國民經濟發展的突出矛盾是農民收入增長緩慢。2001年，中國農民人均純收入實現了恢復增長，達到2,366元，但地區之間、農戶之間很不平衡，沿海不少地方已經達到了3,500元以上，而西部一些省份還在1,500元左右。在中西部貧困地區，農民收入甚至出現絕對下降。1998—2002年，四川省農民人均純收入年均增長4.6%，2002年僅為2,107.6元。在我們最近調查的四川省廣元市貧困縣鄉，雖然統計資料反應的是1,300多元，但據當地人講，扣除「水分」農村人均純收入可能還不到1,000元。三是中國城市與農村發展差距在拉大，農民人均純收入增長遠遠落後於城市居民人均可支配收入的增長，農村文化、科技、教育、衛生、體育等現

代文明遠遠落後於城市。據統計，2001年城鎮居民人均可支配收入達6,860元，而農民人均純收入只有2,366元。特別是目前農村還有3,000萬左右的貧困人口，主要集中在中西部的老、少、邊、窮地區。農村還有約6,000萬人剛剛越過溫飽線，收入還很不穩定。據測算，1980年，中國包括農民在內反應收入分配差距的基尼系數為0.3左右，1988年上升到0.382，2001年則達到0.458。有人估計目前中國的實際城鄉差距至少在6倍以上。占中國人口比重2/3的農民的現實消費購買力占全社會消費品零售總額的比重由1985年的56.5%下降到2001年的37%。這也是中國近年來內需增長乏力，生產相對過剩的重要誘因。

中國「三農」問題由來已久，產生的原因是複雜的，既有資源稟賦條件等自然原因，也有社會歷史原因，還有政治經濟原因。實際上「三農」問題在計劃經濟時代就已經存在，但為舊的體制所掩蓋，矛盾不甚突出或未上升為中國經濟的主要矛盾。自中華人民共和國成立以來，國家長期對農副產品實行統購統銷，農民剩餘的農副產品只能按照國家規定的相對偏低的價格標準統一賣給國有商業部門，國有商業部門執行的統購價格同市場價格之間的差額，便是政府憑藉政治權力對農民創造的社會產品的分配進行的必要扣除——即農民繳納的「暗稅」。進一步看，隨著低價的農副產品銷往城市，不僅工業的原材料投入成本因此直接降低，城市居民亦因此獲得實物福利（生活費用降低）並間接降低了工業的勞務投入成本。在工業的原材料投入成本和勞務投入成本被人為降低了的同時，工業品實行的是較高的計劃價格制度，遠遠高於農副產品的統購價格，形成工農產品之間的「剪刀差」。於是，在低成本和高售價的基礎上，工業部門獲得了高的利潤。這塊高利潤並不是工業部門獨立創造出來的，它包含來自城市職工的貢獻，也包含來自農民的貢獻。正是由於這種農副產品統購統銷制度、工農業產品價格「剪刀差」以及城鄉分割的政策，農民生活一直比較困苦。

在新的市場經濟體制環境下，近年來，「三農」問題從隱性轉為顯性，並且越發為突出，源於以下幾大因素：

（一）農產品出現結構性過剩，農產品價格連年出現下跌

1995年，每千克稻谷平均賣0.40元，2000年降至0.18元，下跌55%，1997—2000年，農民共減少收入3,000億~4,000億元。僅2000年農民人均出售農產品收入就比1997年減少492元。糧食收購價格，尤其是實際收購價格的大幅下降，在很大程度上反應了中國糧食收購及經營體制的問題。政府一方面要求糧食部門按國家確定的保護價敞開收購，另一方面又要求其順價銷售，經營還要自負盈虧，減少虧損甚至扭虧為盈，對糧食收購、儲藏、運輸、經營、損耗的補貼由中央、省、市、縣各級財政負責。實際上，近年來糧食生產過剩，市場價一路下滑，順價銷售、自負盈虧根本做不到。在經濟不發達或以農為主的地區基本上沒有財力承擔，只好實行定額補貼或掛帳處理。在財政補貼資金嚴重不足的同時，要求糧食部門自負盈虧，糧食部門本能地利用其收購壟斷地位，壓級壓價，千方百計把損失轉嫁到農民頭上。儘管國家每年為此也拿出不少錢，如2000年糧、油價格補貼達758.74億元，

但相當部分補貼在流通環節漏損或延滯，有的甚至被貪污、挪用，廣大農民沒有真正得到多少實惠。更為嚴重的是，中國目前的農產品價格已經高於國際市場價格20%~40%，已屬於「天花板價格」。如果國際市場農產品價格不上漲，則中國想通過提高農產品價格來增加農民收入幾乎是不可能的。加入 WTO 之後，面臨國外質優價廉的農產品進口的衝擊，面對環境、技術、政策等「綠色壁壘」，中國農產品價格可能還會下跌。因此，中國加入 WTO 後，受衝擊最大、受損害最嚴重的就是農民了。

（二）經濟結構不合理、總量過剩以及城鄉分割的體制，使農民「非農化」進程嚴重受阻

中國人多地少，8 億多農民在一畝三分地上再勤勞也難以致富。「三農」問題的根本出路在於農業的產業化和規模化，但農業產業化和規模化的前提是大批農民能夠「非農化」，即能夠大量轉移出去從事工業和服務業。但問題是，中國經濟總量過剩，加之通貨緊縮，城市行政機構、企事業單位改革，城市就業與再就業壓力本來就很大。目前城鎮失業人口實際達 2,000 萬左右，失業率已高達 12% 左右，農村尚有 1.5 億剩餘勞動力需要轉移。假定中國經濟年增長率為 8%，就業彈性系數為 0.13，則每年對勞動力的需求為 800 萬人，「十五」時期中國將有 1.89 億勞動力處於失業或隱性失業狀態，相當於全部勞動力的 1/4，中國失業率將上升到 14%，成為全球失業人數最多的國家。中國就業形勢的嚴峻，加之農民文化知識水準偏低，城市對農民就業多年來形成的並且被公共政策乃至法律法規允許的某種「傲慢與偏見」的「制度之殼」以及種種壁壘，使農民「非農化」轉移面臨嚴重困難。在廣大中西部地區，尤其是各方面條件較差的貧困地區，20 世紀 80 年代興起的農村鄉鎮企業、私營企業、個體經濟，由於宏觀經濟總量過剩，產品、質量、技術、經營等因素制約，加之關「五小」「十五小」，而紛紛倒閉，它們吸納剩餘勞動力的能力近年來甚至出現萎縮，使農民通過進城打工或進鄉鎮企業務工以增加收入的空間狹窄。

（三）農村公共產品供給短缺，成本居高不下且主要被農民承擔，導致稅費負擔日趨嚴重

中國對農民基本上沒有什麼農業直接補貼，恰恰相反，還有較為沉重的稅費負擔。1986 年，農民畝均稅費負擔僅 10 多元，一直到 1992 年也不過才 30 元，1999 則達到 350 元。據我們在四川省廣元市元壩區的調查，2000 年農民種田畝均負擔達 297 元，占農民人均收入的 30% 左右。由於農民種糧收益極低甚至虧本，加之所交稅費越來越高，農村出現大量撂荒，許多農村青壯年勞動力，包括女性，基本都外出打工，甚至出現男女老少舉家外出的現象。元壩區清水鄉有 1/3 的農戶全家外出。這表明在稅費面前，農民沒有「用手投票」的權利，只能採取「用腳投票」的方式來對抗稅費負擔和生活的貧困。儘管如此，政府收取的各項稅費仍不夠支出，縣、鄉、村級政府自 20 世紀 90 年代下半期以來出現大量負債，在經濟上處於「破產」狀態。有人估計，中國目前僅鄉級政府債務達 2,000 億~4,000 億元。以四

川省廣元市經濟狀況最好的市中區為例，據不完全統計，到 1999 年全區鄉鎮負債達 5,567 萬元（不包括農村合作基金會負債 2,839 萬元），鄉鎮平均負債 371 萬元，當年鄉鎮負債額比全區財政收入 5,304 萬元還多 200 餘萬元。而屬國家級貧困縣的朝天區 2001 年年末政府債務餘額達 1.66 億元（經審計部門專門審核），相當於全區當年財收入 1,932 萬元的 8.6 倍。其中，鄉級債務為 6,910 萬元，村級債務為 1,450 萬元。據調查，債務形成的原因主要是「兩金」（農村基金會、供銷社股金）兌付、農村義務教育達標、鄉鎮企業大量倒閉、修公路、村村通廣播電視、搞「政績工程」「形象工程」以及機構、人員膨脹。這裡也提出了一個根本性的問題，即占全國人口 2/3 以上的廣大農民所需的基本公共品的提供是否應當主要由農民自己承擔？我們在四川省廣元市進行農村稅費改革調查中瞭解到，農村社會公共產品和公益事業，如農村的治安、行政、義務教育、醫療衛生、計劃生育、鄉村道路、農田水利、廣播電視、鄉村電力、五保戶補助等，過去主要靠農業稅收、提留統籌、各種集資攤派來提供資金。稅費改革後，按照規定，農村只能徵收農業稅和農林特產稅以及兩稅附加，過去的屠宰稅、提留統籌、各種集資攤派統統取消。儘管中央、省上給予一定的財政轉移性支付，但仍然存在相當大的缺口。以廣元市元壩區為例，2000 年徵收稅費總額 6,336 萬元（其中農業三稅僅占總收入的 22%），農民人均稅費負擔 297 元。改革後，農業稅、農林特產稅及兩稅附加合計 1,476.8 萬元，人均 69.1 元。資金製品達 4,859.2 萬元，即使扣除財政轉移支付 1,388 萬元，仍有缺口近 3,500 萬元。據估計，改革後，整個廣元市資金缺口達 3 億多元，即使扣除省上的轉移支付 1.3 億元，仍有缺口 2 億元左右。

農村公共產品和公益事業的供給資金匱乏問題，實質上反應了農村社會公共產品和公益事業到底應由誰來提供的重大問題，即政府對農民是「多予少取」還是「多取少予」的基本政策問題。中國農民占總人口的 2/3，廣大農民是目前中國收入和生活水準較低的群體。儘管如此，中國農村的治安、行政、義務教育、醫療衛生、公路交通、廣播電視、電力通信、人畜飲水、水利灌溉、科技推廣、植保防疫、社會保障以及社會救濟等社會公共產品和準公共產品卻基本上由農民自己出資解決。以廣元市元壩區為例，2000 年農村教育支出 1,704 萬元，向農民教育集資就達 1,255 萬元，占教育支出的 72%；2001 年農村人均衛生撥款僅 4.15 元。而收入較高的城市裡的這些公共產品的提供卻基本上由國家出資解決。從一定意義上講，「三農」問題是中國長期以來對農民、農村、農業的「多取少予」，重城市輕農村，重工業輕農業，城鄉分割政策的必然結果。

（四）農村資金大量外流，農業處於「失血」狀態

由於農業生產規模小、週期長、風險大、收益低，各大商業銀行在金融改革中紛紛退出農村，基本上是只存不貸，導致農村資金大量外流，使資金在農村越來越成為過度稀缺的要素，並由此導致「高利貸」的普遍存在。農民在農產品價格下跌、農村稅費增加的不利條件下，又增加了資金緊缺的困難。據統計，1999 年與 20 世紀 90 年代初相比，農戶從農業銀行和信用社得到的貸款由 40% 左右大幅下降到

24.43%。20 世紀 90 年代下半期，據估計每年農村流出的資金達 5,000 億元左右。據人民銀行濟南分行估算，山東省農村至少有四成左右的資金缺口。據人民銀行山東日照市中心支行調查，自 1995 年以來，該市農村資金流向城市和非農產業的數量高達 20 億元以上，占同期農村存款的 66.7%。在經濟欠發達的中西部地區，尤其是貧困地區的情況則更嚴重。由於大量的農村資金外流，農民貸款難、融資難已成為制約農村經濟發展的瓶頸問題。此外，中國對保護農民利益的農業生產災害損失保險也由於風險大、成本高，缺乏政府的支持而處於萎縮趨勢。1982—2001 年，人保公司農險的賠付率平均達 89%，加上營運費用，總共虧損 6 億元，保險公司缺乏經營農險的積極性，農業保險費收入從 1997 年的 7.12 億元下降到 2001 年的 3.98 億元（占總保費的比重不到 1%），以至於有人驚呼：「國內原本就幾乎是一片空白的農業保險，現在瀕臨消亡的危險。」

二、中國應對農業實施反哺性財稅政策

（一）應加強對農業的支持和保護，保證農業持續穩定發展

應當承認，一國在工業化的初期，由於缺乏其他資本累積的來源，而不得不對農業、農民實行一定程度上的剝奪政策，從農業中獲取工業化起步的初始資本。但當工業化一旦發展起來，由於農業的特殊性和社會穩定以及公平的客觀要求，一般應反過來對農業實行各種優惠的反哺政策。

從農業的地位看，農業是國民經濟的基礎，是「安天下」的產業，解決人民的吃飯問題歷來是黨和政府的頭等大事。只有農業基礎得到了鞏固，經濟才能發展，社會才能穩定，人民才能安居樂業。「三農」問題關係中國改革開放和現代化建設全局，任何時候都不能忽視和放鬆。如不妥善解決「三農」問題，就會嚴重挫傷農民的積極性，動搖農業的基礎地位，甚至危及國民經濟全局。同時，農業又是一個弱質產業。農業是自然再生產和經濟再生產過程的統一，始終面臨著自然和市場雙重風險。目前，中國人多地少、人多水少，農業人均資源佔有水準低；農戶經營規模小，組織化程度低；農業的物質技術基礎還比較薄弱，抵禦自然災害的能力低。再加上自然環境相對惡劣，而且還有惡化的趨勢，農業發展先天不足。因此，我們必須加強對農業的支持和保護，保證農業持續穩定發展，縮小城鄉差距，不斷提高農民的收入水準進而大幅度提高農民的生活水準。

從中國現有經濟體制和運行環境看，中國正處在深化市場取向的改革時期，市場在資源配置中日益起著基礎性作用。但也必須看到，市場在配置資源時本身也是有缺陷的，也存在「市場失靈」的問題。農業處在比較效益低的情況下，農業難以形成「空洞」效應、「磁場」效應，市場不能自動調節引導社會資源加強農業，因此必須由政府進行必要的干預。

同時，加入 WTO，意味著成員方的游戲規則應當符合國際慣例。國際慣例在一定程度上就意味著對企業的超國家干預，意味著對內政的干預，但 WTO 在規範政

府行為的同時，又認同合理的政府作用，並不排斥政府的干預。根據 WTO 的農業規則和中國的入世承諾，中國對農業的保護可以無限制地使用「綠箱」政策和有限制地使用「黃箱」政策（中國「黃箱」政策補貼為農業產值的 8.5%）。據資料顯示，中國目前對農業的國內支持為負值。僅以「黃箱」政策補貼為例，如果扣除每年所徵的農業稅收，1998—2000 年實際補貼水準僅占農業總值的 1.39%，遠遠低於中國加入 WTO 承諾的 8.5% 的水準。分析其原因，一是財稅政策上長期以來的「離農」傾向，改革開放以來，中國財政支出中用於農業方面的支出比重曾一度下降，後來雖經提高，但一年也不過 1,000 多億元，占財政支出的 10% 左右。二是受財力制約，每年可用於農業的支出有限。三是支出結構、使用方式不合理和資金使用效益低下。每年 1,000 多億元的支農支出基本上用於涉農部門的「養人」支出，農民沒有得到多少實惠。糧食收購補貼、農業水利工程、退耕還林、農村扶貧等支出也存在資金漏損。面對日趨激烈的國際競爭和發達國家實力雄厚的農業補貼，為了增強中國農業的競爭力，更需要加強對中國農業的支持和保護。

（二）應充分發揮財稅政策的資源性和農業發展的「授能」

從組織和制度的角度看，政府和農村經濟主體為正式的組織，都具有資源性，並且互為資源。政府作為公共管理機構，雖然本身不直接創造價值和參與價值創造，但政府可以憑藉其政治權力和權威，作為制度和規則的供給方來維護價值創造和服務價值創造。同時，政府作為政府採購的主體，也是一種市場資源。因此，政府是農村經濟的資源。農村作為政府管理和服務的對象，本身也是一種社會資源。因此，評判政府農村政策的基點，就在於這種政策對價值創造的效率有何效應。

毋庸置疑，中國「三農」問題目前已到了相當嚴重的地步。它是中國長期以來對農民實行「多取少予」以及城鄉分割的經濟、社會政策，包括財稅政策的必然結果。「三農」問題主要不是因財稅政策不當而產生的，但卻大多與財稅政策有關。因此，不管是從增加農民收入、緩解農民困苦，並進而擴大內需、緩和通貨緊縮的矛盾，還是從社會公正、公平以及應對 WTO 的衝擊的角度看，現在都到了應當調整社會經濟政策的時候了。

財政稅收作為調控市場經濟的「有形之手」，對經濟發展具有「授能」（Enabling）和「去能」（Disabling）的雙重性。在市場經濟條件下，財稅政策給經濟帶來的既可能是正效用，也可能是負效用。農業發展中政府干預其他手段的實施，最終均歸結於財稅「取」和「予」的收支活動。為經濟發展提供更好的「授能」環境，促進、服從、服務於經濟發展是農業財稅政策創新理論的基石，也是認識財稅現象、制定財稅政策、創新財稅管理的鑰匙。這樣才能形成經濟與財政、稅收之間持續不斷的良性循環，既把經濟、財政、稅收的「蛋糕」做大，又有效地分配「蛋糕」，使所有人能夠分享經濟增長、改革開放的成果，調動各方面積極性，努力實現全面建設小康社會的目標。

三、中國農業財稅政策創新的國際借鑑

(一) 一般規則

WTO 的農業規則明確規定，對農業的保護可以無限制地使用「綠箱」政策和有限制地使用「黃箱」政策。WTO 對「綠箱」政策規定的範圍主要包括農業研究開發、病蟲害防治、農民培訓、農業推廣和諮詢服務、農產品檢驗、農產品行銷和促銷，與農業相關的電力、水庫、排水、防洪澇基礎設施；為食品安全而實行的公共庫存；國內食品援助；收入保險和收入保障；自然災害救濟、與生產不掛鈎的收入支持；對生產者退休、資源輪修、結構調整的政府援助；對實施環境保護的政府援助；實施區域性援助計劃的支持；等等。「黃箱」政策主要是指與產量、價格因素掛鈎，會影響市場機制的政府補貼。

(二) 總體情況

西方發達國家的支農財稅政策早已有之，而其系統化、規範化、規模化，美國是在 20 世紀 30 年代大危機之後，西歐則是在二戰以後。目前，世界上許多國家對農業都是實行「多予少取」或「只予不取」的高補貼、低稅收或無稅收的財稅政策，其中尤以美國、西歐和新興工業化國家或地區為代表。據統計，經濟合作與發展組織成員國 2001 年的農業補貼就高達 3,000 多億美元，政府對農業的支持占農戶收入的比重為 31%，美國、加拿大、墨西哥為 20% 左右，歐盟為 35%，日本、挪威、瑞士、韓國竟高達 60% 以上。按每公頃土地計算，美國對農民的直接補貼幅度為 100~150 美元，歐盟為 300~350 美元。世界銀行行長沃爾芬森就說，目前富國對農業的補貼差不多相當於非洲撒哈拉沙漠以南地區所有國家的 GDP 的總和，是富國對外援助預算的 7 倍。

(三) 美國的支農財稅政策

美國在 20 世紀 30 年代的大危機導致大量農民破產，羅斯福總統實行「新政」，制定以保障農民收入為目標的《農業調整法》，政府撥專項資金，設立專門機構，從農業資金、糧食儲備、農產品銷售等方面實行支持和保護本國農民利益的政策。此後不斷調整完善，形成農產品價格保護、農產品出口補貼、農業貸款低息、農產品低稅、進口農產品實行高額關稅和配額限制以及農村社會保障和低收入補助等一套完整的支農政策。WTO 農業規則自 1995 年生效後，美國於 1996 年根據新的形勢出抬了新的農業法，準備逐步降低農業的價格支持、出口補貼和關稅，轉而實行對農民的直接收入支持，計劃 7 年給農民 356 億美元收入補貼；取消目標價與市場價的差價補貼，但保留最低保護價；對保護農業生態及資源環境、鄉村基礎設施建設、農業科技、農村教育及衛生、農產品市場信息、農業低息貸款、農產品低稅等支農政策基本不變。由於世界農產品價格下降，美國農民收入減少，1998 年，美國又推出了兩項保護農民收入的政策。一項是「作物收入保險計劃」，另一項是「市

場損失補助」，增加農民補貼。1999年，美國又增加60億美元的農業支出，用於補償農民的市場損失和農作物欠收損失。2000年，美國的農業支持支出又在1999年的基礎上繼續增加。2001年，新法案的農業補貼在200億~300億美元。

2002年，美國又違背多哈會議上由其帶頭發起的削減農業補貼的承諾，決定在未來十年內增加1,900億美元的農業補貼，比目前的農業法案的撥款增加了近80%。美國這種對別國要求大開國門，實行自由貿易，自己卻大搞貿易保護主義的極端自私的做法遭到世界各國，包括世貿組織的一致譴責。美國增加農業補貼將引起富國競相採取同樣措施，受害最大的是發展中國家。據美國《國際先驅論壇報》（2002年3月14日）提供的數字，全球有將近50個發展中國家的出口收入的1/3以上靠出口農產品，另有40個發展中國家出口收入一半以上靠出口農產品。世界銀行和國際貨幣基金組織的一份報告指出，如果世界棉花不因補貼而價格下降，那麼非洲布基納法索的貧困人口在6年內將減少一半。但美國眾議院農業委員會主席康貝斯特對美國大增農業補貼的說法是：「這是為了美國農村，不是為了墨西哥農村，不是為了加拿大農村，也不是為了歐洲農村。」

（四）歐盟的支農財稅政策

法國、德國等一些國家早在19世紀末期就已實行了各種支農的財稅政策。但作為歐盟整體實施扶持農業的政策則始自20世紀50年代的歐共體。當時歐共體確立的農業政策目標是推動技術進步，保證農業生產的合理發展，提高農業生產率；保證農民有良好的生活水準，特別是增加農民收入；穩定市場，保證供給，保證消費者合理的價格。為此歐共體建立了農業指導與保證基金，專門用於農業支持和農業結構改革。此項基金一直是歐共體乃至後來的歐盟財政支出中的最大部分，約占其預算的60%~70%。其中，農業支持部分包括農產品價格補貼、出口補貼等，這部分支出約占基金的90%左右。同時，歐共體或歐盟對從其外部進口的農產品課徵高關稅。這套農業支持政策的實施，促進了農業的發展，使歐共體或歐盟各國由二戰前的農產品輸入國成為輸出國，增加了農民收入，保持了社會穩定。

20世紀90年代以來，尤其是加入WTO之後，歐盟的農業政策也進行了相應的調整。其調整的指導原則是建立一個既可以保證農民合理收入和理想的生活水準，又可以與世界市場進行競賽的農業產業；與使用健康的、有利於環境保護的生產方式相結合的可持續發展的質量農業和提供消費者期望的質量產品；一個為充滿活力的農村區域服務的農業部門，一個多樣化和具有濃厚的傳統色彩的農業，即不僅生產產品而且保持一個有活力的農村及保護農村區域的質量和風景；一個貼近消費者的農業政策，即支出是可以被驗證的，並且推動能夠滿足社會現在與將來的需要和期望的農業。

調整的要點是削減進口關稅與配額限制；減少農產品補貼，更多地運用直接收入補償；增加環境保護與治理、農村基礎設施、支持落後地區、農村教育與醫療、青年農民培訓、農業生產資料和農產品加工與市場設施及信息、獸醫、植保、防疫、科技推廣、農業結構調整、社會保障與救濟、提前退休補貼、低收入補助、低

息生產貸款等促進農村經濟和社會發展的政府支出。例如，在削減價格補貼方面，穀物的干預價格在2000年降低20%，但直接補償卻從原來的每噸54歐元上升到66歐元，對休耕地也按耕地一樣的標準進行補償。歐盟對將土豆用於加工澱粉的生產者每噸補償118.41歐元。牛肉的干預價格到2002年分三步削減30%，同時分三步提高津貼，2002年每頭公牛和肉牛的津貼分別達到210歐元和300歐元。類似的補貼還包括草料、牛奶、葡萄酒等。1996年的《科克宣言》特別強調農村發展的重要性，並指出「如果我們的農村消亡了，那麼城市也將步其後塵」。

發達國家在WTO農業規則的約束下，改變的僅僅是農業補貼的方式，其農業支持政策的實質並沒有多少改變。正所謂：「世貿規則多多，就看誰玩得高明。」市場經濟發達國家和地區與中國的自然條件、社會制度和經濟基礎有較大差異，對其支農財稅政策，中國不能完全照搬照抄，但其某些先進制度和政策是值得我們學習、借鑑與參考的，尤其是利用WTO的規則保護中國農民的利益更是中央政府的職責。

四、少取多予、反哺農業的財稅政策創新基本原則和路徑選擇

借鑑國外經驗，我們認為創新中國的財稅支農政策應當堅持以下原則：

一是公平原則，即在廣大農村的社會公共產品的資源配置上（如社會治安、義務教育、基本醫療、公路交通、郵電通信、廣播電視、電力照明、水利灌溉、人畜飲水、計劃生育、必要的行政管理、科技推廣、就業、社會救濟、社會保障等），要使占人口2/3的農民同城市人一樣享受「國民待遇」。二是優惠原則。反哺農業要按照「多予少取」的思路，堅持「長期優惠，大力優惠」。三是稅收國際化原則，即財稅政策應當與國際通行做法接軌，適應國際貿易的需要，有助於推動中國融入國際經濟一體化。四是法治化原則。財稅政策應當更加規範、穩定和透明，有助於投資者對投資項目的財稅環境進行合理預期。五是市場化原則。財稅政策創新要有助於消除影響經濟發展的財稅障礙，有助於市場在資源配置中發揮基礎性作用。

少取多予，反哺農業，必須設計並選擇具有超強刺激性和吸引力的財政稅收傾斜政策，進行制度創新。

（一）通過「立改廢」，建立規範的現代農業稅收制度

盡快推行農村稅費改革，切實減輕農民負擔。例如，四川省廣元市2003年開始全面推行農村稅費改革，農民稅費負擔由2000年的人均196.4元降低到64.53元，下降幅度達67.1%。下降最多的元壩區由297元降低到69.1元，下降幅度達76.7%。但農村稅費改革後也反應出三個主要問題：一是農村義務教育等公共產品提供缺乏資金來源；二是農村鄉、村兩級龐大的政府債務無錢支付；三是鄉村政權正常運轉資金短缺。這三個問題如果不能得到較好的解決，剛減下去的負擔必然又會以各種名目反彈，農村稅費改革很可能會重蹈歷史上歷次捐稅改革失敗的覆轍。

這就要求我們加大力度建立健全公共財政體制，建立統一、民主、公正、透明、規範的農村財政預算體制，確保農村得到上級政府轉移支付，確保本地財政開支項目、規模代表廣大農民的根本利益要求，消除農村出現財政缺口的「制度根源」。

逐步取消農業稅收。中國歷史上，凡是在農民困難之時，往往實行減免農業稅賦的「輕徭薄賦」政策來緩和農村矛盾。農村稅費改革完成之後，我們就應當不失時機地減免農業稅。中國財政已經具備了減免農業稅收的實力。2000年，中國農業「五稅」——農牧業稅、農林特產稅、屠宰稅、耕地占用稅、契稅總共才465.31億元，只占財政收入的3.47%。浙江省於2001年在一些貧困地區實行免徵農村特產稅的試點，結果既減輕了貧困農民的負擔，促進了山區特色農業的發展與農林特產的流通，活躍了地方經濟，對解決當地農民脫貧起了很好的作用。2002年，浙江省開始全省免徵農業特產稅。

(二) 對農產品加工、銷售實行低稅或免稅政策

中國「三農」問題解決的出路之一在於農業產業化，而農業產業化的一個重要方面就是農產品的深加工，它既可以使農產品最大限度地增值，從而增加農民收入；又可以發展農產品加工業，解決農民的就業問題；還可以使城市居民享受更多、更好的農副產品。據報導，中國農產品加工搞得較好的浙江省農產品加工業企業達28萬家，產值占其工業產值的36.2%，出口達14.8億美元，占全省農產品出口總值的一半。儘管如此，浙江省仍繼續把下一步農業發展的重點擺在全力發展農產品加工業上，認為這是加入WTO之後，中國農業破「壁壘」、跨「門檻」、度「難關」、增效益、提高國際競爭力的突破口。

中國現行的增值稅對農產品加工、銷售實行13%或17%的稅率（一般納稅人），如掛麵、熟製品、奶製品、肉蛋類罐頭、精製茶等就是17%的稅率，而抵扣只有10%，從2002年起調整為13%，由此往往導致出現「高徵低扣」。中國對小規模納稅人則按4%或6%的徵收率徵稅，而且無進項抵扣，加大了農產品加工、銷售企業的成本，制約其生產經營的積極性，而這些經營者，尤其是企業也往往利用其有利地位將稅負通過壓價轉嫁給農民負擔。為了支持農業發展，增加農民收入，中國應對農產品加工、銷售實行低稅甚至免稅政策。

(三) 完善農產品進出口稅收政策

築好進口關稅壁壘。加入WTO之後，根據中國的承諾，進口農產品平均關稅將由入世前的21%降低到2004年的15%，其中水果、肉類、葡萄酒和奶製品等降幅更大。小麥、玉米、大米的進口配額逐步擴大到2004年的2,215萬噸，配額內的關稅為1%，大豆則沒有進口配額。隨著農產品進口關稅的大幅下調和進口配額的逐步擴大，中國農業、農民將面臨國外質優價廉的農產品的重大衝擊。從長遠看，農業、農民的困境只有通過農村勞動力的大量轉移、農業的產業化和農業結構調整來解決。但從短期看，為了盡量減少國外衝擊，緩解農村、農民受損程度，可以通過關稅結構性調整來解決。凡具有相對競爭優勢的農產品，如水果、肉類、蔬菜等，關稅下調幅度可以大一些；凡不具有相對競爭優質又對農民收入衝擊較大的農

產品,如小麥、大米、玉米等,關稅降低幅度可以小一些,只要總體平均關稅下降幅度不違背入世承諾即可。同時,中國可以結合其他質量、衛生、檢疫等非關稅措施,把國外農產品衝擊減小到最低程度,並為中國農業結構和農業政策調整贏得時間。

完善出口退稅優惠。對農產品出口,中國應當改變現行的農產品出口退稅制度,完全實行「徵多少退多少」的原則,逐步取消出口退稅指標計劃分配管理辦法,實現出口退稅按實際退稅需求及時辦理,應退盡退,支持農產品出口。同時,中國應創新出口退稅負擔體制,建立中央和地方共同負擔出口退稅支出的機制,減輕中央財政對出口退稅支出負擔壓力,充實出口退稅資金來源。這有利於出口企業能夠及時得到退稅款,提高出口企業經濟效益。

(四) 支持農村金融創新,改變農村「失血」狀態

一是從根本上改造農村信用社,使之真正成為農民自己的、為農業服務的農村合作金融組織,充分發揮農村融資主渠道的作用。二是有條件地發展農村民間合作金融組織,以形成競爭局面,打破獨家壟斷,提高金融服務水準和質量。三是允許它們兼營農業保險。四是政府在財稅、金融政策上予以扶持。例如,稅收上免徵營業稅、所得稅等一切稅收;財政上給予貼息補貼、貸款或保險擔保,注入一定的資本金,區別情況核銷一部分信用社的壞帳;人民銀行對農村信用社和農村民間金融組織給予優惠的再貸款扶持;等等。

(五) 改革糧食收購補貼方式,防止優惠漏損、延滯

一是推廣浙江等八省、市糧改試點,放開糧食收購市場,打破獨家壟斷局面。二是糧食收購部門和糧食經營部門徹底分開,收購部門只負責按國家保護價收購糧食,平抑糧價,保護農民利益。收購部門封閉運行,取消順價銷售的規定,國家只負責補貼收購部門虧損。糧食收購完全按市場價進行,市場價與國家保護價之差由國家直接補貼大部分給農民。但這裡有一個問題需要解決,即國家要同 2.7 億戶農民打交道,其交易成本過高的問題。對此,中國可以考慮依靠當地的鄉村政權組織,或者是通過成立農會或農村合作組織來降低交易成本。三是糧食收購、運輸、儲存、損耗的財政貼補應考慮各地實際情況,採取由中央財政全額負擔(如對中西部地區),由中央財政、省財政負擔,由中央財政、省財政、市財政負擔三種形式(中央財政、省財政、市財政各自負擔比例,視具體情況確定)。

(六) 加大對農村公共產品供給的財政支持力度

一是農村的義務教育的提供。目前中國農村的義務教育基本上由農民自己「買單」。據統計,2000 年,中國教育經費預算內撥款為 2,086 億元,其中用於義務教育的部分為 1,085 億元,僅占 52%。國家對大學生人均撥款近 9,000 元,對中小學生人均撥款僅 530 元,二者相差 16 倍多。在高校中,來自總人口 20% 的高收入和較高收入家庭的大學生占大學生總人數的 70%,城市家庭子女上大學的機會為農村的 13 倍。農村義務教育經費的嚴重不足導致農村教育水準低下和農民素質不高,甚至

導致部分農村兒童上不起學或中途退學。中國目前尚有 8,000 萬~9,000 萬文盲,90% 以上集中在農村。農村義務教育所需經費應當像城市一樣基本上由政府提供,鑒於農民的困難現狀,其提供比例還應當更高一些。農村義務教育經費應當由中央、省、市、縣分擔,經濟落後的地區則只由中央、省分擔。所需資金可以通過調整教育支出結構,如對大學這類非義務教育保持現有支出規模,新增財力全部用於義務教育,尤其是農村義務教育投入。

二是農村的基本醫療的提供。中國廣大農村在 20 世紀 50 年代到 20 世紀 70 年代曾建立起被世界衛生組織贊為典範的從村到鄉、縣的農村免費基本醫療制度。但改革開放以來,隨著人民公社的瓦解,農村基本醫療體系也隨之崩潰,享受基本醫療保障的農民從 90% 下降到 9% 左右。高額的醫療費用和農村基本醫療體系的崩潰成為導致中國農村貧困的頭號原因。農民反應,現在是一怕災、二怕病,只要一生大病,基本上就會傾家蕩產。中國現有的醫療保健體制下,最負擔不起醫療費用的人口恰恰是負擔最大部分醫療費用的人口。因此,政府必須按照公平原則承擔起相應的責任,加大農村醫療衛生投入,建立起政府出大頭、農民出小頭的農村基本醫療體系。

三是農村交通、電力、通信、廣播電視、清潔水、農田水利設施等公共產品的提供。據統計,中國「九五」時期全國城市市政建設投資達 7,054 億元,新增城市供水能力 2,760 萬立方米/日,新增城市廢水處理能力 1,273 萬立方米/日,新增公交車輛 8.35 萬輛,新增城市道路 1.48 萬千米,新增城市集中供熱面積 4.45 億平方米,新增小城鎮排水管網 1.15 萬千米。到 2000 年年末,城市人均日生活用水量已達 220 升,人均道路面積為 9.1 平方米,燃氣管普及率為 84%,人均綠地面積為 6.8 平方米。而目前農村的這些公共產品建設所需資金基本上是靠農民自己出資解決。這一方面加重農民負擔,另一方面由於資金短缺,農村交通不便、電價太高、通信不暢、人畜飲水困難、農田水利設施老化等問題普遍存在。在這方面國家應當調整財政支出結構和國債投向,加大對這些公共產品的資金支持力度。

在農村公共產品供給上,我們很贊同林毅先生提出的「新農村建設運動」。因為從短期看,可以增加農民收入,緩解「三農」問題,縮小城鄉差距;又可以擴大內需,緩解生產過剩、就業緊張的矛盾(據統計,我們目前 86% 的產品供過於求,生產能力閒置達 40%,資金閒置近 4 萬億元),最終有助於中國經濟克服通貨緊縮的制約。從長遠看,這些公共產品的建立與完善還有利於增加農業生產的供給能力。

舉債支持、發展農業需要智慧和勇氣。現在人們的擔心是靠增發國債來進行這些農村公共產品的建設是否會增大財政赤字,增加國債餘額,使中國陷入債務泥潭,最終引發債務和金融危機。有人估計,中國目前政府的顯性債務和各種隱性債務已高達 8 萬~9 萬億元。其實,這種擔心雖然值得重視,但還用不著過分憂慮。只要不發生突發的重大事件,增發國債又比較適度,一般來說不會發生大的財政金融危機。20 世紀 80 年代至 90 年代上半期,美國聯邦財政赤字占 CDP 的比重每年都在 3% 以上,最高年份達 5.78%(1983 年),國債餘額占 GDP 的比重最高達 87%

（1998年），並沒有導致美國經濟出現財政金融危機。恰恰是美國前總統里根在8年任期期間實行大幅度減稅和擴大軍費開支的赤字財政政策，使美國經濟終於擺脫滯脹，走上振興之路。類似情況也出現在其他西方發達國家，如義大利，20世紀80年代以來，其年財政赤字額占GDP的比重最高年份達14.89%（1987年），國債餘額占GDP的比重最高達121.6%；比利時的年財政赤字占GDP的比重最高達13.08%（1984年），國債餘額占GDP的比重最高達124.95%（1998年）；法國的年財政赤字占GDP的比重最高達6.48%（1995年），同年國債餘額占GDP的比重達51.2%；英國的年財政赤字占GDP的比重最高達7.86%，國債餘額占GDP的比重最高達54.3%。實際上，在此期間這些國家經濟都沒有出過大問題。從某種意義上講，「巨債可怕論」是我們自己嚇自己，用不著過分擔憂。薩繆爾森說過一段很有意思的話：顯然，對赤字和債務的擔憂是我們必須予以承認的。真正的債務負擔——外債、稅收造成的效率損失和資本代替——必須予以慎重考慮。但是，處於當今的動盪不定之中，最好是把偉大的英國歷史學家麥考利勳爵在一個多世紀以前關於增長和債務所寫下的這些話牢記在心：「在每一個國債增長時期，社會上都會發出同樣的極度痛苦和絕望的呼喊聲。在每一個國債增長時期，聰明人士都曾鄭重其事地斷言破產和崩潰近在眼前。然而國債仍然在繼續增大，而破產和崩潰仍然像過去那樣的遙遠。」實際上，中國農村既是一個超級社會，更是一個超級市場。如果農村經濟做強、做大、做好了，有60%的農民的收入水準提高到城市人均收入水準，那麼又將形成一個中國現有城市市場規模的新市場，所謂的中國財政、經濟「崩潰論」就不攻自破了。

——《從多取少予到少取多予的制度創新——中國「三農」問題的財稅政策檢討（一）》（朱明熙　柳華平　劉延俊）原載於《四川經濟日報》2003年6月15日。

——《從多取少予到少取多予的制度創新——中國「三農」問題的財稅政策檢討（二）》（朱明熙　柳華平　劉延俊）原載於《四川經濟日報》2003年7月2日。

7. 入世：為政府與國企關係整合注入動力

WTO 制約政府對自由貿易的干預希望能通過實現更大的貿易自由化來增加成員的貿易利益。WTO 要求各個成員按市場經濟規律辦事，其目的在於各成員方政府的貿易政策行為不能扭曲市場競爭，不能人為地干預市場交易，要努力減少對國際貿易的限制，大幅度地降低關稅、非關稅及其他阻礙貿易進行的壁壘，在更大範圍內讓市場配置各國資源、最優運用世界資源、保護生態平衡和保護環境。

WTO 作為二戰後各國政府協調的產物，從其規則及運作機制上看，它是承認並接受政府作用的。WTO 中無論發達國家還是發展中國家，其經濟貿易發展的事實證明，政府從未放棄過經濟的宏觀調控或管理。當今世界已經不存在沒有國家調控的自由的市場經濟。WTO 各成員對經濟的調控方法、程度、效果不一樣，WTO 僅按本身的規則對其成員提出義務要求，不強制性要求其成員只能幹什麼或不能幹什麼。政府對經濟貿易管理的權利是國家主權的表現，WTO 並不要求成員出讓國家主權，僅要求按共同議定的協議、規則，對國際經濟貿易進行協調、管理，減少貿易政策、法規的衝突，避免貿易摩擦、對抗。同時，由於各成員經濟基礎發展條件及資源優勢都不同，經濟發展水準存在著差異，WTO 允許成員按國內經濟發展的要求，對某些產業部門或地區實行保護政策，甚至對某些產品或服務實行進口限制。

根據政府對企業調控的程度及政府這只「看得見的手」與市場這只「看不見的手」之間力量平衡的程度，我們可以把 WTO 框架下國外政企關係模式分為三種：第一，政府規制型——美英模式。這一模式以美國和英國為主要代表，其基本特點是盡量讓市場這只「看不見的手」發揮作用，政府主要對市場進行規範和管制。由於實行自由企業制度，政府在處理與企業的關係時，總是圍繞市場這條主線來分析哪些事情是企業可以自己完成的，哪些事情是需要政府來干預的。在必須實行政府干預時，美、英政府歷來採取謹慎的態度，對市場機制與政府干預的得失進行權衡。只有在市場失靈且政府干預的淨效益高於市場調節時，才由政府進行必要的干預。在為企業建立和維護市場經濟正常運行的基本制度框架和環境方面，美、英政府始終不遺餘力，把這一切當作政府的一項最基本的職能。在監督市場方面，美、英政府堅持不懈地反對企業壟斷，以保護合理競爭，有效地提高了市場的競爭程度。在引導市場方面，美、英政府在總體上並不對產業結構進行積極主動的設計和干預。近年來，隨著國際競爭的加劇，美、英政府開始對產業結構進行積極主動的

設計和干預。總體上看,政府在建立市場、監督市場、引導市場以及參與市場這幾個方面的功能由強變弱。第二,政府引導型——歐洲模式。這一模式以法國的計劃調節市場經濟、德國的社會市場經濟和瑞典的福利國家市場經濟為代表,在處理政府與企業的關係時,包含兩個基本方面:一是經濟活動以市場為基礎和紐帶,企業在市場機制的作用下自主經營;二是政府具有引導和調節經濟的職能,企業活動受到政府的一定干預和協調,而不是絕對自由。一般來說,歐洲模式被認為是一種政府介入企業活動的範圍較寬,但干預程度較低,方式較為間接的市場經濟模式。在這種政企關係模式下,政府規定市場經濟秩序和運行規則,創造有利於企業經營的市場環境;通過立法規定企業內部的治理結構,幫助企業建立有效的經營體制;通過發展社會保障,維護社會公平,為企業提供完善的社會服務;運用多種手段引導企業適應國家的宏觀經濟政策;重視發揮仲介機構對企業進行間接管理作用。第三,政府主導型——東亞模式。這一模式以日本、韓國、新加坡為代表,為了加快發展本國經濟,政府積極參與經濟發展過程,為企業創造良好的競爭環境,並採取各種手段實施對企業和經濟的管理與引導。在這種政企關係模式下,政府以經濟發展戰略或計劃指導企業的發展方向;以產業政策為核心實施對企業的調控和管理;圍繞經濟計劃和產業政策的實施,政府靈活運用各種手段調節企業行為。這種模式適應本國經濟發展的客觀要求,積極扶植和保護本國企業,通過經濟計劃、產業政策及其他配套措施綜合引導企業。當然,政府對企業的過度干預,束縛了企業的活力,不利於社會資源的有效配置和企業間的公平競爭,同時也造就了一批既得利益集團,形成一股強大的保守勢力,不利於政府與企業關係模式的改革。隨著20世紀90年代末期東亞金融危機的爆發,這些缺陷暴露無遺。

改革開放20多年來,中國政企分開的改革步履維艱。入世有助於解決中國政企關係創新動力不足的問題。由於WTO硬環境的支撐,儘管歷史傳統文化背景、社會政治制度和經濟基礎不在同一平臺,無論是政府規制、政府引導、政府主導的政企關係,對中國政企關係創新都具有制度改造效應。第一,政府應積極轉變職能,重點在維護企業競爭的外部大環境和競爭秩序方面下功夫,放開對企業經營微觀管理。借鑑美英模式的經驗,政府職能最根本的轉變在於從對企業的直接經營轉變為企業競爭的外部環境的建立與維護,把促進和保證公平的、適度的競爭作為政府長期的根本性的目標,不再對企業的直接經營活動做過多的干預。但政府對企業的外部環境要進行長期的基本建設,對企業的競爭行為要進行嚴格的規制。在必須由政府對企業進行干預的時候,政府不能繼續沿用計劃經濟的手段,要用市場經濟的手段管理市場,盡可能利用市場激勵機制來進行管理,從以行政手段為主轉向以經濟手段、法律手段為主。第二,加快法制建設,用法律規範政府與企業的關係。市場經濟是法治經濟,要求一切經濟活動和競爭都要在科學嚴謹的法律框架內進行。借鑑歐洲模式的經驗,中國應從三個層次完善經濟法規體系:第一個層次是市場經濟基本關係規範化的法律法規,如民法、預算法、社會保障法等;第二個層次是使市場主體行為規範化的法律法規,如公司法、證券法、成本法等;第三個層次是使市場秩序規範化的法律法規,如反壟斷法、反不正當競爭法等。為此,中國應

逐步建立一批為支持這些法律法規有效實施的社會仲介組織，如律師事務所、會計師事務所、審計事務所等。同時，中國要加快社會保障制度改革，妥善解決企業辦社會的問題，降低企業經營成本。第三，政府要提高自身的管理基礎和素質，明確自己的定位及其作用點和作用方式。借鑑東亞模式的經驗，中國要對企業實施有效管理，先要在行政體系的運行上保持相對穩定、高效。中國應通過對政府現有組織機構進行調整和改革，強化面向全國和地方經濟的綜合計劃和管理部門，賦予它們相應的法律地位和權力，打破「條塊分割」，使政府對經濟的管理系統化、權威化。中國應進一步完善現有的國家公務員選拔制度，挑選最優秀的人才進入政府部門，以提高政府的整體素質；充分尊重和有效實現公務員的勞動價值，加強廉政建設，嚴厲打擊各種權錢交易、官商勾結的行為，確保政府的權威和高效運轉。中國在實施經濟計劃和產業政策時還應注意不要以行政手段分配經濟資源，產業政策的實施應以不影響企業經營的積極性和市場機制配置資源的基礎性作用為前提。

——《入世：為政府與國企關係整合注入動力》（柳華平）原載於《精神文明報》2001年12月5日。

8. 政企關係：服從 WTO 規範和市場經濟體制硬環境

　　WTO 的經濟理論基礎是建立在市場競爭機制上的自由貿易理論，既承認政府作用的存在，又要求規範政府的行為。WTO 的一系列規則絕大多數都與政府行政管理體制和運行機制有關，這直接關聯政企關係的調整與變革。入世後，中國政企關係必須首先服從 WTO 規範，服從中國市場經濟取向的經濟體制改革。

　　政企關係優化的過程是政府制度和行為適應市場化的過程。在由傳統計劃經濟向現代市場經濟過渡的過程中，中國政府制度和行為方式的轉變，即政府行為適應市場化，折射出了政府與國有企業關係的變革過程。其主要體現在以下三個方面：第一，政府身分從所有者身分與社會管理者身分的合一到兩者的分離，並且主要以社會管理者身分活動。政府逐步在經濟意義上劃清其所有者與社會管理者的身分和職能，形成互相制約、服務的執行機制。這種分離的著眼點在於使兩種職能更好地協作，尋求最有效率的組合點。在這一組合點上，不僅能夠使所有者職能得到實現，保證國有資產的保值與增值，同時也能有效地行使政府的社會管理職能。第二，干預對象由直接參與微觀經濟活動向以宏觀調控為主轉變。在傳統的計劃經濟中，政府直接參與了各個微觀經濟組織的活動，成為各個具體的企業「老板」。這與計劃經濟體制下的政府體制、企業制度和市場環境是息息相關的。但在市場經濟中，企業制度、市場環境有根本性不同，與市場機制的作用和企業獨立的經濟地位相適應，政府的調控對象從企業轉向市場，以間接調控總量指標的手段來調節經濟活動，通過對市場調節來引導企業的目標使其與國家目標一致，良性互動。第三，干預模式從對經濟進行直接行政控制到間接調控轉變。與直接干預微觀企業運行相適應，在傳統計劃經濟條件下，政府在調控手段上主要採用直接的行政干預。在市場經濟條件下，企業是獨立的行為主體，而不是政府主管部門的下屬單位，它有自己獨立的利益目標，不會完全聽命於政府的指示，企業的行為主要是根據市場信息來進行調整。一個有效的市場體系是經濟健康發展的基本保證。為了不干擾和扭曲市場參數，使市場機制能夠正常地運轉。政府就要盡量避免對市場參數的直接干預，而主要是通過財政政策和貨幣政策進行間接調控。

　　據有關專家測度的結果，中國政府行為方式適應市場化的轉變過程，呈現出明顯的階段性特徵。第一階段是 1979—1986 年，這是轉變的起步階段，表現為適應市場化的程度急遽提高；第二階段是 1987—1990 年，這是一個轉變處於停滯的階段。

第三階段是 1991—2000 年，這是轉變程度再次提高的階段。這些階段性特徵與中國政府經濟管理系統改革歷程的微勢偏差，說明改革措施（反應著政府的主觀意願）與其行為方式的實際轉變之間存在著一定的差距。

入世給政府與國有企業關係帶來挑戰和問題。在中國入世的議定書中，總共 19 項條款全部都是針對政府的，WTO 規則的內容全部都是要求成員方政府的各項政策和措施如何，其義務的承擔者只能是政府。爭端一旦發生，被起訴的將是中央政府，也就是說，地方政府的一切行為全部被視為中央政府的行為。WTO 規則不針對企業行為，它甚至對企業傾銷之類的事件視而不見，但對政府採取的反傾銷措施卻規定了嚴格的條件和程序。從 WTO 的基本規範來看，其要求政企關係遵循以下基本原則：一是非歧視原則，包括「最惠國待遇」和「國民待遇」；二是公平競爭原則，要求用市場供求價格參與國際競爭，如出現人為降低價格，則允許成員方採取反傾銷和反補貼等措施進行保護；三是透明度原則，即各成員方的貿易政策及政府的管理行為，包括法律法規要透明，成員方發生糾紛時，以公布的貿易政策為解決依據。檢討中國的政企關係，現存的主要問題是：第一，政企不分。受長期的計劃經濟體制影響，各級政府都習慣於干預企業的很多事情，加入 WTO 後，這些都會受到限制。西方發達國家的大公司進入中國市場後，將會把其在某國享受到的制度背景和制度環境投射到中國來，對中國政府的政治法律政策、政府職能管理的方式提出自己的要求。所有企業在商業的基礎上運作，而不是在政府偏袒的基礎上運作。政企合一的體制將面臨重大的挑戰，也意味著以國有經濟為主導的經濟體制將面臨空前的壓力。第二，決策和行為透明度低。目前，中國各級政府尤其是地方政府行政管理體制運行的透明度和公開性不夠。政府管理經濟重審批、輕監管，辦事程序、規則繁瑣，透明度、可預見性差。入世後，多變的政策、含混的手續與規則、灰色的管理和暗箱式的政府採購都將面臨重大挑戰。第三，政府法制化程度不高。按照法治的原則，政府做什麼事情，必須有一個嚴格的法律依據。政府的決策過程和政策制定是社會上可以預期的。目前，中國雖然實施了依法治國方略，但一些重要的經濟規定和政策「折舊率」已較高，有的雖然做到了「與時俱進」，但尚未形成法律，在執行中經常打折扣。政府的管理隨意性大，缺乏穩定性與可預見性，信用觀念差等現象還存在。隨著更多的外國公司進入中國，尤其是外國律師事務所更多地介入中國的法律事務，將對中國的訴訟程序乃至司法制度形成壓力。第四，部門壟斷，商業腐敗。目前中國尚存在各種行政性壟斷，包括地區封鎖、行業壟斷、行政壁壘、干擾價格等，這也為滋生商業腐敗和某些政府部門「尋租」提供了土壤。西方公司尤其是更多的跨國公司一旦大規模進入中國，將其享受的在別國的待遇移植到中國來，就會要求中國政府有效地打擊腐敗。這方面的政治後果將是非常巨大的。

可見，加入 WTO 對中國經濟的影響，主要不在於關稅減讓、外資進入或外國商品的競爭，而在於中國法律制度、經濟體制將因此發生深刻的變化，政府首當其衝。遵守國際游戲規則的承諾將極大地推動中國政府制度改革，並為國內改革提供了參照和基礎。WTO 要求國內法律規則統一，對內開放，實行法治，政府為企業提

入世後政府角色轉變的重要內容是創造鼓勵競爭的游戲規則和制度環境，增加制度的有效供給。中國入世的立足點是要發揮自己的比較優勢，但比較優勢要轉化為現實的競爭優勢，特別需要有效率的市場環境的支撐。在當前經濟體制改革的過程中，必須也只有通過發揮政府的主導作用，通過政府進一步推動制度創新，培育和完善市場體制，糾正政府的失效；通過調整政府的干預範圍和經濟槓桿的合理組合減少政府的失效；通過增加有效供給，彌補市場功能的不足；通過轉換政府的職能，糾正市場的失靈。政府應當將自己的主要注意力、發揮作用的基本點明確無誤地放在創造有效率的市場環境上來，否則市場經濟遲早會被「審批經濟」束縛得難以深化發展。第一，加快體制改革，實現政企分開。體制改革、政府職能轉換、市場體系的完善是相輔相成的，政治體制和產權制度的改革是關鍵。政府是改革的推動者，也是新制度的供給者，政治體制和國有資產管理體制的改革對轉換政府職能，實現政企分開是至關重要的。因此，中國必須努力構建新體制的各種基礎設施，尤其是由法律、規章制度等組成的全套「游戲規則」；對照 WTO 規則，對各地、各部門的規章和政策進行全面清理，進行相應廢除、修改或重新制定。當然，中國還應建立制度統一的、多層次的、覆蓋全社會的保障管理體制，通過制度安排，消除對改革的阻礙和反抗。第二，放鬆管制和加快開放，逐步從絕大多數投資領域實行戰略性撤退。中國應按照開放競爭的原則確定新的行業管制框架，循序漸進地實現各產業內的不同業務的相互開放。在研究與開發領域，中國要逐步地實現由政府主導模式向企業主導模式轉變，政府對研究與開發的投資應當主要集中在基礎研究和重大共性技術的開發方面。在生產和製造領域以及服務領域，政府要逐步減少對生產和經營性項目的直接投資，而更多地讓資本市場發揮融資以及決定投資方向的作用。政府發揮主導作用的領域應當是提供公共物品的領域，如教育、職業培訓、就業服務、公共圖書館、公共電視和廣播、基礎研究等。第三，完善和維護市場經濟制度。中國應通過健全要素市場，完善市場體系；通過政治體制改革，打破行政性的地區封鎖，消除短缺商品和競爭性商品、稀缺性資源的流動障礙，構築統一、公平的全國大市場。同時，對不同所有制的企業，中國應實行統一的非歧視性的國民待遇，在一般競爭性領域給予統一的市場准入、公平競爭的機遇，打破國有企業自然壟斷的格局；健全法律、法規，維護市場的公平競爭和經濟運行秩序。

　　——《政企關係：服從 WTO 規範和市場經濟體制硬環境》（柳華平）原載於《精神文明報》2001 年 11 月 7 日。

9. 澳大利亞稅收徵管
——培訓考察報告

1999年1月，我們赴澳大利亞新南威爾士州技術和進修教育學院（TAFE）進行了稅收徵管培訓，同時參觀訪問了赫斯特維爾（Hurstville）聯邦稅務局，拜訪了澳大利亞納稅人協會副主席、新南威爾士州納稅人協會主席。這次培訓考察，時間雖短，獲益匪淺，開闊了視野，啓發了思路。

一、澳大利亞稅制體系

澳大利亞是發達的市場經濟國家，也是社會福利較高的國家。稅收是各級政府活動的物質基礎和優厚社會福利事業發展的主要源泉，政府用稅款向公眾提供諸如醫院、道路、學校和警察服務；支付公務人員的工資；支付軍隊開支以確保國家安全；向失業、病殘以及需要扶助人士提供社會福利等。例如，1995—1996財政年度，澳大利亞聯邦稅收收入總支出為1,266億澳元，其中社會保障與福利支出為467億澳元，占36.9%；醫療健康支出186億澳元，占14.7%；政府間轉移支付138億澳元，占10.9%；教育支出106億澳元，占8.4%；國防支出100億澳元，占7.9%，聯邦立法和行政事務僅支出59.4億澳元，占4.7%。同時，稅收也是國家調控經濟的重要槓桿，澳大利亞稅收占GDP的比重已由1965年的23%提高到1995年的34%。

（一）稅收體制概況

澳大利亞聯邦政府負責與澳大利亞作為一個國家有關的事務，如國防、移民、貿易、通信和社會福利保障。稅收法規由眾議院的專門委員會提出動議，經參議院審核後，須經皇室（總督）贊同簽署。聯邦政府主要通過所得稅、銷售稅、附加福利稅、關稅等渠道徵集大部分稅款。1996—1997財政年度，聯邦稅收收入為1,246.38億澳元，其中工薪階層個人所得稅（PAYE）604億澳元，占57%；規定付款法徵稅50億澳元，占5%；附加福利稅35億澳元，占3.3%；資本增值稅（Capital Gains Tax）10億澳元，占0.95%；銷售稅139億澳元，占11.1%；關稅與消費稅113億澳元，占11.1%。澳大利亞聯邦稅務系統有一個國家級局（ATO），按照郵政編碼在全國中心城市或地區設有25個分局，其中新南威爾士州就有9個分局。澳大利亞現有稅務人員1.8萬人，過去5年稅收增長40%，但稅務人員減少近

30%，每100澳元稅款徵收成本為0.85澳元。

各州政府向公眾提供日常所需的服務，如供水、供電、衛生保健、教育、交通和警察。它們通過徵集薪資稅（雇主發放工資總額的百分比）、某些交易的印花稅（如房屋和股票買賣）以及金融機構稅（如銀行存款稅）來籌集資金。1996—1997財政年度，各州政府稅收入為326.18億澳元，其中薪資稅76億澳元，占23.4%；交易印花稅99.9億澳元，占30.6%；土地稅16億澳元，占4.9%；商業總經銷稅（Business Franchise）52億澳元，占16%；酒業與賭博稅35億澳元，占10.7%。

地方政府向各個城市和較小的地區提供服務，包括垃圾收集、運動場地、公園和圖書館。它們主要通過徵集市政管理費和土地稅籌集資金。1996—1997財政年度，澳大利亞地方政府共徵收市政費和其他地方稅3.74億澳元。

由於地域遼闊，為平衡各州之間的差別，澳大利亞各級政府間實行規範的轉移支付制度。州和地方政府財政收入由聯邦政府按照分稅制轉移支付體制計算，由聯邦撥款委員會向各州政府撥款。在1996—1997年的稅收收入總量中，聯邦政府稅收收入占79%，各州政府收入占20.8%，各地方政府收入僅占0.2%。但在稅收收入的實際使用上，州政府開支近800億澳元，占50%以上。可見聯邦政府是稅收收入的最大組織者，而各州政府是稅收收入最大的支出者，這種財政收支體制對於保證聯邦稅制的穩定具有十分重要的意義。

（二）澳大利亞聯邦主體稅種

澳大利亞聯邦實行以直接稅為主、間接稅為輔的稅制體系。主要稅種情況如下：

1. 個人所得稅

個人所得稅是聯邦政府徵收的主要稅種，對個人在標準納稅年度（7月1日至次年6月30日）內取得的所得徵收。澳大利亞現行個人所得稅法是從1936年開始逐步簡化和完善而來的，由聯邦政府直接徵收，各州政府不再徵收。計稅原理如下：

總所得額−所得扣除＝應稅所得額

應稅所得額×所得稅率＝基本稅額

基本稅額−稅額抵減＝未調整稅額

未調整稅額＋國民保健稅＋高等教育貸款計劃（HECS）−已納稅額＝最終稅額

個人所得稅實行綜合課稅模式，徵稅對象包括薪金收入（普通收入、津貼、終止工作一次性總付款、精算費）、投資收入（租賃所得、特許權使用費所得、股息所得、利息）、經營商品或提供服務收入三個大類。各類所得允許扣除與業務相關的必要費用（如薪金收入可扣除一定汽車費、交通費、制服費、相關專業培訓及自修費用）、以前年度的經營虧損額、支付的利息、對特定公共機構的捐款、稅務代理費用、納稅人及受其撫養的配偶、子女和其他家屬的醫療費、某些保險費等。

2. 公司所得稅

公司所得稅是對公司（不包括合夥公司）應稅所得額徵收的一種稅。澳大利亞

從 1995 年 7 月 1 日起統一實行 36% 的比例稅率。應稅所得額就是應稅總收入減去可以扣除的項目。允許扣除的項目包括所有普通的營業抵扣；折舊和攤銷；某些稅收，如工薪稅、土地稅；特殊優惠規定（一定限額的退休金繳款、符合條件的招待費）和相關的非業務性抵扣。

按照年應納稅款的多少，公司所得稅納稅人分為三類：應納稅款在 8,000 澳元以下的為小規模企業，實行年終一次納稅，納稅期限是在納稅年度結束後的第三個月至第六個月；應納稅款在 8,000 澳元至 30 萬澳元的為中型企業；應納稅款在 30 萬澳元以上的為大型企業。大中型企業分四次繳納稅款，年終匯算清繳。

3. 附加福利稅（Fringe Benefits Tax，FBT）

當雇主向雇員提供工資之外的非貨幣性福利或提供福利以取代工資的福利，就需要繳納該項稅款。納稅人為所有雇主（公共慈善機構除外），徵稅對象就是非貨幣性福利總值。最常見的附加福利是公車私用，其他還包括雇主提供給雇員的無息或低息貸款、免費或優惠的住房及設備、替雇員支付的開支（養老金除外）以及提供的商品或勞務等。其適用稅率為 48.5% 的高稅率，主要是為了防止雇主通過福利渠道向雇員發放實物而逃避個人所得稅。其納稅年度為 4 月 1 日至次年的 3 月 31 日。

4. 銷售稅

銷售稅是對生產和進口貨物徵收的一種稅，該稅不適用於勞務、土地及舊貨交易。徵收環節為貨物流通中的最後一道批發環節，即只在製造商或批發商將產品出售給零售商或直接銷售給消費者的環節徵收，消費者為實際負稅人。稅率分為 7 個檔次，標準稅率為 22%，對奢侈品菸、酒等實行高稅率為 45%，其他貨物適用稅率分別為 12%、26%、32%、37%、41% 五檔稅率。對生活必需品，如藥品、食品，生產商的生產資料，政府、醫院、學校使用貨物以及外國遊客帶入境的貨物予以免徵。

該稅的徵收方法主要是採取發放銷售稅登記號的辦法，對生產商、批發商（不從事零售業務）的業戶發給銷售稅登記號予以免徵。而對從事零售業務的業戶以及直接從製造商、批發商購進商品的消費者，因為不發給銷售稅登記號，所以其在向製造商、批發商購買貨物時要支付銷售稅款。

估計 1～2 年後，銷售稅將為一種增值稅性質的商品和服務稅（Goods and Services Tax，GST）所取代。

5. 資本增值稅

為資本增值時需要繳納的稅款。1985 年 9 月 19 日後獲得的資產，如房地產和股票，大多數在出售時都需要註明是否增值或貶值。資本利得允許進行通貨膨脹調整（即資產價格按照消費物價指數的上升而增加），但資本損失則不能作這樣的指數調整。當年的淨資本利得（即資本利得總額減去允許扣除的資本損失額）應包括在納稅人的應稅所得中，按適用的所得稅稅率課稅。如果當年出現淨資本損失，允許結轉並以以後年度的資本利得彌補。

二、澳大利亞稅收的徵收管理

(一) 稅務登記管理

澳大利亞稅務當局的計算機系統採用了統一的稅號（Tax File Number, TFN, 納稅代碼）對所得稅納稅人進行登記，實施嚴密而詳盡的管理。稅號是獨一無二的，一個納稅人有一個稅號，不能共享。稅號是根據計算機數字程序處理產生的，個人稅號為9位數字，公司稅號為8位數字。一個納稅人的稅號只發行一次，終生不可更改。如果納稅人忘了自己的稅號，需重新申請，但要申明已有一個稅號，實際上仍得到原來的稅號。稅號是加密的，任何人洩露他人的稅號將受到嚴厲的處罰。澳大利亞雖然只有1,800萬人口，但卻有2,400萬個稅號。

稅號只有通過申請才可以發行，並要出示有關身分證件。申請納稅登記的內容詳盡，包括納稅人的姓名、別名、身分、住址、稅務代理人的姓名、地址、電話等基本情況；有雇主的，要登記雇主的姓名及其納稅代碼；有合夥人的，要登記合夥人及其納稅代碼；公司納稅人要登記股東的姓名和公司的納稅代碼等。

納稅人申請稅號是自願的，而並不是強制性的。如果納稅人有工薪收入或收到養老金，其雇主或退休金機構會要求納稅人在就業申明表格中註明稅號，這份表格能確保稅金按正確比例扣除。如果納稅人不能夠或不願意在就業申明表格中提供稅號，稅金將以48.5%的最高稅率（47%的個人所得稅邊際稅率+1.5%的國民保健稅稅率）從其收入中扣除。如果沒有或不提供納稅代碼，銀行在支付存款利息時也按48.5%的比例扣稅。但多繳的稅款可以在稅務年度末報稅時申請退還。如果納稅人領取某些福利金，如失業金或傷殘人士補助金，納稅人需要向社會福利部提供稅號，否則將無法申請這些福利金。

(二) 納稅申報

20世紀90年代以來，澳大利亞借鑑美國和加拿大的稅收管理經驗，改革原來的核定繳納方式（Full Tax Office Assessment）為「自報自繳」方式。如果納稅人嚴格按照申報表說明填報錯誤，也不會受到處罰。其優點是突出了納稅人的主體地位，稅務機關在有限的人力情況下，可以集中力量對不誠實申報的納稅人進行重點審計，稅務機關可以掌握工作主動權；缺點是要對納稅人進行廣泛的稅法宣傳，使納稅人基本上都懂得如何計算應納稅款。

澳大利亞聯邦稅務局設有一個全國文件發送中心，全國所有已登記的納稅人的申報表、納稅指南、回寄標準信封、估稅通知單等都由文件發送中心統一郵寄給納稅人。此外，稅務局還將各種申報表和納稅指南分別放在各地郵局和銀行，便於沒有收到申報表和沒有登記的納稅人隨時領取。委託會計師、律師等代理人申報的，稅務局都將申報表寄給代理人。這樣大大減輕了稅務局發放申報表的工作量。

為降低徵收成本，方便納稅人，同時保證財政收入，澳大利亞個人所得稅和公司所得稅的納稅年度都是採用財政年度，即從本年的7月1日到次年的6月30日，

公司納稅人也允許採用自己的會計年度申報。個人所得稅申報限期是 10 月 31 日；公司所得稅申報限期是 8 月 31 日，採用會計年度納稅的，如果會計年度在 6 月 30 日之後結束，申報限期為會計年度結束後的 60 天內。流轉稅可以按幾日、一個月、一個季度、半年或一年申報一次；代扣代繳稅款如果稅額較大，也可以要求一年分幾次申報和付款。

對於委託代理的個人申報，稅務局優先處理，需要退稅的，可以優先給予退稅；對於委託代理的公司，如果按財政年度申報，允許申報期限延長到 10 月 31 日，如果採用自己的會計年度，且會計年度結束期在 6 月 30 日以後的，允許延長到會計年度結束後的 7 個月內。

申報有三種方式：一是直接郵寄所屬分局數據處理中心；二是電子申報（電子申報已占 70%）；三是納稅人自行將申報表送到當地的稅務分局或支局申報櫃臺或投入申報箱，到稅務局送交申報表的僅限於失業者、老人和急於得到退稅的納稅人。澳大利亞稅務局各分局都有一個數據處理中心，並與設在首都堪培拉的中央主機中心聯網（另外還有一套主機作為備用）。對於數據處理中心接收的電子申報表，稅務局先經過電腦安全檢查系統審查，確保數據安全性後，再轉入數據處理機。納稅人申報時不需要報送財務報表，當審計需要時，稅務局再叫納稅人提供。

（三）所得稅徵收方法

1. 邊掙邊付法（Pay-As-You-Earn，PAYE）

邊掙邊付法又叫隨賺隨納法，適用於工薪人士。納稅人定期有定量的收入，同時定期定量繳納稅金。雇主每次從工資中扣除分期款項，代表納稅人（雇員）繳納給稅務局。納稅人在稅務年度結束報稅時，通常會有足夠的已繳稅金以抵償工資應繳稅金。1996—1997 財政年度，全國工薪階層按照這種辦法繳納個人所得稅（PAYE）604 億澳元，占聯邦稅收總收入的 57%。

2. 規定付款法（Prescribled Payrments）

規定付款法主要適用於某些行業，尤其適用於建築業這種承包行業。這個方法規定，當一個人向分包商付款時，必須扣除應繳稅金交給稅務局，稅務局將收到的稅款作為分包商的已繳稅款（信用額），計算分包商全年應納稅款和實際應補繳款。1996—1997 財政年度，這一辦法共徵稅 50 億澳元，占聯邦稅收總收入的 5%。

3. 申報付款法（Reportable Payments System）

申報付款法適用於捕魚、制衣、車身修理和水果蔬菜行業。購買批發商品納稅人必須在納稅年度結束後向稅務局申報有關付款的詳細情況。

4. 預繳稅（Provisional Tax）

這種方法適用於那些每年非工薪收入超過 999 澳元的納稅人。非工薪收入包括投資、房租、商業活動、合夥生意或信託財產中得到的收入，不包括資本增值收入。工薪人士如果沒有從工資中扣除足夠的稅金，也可能需要預繳稅。

（四）稅務審計（稽查）

澳大利亞的稅務審計工作是在聯邦稅務局高度集中的計劃指導下進行的。稅務

總局有專門的審計計劃及其研究機構——稅務審計計劃調研處。該處負責稅務審計計劃的規劃、調研、制訂以及任務的下達。審計對象的選擇方法包括：統計抽樣、按行業、按項目、按郵政編碼地區抽樣。全國的審計計劃要說明審計的重點、審計對象的具體名單等。據統計，每年只有近2%的納稅人被選擇出接受重點審計。

稅務審計事務通常由稅務分局負責。稅務總局只負責大公司的審計。

各地稅務分局對審計工作又進一步分工，分為案件挑選組、代扣稅審計組、特別審計組（對稅收違法案件的調查）、經營納稅人審計、非營業納稅人審計（主要是通過快速收入稽核系統進行計算機交叉審計）等。

稅務審計的方法很多，信函審計、現場審計、「一攬子」審計（對所有的稅種同時審計）、大納稅戶的小組審計等。但真正用得比較多的是信函審計，即對納稅人有關信息通過計算機「交叉審計」發現問題或疑問，通過信函與納稅人聯繫，審計結果用信函通知。所謂「交叉審計」，是指納稅人的申報資料與稅務局自己取得的資料如從銀行、雇主（代扣代繳）等取得的資料，對應審計檢查。

根據法律規定，稅務審計人員具有「可進入權力」和「獲得信息、證據及文件的權力」，有權進入任何建築物，查看商品，約見納稅人，有權獲取、複印或抽取任何文件，被審計方一般都能配合，提供相關的辦公設施。

（五）稅務處罰

澳大利亞涉稅處罰包括兩種：一是由稅務局做出的行政處罰；二是由法院做出的司法處罰。不履行申報、拖延報稅、漏稅和拖延繳稅都要受到行政處罰。

對於不履行申報，可能的懲罰是應付稅款的20%，最少罰款20澳元；收到稅務局的最後通知書仍不執行，稅務局有可能採取起訴行動，法院至少對當事人處以2,000澳元的罰款。

對於拖延報稅的，公司每遲繳一星期罰款10澳元，最多罰款200澳元，同時按8.8%的年息額加收稅金本金利息；其他納稅人額外每年加收8%的稅收及每年8.8%的利息（利息按13個星期的國庫券投資收益加4%）。

對於漏稅的，故意漏稅加收75%的稅金；粗心漏稅及非法避稅加收50%的稅金；不認真對待，無故漏稅，不按照稅務局專門答復辦理的，均加收25%的稅金。如果在審計中積極與稅務部門配合，各種處罰率可降低20%，最低可為5%。如果納稅人接到法院傳票後，態度不好的，加收10%。

對於拖延繳稅的，每年額外加收8%的稅金及每年8.8%的利息。

（六）納稅服務

由於廣泛使用了計算機，澳大利亞稅務機關的主要職責一部分是稅務審計，另一部分就是為納稅人服務。

1.《納稅人憲章》（Taxpayers'Charter）

《納稅人憲章》由聯邦議會工作組（參眾兩院議員組成）建議，稅務局研究完成，是稅務局工作人員、普通納稅人、商業機構及民間團體、專業稅務人士以及其他政府機構聯合商討的結晶，自1997年7月1日起執行。該憲章簡明地闡述了當納

税人和稅務局交涉時法律賦予納稅人的權利；納稅人應當從稅務局得到的服務以及服務標準；當納稅人對稅務局的決定、行為和服務不滿意，或者希望投訴時應該做些什麼；納稅人需要履行的重要稅務義務。

根據該憲章的規定，納稅人有權期望稅務當局公平和適度地對待納稅人；除非納稅人行為有異，應視納稅人是誠實地處理有關稅務事宜；應就針對納稅人採取的行為負責；提供給納稅人專業的服務及幫助以期協助納稅人瞭解他們應履行的稅務義務；尊重納稅人的隱私；依照法律為納稅人保密；依照法律讓納稅人提取有關資料；解釋稅務局對納稅人稅務事宜的決定；接受納稅人委託代表來獲取對該納稅人提出的建議；提供可信的建議及信息；幫助納稅人減少為遵從稅法引發的費用；如果納稅人對稅務局的決定不滿意，納稅人有權要求稅務局以外的人員進行評論，包括投訴到聯邦負責投訴案件的官員。

如果納稅人對稅務當局的決定或行為不滿意，澳大利亞稅務局內部設有一個電話公開的「問題解決服務處」的獨立機構，這是解決徵納雙方爭議的起始點。除瞭解決現有的問題外，問題解決服務處也調查造成問題的原因，以確保類似事件不會重演。

納稅人申訴的步驟是：第一步，向稅務官員告知自己的問題；第二步，如果不滿意，納稅人可以要求與該官員的上級交談；第三步，如果問題依然沒有解決，納稅人可以致電問題解決服務處，如果是講非英語語言者，可以首先聯絡翻譯或傳譯服務處，請他們用納稅人的語種安排三方電話會談。

澳大利亞還有一個專為納稅人服務的納稅人協會，它是一個民間組織，主要為會員提供宣傳資料、反應納稅人稅收意願等。入會需要繳納一定的會費，主要是稅務代理人員參加。

2. 稅法宣傳

澳大利亞稅務法律公共教育的主題是「稅收——將澳大利亞建設得更美好」。公共教育的費用都是稅務局承擔的。稅務局認為，稅務法規的宣傳教育雖然耗錢，但十分值得。

稅法宣傳的主要形式和渠道包括：

（1）稅務資料包和刊物：相當於納稅指南、報稅指南等，這些資料內容十分豐富，定期或不定期印製，可以在報亭、書局免費領取。

（2）稅務研討會：由稅務局與有關學院聯辦，或者專門為代理人員辦班，稅務局會準備過去報稅中常見的錯誤進行講解，並安排專人解答納稅人提出的問題。

（3）稅務諮詢：稅務局內設諮詢處，納稅人可以電話諮詢，也可以直接到稅務局去諮詢。

（4）稅務傳真：墨爾本稅務局已為納稅人全天24小時開通傳真電話，納稅人根據電腦電話提示分步操作運行，能夠及時得到詳盡的傳真答復。這一服務近期將在澳大利亞全國普遍推廣。稅務諮詢和傳真電話可以跨州進行。

（5）互聯網：澳大利亞稅務局將最新的稅法規定放在網上，以使社會跟上稅法和徵管的變化。

(6) 稅法公告：一般稅收法規的解釋，適用於全體納稅人。

通過廣泛深入的稅收公共教育，納稅人依法納稅意識較強。據普查，澳大利亞全國有70%的認為，通過繳稅可以使澳大利亞更美好，並認為如果每個人都依法納稅的話，政府將為公眾提供更好的服務和設施。同時，稅務當局與納稅人的關係也比較融洽，80%的人認為，澳大利亞稅務當局對納稅人是負責的，70%的人認為稅務當局的工作是不錯的，這也使稅務當局更有興趣和信心改進自身的工作。

3. 稅務代理

澳大利亞自20世紀80年代後期推行稅務代理，隨著自行申報納稅的普及，目前代理制度已經比較完備。據瞭解，澳大利亞全國共有2.4萬個代理機構，全國約有80%的納稅申報是通過稅務代理進行的，而95%以上的小企業是通過代理報稅的。

代理是自願的，而不是強制的。納稅人可以經常變動代理人，但往往如同病人看醫生一樣，一般認準了的代理人不會輕易變動。只有註冊的稅務代理人員才能收費。代理收費按照市場價格機制確定，按時計算的，一般為每小時收費80~300澳元；按件計算的，簡單的申報可能就收100澳元，而大公司的報稅有可能一年收2,000澳元。如果納稅申報由代理公司辦理的，納稅人仍要對相關違章行為負責，但他同時可以向法院起訴代理人。

稅務代理是絕對獨立於稅務局的仲介機構，它必須是納稅人的代理，而不是稅務局行政行為的代理。目前澳大利亞各州都有一個稅務代理局管理稅務代理人員的申請註冊，為了統一全國的代理標準，準備只設立一個國家級的代理局。目前首次註冊費為400元，一次註冊有效期為3年。3年以後需重新註冊，繳註冊費為200澳元。

申請註冊成為代理，必須具備以下條件：一是必須參加入門測試。申請人必須年滿18歲，無嚴重稅務過失記錄。二是必須要有正式的學歷。至少要有比大學學歷低一點的財務專業證書，要有良好的名聲和品質。三是必須要有規定的實踐經驗。例如，有大學文憑，有至少1年的代理經驗（即在代理公司打工的實踐）；只有財務專業證書的，必須要有2年以上的代理經驗。因此，即使是稅務人員離開稅務局，也不能直接從事稅務代理，因為他雖然有稅收方面的知識，但他並沒有代理和幫助別人的經驗，也沒有管理和辦理代理公司的經驗。

稅務代理管理局在以下情形可以取消或暫停稅務代理的註冊：一是稅務代理故意虛假申報；二是稅務代理被認為過失。但如果代理人被認為有某種特別的過失，或者破產，或者終生停止從事稅務代理，稅務代理管理局必須取消稅務代理的登記註冊。

據稅務局1997年的調查表明，澳大利亞全國共有2.4萬個代理人（公司）。基本情況是：代理人年齡一般在40~49歲；一個代理公司平均代理584個客戶；直接使用電子報稅系統；一個代理公司雇員一般為2~3個；代理人員都屬於兩個以上專業社團的成員，如註冊會計師協會和註冊稅務代理人員協會；都能使用Windows 95，並且能通過互聯網工作。

4. 稅務援助計劃

稅務援助是一項免費及保密的服務,它的服務對象是低收入群體,需要額外幫助以瞭解稅務責任但無錢雇傭稅務代理人的高齡人士、非英語背景人士、土著人士和殘疾人士。

參與稅務援助的義務工作人員來自不同的社會背景。有些是成立多時的社區組織成員,他們意識到社區的需要;有些來自專業的金融顧問機構,他們認為稅務援助是自己目前提供服務的自然延伸;有些是已經退休但希望加入志願工作的人士。稅務局為所有稅務援助的義務工作人員提供訓練。稅務援助工作人員能夠幫助納稅人遵守稅收法規,為納稅人解釋有關的稅務責任,代表納稅人提交稅表。稅務援助工作人員還能告訴納稅人是否需要報稅。

三、幾點體會和思考

澳大利亞是發達的資本主義國家,其自然條件、社會制度和經濟基礎與中國有較大差異。澳大利亞的稅制體系、稅收徵收管理方式,中國不能完全照搬照抄。但其稅制和稅收管理中的某些先進經驗是值得我們學習、借鑒和參考的。通過培訓考察,我們有如下思考:

1. 完善稅制

中國稅制改革已經取得了明顯的成效,但與成熟的市場經濟國家相比還有許多差距,深化稅制改革的任務依然艱鉅。學習借鑒澳大利亞稅制體系,我們體會到中國稅制改革應在以下幾個方面加以完善:其一,個人所得稅宜改革為綜合稅制,因為現行的分類稅制缺乏公平性,而且徵管困難和效率低下。為適應政治經濟發展趨勢,中國應適當降低個人所得稅的起徵點,使所得稅由「富者稅」向「國民稅」轉變。在完善分稅制的基礎上,中國應選擇適當時機改革個人所得稅為地方稅的單一體制,借鑒國際慣例,推行中央、地方共享的體制,並且個人所得稅應當成為中央財政收入的重要來源。其二,統一內外資企業所得稅,體現國民待遇原則。引進外資應在國民待遇和優良的投資環境上多做文章,而不應盲目實行稅收優惠政策,把好處拱手送給別國,因為實施稅收優惠政策,企業本身未得到好處(外國投資者回國不能享受稅收抵免,還需要繳稅)。其三,將徵集的社會保障性質的費用、基金改為規範的社會保障稅,建立健全社會保障體系,適應市場經濟發展的需要。

2. 增強國民依法納稅意識

第一,廣泛宣傳和樹立國民納稅的權利與義務觀念。按照市場經濟國家課稅的原理,政府向人民徵稅主要是基於人民需要政府的服務,人民需要政府做的事情越多,政府的支出就越大,人民的財政負擔也越重。徵稅表面上看是政府單方面的強制行為,但實際上是政府接受人民的委託,提供公共管理服務的必要成本。稅收的課徵是建立在權利與義務對等基礎上的。對這種權利與義務關係的瞭解,人們可以知道納稅不是為了別人,而是為了自己,這對增強國民的納稅意識十分重要。第二,讓公眾盡可能瞭解政府工作的內容。公眾瞭解到政府的確為自己做了許多有意

義的事，納稅意識自然提高。政府支出及其工作內容的公開（政務公開），有助於增強公眾的納稅意識。第三，加強稅法的公共教育諮詢。稅務部門應把稅法宣傳真正作為稅收徵管的重要內容，建立專項宣傳經費，盡可能多地對公眾進行免費義務教育和諮詢，使稅法及時知曉於民。從長遠來看，中國應以學校教育和公務員教育為根基，動員社會各界，廣泛地推行稅法公共教育活動。

3. 優化和規範稅務服務

從內部來講，稅務部門既要搞好監督，又要搞好為納稅人服務的工作。稅務部門不僅要通過稅務審計去維護稅法的尊嚴，也要通過對納稅人的有效服務提高納稅人對稅法的遵從。納稅服務應當成為稅務機關的法定義務和納稅人的法定權益。稅務部門的服務不能局限於公共服務部門的一般服務性特徵，更應當註重公開公正執法，文明高效辦稅，並以此為中心提高服務質量和效率。從外部來講，中國要規範稅務代理。稅務代理必須走市場化、社會化的路子，保證其客觀、公正、獨立的社會仲介組織性質。中國要建立健全相關法律、法規，明確稅務機關、代理人、納稅人的法律關係和法律責任，確定稅務代理的法律地位，通過取消代理資格等處罰手段對稅務代理進行約束，確保其健康發展。

4. 強化執法力度，推行源泉控管

第一，稅務部門要適當取消或調整減免稅項目，實行稅法規定的應稅項目全額徵收，細化代扣代繳義務人及納稅人按規定扣繳和申報繳納稅款的法律條文，明確違規懲處辦法，嚴厲打擊偷逃騙稅行為。第二，對年納稅數額較大的，稅務部門可以依法核定調整申報期限，促進均衡入庫，減少欠稅。第三，對難以查實徵收的納稅人，稅務部門分區域、行業、規模、平均利潤率等因素對納稅人實行核定徵收。第四，對難以監控及零星納稅人，稅務部門可以實行稅務核定，採取委託主管部門代徵的辦法進行徵收。

5. 節約稅收成本

只有實現計算機對徵管全過程的有效監控，才能節約稅收成本，提高辦事效率，中國應加快稅收徵管的電子化和稅務行政的辦公自動化進程，在統一技術標準的基礎上廣泛推行電子申報。稅務行政機構的內部設置無論如何變化與完善，都應以為納稅人服務和精簡成本為準。同時，中國應積極創造條件加強對稅務人員的培訓教育，提高思想、業務素質。

——《澳大利亞稅收徵管——培訓考察報告》（四川省國家稅務局赴澳大利亞稅收徵管培訓考察團）原載於《四川稅務報》1999年3月10日。

譯文

稅收法律頻繁變更的代價

譯者的話：從政策和管理科學而論，稅收政策法規應具相對穩定度，即保持一定連續性、延續性，由此既可節約政府稅務行政成本，又可節約納稅人奉行成本。目前中國正在進行社會主義市場經濟取向的稅制改革，由於時間的推移和實踐基礎的變遷，稅制建設必經一個長期的、漸進的邏輯發展完善過程。在制定稅收政策法規時，「因時制宜」將成為一種有效的手段。本文介紹了美國稅法變更的代價，期望能對制定稅收政策的相關人士在增強政策預見性、保持相對穩定度方面有一定的參考價值。

1954年，美國國內收入法案第一次以立法的形式使所得稅成為聯邦稅收體系的中軸。自這一法案通過以來的40年裡，美國又通過並實施了31個意義重大的聯邦稅收法案。這意味平均每1.3年美國就對聯邦稅收法案進行一次實質性的修正、補充。稅法變更頻繁，造成納稅人經濟行為不確定性，進而提高了經濟成本。

筆者對1954年國內收入法案通過以來聯邦所得稅法的變更程度進行了較為細緻的評估。評估列出一系列所得稅法典中與稅率、稅收抵免、個人所得稅稅基、合夥關係以及從事國內外經貿的公司等密切關聯的核心條款樣本。

評估不僅標明每一樣本條款隨時間推移而變更的情況（平均以10年為一計量單元），而且反應每一條款的變更率（不穩定程度）。這一指標由稅法條款變更的次數除以其已存在的年限測算而得。指標越高，法典條款越不穩定。整體抽樣的平均變更度為0.24，表明樣本中每一稅法條款每隔4年就要修正補充一次。

近20年來所得稅法較之1954年國內收入法案後的前20年變動更為頻繁。變動最頻繁的時段為1976—1985年，其間樣本中所得稅法條款平均被修正了3次，也就是平均3.3年修正一次。納稅人在這10年間經歷了7個重大稅收法案。而在最近的1986—1994年，納稅人又經歷了6個重大稅收法案。

阻礙性成本與奉行成本

當面臨稅法頻繁變更，兩類不同性質的成本費用將課於納稅人身上。第一，稅法頻繁波動（或者稅收立法懸而不決）干擾、扭曲、阻止經濟行為。第二，不確定性使稅法更為紛繁複雜，迫使私營部門花費更多的財力於稅務研究與計劃稅法奉行

及訴訟等枯燥無味的活動上。

1988年，弗吉尼亞大學的約翰坦・斯金納（Johnathan Skinner）教授運用1929—1975年的數據，測算出相關工薪及投資所得的聯邦稅法的不確定性每年耗費美國國民收入的0.4%。以斯金納（Skinner）教授的耗費指標為例，1993年的減稅法案造成稅法變更，估計耗費全美國民收入205億美元。

這類經濟成本來自於稅收政策的不確定性對人們工作、消費、儲蓄及投資相關決定的影響。然而，不論斯金納（Skinner）教授的估計如何，稅收確實是僅有的刺激人們經濟行為選擇的內在導向因素。

密執安大學稅收政策研究室主任喬爾・萊姆羅德（Joel Slemrod）教授例證了對稅收行為反應的等級：第一，經濟交易的會計處理對稅收刺激反應力最強；第二，個人和經營者多種收入的重組（財務和會計反應）對稅收刺激的敏感程度居次；第三，個人和經營者對工作、儲蓄及投資的現實經濟決策。

萊姆羅德（Slemrod）教授的等級劃分有助於系統分析納稅人對稅法變動的行為反應。科羅拉多大學的詹姆斯・艾米（James Aim）教授區分了兩類不確定性：稅率不確定性與稅基不確定性。儘管這兩類不確定性對經濟的最終影響本身難以確定，但艾米（Aim）教授的測算表明，所得稅稅率不確定而稅基相對確定時，納稅人會主動削減稅基，也就是說，稅率變動刺激納稅人尋求更多的分類扣除、非稅利益及避稅，趨於阻止他們工作、儲蓄以及投資。這些是相關稅收傳統的阻礙性表徵。稅基不確定性的經濟影響（假定稅率相對確定）則更具廣度和深度。與稅率變動一致，稅基變動對納稅人工作、儲蓄以及投資造成阻礙性。然而與此相異，艾米（Aim）教授的測算表明，稅基變動限制納稅人尋求分類扣除、非稅利益及避稅。但伊力諾伊大學的兩位教授（Paul Beck & Woonoh Jung）認為，在「美國通常的條件下」，稅基不確定性的增長一般會導致申報收入的減少。

稅法變動助長細則變動

稅法變化，與之相關的規章、細則也相應變化。自1954年國內收入法案通過以來，美國經歷了31次重大的稅收立法，其中特別複雜的稅收立法分別完成於1954年、1958年、1969年、1976年、1977年、1978年、1981年、1982年、1984年、1986年、1990年以及1993年，總體而論，國內收入局提議細則在這一基本立法通過之後頭3年內增長許多。實際上，國內收入局在特定年度提出的許多細則議案尚未發布，這種常年累積，是造成納稅人困惑觀望的一個原因。

1969年法案還開創了稅法不確定性增長的新紀元。平均測算，1975—1985年時段構成了對樣本條款修正的大頭。1986—1994年時段也處於相對不穩定狀態。這兩個時段各自顯示了細則提議方面的大動作。1955—1965年時段，每年有62條新細則出抬。1966—1975年時段，每年有56條新細則出抬。1976—1985年時段，每年有76條新細則出抬。1986—1994年時段，每年有63條新細則出抬。

國內收入局提議的細則大量出抬，又在幾個方面增加了策劃與奉行成本。首

先，受這些細則影響，納稅人必須直接或間接通過諮詢，以明確新的稅收政策環境而相應改變其經營環境。其次，許多納稅人（及其諮詢者）要花費必要的財力評估這些細則提議。再次，一旦這些提議通過，納稅人及其諮詢者必須知曉新稅法、細則如何與現行法律、細則銜接，以使自己更有效地重組經營事務及各種利益。調整與重組行為又增添了稅務奉行費用。最後，如果國內收入局與納稅人對此舉措發生爭議，納稅人還要付出財力於行政復議與訴訟。如果稅法頻繁變更，這些程序則更為繁瑣、更耗精力。

與國內收入局提議細則增多相一致，納稅人爭議一般在3年以後才出現在法院案頭上。在稅務法院，直到法院裁定國內收入局勝訴之前，納稅人不必付稅，也不必承擔有爭議的稅收負擔。在聯邦地區法院和上訴法院，通常是納稅人訴求國內收入局退還稅款，或者國內收入局訴求納稅人承擔有爭議的稅收負擔。1976年稅制改革法案實施後，稅收案件日益增多，主要是避稅組織案件。20世紀70年代中期，年收入2萬美元的納稅人所得稅邊際稅率高達45%，最高收入者稅率累進高達70%。在高稅率存在的情況下，聯邦立法者試圖通過實施包括稅收抵免和加速折舊等在內的一系列稅收優惠刺激美國經濟增長與經濟發展。

1986年以後案件實質性減少產生於兩個因素：一是新的立法規定合夥企業作為一個獨立實體申報訴訟，而不要求合夥關係中的每一合夥人獨立申訴；二是1986年稅制改革本身意在取締和減少絕大多數避稅組織形式。儘管1986年稅制改革在簡化聯邦稅收法律方面已進行了最大努力，但事實表明這一法案使聯邦稅收法典變得更複雜。1986年以來稅務法院每年受理案件數量較以往年度明顯增多。除了經濟和奉行成本之外，稅法如此頻繁變更還使納稅人產生不信任與懷疑情緒，抵減了稅制改革設計的效率收益。

——《稅收法律頻繁變更的代價》（Arthur P. Hall 著，柳華平摘譯）原載於《稅務研究》1995年第5期。

國家圖書館出版品預行編目（CIP）資料

稅思碎想 / 柳華平 著. -- 第一版.
-- 臺北市：財經錢線文化, 2019.10
　　面；　公分
POD版

ISBN 978-957-680-375-8(平裝)

1.稅務 2.中國

567.92　　　　　　　　　　　　　　　　108016518

書　　名：稅思碎想
作　　者：柳華平 著
發 行 人：黃振庭
出 版 者：財經錢線文化事業有限公司
發 行 者：財經錢線文化事業有限公司
E - m a i l：sonbookservice@gmail.com
粉 絲 頁：　　　　　網　址：
地　　址：台北市中正區重慶南路一段六十一號八樓 815 室
8F.-815, No.61, Sec. 1, Chongqing S. Rd., Zhongzheng Dist., Taipei City 100, Taiwan (R.O.C.)
電　　話：(02)2370-3310 傳　真：(02) 2370-3210
總 經 銷：紅螞蟻圖書有限公司
地　　址：台北市內湖區舊宗路二段 121 巷 19 號
電　　話 :02-2795-3656 傳真 :02-2795-4100　網址：
印　　刷：京峯彩色印刷有限公司（京峰數位）

本書版權為西南財經出版社所有授權崧博出版事業股份有限公司獨家發行電子書及繁體書繁體字版。若有其他相關權利及授權需求請與本公司聯繫。

定　　價：650元
發行日期：2019 年 10 月第一版
◎ 本書以 POD 印製發行